Geistiges Eigentum und Wettbewerbsrecht

herausgegeben von

Peter Heermann, Diethelm Klippel,
Ansgar Ohly und Olaf Sosnitza

127

Kevin Kuta

Die Besichtigungsanordnung nach dem „Düsseldorfer Modell“

Zur Rechtmäßigkeit des Düsseldorfer Besichtigungsverfahrens de lege lata

Mohr Siebeck

Kevin Kuta, geboren 1987; Studium der Rechtswissenschaften an der Westfälischen Wilhelms-Universität Münster; Wissenschaftlicher Mitarbeiter am Institut für Informations-, Telekommunikations- und Medienrecht (ITM, Zivilrechtliche Abteilung) der WWU Münster; Medienscouts NRW, Projekt der Landesanstalt für Medien (LfM); 2016 Promotion; derzeit Rechtsreferendar (OLG Hamm).

ISBN 978-3-16-155403-2
ISSN 1860-7306 (Geistiges Eigentum und Wettbewerbsrecht)

Die Deutsche Nationalbibliothek verzeichnet diese Publikation in der Deutschen Nationalbibliographie; detaillierte bibliographische Daten sind im Internet über *http://dnb.dnb.de* abrufbar. Zugl.: Münster (Westf.), Univ., Diss. der Rechtswissenschaftlichen Fakultät, 2016 (D6).

Das Buch wurde von Gulde Druck in Tübingen auf alterungsbeständiges Werkdruckpapier gedruckt und von der Buchbinderei Spinner in Ottersweier gebunden.

Meinen Eltern

Vorwort

Die vorliegende Arbeit wurde im Sommersemester 2016 von der juristischen Fakultät der Westfälischen Wilhelms-Universität Münster als Dissertation angenommen. Literatur und Rechtsprechung sind bis Mai 2016 berücksichtigt.

Ohne eine Vielzahl von Unterstützern hätte ich die Arbeit nicht oder zumindest nicht in dieser Form fertigstellen können. Deshalb möchte ich an dieser Stelle all jenen danken, die unmittelbar durch Anregungen, Ratschläge und Kritik oder mittelbar durch die notwendige Ablenkung von der Arbeit zum Gelingen dieses Unterfangens beigetragen haben. Die folgenden Personen möchte ich dabei besonders hervorheben:

Herzlich bedanken möchte ich mich zunächst bei meinem Doktorvater, Herrn Professor Dr. Thomas Hoeren, für die Unterstützung, die er mir bereits während meiner Zeit als studentische Hilfskraft sowie als wissenschaftlicher Mitarbeiter an dem von ihm geleiteten Institut für Informations-, Telekommunikations- und Medienrecht zukommen ließ, für die Betreuung der Arbeit und für die überaus zügige Anfertigung des Erstgutachtens. Er hat den Fortgang der Untersuchung stets mit der richtigen Mischung aus Rat und der konsequenten Ermutigung, eigenständige Lösungen zu entwickeln, begleitet und auf diese Weise entscheidend zur Entstehung dieser Arbeit beigetragen.

Herrn Professor Dr. Peter Mes danke ich sehr für die Bereitschaft und die Erstellung des Zweitgutachtens.

Dank gebührt Herrn Dr. Johannes Gräbig, dessen Kommentare und Anregungen wichtige Denkanstöße gegeben haben.

Ferner danke ich herzlich Anna Nadine Bartl und Katharina Paeßens für die liebevolle Unterstützung bei der Fertigstellung des Manuskripts.

Der größte Dank gebührt jedoch meinen Eltern Kerstin und Reiner Gustav Kuta, sei es für die große Hilfe beim Korrekturlesen, sei es für die unendliche Geduld und die vielen aufmunternden Worte während des Studiums und der Promotionszeit oder sei es ganz allgemein für die bedingungslose Unterstützung bei all meinen Vorhaben. Gewidmet ist diese Arbeit meinen Eltern, denen ich alles zu verdanken habe.

Münster, im Juni 2017 — Kevin Kuta

Inhaltsübersicht

Inhaltsverzeichnis

A. Einleitung

Private wie auch gewerbliche Käufer schauen in erster Linie auf den Preis eines Gegenstandes, häufig ohne dabei zu hinterfragen, wem die Anerkennung für die Leistung dahinter überhaupt gebührt. Oftmals steckt eine immense Forschungs- und Entwicklungsarbeit hinter einem Produkt, sei es für das Produkt selber, ein bestimmtes Herstellungsverfahren oder anderweitige Problemlösungen (etwa neuartige Programmierungen im Softwarebereich). Das unter Privatleuten beliebte und durch große Konzerne über die Werbung verbreitete Motto „Geiz ist geil!" ist auch der Industrie nicht fremd. Um Forschungs- und Entwicklungskosten zu sparen sowie schnelle Gewinne einzufahren, werden Schutzrechte in Teilen oder in Gänze durch Konkurrenten übernommen.

Die Schutzrechtsinhaber haben ein legitimes Interesse daran, ihre Verfahren, Produkte und Problemlösungen ausschließlich zu nutzen und dadurch ihre getätigten Investitionen vollumfänglich auszuschöpfen. Dieses Anliegen ist in einem hart umkämpften Wirtschaftsleben denknotwendig und hat eine lange Tradition. Ein Rechteinhaber wird um den Lohn seiner Arbeit gebracht, wenn Dritte geschütztes Know-how unberechtigt und sanktionslos nachahmen. Dementsprechend ist die Möglichkeit der Durchsetzung von Schutzrechten der Faktor, der den tatsächlichen Wert des Schutzes durch die Rechtsordnung ausmacht. Ein Schutzrecht ist nahezu wertlos, wenn der Inhaber nicht schnell und effektiv gegen eine Verletzung vorgehen kann. Zur Verfolgung von Schutzrechtsverletzungen müssen dem Schutzrechtsinhaber daher effektive Instrumente an die Hand gegeben werden, um seine Ausschließlichkeitsrechte wirksam durchzusetzen.

„Sobald der Schutz von geistigem Eigentum nicht mehr gewährleistet ist, verschwinden kreative Unternehmen oder werden gar nicht erst gegründet."[1] Erst durch den wirksamen Schutz von Immaterialgüterrechten besteht in einer wissensbasierten Volkswirtschaft der Ansporn für weitere Investitionen, denen wiederum Innovationen, die Steigerung der Wettbewerbsfähigkeit im nationalen sowie internationalen Vergleich und die Schaffung neuer Arbeitsplätze folgen. Das Immaterialgüterrecht unterliegt einem Wandel, weg vom Kultur- und Innovationsschutz, hin zum Schutz von Investitionen. Das stärks-

---

[1] *Steve Jobs*, zitiert nach: *Isaacson* (2011), S. 469.

te materielle Recht ist jedoch am Ende wertlos, wenn keine effektiven Mittel zur Verfügung stehen, mit denen sich der Rechteinhaber gegen Verletzungen wehren und seine Rechte durchsetzen kann, insbesondere in der Blütezeit seines Schutzrechts.

Oftmals haben Verfahren vor deutschen Gerichten (insbesondere auch im Patentrecht) Modellcharakter und dienen als Vorlage für vergleichbare Prozesse im Ausland. Gleichwohl waren die Möglichkeiten zur vorprozessualen Beweisbeschaffung und Beweissicherung im Bereich des gewerblichen Rechtsschutzes vor deutschen Gerichten über viele Jahre hinweg nur schwach ausgebildet.[2] Die wenigen Anspruchsgrundlagen wurden von einer sehr restriktiven Rechtsprechung stark beschränkt. Aufgrund unzureichender gesetzlicher Bestimmungen hat das Landgericht Düsseldorf ein Rechtsinstitut entwickelt, mit dessen Hilfe ein Schutzrechtsinhaber im Vorfeld eines Hauptsacheverfahrens Beweise sichern kann, um seiner Substantiierungspflicht nachzukommen.

Die vorliegende Untersuchung behandelt die Vereinbarkeit dieses unter dem Namen „Düsseldorfer Modell“ bekannten Rechtsinstituts mit den gesetzlichen Bestimmungen. Die vorprozessuale Beweissicherung durch Besichtigungsverfahren ist insbesondere im Patent- und Urheberrecht bedeutsam. Wenngleich der Besichtigungsanspruch in sämtlichen Spezialgesetzen des gewerblichen Rechtsschutzes (nahezu) wortgleich kodifiziert wurde, liegt der Schwerpunkt dieser Untersuchung auf dem Patent- und Urheberrecht. Für eine bessere Darstellung wird im Folgenden für sämtliche geschützten Rechtspositionen, die Gegenstand des zu untersuchenden Besichtigungsverfahrens sind, der Begriff „Gegenstand“ sowie „Besichtigungsgegenstand“ verwendet.

---

[2] *Amschewitz* (2008), S. 229 f.; *Karger* (1996), S. 327; *Grabinski,* in: FS Mes (2009), S. 129 (129); *Mes,* in: FS Straus (2009), S. 401 (401); *Tilmann/Schreibauer,* in: FS Erdmann (2002), S. 901 (901); *Axster,* in: FS Volhard (1996), S. 19 (24); *Badke/De/Kirchhofer,* MittdtPatA 2015, S. 215 (215); *Stjerna,* MittdtPatA 2011, S. 271 (271); *König,* MittdtPatA 2002, S. 153 (153, 156); *Grosheide,* GRUR Int 2000, S. 310 (321); *Marshall,* IIC 2000, S. 646 (656); *Mes,* GRUR 2000, S. 934 (934); *Götting,* GRUR Int 1988, S. 729 (737); *Stauder,* GRUR 1985, S. 518 (519); *Stauder,* GRUR Int 1978, S. 230 (237); vgl. *Dreier,* in: Beier/Schricker (1996), S. 248 (249).

B. Ausgangslage: Beweismangel infolge eines Informationsdefizits

Bevor das „Düsseldorfer Modell" in seinen Bestandteilen untersucht wird, soll zunächst ein Blick auf die Ausgangslage eines Schutzrechtsinhabers geworfen werden, der den Verdacht einer Schutzrechtsverletzung hegt, während die notwendigen Beweise aber im Machtbereich des vermeintlichen Verletzers liegen. Exemplarisch dafür sind Patente über ein Herstellungsverfahren, wenn die Untersuchung des Produktes des vermeintlichen Schutzrechtsverletzers keinen Aufschluss über das verwendete Herstellungsverfahren gibt, die Beweislastumkehr des § 139 Abs. 3 PatG nicht eingreift oder nicht weiterhilft und der Wettbewerber das Herstellungsverfahren geheimhält, indem er es ausschließlich in seinen Betriebs- und Geschäftsräumen anwendet und den Zutritt von Dritten untersagt.[1] Es bestehen verschiedene Möglichkeiten für eine Beweissicherung im Vorfeld und während eines Prozesses, wobei die vorprozessualen Möglichkeiten zur Beweissicherung merklich schwächer ausgebildet sind.

I. Darlegungs- und Beweislast im gewerblichen Rechtsschutz

„Recht haben und Recht bekommen sind bekanntlich zweierlei". Dieses Sprichwort beschreibt zutreffend die Diskrepanz zwischen dem materiellen Recht und dessen prozessualer Durchsetzung. Die beweisbelastete Partei muss die erforderlichen Beweismittel für eine substantiierte Klageerhebung beschaffen. Demgemäß trifft den Schutzrechtsinhaber bei der Einleitung eines Verletzungsprozesses (wie in jedem anderen Zivilprozess) die Darlegungs- und Beweislast, wobei der Maßstab dafür durch § 138 Abs. 1 ZPO, im Falle des Bestreitens der gegnerischen Partei durch § 138 Abs. 2–4 ZPO vor-

---

[1] *Kreye,* in: FS v. Meibom (2010), S. 241 (241 f.); *Marshall,* in: FS Preu (1988), S. 151 (163); *McGuire,* GRUR 2015, S. 424 (435); *Müller-Stoy,* MittdtPatA 2009, S. 361 (361); *Mes,* GRUR 2000, S. 934 (935); vgl. *Grabinski/Zülch,* in: Benkard (2015), § 139 PatG Rn. 119; *Leppin,* GRUR 1984, S. 552 (558 f.).

gegeben ist.[2] Sobald der Antragsteller den Verletzungsvorwurf weiter substantiiert, muss sich der Antragsgegner gleichermaßen substantiiert zum Verletzungsvorwurf äußern, sodass sich der Umfang des Tatsachenvortrags der jeweiligen Partei nach dem Vortrag der anderen Partei richtet, was einem „prozessualen Pingpong" gleichkommt (vgl. § 138 Abs. 2 ZPO).[3] Sofern die gegnerische Partei das einfache Vorbringen des Schutzrechtsinhabers bestreitet, muss er für eine erfolgreiche Durchsetzung seiner Rechte die Schutzrechtsverletzung konkreter schildern, wofür er aber auf Informationen aus der Sphäre des Antragsgegners angewiesen ist.[4]

---

[2] RG, Urt. v. 01.04.1938, Az. I 188/37, GRUR 1938, 428, 429; *Grabinski/Zülch*, in: Benkard (2015), § 139 PatG Rn. 114; *Hahn*, in: PK-GewRS (2015), Vor § 485 ZPO Rn. 8; *Leipold*, in: Stein/Jonas (2005), § 138 Rn. 25 ff.; *Braun* (2014), S. 717–720, 764; *Koch* (2013), S. 24, 28; *Kühnen* (2013), Rn. 1387; *Gniadek* (2011), S. 168; *Jauernig/Hess* (2011), § 50 Rn. 11; *Rohlfing* (2009), S. 34–36; *Müller-Stoy* (2008), Rn. 9, 50–52; *Lang* (2007), S. 11–17, 20 f.; *Karger* (1996), S. 53; *Kersting* (1995), S. 113; *Schlosser* (1991), Rn. 363; *Schaaff* (1983), S. 128 f.; *Stürner* (1976), S. 4, 7; *Kreye*, in: FS v. Meibom (2010), S. 241 (241); *Engel*, in: Lehmann (1993), S. 869 (911, Rn. 108); *Schickedanz*, GRUR Int 2011, S. 480 (485); *Rauschhofer*, GRUR-RR 2006, S. 249 (249); *Seichter*, WRP 2006, S. 391 (394); *Ulmer*, ITRB 2006, S. 63 (63); *König*, MittdtPatA 2002, S. 153 (159); *Marshall*, IIC 2000, S. 646 (656); *Dreier*, GRUR 1993, S. 781 (788); *Götting*, GRUR Int 1988, S. 729 (729); *Bierbach*, GRUR 1986, S. 201 (206); *Fritze/Stauder*, GRUR Int 1986, S. 342 (342); *Schulze*, CR 1986, S. 779 (781); *Stürner*, JZ 1985, S. 453 (456); *Stauder*, GRUR Int 1978, S. 230 (230); *Hesse*, GRUR 1975, S. 455 (457); vgl. *Nielen*, in: PK-GewRS (2015), § 138 ZPO Rn. 11, 28, 40, 49, 54; *v. Hippel* (1939), S. 40 ff.; *Lüderitz*, in: Recht und Staat (1966), S. 1 (27 ff.); *Arens*, ZZP 1983, S. 1 (1).

[3] BGH, Urt. v. 03.02.1999, Az. VIII ZR 14/98, NJW 1999, 1404, 1405 = MDR 1999, 696, 696; BGH, Urt. v. 27.05.1982, Az. I ZR 35/80, GRUR 1982, 681, 683 – Skistiefel = MDR 1983, 196, 196; Baumbach/Lauterbach/Albers/Hartmann (2016), § 138 Rn. 4, 30; *Greger*, in: Zöller (2016), § 138 Rn. 8, 8a; *Nielen*, in: PK-GewRS (2015), § 138 ZPO Rn. 22; *Hahn*, in: PK-GewRS (2015), Vor § 485 ZPO Rn. 9; *Voß*, in: Fitzner/Lutz/Bodewig (2012), Vor §§ 139 ff. PatG Rn. 123; *Jäckel* (2014), Rn. 28; *Kühnen* (2013), Rn. 1388; *Gniadek* (2011), S. 168; *Beckhaus* (2010), S. 78 f.; *Müller-Stoy* (2008), Rn. 54; *Ulmer*, ITRB 2006, S. 63 (64); *Schulze*, CR 1986, S. 779 (786).

[4] BGH, Urt. v. 30.09.2003, Az. X ZR 114/00, GRUR 2004, 268, 269 – Blasenfreie Gummibahn II = BeckRS 2004, 00086; BGH, Urt. v. 11.07.1995, Az. X ZR 42/93, NJW 1995, 3311, 3312 = MDR 1996, 352, 352; LG Düsseldorf, Beschl. v. 09.03.2006, Az. 4b O 550/05, InstGE 6, 189, 191 (Rn. 5) – Walzen-Formgebungsmaschine; *Grabinski/Zülch*, in: Benkard (2015), § 139 PatG Rn. 116; *Nielen*, in: PK-GewRS (2015), § 138 ZPO Rn. 21; *Hahn*, in: PK-GewRS (2015), Vor § 485 ZPO Rn. 9; *Voß*, in: Fitzner/Lutz/Bodewig (2012), Vor §§ 139 ff. PatG Rn. 118, 121; *Kühnen* (2013), Rn. 1385–1388; *v. Meibom/vom Feld*, in: FS 50 Jahre BPatG (2011), S. 975 (975); *Deichfuß*, GRUR 2015, S. 436 (436); *Mes*, GRUR 2013, S. 767 (767); *Hauck*, GRUR Int 2013, S. 713 (716); *Müller-Stoy*, MittdtPatA 2009, S. 361 (361); *Mes*, GRUR 2000, S. 934 (934); *Marshall*, IIC 2000, S. 646 (656); *Lachmann*, NJW 1987, S. 2206 (2209); vgl. *Stadler*, in: Musielak/Voit (2016), § 138 Rn. 10.

Der Schutzrechtsinhaber muss also für eine erfolgreiche Durchsetzung seiner Ausschließlichkeitsrechte die anspruchsbegründenden Tatsachen vortragen und beweisen. Dabei reicht es nicht aus, wenn er die Anspruchsmerkmale einfach wiedergibt, sondern er muss vielmehr die Ausgestaltung des streitbefangenen Gegenstandes so visualisieren, dass man die Merkmalsverwirklichung unter die Merkmale des antragstellerischen Schutzrechts subsumieren kann, weshalb sich bei Verletzungssachverhalten recht hohe Anforderungen an die Darlegungs- und Beweislast des Klägers ergeben können.[5] Sofern der Schutzrechtsinhaber zur Untermauerung seiner Verletzungsklage eigene Betriebs- und Geschäftsgeheimnisse offenlegen muss, besteht die Gefahr, dass der Antragsgegner erstmals von diesen geheimhaltungsbedürftigen Informationen erfährt oder aber diese dem Antragsgegner detaillierter als bisher verfügbar gemacht werden.[6]

Ein Schutzrechtsinhaber sieht sich gerade im Bereich des gewerblichen Rechtsschutzes häufig mit einem Informationsdefizit und sich daraus ergebenden Nachweisschwierigkeiten konfrontiert, da er nur Indizien vorweisen kann, aber nicht alle Tatsachen kennt, die für die Beweisführung erheblich sind, oder aber auf entsprechende Beweismittel nicht zurückgreifen kann, da sie sich in der Sphäre eines Dritten (meist des Antragsgegners) befinden.[7] Eine substantiierte Beweisführung und ein bestimmter Klageantrag gelingen am effektivsten unter Rückgriff auf die Ausführungsform des Antragsgegners.[8] Wenngleich der Dritte die Informationen leicht beschaffen kann, wird er sie aufgrund von Geheimhaltungsinteressen sowie einer wahrscheinlichen Niederlage im Verletzungsprozess nicht freiwillig preisgeben. Aufgrund des

---

[5] BGH, Urt. v. 23.01.2003, Az. I ZR 18/00, GRUR 2003, 786, 787 = NJW-RR 2003, 1279, 1280; OLG Düsseldorf, Urt. v. 24.08.2006, Az. I-2 U 31/05, BeckRS 2008, 05805 – Drucker-Tandembetrieb; LG Düsseldorf, Beschl. v. 09.03.2006, Az. 4b O 550/05, InstGE 6, 189, 191, 192 (Rn. 5) – Walzen-Formgebungsmaschine; *Nielen*, in: PK-GewRS (2015), § 138 ZPO Rn. 31; *Müller-Stoy* (2008), Rn. 50; *v. Hartz* (2004), S. 112; *Karger* (1996), S. 25 f.; *Axster*, in: FS Volhard (1996), S. 19 (27); *Schulze*, CR 1986, S. 779 (779).

[6] *McGuire/Joachim/Künzel/Weber*, GRUR Int 2010, S. 829 (839).

[7] *Grabinski/Zülch*, in: Benkard (2015), § 140c PatG Rn. 1; *Hahn*, in: PK-GewRS (2015), Vor § 485 ZPO Rn. 11, 13; *Wiebe*, in: Münch AnwHdb IT-Recht (2013), Teil 3 Rn. 240; *Ann/Hauck/Maute* (2011), Rn. 1–3, 36; *Beckhaus* (2010), S. 1, 35 f.; *Pitz* (2010), Rn. 38; *Heydn*, in: *Heydn/Schmid-Petersen/Vassilaki* (2009), Rn. 314; *Amschewitz* (2008), S. 107; *Lang* (2007), S. 17; *v. Hartz* (2004), S. 112 f.; *Markfort* (2001), S. 167; *Karger* (1996), S. 4; *Haedicke*, in: FS Schricker (2005), S. 19 (19); *Deichfuß*, GRUR 2015, S. 436 (437); *Müller-Stoy*, MittdtPatA 2009, S. 361 (361); *v. Hartz*, ZUM 2005, S. 376 (377); *Mayer/Linnenborn*, K&R 2003, S. 313 (315); *Metzger/Wurmnest*, ZUM 2003, S. 922 (928); *Mes*, GRUR 2000, S. 934 (934 f.); *Tilmann*, GRUR 1987, S. 251 (251); *Fritze/Stauder*, GRUR Int 1986, S. 342 (342); *Schweikhardt*, GRUR 1962, S. 116 (117); vgl. *Junker*, in: FS Kilian (2004), S. 339 (339 f.); *Arens*, ZZP 1983, S. 1 (2).

[8] BGH, Urt. v. 30.09.2003, Az. X ZR 114/00, GRUR 2004, 268, 269 – Blasenfreie Gummibahn II = BeckRS 2004, 00086; *Kühnen* (2013), Rn. 286, 295.

Informationsdefizits kann der Schutzrechtsinhaber häufig mehr oder weniger starke Anhaltspunkte für eine Schutzrechtsverletzung vorlegen, jedoch keine lückenlose Beweiskette für ein Hauptsacheverfahren vorweisen, die den Anforderungen an die Darlegungs- und Beweislast in einem Verletzungsprozess genügt. Die Einleitung eines Verletzungsprozesses erscheint in diesem Stadium wenig aussichtsreich. Im Ergebnis hindert das Informationsdefizit den Schutzrechtsinhaber an der Durchsetzung seiner Rechte, sodass die erste Hürde bei der Verfolgung von Schutzrechtsverletzungen die Beweissicherung im Vorfeld des Verletzungsprozesses darstellt.

1. Öffentliche Nutzung

Sobald der streitbefangene Gegenstand bereits durch den vermeintlichen Schutzrechtsverletzer beworben und auf dem Markt vertrieben wird, gelangt der Schutzrechtsinhaber verhältnismäßig unproblematisch an die notwendigen Beweise. Er kann nämlich durch einen Testkauf, Zeichnungen, Bedienungsanleitungen (mit technischen Ausführungen und Skizzen), Fotos, Prospekte, Untersuchungs- oder Besichtigungsberichte, bebilderte Angebote und Werbebroschüren sowie Filme (wenn es um den Nachweis von mechanischen Bewegungen und Verfahrensabläufen geht) seiner Darlegungs- und Beweislast nachkommen, wobei diese Möglichkeiten zum Teil auch bei Verletzungsgegenständen zur Verfügung stehen, die nicht direkt auf dem Markt verfügbar sind.[9]

Der erworbene Gegenstand kann dem Gericht zum Zwecke der Inaugenscheinnahme vorgelegt oder für eine genauere Begutachtung an einen Sachverständigen weitergegeben werden. Hierbei handelt es sich dann um einen substantiierten Vortrag des Schutzrechtsinhabers. Der vermeintliche Schutzrechtsverletzer muss dieses Vorbringen dann seinerseits substantiiert (also mit näheren positiven Angaben) erwidern (§ 138 Abs. 2, 3 ZPO) und die tatsächliche Ausgestaltung seiner Ausführungsform erläutern, sodass ein einfaches Bestreiten nicht mehr genügt.[10]

---

[9] *Hahn*, in: PK-GewRS (2015), Vor § 485 ZPO Rn. 20 f.; *Oldekop*, in: Schramm (2012), Kap. 9 Rn. 97; *Kühnen* (2013), Rn. 295; *Pitz* (2010), Rn. 34; *Müller-Stoy*, MittdtPatA 2009, S. 361 (361); *Müller-Stoy*, GRUR-RR 2009, S. 161 (161); *Bierbach*, GRUR 1986, S. 201 (204 f.); vgl. *Mes*, GRUR 2013, S. 767 (767).

[10] BVerfG, Beschl. v. 28.06.1993, Az. 1 BvR 42/90, NJW 1994, 848, 849 = BeckRS 9998, 56145; BGH, Urt. v. 11.03.2010, Az. IX ZR 104/08, NJW 2010, 1357, 1358 (Rn. 16) = WM 2010, 815, 817 (Rn. 16); OLG Rostock, Urt. v. 18.01.1996, Az. 1 U 33/95, NJW 1996, 1831, 1832 = BeckRS 9998, 94831; *Stadler*, in: Musielak/Voit (2016), § 138 Rn. 10; *Kühnen* (2013), Rn. 295.

2. Betriebsinterne Nutzung

Sofern der vermeintliche Verletzer den streitbefangenen Gegenstand oder ein Herstellungsverfahren ausschließlich nicht-öffentlich (meist betriebsintern) nutzt[11] oder eine öffentliche Verbreitung noch eine gewisse Zeit aussteht, wird dem Schutzrechtsinhaber die technische Ausgestaltung des Verletzungsgegenstandes teilweise oder ganz unbekannt sein. Zwar kann er zuweilen auch auf die soeben beschriebenen Mittel wie Fotos, Prospekte, anderweitige Werbematerialien oder Bedienungsanleitungen zur Beschaffung des notwendigen Verletzungsnachweises zurückgreifen. Jedoch ist er häufig noch zusätzlich auf die Ausführungsform der Gegenseite angewiesen, wenn er auf dem Markt ein Muster weder erwerben noch besichtigen kann.[12] Ein Schutzrechtsinhaber ist dementsprechend häufig im Unklaren, wenn es um den konkreten Nachweis einer vermuteten nicht-öffentlichen Schutzrechtsverletzung geht.[13]

Im Patentrecht sind es meist besondere Herstellungs- oder Anwendungsverfahren sowie Teile einer nicht-öffentlich zugänglichen Maschine, die derartige Schwierigkeiten bereiten, wohingegen im Urheberrecht sehr erhebliche Beweisschwierigkeiten bei kopierten Computerprogrammen (hier steht regelmäßig der urheberrechtlich geschützte Quellcode im Mittelpunkt) oder bei der Lagerung von urheberrechtsverletzenden Mediendateien auf internen Servern des Antragsgegners auftreten.[14] Im Designrecht können Beweisschwierigkeiten bestehen, wenn Testkäufe nicht möglich oder unzumutbar sind oder aber das geschützte Produkt Teil eines Gesamtproduktes und der geschützte Teil im Endprodukt nicht erkennbar ist, sodass vorherige Stadien des Endproduktes eingesehen werden müssen.[15]

Nachweisschwierigkeiten im Markenrecht stehen oft im Zusammenhang mit Großhändlern und Importeuren, die neben rechtmäßig gekennzeichneter Ware Plagiate oder nicht erschöpfte Originalware anbieten, wobei auch der

---

[11] *Hahn*, in: PK-GewRS (2015), Vor § 485 ZPO Rn. 13; Ingerl/Rohnke (2010), § 19a Rn. 2; *Amschewitz* (2008), S. 108; *Ibbeken* (2004), S. 13; *Deichfuß*, GRUR 2015, S. 436 (436 f.); *Hauck*, GRUR Int 2013, S. 713 (716); *Müller-Stoy*, GRUR-RR 2009, S. 161 (161); *Müller-Stoy*, MittdtPatA 2009, S. 361 (361); *Fritze/Stauder*, GRUR Int 1986, S. 342 (342).

[12] *Hahn*, in: PK-GewRS (2015), Vor § 485 ZPO Rn. 20; *Kühnen* (2013), Rn. 296; *Pitz* (2010), Rn. 34; *Haedicke*, in: FS Leipold (2009), S. 53 (53); *Haedicke*, in: FS Schricker (2005), S. 19 (19); *Deichfuß*, GRUR 2015, S. 436 (437).

[13] *Mes*, GRUR 2000, S. 934 (934).

[14] *Hahn*, in: PK-GewRS (2015), Vor § 485 ZPO Rn. 14, 17, 37; *Imhof*, in: Hdb. UrhR (2016), Kap. 5 Rn. 401; *Bisges*, in: Hdb. UrhR (2016), Kap. 7 Rn. 89; *Maaßen*, in: FormB-UMR (2015), Kap. 15 Rn. 256; *Haeffs* (2010), S. 79; *Amschewitz* (2008), S. 108 f.; *Hoeren/Kuta*, in: FS Weber (2011), S. 499 (500); *Engel*, in: Lehmann (1993), S. 869 (912, Rn. 109); *Bork*, NJW 1997, S. 1665 (1666); vgl. *Zöllner*, GRUR-Prax 2010, S. 74 (74).

[15] *Eichmann*, in: Eichmann/v. Falckenstein/Kühne (2015), § 46a Rn. 2; *Hahn*, in: PK-GewRS (2015), Vor § 485 ZPO Rn. 16, 37.

Parallelhandel in diesen Fällen ein potenzielles Feld für Besichtigungen aufgrund von Beweisproblemen ist.[16] Eine Markenrechtsverletzung ist aber meist offenkundig und der Verletzer schnell identifiziert, sofern sich die markenverletzende Ware oder Dienstleitung bereits im Markt befindet, sodass ein Besichtigungsanspruch erst dann vonnöten ist, wenn Hinweise auf eine Markenrechtsverletzung vorliegen und die typischerweise durchzuführenden Testkäufe nicht realisiert werden können.[17] Die Nachweisschwierigkeiten im Wettbewerbsrecht bestehen in erster Linie in Bezug auf Betriebs- und Geschäftsgeheimnisse sowie die Unwahrheit von getroffenen bzw. gar nicht erst getroffenen Aussagen.[18]

In allen genannten Fällen kann sich der Schutzrechtsinhaber regelmäßig nur durch eine Besichtigung Gewissheit darüber verschaffen, ob seine Verletzungsvorwürfe haltbar sind, wenngleich der vermeintliche Schutzrechtsverletzer dem Schutzrechtsinhaber den Zutritt zu seinen Betriebs- und Geschäftsräumen in der Regel untersagen wird. Die genaue Beschreibung der Verletzungsform ist aber für eine schlüssige Begründung der Klage erforderlich[19], sodass der Antragsteller Zugang zum vermeintlichen Verletzungsgegenstand erlangen muss. Daneben besteht oftmals noch die Gefahr, dass der vermeintliche Schutzrechtsverletzer belastendes Material manipuliert, zerstört oder beiseiteschafft, sobald er von den Bestrebungen des Schutzrechtsinhabers erfährt.[20]

3. Widerstreitende Interessenlage

Aus der beschriebenen Ausgangslage ergeben sich widerstreitende Interessen, die in zwei Lager eingeteilt werden können.[21] Auf der einen Seite steht der Schutzrechtsinhaber, der in die Entwicklung und Anmeldung des Schutzrechts erhebliche Kosten investiert hat und diese Investitionen wieder erwirtschaften sowie den dadurch erlangten Wettbewerbsvorsprung erhalten möch-

---

[16] *Hahn*, in: PK-GewRS (2015), Vor § 485 ZPO Rn. 15, 37; vgl. BGH, Urt. v. 23.02.2006, Az. I ZR 272/02, GRUR 2006, 421, 424 (Rn. 41) – Markenparfümverkäufe = NJW-RR 2006, 1118, 1122 (Rn. 41); Ingerl/Rohnke (2010), § 19a Rn. 2.

[17] *Hacker*, in: Ströbele/Hacker (2015), § 19a Rn. 2; *v. Schultz*, in: v. Schultz (2012), § 19a Rn. 2; Ingerl/Rohnke (2010), § 19a Rn. 2; Fezer (2009), § 19a MarkenG Rn. 60; *Köklü/Müller-Stoy*, MittdtPatA 2011, S. 109 (109); *Czychowski*, GRUR-RR 2008, S. 265 (268).

[18] *Hahn*, in: PK-GewRS (2015), Vor § 485 ZPO Rn. 18 f., 37; vgl. *Zöllner*, GRUR-Prax 2010, S. 74 (74).

[19] Vgl. BGH, Urt. v. 30.03.2005, Az. X ZR 126/01, GRUR 2005, 569, 570 – Blasfolienherstellung = BeckRS 2005, 06061.

[20] *Götting*, GRUR Int 1988, S. 729 (729).

[21] *Krieger*, in: FS Steindorff (1990), S. 989 (992); *Marshall*, in: FS Preu (1988), S. 151 (160 f.); *Deichfuß*, GRUR 2015, S. 436 (437).

te.[22] Daher ist ihm an einer effektiven Durchsetzung seiner gesetzlich verbrieften Ausschließlichkeitsrechte gelegen, insbesondere an einer schnellen Aufklärung des Verletzungsvorwurfs, da das Immaterialgüterrecht von schnellen Entwicklungszyklen geprägt ist, schutzrechtsverletzende Produkte die Marktstellung des Schutzrechtsinhabers wie auch seine Reputation (etwa wegen minderwertigerer Nachahmungen) negativ beeinflussen können und eine späte Schadensbemessung sowie Schadensliquidation Probleme bereiten kann.[23]

Auf der anderen Seite befindet sich der vermeintliche Verletzer, der eine Schutzrechtsverletzung durch eine identische oder abgewandelte Übernahme oder eine Weiterentwicklung begangen haben kann. Möglicherweise hat er aber auch ein alternatives Verfahren oder eine neue Vorrichtung entwickelt. Sofern er hierfür noch keine Schutzrechte angemeldet hat, besteht seinerseits ein großes Interesse, dieses Know-how geheim zu halten, insbesondere vor einem Wettbewerber. Würde man dem Schutzrechtsinhaber den Zutritt zu den Betriebs- und Geschäftsräumen des vermeintlichen Verletzers blindlings ermöglichen, drohte die Gefahr, dass sowohl sein Know-how hinsichtlich des alternativen Verfahrens bzw. der neuen Vorrichtung als auch darüber hinausgehende Betriebs- und Geschäftsgeheimnisse, die der Schutzrechtsinhaber im Verlauf der Besichtigung aufschnappt, aufgedeckt werden.[24] Dem vermeintlichen Schutzrechtsverletzer ist damit in erster Linie an der Wahrung seiner geheimhaltungsbedürftigen Informationen gelegen. Daneben möchte er einen ungestörten Betriebsablauf wahren, Schäden am streitbefangenen Gegenstand verhindern und im Falle einer Verletzungshandlung der gegnerischen Partei nicht die Waffen gegen die eigene Person ausliefern.[25]

Die Interessen der beteiligten Parteien sind Ausgestaltungen wichtiger Grundprinzipien des Rechts, stehen sich meist aber diametral gegenüber.[26] Durch die Besichtigung wird in das Recht am eingerichteten und ausgeübten Gewerbebetrieb eingegriffen, Betriebs- und Geschäftsgeheimnisse werden berührt, gleichzeitig tangieren Substanzeingriffe das Eigentumsrecht, das insgesamt unter dem Schutz von Art. 14 Abs. 1 S. 1 GG steht.[27] Die Berufs-

---

[22] *Hauck* (1987), S. 52 ff.; *Marshall,* in: FS Preu (1988), S. 151 (160 f.).

[23] *Marly* (2014), Rn. 38, 47; *Gniadek* (2011), S. 359; *Marly* (1995), S. 8, 11; *Levente,* GRUR Int 2013, S. 1012 (1014); *v. Hartz,* ZUM 2005, S. 376 (381); *Brandi-Dohrn,* CR 1985, S. 67 (70 f.).

[24] *Marshall,* in: FS Preu (1988), S. 151 (161); *Deichfuß,* GRUR 2015, S. 436 (437).

[25] *Müller-Stoy* (2008), Rn. 13; *Haedicke,* in: FS Schricker (2005), S. 19 (19 f.); *Marshall,* in: FS Preu (1988), S. 151 (161); *Zekoll/Bolt,* NJW 2002, S. 3129 (3129); *König,* MittdtPatA 2002, S. 153 (153).

[26] *Pagenberg,* CR 1991, S. 65 (65).

[27] BGH, Urt. v. 07.06.1990, Az. III ZR 74/88, NJW 1990, 3260, 3262 = GRUR 1992, 127, 129; OLG München, Beschl. v. 11.08.2008, Az. 6 W 1380/08, InstGE 10, 186, 191 (Rn. 43 f.) – Laser-Schweißverfahren = GRUR-RR 2009, 191, 192; *Papier*, in: Maunz/

ausübungsfreiheit (Art. 12 Abs. 1 S. 2 GG) ist ebenfalls betroffen, da sie neben der eigentlichen beruflichen Tätigkeit auch Betriebs- und Geschäftsgeheimnisse schützt.[28] Das Betreten der Betriebs- und Geschäftsräume im Zuge der Besichtigung stellt einen Eingriff in Art. 13 Abs. 1 GG dar.[29] Daneben liegt ein Eingriff in die wirtschaftliche Betätigung (Imageschaden) sowie die unternehmerische Handlungsfreiheit vor, die über Art. 2 Abs. 1 GG geschützt ist.[30]

Unabhängig von diesen Grundrechtsbeeinträchtigungen sind im Wesentlichen zwei verfassungsrechtliche Grundsätze betroffen: der Anspruch auf rechtliches Gehör (Art. 103 Abs. 1 GG) und die Gewährleistung effektiven Rechtsschutzes (Art. 19 Abs. 4 GG). Außerdem gilt für den vermeintlichen Verletzer bis zu einer rechtskräftigen Verurteilung die Unschuldsvermutung (Art. 20 Abs. 3, 28 Abs. 1 S. 1 GG, Art. 11 Abs. 1 AEMR, Art. 6 Abs. 2 EMRK).[31] Dem deutschen Recht lässt sich keine Grundposition entnehmen,

---

Dürig (2015), Art. 14 GG Rn. 95, 99, 106; *Jarass*, in: Jarass/Pieroth (2014), Art. 14 Rn. 8 f., 21; *Wendt*, in: Sachs (2014), Art. 14 Rn. 47; *Hofmann*, in: Schmidt-Bleibtreu/Hofmann/Henneke (2014), Art. 14 Rn. 17; *Wieland*, in: Dreier (2013), Art. 14 Rn. 61–63, 71 f.; *Bryde*, in: v. Münch/Kunig (2012), Art. 14 Rn. 17 f.; *Depenheuer*, in: v. Mangoldt/Klein/Starck (2010), Art. 14 Rn. 99, 108, 132; *Götz* (2014), S. 37–40 m.w.Nachw.; *Voß*, in: Fitzner/Lutz/Bodewig (2012), Vor §§ 139 ff. PatG Rn. 132; *Pieroth/Schlink/Kingreen/Poscher* (2015), Rn. 1006; *Wolf* (2015), S. 73–105; *Malmström* (2013), S. 58–65; *Ann/Hauck/Maute* (2011), Rn. 25, 27; *Siebert* (2011), S. 301 f.; *Hauck* (1987), S. 246 ff.; *Hoeren/Kuta*, in: FS Weber (2011), S. 499 (539); *Werner*, in: FS Pfeiffer (1988), S. 821 (822); *Ann*, VPP-Rundbrief 2011, S. 118 (119, Folie 7); *Eck/Dombrowski*, GRUR 2008, S. 387 (388); *Ann*, GRUR 2007, S. 39 (42); *Stadler*, NJW 1989, S. 1202 (1204).

[28] BVerfG, Urt. v. 24.11.2010, Az. 1 BvF 2/05, NVwZ 2011, 94, 103 f. (Rn. 204) = BeckRS 2010, 56135 (Rn. 204); BVerfG, Beschl. v. 14.03.2006, Az. 1 BvR 2087/03 und 1 BvR 2111/03, MMR 2006, 375, 376 = NVwZ 2006, 1041, 1042 (Rn. 79 f.); OLG Düsseldorf, Beschl. v. 02.07.2015, Az. I-2 W 13/15, BeckRS 2016, 01681 (Rn. 7); OLG Düsseldorf, Beschl. v. 20.08.2012, Az. I-2 W 13/12, BeckRS 2016, 01066; *Jarass*, in: Jarass/Pieroth (2014), Art. 12 Rn. 10, 14, 44; *Voß*, in: Fitzner/Lutz/Bodewig (2012), Vor §§ 139 ff. PatG Rn. 132; *Götz* (2014), S. 37–40 m.w.Nachw.; *Wolf* (2015), S. 120–137; *Malmström* (2013), S. 66–69; *Ann/Hauck/Maute* (2011), Rn. 23 f.; *Siebert* (2011), S. 302 f.; *Werner*, in: FS Pfeiffer (1988), S. 821 (822); *Ann*, VPP-Rundbrief 2011, S. 118 (119, Folie 7); *Stadler*, ZZP 2010, S. 261 (265).

[29] BVerfG, Beschl. v. 27.05.1997, Az. 2 BvR 1992/92, NJW 1997, 2165, 2165 = BeckRS 9998, 03646; *Voß*, in: Fitzner/Lutz/Bodewig (2012), Vor §§ 139 ff. PatG Rn. 132; *Beckhaus* (2010), S. 135; *Hoeren/Kuta*, in: FS Weber (2011), S. 499 (539); *Eck/Dombrowski*, GRUR 2008, S. 387 (388).

[30] BVerfG, Beschl. v. 03.05.1994, Az. 1 BvR 737/94, NJW 1994, 1784, 1784 = DStR 1994, 1275, 1275; *Di Fabio*, in: Maunz/Dürig (2015), Art. 2 GG Rn. 11, 76; *Jarass*, in: Jarass/Pieroth (2014), Art. 2 Rn. 43, 52; *Murswiek*, in: Sachs (2014), Art. 2 Rn. 54; *Dreier*, in: Dreier (2013), Art. 2 Rn. 36; *Wolf* (2015), S. 106–120; *Malmström* (2013), S. 69–71; *Ann/Hauck/Maute* (2011), Rn. 26; *Eck/Dombrowski*, GRUR 2008, S. 387 (388).

[31] *Franz*, ZUM 2005, S. 802 (808).

die den aufgezeigten Interessenkonflikt zu lösen vermag.[32] Es existiert jedoch eine Reihe von Vorschriften (insbesondere solche, die auf eine Besichtigung bei der gegnerischen Partei gerichtet sind), die das Informationsdefizit des Schutzrechtsinhabers lindern, gleichzeitig aber auch die berechtigten Interessen der gegnerischen Partei wahren sollen.[33]

II. Instrumente zur Bewältigung des Informationsdefizits

Ein Schutzrechtsinhaber kann den vom Prozessrecht vorgegebenen Beibringungspflichten oftmals nicht nachkommen, insbesondere bei einer nichtöffentlichen Benutzung eines Gegenstandes. Dadurch ergibt sich die Gefahr, dass dem Schutzrechtsinhaber kein effektiver Rechtsschutz gewährleistet werden kann, wenn die Rechtsordnung keinen Ausgleich für die im Verletzungsprozess geltende Beibringungspflicht bereithält. Das dargestellte Informationsdefizit hat der Schutzrechtsinhaber nicht verschuldet. Es resultiert vielmehr aus den ungünstigen Umständen der Informationslage und ist dementsprechend strukturell bedingt, sodass es der Rechtsordnung obliegt, Instrumente bereitzuhalten, mit denen der Schutzrechtsinhaber das Informationsdefizit überwinden kann.[34]

Im Zuge der zunehmenden Trennung des materiellen Zivilrechts vom Zivilprozessrecht kommt es vermehrt dazu, dass einer Partei durch das materielle Recht eine Rechtsposition gewährt wird, diese aber aufgrund fehlender Beweisbarkeit nicht prozessual durchgesetzt werden kann.[35] Die Möglichkeiten der Rechtsordnung zur Bewältigung des aufgezeigten Informationsdefizits sind entscheidend für die Verwirklichung materieller Gerechtigkeit.[36] In Betracht kommen materiell-rechtliche sowie prozessrechtliche Instrumente, die eine Beweisbeschaffung und -sicherung zugunsten der beweisbelasteten Partei vorsehen. Die nachfolgende Darstellung dient der Einordnung des „Düsseldorfer Modells“ in die Möglichkeiten zur Beweisbeschaffung und Beweissicherung.

1. Vorbereitende Informationsmöglichkeiten

Die Instrumentarien zur Beweissicherung im deutschen Recht wurden durch Gesetzgebung und Rechtsprechung zunehmend weiterentwickelt und verfei-

---

[32] *Beckhaus* (2010), S. 4, 257, 414.

[33] *Beckhaus* (2010), S. 16; *Mugdan* (1899), S. 497 f.; *Jatzow* (1888), S. 890 f.; *Marshall,* in: FS Preu (1988), S. 151 (152).

[34] *Kreye,* in: FS v. Meibom (2010), S. 241 (242, Fn. 7).

[35] *Paulus* (2010), Rn. 336.

[36] *Beckhaus* (2010), S. 1.

nert.[37] In allen Bereichen des Zivilrechts findet man eine Vielzahl an Ansprüchen, durch die ein Anspruchsteller Informationen erlangen kann, auf deren Grundlage er ein Hauptsacheverfahren einleiten kann, wenngleich ein einheitliches Ordnungskonzept nicht erkennbar ist.[38] Neben Besichtigungsansprüchen sind im Immaterialgüterrecht innerprozessuale sowie gewohnheitsrechtliche Informationsmöglichkeiten von besonderer Bedeutung, weswegen sich die folgende Darstellung darauf beschränkt.

a) Innerprozessuale Informationsmöglichkeiten

Wenngleich sich eine weitgehende Aufklärungspflicht nicht aus der Vorschrift zur freien Beweiswürdigung nach § 286 ZPO ableiten lässt[39], kann das Gericht im Wege der materiellen Prozessleitung (§§ 139, 141 ZPO) trotz der richterlichen Neutralität durchaus Informationsdefizite ausgleichen (etwa über die Hinweispflichten nach § 139 Abs. 1 S. 2, Abs. 2 ZPO).[40] Eine Parteivernehmung nach §§ 445 ff. ZPO kann ebenfalls zur Bewältigung von Informationsdefiziten herangezogen werden.[41] Daneben sieht die Zivilprozessordnung aber weitere Möglichkeiten zur Vorlage von Urkunden und Augenscheinsobjekten innerhalb eines Prozesses vor.

aa) Vorlage nach §§ 421 ff. ZPO, § 371 Abs. 2 ZPO

Die gegnerische Partei ist nach § 422 ZPO zur Urkundenvorlage verpflichtet, wenn dem Beweisführer ein materieller Anspruch auf Vorlage oder Herausgabe zusteht, sodass diese Vorschrift nur einem bestehenden materiellrechtlichen Anspruch zur Durchsetzung verhilft. Dagegen sieht § 423 ZPO einen selbstständigen prozessualen Urkundenvorlageanspruch vor. Danach ist die gegnerische Partei zur Vorlage der in ihren Händen befindlichen Urkunden verpflichtet, auf die sie im Prozess zur Beweisführung Bezug genommen hat. Eine Urkundenvorlage durch Dritte regeln die §§ 428 ff. ZPO. Nach § 371 Abs. 2 ZPO kann der Schutzrechtsinhaber schließlich die Vorlage eines Augenscheinsobjekts von der gegnerischen Partei sowie einem Dritten veranlassen, wofür es eines substantiierten Beweisantrags bedarf (vgl. § 371 Abs. 2 S. 1 ZPO).

---

[37] *Grabinski/Zülch*, in: Benkard (2015), § 139 PatG Rn. 115.

[38] Ausführlich dazu: *Beckhaus* (2010), S. 1–166.

[39] BGH, Beschl. v. 18.12.2012, Az. X ZR 7/12, GRUR 2013, 316, 317 (Rn. 18) – Rohrmuffe = MittdtPatA 2013, 200, 202 (Rn. 18); *Rinken/Kühnen*, in: Schulte (2014), § 140c Rn. 90.

[40] *Greger*, in: Zöller (2016), § 139 Rn. 1, 5; *Wagner*, in: MüKo ZPO (2013), § 139 Rn. 23; *Jauernig/Hess* (2011), § 77 Rn. 1, 5; *Rosenberg/Schwab/Gottwald* (2010), § 77 Rn. 15 ff.; *Beckhaus* (2010), S. 88 f.; *Reischl*, ZZP 2003, S. 81 (86 ff., 108 ff.); vgl. BGH, Urt. v. 22.04.1999, I ZR 37/97, NJW 1999, 3716, 3716 = MDR 2000, 284, 284.

[41] *Beckhaus* (2010), S. 126–130.

Die Bedeutung dieser Vorschriften bei der Bewältigung von Informationsdefiziten ist jedoch als gering einzustufen.[42] Es handelt sich zwar um vorbereitende Informationsmöglichkeiten. Jedoch muss für alle aufgezählten Vorschriften ein Prozessrechtsverhältnis bestehen, da sie der Durchsetzung des Vorlage- und Besichtigungsanspruchs in einem Schutzrechtsverletzungsprozess dienen.[43] Ein Schutzrechtsinhaber möchte sich aber gerade im Vorfeld eines Verletzungsprozesses Gewissheit über das Bestehen seiner Ansprüche verschaffen und die für eine Klageerhebung notwendigen Beweise sichern, weshalb die aufgezeigten Vorschriften der Zivilprozessordnung das Informationsdefizit des Schutzrechtsinhabers nicht ausgleichen können.

bb) Vorlage nach §§ 142, 144 ZPO

Bedeutsamer ist hingegen die gerichtliche Sachaufklärung mittels der §§ 142, 144 ZPO. Danach kann das Gericht die Vorlage von Urkunden oder sonstigen Unterlagen (§ 142 Abs. 1 S. 1 ZPO) und die Einnahme des Augenscheins sowie die Begutachtung durch Sachverständige (§ 144 Abs. 1 S. 1 ZPO) anordnen. Die Vorlageanordnung kann daneben auch einen unbeteiligten Dritten treffen (§§ 142 Abs. 1 S. 1, Abs. 2, 144 Abs. 1 S. 1, 2, Abs. 2 ZPO), wobei für eine Partei wie für einen verpflichteten Dritten die Anordnung nach §§ 142, 144 ZPO zumutbar sein muss.[44] Sollte sich das Gericht eines Sachverständigen bedienen, ist dieser kein Bevollmächtigter des Antragstellers, sondern ein Sachverständiger des Gerichts und somit eine Hilfsperson, die unter der Leitung des Gerichts (§ 404a ZPO) steht.[45]

---

[42] *Beckhaus* (2010), S. 88–93, 123–124; *Weber* (2010), S. 199–204; *Karger* (1996), S. 154 f.; vgl. *Markfort* (2001), S. 180–183; *Norrenberg* (1998), S. 352–356; *Stadler,* in: FS Beys Bd. 2 (2003), S. 1625 (1645); *Seichter,* WRP 2006, S. 391 (394).

[43] Fezer (2009), § 19a MarkenG Rn. 58; *Koch* (2013), S. 152; *Osthaus* (2005), S. 147; *Siegmann,* AnwBl 2008, S. 160 (160).

[44] BGH, Beschl. v. 18.12.2012, Az. X ZR 7/12, GRUR 2013, 316, 317 (Rn. 19) – Rohrmuffe = MittdtPatA 2013, 200, 202 (Rn. 19); BGH, Urt. v. 01.08.2006, Az. X ZR 114/03, GRUR 2006, 962, 966 f. (Rn. 36, 42) – Restschadstoffentfernung = NJW-RR 2007, 106, 106 f. (Rn. 36, 42); Baumbach/Lauterbach/Albers/Hartmann (2016), § 142 Rn. 4; *Greger,* in: Zöller (2016), § 142 Rn. 9, 12; *Grabinski/Zülch,* in: Benkard (2015), § 140c PatG Rn. 40; *Hahn,* in: PK-GewRS (2015), Vor § 485 ZPO Rn. 24 f.; *Rinken/Kühnen,* in: Schulte (2014), § 140c Rn. 90; *Keukenschrijver/Kaess,* in: Busse (2013), § 140c Rn. 56, 58; *Voß,* in: Fitzner/Lutz/Bodewig (2012), Vor §§ 139 ff. PatG Rn. 128; *Kühnen* (2013), Rn. 427; *Kapoor* (2009), S. 188 ff.; *Tilmann/Schreibauer,* in: FS Erdmann (2002), S. 901 (910, 921); *Fellner,* MDR 2013, S. 1011 (1011); *König,* MittdtPatA 2002, S. 153 (154).

[45] *Voß,* in: Fitzner/Lutz/Bodewig (2012), Vor §§ 139 ff. PatG Rn. 141; *Ulrich* (2004), Rn. 147; *Tilmann/Schreibauer,* in: FS Erdmann (2002), S. 901 (907, 911, 921, 925); a.A: *König,* MittdtPatA 2002, S. 153 (161).

Ein förmlicher Antrag einer der Parteien ist für die Vorlageanordnung nicht erforderlich. Vielmehr reicht es aus, wenn sich eine Partei auf die Dokumente bezieht, die im Besitz der gegnerischen Partei oder eines Dritten stehen.[46] Durch die gerichtliche Anordnung nach §§ 142, 144 ZPO werden prozessuale Pflichten zum Zwecke einer frühzeitigen und wirkungsvollen Sachaufklärung begründet.[47] Jedoch handelt es sich bei diesen Vorschriften um keine materiell-rechtlichen Anspruchsgrundlagen, sondern eine im gerichtlichen Ermessen stehende Möglichkeit zur Beweiserhebung, zumal die Parteien die Vorlage auch nicht erzwingen und damit nicht gegen den Willen der gegnerischen Partei durchsetzen können.[48]

[46] BGH, Urt. v. 26.06.2007, Az. XI ZR 277/05, NJW 2007, 2989, 2991 f. (Rn. 20) = WM 2007, 1651, 1653 f. (Rn. 20); *Grabinski/Zülch*, in: Benkard (2015), § 140c PatG Rn. 40; *Keukenschrijver/Kaess*, in: Busse (2013), § 140c Rn. 57; *Chakraborty*, in: Haedicke/Timmann (2012), § 11 Rn. 799; *Kühnen* (2013), Rn. 428; *Willer*, NJW 2014, S. 22 (22); *Rühl*, ZZP 2012, S. 25 (32).

[47] Fezer (2009), § 19a MarkenG Rn. 57; *Jäckel* (2014), Rn. 40; *Beckhaus* (2010), S. 94, 98; *Stadler*, in: FS Beys Bd. 2 (2003), S. 1625 (1640); *Fitzner/Kather*, VPP-Rundbrief 2009, S. 58 (58); vgl. *Marshall*, IIC 2000, S. 646 (656 f.).

[48] BGH, Urt. v. 26.06.2007, Az. XI ZR 277/05, NJW 2007, 2989, 2991 f. (Rn. 20) = WM 2007, 1651, 1653 f. (Rn. 20); OLG Karlsruhe, Beschl. v. 12.08.2013, Az. 6 W 56/13, BeckRS 2014, 05839 = GRUR-RS 2014, 05839; LG München I, Urt. v. 20.10.2010, Az. 21 O 7563/10, InstGE 13, 181, 186 (Rn. 29) – Arzneimittelherstellung = BeckRS 2012, 15213; BT-Drucks. 16/5048, S. 26 f.; BT-Drucks. 14/4722, S. 78; Baumbach/Lauterbach/Albers/Hartmann (2016), § 142 Rn. 5; *Stadler*, in: Musielak/Voit (2016), § 142 Rn. 1, 7; *Reichold*, in: Thomas/Putzo (2016), § 142 Rn. 3, 5, § 144 Rn. 3; *Greger*, in: Zöller (2016), § 142 Rn. 8, 15; *Grabinski/Zülch*, in: Benkard (2015), § 140c PatG Rn. 40; *Hahn*, in: PK-GewRS (2015), Vor § 485 ZPO Rn. 25; *Wagner*, in: MüKo ZPO (2013), § 144 Rn. 13; *Keukenschrijver/Kaess*, in: Busse (2013), § 140c Rn. 57; *Voß*, in: Fitzner/Lutz/Bodewig (2012), Vor §§ 139 ff. PatG Rn. 126–129; *Pitz*, in: Fitzner/Lutz/Bodewig (2012), § 140c PatG Rn. 51 f.; *Wimmers*, in: Schricker/Loewenheim (2010), § 101a Rn. 7; Fezer (2009), § 19a MarkenG Rn. 9, 57; *Leipold*, in: Stein/Jonas (2005), § 142 Rn. 6, 35; *Kühnen* (2013), Rn. 428; *Koch* (2013), S. 171 f.; *Götz* (2012), S. 105; *Chakraborty*, in: Haedicke/Timmann (2012), § 11 Rn. 799; *Oldekop*, in: Schramm (2012), Kap. 9 Rn. 104 f., 109, 153; *Ann/Hauck/Maute* (2011), Rn. 49; *Gniadek* (2011), S. 163; *Beckhaus* (2010), S. 103, 106–111, 126; *Weber* (2010), S. 212, 226; *Kapoor* (2009), S. 227 ff.; *Reinartz* (2009), S. 102; *Rohlfing* (2009), S. 34; *Amschewitz* (2008), S. 231 f.; *Drenckhahn* (2007), S. 49–52, 120–133, 146; *Lang* (2007), S. 192; *Stein* (2005), S. 118 f.; *Niehr* (2004), S. 33, 35; *Stadler*, in: FS Leipold (2009), S. 201 (203, 208); *Leipold*, in: FS Gerhardt (2004), S. 563 (574–576); *Stadler*, in: FS Beys Bd. 2 (2003), S. 1625 (1642); *Tilmann/Schreibauer*, in: FS Erdmann (2002), S. 901 (910); *Willer*, NJW 2014, S. 22 (22); *Fitzner/Kather*, VPP-Rundbrief 2009, S. 58 (58); *Kitz*, NJW 2008, S. 2374 (2376); *Prütting*, AnwBl 2008, S. 153 (158); *Schreiber*, JR 2008, S. 1 (4 f.); *Siegmann*, AnwBl 2008, S. 160 (161); *Völzmann-Stickelbrock*, ZZP 2007, S. 518 (522); *Wagner*, JZ 2007, S. 706 (719); *Koch*, ITRB 2006, S. 40 (42); *Seichter*, WRP 2006, S. 391 (394); *McGuire*, GRUR Int 2005, S. 15 (20); *Tilmann*, GRUR 2005, S. 737 (737); *Knaak*, GRUR Int 2004, S. 745 (747); *Gruber/Kießling*, ZZP 2003,

Liegen die anspruchsbegründenden Voraussetzungen der materiell-rechtlichen Besichtigungsansprüche (insbesondere das Erfordernis der Wahrscheinlichkeit einer Schutzrechtsverletzung) nicht vor, so ist das Gericht weder zur Anordnung einer Urkundenvorlage für die nicht beweisbelastete Partei nach § 142 Abs. 1 S. 1 ZPO noch zur Anordnung einer Begutachtung hinsichtlich des in der Verfügungsgewalt der nicht beweisbelasteten Partei oder eines Dritten befindlichen Gegenstandes nach § 144 Abs. 1 S. 1, 2 ZPO verpflichtet.[49] Kommt die verpflichtete Partei einer Anordnung nach §§ 142, 144 ZPO nicht nach, ist die Vorlageanordnung nicht erzwingbar und das Gesetz sieht keine Sanktionen vor, jedoch kann das Gericht nach den Regeln der freien Beweiswürdigung aus §§ 286 Abs. 1 S. 1, 427 S. 2 ZPO das Verhalten der verpflichteten Partei entsprechend bewerten und die Feststellungen des Schutzrechtsinhabers als bewiesen ansehen (vgl. § 371 Abs. 3 ZPO sowie § 427 ZPO).[50]

Bis zur Kodifizierung spezialgesetzlicher Regelungen im Bereich des gewerblichen Rechtsschutzes dienten die §§ 142, 144 ZPO der Umsetzung der Richtlinie zur Durchsetzung der Rechts des geistigen Eigentums[51] (Enforce-

---

S. 305 (318 f.); *König,* MittdtPatA 2002, S. 153 (153 f.); *Zekoll/Bolt,* NJW 2002, S. 3129 (3130).

[49] BGH, Beschl. v. 18.12.2012, Az. X ZR 7/12, GRUR 2013, 316, 318 (Rn. 22 f.) – Rohrmuffe = MittdtPatA 2013, 200, 202 (Rn. 22 f.); BGH, Urt. v. 01.08.2006, Az. X ZR 114/03, GRUR 2006, 962, 967 (Rn. 43) – Restschadstoffentfernung = NJW-RR 2007, 106, 107 f. (Rn. 43); OLG Karlsruhe, Beschl. v. 12.08.2013, Az. 6 W 56/13, BeckRS 2014, 05839 = GRUR-RS 2014, 05839; *Grabinski/Zülch,* in: Benkard (2015), § 140c PatG Rn. 40; *Rinken/Kühnen,* in: Schulte (2014), § 140c Rn. 90.

[50] BGH, Urt. v. 26.06.2007, Az. XI ZR 277/05, NJW 2007, 2989, 2991 f. (Rn. 20) = WM 2007, 1651, 1653 f. (Rn. 20); KG, Beschl. v. 10.04.2013, Az. 9 W 94/12, NJW 2014, 85, 86 f. = BeckRS 2013, 07827; BT-Drucks. 16/5048, S. 26 f.; *Stadler,* in: Musielak/Voit (2016), § 142 Rn. 7; *Reichold,* in: Thomas/Putzo (2016), § 144 Rn. 3; *Greger,* in: Zöller (2016), § 142 Rn. 15; *Hacker,* in: Ströbele/Hacker (2015), § 19a Rn. 4; *Wagner,* in: MüKo ZPO (2013), § 144 Rn. 13; *Oldekop,* in: Schramm (2012), Kap. 9 Rn. 109; Fezer (2009), § 19a MarkenG Rn. 9; *Rogge/Grabinski,* in: Benkard (2006), § 139 PatG Rn. 117e, 132; *Leipold,* in: Stein/Jonas (2005), § 142 Rn. 37; *Koch* (2013), S. 174; *Götz* (2012), S. 106; *Gniadek* (2011), S. 163; *Beckhaus* (2010), S. 110; *Reinartz* (2009), S. 102; *Amschewitz* (2008), S. 231; *Drenckhahn* (2007), S. 53 f., 146–149; *Lang* (2007), S. 192; *Stein* (2005), S. 123 f.; *Niehr* (2004), S. 33; *Prütting,* in: FS Bartenbach (2005), S. 417 (422); *Leipold,* in: FS Gerhardt (2004), S. 563 (584 f.); *Fitzner/Kather,* VPP-Rundbrief 2009, S. 58 (58); *Siegmann,* AnwBl 2008, S. 160 (161); *Wagner,* JZ 2007, S. 706 (719); *Koch,* ITRB 2006, S. 40 (42); *Seichter,* WRP 2006, S. 391 (394); *Tilmann,* GRUR 2005, S. 737 (737); *Knaak,* GRUR Int 2004, S. 745 (747); *König,* MittdtPatA 2002, S. 153 (154); *Zekoll/Bolt,* NJW 2002, S. 3129 (3130); kritisch: *Gruber/Kießling,* ZZP 2003, S. 305 (331 f.); vgl. OLG Stuttgart, Beschl. v. 11.01.2011, Az. 10 W 56/10, NJW 2011, 1745, 1746 m. Anm. *Stadler* = NZBau 2011, 427, 427.

[51] Richtlinie 2004/48/EG des Europäischen Parlaments und des Rates vom 29. April 2004 zur Durchsetzung der Rechte des geistigen Eigentums, ABl. EU L 157 vom

ment-Richtlinie) sowie des Übereinkommens über handelsbezogene Aspekte der Rechte des geistigen Eigentums[52] (TRIPS-Abkommen).[53] Trotz der beschriebenen Möglichkeiten handelt es sich bei den §§ 142, 144 ZPO jedoch nicht um wirksame Instrumente für den Schutzrechtsinhaber, mit denen er Nachweisschwierigkeiten hinsichtlich einer Schutzrechtsverletzung begegnen kann. Die Vorschriften sind nur in einem bereits anhängigen Verfahren anwendbar, wohingegen der Schutzrechtsinhaber die Aufklärung sowie Beweissicherung im Vorfeld der Klageerhebung begehrt.[54] In diesem Stadium sind die §§ 142, 144 ZPO aber nicht anwendbar. Außerdem handelt es sich bei diesen Vorschriften um Maßnahmen der materiellen Prozessleitung, sodass sie im Ermessen des mit der Entscheidung betrauten Gerichts stehen und der Antragsteller (abgesehen von der Konstellation eines Ermessensfehlers[55]) keinen Rechtsanspruch auf eine solche verfahrensleitende Verfügung hat.[56] Letztlich muss sich eine Partei für eine Vorlage nach § 142 Abs. 1 S. 1 ZPO ausdrücklich oder zumindest stillschweigend auf die entsprechenden Dokumente berufen, worin aber ein Widerspruch zum eigentlichen Anliegen des Antragstellers liegt, der ja gerade mithilfe der Vorlage erst das Auffinden von tauglichem Beweismaterial erreichen möchte, über dessen Bestehen oder

---

30.04.2004, S. 45 ff.; berichtigte Fassung in Abl. EU L 195 vom 02.06.2004, S. 16 ff. sowie Berichtigung in ABl. EU L 204 vom 04.08.2007, S. 27.

[52] BGBl. Teil II 1994, S. 1730 ff.; Gesetz zu dem Übereinkommen vom 15. April 1994 zur Errichtung der Welthandelsorganisation und zur Änderung anderer Gesetze vom 30. August 1994, BGBl. Teil II 1994, S. 1438 ff.

[53] BGH, Urt. v. 01.08.2006, Az. X ZR 114/03, GRUR 2006, 962, 966 (Rn. 41) – Restschadstoffentfernung = NJW-RR 2007, 106, 107 (Rn. 41); *Keukenschrijver/Kaess*, in: Busse (2013), § 140c Rn. 53; *Oldekop*, in: Schramm (2012), Kap. 9 Rn. 100; *Rogge/ Grabinski*, in: Benkard (2006), § 139 PatG Rn. 117a; *Kühnen* (2013), Rn. 297; *König,* MittdtPatA 2002, S. 153 (156); vgl. EuGH, Urt. v. 14.12.2000, verb. Rs. C-300/98 und C-392/98, GRUR 2001, 235, 237 f. (Rn. 49) = EuZW 2001, 117, 120 (Rn. 49); EuGH, Urt. v. 16.06.1998, Rs. C-53/96, Slg. 1998, I-03603 (Rn. 35) = NJW 1999, 2103, 2105 (Rn. 35); *Tilmann/Schreibauer,* in: FS Erdmann (2002), S. 901 (912); *Hoeren,* MMR 2003, S. 299 (300); *Katzenberger,* GRUR Int 1995, S. 447 (459); *Drexl,* GRUR Int 1994, S. 777 (784).

[54] *Hahn*, in: PK-GewRS (2015), Vor § 485 ZPO Rn. 25.

[55] BGH, Urt. v. 26.06.2007, Az. XI ZR 277/05, NJW 2007, 2989, 2992 (Rn. 22) = WM 2007, 1651, 1654 (Rn. 22); BT-Drucks. 14/6036, S. 120; *Hahn*, in: PK-GewRS (2015), Vor § 485 ZPO Rn. 25; *Rinken/Kühnen*, in: Schulte (2014), § 140c Rn. 90; *Keukenschrijver/Kaess*, in: Busse (2013), § 140c Rn. 57; *Kühnen* (2013), Rn. 429; *Beckhaus* (2010), S. 112 f.

[56] Baumbach/Lauterbach/Albers/Hartmann (2016), § 142 Rn. 5; *Greger*, in: Zöller (2016), § 142 Rn. 8; *Hahn*, in: PK-GewRS (2015), Vor § 485 ZPO Rn. 25; *Fitzner/Kather,* VPP-Rundbrief 2009, S. 58 (58); *König,* MittdtPatA 2002, S. 153 (154).

Inhalt er höchstens spekulieren kann.[57] Hinzu kommt noch die deutlich restriktive Anwendung dieser Vorschriften durch die Instanzgerichte.[58]

b) Auskunftsanspruch aus § 242 BGB

Neben diesen innerprozessualen Informationsmöglichkeiten kann der Schutzrechtsinhaber aus dem Grundsatz von Treu und Glauben (§ 242 BGB) einen (ursprünglich im Patentrecht entwickelten, inzwischen zu Gewohnheitsrecht erstarkten) Auskunftsanspruch geltend machen, sofern eine rechtliche Sonderverbindung zwischen den Parteien besteht, die Unkenntnis des Auskunftsgläubigers entschuldbar ist, ihm keine weiteren Informationsmöglichkeiten zur Verfügung stehen und dem Auskunftsschuldner die Auskunftserteilung unschwer möglich ist.[59] Die Rechtsprechung bedient sich dieses Instrumentariums immer, wenn die bestehenden gesetzlichen Voraussetzungen das Informationsdefizit der beweisbelasteten Partei nicht bewältigen können, die vom Gericht als gerecht empfundene Rechtsverfolgung jedoch ermöglicht werden soll.[60] Trotz klarer tatbestandlicher Voraussetzungen hängt dieser Anspruch maßgeblich von der Wahrscheinlichkeit des Bestehens des Hauptanspruchs ab, sodass es auf eine Interessenabwägung im konkreten Einzelfall ankommt.[61] Diese unterschiedliche Handhabung durch die Gerichte führt zu einer Rechtsunsicherheit, was gegen den Auskunftsanspruch als effektives Instrument zur Bewältigung von Informationsdefiziten in immaterialgüter-

---

[57] BGH, Urt. v. 26.06.2007, Az. XI ZR 277/05, NJW 2007, 2989, 2991 f. (Rn. 20) = WM 2007, 1651, 1653 f. (Rn. 20); Baumbach/Lauterbach/Albers/Hartmann (2016), § 142 Rn. 9; *Hahn*, in: PK-GewRS (2015), Vor § 485 ZPO Rn. 25; *König*, MittdtPatA 2002, S. 153 (154).

[58] *Hahn*, in: PK-GewRS (2015), Vor § 485 ZPO Rn. 25; *Beckhaus* (2010), S. 120 f.

[59] RG, Urt. v. 04.05.1923, Az. II 310/22, RGZ 108, 1, 7; BGH, Urt. v. 06.02.2007, Az. X ZR 117/04, GRUR 2007, 532, 533 (Rn. 13) = NJW 2007, 1806, 1807 (Rn. 13); BGH, Urt. v. 30.09.2003, Az. X ZR 114/00, GRUR 2004, 268, 269 – Blasenfreie Gummibahn II = BeckRS 2004, 00086; BGH, Urt. v. 11.06.1990, Az. II ZR 159/89, NJW 1990, 3151, 3152 = MDR 1991, 226, 226 f.; BGH, Urt. v. 13.06.1985, Az. I ZR 35/83, GRUR 1986, 66, 67 – GEMA-Vermutung II = NJW 1986, 1247, 1247; Mes (2015), § 140b Rn. 1; *Nielen*, in: PK-GewRS (2015), § 138 ZPO, Rn. 20, 32; Fezer (2009), § 19a MarkenG Rn. 56; *Koch* (2013), S. 140–144; *Kühnen* (2013), Rn. 295; *Oldekop*, in: Schramm (2012), Kap. 9 Rn. 98; *Beckhaus* (2010), S. 40–68; *Haeffs* (2010), S. 56 f., 125–153; *Kapoor* (2009), S. 77–79; *Adloff* (2007), S. 395–398; *Lang* (2007), S. 30–32; *Krautstrunk* (2005), S. 319 f.; *Osthaus* (2005), S. 157–161; *Markfort* (2001), S. 186 f.; *Lang* (1999), S. 54–60; *Karger* (1996), S. 65–67; *Schaaff* (1983), S. 133–138; *Bornkamm*, in: FS Ullmann (2006), S. 893 (897 f.); *Dreier*, in: Beier/Schricker (1996), S. 248 (275); *Seichter*, WRP 2006, S. 391 (396); *Karg*, ZUM 2000, S. 934 (943); *Schilken*, JURA 1988, S. 525 (526); vgl. Fezer (2009), § 19a MarkenG Rn. 56; *Götting*, GRUR Int 1988, S. 729 (741); *Stürner*, JZ 1985, S. 453 (455).

[60] *Beckhaus* (2010), S. 40; *Haeffs* (2010), S. 126.

[61] *Beckhaus* (2010), S. 68; *Haeffs* (2010), S. 130.

rechtlichen Streitigkeiten spricht. Außerdem können über diesen Auskunftsanspruch keine Beweise gesichert werden.

c) „Sekundäre Darlegungslast"

Weniger eingriffsintensiv als der soeben dargestellte Auskunftsanspruch aus § 242 BGB ist das von der Rechtsprechung zu § 138 Abs. 2 ZPO entwickelte Institut der sog. „sekundären Darlegungslast".[62] Über dieses Instrument kann der gegnerischen Partei die Darlegungslast bezüglich weiterer Einzelheiten über einen Umstand auferlegt und die Wirkung von § 139 Abs. 3 ZPO erreicht werden, sofern die informationsbedürftige Partei dahingehende Anhaltspunkte vorbringen kann.[63] Voraussetzung dieser „sekundären Darlegungslast" ist aber, dass die beweisbelastete Partei diese Informationen nicht über andere Quellen oder nur mittels unverhältnismäßig hoher Anstrengungen erlangen kann (Ultima-Ratio-Gedanke) und sich die Preisgabe für die andere Partei als ohne Weiteres möglich sowie zumutbar darstellt.[64] Dennoch muss der Schutzrechtsinhaber in diesen Fällen den Verletzungstatbestand erstinstanzlich substantiiert vortragen, da er durch die Grundsätze der sekundären Beweislast nicht von einem einfachen Tatsachenvortrag befreit ist, sondern allenfalls die Anforderungen an den Grad der Spezifizierung der gegnerischen Erwiderung erhöht werden, sodass ihm die Grundsätze der „sekundären Darlegungslast" regelmäßig nicht weiterhelfen.[65]

---

[62] BGH, Urt. v. 14.06.2005, Az. VI ZR 179/04, NJW 2005, 2614, 2615 f. = BeckRS 2005, 08735; BGH, Urt. v. 30.09.2003, Az. X ZR 114/00, GRUR 2004, 268, 269 – Blasenfreie Gummibahn II = BeckRS 2004, 00086; BGH, Urt. v. 11.06.1990, Az. II ZR 159/89, NJW 1990, 3151, 3151 f. = MDR 1991, 226, 227; BGH, Urt. v. 20.01.1961, Az. I ZR 79/59, GRUR 1961, 356, 359 – Pressedienst = NJW 1961, 826, 828; *Greger*, in: Zöller (2016), § 138 Rn. 8b, Vor § 284 Rn. 34–34d; *Grabinski/Zülch*, in: Benkard (2015), § 139 PatG Rn. 116; *Jäckel* (2014), Rn. 36; *Ann/Hauck/Maute* (2011), Rn. 37 f.; *Gniadek* (2011), S. 168–174; *Beckhaus* (2010), S. 138–146; *Lang* (2007), S. 37–39; *Battenstein* (2006), S. 70–72; *Krautstrunk* (2005), S. 267, 295–298; *Ibbeken* (2004), S. 81–86; *Markfort* (2001), S. 184; *Lang* (1999), S. 63–66; *Karger* (1996), S. 157 f.; vgl. RG, Urt. v. 10.03.1941, Az. II 87/40, RGZ 166, 240, 242 f.; *Rinken*, in: PK-GewRS (2015), § 285 ZPO Rn. 19.

[63] *Beckhaus* (2010), S. 47; *Seichter,* WRP 2006, S. 391 (394).

[64] BGH, Urt. v. 30.09.2003, Az. X ZR 114/00, GRUR 2004, 268, 269 – Blasenfreie Gummibahn II = BeckRS 2004, 00086; *Nielen*, in: PK-GewRS (2015), § 138 ZPO Rn. 33; *Hahn*, in: PK-GewRS (2015), Vor § 485 ZPO Rn. 11; *Voß*, in: Fitzner/Lutz/Bodewig (2012), Vor §§ 139 ff. PatG Rn. 124 f.; *Oldekop*, in: Schramm (2012), Kap. 9 Rn. 98; *Beckhaus* (2010), S. 139; *Mes,* GRUR 2000, S. 934 (939 f.).

[65] BGH, Urt. v. 30.09.2003, Az. X ZR 114/00, GRUR 2004, 268 (Ls.) – Blasenfreie Gummibahn II = BeckRS 2004, 00086; *Hahn*, in: PK-GewRS (2015), Vor § 485 ZPO Rn. 12; Fezer (2009), § 19a MarkenG Rn. 9; *Kühnen* (2013), Rn. 295; *Gniadek* (2011), S. 172; *Mes,* GRUR 2000, S. 934 (942).

Außerdem kann sich der Antragsgegner auf Betriebs- und Geschäftsgeheimnisse berufen, sodass ihm die Grundsätze der „sekundären Darlegungslast“ möglicherweise nicht mehr zumutbar sind.[66] Gelingt dem Schutzrechtsinhaber noch ein auf Indizien gestützter Tatsachenvortrag zur Schutzrechtsverletzung, wird er nach der Klageerwiderung das Bestreiten des Antragsgegners möglicherweise mangels weiterer, die Verletzung begründender Tatsachen (trotz einer „sekundären Darlegungslast“ des Antragsgegners) nicht widerlegen können.[67] Insbesondere vor dem Hintergrund des § 531 ZPO, der die Einbringung neuer Sachverhalte in der Berufungsinstanz deutlich beschränkt, birgt ein vor Erhebung einer Schutzrechtsklage nur unzureichend aufgeklärter Sachverhalt einige Risiken für das anschließende Hauptsacheverfahren.[68] Die sich aus dem Entscheidungsspielraum der Gerichte ergebende Flexibilität bei der Anwendung dieses Instruments geht zulasten der Vorhersehbarkeit.[69]

2. (Vor-)Prozessuale Maßnahmen

Die Ausführungen zu den vorbereitenden Informationsmöglichkeiten haben gezeigt, dass das geltende Recht zwar eine Vielzahl an Instrumenten bereithält, mit denen ein Schutzrechtsinhaber ein bestehendes Informationsdefizit (in unterschiedlicher Effektivität) bewältigen kann. Sämtliche Informationsmöglichkeiten können aber erst zu spät eingeleitet werden oder haben einen nur geringen Beweiswert. Der Schutzrechtsinhaber möchte sich im Vorfeld einer Klageerhebung Gewissheit darüber verschaffen, ob tatsächlich eine Schutzrechtsverletzung vorliegt, und die erforderlichen Beweise sichern. Dabei spielen auch verfahrensökonomische Gesichtspunkte eine bedeutende Rolle, da der Streitwert in einem Vorverfahren geringer ist. Ein Schutzrechtsinhaber ist dementsprechend auf vorprozessuale Maßnahmen angewiesen, wodurch bereits in einem frühen Stadium die Erfolgsaussichten einer Klageerhebung ausgelotet werden können, das Prozess- und Kostenrisiko besser eingeschätzt und eine außergerichtliche Konfliktlösung gefördert werden kann.[70]

---

[66] *Hahn*, in: PK-GewRS (2015), Vor § 485 ZPO Rn. 12; *Ann/Hauck/Maute* (2011), Rn. 38.

[67] *Hahn*, in: PK-GewRS (2015), Vor § 485 ZPO Rn. 12; *Kühnen* (2013), Rn. 295.

[68] *Hahn*, in: PK-GewRS (2015), Vor § 485 ZPO Rn. 13; *Kühnen* (2013), Rn. 295.

[69] *Greger*, in: Zöller (2016), Vor § 284 Rn. 34d; *Gniadek* (2011), S. 173; *Beckhaus* (2010), S. 145 f.

[70] Fezer (2009), § 19a MarkenG Rn. 11; *Tilmann/Schreibauer,* in: FS Erdmann (2002), S. 901 (923, 926); *Marshall,* in: FS Preu (1988), S. 151 (151); *Müller-Stoy,* MittdtPatA 2009, S. 361 (362).

a) Besichtigungsansprüche

Eine Möglichkeit zur Beweismittelbeschaffung und -sicherung stellen Besichtigungsansprüche dar. Das BGB und seine Nebengesetze kennen zahlreiche Sonderbestimmungen, die dem Gläubiger innerhalb eines bestehenden Rechtsverhältnisses das Recht zur Einsicht in Unterlagen oder aber auch Vorlageansprüche hinsichtlich Sachen oder Urkunden gewähren (beispielsweise §§ 79, 259, 260, 402, 410, 716, 867, 896, 1005, 1145 BGB; §§ 118, 157, 166, 233 Abs. 3 HGB; § 51a GmbHG; §§ 111 Abs. 2, 129 Abs. 4 AktG).[71] Dabei handelt es sich um materiell-rechtliche Anspruchsgrundlagen. Ziel der Besichtigungsansprüche ist die Erlangung und Sicherung bestimmter Informationen und Beweise, mit deren Hilfe weiter gehende Ansprüche vorbereitet werden können.[72] Eine weitere Rechtsverfolgung ist in diesen Fällen nur mithilfe eines Besichtigungsanspruchs möglich, sodass die erfolgreiche Durchsetzung der „Hauptansprüche" von einer Besichtigung abhängt.[73]

aa) Rechtslage vor der Enforcement-Richtlinie

In der Zeit vor der Enforcement-Richtlinie stand einem Schutzrechtsinhaber nur die allgemeine Vorschrift des § 809 BGB zur Verfügung, um die Vorlage oder die Besichtigung einer Sache zu beantragen. Nach § 809 Var. 1 BGB besteht schon ein Anspruch „in Ansehung der Sache" gegen den Besitzer. Regelmäßig möchte der Anspruchsinhaber nur noch den Umfang seines Anspruchs klären.[74] Dagegen möchte sich der Gläubiger nach § 809 Var. 2 BGB erst einmal Gewissheit darüber verschaffen, ob ihm der betreffende Anspruch gegen den Besitzer überhaupt zusteht.[75]

Es handelt sich um einen schuldrechtlichen Anspruch, der sich unmittelbar aus der Tatsache des Besitzes der anderen Partei ergibt.[76] Die Vorschrift erfasst neben dinglichen auch schuldrechtlich-deliktische Ansprüche, weshalb etwa Unterlassungs- und Schadensersatzansprüche aus § 139 PatG oder

---

[71] *Sprau*, in: Palandt (2016), § 809 Rn. 2; *Marburger*, in: Staudinger (2015), Vorbem zu §§ 809–811 Rn. 1; *Wilhelmi*, in: Erman (2014), Vor § 809 Rn. 1; *Amschewitz* (2008), S. 232; *König,* MittdtPatA 2002, S. 153 (154, Fn. 16); *Schilken,* JURA 1988, S. 525 (527); vgl. *Beckhaus* (2010), S. 8–16.

[72] *Rinken/Kühnen*, in: Schulte (2014), § 140c Rn. 4; *Chakraborty*, in: Haedicke/Timmann (2012), § 11 Rn. 715; Mes (2015), § 140c Rn. 2; Fezer (2009), § 19a MarkenG Rn. 4; *Pierson*, in: *Pierson/Ahrens/Fischer* (2014), S. 530; *Ann/Hauck/Maute* (2011), Rn. 39.

[73] *Schilken,* JURA 1988, S. 525 (525).

[74] *Wilhelmi*, in: Erman (2014), § 809 Rn. 1; *Tilmann/Schreibauer,* in: FS Erdmann (2002), S. 901 (903 f.).

[75] *Wilhelmi*, in: Erman (2014), § 809 Rn. 1; *v. Hartz* (2004), S. 139; *Lang* (1999), S. 52.

[76] *Marburger*, in: Staudinger (2015), Vorbem zu §§ 809–811 Rn. 3; *Wilhelmi*, in: Erman (2014), Vor § 809 Rn. 2.

§ 97 UrhG „Ansprüche" (§ 194 Abs. 1 BGB) im Sinne von § 809 BGB sind, sodass diese Vorschrift auch bei Verletzungen im gewerblichen Rechtsschutz angewendet werden kann.[77] Der Vorlage- und Besichtigungsanspruch bereitet den Hauptanspruch nur vor und hat demgemäß provisorischen Charakter, außerdem lässt er die Rechtsbeziehungen zwischen den Beteiligten unberührt.[78] Dieser Anspruch geht zurück auf die römisch-rechtliche „actio ad exhibendum", die im Rahmen der Kodifizierung einige Einschränkungen erfahren hat.[79]

Die §§ 809–811 BGB regeln keine allgemeine, der Zeugenpflicht vergleichbare Verpflichtung, sondern vielmehr einen Anspruch auf Vorlage, Besichtigung oder Einsicht unabhängig von einem besonderen Rechtsverhältnis zum Zwecke der konkreten Informationsgewinnung und einer erleichter-

---

[77] RG, Urt. v. 07.11.1908, Az. I 638/07, RGZ 69, 401, 405 f. – Nietzsche Briefe; BGH, Urt. v. 20.09.2012, Az. I ZR 90/09, GRUR 2013, 509, 509 f. (Rn. 18) – UniBasic-IDOS = NJW-RR 2013, 878, 879 (Rn. 18); BGH, Urt. v. 02.05.2002, Az. I ZR 45/01, GRUR 2002, 1046, 1047 – Faxkarte = NJW-RR 2002, 1617, 1618; BGH, Urt. v. 08.01.1985, Az. X ZR 18/84, GRUR 1985, 512, 514 – Druckbalken m. Anm. *Stauder* = NJW-RR 1986, 480, 481; KG, Urt. v. 11.08.2000, Az. 5 U 3069/00, NJW 2001, 233, 235 = GRUR-RR 2001, 118, 120; OLG Düsseldorf, Urt. v. 08.04.1982, Az. 2 U 176/81, GRUR 1983, 745, 746 – Geheimhaltungsinteresse und Besichtigungsanspruch II = MDR 1982, 671 (Ls.); LG Aurich, Urt. v. 28.10.2011, Az. 5 O 854/11, NZBau 2012, 369, 369, 370 = DS 2012, 364, 365; LG Braunschweig, Urt. v. 20.08.1968, Az. 9 c Q 6/67, GRUR 1971, 28, 28; Mes (2015), § 140c Rn. 3; *Hacker*, in: Ströbele/Hacker (2015), § 19a Rn. 3; *Czychowski*, in: Fromm/Nordemann (2014), § 101a UrhG Rn. 4; *Keukenschrijver/Kaess*, in: Busse (2013), § 140c Rn. 43; *Oldekop*, in: Schramm (2012), Kap. 9 Rn. 99; Fezer (2009), § 19a MarkenG Rn. 10, 53; *Kühnen* (2013), Rn. 298; *Beckhaus* (2010), S. 17; *Kapoor* (2009), S. 75; *Amschewitz* (2008), S. 233, 343 f.; *v. Hartz* (2004), S. 138; *Marly* (2014), Rn. 322; *Junker*, in: FS Kilian (2004), S. 339 (345); *Tilmann*, in: FS 25 Jahre BPatG (1986), S. 293 (306); *Tilmann/Schreibauer*, in: FS Erdmann (2002), S. 901 (902 f.); *Marshall*, in: FS Preu (1988), S. 151 (152 f.); *Moos*, CR 2006, S. 797 (798); *Seichter*, WRP 2006, S. 391 (394); *Tilmann/Schreibauer*, GRUR 2002, S. 1015 (1015); *Tilmann*, GRUR 1987, S. 251 (257); *Stürner/Stadler*, JZ 1985, S. 1101 (1101); vgl. *Birr*, in: HKK-BGB (2013), §§ 809–811 Rn. 1, 10; Mes (2015), § 140c Rn. 7; *Leppin*, GRUR 1984, S. 552 (554).

[78] *Marburger*, in: Staudinger (2015), Vorbem zu §§ 809–811 Rn. 3; *Wilhelmi*, in: Erman (2014), Vor § 809 Rn. 2; *Götting*, GRUR Int 1988, S. 729 (737); *Stauder*, GRUR Int 1978, S. 230 (236).

[79] *Habersack*, in: MüKo BGB (2013), § 809 Rn. 1; *Birr*, in: HKK-BGB (2013), §§ 809–811 Rn. 1, 6 f., 14–23, 27; *Müller-Stoy* (2008), Rn. 85; *Osterloh-Konrad* (2007), S. 29; *Battenstein* (2006), S. 11–14; *v. Hartz* (2004), S. 137; *Ibbeken* (2004), S. 9; *Treichel* (2001), S. 223; *Lang* (1999), S. 51; *Dierschke* (1901), S. 3–17; *Mugdan* (1899), S. 497, 1218 f.; *Jatzow* (1888), S. 889 f.; *Hoeren/Kuta*, in: FS Weber (2011), S. 499 (506); *Götting*, in: FS Hay (2005), S. 181 (185); *Marshall*, in: FS Preu (1988), S. 151 (152); *Götting*, GRUR Int 1988, S. 729 (737); *Stauder*, GRUR Int 1978, S. 230 (236); vgl. *Kaser/Knütel* (2014), § 27 Rn. 13; *Kretschmer* (1976), S. 39 ff.

ten Rechtsverwirklichung.[80] Wenngleich beide Ansprüche das Ziel der Beweisaufklärung und Beweissicherung für weiter gehende Ansprüche verfolgen, weist der Vorlageanspruch Leistungscharakter und der Besichtigungsanspruch Duldungscharakter auf.[81] Infolge einer sehr restriktiven Rechtsprechung erlangte die Vorschrift in der Praxis keine große Bedeutung und führte lange Zeit ein Schattendasein als „totes Recht".[82]

bb) Rechtslage seit der Enforcement-Richtlinie

Der Gesetzgeber hat in den §§ 140c PatG, 101a UrhG, 19a MarkenG, 24c GebrMG, 46a DesignG, 9 Abs. 2 HalblSchG i.V.m. 24c GebrMG, 37c SortSchG[83] im Rahmen der Umsetzung[84] der Enforcement-Richtlinie nahezu gleichlautende spezialgesetzliche Besichtigungs- und Vorlageansprüche eingefügt (vgl. Art. 6, 7 Enforcement-Richtlinie). Dies führte trotz inhaltlicher Mängel zu einer Aufwertung des bisher über § 809 BGB geführten Besichtigungsanspruchs, sodass die gewerblichen Schutzrechte durch die Richtlinienumsetzung insgesamt gestärkt wurden.[85] Die Enforcement-Richtlinie orientiert sich dabei an der französischen „saisie-contrefaçon" sowie der britischen „search order".[86]

---

[80] *Marburger*, in: Staudinger (2015), Vorbem zu §§ 809–811 Rn. 1; *Kühnen* (2013), Rn. 298; *Stauder*, GRUR Int 1978, S. 230 (236).

[81] Mes (2015), § 140c Rn. 24.

[82] *Keukenschrijver/Kaess*, in: Busse (2013), § 140c Rn. 1; *Kühnen* (2013), Rn. 299; *Amschewitz* (2008), S. 348; *Götting*, in: FS Hay (2005), S. 181 (185); *Dreier*, in: Beier/Schricker (1996), S. 248 (274 f.); *v. Falck*, MittdtPatA 2002, S. 429 (437); *Götting*, GRUR Int 1988, S. 729 (738); *Meyer-Dulheuer*, GRUR Int 1987, S. 14 (15); *Fritze/Stauder*, GRUR Int 1986, S. 342 (342 f.).

[83] In der nachfolgenden Untersuchung wird nur die Vorschrift aus dem Patentgesetz wiedergegeben; die inhaltsgleichen Vorschriften der anderen Spezialgesetze sowie § 809 BGB gelten entsprechend.

[84] Gesetz zur Verbesserung der Durchsetzung von Rechten des geistigen Eigentums vom 07. Juli 2008, BGBl. Teil I 2008, S. 1191 ff., Berichtigung in BGBl. Teil I 2008, S. 2070; vgl. BT-Drucks. 16/5048, S. 1 ff.

[85] *Deichfuß*, GRUR 2015, S. 436 (442); *Heymann*, CR 2008, S. 568 (573); *Berlit*, WRP 2007, S. 732 (738); *Frey/Rudolph*, ZUM 2004, S. 522 (529); *Mayer/Linnenborn*, K&R 2003, S. 313 (314); *Metzger/Wurmnest*, ZUM 2003, S. 922 (933); vgl. BT-Drucks. 16/5048, S. 25; *Götting*, in: FS Hay (2005), S. 181 (190); *Levente*, GRUR Int 2013, S. 1012 (1021); *Müller-Stoy*, MittdtPatA 2009, S. 361 (366); *Dörre/Maaßen*, GRUR-RR 2008, S. 217 (222); *Frank/Wiegand*, CR 2007, S. 481 (487); *Raabe*, ZUM 2006, S. 439 (440–442); im Vorfeld kritisch: *Drexl/Hilty/Kur*, GRUR Int 2003, S. 605 (606, 607).

[86] Kommissionsvorschlag für eine Richtlinie des europäischen Parlaments und des Rates über die Maßnahmen und Verfahren zum Schutz der Rechte an geistigem Eigentum vom 30. Januar 2003, KOM(2003) 46 endg., 2003/0024 (COD), S. 22; *Ohst*, in: Wandtke/Bullinger (2014), § 101a UrhG Rn. 1; *Wimmers*, in: Schricker/Loewenheim (2010), § 101a

Bei der Umsetzung der Enforcement-Richtlinie hat der deutsche Gesetzgeber den Weg über das materielle Recht gewählt, sodass der Antragsteller neben der Geltendmachung des Besichtigungsanspruchs im Falle einer Weigerung des Antragsgegners im Wege der Zwangsvollstreckung vorgehen muss.[87] Dennoch erlangen die Inhaber von Rechten des geistigen Eigentums durch die spezialgesetzlichen Besichtigungs- und Vorlageansprüche weitreichende Mittel zur Informations- und Beweisgewinnung, auf die Gläubiger anderer Rechte nicht zurückgreifen können.[88] Durch die Detailregelung in jedem Spezialgesetz hat der Gesetzgeber (wie schon beim TRIPS-Abkommen sowie dem Produktpirateriegesetz[89]) darauf verzichtet, ein umfassendes Regelwerk mit allgemeinen Vorschriften für sämtliche gewerbliche Schutzrechte und damit eine einheitliche Grundlage für die Verfolgung von Schutzrechtsverletzungen zu schaffen, sodass weiterhin sämtliche mit dem jeweiligen Schutzrecht zusammenhängenden Fragen im entsprechenden Spezialgesetz und damit isoliert geregelt sind (vgl. Erwägungsgrund 17 der Enforcement-Richtlinie).[90]

Rn. 3; Fezer (2009), § 19a MarkenG Rn. 11, 15; *Koch* (2013), S. 93 f.; *Götz* (2012), S. 55 f.; *Beckhaus* (2010), S. 179; *Weber* (2010), S. 53 f.; *Amschewitz* (2008), S. 120, 133, 137; *Battenstein* (2006), S. 162; *Stadler,* in: FS Leipold (2009), S. 201 (205 f.); *Bornkamm,* in: FS Ullmann (2006), S. 893 (896); *Tilmann,* in: FS Ullmann (2006), S. 1013 (1016 f.); *Harte-Bavendamm,* in: FS Tilmann (2003), S. 793 (800 f.); *Spindler/Weber,* ZUM 2007, S. 257 (264); *Kunz-Hallstein/Loschelder,* GRUR 2006, S. 393 (394); *Seichter,* WRP 2006, S. 391 (395); *v. Hartz,* ZUM 2005, S. 376 (378); *Tilmann,* GRUR 2005, S. 737 (737); *Knaak,* GRUR Int 2004, S. 745 (748); *Kunz-Hallstein/Loschelder,* GRUR 2003, S. 682 (683); *Metzger/Wurmnest,* ZUM 2003, S. 922 (929).

[87] BT-Drucks. 16/5048, S. 27; *Pitz,* in: Fitzner/Lutz/Bodewig (2012), § 140c PatG Rn. 2; *Wimmers,* in: Schricker/Loewenheim (2010), § 101a Rn. 2, 11; Ingerl/Rohnke (2010), § 19a Rn. 3; Fezer (2009), § 19a MarkenG Rn. 2, 13–16, 32; *Ahrens/McGuire* (2012), S. 179; *Götz* (2012), S. 209 f.; *Wiebe,* in: Büllesbach/Büchner (2006), S. 153 (162); *Kühnen,* GRUR 2005, S. 185 (187); *Tilmann,* GRUR 2005, S. 737 (737); vgl. *Gniadek* (2011), S. 393–395; *Amschewitz* (2008), S. 114–116; *Tilmann/Schreibauer,* in: FS Erdmann (2002), S. 901 (912 f.); *Peukert/Kur,* GRUR Int 2006, S. 292 (299); *Kunz-Hallstein/Loschelder,* GRUR 2005, S. 747 (747); *McGuire,* GRUR Int 2005, S. 15 (15); *Frey/Rudolph,* ZUM 2004, S. 522 (529); *Knaak,* GRUR Int 2004, S. 745 (747); *Kunz-Hallstein/Loschelder,* GRUR 2003, S. 682 (682); *Mayer/Linnenborn,* K&R 2003, S. 313 (313).

[88] *Seichter,* WRP 2006, S. 391 (393).

[89] Gesetz zur Stärkung des Schutzes des geistigen Eigentums zur Bekämpfung der Produkpiraterie vom 07. März 1990, BGBl. Teil I 1990, S. 422 ff.

[90] Referentenentwurf zu einem Gesetz zur Verbesserung der Durchsetzung von Rechten des geistigen Eigentums vom 03.01.2006, S. 47 f. (Ref-Entwurf; abrufbar unter: http://www.urheberrecht.org/topic/enforce/bmj/2006–01–03-DurchsetzungsG-E.pdf; zuletzt abgerufen am: 30.06.2017); *Ahrens/McGuire* (2012), S. 178 f.; *Amschewitz* (2008), S. 345 f.; *Tilmann,* GRUR 2012, S. 961 (961 f., 966); *Ahrens,* GRUR 2006, S. 617 (618, 624); *Seichter,* WRP 2006, S. 391 (393 f.); *Kunz-Hallstein/Loschelder,* GRUR 2005, S. 747 (747); vgl. *Knaak,* GRUR Int 2004, S. 745 (750).

Nach § 140c Abs. 1 S. 1 PatG kann der Schutzrechtsinhaber bei hinreichender Wahrscheinlichkeit einer Schutzrechtsverletzung die Vorlage einer Urkunde oder die Besichtigung einer Sache vom vermeintlichen Verletzer beanspruchen. Für den Besichtigungs- und den Vorlageanspruch gelten nunmehr dieselben Voraussetzungen, wodurch der bisherige Rechtsschutz zu den bis dato unterschiedlichen Tatbestandsvoraussetzungen von § 809 BGB und § 810 BGB erhöht wird.[91] Die spezialgesetzlichen Anspruchsgrundlagen berühren nicht die Anwendbarkeit der §§ 809, 810 BGB, verdrängen sie jedoch regelmäßig in ihrem spezialgesetzlichen Anwendungsbereich.[92]

Weiterhin anwendbar bleiben diese Vorschriften insbesondere bei der Aufklärung von Entschädigungsansprüchen oder aber bei sog. „Altfällen“, die von den neu eingefügten Vorschriften noch nicht erfasst sind (vgl. Art. 2 Enforcement-Richtlinie, § 141a PatG).[93] Auch im Wettbewerbsrecht wird der Anspruch aus § 809 BGB von Bedeutung sein, wenn etwa bei der Herstellung eines Produkts Geschäfts- oder Betriebsgeheimnisse verletzt wurden, sodass ein Anspruch nach §§ 3, 4 Nr. 3 oder 3, 3a i.V.m. 17, 18 UWG gegeben und damit Raum für einen Besichtigungsanspruch nach § 809 BGB besteht.[94] Daneben finden die zu § 809 BGB entwickelten Grundsätze neben den Vorgaben der Enforcement-Richtlinie bei der Auslegung und Anwendung der spezialgesetzlichen Normen Berücksichtigung, weshalb sie auch insoweit weiter von Bedeutung sind.[95]

---

[91] Fezer (2009), § 19a MarkenG Rn. 10; *Kühnen* (2013), Rn. 304.

[92] *Trimborn*, in: Büscher/Dittmer/Schiwy (2015), Kap. 1, § 140c PatG Rn. 1; Mes (2015), § 140c Rn. 3; *Hacker*, in: Ströbele/Hacker (2015), § 19a Rn. 3; *Rinken/Kühnen*, in: Schulte (2014), § 140c Rn. 6; *Pitz*, in: Fitzner/Lutz/Bodewig (2012), § 140c PatG Rn. 3; *v. Schultz*, in: v. Schultz (2012), § 19a Rn. 3; Ingerl/Rohnke (2010), § 19a Rn. 4; Fezer (2009), § 19a MarkenG Rn. 56; *Imhof*, in: Hdb. UrhR (2016), Kap. 5 Rn. 401; *Koch* (2013), S. 135; *Oldekop*, in: Schramm (2012), Kap. 9 Rn. 112; *Müller-Stoy* (2008), Rn. 99; *Taeger*, NJW 2008, S. 3325 (3325); vgl. *Czychowski*, in: Fromm/Nordemann (2014), § 101a UrhG Rn. 39.

[93] Mes (2015), § 140c Rn. 3; *Hahn*, in: PK-GewRS (2015), § 485 ZPO Rn. 17; *Keukenschrijver/Kaess*, in: Busse (2013), § 140c Rn. 1; *Rinken/Kühnen*, in: Schulte (2014), § 140c Rn. 6; *Kühnen* (2013), Rn. 304; *Chakraborty*, in: Haedicke/Timmann (2012), § 11 Rn. 718; *Oldekop*, in: Schramm (2012), Kap. 9 Rn. 112; *Kühnen*, MittdtPatA 2009, S. 211 (211, Fn. 2).

[94] *Köhler*, in: Köhler/Bornkamm (2016), § 9 UWG Rn. 4.43, § 17 UWG Rn. 65a; *Hahn*, in: PK-GewRS (2015), § 485 ZPO Rn. 15, 17; *Hacker*, in: Ströbele/Hacker (2015), § 19a Rn. 3; *Götz* (2014), S. 113–116; *Oldekop*, in: Schramm (2012), Kap. 9 Rn. 112; *Zöllner*, GRUR-Prax 2010, S. 74 (74); *Eck/Dombrowski*, GRUR 2008, S. 387 (392); *Spindler/Weber*, MMR 2006, S. 711 (711); vgl. *v. Hartz* (2004), S. 169.

[95] BT-Drucks. 16/5048, S. 40 f.; *Hahn*, in: PK-GewRS (2015), Vor § 485 ZPO Rn. 44; *Amschewitz* (2008), S. 347; *Tinnefeld*, CR 2013, S. 417 (422); *Müller-Stoy*, MittdtPatA 2009, S. 361 (362); *Berlit*, WRP 2007, S. 732 (737); *Seichter*, WRP 2006, S. 391 (394).

Das deutsche Gesetz zur Umsetzung der Enforcement-Richtlinie enthält keine Übergangsbestimmungen, weshalb für die Anwendbarkeit der spezialgesetzlichen Anspruchsgrundlagen der in Art. 170 EGBGB allgemein anerkannte Anwendungsgrundsatz maßgeblich ist, da er über das Anwendungsgebiet des Einführungsgesetzes zum BGB hinausgeht.[96] Danach unterstehen vertragliche und gesetzliche Schuldverhältnisse aufgrund ihres Inhalts und ihrer Wirkung dem Recht, das Geltung zum Zeitpunkt der Verwirklichung des Entstehungstatbestandes beansprucht hat. Dementsprechend richtet sich die anwendbare Vorschrift nach dem zum Zeitpunkt der beanstandeten Handlung geltenden Recht und der Antragsteller kann die neuen spezialgesetzlichen Vorschriften nur für solche Handlungen geltend machen, die nach dem Inkrafttreten der Spezialvorschriften am 01.09.2008 verwirklicht wurden.[97] Bedeutsam ist dies in erster Linie nur noch für Besichtungsverfahren, die der Feststellung des Verletzungsumfangs und der Schadenshöhe dienen, da bei einer andauernden Verletzungsvermutung die spezialgesetzlichen Anspruchsgrundlagen anwendbar sind.

cc) Hauptsacheverfahren

Der Schutzrechtsinhaber kann seinen Besichtigungsanspruch (§§ 809 BGB, 140c PatG, 101a UrhG, 19a MarkenG, 24c GebrMG, 46a DesignG, 9 Abs. 2 HalblSchG i.V.m. 24c GebrMG, 37c SortSchG) im Klagewege im Rahmen eines Hauptsacheverfahrens durchsetzen, wobei sich dafür ein dreistufiges Verfahren etabliert hat.[98] In einem ersten Schritt wird zunächst die Beschlag-

---

[96] BGH, Urt. v. 18.12.2008, Az. I ZR 63/06, GRUR 2009, 515, 517 (Rn. 22) – Motorradreiniger = NJOZ 2009, 4004, 4008 f. (Rn. 22); *Grabinski/Zülch*, in: Benkard (2015), § 140c PatG Rn. 3; *Hahn*, in: PK-GewRS (2015), § 485 ZPO Rn. 18; *Kühnen* (2013), Rn. 305; *Oldekop*, in: Schramm (2012), Kap. 9 Rn. 100.

[97] BGH, Urt. v. 18.12.2008, Az. I ZR 63/06, GRUR 2009, 515, 517 (Rn. 22) – Motorradreiniger = NJOZ 2009, 4004, 4008 f. (Rn. 22); *Grabinski/Zülch*, in: Benkard (2015), § 140c PatG Rn. 3; *Hahn*, in: PK-GewRS (2015), § 485 ZPO Rn. 18; *Hacker*, in: Ströbele/Hacker (2015), § 19a Rn. 1; *Kühnen* (2013), Rn. 305; *Tinnefeld,* CR 2013, S. 417 (419, 422); vgl. BGH, Beschl. v. 16.11.2009, Az. X ZB 37/08, GRUR 2010, 318, 319 (Rn. 16) – Lichtbogenschnürung = WRP 2010, 541, 543 f. (Rn. 16).

[98] OLG Düsseldorf, Urt. v. 08.04.1982, Az. 2 U 176/81, GRUR 1983, 745, 745 – Geheimhaltungsinteresse und Besichtigungsanspruch II = MDR 1982, 671 (Ls.); OLG Düsseldorf, Urt. v. 17.08.1981, Az. 2 U 102/81, GRUR 1983, 741, 741 f. – Geheimhaltungsinteresse und Besichtigungsanspruch I; LG Düsseldorf, Urt. v. 08.03.2007, Az. 4b O 230/04, InstGE 8, 103, 106 (Rn. 20) – Etikettiermaschine = BeckRS 2008, 20706; *Grabinski/Zülch*, in: Benkard (2015), § 140c PatG Rn. 20; *Trimborn*, in: Büscher/Dittmer/Schiwy (2015), Kap. 1, § 140c PatG Rn. 16; *Rinken/Kühnen*, in: Schulte (2014), § 140c Rn. 45; Fezer (2009), § 19a MarkenG Rn. 33; *Kühnen* (2013), Rn. 357; *Oldekop*, in: Schramm (2012), Kap. 9 Rn. 152; *Gniadek* (2011), S. 117; *Rohlfing* (2009), S. 73; *Jestaedt* (2008), Rn. 841; *Müller-Stoy* (2008), Rn. 239; *v. Hartz* (2004), S. 168 f.; *Markfort* (2001), S. 171–173;

nahme sowie Duldung der Besichtigung durch einen Sachverständigen zur Anfertigung eines Gutachtens beantragt, wobei die Duldung der Besichtigung im Falle eines begründeten Besichtigungsanspruchs durch ein Teilurteil (§ 301 Abs. 1 S. 1 ZPO) angeordnet wird.[99] Gleichzeitig wird über ein Grundurteil (§ 301 Abs. 1 S. 2 ZPO) der Besichtigungsanspruch zuerkannt, wodurch die Gefahr sich widersprechender Entscheidungen – zwischen dem auf der ersten Stufe ergehenden Teilurteil und dem danach zu fällenden Schlussurteil – über das Bestehen des Besichtigungsanspruchs vermieden werden soll.[100]

Im zweiten Schritt wird anschließend im Hauptsacheverfahren durch ein Schlussurteil geklärt, ob die Gutachtenfreigabe an den Antragsteller durch das Besichtigungsergebnis und unter Berücksichtigung der Geheimhaltungsinteressen gerechtfertigt ist (vgl. § 318 ZPO).[101] Im Wege einer Stufenklage (§ 254 ZPO) können Ansprüche wegen Schutzrechtsverletzung (auf beispielsweise Unterlassung oder Schadensersatz) dem Besichtigungsanspruch nachfolgend geltend gemacht werden.[102] Der Schutzrechtsverletzungsprozess stellt dann den dritten und letzten Schritt dar.

Karger (1996), S. 94; *Franz,* ZUM 2005, S. 802 (805 f.); *Fritze/Stauder,* GRUR Int 1986, S. 342 (342); *Brandi-Dohrn,* CR 1985, S. 67 (69); *Stauder,* GRUR 1985, S. 518 (518).

[99] LG Düsseldorf, Urt. v. 08.03.2007, Az. 4b O 230/04, InstGE 8, 103, 107 (Rn. 21 f.) – Etikettiermaschine = BeckRS 2008, 20706; *Grabinski/Zülch*, in: Benkard (2015), § 140c PatG Rn. 20; Mes (2015), § 140c Rn. 36; *Hahn*, in: PK-GewRS (2015), Vor § 485 ZPO Rn. 41; *Kühnen* (2013), Rn. 357; *Chakraborty*, in: Haedicke/Timmann (2012), § 11 Rn. 743; *Ann/Hauck/Maute* (2011), Rn. 56; vgl. *Cepl*, in: PK-GewRS (2015), § 301 ZPO Rn. 1.

[100] LG Düsseldorf, Urt. v. 08.03.2007, Az. 4b O 230/04, InstGE 8, 103, 107 (Rn. 21 f.) – Etikettiermaschine = BeckRS 2008, 20706; *Grabinski/Zülch*, in: Benkard (2015), § 140c PatG Rn. 20; Mes (2015), § 140c Rn. 36; *Rinken/Kühnen*, in: Schulte (2014), § 140c Rn. 45; *Kühnen* (2013), Rn. 357; *Chakraborty*, in: Haedicke/Timmann (2012), § 11 Rn. 743; *Oldekop*, in: Schramm (2012), Kap. 9 Rn. 152; vgl. *Vollkommer*, in: Zöller (2016), § 301 Rn. 7; *Hahn*, in: PK-GewRS (2015), Vor § 485 ZPO Rn. 41; *Cepl*, in: PK-GewRS (2015), § 301 ZPO Rn. 12–15.

[101] LG Düsseldorf, Urt. v. 08.03.2007, Az. 4b O 230/04, InstGE 8, 103, 107 (Rn. 22) – Etikettiermaschine = BeckRS 2008, 20706; Mes (2015), § 140c Rn. 36; *Rinken/Kühnen*, in: Schulte (2014), § 140c Rn. 45; *Kühnen* (2013), Rn. 357; *Zöllner,* GRUR-Prax 2010, S. 74 (76); vgl. BGH, Urt. v. 20.02.1969, Az. VII ZR 101/67, NJW 1969, 880, 880; *Ann/Hauck/Maute* (2011), Rn. 57.

[102] BGH, Urt. v. 20.09.2012, Az. I ZR 90/09, GRUR 2013, 509, 511 (Rn. 35) – UniBasic-IDOS = NJW-RR 2013, 878, 880 (Rn. 35); OLG Nürnberg, Urt. v. 20.01.2009, Az. 3 U 942/06, BeckRS 2010, 11897; LG Düsseldorf, Urt. v. 08.03.2007, Az. 4b O 230/04, InstGE 8, 103, 106 (Rn. 20) – Etikettiermaschine = BeckRS 2008, 20706; Mes (2015), § 140c Rn. 36; *Hahn*, in: PK-GewRS (2015), Vor § 485 ZPO Rn. 41; Ingerl/Rohnke (2010), § 19a Rn. 22; *Kühnen* (2013), Rn. 357; *Chakraborty*, in: Haedicke/Timmann (2012), § 11 Rn. 743; *Ann/Hauck/Maute* (2011), Rn. 56; *Gniadek* (2011), S. 111 f.; *Müller-Stoy* (2008),

In einem Hauptsacheverfahren kann ein Besichtigungsanspruch die Ungewissheit einer Schutzrechtsverletzung aufklären und die erforderlichen Beweise sichern.[103] Die größten Nachteile einer solchen Vorgehensweise im Hauptsacheverfahren sind jedoch der erhebliche zeitliche Aufwand, die zunächst dem Antragsteller obliegenden hohen Kosten und der Verlust jeglichen Überraschungseffektes mit der sich daraus ergebenden Gefahr einer Beweisvereitelung.[104] Ein solches Verfahren kann sich über einen langen Zeitraum erstrecken, was kosten- und zeitintensiv ist, obwohl dem Schutzrechtsinhaber meist an einer schnellen Durchsetzung seiner Rechte gelegen ist. Dies gilt insbesondere für Computerprogramme, bei denen es sich nicht um statische Gebilde handelt, sondern vielmehr um Güter, die einer ständigen Weiterentwicklung unterliegen, sodass sie nach wenigen Monaten wieder veraltet sein können – oder aber es sind schutzrechtsverletzende Weiterentwicklungen auf dem Markt erhältlich.[105] Ein über mehrere Jahre und durch mehrere Instanzen gehender Prozess ist für einen Schutzrechtsinhaber nicht zielführend. Daneben erfährt der Antragsgegner spätestens mit Zustellung der Klage (§§ 271 Abs. 1, 253 Abs. 1 ZPO) von den Vorwürfen gegen ihn, sodass sich der Antragsteller jeglichen Überraschungseffekts beraubt. Ab diesem Zeitpunkt besteht die Gefahr von Manipulationen oder der Zerstörung des Besichtigungsgegenstandes.

Letztlich spricht der Sinn und Zweck der Besichtigungsansprüche gegen ein solches Vorgehen. Diese Ansprüche sollen die Grundlage für einen Verletzungsprozess schaffen und die notwendigen Beweise dafür erbringen. Der Schutzrechtsinhaber trägt ein erhebliches Kostenrisiko, sofern keine Besichtigung durchgeführt wird oder im Falle einer unergiebigen Besichtigung, wenn der Besichtigungsanspruch zusammen mit Unterlassungs-, Schadensersatzfeststellungs- oder Rechnungslegungsansprüchen geltend gemacht wird.[106] Die Erhebung einer Klage mit dem Ziel der Besichtigung in Verbin-

---

Rn. 221–223; *Tinnefeld,* CR 2013, S. 417 (420); *Tilmann/Schreibauer,* GRUR 2002, S. 1015 (1016, 1021); vgl. *Rinken/Kühnen*, in: Schulte (2014), § 140c Rn. 45.

[103] Mes (2015), § 140c Rn. 37.

[104] *Grabinski/Zülch*, in: Benkard (2015), § 140c PatG Rn. 20; *Hahn*, in: PK-GewRS (2015), Vor § 485 ZPO Rn. 42; *Rinken/Kühnen*, in: Schulte (2014), § 140c Rn. 46; *Pitz*, in: Fitzner/Lutz/Bodewig (2012), § 140c PatG Rn. 32; *Kühnen* (2013), Rn. 358; *Chakraborty*, in: Haedicke/Timmann (2012), § 11 Rn. 744; *Oldekop*, in: Schramm (2012), Kap. 9 Rn. 153; *Ann/Hauck/Maute* (2011), Rn. 57; *Gniadek* (2011), S. 112, 359; *Rohlfing* (2009), S. 83; *Karger* (1996), S. 95 f.; *Hoeren* (1989), Rn. 171; *Wiegand,* in: Taeger/Wiebe (2008), S. 253 (259); *Tilmann/Schreibauer,* in: FS Erdmann (2002), S. 901 (925 f.); *Marshall,* in: FS Preu (1988), S. 151 (157); *Brandi-Dohrn,* CR 1987, S. 835 (836 f.); *Brandi-Dohrn,* CR 1985, S. 67 (70 f.); vgl. *Keukenschrijver/Kaess*, in: Busse (2013), § 140c Rn. 21.

[105] *Levente,* GRUR Int 2013, S. 1012 (1014); *v. Hartz,* ZUM 2005, S. 376 (381); *Brandi-Dohrn,* CR 1985, S. 67 (70 f.).

[106] *Chakraborty*, in: Haedicke/Timmann (2012), § 11 Rn. 744; *Oldekop*, in: Schramm (2012), Kap. 9 Rn. 153; *Marshall,* in: FS Preu (1988), S. 151 (151).

dung mit Anträgen auf Schadensersatz und Unterlassung erscheint daher nicht ratsam.[107]

dd) Einstweiliges Verfügungsverfahren

In immaterialgüterrechtlichen Streitigkeiten geht es neben meist erheblichen Summen auch um technische Reputation und eine schnelle Rechtsdurchsetzung, weswegen Maßnahmen im Wege des einstweiligen Rechtsschutzes im gewerblichen Rechtsschutz von besonderer Bedeutung sind.[108] Um die soeben angesprochenen Nachteile zu umgehen, kann der Antragsteller den Besichtigungsanspruch auch im Wege der einstweiligen Verfügung durchsetzen. Dadurch würde der Überraschungseffekt gewahrt und der Zeitaufwand gleichzeitig minimiert. Die Befürchtung, dass der Antragsgegner prozessentscheidendes Material beiseiteschaffen könnte, macht ein schnelles und überraschendes Handeln des Antragstellers unter Berücksichtigung der Geheimhaltungsinteressen des Antragsgegners erforderlich.[109] In § 140c Abs. 3 S. 1 PatG ist eine Vorgehensweise im Wege des einstweiligen Rechtsschutzes mittlerweile ausdrücklich normiert, wodurch dem Schutzrechtsinhaber die Rechtsdurchsetzung erleichtert wird.[110] § 809 BGB erkennt ein Vorgehen im einstweiligen Rechtsschutz ebenfalls an.[111]

---

[107] *Rinken/Kühnen*, in: Schulte (2014), § 140c Rn. 46; *Kühnen* (2013), Rn. 358.

[108] Kommissionsvorschlag für eine Richtlinie des europäischen Parlaments und des Rates über die Maßnahmen und Verfahren zum Schutz der Rechte an geistigem Eigentum vom 30. Januar 2003, KOM(2003) 46 endg., 2003/0024 (COD), S. 23; *Pierson*, in: *Pierson/Ahrens/Fischer* (2014), S. 556; *Schmid-Petersen*, in: *Heydn/Schmid-Petersen/Vassilaki* (2009), Rn. 473; *Walchner* (1998), S. 286; *Enchelmaier,* GRUR Int 2012, S. 503 (505); *v. Falck,* MittdtPatA 2002, S. 429 (429); vgl. OLG Düsseldorf, Urt. v. 21.10.1982, Az. 2 U 67/82, GRUR 1983, 79, 80 – Einstweilige Verfügung in Patentsachen; OLG Düsseldorf, Urt. v. 08.04.1982, Az. 2 U 176/81, GRUR 1983, 745, 746 – Geheimhaltungsinteresse und Besichtigungsanspruch II = MDR 1982, 671 (Ls.); OLG Düsseldorf, Urt. v. 17.08.1981, Az. 2 U 102/81, GRUR 1983, 741, 744 – Geheimhaltungsinteresse und Besichtigungsanspruch I; *Kühnen* (2013), Rn. 1738; *Amschewitz* (2008), S. 354; *Osthaus* (2005), S. 177; *v. Hartz* (2004), S. 130 f.; *Klinger,* in: Taeger/Wiebe (2008), S. 267 (273); *Rogge,* in: FS v. Gamm (1990), S. 461 (461–463); *Tilmann/Schreibauer,* GRUR 2002, S. 1015 (1016); *Schack,* MMR 2000, S. 135 (139); *Meier-Beck,* GRUR 1988, S. 861 (861); *Schultz-Süchting,* GRUR 1988, S. 571 (571); *Winter,* GRUR 1982, S. 782 (785); *Klaka,* GRUR 1979, S. 593 (594); noch a.A. *Krieger,* GRUR 1996, S. 941 (942).

[109] *Ann/Hauck/Maute* (2011), Rn. 63; *Enchelmaier,* GRUR Int 2012, S. 503 (511); vgl. *Kühnen,* GRUR 2005, S. 185 (189, Fn. 30); *v. Falck,* MittdtPatA 2002, S. 429 (430).

[110] *Grabinski/Zülch*, in: Benkard (2015), § 140c PatG Rn. 4; Mes (2015), § 140c Rn. 2; *Schack* (2015), Rn. 791; *Wiebe,* in: Büllesbach/Büchner (2006), S. 153 (165); *Tinnefeld,* CR 2013, S. 417 (420).

[111] OLG Frankfurt a.M., Urt. v. 10.06.2010, Az. 15 U 192/09, BeckRS 2011, 18385; OLG Frankfurt a.M., Beschl. v. 17.01.2006, Az. 11 W 21/05, GRUR-RR 2006, 295, 295 – Quellcode-Besichtigung = MMR 2006, 820, 821; KG, Urt. v. 11.08.2000, Az. 5 U

Die Besichtigungsvorschriften ermöglichen nur die Besichtigung durch den Antragsteller in persona oder einen ausgewählten Vertreter, wie etwa einen privaten Sachverständigen oder die Rechts- und Patentanwälte des Antragstellers.[112] Aus Geheimnisschutzgründen erscheint eine persönliche Besichtigung durch den Antragsteller nahezu ausgeschlossen (vgl. § 140c Abs. 3 S. 2, 3 PatG).[113] Der Antragsteller erlangt über die Besichtigung durch einen Vertreter aufschlussreiche Informationen und erhält ein Parteigutachten (ein solches ist prozessual als qualifizierter Parteivortrag anzusehen[114]) als Grundlage für ein anschließendes Hauptsacheverfahren.[115] Der Beweiswert der dieserart erlangten Erkenntnisse ist aber angreifbar, was den Schwachpunkt der Durchsetzung im einstweiligen Rechtsschutz darstellt.[116] Die Besichtigung durch einen gerichtlich bestellten Sachverständigen ist in § 140c PatG aber nicht vorgesehen.[117]

3069/00, NJW 2001, 233, 234 = GRUR-RR 2001, 118, 119; *Huber*, in: Musielak/Voit (2016), § 940 Rn. 21; *Marburger*, in: Staudinger (2015), Vorbem zu §§ 809–811 Rn. 8; *Wilhelmi*, in: Erman (2014), § 809 Rn. 5; Fezer (2009), § 19a MarkenG Rn. 55; *Steffen*, in: RGRK-BGB (1978), § 809 Rn. 10; *Imhof*, in: Hdb. UrhR (2016), Kap. 5 Rn. 401; *Marly* (2014), Rn. 327; *Müller-Stoy* (2008), Rn. 230; *v. Hartz* (2004), S. 169 m.w.Nachw.; *Braun* (1993), S. 272; *Schaaff* (1983), S. 146; *Götting*, in: FS Hay (2005), S. 181 (185); *Tilmann/Schreibauer*, in: FS Erdmann (2002), S. 901 (923); *Tinnefeld*, CR 2013, S. 417 (420); *Bierekoven*, ITRB 2008, S. 84 (87); *Schreiber*, JR 2008, S. 1 (3 f.); *Frank/Wiegand*, CR 2007, S. 481 (481); *Auer-Reinsdorff*, ITRB 2006, S. 82 (84); *Rauschhofer*, GRUR-RR 2006, S. 249 (250); *Conrad*, ITRB 2005, S. 12 (15); *v. Hartz*, ZUM 2005, S. 376 (379); *Tilmann/Schreibauer*, GRUR 2002, S. 1015 (1016); *Karg*, ZUM 2000, S. 934 (942); *Bork*, NJW 1997, S. 1665 (1671); *Dreier*, GRUR Int 1996, S. 205 (217); vgl. *Mugdan* (1899), S. 1219; einschränkend: *Stürner*, JZ 1985, S. 453 (457).

[112] *Hahn*, in: PK-GewRS (2015), Vor § 485 ZPO Rn. 68 (Fn. 150); *Pitz*, in: Fitzner/Lutz/Bodewig (2012), § 140c PatG Rn. 37, 53.

[113] *Rinken/Kühnen*, in: Schulte (2014), § 140c Rn. 48; vgl. *Czychowski*, GRUR-RR 2008, S. 265 (268); *Dörre/Maaßen*, GRUR-RR 2008, S. 217 (221).

[114] BGH, Urt. v. 15.07.1998, Az. IV ZR 206/97, NJW-RR 1998, 1527, 1528 = NVersZ 1998, 84, 84; BGH, Urt. v. 11.05.1993, Az. VI ZR 243/92, NJW 1993, 2382, 2383 = NZV 1993, 346, 347; *Voß*, in: Fitzner/Lutz/Bodewig (2012), Vor §§ 139 ff. PatG Rn. 121, 136 f., vgl. Rn. 272–277; *Jauernig/Hess* (2011), § 54 Rn. 3; *Lieber/Zimmermann* (2009), Rn. 202; vgl. *Pastor*, in: Werner/Pastor (2015), Rn. 3095; *Pitz* (2010), Rn. 36.

[115] Vgl. *Hahn*, in: PK-GewRS (2015), § 485 ZPO Rn. 59; *Pitz* (2010), Rn. 36, 102; *Lieber/Zimmermann* (2009), Rn. 202; *Hoppen*, CR 2009, S. 407 (410); *Pagenberg*, CR 1991, S. 65 (70); *Leppin*, GRUR 1984, S. 695 (700).

[116] *Rinken/Kühnen*, in: Schulte (2014), § 140c Rn. 48; *Stadler*, in: FS Leipold (2009), S. 201 (208); vgl. *Karg*, ZUM 2000, S. 934 (941 f.).

[117] *Hahn*, in: PK-GewRS (2015), Vor § 485 ZPO Rn. 68 (Fn. 150); *Pitz*, in: Fitzner/Lutz/Bodewig (2012), § 140c PatG Rn. 52.

b) Strafrechtliches Ermittlungsverfahren

Neben den bisher genannten zivilprozessualen Möglichkeiten zur Sachverhaltsaufklärung kann der Schutzrechtsinhaber ein strafrechtliches Ermittlungsverfahren in der Bundesrepublik Deutschland einleiten lassen, da die vorsätzliche Verletzung von Schutzrechten strafbar ist (§ 142 Abs. 1 PatG, §§ 106 bis 108, 108b Abs. 1, 2 UrhG, §§ 143 Abs. 1, 143a Abs. 1, 144 Abs. 1, 2 MarkenG, §§ 51 Abs. 1, 65 Abs. 1 DesignG, § 25 Abs. 1 GebrMG, § 10 Abs. 1 HalblSchG, § 33 KunstUrhG, § 39 Abs. 1 SortenSchutzG). In einigen Bundesländern wurden sogar eigens mit der Verletzung von gewerblichen Schutzrechten betraute Schwerpunktstaatsanwaltschaften gegründet, wie etwa in Nordrhein-Westfalen bei der Staatsanwaltschaft Bochum.[118] Die Staatsanwaltschaft würde im Rahmen dieses Ermittlungsverfahrens gewissermaßen auf Staatskosten den streitigen Sachverhalt ermitteln, was eine taugliche Grundlage für einen Zivilprozess wäre.[119]

Die mit einem solchen Verfahren einhergehenden Beweissicherungsmaßnahmen in Form einer Durchsuchung und Beschlagnahme sind sehr weitreichend (vgl. §§ 94, 102, 105, 110 StPO) und gehen über die Möglichkeiten hinaus, die Privatpersonen zur Verfügung stehen.[120] Am Ende des Verfahrens könnte der Schutzrechtsinhaber auf eine umfassende Ermittlungsakte zurückgreifen, die Ermittlungsergebnisse im Wege der Akteneinsicht (§ 385 Abs. 3 StPO für den Privatkläger; § 406e StPO für den Verletzten) verwerten und über eine vorbereitende Anordnung (§ 273 Abs. 2 Nr. 2 ZPO) in das Schutzrechtsverletzungsverfahren einbringen.[121] Dabei ist aber zu berücksichtigen, dass im Gegensatz zu einem Schutzrechtsverletzungsverfahren bei einem Ermittlungsverfahren nicht der Schutzrechtsinhaber Herr des Verfahrens ist, sondern die Staatsanwaltschaft, sodass der Schutzrechtsinhaber nicht

---

[118] *Hahn*, in: PK-GewRS (2015), Vor § 485 ZPO Rn. 27.

[119] *Kühnen* (2013), Rn. 437; *Markfort* (2001), S. 177; *Marshall*, IIC 2000, S. 646 (656).

[120] *Götz* (2012), S. 141; *Pitz* (2010), Rn. 40; *Rohlfing* (2009), S. 58; *Müller-Stoy* (2008), Rn. 305; *Bär* (2007), Rn. 343; *v. Hartz* (2004), S. 115 f.; *Ibbeken* (2004), S. 99; *Anduleit* (2001), S. 182–184; *Karger* (1996), S. 149; *Wölfel* (1990), S. 143–146; *Obenhaus*, NJW 2010, S. 651 (652); *Kiethe/Groeschke*, WRP 2005, S. 1358 (1359); *Patnaik*, GRUR 2004, S. 191 (193); *Schäfers*, GRUR Int 1996, S. 763 (774); *Bär*, CR 1995, S. 227 (227 f.); *Pagenberg*, CR 1991, S. 65 (72); *Schlosser*, JZ 1991, S. 599 (603 f.); *Brandi-Dohrn*, CR 1985, S. 67 (68); *Winter*, GRUR 1982, S. 782 (784 f.).

[121] *Hahn*, in: PK-GewRS (2015), Vor § 485 ZPO Rn. 27; *Kühnen* (2013), Rn. 437; *Götz* (2012), S. 141 f.; *Holler*, in: Hdb. Markenpiraterie (2000), § 5 Rn. 195 f.; *Müller-Stoy* (2008), Rn. 305; *v. Hartz* (2004), S. 119; *Ibbeken* (2004), S. 100–103; *Markfort* (2001), S. 179; *Karger* (1996), S. 149–152; *Braun* (1993), S. 279; *Dreier*, in: Beier/Schricker (1996), S. 248 (275); *Kiethe/Groeschke*, WRP 2005, S. 1358 (1359); *Patnaik*, GRUR 2004, S. 191 (194); vgl. LG Nürnberg-Fürth, Urt. v. 23.02.2005, Az. 3 O 4156/04, InstGE 5, 153, 156 f. (Rn. 11) – Betriebsspionage = BeckRS 2011, 12419.

direkt am Verfahren beteiligt ist und gerichtsverwertbare Erkenntnisse nicht automatisch gewonnen werden.[122]

Die Verfolgung von Schutzrechtsverletzungen mithilfe des Strafrechts hat jedoch in Deutschland keine große praktische Relevanz, da es den zivilprozessualen Erfordernissen (wie beispielsweise der Möglichkeit des Abschlusses eines Vergleichs und der dafür erforderlichen Beendigung des Ermittlungsverfahrens) nicht in ausreichendem Maße gerecht wird.[123] Daneben ist die zurückhaltende Einleitung eines strafrechtlichen Verfahrens auch darauf zurückzuführen, dass man die Beziehungen zum vermeintlichen Verletzer (auch wenn dieser ein Wettbewerber ist) nicht völlig erodieren möchte, um sich eine zukünftige Gesprächs- und Vergleichsmöglichkeit zu wahren.[124] Außerdem werden derartige Ermittlungsverfahren in der Praxis nur in seltenen Ausnahmefällen vorangetrieben, sondern meist ergebnislos eingestellt, da es sich bei Schutzrechtsverletzungen (abgesehen von den Qualifikationen (vgl. etwa § 142 Abs. 2 PatG, § 51 Abs. 2 DesignG, § 143 Abs. 2 MarkenG, § 108a UrhG), die Offizialdelikte sind) um relative Antragsdelikte handelt (vgl. etwa § 142 Abs. 1 i.V.m. Abs. 4 PatG, § 51 Abs. 1 i.V.m. Abs. 4 DesignG, § 143 Abs. 1 i.V.m. Abs. 4 MarkenG oder §§ 109 i.V.m. 106–108, 108b UrhG), die nur auf Antrag oder dann verfolgt werden, wenn die Staatsanwaltschaft ein öffentliches Verfolgungsinteresse feststellt (§ 376 i.V.m. § 374 Abs. 1 Nr. 8 StPO), was nur selten der Fall ist.[125] Sollte kurzfristig eine Durchsuchung oder Beschlagnahme von Gegenständen notwendig sein (etwa auf Messen oder bei Produktpräsentationen, um den Verletzungsgegenstand oder aber Dokumentationen über diesen zu erlangen), bietet sich als letztes Mittel eine Strafanzeige an.[126]

---

[122] *Götz* (2012), S. 143; *v. Hartz* (2004), S. 122; *Markfort* (2001), S. 178 f.; *Karger* (1996), S. 147, 149; *Mes,* GRUR 2000, S. 934 (936); *Bork,* NJW 1997, S. 1665 (1667).

[123] *Götz* (2012), S. 143; *v. Hartz* (2004), S. 121; *Müller-Stoy,* MittdtPatA 2010, S. 267 (275); *Patnaik,* GRUR 2004, S. 191 (194); *Bork,* NJW 1997, S. 1665 (1667); *Brandi-Dohrn,* CR 1985, S. 67 (68); *Brandi-Dohrn,* GRUR 1985, S. 179 (186); *Winter,* GRUR 1982, S. 782 (784); vgl. *Keukenschrijver*, in: Busse (2013), § 142 Rn. 1; *Wintermeier* (2015), Rn. 352; *Torremans* (2010), S. 613 f.; *Gaul* (2003), S. 148 ff.

[124] *Hoeren* (1989), Rn. 171; *Mes,* GRUR 2000, S. 934 (936); vgl. *Hoeren,* MMR 2003, S. 217 (217).

[125] *Hahn,* in: PK-GewRS (2015), Vor § 485 ZPO Rn. 27; *Schack* (2015), Rn. 858 f.; *Kühnen* (2013), Rn. 437; *Pitz* (2010), Rn. 40; *Kraßer* (2009), § 38 (S. 906); *Rohlfing* (2009), S. 59; *Müller-Stoy* (2008), Rn. 306 f.; *v. Hartz* (2004), S. 118 f.; *Ibbeken* (2004), S. 98; *Karger* (1996), S. 148; *Mes,* GRUR 2000, S. 934 (936); *Bork,* NJW 1997, S. 1665 (1667); *Fritze/Stauder,* GRUR Int 1986, S. 342 (343); vgl. *Wintermeier* (2015), Rn. 362; *Markfort* (2001), S. 179.

[126] *Hahn,* in: PK-GewRS (2015), Vor § 485 ZPO Rn. 27; *Kühnen* (2013), Rn. 437.

c) Selbstständiges Beweisverfahren

Grundsätzlich findet die Beweisaufnahme innerhalb des rechtshängigen Erkenntnisverfahrens statt.[127] Bei Schutzrechtsverletzungen besteht häufig die Notwendigkeit, einen Beweis vor Klageerhebung (trotz Kenntnis des Sachverhalts) zu sichern. Dafür kann die beweisbelastete Partei auf das selbstständige Beweisverfahren (§§ 485 ff. ZPO) zurückgreifen, um Beweisdefizite bereits vor der Einleitung eines Hauptsacheverfahrens zu bewältigen. Der große Nachteil einer Anordnung nach § 485 ZPO ist jedoch, dass sie nicht zwangsweise durchgesetzt werden kann. Das selbstständige Beweisverfahren ist eine Komponente des dieser Untersuchung zugrunde liegenden „Düsseldorfer Modells“ und wird im Verlauf der Arbeit genauer erläutert, sodass an dieser Stelle auf eine eingehende Darstellung verzichtet wird.

d) Das „Düsseldorfer Modell“

Ein durchgängiges Verfahren von der Antragstellung beim Verdacht einer Schutzrechtsverletzung bis zur Beschlussfassung über die Aushändigung eines angefertigten Gutachtens findet man weder in der Zivilprozessordnung noch in den einschlägigen Gesetzen der einzelnen gewerblichen Schutzrechte. Trotz dieser fehlenden Kodifizierung hat die Bedeutung und Zuhilfenahme von Besichtigungsverfahren in den letzten Jahren immer mehr zugenommen, wobei sie insbesondere zur Aufklärung von nicht-öffentlich begangenen Schutzrechtsverletzungen verwendet werden.[128] Das Landgericht Düsseldorf hat einem Schutzrechtsinhaber schon vor den im Rahmen der Enforcement-Richtlinie eingeführten spezialgesetzlichen Vorschriften durch eine Kombination aus selbstständigem Beweisverfahren (§§ 485 ff. ZPO) und einer auf den materiell-rechtlichen Besichtigungsanspruch gestützten einstweiligen Verfügung (§§ 935 ff. ZPO) gerichtet an den Antragsgegner, die Besichtigung zu dulden, ein wirkungsvolles Mittel zur Verfolgung eines begründeten Verdachts einer Schutzrechtsverletzung und zu einer dahingehenden Beweissicherung sowie Bewältigung eines Informationsdefizits vor der Einleitung eines Hauptsacheverfahrens unter Wahrung des Überraschungsmoments an die Hand gegeben.[129]

---

[127] *Paulus* (2010), Rn. 194.

[128] *Köklü/Müller-Stoy,* MittdtPatA 2011, S. 109 (109); vgl. *Müller-Stoy* (2008), Rn. 6–8; *Kühnen,* MittdtPatA 2009, S. 211 (211); *Eck/Dombrowski,* GRUR 2008, S. 387 (387).

[129] *Hahn*, in: PK-GewRS (2015), Vor § 485 ZPO Rn. 4, 43, 63; *Trimborn*, in: Büscher/Dittmer/Schiwy (2015), Kap. 1, § 140c PatG Rn. 16 f.; *Pitz*, in: Fitzner/Lutz/Bodewig (2012), § 140c PatG Rn. 38; *Chakraborty*, in: Haedicke/Timmann (2012), § 11 Rn. 744; *Ann/Hauck/Maute* (2011), Rn. 55; *Gniadek* (2011), S. 117, 143; *Beckhaus* (2010), S. 130–133; *Pitz* (2010), Rn. 38b; *Grabinski,* in: FS Mes (2009), S. 129 (130); *Deichfuß,* GRUR 2015, S. 436 (436 f.); *McGuire,* GRUR 2015, S. 424 (430); *Tinnefeld,* CR 2013, S. 417 (420); *Köklü/Müller-Stoy,* MittdtPatA 2011, S. 109 (109); *Stjerna,* MittdtPatA 2011, S. 271

Grob umrissen lässt sich das „Düsseldorfer Modell" in drei Schritte unterteilen.[130] Im ersten Schritt ordnet das Gericht auf Antrag des Schutzrechtsinhabers das selbstständige Beweisverfahren (§§ 485 ff. ZPO) an. Dabei setzt es das Beweisthema fest, indem es den Zweck der Besichtigung (die Beweiserhebung über eine Schutzrechtsverletzung) und die Besichtigungsgegenstände benennt. Als Beweismittel wird die Begutachtung durch einen neutralen Sachverständigen bestimmt, wobei der Sachverständige vom Gericht bestellt und zur Verschwiegenheit verpflichtet wird. Wegen der besonderen Eilbedürftigkeit wird auf die Anhörung des Antragsgegners verzichtet. Neben der Anordnung des selbstständigen Beweisverfahrens erlässt das Gericht parallel zum selbstständigen Beweisverfahren nach §§ 485 ff. ZPO eine flankierende einstweilige Verfügung (§§ 935 ff. ZPO). Darin werden die Duldung der Besichtigung als solcher durch den Adressaten, weiter gehende Duldungs- und Mitwirkungspflichten, die Anwesenheit der an der Besichtigung teilnehmenden Personen und deren Geheimhaltungspflichten, ein Veränderungsverbot an der zu besichtigenden Sache durch den Antragsgegner sowie Sanktionen im Falle der Zuwiderhandlung angeordnet. Die Besichtigung sowie Gutachtenerstellung stellt den zweiten Schritt des „Düsseldorfer Modells" dar. Im dritten Schritt entscheidet das Gericht über die Modalitäten der Freigabe des auf Grundlage der Besichtigung erstellten Sachverständigengutachtens an die Parteien.

Seit geraumer Zeit zeichnet sich bei den Düsseldorfer Gerichten für gewerbliche Schutzrechte eine gefestigte Methode beim Umgang mit derartigen Besichtigungsverfahren ab, welche außerhalb eines Hauptsacheverfahrens verfolgt werden.[131] Aufgrund dieser einheitlichen Handhabung bei den Patentstreitkammern des LG Düsseldorf kursiert die praktizierte Vorgehenswei-

---

(271); *Zöllner,* GRUR-Prax 2010, S. 74 (77); *Kühnen,* GRUR 2005, S. 185 (187); vgl. *Tilmann/Schreibauer,* in: FS Erdmann (2002), S. 901 (903); *v. Falck,* MittdtPatA 2002, S. 429 (437); *Schweikhardt,* GRUR 1962, S. 116 (123 f.).

[130] Die nachfolgende Darstellung orientiert sich an den Musterbeschlüssen in: *Rinken/Kühnen,* in: Schulte (2014), § 140c Rn. 65, *Kühnen* (2013), Rn. 378 sowie *Kühnen,* GRUR 2005, S. 185 (187); vgl. auch Mes (2015), § 140c Rn. 63; *Hahn,* in: PK-GewRS (2015), Vor § 485 ZPO Rn. 47, § 487 Rn. 45; *Pitz,* in: BeckFormB GewRS (2015), Form I. 4; *Maaßen,* in: FormB-UMR (2015), Kap. 15 Rn. 258; *Mes,* in: MPFormB GewRS (2014), Form. C.22; *Spuhler/Vykydal,* in: Münch AnwHdb GewRS (2012), § 3 Rn. 193; *Nieder,* in: Erdmann/Rojahn/Sosnitza (2011), Kap. 1 Rn. 600; *Müller-Stoy* (2008), Rn. 299.

[131] *Grabinski/Zülch,* in: Benkard (2015), § 140c PatG Rn. 22; *Hahn,* in: PK-GewRS (2015), Vor § 485 ZPO Rn. 43; *Rinken/Kühnen,* in: Schulte (2014), § 140c Rn. 49; *Nieder,* in: Erdmann/Rojahn/Sosnitza (2011), Kap. 1 Rn. 599; *Eck/Dombrowski,* in: FS 50 Jahre BPatG (2011), S. 169 (169); *Kreye,* in: FS v. Meibom (2010), S. 241 (242, 244); *Stjerna,* MittdtPatA 2011, S. 271 (271); *Kather/Fitzner,* MittdtPatA 2010, S. 325 (325); *Zöllner,* GRUR-Prax 2010, S. 74 (77); *Fitzner/Kather,* VPP-Rundbrief 2009, S. 58 (59); *Kühnen,* MittdtPatA 2009, S. 211 (211); *Müller-Stoy,* GRUR-RR 2009, S. 161 (161); *Müller-Stoy/Wahl,* MittdtPatA 2008, S. 311 (311); *Kühnen,* GRUR 2005, S. 185 (187).

se unter den Bezeichnungen „Düsseldorfer Modell“, „Düsseldorfer Praxis“ oder auch „Düsseldorfer Verfahren“. Dieses Modell hat sich inzwischen derart etabliert, dass es auch von diversen anderen Spruchkörpern außerhalb von Düsseldorf (teilweise in abgewandelter Form) angewandt wird, wie etwa den Landgerichten und Oberlandesgerichten München[132], Frankfurt[133], Hamburg[134], den Oberlandesgerichten Hamm[135] und Karlsruhe[136] sowie den Landgerichten Mannheim und Kassel.[137] Neben einfach gelagerten Fällen wird das „Düsseldorfer Modell“ insbesondere auch bei komplexeren Sachverhalten oder einer äquivalenten Schutzrechtsverletzung angewandt.[138]

III. Ausländische Rechtsordnungen

Im Gegensatz zum deutschen Recht kennen die Rechtsordnungen anderer europäischer Länder schon seit geraumer Zeit Rechtsinstitute zur Ermittlung und Sicherung von Beweismaterial vor einer Klageerhebung. Zwar sind diese Verfahren meist mit erheblichen Kosten verbunden, jedoch gehen mit ihnen

---

[132] OLG München, Beschl. v. 22.08.2014, Az. 6 W 1918/13, BeckRS 2014, 20365 (Rn. 1–16); OLG München, Beschl. v. 15.04.2010, Az. 6 W 1566/09, InstGE 12, 192, 197 (Rn. 29) – Lesevorrichtung für Reliefmarkierungen; OLG München, Beschl. v. 11.08.2008, Az. 6 W 1380/08, InstGE 10, 186, 187–189 (Rn. 9–22) – Laser-Schweißverfahren = GRUR-RR 2009, 191, 191; vgl. LG München I, Urt. v. 13.09.1985, Az. 21 O 12260/85, CR 1987, 761, 761.

[133] OLG Frankfurt a.M., Beschl. v. 16.03.2011, Az. 6 W 36/11, InstGE 13, 254, 254 (Rn. 2) – komplexes Herstellungsverfahren = BeckRS 2012, 10149; OLG Frankfurt a.M., Beschl. v. 17.01.2006, Az. 11 W 21/05, GRUR-RR 2006, 295, 295 – Quellcode-Besichtigung = MMR 2006, 820, 820; LG Frankfurt a.M., Beschl. v. 01.09.2005, Az. 2-3 O 258/05 (unveröffentlicht).

[134] OLG Hamburg, Urt. v. 26.05.2005, Az. 3 U 91/04, InstGE 5, 294, 295 f. (Rn. 3, 6) – Fußbodenpaneele II = BeckRS 2009, 09886; LG Hamburg, Urt. v. 15.04.2004, Az. 315 O 201/03, InstGE 4, 293, 294 (Rn. 4) – Fußbodenpaneele.

[135] OLG Hamm, Urt. v. 31.01.2013, Az. 4 U 200/12, GRUR-RR 2013, 306, 307 – Vorbereitender Besichtigungsanspruch = BeckRS 2013, 07152.

[136] OLG Karlsruhe, Beschl. v. 16.10.2012, Az. 6 W 72/12, BeckRS 2013, 19312; OLG Karlsruhe, Beschl. v. 18.05.2010, Az. 6 W 28/10, BeckRS 2011, 18386; OLG Karlsruhe, Urt. v. 27.04.2001, Az. 14 U 187/00, NJW-RR 2002, 951, 951 = BauR 2002, 1437, 1437.

[137] *Hahn*, in: PK-GewRS (2015), Vor § 485 ZPO Rn. 43, 46; *Keukenschrijver/Kaess*, in: Busse (2013), § 140c Rn. 19; *Eck/Dombrowski,* in: FS 50 Jahre BPatG (2011), S. 169 (169); *Kreye,* in: FS v. Meibom (2010), S. 241 (244); *Kather/Fitzner,* MittdtPatA 2010, S. 325 (328, Fn. 18); *Fitzner/Kather,* VPP-Rundbrief 2009, S. 58 (62, Fn. 25); *Kühnen,* MittdtPatA 2009, S. 211 (211).

[138] *Müller-Stoy/Wahl,* MittdtPatA 2008, S. 311 (311); vgl. *Grabinski/Zülch*, in: Benkard (2015), § 140c PatG Rn. 10; *Oldekop*, in: Schramm (2012), Kap. 9 Rn. 113; *v. Hartz* (2004), S. 166.

auch weitreichende Besichtigungsrechte einher.[139] Zu nennen sind in diesem Zusammenhang etwa die britische *„search order"*[140] (Section 7 des Civil Procedure Act (CPA) 1997 Chapter 12; vgl. Rule 25.1 (1) (h) der Civil Procedure Rules; früher *„Anton Piller order"* sowie *„Doorstep Piller order"*), die französische *„saisie contrefaçon"*[141] (Art. L615-5 Code de la propriété intellectuelle (CPI), Art. L332-1 bis L332-4 CPI) oder die italienische *„descrizione"*[142]. Auch das US-amerikanische Recht kennt schon seit Längerem mit der *„Pre-Trial Discovery"* ein Verfahren[143], das wie die aufgezählten europäischen Pendants den Inhaber eines Schutzrechts bei der notwendigen Beweisbeschaffung und Beweissicherung für die Durchführung eines Schutzrechtsverletzungsverfahrens unterstützt. Jeder Inhaber eines gewerblichen Schutzrechts hat die Möglichkeit, eine derartige Beweisbeschaffung im Vorfeld eines Hauptsacheverfahrens durchzuführen.[144] In den Niederlanden gab es beispielsweise bis zu den 2000er-Jahren keine gesetzli-

---

[139] *Kühnen* (2013), Rn. 431.

[140] Court of Appeal, Urt. v. 08.12.1975, Anton Piller KG v. Manufacturing Processes Ltd., [1976] F.S.R. 129 = [1976] 2 W.L.R. 162 = [1976] Ch. 55; High Court of Justice, Urt. v. 05.12.1974, E.M.I. Limited and Others v. Kishorilal N. Pandit, [1975], 1 W.L.R. 302 = [1975] F.S.R. 111; Fezer (2009), § 19a MarkenG Rn. 59; *Koch* (2013), S. 62, 63; *Götz* (2012), S. 33–47; *Beckhaus* (2010), S. 179–195; *Rouse/Fong*, in: Hdb. Markenpiraterie (2000), § 11 Rn. 36–42; *Weber* (2010), S. 54–68; *Amschewitz* (2008), S. 121–125; *Müller-Stoy* (2008), Rn. 348–359; *Osthaus* (2005), S. 139–142; *Battenstein* (2006), S. 162–214; *Ibbeken* (2004), S. 111–148; *Norrenberg* (1998), S. 163–274; *Schaaff* (1983), S. 119–126; *Götting*, in: FS Hay (2005), S. 181 (183, 184); *Enchelmaier*, GRUR Int 2012, S. 503 (503, 505); *Patnaik*, GRUR 2004, S. 191 (194); *Mes*, GRUR 2000, S. 934 (936); *Cornish/ Llewelyn*, IIC 2000, S. 627 (635 f.); *Götting*, GRUR Int 1988, S. 729 (729–736); *Stauder*, GRUR Int 1982, S. 226 (227).

[141] Tribunal de grande instance Paris, Beschl. v. 14.05.1999, Az. 4 Ob 30/00, GRUR Int 2000, 1031, 1032 – Quick Turn/Meta Systems; *Véron* (2015), S. 7 ff.; *Götz* (2012), S. 47–55; *Beckhaus* (2010), S. 196–203; *Prins/Muyl*, in: Hdb. Markenpiraterie (2000), § 6 Rn. 46–48; *Weber* (2010), S. 68–77; *Amschewitz* (2008), S. 125–130; *Müller-Stoy* (2008), Rn. 319–331; *Osthaus* (2005), S. 143–145; *Ibbeken* (2004), S. 149–195; *Treichel* (2001), S. 163–212; *Lang* (1999), S. 151–155; *Véron/Mandel*, in: FS Stauder/Kolle (2005), S. 409 (409–426); *Bird*, MittdtPatA 2002, S. 404 (404–406); *Petit*, IIC 2000, S. 669 (679–686); *Binn/Dupuis-Latour*, VPP-Rundbrief 1998, S. 72 (72–76); *Boval*, GRUR Int 1993, S. 377 (378–381); *Stauder*, GRUR Int 1978, S. 230 (231–234).

[142] EuGH, Schlussanträge vom 18.07.2007, Rs. C-175/06, Slg. 2007, I-07929 = BeckRS 2007, 70556; *Müller-Stoy* (2008), Rn. 332–338; *Casucci*, IIC 2000, S. 692 (698); *Stauder*, GRUR Int 1978, S. 230 (230).

[143] *Adler* (2014), S. 132–203; *Koch* (2013), S. 46–57; *Haeffs* (2010), S. 44–49; *Müller-Stoy* (2008), Rn. 339–347; *Drenckhahn* (2007), S. 112–118; *Benedicter* (2005), S. 237–247; *Stadler* (1989), S. 66–87; *Schaaff* (1983), S. 23–119; *Maloney*, IIC 2000, S. 723 (739–743); *Stadler*, NJW 1989, S. 1202 (1205); *Henry*, GRUR Int 1983, S. 82 (83–91); *Henry*, IIC 1982, S. 704 (707–714); *Mentz*, RIW/AWD 1981, S. 73 (73–79); *Schlosser*, ZZP 1981, S. 369 (390–398).

[144] *Petit*, IIC 2000, S. 669 (679 f.).

che Grundlage, um eine Besichtigung beim vermeintlichen Schutzrechtsverletzer zu erwirken.[145]

Gerade im internationalen Vergleich wurden die verfügbaren Möglichkeiten zur Beschaffung von Beweisen und Informationen nach dem deutschen Recht vielfach kritisiert.[146] Bei den ausländischen Beweisbeschaffungsmöglichkeiten handelt es sich um grobe Instrumente der Beweissicherung (die *„Anton Piller order"* ist tatbestandlich enger gefasst als die Enforcement-Richtlinie, wohingegen die *„saisie contrefaçon"* deutlich weit reichender ist), die teilweise in einer beträchtlichen Häufigkeit eingesetzt wurden, mittlerweile aber wieder ihren Ausnahmestatus einnehmen, was sich in sinkenden Erlasszahlen widerspiegelt.[147] Im Gegensatz dazu wird im Bereich des gewerblichen Rechtsschutzes die Rechtshilfe über § 1782 des 28. Titels des United States Code (28 U.S.C. § 1782) immer bedeutsamer (so wurden etwa im Jahr 2010 54 Entscheidungen diesbezüglich veröffentlicht).[148] Deutsche Gerichte können sich nur in Ausnahmefällen weigern, die im Rahmen eines Discovery-Verfahrens im Ausland erlangten Beweise zu verwerten.[149]

IV. Zusammenfassung

Die Bestandsaufnahme der für das Immaterialgüterrecht einschlägigen Möglichkeiten zur Beseitigung eines Informationsdefizits aufseiten der beweisbelasteten Partei hat eine große Anzahl von Instrumentarien dargelegt, insbesondere in Form der materiell-rechtlichen Besichtigungsansprüche der

---

[145] *Brinkhof*, IIC 2000, S. 706 (716).

[146] *Pitz* (2010), Rn. 38; *Dreier*, in: Beier/Schricker (1996), S. 248 (275); *Müller-Stoy*, MittdtPatA 2009, S. 361 (361); *Tilmann*, GRUR 2001, S. 1079 (1083); *Mes*, GRUR 2000, S. 934 (935); *Hocks/Pfeifer*, GRUR Int 1985, S. 805 (807).

[147] High Court of Justice, Urt. 19.12.1985, Columbia Picture Industries Inc. and Others v. Robinson and Others, [1986] F.S.R. 367 = [1986] 3 W.L.R. 542 = [1986] Ch. 38; *Pitz*, in: Fitzner/Lutz/Bodewig (2012), § 140c PatG Rn. 68; *Beckhaus* (2010), S. 182 f., 195, 201; *Amschewitz* (2008), S. 121 f., 130; *Rouse/Fong*, in: Hdb. Markenpiraterie (2000), § 11 Rn. 36; *Cornish/Llewelyn*, IIC 2000, S. 627 (635); *Petit*, IIC 2000, S. 669 (679, 682 f.); *Götting*, GRUR Int 1988, S. 729 (731); *Stauder*, GRUR Int 1978, S. 230 (234).

[148] *Grabinski/Zülch*, in: Benkard (2015), § 140c PatG Rn. 41; *Hahn*, in: PK-GewRS (2015), Vor § 485 ZPO Rn. 33; *Rinken/Kühnen*, in: Schulte (2014), § 140c Rn. 94; *Müller-Stoy* (2008), Rn. 363; *Badke/De/Kirchhofer*, MittdtPatA 2015, S. 215 (215–218); *Schönknecht*, GRUR Int 2011, S. 1000 (1000; 1000, Fn. 11); vgl. *Adler* (2014), S. 212–298; *Junker* (1987), S. 404–445; *v. Meibom/vom Feld*, in: FS 50 Jahre BPatG (2011), S. 975 (975–989); *Henry*, GRUR Int 1983, S. 82 (91–97); *Henry*, IIC 1982, S. 704 (714–725).

[149] *Hahn*, in: PK-GewRS (2015), Vor § 485 ZPO Rn. 33; *Rinken/Kühnen*, in: Schulte (2014), § 140c Rn. 94; *Kühnen* (2013), Rn. 431–436; *Badke/De/Kirchhofer*, MittdtPatA 2015, S. 215 (219); *Schönknecht*, GRUR Int 2011, S. 1000 (1009).

§§ 809 BGB, 140c PatG, 101a UrhG, 19a MarkenG, 24c GebrMG, 46a DesignG, 9 Abs. 2 HalblSchG i.V.m. 24c GebrMG, 37c SortSchG, die in einer Hauptsacheklage oder über den einstweiligen Rechtsschutz durchgesetzt werden können. Die Durchsetzung in der Hauptsache ist zeit- und kostenintensiv und entbehrt jeglichen Überraschungsmoments, wohingegen bei einem Gang über den einstweiligen Rechtsschutz Probleme bei der Beweisverwertung auftreten können.

Vorprozessuale Maßnahmen sind dagegen in der Rechtsordnung nur spärlich verankert. Ein Vorgehen über das Strafrecht wird den Anforderungen aus dem Zivilprozess nicht gerecht, wobei es auch die pönale Wirkung des Strafrechts zu vermeiden gilt. Das selbstständige Beweisverfahren nach §§ 485 ff. ZPO erweist sich als solches als hilfreich, kann aber wegen der fehlenden Durchsetzbarkeit im Wege des Zwangs letztlich ebenfalls nicht überzeugen. Das „Düsseldorfer Modell", ein Konstrukt der Rechtsprechung, nutzt hingegen die Vorteile des selbstständigen Beweisverfahrens (§§ 485 ff. ZPO) und gleicht dessen Schwächen mit Mitteln des einstweiligen Rechtsschutzes (§§ 935 ff. ZPO) aus, um die Beweisnot des Antragstellers auszumerzen. Dabei wird die Beweissicherung nicht durch den Schutzrechtsinhaber oder einen Vertreter durchgeführt, sondern durch einen gerichtlich bestellten Sachverständigen.

Ein Schutzrechtsinhaber wird einen Besichtigungsanspruch wegen der berechtigten Befürchtung einer Beweisvereitelung nur im Klagewege durchsetzen, wenn ihm der einstweilige Rechtsschutz oder das „Düsseldorfer Modell" nicht zur Verfügung stehen. Besichtigungsverfahren und insbesondere das „Düsseldorfer Modell" haben sich zu einem wichtigen Instrument beim Nachweis von Schutzrechtsverletzung entwickelt, wobei das Patent- sowie Urheberrecht die dominierenden Rechtsbereiche sind.

Nachgehend ist zu untersuchen, ob dem Schutzrechtsinhaber mit dem „Düsseldorfer Modell" ein Verfahren zur Seite gestellt wird, mit dem er bestehende Beweise effektiv sichern kann und das im Einklang mit geltendem Recht steht. Dafür wird das „Düsseldorfer Modell" zunächst in das deutsche Rechtssystem eingeordnet. Im Anschluss werden die einzelnen Komponenten sowie Verfahrensschritte des „Düsseldorfer Modells", namentlich die Besichtigungsanordnung, bestehend aus selbstständigem Beweisverfahren und einstweiliger Verfügung, die Besichtigung als solche, das Gutachten und dessen Freigabe an die Parteien sowie die Rechtsbehelfe gegen die Besichtigungsanordnung vor dem Hintergund der aktuellen Rechtslage überprüft.

C. Die Besichtigungsanordnung

Die Besichtigungsanordnung setzt den Umfang und die Grenzen der Besichtigung fest und hat nach dem „Düsseldorfer Modell“ einen zweigeteilten Aufbau.[1] Der erste Teil stellt die Anordnung des selbstständigen Beweisverfahrens (§§ 485 ff. ZPO) dar, der zweite Teil umfasst die begleitende Duldungsverfügung (§§ 935 ff. ZPO). Bevor jedoch die Vereinbarkeit des „Düsseldorfer Modells“ mit dem geltenden Recht untersucht wird, muss zunächst die Rechtsnatur des „Düsseldorfer Modells“ bestimmt werden.

I. Rechtsnatur des „Düsseldorfer Modells“

Das „Düsseldorfer Modell“ ist ein Konstrukt der Rechtsprechung und ein Hybrid, da es sich aus zwei prozessualen Verfahren und materiell-rechtlichen Vorschriften zusammensetzt. Insbesondere im Hinblick auf den Streitwert, die Kostenentscheidung, die auferlegte Verschwiegenheitsverpflichtung sowie wegen § 490 Abs. 2 S. 2 ZPO und der sich daraus ergebenden Frage des Rechtsschutzes gegen eine unrechtmäßig angeordnete Durchführung des selbständigen Beweisverfahrens ist die Klärung der Rechtsnatur des „Düsseldorfer Modells“ von erheblicher praktischer wie akademischer Bedeutung.[2]

1. Funktion von selbstständigem Beweisverfahren und Duldungsverfügung innerhalb des „Düsseldorfer Modells“

Im Rahmen einer Besichtigungsanordnung nach dem „Düsseldorfer Modell“ ergeht ein Beweisbeschluss im selbstständigen Beweisverfahren (§§ 485 ff. ZPO) sowie eine einstweilige Duldungsverfügung (§§ 935 ff. ZPO). Zu Be-

---

[1] *Hahn*, in: PK-GewRS (2015), Vor § 485 ZPO Rn. 47, § 487 ZPO Rn. 5, 45; *Kühnen*, MittdtPatA 2009, S. 211 (215); vgl. Mes (2015), § 140c Rn. 63; *Rinken/Kühnen*, in: Schulte (2014), § 140c Rn. 65; *Kühnen* (2013), Rn. 378; *Kühnen*, GRUR 2005, S. 185 (187); *Stauder*, GRUR Int 1978, S. 230 (231).

[2] *Hahn*, in: PK-GewRS (2015), Vor § 485 ZPO Rn. 66, § 490 ZPO Rn. 6, 23, § 494a ZPO Rn. 9, 22 f., 38; *Ahrens*, in: FS Loschelder (2010), S. 1 (2, 3); *Zöllner*, GRUR-Prax 2010, S. 74 (77–79); vgl. *Dörre/Maaßen*, GRUR-RR 2008, S. 217 (221); *Eck/Dombrowski*, GRUR 2008, S. 387 (388).

ginn der Untersuchung der Rechtsnatur des „Düsseldorfer Modells“ sowie des Verhältnisses zwischen selbstständigem Beweisverfahren und einstweiliger Verfügung sollen zunächst die Elemente der Besichtigungsanordnung aufgezeigt und ihre Funktion für die Besichtigungsanordnung dargelegt werden.

a) Selbstständiges Beweisverfahren

Das selbstständige Beweisverfahren ist eine dem Hauptsacheverfahren vorweggenommene, gerichtliche Tatsachenfeststellung und Beweisaufnahme, die im Vorfeld oder außerhalb eines Rechtsstreits durchgeführt wird.[3] Wenngleich kein konkreter Bezug zum bürgerlichen Rechtsstreit erforderlich ist, handelt es sich um ein Verfahren zwischen Antragsteller und Antragsgegner und damit um ein kontradiktorisches Verfahren, sodass es Teil der streitigen Gerichtsbarkeit ist.[4] Der Eilcharakter des selbstständigen Beweisverfahrens spiegelt sich dabei darin wider, dass es bei der Gefahr eines Beweismittelverlustes auch ohne das Einvernehmen des Antragsgegners durchgeführt werden kann.[5]

Neben der Sicherung von Beweisen für einen zukünftigen Rechtsstreit (§ 485 Abs. 1 ZPO) soll das selbstständige Beweisverfahren auch zur Klärung streitiger Fragen durch eine sachverständige Begutachtung zur Förderung einer gütlichen Einigung zwischen den Parteien beitragen (§ 485 Abs. 2 ZPO), sodass es im Ergebnis der Beweissicherung, der Prozessvermeidung sowie der Entlastung der Gerichte dient.[6] Seinem Grundgedanken nach sieht

---

[3] *Schreiber*, in: MüKo ZPO (2012), § 485 Rn. 1; *Pastor*, in: Werner/Pastor (2015), Rn. 1; *Gniadek* (2011), S. 150; *Praun*, in: Kleine-Möller/Merl (2009), § 19 Rn. 2; *Seeber* (2007), S. 23; *Fink* (2005), Rn. 95; *Sturmberg* (2004), Rn. 56; *Weise* (2002), Rn. 9; *Röthlein* (1995), Rn. 1.

[4] BGH, Urt. v. 05.12.1996, Az. VII ZR 108/95, NJW 1997, 859, 859 = MDR 1997, 390, 390; OLG Karlsruhe, Beschl. v. 03.08.1982, Az. 7 W 20/82, BauR 1983, 188, 189 = MDR 1982, 1026, 1026 f.; Baumbach/Lauterbach/Albers/Hartmann (2016), Übers § 485 Rn. 1; *Reichold*, in: Thomas/Putzo (2016), Vorbem § 485 Rn. 2; *Berger*, in: Stein/Jonas (2015), vor § 485 Rn. 2; *Schreiber*, in: MüKo ZPO (2012), § 485 Rn. 1; *Pastor*, in: Werner/Pastor (2015), Rn. 48 m.w.Nachw.; *Gniadek* (2011), S. 151; *Rosenberg/Schwab/Gottwald* (2010), § 117 Rn. 1; *Keldungs/Tilly* (2005), S. 1; *Weise* (2002), Rn. 9; *Kroppen/Heyers/Schmitz* (1982), Rn. 8; *Motzke,* BauR 1983, S. 500 (509); *Schilken,* ZZP 1979, S. 238 (239–242; 260).

[5] *Sturmberg* (2004), Rn. 31, 95; *Sturmberg* (1999), Rn. 185.

[6] BT-Drucks. 11/3621, S. 2, 24; *Berger*, in: Stein/Jonas (2015), vor § 485 Rn. 1, § 485 Rn. 1; *Schreiber*, in: MüKo ZPO (2012), § 485 Rn. 1; *Joussen*, in: Ingenstau/Korbion (2015), Anh. 3 Rn. 3; *Pastor*, in: Werner/Pastor (2015), Rn. 1; *Gniadek* (2011), S. 151; *Praun*, in: Kleine-Möller/Merl (2009), § 19 Rn. 2; *Seeber* (2007), S. 23, 46; *Ulrich,* AnwBl 2003, S. 26 (27); *Schreiber,* NJW 1991, S. 2600 (2600); kritisch: *Herget,* in: FS Vollkommer (2006), S. 97 (117); vgl. *Hahn/Mugdan/Stegemann,* ZPO-Materialien Abt. 1 (1983), S. 343.

das selbstständige Beweisverfahren nur die Beweissicherung vor, nicht hingegen eine „getarnte" Beweisermittlung, um Beweise für eine (Verletzungs-)Klage zu beschaffen oder sich Klarheit über beweisbedürftige Tatsachen zu verschaffen („Ausforschungsmittel"), sodass eine vorprozessuale Informationsbeschaffung (losgelöst von materiell-rechtlichen Besichtigungsansprüchen) nicht durchführbar und ein Ausforschungsbeweis von §§ 485 ff. ZPO nicht umfasst ist.[7]

Im Rahmen des „Düsseldorfer Modells" wird über das selbstständige Beweisverfahren die Begutachtung durch einen Sachverständigen angeordnet. Die §§ 485 ff. ZPO sehen begrifflich nur eine „Begutachtung" durch einen Sachverständigen (§ 485 Abs. 1, 2 ZPO) vor. Gleichwohl umfasst dieser Begriff neben der Gutachtenerstellung auch eine Besichtigung. Andernfalls könnte der Sachverständige beispielsweise den Zustand einer Sache (§ 485 Abs. 2 S. 1 Nr. 1 Var. 2 ZPO) gar nicht feststellen. Zur Erstellung des Gutachtens muss er sich auf Tatsachen berufen, die er zunächst ermitteln muss. Die Tatsachenerhebung kann auch im selbstständigen Beweisverfahren in Form einer sachverständigen Besichtigung erfolgen, sofern das Gericht sie für erforderlich erachtet und im Beweisbeschluss anordnet („Ortsbesichtigung"; vgl. § 404a Abs. 4 ZPO).[8]

---

[7] OLG Celle, Beschl. v. 29.01.2008, Az. 14 W 43/07, BeckRS 2008, 05253 = OLGReport Celle 2008, 379 (Rn. 24); BT-Drucks. 16/5048, S. 27; Ref-Entwurf vom 03.01.2006, S. 52 (abrufbar unter: http://www.urheberrecht.org/topic/enforce/bmj/2006-01-03-Durchsetzungs G-E.pdf; zuletzt abgerufen am: 30.06.2017); Baumbach/Lauterbach/Albers/Hartmann (2016), Übers § 485 Rn. 2; *Herget*, in: Zöller (2016), § 485 Rn. 6; *Pukall*, in: Saenger (2015), § 485 Rn. 10; *Berger*, in: Stein/Jonas (2015), § 485 Rn. 1; *Ahrens*, in: Wieczorek/Schütze (2014), Vor § 485 Rn. 10, § 485 Rn. 4 f.; *Wimmers*, in: Schricker/Loewenheim (2010), § 101a Rn. 10; *Joussen*, in: Ingenstau/Korbion (2015), Anh. 3 Rn. 70; *Pastor*, in: Werner/Pastor (2015), Rn. 56, 57 m.w.Nachw.; *Götz* (2014), S. 185, 186; *Bahner* (2013), S. 180, 181; *Nieder*, in: Erdmann/Rojahn/Sosnitza (2011), Kap. 1 Rn. 591; *Götz* (2012), S. 155; *Rosenberg/Schwab/Gottwald* (2010), § 116 Rn. 17–20; *Bayerlein*, in: Bayerlein (2008), § 21 Rn. 23; *Müller-Stoy* (2008), Rn. 78; *Adloff* (2007), S. 356; *Kramer* (2007), S. 91; *Lang* (2007), S. 19 f.; *v. Merveldt* (2007), S. 98; *Battenstein* (2006), S. 55 f.; *Benedicter* (2005), S. 61; *Gaul* (2003), S. 144 f.; *Weise* (2002), Rn. 159 f.; *Markfort* (2001), S. 163 f.; *Spuhler* (2000), S. 118; *Oppermann* (1997), S. 94; *Braun* (1993), S. 275; *Wölfel* (1990), S. 125; *Herget*, in: FS Vollkommer (2006), S. 97 (107); *Götting*, in: FS Hay (2005), S. 181 (184); *Haedicke*, in: FS Schricker (2005), S. 19 (27); *Marshall*, in: FS Preu (1988), S. 151 (163); *Ulrich*, AnwBl 2003, S. 26 (31); *Ulrich*, AnwBl 2003, S. 78 (79); *König*, MittdtPatA 2002, S. 153 (156, Fn. 40); *Siegburg*, BauR 2001, S. 875 (884); *Cuypers*, NJW 1994, S. 1985 (1989); *Götting*, GRUR Int 1988, S. 729 (737); *Füllkrug*, WRP 1987, S. 713 (714); *Fritze/Stauder*, GRUR Int 1986, S. 342 (342); *Schmitz*, BauR 1981, S. 40 (41).

[8] OLG Düsseldorf, Beschl. v. 21.07.2011, Az. I-2 W 23/11, BeckRS 2012, 04014; *Berger*, in: Stein/Jonas (2015), § 492 Rn. 12, § 493 Rn. 14; *Bleutge* (2016), Rn. 2.10; *Pastor*, in: Werner/Pastor (2015), Rn. 15, 22, 28 f., 86, 91, 3107; *Bayerlein*, in: Bayerlein

Im Zuge der Ortsbesichtigung durch den Sachverständigen im Rahmen des selbstständigen Beweisverfahrens darf der Sachverständige neben den Maßnahmen nach einem Beweis durch Augenschein (§ 371 ZPO) auch eingehende Untersuchungen am Besichtigungsgegenstand vornehmen und sogar (etwa zum Zwecke einer Probeentnahme oder für den Ein- und Ausbau von Teilen) in die Substanz eingreifen (vgl. § 404a Abs. 4 ZPO), sofern es die gerichtliche Anordnung beinhaltet.[9] Die Beweisanordnung im selbstständigen Beweisverfahren kann aber nicht zwangsweise durchgesetzt werden, falls der Antragsgegner die Durchführung der angeordneten Maßnahmen nicht freiwillig duldet. Wenngleich das Gesetz dem Schutzrechtsinhaber mit § 140c PatG nunmehr einen spezialgesetzlichen Besichtigungsanspruch an die Hand gibt, der auch im Wege der einstweiligen Verfügung nach den §§ 935 ff. ZPO durchgesetzt werden kann (§ 140c Abs. 3 S. 1 PatG), ist im einstweiligen Verfügungsverfahren eine förmliche Beweiserhebung nicht vorgesehen (§§ 936, 920 Abs. 2 ZPO), sodass es kein verfahrensrechtliches Instrumentarium zur Erhebung eines Sachverständigenbeweises bietet. Dementsprechend muss auf das selbstständige Beweisverfahren zurückgegriffen werden, sofern die Beweiswirkung von § 493 Abs. 1 ZPO erreicht werden soll.

Außerdem ist die Besichtigung durch den Antragsteller persönlich mit Blick auf die Geheimhaltungsinteressen des Antragsgegners bei fehlender Anhörung zur Wahrung des Überraschungseffekts (§ 140c Abs. 3 S. 2, 3 PatG) sowie hinsichtlich des Verhältnismäßigkeitsgrundsatzes (§ 140c Abs. 2 PatG) regelmäßig ausgeschlossen. Der Antragsteller könnte lediglich einen Privatsachverständigen als seinen Vertreter einsetzen. Im Gegensatz zu den spezialgesetzlichen Besichtigungsansprüchen, bei denen eine Besichtigung nur durch den Antragsteller oder einen Privatsachverständigen durchgeführt werden kann, ist (als signifikanter Vorteil) im selbstständigen Beweisverfah-

---

(2008), § 15 Rn. 54 f.; *Braun* (2014), S. 829; *Gniadek* (2011), S. 162; *Keldungs/Tilly* (2005), S. 50–53; *Seichter,* WRP 2006, S. 391 (395); *Kühnen,* GRUR 2005, S. 185 (188).

[9] OLG Hamm, Beschl. v. 09.01.2014, Az. I-17 W 38/13, BauR 2014, 734, 734 f. = BeckRS 2014, 02254; OLG Düsseldorf, Beschl. v. 16.01.1997, Az. 23 W 47/96, NJW-RR 1997, 1360, 1360 = MDR 1997, 886, 886; OLG München, Urt. v. 03.11.1983, Az. 24 U 185/83, NJW 1984, 807, 807 = BeckRS 9998, 101829; *Huber*, in: Musielak/Voit (2016), § 485 Rn. 12; *Bleutge* (2016), Rn. 5.1; *Joussen*, in: Ingenstau/Korbion (2015), Anh. 3 Rn. 18; *Pastor*, in: Werner/Pastor (2015), Rn. 28, 29; *Braun* (2014), S. 829; *Koeble*, in: Kompendium BauR (2014), 2. Teil Rn. 130; *Mes*, in: MPFormB GewRS (2014), Form. C.22 Anm. 10; *Bayerlein*, in: Bayerlein (2008), § 15 Rn. 175; *Kühnen* (2013), Rn. 375; *Gniadek* (2011), S. 143; *Ulrich* (2007), Rn. 386 f.; *v. Hartz* (2004), S. 125 f.; *Weise* (2002), Rn. 397–402; *Kroppen/Heyers/Schmitz* (1982), Rn. 159–166, 616–618; *Motzke* (1981), Rn. 218, 257; *Grossam,* DS 2013, S. 214 (215–217); *Ulrich,* AnwBl 2003, S. 26 (29); *Ulrich,* AnwBl 2003, S. 78 (80); *Schilken,* ZZP 1979, S. 238 (263 f.); a.A. *Wussow* (1981), S. 28; *Schmitz,* BauR 1981, S. 40 (42); *Jessnitzer,* BauR 1975, S. 73 (74); *Weyer,* NJW 1969, S. 2233 (2233); *Wussow,* NJW 1969, S. 1401 (1403); vgl. *Ahrens,* GRUR 2005, S. 837 (838); *Schreiber,* NJW 1991, S. 2600 (2601).

ren (§§ 485 ff. ZPO) eine Besichtigung durch einen gerichtlich bestellten Sachverständigen vorgesehen (vgl. § 485 Abs. 1, 2 ZPO).[10] Die Besichtigung durch einen neutralen, gerichtlich bestellten Sachverständigen wahrt in besonderem Maße die Geheimhaltungsinteressen des Antragsgegners und hat außerdem ein vollwertiges Mittel des Strengbeweises in Form des Sachverständigengutachtens für den Antragsteller zur Folge (§ 493 Abs. 1 ZPO).

Das selbstständige Beweisverfahren dient mithin als „Werkzeug" der Beweiserhebung im Rahmen des „Düsseldorfer Modells". Der materiellrechtliche Besichtigungs- und Vorlageanspruch wird nicht mit dem selbstständigen Beweisverfahren durchgesetzt. Vielmehr erfolgt die Besichtigung durch einen Sachverständigen im selbstständigen Beweisverfahren auf einer eigenständigen verfahrensrechtlichen Grundlage unter den Voraussetzungen der §§ 485 ff. ZPO unabhängig von den materiell-rechtlichen Besichtigungsvorschriften.[11] Die prozessuale Trennung zwischen selbstständigem Beweisverfahren und einstweiliger Verfügung wurde mit der Einfügung der §§ 140c PatG, 101a UrhG, 19a MarkenG, 24c GebrMG, 46a DesignG, 37c SortSchG, 9 Abs. 2 HalblSchG i.V.m. 24c GebrMG nicht aufgehoben.[12]

b) Duldungsverfügung

Die einstweilige Duldungsverfügung flankiert das selbstständige Beweisverfahren und überwindet dessen Durchsetzungsschwäche. Dementsprechend müssen sämtliche Mitwirkungs- und Duldungspflichten des Antragsgegners (etwa die Verpflichtung zur Duldung der Besichtigung sowie der Anwesen-

---

[10] *Grabinski/Zülch*, in: Benkard (2015), § 140c PatG Rn. 27; *Hahn*, in: PK-GewRS (2015), Vor § 485 ZPO Rn. 68 (Fn. 150), § 491 ZPO Rn. 12; *Trimborn*, in: Büscher/Dittmer/Schiwy (2015), Kap. 1, § 140c PatG Rn. 12; *Rinken/Kühnen*, in: Schulte (2014), § 140c Rn. 27–30; *Pitz*, in: Fitzner/Lutz/Bodewig (2012), § 140c PatG Rn. 37, 53; *Pitz* (2010), Rn. 98, 102; *Jestaedt* (2008), Rn. 836; *Adloff* (2007), S. 414; *v. Hartz* (2004), S. 166 f.; *Eck/Dombrowski*, in: FS 50 Jahre BPatG (2011), S. 169 (175 f.); *Dörre/Maaßen*, GRUR-RR 2008, S. 217 (220); *Kunz-Hallstein/Loschelder*, GRUR 2005, S. 747 (747).

[11] BGH, Beschl. v. 16.11.2009, Az. X ZB 37/08, GRUR 2010, 318, 318 f. (Rn. 8 f.) – Lichtbogenschnürung = WRP 2010, 541, 542 f. (Rn. 8 f.); OLG Düsseldorf, Beschl. v. 21.07.2011, Az. I-2 W 23/11, BeckRS 2012, 04014; OLG Frankfurt a.M., Beschl. v. 16.03.2011, Az. 6 W 36/11, InstGE 13, 254, 254 (Rn. 2) – komplexes Herstellungsverfahren = BeckRS 2012, 10149; BT-Drucks. 16/5048, S. 27 f.; *Trimborn*, in: Büscher/Dittmer/Schiwy (2015), Kap. 1, § 140c PatG Rn. 17; Mes (2015), § 140c Rn. 26; *Hahn*, in: PK-GewRS (2015), Vor § 485 ZPO Rn. 67 (Fn. 145), § 485 ZPO Rn. 10; *Czychowski*, in: Fromm/Nordemann (2014), § 101a UrhG Rn. 28; *Kühnen* (2013), Rn. 360; *Malmström* (2013), S. 210; *Rojahn*, in: Münch AnwHdb GewRS (2012), § 10 Rn. 20; *Jestaedt* (2008), Rn. 841; *Hoeren/Kuta*, in: FS Weber (2011), S. 499 (502, 514); *Ahrens*, GRUR 2005, S. 837 (838); a.A. *Oldekop*, in: Schramm (2012), Kap. 9 Rn. 137; *Eck/Dombrowski*, GRUR 2008, S. 387 (389); vgl. LG München I, Urt. v. 20.10.2010, Az. 21 O 7563/10, InstGE 13, 181, 185 (Rn. 23) – Arzneimittelherstellung = BeckRS 2012, 15213.

[12] *Hahn*, in: PK-GewRS (2015), § 485 ZPO Rn. 10.

heit des Sachverständigen und der anwaltlichen Vertreter des Antragstellers, die Verpflichtung zur Vornahme von Mitwirkungshandlungen oder ein Veränderungsverbot) zusätzlich auf einer separaten gesetzlichen Grundlage angeordnet werden.[13] Im „Düsseldorfer Modell“ erfolgt dies mittels einer flankierenden Duldungsverfügung nach §§ 935 ff. ZPO, wobei § 140c PatG als Verfügungsanspruch herangezogen wird.

Mittels dieser einstweiligen Verfügung wird dem Antragsgegner zuvorderst die Duldung der Besichtigung durch den gerichtlich bestellten Sachverständigen sowie der in der Besichtigungsanordnung angeordneten Untersuchungsmaßnahmen auferlegt. Gleichzeitig legt die Duldungsverfügung die Besichtigungsteilnehmer fest, statuiert ihre Verschwiegenheitspflicht gegenüber Dritten, gewährt ihnen ein Anwesenheitsrecht während der Besichtigung und setzt ein ordnungsmittelbelegtes Veränderungsverbot mit Blick auf den Besichtigungsgegenstand fest. Die das selbstständige Beweisverfahren begleitende Duldungsverfügung erschöpft sich mithin in der Anordnung von Duldungs- und Unterlassungsverpflichtungen.[14] Auf diese Weise wird sichergestellt, dass der Antragsgegner vor der Begutachtung nicht benachrichtigt wird und den Besichtigungsgegenstand weder manipulieren noch beiseiteschaffen kann.

Wenngleich die Besichtigung durch den gerichtlich bestellten Sachverständigen auf der Grundlage der §§ 485 ff. ZPO erfolgt, werden sämtliche vorzunehmenden Maßnahmen über die Duldungsverfügung nach §§ 935 ff. ZPO i.V.m. § 140c PatG mit Blick auf eine zwangsweise Durchsetzung angeordnet, sodass für die Reichweite sowie Konkretisierung der Besichtigung auf die Rechtsprechung zu einer Besichtigung nach §§ 809 BGB, 140c PatG, 101a UrhG, 19a MarkenG, 24c GebrMG, 46a DesignG, 9 Abs. 2 HalblSchG i.V.m. 24c GebrMG, 37c SortSchG zurückgegriffen werden kann (vgl. § 938 ZPO).

2. Verhältnis zwischen selbstständigem Beweisverfahren und einstweiliger Verfügung

Das Verhältnis von selbstständigem Beweisverfahren (§§ 485 ff. ZPO) und einstweiliger Duldungsverfügung (§§ 935 ff. ZPO) bestimmt maßgeblich die Rechtsnatur des „Düsseldorfer Modells“. Man kann die einzelnen Komponenten der Besichtigungsanordnung strikt nach ihren Regelungsinhalten (selbst-

---

[13] *Mes*, in: MPFormB GewRS (2014), Form. C.22 Anm. 15; *Götz* (2012), S. 162; *Jestaedt* (2008), Rn. 842; *Ahrens,* GRUR 2005, S. 837 (838); *Kühnen,* GRUR 2005, S. 185 (190).

[14] OLG München, Beschl. v. 22.08.2014, Az. 6 W 1918/13, BeckRS 2014, 20365 (Rn. 51); OLG Frankfurt a.M., Urt. v. 10.06.2010, Az. 15 U 192/09, BeckRS 2011, 18385; LG Aurich, Urt. v. 28.10.2011, Az. 5 O 854/11, NZBau 2012, 369, 369 f. = DS 2012, 364, 365 f.

ständiges Beweisverfahren und Duldungsverfügung, insbesondere im Hinblick auf die Rechtsmittel) trennen („Trennungslösung“).[15] In der Folge muss in sämtlichen Verfahrensabschnitten zwischen den Komponenten der Besichtigungsanordnung (selbstständiges Beweisverfahren und einstweiliges Verfügungsverfahren) differenziert werden. In Bezug auf den Rechtsschutz gegen eine zu Unrecht ergangene Besichtigungsanordnung wäre bei getrennter Betrachtung § 490 Abs. 2 S. 2 ZPO anwendbar, wodurch die Rechtsschutzmöglichkeiten des Antragsgegners deutlich eingeschränkt sind.

Demgegenüber kann man die beiden einzelnen Komponenten der Besichtigungsanordnung als unselbstständige Teile betrachten und die Besichtigungsanordnung somit als ein gesamtes Konstrukt im Sinne einer einheitlichen einstweiligen Verfügung auffassen („Einheitslösung“).[16] Dies hätte zur Folge, dass § 490 Abs. 2 S. 2 ZPO nicht anwendbar und ein umfassendes Vorgehen über einen Widerspruch nach §§ 936, 924 ZPO gegen die Besichtigungsanordnung möglich wäre, da sich die einstweilige Verfügung erst nach der Entscheidung über die Gutachtenfreigabe erledigt hätte.[17] Der Antragsgegner könnte auf diese Weise zu den rechtlichen und tatsächlichen Voraussetzungen der Besichtigungsanordnung Stellung beziehen und somit schon im Zeitpunkt der Gutachtenerstellung effektive Rechtsschutzmaßnahmen einleiten.[18]

a) Eigenständige Verfahren

Im gewerblichen Rechtsschutz kann der Antragsteller bei einer persönlichen Besichtigung Betriebsgeheimnisse des Antragsgegners zur Kenntnis nehmen oder gar bewusst ausspähen. Auf diese Weise werden vollendete Tatsachen geschaffen, da die Informationserlangung nicht mehr rückgängig gemacht werden kann. § 140c PatG sieht die Besichtigung des streitbefangenen Ge-

---

[15] BGH, Beschl. v. 16.11.2009, Az. X ZB 37/08, GRUR 2010, 318, 318 f. (Rn. 8 f.) – Lichtbogenschnürung = WRP 2010, 541, 542 f. (Rn. 8 f.); OLG Frankfurt a.M., Urt. v. 10.06.2010, Az. 15 U 192/09, BeckRS 2011, 18385; *Eichmann*, in: Eichmann/ v. Falckenstein/Kühne (2015), § 46a Rn. 5; *Hahn*, in: PK-GewRS (2015), Vor § 485 ZPO Rn. 64, 67, § 490 ZPO Rn. 6, 26; *Chakraborty*, in: Haedicke/Timmann (2012), § 11 Rn. 781; *Kühnen*, MittdtPatA 2009, S. 211 (217); *Kühnen*, GRUR 2005, S. 185 (187, Fn. 17).

[16] *Eck/Dombrowski*, GRUR 2008, S. 387 (389); vgl. *Eichmann*, in: Eichmann/ v. Falckenstein/Kühne (2015), § 46a Rn. 4; *Gniadek* (2011), S. 146 (Fn. 447).

[17] *Oldekop*, in: Schramm (2012), Kap. 9 Rn. 178; *Eck/Dombrowski*, GRUR 2008, S. 387 (389, 391, 393); vgl. OLG Frankfurt a.M., Beschl. v. 17.01.2006, Az. 11 W 21/05, GRUR-RR 2006, 295, 297 – Quellcode-Besichtigung = MMR 2006, 820, 822; KG, Urt. v. 11.08.2000, Az. 5 U 3069/00, NJW 2001, 233, 234 = GRUR-RR 2001, 118, 119.

[18] Ref-Entwurf vom 03.01.2006, S. 54 (abrufbar unter: http://www.urheberrecht.org/ topic/enforce/bmj/2006–01–03-DurchsetzungsG-E.pdf; zuletzt abgerufen am: 30.06.2017); *Oldekop*, in: Schramm (2012), Kap. 9 Rn. 178.

genstandes durch den Antragsteller vor.[19] Um die vertraulichen Informationen des Antragsgegners zu schützen, wird die Besichtigung durch einen gerichtlich bestellten Sachverständigen (in Anwesenheit der Rechts- und Patentanwälte des Antragstellers) durchgeführt. Folglich wird die ursprünglich angedachte persönliche Besichtigung durch den Schutzrechtsinhaber durch die Besichtigung und Gutachtenerstellung des Sachverständigen sowie die Einsichtnahme des Antragsgegners aufgrund möglicher Geheimhaltungsinteressen ersetzt.[20]

Diese Ersetzung erfolgt aber nicht entgegen den genannten Besichtigungsansprüchen. Die Besichtigung erfolgt auf der Grundlage des selbstständigen Beweisverfahrens (§§ 485 ff. ZPO), wohingegen die spezialgesetzlichen Besichtigungsvorschriften als Verfügungsanspruch nur deren zwangsweise Durchsetzung mit den Mitteln des einstweiligen Rechtsschutzes (§§ 935 ff. ZPO) ermöglichen. Die Anordnung des selbstständigen Beweisverfahrens (mit der Besichtigung durch den Sachverständigen und der Entscheidung über die Gutachtenweiterleitung) sowie die Duldungsverfügung sind damit selbstständige Bestandteile der Besichtigungsanordnung, die in der Zivilprozessordnung als besondere Verfahren ausgestaltet sind, unterschiedliche Zwecke verfolgen und jeweils besonderen Verfahrensvorschriften unterfallen.[21] Wenngleich beide Verfahren zur Sicherstellung des übergeordneten Zwecks einer effektiven Beweissicherung sachlich aufeinander Bezug nehmen und sich gegenseitig bedingen, wobei das selbstständige Beweisverfahren die Hauptfunktion und die Duldungsverfügung eine dienende Funktion einnimmt, kann nicht automatisch ein einheitliches Verfahren angenommen werden.[22] Die getrennte Einleitung von selbstständigem Beweisverfahren und einstweiliger Verfügung unterstreicht die Selbstständigkeit beider Komponenten.[23]

b) Enge Verknüpfung der Verfahren

Das im Rahmen des „Düsseldorfer Modells" angeordnete selbstständige Beweisverfahren (§§ 485 ff. ZPO) beinhaltet keine Zwangsmaßnahmen, sodass für die zwangsweise Durchsetzung der Besichtigung eine Duldungsverfügung

---

[19] *Sprau*, in: Palandt (2016), § 809 Rn. 10; *Marburger*, in: Staudinger (2015), § 809 Rn. 9; *Habersack*, in: MüKo BGB (2013), § 809 Rn. 9; *Eck/Dombrowski*, GRUR 2008, S. 387 (391, 393); vgl. *Tilmann/Schreibauer*, in: FS Erdmann (2002), S. 901 (907).

[20] *Eck/Dombrowski*, GRUR 2008, S. 387 (389).

[21] OLG Frankfurt a.M., Urt. v. 10.06.2010, Az. 15 U 192/09, BeckRS 2011, 18385; a.A. *Eck/Dombrowski*, GRUR 2008, S. 387 (389); vgl. *Zöllner*, GRUR-Prax 2010, S. 74 (78); *Dörre/Maaßen*, GRUR-RR 2008, S. 217 (221).

[22] OLG Frankfurt a.M., Urt. v. 10.06.2010, Az. 15 U 192/09, BeckRS 2011, 18385; *Hahn*, in: PK-GewRS (2015), Vor § 485 ZPO Rn. 63.

[23] BGH, Beschl. v. 16.11.2009, Az. X ZB 37/08, GRUR 2010, 318, 320 (Rn. 20) – Lichtbogenschnürung = WRP 2010, 541, 544 (Rn. 20).

(§§ 935 ff. ZPO) erforderlich ist. Die Besichtigung durch einen Sachverständigen sowie die anschließende Gutachtenerstellung können dagegen nur über das selbstständige Beweisverfahren (§§ 490 Abs. 2 S. 1, 492 Abs. 1, 411 ZPO) erreicht werden. Im Rahmen der einstweiligen Verfügung wird angeordnet, dass den Sachverständigen zum Schutz der Betriebs- und Geschäftsgeheimnisse des Antragsgegners nur die anwaltlichen Vertreter des Antragstellers begleiten, wobei sie ihrem Mandanten gegenüber zur Verschwiegenheit verpflichtet werden. Nachdem der Antragsgegner zum Gutachten sowie betroffenen Geheimhaltungsinteressen Stellung beziehen konnte, entscheidet das Gericht über die Freigabe des Gutachtens. Das selbstständige Beweisverfahren ist für die Besichtigung mit anschließender Gutachtenerstellung erforderlich, wohingegen für die Durchsetzung der Besichtigung die einstweilige Verfügung notwendig ist. Erst das Zusammenspiel von selbstständigem Beweisverfahren und einstweiliger Verfügung macht die Besichtigungsanordnung zu einem wirkungsvollen Instrument für den Antragsteller, wobei der Duldungsverfügung die bereits angesprochene dienende Funktion zukommt.[24]

c) Getrennte Betrachtung

Die verschiedenen Sichtweisen („Trennungslösung" oder „Einheitslösung") ergeben sich aus der nicht eindeutigen Rechtsnatur eines Besichtigungsverfahrens nach dem „Düsseldorfer Modell".[25] Es zeichnet sich durch die Kombination von zwei verschiedenen prozessualen Verfahren (dem selbstständigen Beweisverfahren und dem Verfahren im einstweiligen Rechtsschutz) aus. Die Besichtigungsanordnung regelt das gesamte Besichtigungsverfahren, von der Anordnung der Besichtigung und deren Modalitäten über deren Durchführung mittels Maßnahmen des einstweiligen Rechtsschutzes bis hin zur Entscheidung über die Freigabe des Gutachtens. Dennoch handelt es sich bei ihr weiterhin um einen dem Hauptsacheverfahren zeitlich vorgelagerten Beweisbeschluss.[26] Der Beweissicherungsbeschluss enthält sämtliche Anordnungen, die zur Besichtigung des streitbefangenen Gegenstandes und der Beweissicherung erforderlich sind. Beide Elemente sind derart eng miteinander verknüpft, dass die Durchsetzbarkeit der Besichtigungsanordnung vom Bestehen beider Verfahren abhängt.[27]

[24] OLG Düsseldorf, Beschl. v. 11.02.2016, Az. I-20 W 14/16, BeckRS 2016, 03720 (Rn. 3) = GRUR-RR 2016, 224, 224 (Rn. 3); OLG Frankfurt a.M., Urt. v. 10.06.2010, Az. 15 U 192/09, BeckRS 2011, 18385; *Hahn*, in: PK-GewRS (2015), Vor § 485 ZPO Rn. 63; *Malmström* (2013), S. 216; *Eck/Dombrowski,* GRUR 2008, S. 387 (390).

[25] *Hahn*, in: PK-GewRS (2015), Vor § 485 ZPO Rn. 67, § 490 ZPO Rn. 24.

[26] Vgl. *Hahn*, in: PK-GewRS (2015), § 490 ZPO Rn. 29; a.A. *Eck/Dombrowski,* GRUR 2008, S. 387 (391).

[27] *Eck/Dombrowski,* GRUR 2008, S. 387 (389).

Das selbstständige Beweisverfahren (§§ 485 ff. ZPO) ist ein gesonderter Regelungskomplex neben dem einstweiligen Verfügungsverfahren, sodass beide Verfahren getrennt voneinander zu betrachten sind, was jedoch keine künstliche Aufspaltung der Besichtigungsanordnung bedeutet.[28] Vielmehr ergibt sich diese Aufspaltung der Besichtigungsanordnung aus der unterschiedlichen gesetzlichen Regelung und Zwecksetzung beider Verfahren, sodass die einzelnen Teilkomplexe rechtlich eigenständig betrachtet werden müssen (vgl. § 260 ZPO).[29] Trotz der aufgezeigten Abhängigkeit können zwei in der Zivilprozessordnung eigenständig geregelte Verfahren nicht derart miteinander verschmolzen werden, dass sie nur noch den Vorschriften eines Rechtsinstruments unterliegen. Dementsprechend kann ein Beschluss nach dem „Düsseldorfer Modell" nicht als ein Ganzes (im Sinne einer einheitlichen einstweiligen Verfügung) angesehen werden, sondern beide Verfahren müssen eigenständig betrachtet werden.[30]

Aufgrund der prozessualen Trennung der einzelnen Teilbereiche der Besichtigungsanordnung kann § 490 Abs. 2 S. 2 ZPO nicht ausgeschlossen wer-

---

[28] BGH, Beschl. v. 16.11.2009, Az. X ZB 37/08, GRUR 2010, 318, 318 f. (Rn. 8 f.) – Lichtbogenschnürung = WRP 2010, 541, 542 f. (Rn. 8 f.); OLG Düsseldorf, Beschl. v. 21.07.2011, Az. I-2 W 23/11, BeckRS 2012, 04014; OLG Frankfurt a.M., Beschl. v. 16.03.2011, Az. 6 W 36/11, InstGE 13, 254, 254 f. (Rn. 2) – komplexes Herstellungsverfahren = BeckRS 2012, 10149; OLG Frankfurt a.M., Urt. v. 10.06.2010, Az. 15 U 192/09, BeckRS 2011, 18385; BT-Drucks. 16/5048, S. 27 f.; *Grabinski/Zülch*, in: Benkard (2015), § 140c PatG Rn. 31; *Trimborn*, in: Büscher/Dittmer/Schiwy (2015), Kap. 1, § 140c PatG Rn. 17; *Hahn*, in: PK-GewRS (2015), Vor § 485 ZPO Rn. 67 (Fn. 145), § 485 ZPO Rn. 10; *Kühnen* (2013), Rn. 360; *Jestaedt* (2008), Rn. 841; *Ahrens,* GRUR 2005, S. 837 (838); *Metzger/Wurmnest,* ZUM 2003, S. 922 (928); *Kunz-Hallstein/Loschelder,* GRUR 2003, S. 682 (683); a.A. *Oldekop*, in: Schramm (2012), Kap. 9 Rn. 137; *Eck/Dombrowski,* GRUR 2008, S. 387 (389).

[29] OLG Frankfurt a.M., Beschl. v. 16.03.2011, Az. 6 W 36/11, InstGE 13, 254, 254 (Rn. 2) – komplexes Herstellungsverfahren = BeckRS 2012, 10149; OLG Frankfurt a.M., Urt. v. 10.06.2010, Az. 15 U 192/09, BeckRS 2011, 18385; *Hahn*, in: PK-GewRS (2015), Vor § 485 ZPO Rn. 67; vgl. *Zöllner,* GRUR-Prax 2010, S. 74 (77).

[30] OLG Frankfurt a.M., Beschl. v. 16.03.2011, Az. 6 W 36/11, InstGE 13, 254, 254 (Rn. 2) – komplexes Herstellungsverfahren = BeckRS 2012, 10149; OLG Frankfurt a.M., Urt. v. 10.06.2010, Az. 15 U 192/09, BeckRS 2011, 18385; *Grabinski/Zülch*, in: Benkard (2015), § 140c PatG Rn. 31; *Hahn*, in: PK-GewRS (2015), Vor § 485 ZPO Rn. 64, 67, § 490 ZPO Rn. 6, 26; *Kühnen,* MittdtPatA 2009, S. 211 (217); *Kühnen,* GRUR 2005, S. 185 (187); a.A. *Malmström* (2013), S. 215 f.; *Eck/Dombrowski,* GRUR 2008, S. 387 (389–391); kritisch: OLG Düsseldorf, Beschl. v. 11.02.2016, Az. I-20 W 14/16, BeckRS 2016, 03720 (Rn. 3) = GRUR-RR 2016, 224, 224 (Rn. 3); vgl. OLG Frankfurt a.M., Beschl. v. 17.01.2006, Az. 11 W 21/05, GRUR-RR 2006, 295, 295–297 – Quellcode-Besichtigung = MMR 2006, 820, 821 f.; OLG Düsseldorf, Urt. v. 08.04.1982, Az. 2 U 176/81, GRUR 1983, 745, 745 – Geheimhaltungsinteresse und Besichtigungsanspruch II = MDR 1982, 671 (Ls.); *Chakraborty*, in: Haedicke/Timmann (2012), § 11 Rn. 781; *Künzel,* GRUR-Prax 2016, S. 159 (159); *Kunz-Hallstein/Loschelder,* GRUR 2003, S. 682 (683).

den, um einen einheitlichen Widerspruch nach §§ 936, 924 ZPO zu ermöglichen.[31] Der „Einheitslösung“ mangelt es an einem gesetzlichen Anknüpfungspunkt, was in Teilen aber gleichwohl auch für die „Trennungslösung“ gilt („erzwingbares selbstständiges Beweisverfahren“).[32] Neben den dogmatischen Unwägbarkeiten sprechen auch Kostengründe gegen die „Einheitslösung“. Sobald gegen die Besichtigungsanordnung im Wege des Widerspruchs vorgegangen wird, muss der volle Streitwert angesetzt werden, auch wenn der Antragsgegner nur (noch) einzelne Teile der Besichtigungsanordnung anfechten möchte.[33] Dementsprechend können bei einer einheitlichen Betrachtung der Besichtigungsanordnung erhebliche Kosten für den Antragsgegner entstehen, sodass im Ergebnis die „Trennungslösung“ vorzugswürdig ist.

3. Zwischenergebnis

Die Kombination von selbstständigem Beweisverfahren und einstweiliger Verfügung macht die Effektivität und Stärke des „Düsseldorfer Modells“ aus. Gleichwohl müssen beide Verfahren prozessual getrennt voneinander betrachtet werden. Die Rechtsnatur des „Düsseldorfer Modells“ ist eine gemischte richterliche Anordnung, die selbstständige Verfahren der Zivilprozessordnung verbindet. Sie kann weder dem einstweiligen Verfügungsverfahren noch dem selbstständigen Beweisverfahren vollständig zugeordnet werden. Die getrennte prozessuale Betrachtung der einzelnen Regelungsinhalte im Rahmen der „Trennungslösung“ ist durch die fehlende Anfechtungsmöglichkeit des das selbstständige Beweisverfahren anordnenden Beschlusses (§ 490 Abs. 2 S. 2 ZPO) mit Blick auf die Gewährung effektiven Rechtsschutzes (Art. 19 Abs. 4 GG) bedenklich, stellt jedoch nach geltendem Recht die einzig rechtmäßige Lösung dar. Aus der Einordnung der Besichtigungsanordnung als einheitliche einstweilige Verfügung im Sinne einer „Einheitslösung“ ergeben sich erhöhte Rechtsschutzmöglichkeiten. Jedoch können zwei eigenständige Verfahren des Zivilprozessrechts nicht ohne Weiteres zu einer Verfügung „verschmolzen“ werden, sodass diesem Ansatz eine rechtliche Grundlage fehlt und er wegen des entgegenstehenden Willens des Gesetzgebers der richterlichen Rechtsfortbildung entzogen ist.

---

[31] *Hahn*, in: PK-GewRS (2015), Vor § 485 ZPO Rn. 67, § 490 ZPO Rn. 26; a.A. *Eck/Dombrowski*, GRUR 2008, S. 387 (392).

[32] *Hahn*, in: PK-GewRS (2015), Vor § 485 ZPO Rn. 68 (Fn. 150); *Gniadek* (2011), S. 146.

[33] *Hahn*, in: PK-GewRS (2015), Vor § 485 ZPO Rn. 67; *Zöllner*, GRUR-Prax 2010, S. 74 (78).

II. Zuständiges Gericht

Das zuständige Gericht ergibt sich, abgesehen von Besonderheiten bei Schiedsgerichtsvereinbarungen, aus den allgemeinen Vorgaben der ZPO. Abgesehen von einer möglicherweise einzuholenden Duldungsanordnung nach § 758a ZPO ist eine einheitliche Gerichtszuständigkeit für das gesamte Besichtigungsverfahren gegeben. Neben dem allgemeinen Gerichtsstand (§§ 12 ff. ZPO) ist bei Besichtigungsanordnungen der besondere Gerichtsstand der unerlaubten Handlung (§ 32 ZPO) sowie der besondere Gerichtsstand des (belegenen) Gegenstandes (§ 23 ZPO) relevant.[34]

1. Allgemeine Zuständigkeit

Die Zuständigkeit des Gerichts für die Besichtigungsanordnung ergibt sich aus §§ 486 Abs. 1 oder Abs. 2 ZPO. Dies ist entweder das Gericht, bei dem ein Rechtsstreit schon anhängig ist (§ 486 Abs. 1 ZPO), oder das Gericht, das in der Hauptsache zur Entscheidung berufen wäre (§ 486 Abs. 2 S. 1 ZPO). Kann der Antragsteller im Falle von § 486 Abs. 2 S. 1 ZPO zwischen mehreren Gerichtsständen auswählen, ist er für den weiteren Verlauf des selbstständigen Beweisverfahrens an seine Wahl gebunden, nicht jedoch für eine nachfolgende Verletzungsklage.[35] Eine Eilzuständigkeit liegt nach § 486 Abs. 3 ZPO in Fällen dringender Gefahr bei dem Amtsgericht, in dessen Zuständigkeitsbereich der Belegenheitsort des gefährdeten Beweismittels ist. Die vom Antragsteller darzulegende dringende Gefahr muss dabei über das bereits im Rahmen des § 485 ZPO erforderliche allgemeine Verlust- und Beeinträchtigungsrisiko hinausgehen.[36] In der Regel wird über Anträge auf eine Besichtigungsanordnung sehr schnell entschieden, sodass man die dringende Gefahr

---

[34] OLG Düsseldorf, Beschl. v. 20.08.2012, Az. I-2 W 13/12, BeckRS 2016, 01066; *Grabinski/Zülch*, in: Benkard (2015), § 140c PatG Rn. 24; *Schulze*, in: Dreier/Schulze (2015), § 104a Rn. 1; Mes (2015), § 140c Rn. 31; *Hahn*, in: PK-GewRS (2015), § 486 ZPO Rn. 8; *Pierson*, in: *Pierson/Ahrens/Fischer* (2014), S. 554 f.; *Kühnen* (2013), Rn. 368; *Schmid-Petersen*, in: *Heydn/Schmid-Petersen/Vassilaki* (2009), Rn. 483; *Müller-Stoy* (2008), Rn. 276–278; *Leppin*, GRUR 1984, S. 695 (701–703).

[35] OLG Schleswig, Beschl. v. 18.09.2006, Az. 16 W 86/06, NJOZ 2007, 151, 152 = OLGReport Schleswig 2007, 158 (Rn. 5); OLG Zweibrücken, Beschl. v. 28.05.1997, Az. 2 AR 15/97, OLGReport Frankfurt 1998, 181 (Rn. 5) = BeckRS 1997, 30971197; *Pastor*, in: Werner/Pastor (2015), Rn. 72; *Ulrich*, AnwBl 2003, S. 78 (78).

[36] *Hahn*, in: PK-GewRS (2015), § 486 ZPO Rn. 18; *Pukall*, in: Saenger (2015), § 486 Rn. 7; Seibel (2013), § 486 Rn. 15; *Pastor*, in: Werner/Pastor (2015), Rn. 73; *Seeber* (2007), S. 26; *Fink* (2005), Rn. 188; *Keldungs/Tilly* (2005), S. 21; *Sturmberg* (2004), Rn. 95; *Ulrich* (2004), Rn. 94; *Weise* (2002), Rn. 100; *Ulrich*, AnwBl 2003, S. 78 (78).

für § 486 Abs. 3 ZPO nur in Ausnahmefällen bejahen können wird.[37] Zu denken ist etwa an eine nur kurze Aufenthaltsdauer des Besichtigungsgegenstandes im Inland anlässlich einer Messe, die baldige Verbringung des Gegenstandes ins Ausland oder das zeitnahe Wegschaffen des Besichtigungsobjekts vom Betriebsgelände des Antragsgegners (wenn zugleich dort oder anderswo keine vergleichbaren Objekte existieren oder deren Standort nicht bekannt ist).[38]

Für die begleitende Duldungsverfügung findet sich in § 937 Abs. 1 ZPO eine dem § 486 Abs. 1 ZPO entsprechende Zuständigkeitsregelung, wobei auch § 942 Abs. 1 ZPO in Ergänzung dazu in dringenden Fällen eine Eilzuständigkeit des Amtsgerichts, in dessen Bezirk sich der Streitgegenstand befindet, zum Erlass einer einstweiligen Verfügung enthält. Die genannten Zuständigkeitsvorschriften meinen mit dem Begriff „Hauptsache" dabei die Klage wegen Schutzrechtsverletzung, die mittels des selbstständigen Beweisverfahrens vorbereitet werden soll, und nicht den Besichtigungsanspruch als Hilfsanspruch.[39] Dementsprechend ist sowohl für das selbstständige Beweisverfahren als auch für die flankierende Duldungsverfügung der Gerichtsstand der Schutzrechtsverletzungsklage in der Hauptsache maßgeblich, weshalb die Anträge überall dort (aber auch nur dort) anhängig gemacht werden können, wo auch die Schutzrechtsverletzung in einem Hauptverfahren verfolgt werden kann (vgl. § 143 Abs. 1 PatG).[40] Wegen § 802 ZPO handelt es sich um eine ausschließliche Zuständigkeit.

---

[37] Baumbach/Lauterbach/Albers/Hartmann (2016), § 486 Rn. 9; *Herget*, in: Zöller (2016), § 486 Rn. 5; *Hahn*, in: PK-GewRS (2015), § 486 ZPO Rn. 18; *Fink/Klein*, in: Freiberger Hdb. BauR (2008), § 7 Rn. 39; *Cuypers*, NJW 1994, S. 1985 (1988, 1989).

[38] *Hahn*, in: PK-GewRS (2015), § 486 ZPO Rn. 18; *Pastor*, in: Werner/Pastor (2015), Rn. 73; vgl. *Voß*, in: PK-GewRS (2015), § 942 ZPO Rn. 1.

[39] OLG Düsseldorf, Beschl. v. 20.08.2012, Az. I-2 W 13/12, BeckRS 2016, 01066; OLG Frankfurt, Beschl. v. 17.07.1984, Az. 5 U 159/84, NJW 1985, 811, 811 = MDR 1984, 1034, 1034; *Grabinski/Zülch*, in: Benkard (2015), § 140c PatG Rn. 24; Mes (2015), § 140c Rn. 29; *Hahn*, in: PK-GewRS (2015), § 486 ZPO Rn. 8; *Rinken/Kühnen*, in: Schulte (2014), § 140c Rn. 50; *Pitz*, in: BeckFormB GewRS (2015), Form I. 4 Anm. 2; *Götz* (2014), S. 182; *Mes*, in: MPFormB GewRS (2014), Form. C.22 Anm. 2; *Kühnen* (2013), Rn. 368; *Chakraborty*, in: Haedicke/Timmann (2012), § 11 Rn. 747; *Oldekop*, in: Schramm (2012), Kap. 9 Rn. 141, 146; *Ann*, in: Hdb. Know-how-Schutz (2010), Kap. 7 Rn. 29; *Ulrich* (2004), Rn. 310; *Weise* (2002), Rn. 84; *Kather/Fitzner*, MittdtPatA 2010, S. 325 (328); *Fitzner/Kather*, VPP-Rundbrief 2009, S. 58 (62); *Kühnen*, MittdtPatA 2009, S. 211 (215); a.A. *Götz* (2014), S. 186; vgl. *Müller-Stoy* (2008), Rn. 274; *Herget*, in: FS Vollkommer (2006), S. 97 (112); *Nägele/Nitsche*, WRP 2007, S. 1047 (1053).

[40] OLG Düsseldorf, Beschl. v. 20.08.2012, Az. I-2 W 13/12, BeckRS 2016, 01066; *Grabinski/Zülch*, in: Benkard (2015), § 140c PatG Rn. 24; *Hahn*, in: PK-GewRS (2015), § 486 ZPO Rn. 4, 24; *Rinken/Kühnen*, in: Schulte (2014), § 140c Rn. 50; *Pastor*, in: Werner/Pastor (2015), Rn. 71; *Mes*, in: MPFormB GewRS (2014), Form. C.22 Anm. 2, 26; *Kühnen* (2013), Rn. 368; *Oldekop*, in: Schramm (2012), Kap. 9 Rn. 141; *Nieder*, in:

2. *Ausländische Schiedsvereinbarung*

Eine zwischen den Parteien für die Hauptsache wirksam geschlossene Schiedsvereinbarung hat meist die Zuständigkeit eines ausländischen Schiedsgerichts zur Folge. Der Zweck des selbstständigen Beweisverfahrens ist die Verwertung der auf diesem Wege erlangten Beweise in dem funktional damit verbundenen Hauptsacheverfahren (vgl. § 493 Abs. 1 ZPO), sodass der Beweissicherung eine Hilfsfunktion für das vorgedachte Verfahren in der Hauptsache zukommt.[41] Sofern ein ausländisches Schiedsgericht infolge einer wirksamen Schiedsklausel für das Hauptsacheverfahren zuständig ist, kann das selbstständige Beweisverfahren diese Funktion nicht mehr erfüllen.[42] Damit entfällt im Ergebnis die internationale Zuständigkeit deutscher Gerichte bei wirksamer Vereinbarung eines ausländischen Schiedsgerichts für die Hauptsache, und ein selbstständiges Beweisverfahren nach §§ 485 ff. ZPO kommt nicht in Betracht.[43]

3. *Nachträgliche Veränderung zuständigkeitsbegründender Umstände*

Sollten sich maßgebliche zuständigkeitsbegründende Tatsachen nach Zustellung der Beweissicherungsanordnung ändern, wird § 261 Abs. 3 Nr. 2 ZPO analog angewendet, sodass es sich nicht auf die zuvor begründete Zuständigkeit des schon angerufenen Gerichtes auswirkt (Grundsatz der *perpetuatio fori*).[44] Das selbstständige Beweisverfahren bezweckt die Vermeidung sowie

---

Erdmann/Rojahn/Sosnitza (2011), Kap. 1 Rn. 605; *Kühnen,* MittdtPatA 2009, S. 211 (215); *Deichfuß,* JurPC Web-Dok. 130/2010, Abs. 25 (Fn. 11); *Kather/Fitzner,* MittdtPatA 2010, S. 325 (328); *Fitzner/Kather,* VPP-Rundbrief 2009, S. 58 (62); vgl. *Keukenschrijver/Kaess*, in: Busse (2013), § 140c Rn. 19.

[41] OLG Düsseldorf, Beschl. v. 07.02.2008, Az. I-20 W 152/07, InstGE 9, 41, 45 (Rn. 16) – Schaumstoffherstellung = BeckRS 2010, 00781; OLG Celle, Beschl. v. 13.03.2000, Az. 15 UFH 1/00, NJW-RR 2000, 1100, 1100 f. = FamRZ 2000, 1510, 1511; *Hahn*, in: PK-GewRS (2015), § 486 ZPO Rn. 9; *Sturmberg* (2004), Rn. 2; *Ulrich* (2004), Rn. 309 f.; *Sturmberg* (1999), Rn. 210 f.; *Müller,* in: FS E. Schneider (1997), S. 405 (408, 411); *Kühnen,* MittdtPatA 2009, S. 211 (215); vgl. *McGuire/Joachim/Künzel/Weber,* GRUR Int 2010, S. 829 (833).

[42] OLG Düsseldorf, Beschl. v. 07.02.2008, Az. I-20 W 152/07, InstGE 9, 41, 46 (Rn. 17) – Schaumstoffherstellung = BeckRS 2010, 00781; *Hahn*, in: PK-GewRS (2015), § 486 ZPO Rn. 9; *Kühnen* (2013), Rn. 373.

[43] OLG Düsseldorf, Beschl. v. 07.02.2008, Az. I-20 W 152/07, InstGE 9, 41, 43 ff. (Rn. 9, 18) – Schaumstoffherstellung = BeckRS 2010, 00781; *Hahn*, in: PK-GewRS (2015), § 486 ZPO Rn. 9; *Keukenschrijver/Kaess*, in: Busse (2013), § 140c Rn. 28; *Kühnen* (2013), Rn. 373; *Chakraborty*, in: Haedicke/Timmann (2012), § 11 Rn. 749; *Nieder*, in: Erdmann/Rojahn/Sosnitza (2011), Kap. 1 Rn. 604; *Kühnen,* MittdtPatA 2009, S. 211 (215); vgl. *Cuypers,* NJW 1994, S. 1985 (1992).

[44] BGH, Beschl. v. 18.02.2010, Az. Xa ARZ 14/10, NJW-RR 2010, 891, 892 (Rn. 9) = NZBau 2010, 313, 313 f. (Rn. 9); OLG Schleswig, Beschl. v. 12.08.2009, Az. 2 W 98/09,

zügige Erledigung von Rechtsstreitigkeiten und dient damit der Prozesswirtschaftlichkeit, weshalb das Verfahren möglichst bei dem zunächst angerufenen Gericht abgeschlossen werden soll.[45]

4. Unzuständigkeit

Das selbstständige Beweisverfahren soll Rechtsstreitigkeiten vorbereiten oder vermeiden (vgl. § 485 Abs. 2 S. 2 ZPO), ist aber kein Rechtsstreit im Sinne von § 281 Abs. 2 S. 4 ZPO, sodass eine unmittelbare Anwendbarkeit dieser Vorschrift zur Verweisung bei der Unzuständigkeit des Gerichts ausscheidet.[46] Die Bindungswirkung von § 281 Abs. 2 S. 4 ZPO soll Verzögerungen aufgrund von Zuständigkeitsstreitigkeiten und Hin-, Rück- oder Weiterverweisung vermeiden, was im selbstständigen Beweisverfahren ebenso bedeutsam ist wie im Klageverfahren.[47] Sofern das angerufene Gericht unzuständig ist, kann § 281 Abs. 2 S. 4 ZPO entsprechend angewandt werden, sodass eine Verweisung auf Antrag nach § 281 Abs. 1 S. 1 ZPO an das zuständige Gericht möglich und dann auch bindend ist.[48]

III. Bestandteile der Besichtigungsanordnung

Eine Besichtigungsanordnung nach dem „Düsseldorfer Modell" setzt einen Antrag auf Anordnung eines selbstständigen Beweisverfahrens (§§ 485 ff. ZPO) sowie einen Antrag auf eine einstweilige Verfügung (§§ 935 ff. ZPO) gerichtet auf die Duldung der Besichtigung voraus. Wenngleich eine Besichtigungsanordnung ergeht, müssen beide Verfahren separat eingeleitet werden.

NJW-RR 2010, 533, 533 = DS 2010, 110, 110; OLG Celle, Beschl. v. 08.11.2004, Az. 4 AR 90/04, NJOZ 2005, 4362, 4363 = DS 2005, 313, 313; OLG Frankfurt a.M., Beschl. v. 26.09.1997, Az. 21 AR 76/97, NJW-RR 1998, 1610, 1610; Baumbach/Lauterbach/Albers/Hartmann (2016), § 261 Rn. 11 f.; *Hahn*, in: PK-GewRS (2015), § 486 ZPO Rn. 11.

[45] BGH, Beschl. v. 18.02.2010, Az. Xa ARZ 14/10, NJW-RR 2010, 891, 892 (Rn. 9) = NZBau 2010, 313, 313 f. (Rn. 9); OLG Schleswig, Beschl. v. 12.08.2009, Az. 2 W 98/09, NJW-RR 2010, 533, 534 = DS 2010, 110, 111; *Hahn*, in: PK-GewRS (2015), § 486 ZPO Rn. 11.

[46] BGH, Beschl. v. 18.02.2010, Az. Xa ARZ 14/10, NJW-RR 2010, 891, 892 (Rn. 13) = NZBau 2010, 313, 314 (Rn. 13); *Hahn*, in: PK-GewRS (2015), § 486 ZPO Rn. 16.

[47] BGH, Beschl. v. 18.02.2010, Az. Xa ARZ 14/10, NJW-RR 2010, 891, 892 (Rn. 13) = NZBau 2010, 313, 314 (Rn. 13); *Hahn*, in: PK-GewRS (2015), § 486 ZPO Rn. 16; vgl. OLG Zweibrücken, Beschl. v. 28.05.1997, Az. 2 AR 15/97, OLGReport Frankfurt 1998, 181 (Rn. 4, 6) = BeckRS 1997, 30971197.

[48] BGH, Beschl. v. 18.02.2010, Az. Xa ARZ 14/10, NJW-RR 2010, 891, 892 (Rn. 11–13) m.w.Nachw. = NZBau 2010, 313, 314 (Rn. 11–13); *Herget*, in: Zöller (2016), § 486 Rn. 2; *Hahn*, in: PK-GewRS (2015), § 486 ZPO Rn. 16; *Berger*, in: Stein/Jonas (2015), § 486 Rn. 34.

Der Aufbau des Antragsschriftsatzes entspricht dabei nahezu dem einer Verletzungsklage, da sich nur bei der Beschreibung der Verletzungswahrscheinlichkeit einige Besonderheiten (mittels der Besichtigung sollen die Lücken in der Beweisführung geschlossen werden) ergeben.[49] Im Rahmen der Antragstellung findet eine erste Weichenstellung für Erfolg oder Misserfolg der Beweissicherung statt. Ein unzureichend formulierter Antrag kann zur Beschränkung der Besichtigung führen, im schlimmsten Fall sogar zu seiner Zurückweisung.[50]

1. Selbstständiges Beweisverfahren

Der erste Teil der Besichtigungsanordnung umfasst die Anordnung des selbstständigen Beweisverfahrens (§§ 485 ff. ZPO), die einen schriftlichen Antrag beim zuständigen Gericht voraussetzt (§ 486 Abs. 1 ZPO; dieser kann gleichwohl zu Protokoll der Geschäftsstelle erklärt werden, § 486 Abs. 4 ZPO). Die Antragsvoraussetzungen werden in § 487 ZPO bestimmt (Bezeichnung des Antragsgegners (§ 487 Nr. 1 ZPO; vgl. § 494 ZPO) sowie des Beweismittels (§ 487 Nr. 3 ZPO); insbesondere muss der Antragsteller die Tatsachen bezeichnen, über die Beweis erhoben werden soll, § 487 Nr. 2 ZPO) und sind vom Antragsteller glaubhaft zu machen (§ 487 Nr. 4 ZPO), sodass der Antragsteller die Tatsachen am Besichtigungsgegenstand vortragen muss, die eine Schutzrechtsverletzung rechtfertigen sollen.[51]

Der stattgebende Beweisbeschluss enthält die Beweisfrage und die Beweismittel (§ 490 Abs. 2 S. 1 ZPO) und muss derart konkretisiert sein, dass der Sachverständige die festzustellenden Tatsachen zweifelsfrei ermitteln

---

[49] *Hahn*, in: PK-GewRS (2015), § 487 ZPO Rn. 5; *Oldekop*, in: Schramm (2012), Kap. 9 Rn. 119; *Kather/Fitzner,* MittdtPatA 2010, S. 325 (328); *Fitzner/Kather,* VPP-Rundbrief 2009, S. 58 (62); vgl. *Kühnen* (2013), Rn. 287–294, 347; *Hoppen,* CR 2009, S. 407 (408).

[50] *Pastor*, in: Werner/Pastor (2015), Rn. 54 f.; *Chakraborty*, in: Haedicke/Timmann (2012), § 11 Rn. 751; *Schmid-Petersen*, in: *Heydn/Schmid-Petersen/Vassilaki* (2009), Rn. 497; *Kather/Fitzner,* MittdtPatA 2010, S. 325 (328); *Fitzner/Kather,* VPP-Rundbrief 2009, S. 58 (62); *Meier-Beck,* GRUR 1988, S. 861 (862); vgl. OLG Hamburg, Urt. v. 26.05.2005, Az. 3 U 91/04, InstGE 5, 294, 302 (Rn. 34) – Fußbodenpaneele II = BeckRS 2009, 09886.

[51] *Grabinski/Zülch*, in: Benkard (2015), § 140c PatG Rn. 25; *Pukall*, in: Saenger (2015), § 487 Rn. 7; Seibel (2013), § 487 Rn. 2, 55; *Pastor*, in: Werner/Pastor (2015), Rn. 36, 68 f.; *Mes*, in: MPFormB GewRS (2014), Form. C.22 Anm. 4 f.; *Gniadek* (2011), S. 153; *Bayerlein*, in: Bayerlein (2008), § 21 Rn. 23; *v. Merveldt* (2007), S. 98; *Keldungs/Tilly* (2005), S. 26–30; *v. Hartz* (2004), S. 126; *Stadler*, in: FS Leipold (2009), S. 201 (212); *Marshall*, in: FS Preu (1988), S. 151 (163); *Ulrich,* AnwBl 2003, S. 26 (31); *König,* MittdtPatA 2002, S. 153 (156, Fn. 40); *Cuypers,* NJW 1994, S. 1985 (1989).

kann.[52] Die Beweisfrage umfasst die Feststellung der Tatsachen, die für die entsprechende Schutzrechtsverletzung von Bedeutung sind, sowie deren Würdigung durch einen Sachverständigen.[53] Bei technischen Schutzrechten muss festgestellt werden, ob der Besichtigungsgegenstand die vom Schutzrecht des Antragstellers umfassten Merkmale verletzt, wohingegen bei urheberrechtlichem Schutz Quellcodes, ältere Softwareversionen, Entwicklungsdokumente oder Konstruktionszeichnungen auf eine rechtswidrige Übernahme oder Vervielfältigung untersucht werden.[54] Das Beweismittel ist die Einholung eines schriftlichen Sachverständigengutachtens zur Verletzungsfrage, wobei dafür der Sachverständige bestellt und zur Verschwiegenheit verpflichtet wird.

a) Zugänglichkeit des Besichtigungsgegenstandes

Das selbstständige Beweisverfahren nach §§ 485 ff. ZPO kann sowohl dann angeordnet werden, wenn der Besichtigungsgegenstand öffentlich einsehbar ist, als auch in dem Fall, dass er sich nicht in der Öffentlichkeit befindet.[55] In beiden Konstellationen kann das selbstständige Beweisverfahren unter geringen Tatbestandsvoraussetzungen (§ 487 Nr. 1–4 ZPO) durchgeführt werden.[56] Die Zugänglichkeit ist jedoch entscheidend für die tatsächliche Durchführung des selbstständigen Beweisverfahrens.

aa) Öffentlichkeit des Besichtigungsgegenstandes

Der Besichtigungsgegenstand kann öffentlich zugänglich und einsehbar sein (beispielsweise auf einer Messe, im Rahmen einer Präsentation oder in Verkaufsgeschäften), sodass die Schutzrechtsverletzung aufgrund der Eigenart des Gegenstandes direkt für Dritte erkennbar ist oder zumindest im Zuge einer normalen näheren Betrachtung des Gegenstandes ohne Vornahme von

[52] Baumbach/Lauterbach/Albers/Hartmann (2016), § 490 Rn. 2; *Grabinski/Zülch*, in: Benkard (2015), § 140c PatG Rn. 25; *Pastor*, in: Werner/Pastor (2015), Rn. 77; *Mes*, in: MPFormB GewRS (2014), Form. C.22 Anm. 8; *v. Hartz* (2004), S. 126; *Tinnefeld,* CR 2013, S. 417 (420); *Ulrich,* AnwBl 2003, S. 78 (79); *Siegburg,* BauR 2001, S. 875 (883–885).

[53] *Hahn*, in: PK-GewRS (2015), Vor § 485 ZPO Rn. 48; *Weise* (2002), Rn. 275; vgl. *Grabinski,* GRUR Int 2013, S. 310 (317).

[54] *Hahn*, in: PK-GewRS (2015), Vor § 485 ZPO Rn. 48 (Fn. 112).

[55] *Kühnen* (2013), Rn. 362; *Kühnen,* MittdtPatA 2009, S. 211 (211); *Kühnen,* GRUR 2005, S. 185 (188 f.).

[56] *Keukenschrijver/Kaess*, in: Busse (2013), § 140c Rn. 20; *Kühnen* (2013), Rn. 362; *Chakraborty*, in: Haedicke/Timmann (2012), § 11 Rn. 750; *Sturmberg* (1999), Rn. 212 ff.; vgl. *Karg,* ZUM 2000, S. 934 (942).

Veränderungen am Gegenstand wahrnehmbar ist.[57] Bei diesen Dritten muss es sich nicht zwingend um fachfremde Personen handeln. Vielmehr genügt auch die Erkennbarkeit für fachlich interessierte Dritte. Da keine flankierenden Zwangs- oder Duldungsanordnungen seitens des Gerichts erforderlich sind, die dem Sachverständigen die Begutachtung ermöglichen, genügt ein isoliertes Beweissicherungsverfahren nach §§ 485 ff. ZPO.[58]

Der Besichtigungszweck besteht ausschließlich in der Sicherung von Beweisen.[59] Der zugrunde liegende Sachverhalt muss nicht festgestellt werden, da der bereits bekannte Sachverhalt nur noch beweisverwertbar bestätigt werden soll. Im Rahmen seiner Besichtigung kann der Sachverständige auf das zurückgreifen, was der vermeintliche Schutzrechtsverletzer der Öffentlichkeit sowieso offenbart, sodass auch keine Geheimhaltungsinteressen des Antragsgegners berücksichtigt werden müssen.[60] Das zur Öffentlichkeit des Besichtigungsgegenstandes Gesagte gilt gleichermaßen für die (seltenen) Fälle, in denen der Antragsgegner die Begutachtung freiwillig ermöglicht oder aufgrund eines kooperativen Verhaltens in der Vergangenheit (etwa bereits geduldete Besichtigungen) die Annahme gerechtfertigt ist, dass er dem Sachverständigen den Zutritt zu seinen Betriebs- und Geschäftsräumen gewähren wird.[61]

bb) Befristete Öffentlichkeit des Besichtigungsgegenstandes

Sofern der Gegenstand nur für einen begrenzten Zeitraum öffentlich zugänglich ist (wie auf einer Fachmesse oder während einer Produktpräsentation), kann der Schutzrechtsinhaber den Gegenstand persönlich oder durch seine Mitarbeiter in Augenschein nehmen und sich auf diese Weise die Informationen über die schutzrechtsverletzenden Eigenschaften verschaffen.[62] In einem anschließenden Prozess können diese Mitarbeiter als Zeugen geladen werden.

---

[57] *Hahn*, in: PK-GewRS (2015), Vor § 485 ZPO Rn. 5; *Götz* (2012), S. 157; *Jestaedt* (2008), Rn. 841; *Kühnen,* GRUR 2005, S. 185 (188).

[58] BT-Drucks. 16/5048, S. 29; *Hahn*, in: PK-GewRS (2015), Vor § 485 ZPO Rn. 5; *Götz* (2014), S. 184; *Götz* (2012), S. 152; *Oldekop*, in: Schramm (2012), Kap. 9 Rn. 138; *Ann/Hauck/Maute* (2011), Rn. 51; *Rohlfing* (2009), S. 62; *Jestaedt* (2008), Rn. 841; *Müller-Stoy* (2008), Rn. 226; *Nägele/Nitsche,* WRP 2007, S. 1047 (1052); *Seichter,* WRP 2006, S. 391 (395); *Kühnen,* GRUR 2005, S. 185 (189); vgl. *Brandau/Gal,* GRUR 2009, S. 118 (119 ff.).

[59] *Fitzner/Kather,* VPP-Rundbrief 2009, S. 58 (59); *Kühnen,* GRUR 2005, S. 185 (189).

[60] *Hahn*, in: PK-GewRS (2015), § 487 Rn. 25, § 492 ZPO Rn. 11; *Götz* (2012), S. 157; *Kühnen,* GRUR 2005, S. 185 (188 f.).

[61] Mes (2015), § 140c Rn. 34; *Hahn*, in: PK-GewRS (2015), Vor § 485 ZPO Rn. 38, 51, § 487 ZPO Rn. 26; *Pitz*, in: Fitzner/Lutz/Bodewig (2012), § 140c PatG Rn. 42; *Oldekop*, in: Schramm (2012), Kap. 9 Rn. 138; vgl. *Grabinski/Zülch*, in: Benkard (2015), § 140c PatG Rn. 23; *Mes,* GRUR 2000, S. 934 (936).

[62] *Kühnen,* GRUR 2005, S. 185 (188).

Jedoch kann auch der Prozessgegner seinerseits Zeugen benennen, die gerade die schutzrechtsverletzenden Eigenschaften des Gegenstandes bestreiten. Der Schutzrechtsinhaber ist in diesem Falle beweispflichtig. Kann er nach der Benennung von Gegenzeugen durch den Prozessgegner keine weiteren Beweise vorbringen, so droht ihm eine Klageabweisung nach den Regeln des *non-liquet*.[63] Damit ist der Zeugenbeweis keine Garantie für einen Prozesserfolg.

Daran ändert auch die den Prozessparteien nach § 138 Abs. 1 ZPO auferlegte und über §§ 263 Abs. 1, 2, 22, 23 StGB strafrechtlich sanktionierte Wahrheitspflicht nichts.[64] Die gerichtliche Praxis zeigt nämlich, dass diese Pflicht keine Garantie für einen erfolgreichen Ausgang des Prozesses für den Schutzrechtsinhaber darstellt.[65] Wegen dieser Unwägbarkeiten ist einem Schutzrechtsinhaber sehr daran gelegen, unumstößliche Beweise für eine Schutzrechtsverletzung zu erlangen. Diese kann er mittels einer offiziellen, gerichtlich veranlassten Begutachtung durch einen neutralen Sachverständigen auf der Grundlage eines selbstständigen Beweisverfahrens (§§ 485 ff. ZPO) erlangen.[66] Die zumindest befristete öffentliche Zugänglichkeit des Besichtigungsgegenstandes macht auch in dieser Konstellation nur ein isoliertes selbstständiges Beweisverfahren notwendig, sofern keine Veränderungen am Besichtigungsgegenstand vorzunehmen sind, sodass eine (wie im „Düsseldorfer Modell“ übliche) ergänzende einstweilige Verfügung, die dem Antragsgegner die Duldung der Besichtigung aufgibt, nicht erforderlich ist.[67]

cc) Fehlende oder eingeschränkte Öffentlichkeit des Besichtigungsgegenstandes

Sofern eine Schutzrechtsverletzung für Dritte nicht ohne Weiteres erkennbar ist, da nicht alle Merkmale direkt einsehbar sind, muss der Besichtigungsgegenstand genauer untersucht werden. Ein Grund für die mangelnde Erkennbarkeit können etwa fehlende (mündliche und schriftliche) Erläuterungen seitens des vermeintlichen Verletzers sein.[68] Häufig ist der Besichtigungsge-

---

[63] *Kühnen* (2013), Rn. 361; *Götz* (2012), S. 152; *Paulus* (2010), Rn. 411; *Kühnen*, GRUR 2005, S. 185 (188); *Bork*, NJW 1997, S. 1665 (1668); vgl. LG Düsseldorf, Urt. v. 08.03.2007, Az. 4b O 230/04, InstGE 8, 103, 109 (Rn. 31) – Etikettiermaschine = BeckRS 2008, 20706; *Prütting* (1983), S. 14–16.

[64] *Kühnen*, GRUR 2005, S. 185 (188); vgl. Baumbach/Lauterbach/Albers/Hartmann (2016), § 138 Rn. 66; *Wagner*, in: MüKo ZPO (2013), § 138 Rn. 16.

[65] Baumbach/Lauterbach/Albers/Hartmann (2016), § 138 Rn. 24; *Kühnen*, GRUR 2005, S. 185 (188); vgl. *Wagner*, in: MüKo ZPO (2013), § 138 Rn. 1.

[66] *Grabinski/Zülch*, in: Benkard (2015), § 140c PatG Rn. 23; *Götz* (2012), S. 152 f.; *Kühnen*, GRUR 2005, S. 185 (188); vgl. BT-Drucks. 16/5048, S. 29.

[67] *Hahn*, in: PK-GewRS (2015), § 485 ZPO Rn. 2 f.; *Jestaedt* (2008), Rn. 841; *Kühnen*, GRUR 2005, S. 185 (188).

[68] *Kühnen*, GRUR 2005, S. 185 (189).

genstand jedoch beschränkt oder gar nicht öffentlich zugänglich, da er sich in den Geschäfts- oder Betriebsräumen des vermeintlichen Verletzers befindet. Diese Räumlichkeiten sind grundsätzlich nicht für außenstehende Dritte zugänglich. Etwaige Rückschlüsse auf Merkmalsübereinstimmungen lassen sich bestenfalls aus sonstigen Umständen, wie etwa Prospekten oder Werbeaussagen, folgern, was aber äußerst selten zutrifft.[69] In der Konsequenz kann der Schutzrechtsinhaber häufig nicht exakt benennen, in welcher Weise und in welchem Umfang der zu begutachtende Gegenstand von seinem Schutzrecht Gebrauch macht, wobei Gleiches in Fällen der Öffentlichkeit des Besichtigungsgegenstandes gilt, sofern die Arbeitsweise oder Ausgestaltung des Besichtigungsgegenstandes im Detail nicht ohne eine nähere Begutachtung (etwa durch die Veränderungen des Besichtigungsgegenstandes) erkennbar sind.[70]

(1) Besichtigungszweck

Aufgrund der eingeschränkten oder gar fehlenden Öffentlichkeit und der daraus resultierenden mangelnden Informationslage können seitens des Schutzrechtsinhabers meist nur Vermutungen im Hinblick auf die konkrete Ausgestaltung des Besichtigungsgegenstandes angestellt werden. Die Besichtigung bezweckt neben der Erlangung von Beweisen auch die Aufklärung der Konstruktion und Funktionsweise des streitbefangenen Gegenstandes, sodass die Besichtigung der Beweissicherung wie auch der Sachverhaltsermittlung dient.[71] Der Schutzrechtsinhaber wird im Hinblick auf ein mögliches nachfolgendes gerichtliches Verfahren eine beweiskräftige Sachverhaltsaufklärung verfolgen.[72] Demgemäß ist auf einen unabhängigen gerichtlichen Sachverständigen im Rahmen eines selbstständigen Beweisverfahrens (§§ 485 ff. ZPO) zurückzugreifen, wohingegen eine eigene Begutachtung oder eine Untersuchung durch einen Privatgutachter ausscheidet.[73]

Auf diese Weise können einerseits mögliche Geschäfts- und Betriebsgeheimnisse des vermeintlichen Verletzers gewahrt werden, andererseits wird das Rechtsverfolgungsinteresse des Schutzrechtsinhabers bestmöglich gefördert.[74] Aufgrund des beschränkten Zugriffs auf den Besichtigungsgegenstand besteht die Gefahr, dass Beweismittel verloren gehen oder zumindest die

---

[69] *Kühnen,* GRUR 2005, S. 185 (189).

[70] *Kühnen,* GRUR 2005, S. 185 (189); vgl. Mes (2015), § 140c Rn. 34.

[71] *Trimborn,* in: Büscher/Dittmer/Schiwy (2015), Kap. 1, § 140c PatG Rn. 1; Fezer (2009), § 19a MarkenG Rn. 4; *Fitzner/Kather,* VPP-Rundbrief 2009, S. 58 (59); *Kühnen,* GRUR 2005, S. 185 (189).

[72] *Kühnen,* GRUR 2005, S. 185 (189).

[73] *Kühnen,* GRUR 2005, S. 185 (189); vgl. *Keukenschrijver/Kaess,* in: Busse (2013), § 140c Rn. 14; *Lieber/Zimmermann* (2009), Rn. 202.

[74] *Kühnen,* GRUR 2005, S. 185 (189).

Verwertung der Beweismittel erschwert wird. Dies gilt insbesondere dann, wenn den Antragsgegner zwar engmaschige Dokumentationspflichten treffen (etwa aus der Arzneimittel- und Wirkstoffherstellungsverordnung im Vergleich zu handels- oder aktienrechtlichen Dokumentationspflichten), die einer Vernichtung von Beweisen entgegenstehen, er gleichzeitig aber durch sein Verhalten zu erkennen gibt, dass er rechtliche Sanktion nicht scheut (beispielsweise durch den Verkauf von Arzneimitteln oder Maschinen, die wissentlich die Schutzrechte eines Wettbewerbers verletzen).[75]

(2) (Partielle) Unkenntnis des Antragstellers

Wenngleich der Antragsteller den Vorwurf der Schutzrechtsverletzung nur mit einer gewissen Wahrscheinlichkeit vortragen kann, da er nicht sämtliche relevanten Merkmale des streitbefangenen Gegenstandes kennt, scheidet das selbstständige Beweisverfahren nach §§ 485 ff. ZPO als Beweissicherungsinstrument nicht automatisch aus. Sofern der Antragsteller mit seinem Vorgehen nur die Ausforschung des Gegners bezweckt, können das Rechtsschutzbedürfnis für eine Beweissicherung nach § 485 Abs. 1 ZPO und ein rechtliches Interesse im Sinne von § 485 Abs. 2 ZPO abgelehnt werden.[76] Das Verbot des Ausforschungsbeweises[77] bezieht sich auf den verfahrensrechtlichen Verhandlungs- bzw. Beibringungsgrundsatz, der besagt, dass es den Beteiligten obliegt, dem Gericht den entscheidungserheblichen Tatsachenstoff zu liefern, jede Partei also ihre anspruchsbegründenden Tatsachen selber vorzutragen hat.[78] Die prozessrechtlichen Beweismittel dienen nicht dazu, derartige rechtserhebliche Tatsachen erst zu ermitteln (Gebot der Fairness des Verfahrens in seiner Ausprägung der Chancen- und Waffengleichheit).[79]

---

[75] LG München I, Urt. v. 20.10.2010, Az. 21 O 7563/10, InstGE 13, 181, 185 f. (Rn. 24, 28) – Arzneimittelherstellung = BeckRS 2012, 15213; *Kühnen,* GRUR 2005, S. 185 (189).

[76] OLG Nürnberg, Beschl. v. 13.12.2000, Az. 4 W 4247/00, OLGReport Nürnberg 2001, 273 (Rn. 5) = BeckRS 2000, 30149847; OLG Köln, Beschl. v. 17.11.1999, Az. 16 W 28/99, OLGReport Köln 2000, 264 (Rn. 6) = BeckRS 1999, 30082786; KG, Beschl. v. 01.10.1998, Az. 10 W 6456/98, NJW-RR 2000, 468, 469 = MDR 1999, 564, 565; Baumbach/Lauterbach/Albers/Hartmann (2016), Übers § 485 Rn. 2; *Herget*, in: Zöller (2016), § 485 Rn. 6; *Berger*, in: Stein/Jonas (2015), § 485 Rn. 1; *Pastor*, in: Werner/Pastor (2015), Rn. 25; *Osthaus* (2005), S. 137; *Kühnen,* GRUR 2005, S. 185 (189).

[77] RG, Urt. v. 19.05.1896, Az. 42/96 III, JW 1896, 356, 356; RG, Urt. v. 29.06.1888, Az. 98/88 IV, JW 1888, 329, 329; BGH, Urt. v. 13.07.1988, Az. IVa ZR 67/87, NJW-RR 1988, 1529, 1529 = NJW 1989, 227 (Ls.); BGH, Urt. v. 19.09.1985, Az. IX ZR 138/84, NJW 1986, 246, 247 = MDR 1986, 230, 230; *Voß*, in: Fitzner/Lutz/Bodewig (2012), Vor §§ 139 ff. PatG Rn. 135; *Beckhaus* (2010), S. 245–258 m.w.Nachw.; *Paulus* (2010), Rn. 376; vgl. BGH, Urt. v. 12.01.1962, Az. V ZR 179/60, NJW 1962, 676, 676 = MDR 1962, 391, 391 f.

[78] *Paulus* (2010), Rn. 314; *Kühnen,* GRUR 2005, S. 185 (189).

[79] *Kühnen,* GRUR 2005, S. 185 (189).

Die §§ 809 BGB, 140c PatG, 101a UrhG, 19a MarkenG, 24c GebrMG, 46a DesignG, 9 Abs. 2 HalblSchG i.V.m. 24c GebrMG, 37c SortSchG zeigen gerade, dass dem Schutzrechtsinhaber selbst bei einer gewissen Wahrscheinlichkeit für eine Schutzrechtsverletzung ein Anspruch zustehen kann, ohne direkt dem Vorwurf der Ausforschung ausgesetzt zu sein. Dementsprechend kann im Rahmen der §§ 485 ff. ZPO der Einwand einer unzulässigen Ausforschung nicht allein aufgrund der Wahrscheinlichkeit der Schutzrechtsverletzung vorgebracht werden. Das materielle Recht räumt dem Antragsteller gerade Ansprüche ein, mit deren Hilfe er sich Gewissheit darüber verschaffen kann, ob ein Anspruch in Ansehung der Sache besteht.[80] Sobald eine hinreichende Wahrscheinlichkeit für die vermeintliche Schutzrechtsverletzung besteht und der Schutzrechtsinhaber eine Besichtigung verlangen kann, darf unter rechtsstaatlichen Gesichtspunkten und vor dem Hintergrund der Einheit der Rechtsordnung sein Antrag auf Beweissicherung nicht damit verweigert werden, dass kein anerkennenswertes Rechtsschutzbedürfnis für seine Geltendmachung besteht.[81]

(3) Herstellung der „Öffentlichkeit“

Die für eine Besichtigung notwendige „Öffentlichkeit“ muss erst hergestellt werden, sofern der schutzrechtsverletzende Gegenstand nicht oder nur beschränkt öffentlich zugänglich ist. Dafür muss der gegnerischen Partei aufgegeben werden, dass sie den Zutritt zu ihren Räumlichkeiten sowie die Besichtigung im Rahmen des selbstständigen Beweisverfahrens durch einen Sachverständigen (möglicherweise in Begleitung von anwaltlichen Vertretern des Antragstellers) zu dulden hat.[82] Dem selbstständigen Beweisverfahren (§§ 485 ff. ZPO) sind jedoch Zwangsmaßnahmen fremd, sodass eine Beweissicherung nicht gegen den Willen des Antragsgegners durchgesetzt werden kann.

Das Gericht des Hauptsacheverfahrens kann das ablehnende Verhalten der gegnerischen Partei lediglich im Rahmen der freien Beweiswürdigung (§ 286 Abs. 1 S. 1 ZPO) negativ berücksichtigen (vgl. für die Inaugenscheinnahme: §§ 492 Abs. 1, 371 Abs. 3 ZPO).[83] Im anschließenden Hauptsacheprozess

---

[80] BGH, Urt. v. 02.05.2002, Az. I ZR 45/01, GRUR 2002, 1046, 1048 – Faxkarte = NJW-RR 2002, 1617, 1619; Fezer (2009), § 19a MarkenG Rn. 11; *Tinnefeld,* CR 2013, S. 417 (419); *Kühnen,* GRUR 2005, S. 185 (189 f.).

[81] *Kühnen,* GRUR 2005, S. 185 (190).

[82] OLG Stuttgart, Beschl. v. 11.01.2011, Az. 10 W 56/10, NJW 2011, 1745, 1746 m. Anm. *Stadler* = NZBau 2011, 427, 428; *Pastor*, in: Werner/Pastor (2015), Rn. 86; *Oldekop*, in: Schramm (2012), Kap. 9 Rn. 139, 157; *Kühnen,* GRUR 2005, S. 185 (190).

[83] OLG Koblenz, Beschl. v. 18.02.2013, Az. 3 U 775/12, NJW-RR 2013, 796, 797 = NZBau 2013, 436, 437; *Berger*, in: Stein/Jonas (2015), § 492 Rn. 11; *Ahrens*, in: Wieczorek/Schütze (2014), § 485 Rn. 7; *Wagner*, in: MüKo ZPO (2013), § 144 Rn. 13;

kann dies zur Folge haben, dass trotz des Scheiterns der Besichtigung der Beweis einer Schutzrechtsverletzung als erbracht angesehen wird (vgl. § 444 ZPO).[84] Die fehlende Durchsetzbarkeit einer nach dem Prozessrecht gewährten Besichtigung erscheint typisch für die Zivilprozessordnung, da die im Rahmen eines anhängigen Hauptsacheverfahrens gegenüber einer Partei ausgesprochene Duldung der Besichtigung durch einen gerichtlich bestellten Sachverständigen (§ 144 Abs. 1 S. 1, 3 ZPO) im Falle der Weigerung ebenfalls nicht zwangsweise durchgesetzt und die Besichtigung damit nicht gegen den Willen der gegnerischen Partei durchgeführt werden kann.

Die zur Herstellung der „Öffentlichkeit" notwendigen Zwangsmaßnahmen werden im Rahmen des „Düsseldorfer Modells" separat im Wege einer das selbstständige Beweisverfahren (§§ 485 ff. ZPO) begleitenden einstweiligen Verfügung (§§ 935 ff. ZPO) auf Duldung der Besichtigung angeordnet.[85] Den Verfügungsanspruch dafür bilden die §§ 809 BGB, 140c PatG, 101a UrhG, 19a MarkenG, 24c GebrMG, 46a DesignG, 9 Abs. 2 HalblSchG i.V.m. 24c GebrMG, 37c SortSchG. Sobald man jedoch die Öffentlichkeit bei der gegnerischen Partei unter Zwang herstellt, müssen Geheimhaltungsinteressen des vermeintlichen Verletzers berücksichtigt werden.

dd) Zwischenergebnis

Die Darstellung hat gezeigt, dass in der Theorie bei einer (befristeten) Öffentlichkeit des Besichtigungsgegenstandes ein isoliertes selbstständiges Beweisverfahren (§§ 485 ff. ZPO) ausreicht. Sobald der streitbefangene Gegenstand aber nur beschränkt oder gar nicht öffentlich zugänglich ist, muss neben dem

---

Voß, in: Fitzner/Lutz/Bodewig (2012), Vor §§ 139 ff. PatG Rn. 147; *Pitz*, in: Fitzner/Lutz/Bodewig (2012), § 140c PatG Rn. 51; *Pastor*, in: Werner/Pastor (2015), Rn. 86, 3090; *Götz* (2012), S. 108; *Amschewitz* (2008), S. 241; *Müller-Stoy* (2008), Rn. 242; *Wussow*, NJW 1969, S. 1401 (1406); vgl. RG, Urt. v. 05.11.1900, Az. 240/00 VI, JW 1900, 838, 838 f.

[84] *Pastor*, in: Werner/Pastor (2015), Rn. 86; *Praun*, in: Kleine-Möller/Merl (2009), § 19 Rn. 218; *Kühnen*, GRUR 2005, S. 185 (190, Fn. 35); *Wussow*, NJW 1969, S. 1401 (1406).

[85] OLG Karlsruhe, Urt. v. 27.04.2001, Az. 14 U 187/00, NJW-RR 2002, 951, 951 = BauR 2002, 1437, 1437; LG Aurich, Urt. v. 28.10.2011, Az. 5 O 854/11, NZBau 2012, 369, 369 = DS 2012, 364, 365; BT-Drucks. 16/5048, S. 27; *Grabinski/Zülch*, in: Benkard (2015), § 140c PatG Rn. 27; Mes (2015), § 140c Rn. 26, 33; *Hahn*, in: PK-GewRS (2015), § 487 ZPO Rn. 26 f.; *Keukenschrijver/Kaess*, in: Busse (2013), § 140c Rn. 24; *Pitz*, in: Fitzner/Lutz/Bodewig (2012), § 140c PatG Rn. 50; *Götz* (2014), S. 185 f.; *Kühnen* (2013), Rn. 358, 377 (Fn. 384), Rn. 378 (Fn. 391); *Beckhaus* (2010), S. 133; *Praun*, in: Kleine-Möller/Merl (2009), § 19 Rn. 200 f., 209; *Grabinski*, in: FS Mes (2009), S. 129 (131); *Enchelmaier*, GRUR Int 2012, S. 503 (513); *McGuire/Joachim/Künzel/Weber*, GRUR Int 2010, S. 829 (833); *Kather/Fitzner*, MittdtPatA 2010, S. 325 (326); *Fitzner/Kather*, VPP-Rundbrief 2009, S. 58 (59); *Nägele/Nitsche*, WRP 2007, S. 1047 (1052); *Ahrens*, GRUR 2005, S. 837 (838); *Kühnen*, GRUR 2005, S. 185 (190); vgl. *Kunz-Hallstein/Loschelder*, GRUR 2005, S. 747 (747).

selbstständigen Beweisverfahren (§§ 485 ff. ZPO) die Öffentlichkeit mittels einer einstweiligen Duldungsverfügung (§§ 935 ff. ZPO) hergestellt werden. Hierbei handelt es sich dann um den Anwendungsfall des „Düsseldorfer Modells".

In der Praxis wird der Antragsgegner auch auf einer Messe oder im Rahmen einer Produktpräsentation die Besichtigung durch einen Sachverständigen nicht ohne Weiteres dulden, sodass ebenfalls eine flankierende Duldungsverfügung erforderlich wird, sofern der streitbefangene Gegenstand nicht alternativ auf dem Markt erworben und das Testkaufsobjekt begutachtet werden kann. Im Ergebnis ergibt sich ein Anwendungsbereich des „Düsseldorfer Modells" also immer dann, wenn vom Antragsgegner mit Gegenwehr zu rechnen ist.

b) Zweck des selbstständigen Beweisverfahrens

Das selbstständige Beweisverfahren lässt sich danach differenzieren, ob es einen einvernehmlichen (§ 485 Abs. 1 Var. 1 ZPO), einen sichernden (§ 485 Abs. 1 Var. 2 ZPO) oder einen streitschlichtenden Zweck (§ 485 Abs. 2 ZPO) verfolgt.[86] Im Rahmen des „Düsseldorfer Modells" kann das selbstständige Beweisverfahren sowohl auf Grundlage von § 485 Abs. 1 Var. 2 ZPO (sicherndes Beweisverfahren) als auch basierend auf § 485 Abs. 2 S. 1 Nr. 1 ZPO (streitschlichtendes Beweisverfahren) ergehen. Überwiegend handelt es sich aber um eine vorprozessuale Beweisfeststellung, sodass § 485 Abs. 2 S. 1 Nr. 1 ZPO in den meisten Sachverhalten einschlägig ist. Beide Absätze stehen jedoch selbstständig nebeneinander und können jeweils eine Beweisanordnung rechtfertigen.[87] Die Bedeutung eines einvernehmlichen Beweisverfahrens nach § 485 Abs. 1 Var. 1 ZPO (vor allem im Immaterialgüterrecht) ist als sehr gering einzustufen, da der Antragsgegner die erforderliche Zustimmung nur in seltenen Fällen erteilen wird.[88]

aa) Sicherndes Beweisverfahren

Nach § 485 Abs. 1 Var. 2 ZPO kann während oder außerhalb eines Streitverfahrens ein selbstständiges Beweisverfahren angeordnet werden, wenn zu besorgen ist, dass das Beweismittel verloren geht oder seine Benutzung erschwert wird. Die zulässigen Maßnahmen im Rahmen von § 485 Abs. 1 ZPO umfassen den Zeugenbeweis (§ 373 ZPO), den Augenscheinsbeweis (§ 371

---

[86] *Huber*, in: Musielak/Voit (2016), § 485 Rn. 2; *Koeble*, in: Kompendium BauR (2014), 2. Teil Rn. 74; *Gniadek* (2011), S. 151; *Beckhaus* (2010), S. 130; *Adloff* (2007), S. 347 f.; *Lang* (2007), S. 19; *Ulrich*, AnwBl 2003, S. 26 (28); *Cuypers*, NJW 1994, S. 1985 (1985).

[87] *Hoeren/Kuta*, in: FS Weber (2011), S. 499 (515); *Kühnen*, GRUR 2005, S. 185 (188).

[88] *Götz* (2012), S. 107; *Beckhaus* (2010), S. 130.

ZPO) sowie die schriftliche oder mündliche Begutachtung durch einen Sachverständigen (§§ 402, 411 ZPO); andere Beweismittel, wie etwa der Urkundenbeweis (§§ 415 ff. ZPO) oder die Parteivernehmung (§ 445 ZPO), sind hingegen nicht zulässig.[89] Dadurch soll eine erweiterte Durchbrechung des zivilprozessualen Grundsatzes der Unmittelbarkeit der Beweiserhebung (§ 355 ZPO) vermieden werden.[90]

(1) Beweismittelverlust

Die Besorgnis des Beweismittelverlusts ist eine der Tatbestandsvarianten von § 485 Abs. 1 Var. 2 ZPO, die in immaterialgüterrechtlichen Sachverhalten regelmäßig vorliegen wird. Bei einer nur vorübergehenden Öffentlichkeit, wie auf Messen oder bei Produktpräsentationen, besteht häufig die Gefahr, dass der streitbefangene Gegenstand mit der Beendigung der Messe oder durch den Verkauf an einen Dritten fortgeschafft wird (unter Umständen sogar ins Ausland), sodass der Schutzrechtsinhaber keinen direkten Zugriff mehr auf den Gegenstand hat.[91] Die Gefahr eines Beweismittelverlusts ist sogar erhöht, sofern sich der Gegenstand in den Betriebs- und Geschäftsräumen des vermeintlichen Verletzers befindet, da der Antragsgegner den Be-

---

[89] OLG Düsseldorf, Beschl. v. 21.07.2011, Az. I-2 W 23/11, BeckRS 2012, 04014; OLG Saarbrücken, Beschl. v. 02.10.2007, Az. 5 W 112/07, NJOZ 2007, 5742, 5744 f. = OLGReport Frankfurt 2008, 26 (Rn. 21); OLG Hamm, Beschl. v. 11.05.1993, Az. 26 U 76/93, MDR 1994, 307, 307 = BeckRS 1993, 00739 (Rn. 1 f.); LG München I, Urt. v. 20.10.2010, Az. 21 O 7563/10, InstGE 13, 181, 186 (Rn. 25) – Arzneimittelherstellung = BeckRS 2012, 15213; LG Nürnberg-Fürth, Beschl. v. 08.06.2006, Az. 7 OH 5425/04, BeckRS 2011, 12440; Baumbach/Lauterbach/Albers/Hartmann (2016), § 485 Rn. 3; *Reichold*, in: Thomas/Putzo (2016), § 485 Rn. 1; *Herget*, in: Zöller (2016), § 485 Rn. 1; *Hahn*, in: PK-GewRS (2015), § 485 ZPO Rn. 7, § 487 ZPO Rn. 11, § 492 ZPO Rn. 1; *Pastor*, in: Werner/Pastor (2015), Rn. 58; *Braun* (2014), S. 756; *Kühnen* (2013), Rn. 363; *Götz* (2012), S. 156; *Rosenberg/Schwab/Gottwald* (2010), § 117 Rn. 6; *Gniadek* (2011), S. 151; *Beckhaus* (2010), S. 130; *Müller-Stoy* (2008), Rn. 78; *v. Hartz* (2004), S. 125; *Pansch* (2003), S. 97 f.; *Spuhler* (2000), S. 118.

[90] *Ahrens,* GRUR 2005, S. 837 (838); *Karg,* ZUM 2000, S. 934 (941 f., 944); *Cuypers,* NJW 1994, S. 1985 (1985).

[91] Baumbach/Lauterbach/Albers/Hartmann (2016), § 485 Rn. 5 f.; *Reichold,* in: Thomas/Putzo (2016), § 485 Rn. 3; *Herget*, in: Zöller (2016), § 485 Rn. 5; *Grabinski/ Zülch*, in: Benkard (2015), § 140c PatG Rn. 23; *Hahn*, in: PK-GewRS (2015), § 485 ZPO Rn. 4, 9; *Rinken/Kühnen*, in: Schulte (2014), § 140c Rn. 55; *Kühnen* (2013), Rn. 363; *Götz* (2012), S. 107, 154; *Rohlfing* (2009), S. 60 f.; *Müller-Stoy* (2008), Rn. 78; *Sturmberg* (2004), Rn. 31; *Kühnen,* GRUR 2005, S. 185 (188); *Bork,* NJW 1997, S. 1665 (1667, Fn. 22); vgl. LG Düsseldorf, Beschl. v. 03.05.2005, Az. 4a O 162/05, InstGE 5, 236, 237 f. (Rn. 5) – Anhörungsrüge; Seibel (2013), § 485 Rn. 17–19; *Beckhaus* (2010), S. 131; *Schilken,* ZZP 1979, S. 238 (261); *Stauder,* GRUR Int 1978, S. 230 (235); *Hesse,* GRUR 1975, S. 455 (457); *Wussow,* NJW 1969, S. 1401 (1402); *Schweikhardt,* GRUR 1962, S. 116 (121); kritisch: *Mes,* GRUR 2000, S. 934 (936).

sichtigungsgegenstand ohne Weiteres manipulieren oder beiseiteschaffen und damit beweiserhebliche Teile neutralisieren kann, sobald er vom Vorgehen des Antragstellers Kenntnis erlangt.

(2) Erschwerte Beweismittelnutzung

Neben der Besorgnis des Beweismittelverlusts sieht § 485 Abs. 1 Var. 2 ZPO als zweite Tatbestandsvariante die Besorgnis vor, dass die Benutzung des Beweismittels erschwert wird. Im Einklang mit der Gefahr eines Beweismittelverlusts ist regelmäßig zu befürchten, dass (nachträglich) Veränderungen am Besichtigungsgegenstand vorgenommen werden, die den Nachweis einer Schutzrechtsverletzung erschweren oder verhindern.[92] Sofern der vermeintliche Verletzer im Zuge einer Ausstellung oder Präsentation nützliche Anhaltspunkte für eine Veränderung erhalten hat oder schlicht bauliche oder konstruktionstechnische Veränderungen vornimmt, kann es zu unbewussten Veränderungen am Besichtigungsgegenstand kommen. Es ist aber auch nicht auszuschließen, dass der vermeintliche Verletzer mittlerweile Hinweise hinsichtlich des Vorgehens des Schutzrechtsinhabers erlangt hat und den Gegenstand infolgedessen bewusst derart verändert, dass die zum Nachweis einer Schutzrechtsverletzung notwendigen Feststellungen durch einen Sachverständigen nicht mehr getroffen werden können.[93] Daneben kann sich ein Beweissicherungsbedürfnis nach § 485 Abs. 1 Var. 2 ZPO aus der stets bestehenden Gefahr der Veränderung des Gegenstandes aufgrund von naturgesetzlichen Abläufen ergeben.[94]

(3) Allgemeines Rechtsschutzbedürfnis

Neben den tatbestandlichen Voraussetzungen muss ein allgemeines Rechtsschutzbedürfnis („Sicherungsinteresse") bestehen, da das Beweissicherungsverfahren andernfalls zu weit ausufern würde. Im Rahmen einer Beweissicherung nach § 485 Abs. 1 Var. 2 ZPO wird das Rechtsschutzbedürfnis regelmäßig bestehen und kann dem Antragsteller nur in offensichtlichen Ausnahmefällen abgesprochen werden, etwa wenn das Beweisverfahren zur reinen Aus-

---

[92] Baumbach/Lauterbach/Albers/Hartmann (2016), § 485 Rn. 5 f.; *Huber*, in: Musielak/Voit (2016), § 485 Rn. 10; *Herget*, in: Zöller (2016), § 485 Rn. 5; *Berger*, in: Stein/Jonas (2015), § 485 Rn. 10; *Hahn*, in: PK-GewRS (2015), § 485 ZPO Rn. 4; *Rinken/Kühnen*, in: Schulte (2014), § 140c Rn. 55; *Schreiber*, in: MüKo ZPO (2012), § 485 Rn. 7, 9; *Kühnen* (2013), Rn. 363; *Gniadek* (2011), S. 152; *Beckhaus* (2010), S. 131; *Praun*, in: Kleine-Möller/Merl (2009), § 19 Rn. 24–28; *Rohlfing* (2009), S. 60 f.; *Müller-Stoy* (2008), Rn. 78; *Kühnen,* GRUR 2005, S. 185 (188); *Ulrich,* AnwBl 2003, S. 26 (28); *Wussow,* NJW 1969, S. 1401 (1402); vgl. *Pastor*, in: Werner/Pastor (2015), Rn. 15; *Röthlein* (1995), Rn. 15; *Mes,* GRUR 2000, S. 934 (936).

[93] *Kühnen,* GRUR 2005, S. 185 (188).

[94] *Kühnen,* GRUR 2005, S. 185 (188).

forschung des Antragsgegners genutzt wird oder der vom Schutzrechtsinhaber geltend gemachte Anspruch überhaupt nicht besteht und das Rechtsschutzbegehren im Hinblick auf die Begutachtung durch einen Sachverständigen erkennbar aussichtslos ist.[95] Dabei muss eine summarische Prüfung zweifelsfrei ergeben, dass der untersuchte Gegenstand das Schutzrecht nicht tangiert.[96]

bb) Streitschlichtendes Beweisverfahren

Anders als bei § 485 Abs. 1 Var. 2 ZPO ist bei § 485 Abs. 2 S. 1 Nr. 1 ZPO wegen seines streitschlichtenden Zweckes kein drohender Beweismittelverlust erforderlich.[97] Vielmehr kann eine Partei die schriftliche Begutachtung durch einen Sachverständigen beantragen, wenn sie ein „rechtliches Interesse" daran hat, dass der Zustand einer Sache festgestellt wird (§ 485 Abs. 2 S. 1 Nr. 1 ZPO). Im Rahmen des § 485 Abs. 2 ZPO ist nur die Einholung eines Sachverständigengutachtens zulässig, wodurch das Gesetz auch an dieser Stelle die Durchbrechung des Grundsatzes der Beweisunmittelbarkeit (§ 355 ZPO) auf das am geringsten betroffene Beweismittel beschränkt.[98] Der Rechtsstreit darf im Falle des § 485 Abs. 2 S. 1 Nr. 1 ZPO nachweislich seines Wortlauts noch nicht anhängig sein.[99]

Durch die ausschließliche Möglichkeit der Einholung eines Sachverständigengutachtens kann keine Urkundenvorlage angeordnet werden, selbst dann

---

[95] BGH, Beschl. v. 16.09.2004, Az. III ZB 33/04, NJW 2004, 3488, 3489 = ZfBR 2005, 54, 55; *Müller-Stoy* (2008), Rn. 80; *Kühnen,* GRUR 2005, S. 185 (188, 189); *Ulrich,* AnwBl 2003, S. 26 (28); *Cuypers,* NJW 1994, S. 1985 (1985).

[96] *Kühnen,* GRUR 2005, S. 185 (189); *Ulrich,* AnwBl 2003, S. 26 (28).

[97] Baumbach/Lauterbach/Albers/Hartmann (2016), § 485 Rn. 8; *Hahn*, in: PK-GewRS (2015), § 485 ZPO Rn. 5; *Weise* (2002), Rn. 215.

[98] OLG Karlsruhe, Beschl. v. 12.08.2013, Az. 6 W 56/13, BeckRS 2014, 05839 = GRUR-RS 2014, 05839; OLG Köln, Beschl. v. 23.01.2001, Az. 26 W 1/01, OLGReport Köln 2002, 129 (Rn. 5) = BeckRS 2002, 05927; OLG München, Beschl. v. 25.05.2000, Az. 28 W 1469/00, NJW-RR 2001, 1652, 1652 = BauR 2001, 447, 448; BT-Drucks. 11/3621, S. 23; Baumbach/Lauterbach/Albers/Hartmann (2016), § 485 Rn. 3; *Reichold*, in: Thomas/Putzo (2016), § 485 Rn. 5; *Herget*, in: Zöller (2016), § 485 Rn. 6; *Hahn*, in: PK-GewRS (2015), § 485 ZPO Rn. 5, 8, § 487 ZPO Rn. 11; *Ahrens*, in: Wieczorek/Schütze (2014), § 485 Rn. 42; Seibel (2013), § 485 Rn. 30; *Pastor*, in: Werner/Pastor (2015), Rn. 27, 84; *Kühnen* (2013), Rn. 364; *Götz* (2012), S. 156; *Gniadek* (2011), S. 152; *Beckhaus* (2010), S. 131; *Rohlfing* (2009), S. 62; *Sturmberg* (2004), Rn. 38; *Herget,* in: FS Vollkommer (2006), S. 97 (107); *Müller,* in: FS E. Schneider (1997), S. 405 (412 f.); *Seichter,* WRP 2006, S. 391 (395); *Ahrens,* GRUR 2005, S. 837 (838); *Ulrich,* AnwBl 2003, S. 26 (29); kritisch: *Schlosser* (1991), Rn. 160c; vgl. OLG Düsseldorf, Beschl. v. 21.07.2011, Az. I-2 W 23/11, BeckRS 2012, 04014.

[99] OLG Saarbrücken, Beschl. v. 02.10.2007, Az. 5 W 112/07, NJOZ 2007, 5742, 5744 f. = OLGReport Frankfurt 2008, 26 (Rn. 25); OLG Düsseldorf, Beschl. v. 31.05.1995, Az. 9 W 39/95, NJW-RR 1996, 510, 510 = BeckRS 9998, 14477.

nicht, wenn sie nach ihrem äußeren Erscheinungsbild einer Begutachtung durch einen Sachverständigen gleichkommt oder die Voraussetzungen von § 140c PatG erfüllt sind, da der materiell-rechtliche Anspruch auf Urkundenvorlage nach der jeweiligen Spezialnorm nicht mit dem selbstständigen Beweisverfahren durchgesetzt wird.[100] Dementsprechend muss eine vom Antragsteller begehrte Urkundenvorlage außerhalb eines selbstständigen Beweisverfahrens in einem einstweiligen Verfügungsverfahren auf Vorlage der begehrten Urkunde verfolgt werden.[101]

(1) „Rechtliches Interesse"

Im Gleichlauf mit § 256 Abs. 1 ZPO muss für ein „rechtliches Interesse" im Sinne von § 485 Abs. 2 S. 2 ZPO im Falle des § 485 Abs. 2 S. 1 Nr. 1 ZPO der Zustand einer Sache unsicher sein und das Beweisverfahren diese Unsicherheit beseitigen können.[102] Nach dem Regelbeispiel in § 485 Abs. 2 S. 2 ZPO ist ein „rechtliches Interesse" anzunehmen, wenn die Feststellung der Vermeidung eines Rechtsstreits dienen kann. Dadurch wird deutlich, dass dem Beweissicherungsgutachten eine streitschlichtende Wirkung zukommt, um bereits vor Beginn eines Hauptprozesses die Vorwürfe durch streit- und somit prozessabwehrende Gespräche zu klären und eine außergerichtliche Einigung zu erwirken.[103] Der Gesetzgeber hat mit seiner Formulierung in § 485 Abs. 2 S. 2 ZPO lediglich die Möglichkeit der Vermeidung eines Rechtsstreites gemeint („kann"); eine Wahrscheinlichkeit oder Gewissheit wie bei § 140c PatG ist nicht erforderlich (wohingegen diese Wahrscheinlichkeitsschwelle im Rahmen des Verfügungsanspruchs der einstweiligen Duldungsverfügung wieder erreicht werden muss).[104]

---

[100] OLG Düsseldorf, Beschl. v. 21.07.2011, Az. I-2 W 23/11, BeckRS 2012, 04014; *Herget*, in: Zöller (2016), § 485 Rn. 7; *Hahn*, in: PK-GewRS (2015), § 485 ZPO Rn. 9; *Ahrens*, in: Wieczorek/Schütze (2014), § 485 Rn. 44; *Kühnen* (2013), Rn. 364 (Fn. 368); vgl. LG München I, Urt. v. 20.10.2010, Az. 21 O 7563/10, InstGE 13, 181, 185 (Rn. 23) – Arzneimittelherstellung = BeckRS 2012, 15213.

[101] OLG Düsseldorf, Beschl. v. 21.07.2011, Az. I-2 W 23/11, BeckRS 2012, 04014; *Hahn*, in: PK-GewRS (2015), § 485 ZPO Rn. 10; *Kühnen* (2013), Rn. 360; vgl. LG München I, Urt. v. 20.10.2010, Az. 21 O 7563/10, InstGE 13, 181, 185 (Rn. 23) – Arzneimittelherstellung = BeckRS 2012, 15213.

[102] *Weise* (2002), Rn. 216; *Schilken,* ZZP 1979, S. 238 (265).

[103] *Rinken/Kühnen*, in: Schulte (2014), § 140c Rn. 55; *Beckhaus* (2010), S. 130; *Paulus* (2010), Rn. 195; *Sturmberg* (2004), Rn. 34; *Sturmberg* (1999), Rn. 188.

[104] OLG Hamm, Beschl. v. 03.11.1998, Az. 9 W 31/97, MDR 1999, 184, 185 = BeckRS 1998, 11612 (Rn. 12); OLG Celle, Beschl. v. 14.02.1992, Az. 16 W 5/92, BauR 1992, 405, 406; Baumbach/Lauterbach/Albers/Hartmann (2016), § 485 Rn. 8; *Kratz*, in: BeckOK ZPO (2016), § 485 Rn. 30; *Hahn*, in: PK-GewRS (2015), § 485 ZPO, Rn. 5; *Pastor*, in: Werner/Pastor (2015), Rn. 34 m.w.Nachw.; *Götz* (2012), S. 154; *Gniadek* (2011), S. 153 (Fn. 468); *Beckhaus* (2010), S. 133; *Praun*, in: Kleine-Möller/Merl (2009), § 19 Rn. 35; *Müller-Stoy*

Infolgedessen ist eine weite Auslegung anzunehmen, weshalb ein „rechtliches Interesse“ für eine Beweissicherung nach § 485 Abs. 2 S. 1 Nr. 1 ZPO (wie auch schon das allgemeine Rechtsschutzbedürfnis bei einer Beweissicherung nach § 485 Abs. 1 Var. 2 ZPO) in der Praxis regelmäßig bestehen wird und allenfalls dann zu verneinen ist, wenn keine Sonderverbindung vorliegt und weder eine gegnerische Partei noch ein Anspruch erkennbar sind.[105] In diesem Fall ist das Ergebnis eines Beweisverfahrens nämlich für ein nachfolgendes Hauptsacheverfahren und die Beweissicherung an sich bedeutungslos.[106] Dafür muss aber eine summarische Prüfung ergeben, dass der zu begutachtende Gegenstand nicht in das Schutzrecht eingreift.[107] Außerdem ist dem Antragsteller das „rechtliche Interesse“ im Sinne von § 485 Abs. 2 S. 1 Nr. 1 ZPO (wie bereits das Rechtsschutzbedürfnis für eine Beweissicherung nach § 485 Abs. 1 Var. 2 ZPO) abzusprechen, wenn das Begehren des Antragstellers auf die reine Ausforschung des Antragsgegners

---

(2008), Rn. 79; *Kühnen,* GRUR 2005, S. 185 (188); *Cuypers,* NJW 1994, S. 1985 (1986); *Thieme,* MDR 1991, S. 938 (939).

[105] BGH, Beschl. v. 28.07.2006, Az. III ZB 14/06, NJW-RR 2006, 1454, 1454 (Rn. 7) = DS 2006, 356, 356 (Rn. 7); BGH, Beschl. v. 16.09.2004, Az. III ZB 33/04, NJW 2004, 3488, 3488 = ZfBR 2005, 54, 55; OLG Schlesweig, Beschl. v. 18.09.2006, Az. 16 W 86/06, OLGReport Schleswig 2007, 158 (Rn. 2); OLG Celle, Beschl. v. 20.04.2004, Az. 5 W 13/04, BauR 2004, 1659, 1660 = BeckRS 2004, 05876; Baumbach/Lauterbach/Albers/Hartmann (2016), § 485 Rn. 8; *Huber*, in: Musielak/Voit (2016), § 485 Rn. 13; *Reichold*, in: Thomas/Putzo (2016), § 485 Rn. 7, 7a; *Herget*, in: Zöller (2016), § 485 Rn. 7a; *Berger*, in: Stein/Jonas (2015), § 485 Rn. 30; *Grabinski/Zülch*, in: Benkard (2015), § 140c PatG Rn. 23; *Hahn*, in: PK-GewRS (2015), § 485 ZPO Rn. 5; *Ahrens*, in: Wieczorek/Schütze (2014), § 485 Rn. 55; Seibel (2013), § 485 Rn. 25; *Joussen*, in: Ingenstau/Korbion (2015), Anh. 3 Rn. 30; *Pastor*, in: Werner/Pastor (2015), Rn. 34 m.w.Nachw.; *Koeble*, in: Kompendium BauR (2014), 2. Teil Rn. 83; *Kühnen* (2013), Rn. 364; *Chakraborty*, in: Haedicke/Timmann (2012), § 11 Rn. 744; *Ann/Hauck/Maute* (2011), Rn. 51; *Gniadek* (2011), S. 153; *Beckhaus* (2010), S. 131; *Praun*, in: Kleine-Möller/Merl (2009), § 19 Rn. 35; *Müller-Stoy* (2008), Rn. 80; *Fink/Klein*, in: Freiberger Hdb. BauR (2008), § 7 Rn. 32; *Ulrich* (2007), Rn. 454; *Battenstein* (2006), S. 55; *Benedicter* (2005), S. 61; *Sturmberg* (2004), Rn. 47, 53; *Ulrich* (2004), Rn. 57, 62; *Weise* (2002), Rn. 217; *Röthlein* (1995), Rn. 23; *Herget,* in: FS Vollkommer (2006), S. 97 (103); *Zöllner,* GRUR-Prax 2010, S. 74 (76); *Kühnen,* GRUR 2005, S. 185 (188); *Ulrich,* AnwBl 2003, S. 26 (30); *Cuypers,* NJW 1994, S. 1985 (1986); *Weyer,* BauR 1992, S. 313 (318); einschränkend: *Schreiber*, in: MüKo ZPO (2012), § 485 Rn. 13; *Schreiber,* NJW 1991, S. 2600 (2601).

[106] BGH, Beschl. v. 28.07.2006, Az. III ZB 14/06, NJW-RR 2006, 1454, 1454 (Rn. 7) = DS 2006, 356, 356 (Rn. 7); BGH, Beschl. v. 16.09.2004, Az. III ZB 33/04, NJW 2004, 3488, 3488 = ZfBR 2005, 54, 55; OLG Nürnberg, Beschl. v. 07.03.2011, Az. 12 W 456/11, NJW-RR 2011, 1216, 1216 = MDR 2011, 750, 750 f.; OLG Hamm, Beschl. v. 26.06.1996, Az. 13 W 21/96, NJW-RR 1998, 68, 68 = BeckRS 9998, 16322; *Hahn*, in: PK-GewRS (2015), § 485 ZPO Rn. 6; *Sturmberg* (1999), Rn. 203 f.; *Kühnen,* GRUR 2005, S. 185 (188 f.).

[107] *Hahn*, in: PK-GewRS (2015), § 485 ZPO Rn. 6; *Kühnen,* GRUR 2005, S. 185 (189).

gerichtet ist.[108] Letztlich handelt es sich bei dem Kriterium des „rechtlichen Interesses“ jedoch um eine Zulässigkeitsvoraussetzung (§ 487 Nr. 4 ZPO), an deren Darlegung durch den Antragsteller keine besonderen Anforderungen zu stellen sind.[109]

(2) Vermeidung eines Rechtsstreits

In immaterialgüterrechtlichen Streitigkeiten kann ein Sachverständigengutachten regelmäßig die von § 485 Abs. 2 ZPO bezweckte streitschlichtende Wirkung herbeiführen und entsprechend dem Regelbeispiel in § 485 Abs. 2 S. 2 ZPO ein Rechtsstreit vermieden werden. Sobald das Gutachten des Sachverständigen den Verdacht einer Schutzrechtsverletzung nicht bestätigt, ist es naheliegend, dass der Schutzrechtsinhaber (allein schon aus wirtschaftlichen Gründen) von einer weiteren Rechtsverfolgung in Form eines Verletzungsprozesses absehen wird.[110] Sollte das Sachverständigengutachten hingegen den Nachweis einer Schutzrechtsverletzung erbringen und damit den Verdacht des Schutzrechtsinhabers bestätigen, ist es möglich, dass der Antragsgegner aufgrund der Beweislage freiwillig nachgibt, um einen (möglicherweise kostspieligen) Verletzungsprozess zu vermeiden.[111]

Möglicherweise verneint der vermeintliche Verletzer seine Vergleichsbereitschaft aber bereits im Voraus oder seine mangelnde Vergleichsbereitschaft ergibt sich aus früheren Auseinandersetzungen. Weder der Schutzrechtsinhaber noch der vermeintliche Verletzer werden (allein schon aus Gründen der wirtschaftlichen Vernunft) einen kostspieligen Prozess einleiten, bei dem im Voraus schon keine Aussicht auf Erfolg besteht.[112] Daher erscheint es auch bei einer mangelnden Vergleichsbereitschaft des vermeintlichen Verletzers weiterhin möglich, dass dieser im Falle eines für ihn nachteiligen Sachverständigengutachtens einlenken und den Forderungen des

---

[108] OLG Nürnberg, Beschl. v. 13.12.2000, Az. 4 W 4247/00, OLGReport Nürnberg 2001, 273 (Rn. 5); OLG Köln, Beschl. v. 17.11.1999, Az. 16 W 28/99, OLGReport Köln, 2000, 264 (Rn. 6); KG, Beschl. v. 01.10.1998, Az. 10 W 6456/98, NJW-RR 2000, 468, 469 = MDR 1999, 564, 565; *Joussen*, in: Ingenstau/Korbion (2015), Anh. 3 Rn. 70; *Kühnen*, GRUR 2005, S. 185 (189).

[109] OLG Düsseldorf, Beschl. v. 16.01.2001, Az. 22 W 2/01, NJW-RR 2001, 1725, 1726 = BauR 2001, 1290, 1291; *Pastor*, in: Werner/Pastor (2015), Rn. 34.

[110] OLG Celle, Beschl. v. 20.04.2004, Az. 5 W 13/04, BauR 2004, 1659, 1660 = BeckRS 2004, 05876; OLG Saarbrücken, Beschl. v. 13.05.1999, Az. 1 W 125/99–16, VersR 2000, 891, 892 = NJW 2000, 3439 (Ls.); *Rinken/Kühnen*, in: Schulte (2014), § 140c Rn. 55; *Götz* (2014), S. 182; *Kühnen* (2013), Rn. 364; *Müller-Stoy* (2008), Rn. 79; *Jestaedt* (2008), Rn. 841; *Fink* (2005), Rn. 89; *Kühnen*, GRUR 2005, S. 185 (188).

[111] *Götz* (2014), S. 182; *Kühnen* (2013), Rn. 364; *Götz* (2012), S. 154; *Müller-Stoy* (2008), Rn. 79; *Jestaedt* (2008), Rn. 841; *Deichfuß*, JurPC Web-Dok. 130/2010, Abs. 25.

[112] *Kühnen*, GRUR 2005, S. 185 (188).

Schutzrechtsinhabers freiwillig nachkommen wird.[113] Wenngleich der vemeintliche Verletzer in der Praxis häufig nicht so leicht nachgeben und die Ansprüche des Schutzrechtsinhabers freiwillig erfüllen wird, geht es im Rahmen von § 485 Abs. 2 S. 2 ZPO um die theoretische Möglichkeit der Vermeidung eines Rechtsstreites, sodass sich auch bei einer mangelnden Vergleichsbereitschaft die streitschlichtende Wirkung des Sachverständigengutachtens durchsetzen kann.

(3) Keine Schlüssigkeitsprüfung des Verletzungsvorwurfs

Die Voraussetzung des „rechtlichen Interesses“ darf jedoch nicht als Anlass zu einer Prüfung der Schlüssigkeit des Verletzungsvorwurfs oder der Erfolgsaussichten der Hauptsache genommen werden. Die Anordnung des selbstständigen Beweisverfahrens steht weder im Ermessen des Gerichts, noch prüft das Gericht im Rahmen des selbstständigen Beweisverfahrens (§§ 485 ff. ZPO) die Schlüssigkeit sowie Erheblichkeit des behaupteten Verletzungsvorwurfs (ob der zu begutachtende Gegenstand im Falle eines positiven Ergebnisses der Begutachtung für den Schutzrechtsinhaber tatsächlich das betroffene Schutzrecht verletzt) und damit die Erfolgsaussichten des Verfahrens.[114] Daher darf der Antrag auf Beweissicherung nicht mit dem Argument zurückgewiesen werden, der Schutzbereich des geltend gemachten Schutzrechts sei von der konkreten Ausgestaltung des Gegenstandes bei zu-

---

[113] *Huber*, in: Musielak/Voit (2016), § 485 Rn. 13; *Herget*, in: Zöller (2016), § 485 Rn. 7a; *Rinken/Kühnen*, in: Schulte (2014), § 140c Rn. 55; Fezer (2009), § 19a MarkenG Rn. 52; *Pastor*, in: Werner/Pastor (2015), Rn. 34; *Kühnen,* GRUR 2005, S. 185 (188); *Ulrich,* AnwBl 2003, S. 26 (30); vgl. OLG Saarbrücken, Beschl. v. 13.05.1999, Az. 1 W 125/99–16, VersR 2000, 891, 892 = NJW 2000, 3439 (Ls.); OLG Hamm, Beschl. v. 03.11.1998, Az. 9 W 31/97, MDR 1999, 184, 185 = BeckRS 1998, 11612 (Rn. 13); OLG Oldenburg, Urt. v. 06.06.1994, Az. 5 W 57/94, MDR 1995, 746, 747 = BeckRS 1994, 07833; OLG Zweibrücken, Urt. v. 10.09.1992, Az. 7 W 59/92, MDR 1992, 1178, 1178 f. = BeckRS 1992, 00307; *Leppin,* GRUR 1984, S. 770 (777).

[114] RG, Beschl. v. 24.09.1901, Az. II 121/01, RGZ 49, 388, 389 f.; BGH, Beschl. v. 16.09.2004, Az. III ZB 33/04, NJW 2004, 3488, 3488 = ZfBR 2005, 54, 55; OLG Celle, Beschl. v. 20.04.2004, Az. 5 W 13/04, BauR 2004, 1659, 1660 = BeckRS 2004, 05876; OLG Köln, Beschl. v. 17.11.1999, Az. 16 W 28/99, OLGReport Köln, 2000, 264 (Rn. 5) = BeckRS 1999, 30082786; OLG Hamm, Beschl. v. 03.02.1998, Az. 21 W 2/98, NJW-RR 1998, 933, 933 = BeckRS 9998, 16452; OLG Köln, Beschl. v. 22.06.1995, Az. 22 W 20/95, NJW-RR 1996, 573, 574 = BeckRS 9998, 14529; *Kratz*, in: BeckOK ZPO (2016), § 485 Rn. 31; *Huber*, in: Musielak/Voit (2016), § 485 Rn. 7; *Reichold*, in: Thomas/Putzo (2016), § 485 Rn. 4; *Pukall*, in: Saenger (2015), § 485 Rn. 10; *Berger*, in: Stein/Jonas (2015), § 485 Rn. 31; *Hahn*, in: PK-GewRS (2015), § 485 ZPO Rn. 6; *Ahrens*, in: Wieczorek/Schütze (2014), § 485 Rn. 56; *Rinken/Kühnen*, in: Schulte (2014), § 140c Rn. 51; Seibel (2013), § 485 Rn. 26; *Pastor*, in: Werner/Pastor (2015), Rn. 7, 34; *Kühnen* (2013), Rn. 365; *Beckhaus* (2010), S. 130 f.; *Herget,* in: FS Vollkommer (2006), S. 97 (103, 105); *Kühnen,* GRUR 2005, S. 185 (188); *Ulrich,* AnwBl 2003, S. 26 (30).

treffendem Verständnis nicht betroffen.[115] Sollte jedoch ausnahmsweise eindeutig und zweifelsfrei naheliegen, dass der vom Antragsteller geltend gemachte Anspruch nicht vorliegen kann, hat eine Zurückweisung des Antrags auf Beweiserhebung zu erfolgen.[116] Damit bleibt der Ausschluss einer Beweissicherungsanordnung nur den Fällen vorbehalten, in denen der geltend gemachte Anspruch offenkundig sowie zweifelsfrei nicht bestehen kann und die Resultate der Beweissicherung in keinster Weise für ein anschließendes Verletzungsverfahren genutzt werden können, sodass die Beweissicherung im Ergebnis bedeutungslos ist.[117]

c) Zwischenergebnis

Wenngleich eine Beweissicherung in immaterialgüterrechtlichen Streitigkeiten sowohl auf § 485 Abs. 1 Var. 2 ZPO als auch auf § 485 Abs. 2 S. 1 Nr. 1 ZPO gestützt werden kann, bildet § 485 Abs. 2 S. 1 Nr. 1 ZPO den Regelfall für eine vorprozessuale Beweissicherung nach dem „Düsseldorfer Modell". Trotz des streitschlichtenden Zweckes von § 485 Abs. 2 S. 1 Nr. 1 ZPO kann von einer Beweissicherung gesprochen werden, da der Sachverständige auch bei § 485 Abs. 2 S. 1 Nr. 1 ZPO zunächst Tatsachen feststellt und im Gutachten festhält. Das erforderliche „rechtliche Interesse" wird nur in Ausnahmefällen nicht vorliegen, da die Möglichkeit der Vermeidung von Rechtsstreitigkeiten allein aus Gründen der wirtschaftlichen Vernunft selbst bei einer mangelnden Vergleichsbereitschaft der gegnerischen Partei nicht konsequent auszuschließen ist. Die sachverständige Begutachtung im Wege eines selbstständigen Beweisverfahrens (§§ 485 ff. ZPO) beinhaltet einige Vorteile.

Die Parteien erlangen durch das Sachverständigengutachten ein vollwertiges Beweismittel (§ 493 Abs. 1 ZPO) für einen möglicherweise im Anschluss zu führenden Verletzungsprozess und sind nicht auf stärker angreifbare Beweismittel angewiesen. Daneben erfolgt die Besichtigung bei Rückgriff auf das selbstständige Beweisverfahren im Vergleich zur Durchsetzung des materiell-rechtlichen Besichtigungsanspruchs deutlich schneller. Damit gibt das selbstständige Beweisverfahren der beweisbelasteten Partei einen geordneten gesetzlichen Rahmen an die Hand, mit dessen Hilfe sie eine Besichtigung vergleichsweise zügig und dabei kostengünstig abwickeln und die Ergebnisse

---

[115] *Rinken/Kühnen*, in: Schulte (2014), § 140c Rn. 51; *Kühnen* (2013), Rn. 365; *Kühnen*, GRUR 2005, S. 185 (188).

[116] *Kühnen* (2013), Rn. 365; *Kühnen*, GRUR 2005, S. 185 (189).

[117] BGH, Beschl. v. 28.07.2006, Az. III ZB 14/06, NJW-RR 2006, 1454, 1454 (Rn. 7) = DS 2006, 356, 356 (Rn. 7); BGH, Beschl. v. 16.09.2004, Az. III ZB 33/04, NJW 2004, 3488, 3488 = ZfBR 2005, 54, 55; OLG Nürnberg, Beschl. v. 07.03.2011, Az. 12 W 456/11, NJW-RR 2011, 1216, 1216 = MDR 2011, 750, 750 f.; *Hahn*, in: PK-GewRS (2015), § 485 ZPO Rn. 6; *Ahrens*, in: Wieczorek/Schütze (2014), § 485 Rn. 56; *Kühnen* (2013), Rn. 365; *Kühnen*, GRUR 2005, S. 185 (188).

schnell erlangen kann.[118] Mit Blick auf eine effektive Beweissicherung liegt die Achillesferse des selbstständigen Beweisverfahrens in dessen fehlender Durchsetzbarkeit im Wege des Zwanges. Dieser Schwachpunkt wird im Rahmen des „Düsseldorfer Modells" durch eine begleitende Duldungsverfügung behoben.

2. Duldungsverfügung

Der zweite Teil der Besichtigungsanordnung umfasst die flankierende Duldungsverfügung, die wegen der fehlenden Anhörung des Antragsgegners als Beschlussverfügung ergeht.[119] Neben der Duldung der eigentlichen Besichtigung werden deren Umfang und möglicherweise geschuldete Mitwirkungshandlungen durch den Antragsgegner konkretisiert, ein mit Ordnungsmitteln belegtes Veränderungsverbot ausgesprochen und der teilnehmende Personenkreis benannt sowie zur Verschwiegenheit verpflichtet. Dabei ist der Erlass einer einstweiligen Verfügung (Sicherungsverfügung nach § 935 ZPO sowie Regelungsverfügung nach § 940 ZPO) klassisch an zwei Voraussetzungen geknüpft. Der Antragsteller muss im Rahmen des „Verfügungsanspruchs" das Bestehen des Besichtigungsanspruchs glaubhaft machen und im Rahmen des „Verfügungsgrundes" darlegen, dass unter Berücksichtigung aller Umstände des Einzelfalles eine einstweilige Maßnahme erforderlich ist (§§ 936, 920 Abs. 2 ZPO). Die Gerichte haben es durch die prozessleitenden Verfügungen in der Hand, eine Besichtigung bei gleichzeitigem Schutz von geheimhaltungsbedürftigen Tatsachen anzuordnen.[120]

a) Verfügungsanspruch

Zunächst muss nach §§ 935, 936, 920 Abs. 2 Var. 1, 294 ZPO der Verfügungsanspruch durch den Schutzrechtsinhaber glaubhaft gemacht werden. Hierbei handelt es sich um die materielle Grundlage der gerichtlichen Anordnung, sodass der Anspruch auch einer vorläufigen Regelung (beispielsweise ein Besichtigungsanspruchs zum Zwecke der Beweisermittlung im Gegensatz zu einem Schadensersatzanspruch) zugänglich sein muss.[121] Der Verfügungs-

---

[118] *Battenstein* (2006), S. 117 f.; *Kühnen,* GRUR 2005, S. 185 (192); *Cuypers,* NJW 1994, S. 1985 (1992).

[119] *Hahn,* in: PK-GewRS (2015), Vor § 485 ZPO Rn. 51; *Schmid-Petersen*, in: *Heydn/Schmid-Petersen/Vassilaki* (2009), Rn. 513; *Lieber/Zimmermann* (2009), Rn. 222, 227; *Jestaedt* (2008), Rn. 842.

[120] *Lachmann,* NJW 1987, S. 2206 (2210); vgl. beispielhaft: BPatG, Beschl. v. 30.04.1979, Az. 4 W (pat) 65/77, GRUR 1979, 697, 698 f. – Schaltskizze = BlfPMZ 1980, 20, 20 f.

[121] *Sosnitza*, in: Ohly/Sosnitza (2014), § 12 UWG Rn. 112; *Voß*, in: Fitzner/Lutz/Bodewig (2012), Vor §§ 139 ff. PatG Rn. 244; *Pierson*, in: *Pierson/Ahrens/Fischer* (2014),

anspruch ergibt sich aus dem Besichtigungsrecht nach § 140c PatG.[122] Im Zuge der Umsetzung von Art. 7 Enforcement-Richtlinie wurde in § 140c Abs. 3 S. 1 PatG geregelt, dass die Duldung der Besichtigung einer Sache im Wege der einstweiligen Verfügung nach den §§ 935–945 ZPO angeordnet werden kann, sodass der Rückgriff auf die spezialgesetzlichen Besichtigungsansprüche (wie bereits bei § 809 BGB) zum Zwecke einer Duldungsverfügung möglich ist.

Der Antragsteller muss im Rahmen des Verfügungsanspruchs die Tatbestandsvoraussetzungen des Besichtigungsanspruchs, etwa die Anspruchsberechtigung, die Aktivlegitimation oder die Erforderlichkeit der Besichtigung, glaubhaft machen (§§ 935, 936, 920 Abs. 2 ZPO), da sie vom Besichtigungsergebnis unabhängig sind.[123] In Ausnahme dazu muss die Schutzrechtsverletzung lediglich mit „hinreichender Wahrscheinlichkeit“ vorliegen, da sie mit der Besichtigung erst aufgeklärt werden soll.[124] Die einzelnen neu eingefügten Vorschriften der jeweiligen Gesetze sind inhaltlich weitestgehend identisch ausgestaltet. Daher kann an dieser Stelle eine allgemeine Betrachtung der Anspruchsgrundlagen erfolgen.

S. 556 f.; *Schmid-Petersen*, in: *Heydn/Schmid-Petersen/Vassilaki* (2009), Rn. 486; *Knothe* (1999), S. 309.

[122] *Grabinski/Zülch*, in: Benkard (2015), § 139 PatG Rn. 150; *Gniadek* (2011), S. 119, 144–146; *Rohlfing* (2009), S. 67; *Amschewitz* (2008), S. 355; *v. Hartz* (2004), S. 169; *Karger* (1996), S. 97; *Hoeren/Kuta,* in: FS Weber (2011), S. 499 (518); *Tilmann/Schreibauer,* in: FS Erdmann (2002), S. 901 (923); *Fitzner/Kather,* VPP-Rundbrief 2009, S. 58 (59); *Karg,* ZUM 2000, S. 934 (942); vgl. *Jestaedt* (2008), Rn. 835 f.

[123] BGH, Urt. v. 20.09.2012, Az. I ZR 90/09, GRUR 2013, 509, 510 (Rn. 20) – UniBasic-IDOS = NJW-RR 2013, 878, 879 (Rn. 20); BGH, Urt. v. 08.01.1985, Az. X ZR 18/84, GRUR 1985, 512, 515 – Druckbalken m. Anm. *Stauder* = NJW-RR 1986, 480, 482; OLG Hamburg, Urt. v. 26.05.2005, Az. 3 U 91/04, InstGE 5, 294, 299 f. (Rn. 23–25) – Fußbodenpaneele II = BeckRS 2009, 09886; *Hahn*, in: PK-GewRS (2015), § 485 ZPO Rn. 28; *Hacker*, in: Ströbele/Hacker (2015), § 19a Rn. 8; *Rinken/Kühnen*, in: Schulte (2014), § 140c Rn. 12; *Pitz*, in: Fitzner/Lutz/Bodewig (2012), § 140c PatG Rn. 10; Ingerl/Rohnke (2010), § 19a Rn. 8; *Kühnen* (2013), Rn. 310; *Chakraborty*, in: Haedicke/Timmann (2012), § 11 Rn. 724; *Laumen*, in: Hdb. Beweislast (2009), § 809 Rn. 2; *Deichfuß,* GRUR 2015, S. 436 (437); *Tinnefeld,* CR 2013, S. 417 (419 f.); *Kühnen,* MittdtPatA 2009, S. 211 (212); *Müller-Stoy,* MittdtPatA 2009, S. 361 (362).

[124] OLG Hamburg, Urt. v. 26.05.2005, Az. 3 U 91/04, InstGE 5, 294, 299 f. (Rn. 24) – Fußbodenpaneele II = BeckRS 2009, 09886; *Rinken/Kühnen*, in: Schulte (2014), § 140c Rn. 11, 12; Ingerl/Rohnke (2010), § 19a Rn. 8; *Kühnen* (2013), Rn. 310; *Chakraborty*, in: Haedicke/Timmann (2012), § 11 Rn. 724; *Laumen*, in: Hdb. Beweislast (2009), § 809 Rn. 1; *Tinnefeld,* CR 2013, S. 417 (419); *Kather/Fitzner,* MittdtPatA 2010, S. 325 (328); *Kühnen,* MittdtPatA 2009, S. 211 (212); *Fitzner/Kather,* VPP-Rundbrief 2009, S. 58 (62).

aa) Anspruchsberechtigter

Die Berechtigung zur Geltendmachung des Besichtigungsanspruchs liegt beim „Rechteinhaber" oder einem „anderen Berechtigten" (vgl. § 140c Abs. 1 S. 1 PatG), weshalb Anspruchsinhaber derjenige ist, der einen Anspruch aus dem Schutzrecht geltend machen kann und der der Aufklärung oder Beweissicherung bedarf.[125] Mit „Rechteinhaber" ist der (eingetragene) Inhaber des gewerblichen Schutzrechts gemeint (vgl. Art. 4 Enforcement-Richtlinie).[126]

Daneben kommen im Rahmen der Anspruchsberechtigung als „andere Berechtigte" der Gesamt- oder Einzelrechtsnachfolger des Rechteinhabers (auch wenn er nicht eingetragen ist), der ausschließliche sowie der einfache Lizenznehmer, der Nießbraucher, der Pfandgläubiger und solche Personen in Betracht, die die Inhaberschaft eines Schutzrechtsverletzungsanspruchs (etwa auf Schadensersatz) kraft Rechtsnachfolge (umfasst ist die Einzel- und die Gesamtrechtsnachfolge) erlangt haben.[127] Es besteht auch die Möglichkeit, den jeweiligen Besichtigungsanspruch im Rahmen einer gewillkürten Prozessstandschaft geltend zu machen oder die Ansprüche wegen Schutzrechtsverletzung abzutreten.[128]

Die Spezialregelungen dienen der Durchsetzung des jeweiligen materiellrechtlichen Anspruchs, sodass die Anspruchsberechtigung letztlich parallel

---

[125] *Grabinski/Zülch*, in: Benkard (2015), § 140c PatG Rn. 5; *Trimborn*, in: Büscher/Dittmer/Schiwy (2015), Kap. 1, § 140c PatG Rn. 3; Mes (2015), § 140c Rn. 7; *Hahn*, in: PK-GewRS (2015), § 485 ZPO Rn. 22; *Hacker*, in: Ströbele/Hacker (2015), § 19a Rn. 5; *Czychowski*, in: Fromm/Nordemann (2014), § 101a UrhG Rn. 16; *Rinken/Kühnen*, in: Schulte (2014), § 140c Rn. 9; *Ohst*, in: Wandtke/Bullinger (2014), § 101a UrhG Rn. 6 f.; *Pitz*, in: Fitzner/Lutz/Bodewig (2012), § 140c PatG Rn. 4; Ingerl/Rohnke (2010), Vor §§ 14–19d Rn. 10, § 19a Rn. 5; *Kühnen* (2013), Rn. 307; *Chakraborty*, in: Haedicke/Timmann (2012), § 11 Rn. 719; *Oldekop*, in: Schramm (2012), Kap. 9 Rn. 105, 114; *Beckhaus* (2010), S. 17; *Amschewitz* (2008), S. 348; *Junker*, in: FS Kilian (2004), S. 339 (346); *Kühnen*, MittdtPatA 2009, S. 211 (211); *Müller-Stoy*, MittdtPatA 2009, S. 361 (362); *Ahrens*, GRUR 2005, S. 837 (839).

[126] *Keukenschrijver/Kaess*, in: Busse (2013), § 140c Rn. 3; *Müller-Stoy* (2008), Rn. 101.

[127] *Grabinski/Zülch*, in: Benkard (2015), § 140c PatG Rn. 5; *Trimborn*, in: Büscher/Dittmer/Schiwy (2015), Kap. 1, § 140c PatG Rn. 3; Mes (2015), § 140c Rn. 7; *Hahn*, in: PK-GewRS (2015), § 485 ZPO Rn. 22; *Rinken/Kühnen*, in: Schulte (2014), § 140c Rn. 9; *Keukenschrijver/Kaess*, in: Busse (2013), § 140c Rn. 3; Ingerl/Rohnke (2010), Vor §§ 14–19d Rn. 10–18, § 19a Rn. 5; *Kühnen* (2013), Rn. 307; *Chakraborty*, in: Haedicke/Timmann (2012), § 11 Rn. 719; *Oldekop*, in: Schramm (2012), Kap. 9 Rn. 114; *Müller-Stoy* (2008), Rn. 101; *Müller-Stoy*, MittdtPatA 2009, S. 361 (362); *Kühnen*, MittdtPatA 2009, S. 211 (211); *Kunz-Hallstein/Loschelder*, GRUR 2007, S. 765 (766); *Kunz-Hallstein/Loschelder*, GRUR 2003, S. 682 (682 f.).

[128] Mes (2015), § 140c Rn. 7; *Chakraborty*, in: Haedicke/Timmann (2012), § 11 Rn. 719; *Junker*, in: FS Kilian (2004), S. 339 (346).

zur Aktivlegitimation verläuft.[129] Dementsprechend ist auch nach § 19a MarkenG nur der Markeninhaber anspruchsberechtigt, da ein Markenlizenznehmer nicht aus eigenem Recht aktivlegitimiert ist, sodass er für eine Geltendmachung der Zustimmung des Inhabers der Marke bedarf (§ 30 Abs. 3 MarkenG).[130] Eine Ausnahme im Hinblick auf die Aktivlegitimation gilt nur bei einer Gemeinschaftsmarke im Sonderfall des Art. 22 Abs. 3 S. 2 GMV für den ausschließlichen Lizenznehmer an einer Marke.[131]

bb) Anspruchsgegner

Der Anspruch richtet sich gegen jeden, der als Anspruchsschuldner wegen einer Schutzrechtsverletzung in Betracht kommt.[132] Dazu gehören die deliktisch Verantwortlichen wie der unmittelbare Alleintäter, der mittelbare Täter, der Mittäter, der Nebentäter, der Anstifter und der Gehilfe, daneben aber auch der Störer.[133] Mit der Besichtigung kann auch die Durchsetzung des An-

---

[129] *Hahn*, in: PK-GewRS (2015), § 485 ZPO Rn. 22; vgl. *Müller-Stoy*, MittdtPatA 2009, S. 361 (362).

[130] BGH, Urt. v. 19.07.2007, Az. I ZR 93/04, GRUR 2007, 877, 879 f. (Rn. 27, 42) – Windsor Estate = BeckRS 2007, 13310; *Hahn*, in: PK-GewRS (2015), § 485 ZPO Rn. 22; *Hacker*, in: Ströbele/Hacker (2015), § 19a Rn. 5; Ingerl/Rohnke (2010), Vor §§ 14–19d Rn. 10, 14, § 19a Rn. 5; Fezer (2009), § 30 MarkenG Rn. 35.

[131] LG Hamburg, Urt. v. 13.01.2009, Az. 312 O 260/08, BeckRS 2009, 24023 = GRUR-RR 2009, 393 (Ls.); *Hahn*, in: PK-GewRS (2015), § 485 ZPO Rn. 22; Ingerl/Rohnke (2010), Vor §§ 14–19d Rn. 14.

[132] *Grabinski/Zülch*, in: Benkard (2015), § 140c PatG Rn. 6; *Trimborn*, in: Büscher/Dittmer/Schiwy (2015), Kap. 1, § 140c PatG Rn. 4; *Dreier*, in: Dreier/Schulze (2015), § 101a Rn. 3; Mes (2015), § 140c Rn. 8; *Hahn*, in: PK-GewRS (2015), § 485 ZPO Rn. 19, § 494 ZPO Rn. 3; *Hacker*, in: Ströbele/Hacker (2015), § 19a Rn. 14, 15; *Czychowski*, in: Fromm/Nordemann (2014), § 101a UrhG Rn. 12, 16a; *Rinken/Kühnen*, in: Schulte (2014), § 140c Rn. 10; *Ohst*, in: Wandtke/Bullinger (2014), § 101a UrhG Rn. 8; *Keukenschrijver/Kaess*, in: Busse (2013), § 140c Rn. 4; *Pitz*, in: Fitzner/Lutz/Bodewig (2012), § 140c PatG Rn. 5; Ingerl/Rohnke (2010), § 19a Rn. 5; Fezer (2009), § 19a MarkenG Rn. 24; *Kühnen* (2013), Rn. 308; *Oldekop*, in: Schramm (2012), Kap. 9 Rn. 115; *Beckhaus* (2010), S. 25; *Amschewitz* (2008), S. 133; *Müller-Stoy* (2008), Rn. 103; *Tilmann/Schreibauer*, in: FS Erdmann (2002), S. 901 (910); *Deichfuß*, JurPC Web-Dok. 130/2010, Abs. 26 (Fn. 12); *Kühnen*, MittdtPatA 2009, S. 211 (211); *Müller-Stoy*, MittdtPatA 2009, S. 361 (362); *Ahrens*, GRUR 2005, S. 837 (839); vgl. *Leppin*, GRUR 1984, S. 552 (556).

[133] *Grabinski/Zülch*, in: Benkard (2015), § 140c PatG Rn. 6; *Trimborn*, in: Büscher/Dittmer/Schiwy (2015), Kap. 1, § 140c PatG Rn. 4; Mes (2015), § 140c Rn. 8 f.; *Hahn*, in: PK-GewRS (2015), § 485 ZPO Rn. 19; *Czychowski*, in: Fromm/Nordemann (2014), § 101a UrhG Rn. 12, 16a; *Rinken/Kühnen*, in: Schulte (2014), § 140c Rn. 10; *Keukenschrijver/Kaess*, in: Busse (2013), § 140c Rn. 4; *Pitz*, in: Fitzner/Lutz/Bodewig (2012), § 140c PatG Rn. 5; Ingerl/Rohnke (2010), Vor §§ 14–19d Rn. 52, § 19a Rn. 5; *Kühnen* (2013), Rn. 308; *Chakraborty*, in: Haedicke/Timmann (2012), § 11 Rn. 720; *Oldekop*, in: Schramm (2012), Kap. 9 Rn. 115; *Junker*, in: FS Kilian (2004), S. 339 (346); *Kühnen*, MittdtPatA 2009, S. 211 (211 f.); *Müller-Stoy*, MittdtPatA 2009, S. 361 (362, Fn. 16); vgl.

spruchs gegenüber einem Dritten (wie etwa dem Hersteller) beabsichtigt sein, weshalb eine Rechtsverfolgung gegenüber dem Antragsgegner nicht bezweckt sein muss, wobei aber in der Person des Antragsgegners dennoch die Wahrscheinlichkeit einer Schutzrechtsverletzung für den Anspruch vorliegen muss.[134] Der Schutzrechtsinhaber muss sich also direkt an den vermeintlichen Schutzrechtsverletzer wenden. Der Anspruch kann nicht gegenüber einem „unbeteiligten" Dritten geltend gemacht werden. Vielmehr kann dieser nur in einem laufenden Hauptsacheverfahren über die §§ 142, 144 ZPO mittels einer Vorlageanordnung zur Sachverhaltsermittlung und Beweissicherung eingebunden werden.[135]

cc) Anspruchsgegenstand

Der Besichtigungsgegenstand muss vom Antragsteller genau bezeichnet werden und mit hinreichender Wahrscheinlichkeit ein deutsches Schutzrecht oder ein europäisches Schutzrecht mit Wirkung für die Bundesrepublik Deutschland (vgl. Art. 64 EPÜ) verletzen.[136] Regelmäßig wird es sich bei dem Besichtigungsgegenstand um eine technische Vorrichtung oder einen Quellcode handeln, sodass sich der Besichtigungsanspruch auf eine Sache oder Sachgesamtheit bezieht. Gegenstände können Bezugsobjekt eines Besichtigungsanspruchs sein, solange sie dem Nachweis oder der Kenntnisverschaffung von anspruchsbegründenden Tatsachen dienen.[137] Neben dem eigentlichen Be-

---

BGH, Urt. v. 17.09.2009, Az. Xa ZR 2/08, GRUR 2009, 1142, 1144 (Rn. 29) – MP3-Player-Import = NJW-RR 2010, 110, 113 (Rn. 29); *Leppin,* GRUR 1984, S. 552 (555).

[134] Mes (2015), § 140c Rn. 8 f.; *Hahn*, in: PK-GewRS (2015), § 485 ZPO Rn. 20; *Rinken/Kühnen*, in: Schulte (2014), § 140c Rn. 21; *Kühnen* (2013), Rn. 326; *Chakraborty*, in: Haedicke/Timmann (2012), § 11 Rn. 727; *Kühnen,* MittdtPatA 2009, S. 211 (212); a.A. *Pitz*, in: Fitzner/Lutz/Bodewig (2012), § 140c PatG Rn. 6.

[135] *Hahn*, in: PK-GewRS (2015), § 485 ZPO Rn. 21; *Müller-Stoy,* MittdtPatA 2009, S. 361 (362, Fn. 16); vgl. BGH, Urt. v. 01.08.2006, Az. X ZR 114/03, GRUR 2006, 962, 966 (Rn. 36) – Restschadstoffentfernung = NJW-RR 2007, 106, 106 (Rn. 36).

[136] BT-Drucks. 16/5048, S. 40; *Grabinski/Zülch*, in: Benkard (2015), § 140c PatG Rn. 5; *Trimborn*, in: Büscher/Dittmer/Schiwy (2015), Kap. 1, § 140c PatG Rn. 1 f., 14; *Dreier*, in: Dreier/Schulze (2015), § 101a Rn. 4; Mes (2015), § 140c Rn. 4–6; *Hahn*, in: PK-GewRS (2015), § 485 ZPO Rn. 14; *Hacker*, in: Ströbele/Hacker (2015), § 19a Rn. 12, 29; *Czychowski*, in: Fromm/Nordemann (2014), § 101a UrhG Rn. 10; *Rinken/Kühnen*, in: Schulte (2014), § 140c Rn. 7; *Ohst*, in: Wandtke/Bullinger (2014), § 101a UrhG Rn. 15; *Keukenschrijver/Kaess*, in: Busse (2013), § 140c Rn. 20; Ingerl/Rohnke (2010), § 19a Rn. 6, 23; *Götz* (2014), S. 112; *Kühnen* (2013), Rn. 306; *Chakraborty*, in: Haedicke/Timmann (2012), § 11 Rn. 716; *Oldekop*, in: Schramm (2012), Kap. 9 Rn. 122; *Gniadek* (2011), S. 118, 148; *Amschewitz* (2008), S. 110, 135; *Kühnen,* MittdtPatA 2009, S. 211 (211); *Heymann,* CR 2008, S. 568 (572); *Berlit,* WRP 2007, S. 732 (737); *Koch,* ITRB 2006, S. 40 (41); *Moos,* CR 2006, S. 797 (799); *Brandi-Dohrn,* CR 1987, S. 835 (836); vgl. *Petit,* IIC 2000, S. 669 (680 f.).

[137] *Zöllner,* GRUR-Prax 2010, S. 74 (75).

sichtigungsgegenstand sollte sich die Begutachtung auch auf solche ergänzenden Informationen beziehen, die üblicherweise in der Entwicklungsphase anfallen (etwa Entwicklungsdokumente, Konstruktionsunterlagen, Prototypen, Konzeptpapiere, Skizzen, Entwürfe, Datensicherungsprotokolle, Log-Files, Testergebnisse oder gespeicherte Softwarestände in Versionskontrollsystemen).[138]

(1) Verkörperung

Unter dem Begriff der „Sache" im Sinne des § 140c PatG ist wie schon bei § 809 BGB jeder körperliche Gegenstand im Sinne von § 90 BGB zu verstehen, wobei dieser Begriff auch unkörperliche Signalfolgen, elektronische Daten (selbst Daten einer besonderen Geheimhaltungsstufe, die sich in verschlüsselten Containern befinden und sogar mit den Administratorenrechten höchster Stufe nicht eingesehen werden können[139]) oder Quellcodes erfasst, die auf einem Datenträger (einer Festplatte, einem USB-Stick oder sonstigem Speichermedium) verkörpert sind, aber auch Abbildungen und technische Aufzeichnungen (wie etwa Konstruktionszeichnungen, Begleitdokumente mit technischem Inhalt, Fotodokumentationen und Bedienungsanleitungen).[140] Dagegen sind elektronische Dokumente im Sinne von § 371a ZPO den Urkunden gleichgestellt.[141]

---

[138] *Kather/Fitzner,* MittdtPatA 2010, S. 325 (326); *Hoppen,* CR 2009, S. 407 (408–410); *Fritze/Stauder,* GRUR Int 1986, S. 342 (343).

[139] *Hoppen,* CR 2009, S. 407 (409).

[140] *Sprau*, in: Palandt (2016), § 809 Rn. 4; Mes (2015), § 140c Rn. 17; *Hahn*, in: PK-GewRS (2015), § 485 ZPO Rn. 47; *Hacker*, in: Ströbele/Hacker (2015), § 19a Rn. 10; *Czychowski*, in: Fromm/Nordemann (2014), § 101a UrhG Rn. 17; *Rinken/Kühnen*, in: Schulte (2014), § 140c Rn. 33; *Ohst*, in: Wandtke/Bullinger (2014), § 101a UrhG Rn. 21; *Keukenschrijver/Kaess*, in: Busse (2013), § 140c Rn. 2; *Pitz*, in: Fitzner/Lutz/Bodewig (2012), § 140c PatG Rn. 21; Ingerl/Rohnke (2010), § 19a Rn. 10; Fezer (2009), § 19a MarkenG Rn. 21; *Steffen*, in: RGRK-BGB (1978), § 809 Rn. 2; *Bisges*, in: Hdb. UrhR (2016), Kap. 7 Rn. 89; *Chakraborty*, in: Haedicke/Timmann (2012), § 11 Rn. 735; *Gniadek* (2011), S. 58; *Beckhaus* (2010), S. 17; *Rohlfing* (2009), S. 38; *Müller-Stoy* (2008), Rn. 108; *v. Hartz* (2004), S. 141 f.; *Junker,* in: FS Kilian (2004), S. 339 (341); *Tinnefeld,* CR 2013, S. 417 (419); *Müller-Stoy,* MittdtPatA 2009, S. 361 (364); *Schreiber,* JR 2008, S. 1 (1); *v. Hartz,* ZUM 2005, S. 376 (379); *Karg,* ZUM 2000, S. 934 (942 f.); vgl. BGH, Urt. v. 21.08.2012, Az. X ZR 33/10, GRUR 2012, 1230, 1233 (Rn. 22) – MPEG-2 Videosignalcodierung = MMR 2013, 182, 183 (Rn. 22); BGH, Beschl. v. 17.02.2004, Az. X ZB 9/03, GRUR 2004, 495, 497 – Signalfolge = MittdtPatA 2004, 265, 265 f.; OLG München, Beschl. v. 11.03.2011, Az. 6 W 610/10, InstGE 13, 298, 301 f. (Rn. 19) – ausgelagerter Server; OLG Nürnberg, Urt. v. 20.01.2009, Az. 3 U 942/06, BeckRS 2010, 11897.

[141] *Stadler*, in: Musielak/Voit (2016), § 142 Rn. 2; Mes (2015), § 140c Rn. 17; *Nielen*, in: PK-GewRS (2015), § 142 ZPO Rn. 8; *Chakraborty*, in: Haedicke/Timmann (2012), § 11 Rn. 735; a.A. *Rinken/Kühnen*, in: Schulte (2014), § 140c Rn. 33; *Ohst*, in: Wandtke/

(2) Patentrechtliche Verfahren

Daneben können patentrechtliche Verfahren Gegenstand eines Besichtiguns-anspruchs sein (vgl. § 140c Abs. 1 S. 1 PatG). Der Begriff des „Verfahrens" bei patentrechtlichen Besichtigungs- und Vorlageansprüchen erfasst jedes Herstellungs-, Arbeits- und Verwendungsverfahren im Sinne des § 9 S. 2 Nr. 2 PatG.[142] Die Entscheidung zwischen Sachen und Verfahren ist im Hinblick auf die Verfügungsgewalt des Antragstellers von rechtlicher Bedeutung, da dahingehend keine Abhängigkeit bei der Besichtigung des Verfahrens besteht.[143]

(3) Daten auf Servern Dritter

Im Zuge eines Besichtigungsanspruchs können sich die zu besichtigenden Daten auf Datenträgern in einem Serverraum weltweit befinden. Sie sind in diesem Moment nicht verkörpert in den Betriebs- und Geschäftsräumen des Antragsgegners vorfindbar. Im Zeitalter des Cloud Computing setzen immer mehr Unternehmen jeglicher Größe darauf, Datenmengen auf externen Servern zu verwalten, um die Kosten für die Anschaffung und Wartung eigener Geräte einzusparen.[144] Die Daten auf diesen externen Servern sind über eine Internetverbindung abrufbar, befinden sich aber regelmäßig zu keiner Zeit auf dem Computer in den Räumlichkeiten des Antragsgegners. Sieht ein Antrag die Besichtigung sämtlicher Datenträger in den Räumlichkeiten des Antragsgegners vor, umfasst er auch solche virtuellen Speicherorte auf externen Servern, da diese in der heutigen Zeit wie Datenträger anzusehen sind, die beim Antragsgegner gegenständlich vorhanden sind.[145]

Eine derartige Auslegung ergibt sich aus dem Sinn und Zweck von § 140c PatG, dem Antragsteller wirkungsvolle Maßnahmen zur Aufklärung einer vermeintlichen Schutzrechtsverletzung zu ermöglichen. Die spezialge-

---

Bullinger (2014), § 101a UrhG Rn. 21; vgl. BGBl. Teil I 2001, 1543 (Art. 2 Rn. 6); *Kapoor* (2009), S. 167.

[142] *Grabinski/Zülch*, in: Benkard (2015), § 140c PatG Rn. 5; *Moufang*, in: Schulte (2014), § 1 Rn. 234 ff.; *Kühnen*, in: Schulte (2014), § 9 Rn. 71; *Rinken/Kühnen*, in: Schulte (2014), § 140c Rn. 34; *Pitz*, in: Fitzner/Lutz/Bodewig (2012), § 140c PatG Rn. 21; *Chakraborty*, in: Haedicke/Timmann (2012), § 11 Rn. 716, 735; *Oldekop*, in: Schramm (2012), Kap. 9 Rn. 120; *Müller-Stoy*, MittdtPatA 2009, S. 361 (364); vgl. *Kunz-Hallstein/Loschelder*, GRUR 2006, S. 393 (394).

[143] *Hahn*, in: PK-GewRS (2015), § 485 ZPO Rn. 23, 47; *Rinken/Kühnen*, in: Schulte (2014), § 140c Rn. 18; *Chakraborty*, in: Haedicke/Timmann (2012), § 11 Rn. 721; *Oldekop*, in: Schramm (2012), Kap. 9 Rn. 122; *Kühnen* (2013), Rn. 319.

[144] Vgl. *Obenhaus*, NJW 2010, S. 651 (651 f., 655); *Hoppen*, CR 2009, S. 407 (409).

[145] *Hoppen*, CR 2009, S. 407 (409); a.A. OLG München, Beschl. v. 11.03.2011, Az. 6 W 610/10, InstGE 13, 298, 302 (Rn. 20) – ausgelagerter Server; *Oldekop*, in: Schramm (2012), Kap. 9 Rn. 128; vgl. *Obenhaus*, NJW 2010, S. 651 (653); *Bär*, CR 1995, S. 227 (228 f.).

setzlichen Besichtigungsansprüche enthalten keine dem § 110 Abs. 3 StPO gleichlautende Regelung, wonach durch Strafverfolgungsbehörden die Durchsicht eines elektronischen Speichermediums bei dem von der Durchsuchung Betroffenen auch auf hiervon räumlich getrennte Speichermedien erstreckt werden darf, soweit auf sie von dem Speichermedium aus zugegriffen werden kann und wenn andernfalls der Verlust der gesuchten Daten zu besorgen ist (§ 110 Abs. 3 S. 1 StPO).

Bei der Besichtigung dieser Daten kann aber nicht von einer Erweiterung des Beweisbeschlusses gesprochen werden, da die räumliche Trennung der lokalen und virtuellen Speichermedien dem Verfügungsbereich des Antragsgegners unterliegt und dementsprechend eine solche Differenzierung in der heutigen Zeit nicht mehr haltbar ist.[146] Der Sachverständige greift nicht unberechtigterweise auf die Hardware des Serveranbieters zu, sondern ruft die Daten in der gleichen Weise ab, wie es auch vom Antragsgegner im geschäftlichen Verkehr durchgeführt wird. Wenngleich es dennoch ratsam erscheint, bei einer detaillierten Auflistung der vom Sachverständigen zu untersuchenden Datenträger auch diese Speicherorte ausdrücklich mit in den Antrag aufzunehmen, sodass diese sich dann in der Besichtigungsanordnung wiederfinden[147], wird es dem Antragsteller in der Praxis (ohne Insider-Informationen) schwerfallen, die beanspruchten Provider genau zu benennen.

dd) Verfügungsgewalt

Im Zeitpunkt der Entscheidung über das Verlangen nach Besichtigung, spätestens jedoch eindeutig bis zum Zeitpunkt des Besichtigungsbeginns, muss der Antragsgegner die Verfügungsgewalt (im Inland) im Hinblick auf den Besichtigungsgegenstand oder das zu besichtigende Verfahren besitzen.[148] Hierfür ist die tatsächliche Sachherrschaft erforderlich, sodass es weder auf die Eigentums- oder Besitzverhältnisse noch auf die Rechtmäßigkeit der

---

[146] *Hoppen,* CR 2009, S. 407 (409); a.A. OLG München, Beschl. v. 11.03.2011, Az. 6 W 610/10, InstGE 13, 298, 302 (Rn. 20) – ausgelagerter Server.

[147] *Oldekop*, in: Schramm (2012), Kap. 9 Rn. 128.

[148] BT-Drucks. 16/5048, S. 40; *Grabinski/Zülch*, in: Benkard (2015), § 140c PatG Rn. 13; *Dreier*, in: Dreier/Schulze (2015), § 101a Rn. 4; Mes (2015), § 140c Rn. 9, 14; *Hahn*, in: PK-GewRS (2015), § 485 ZPO Rn. 23, 25; *Hacker*, in: Ströbele/Hacker (2015), § 19a Rn. 11; *Czychowski*, in: Fromm/Nordemann (2014), § 101a UrhG Rn. 11; *Rinken/ Kühnen*, in: Schulte (2014), § 140c Rn. 17; *Ohst*, in: Wandtke/Bullinger (2014), § 101a UrhG Rn. 8; *Keukenschrijver/Kaess*, in: Busse (2013), § 140c Rn. 4; *Pitz*, in: Fitzner/Lutz/ Bodewig (2012), § 140c PatG Rn. 13; *Wimmers*, in: Schricker/Loewenheim (2010), § 101a Rn. 15; Ingerl/Rohnke (2010), § 19a Rn. 11; Fezer (2009), § 19a MarkenG Rn. 24, 54; *Götz* (2014), S. 112; *Kühnen* (2013), Rn. 318; *Chakraborty*, in: Haedicke/Timmann (2012), § 11 Rn. 721; *Nieder*, in: Erdmann/Rojahn/Sosnitza (2011), Kap. 1 Rn. 597; *Osterloh-Konrad* (2007), S. 36; *Kühnen,* MittdtPatA 2009, S. 211 (212); *Dörre/Maaßen,* GRUR-RR 2008, S. 217 (220); *Berlit,* WRP 2007, S. 732 (737); *Seichter,* WRP 2006, S. 391 (394).

Besitzposition ankommt.[149] Der Gegenstand muss vom Antragsgegner zum Zwecke der Besichtigung überlassen werden können. Grundsätzlich genügen unmittelbarer Allein- oder Mitbesitz (§§ 854 Abs. 1, 866 BGB).[150] Sobald gegen den unmittelbaren Besitzer ein Herausgabeanspruch besteht, genügt auch der mittelbare Besitz beim Antragsgegner, da es nur erforderlich ist, dass der mittelbare Besitzer den streitbefangenen Gegenstand jederzeit beim unmittelbaren Besitzer herausverlangen kann oder ihm ebenfalls ein Besichtigungsanspruch zusteht.[151] Bei einem Besitzdiener nach § 855 BGB ist die Verfügungsgewalt ebenfalls zu bejahen, da auch dieser wegen einer Schutzrechtsverletzung belangt werden kann („wirtschaftliche Verfügungsgewalt").[152] Möchte der Antragsteller gegen den Hersteller vorgehen, kann er

---

[149] *Trimborn*, in: Büscher/Dittmer/Schiwy (2015), Kap. 1, § 140c PatG Rn. 8; *Hahn*, in: PK-GewRS (2015), § 485 ZPO, Rn. 23 f.; *Marburger*, in: Staudinger (2015), § 809 Rn. 10; *Hacker*, in: Ströbele/Hacker (2015), § 19a Rn. 11; Ingerl/Rohnke (2010), § 19a Rn. 11; *Müller-Stoy* (2008), Rn. 104; *v. Hartz* (2004), S. 157; *Enneccerus/Lehmann* (1958), S. 866; *Tilmann,* in: FS Ullmann (2006), S. 1013 (1017); *Zöllner,* GRUR-Prax 2010, S. 74 (75); *Dörre/Maaßen,* GRUR-RR 2008, S. 217 (220); *Schilken,* JURA 1988, S. 525 (528); *Leppin,* GRUR 1984, S. 552 (556); vgl. *Junker,* in: FS Kilian (2004), S. 339 (346); *Müller-Stoy,* MittdtPatA 2009, S. 361 (362).

[150] *Hahn*, in: PK-GewRS (2015), § 485 ZPO Rn. 24; *Marburger*, in: Staudinger (2015), § 809 Rn. 10 f.; *Wilhelmi*, in: Erman (2014), § 809 Rn. 3; *Czychowski*, in: Fromm/Nordemann (2014), § 101a UrhG Rn. 11; *Rinken/Kühnen*, in: Schulte (2014), § 140c Rn. 17; *Keukenschrijver/Kaess*, in: Busse (2013), § 140c Rn. 4; *Habersack*, in: MüKo BGB (2013), § 809 Rn. 8; *Steffen*, in: RGRK-BGB (1978), § 809 Rn. 5; *Kühnen* (2013), Rn. 318; *Oldekop*, in: Schramm (2012), Kap. 9 Rn. 121; *Rohlfing* (2009), S. 49; *Saß* (2002), S. 82; *Siegel* (1904), S. 152; *Enneccerus/Lehmann* (1958), S. 866; *Kühnen,* MittdtPatA 2009, S. 211 (212); *Müller-Stoy,* MittdtPatA 2009, S. 361 (362, Fn. 18); *Karg,* ZUM 2000, S. 934 (942 f.); *Schilken,* JURA 1988, S. 525 (528); *Leppin,* GRUR 1984, S. 552 (556 f.).

[151] LG Nürnberg-Fürth, Urt. v. 23.02.2005, Az. 3 O 4156/04, InstGE 5, 153, 153 (Ls. 1) – Betriebsspionage = BeckRS 2011, 12419; LG Frankfurt a.M., Urt. v. 14.08.1990, Az. 2/11 S 112/90, NJW-RR 1991, 13, 13 = BeckRS 9998, 09582; *Hahn*, in: PK-GewRS (2015), § 485 ZPO Rn. 24; *Marburger*, in: Staudinger (2015), § 809 Rn. 10; *Wilhelmi*, in: Erman (2014), § 809 Rn. 3; *Rinken/Kühnen*, in: Schulte (2014), § 140c Rn. 17; *Ohst*, in: Wandtke/Bullinger (2014), § 101a UrhG Rn. 8; *Habersack*, in: MüKo BGB (2013), § 809 Rn. 8; *Keukenschrijver/Kaess*, in: Busse (2013), § 140c Rn. 4; *Pitz*, in: Fitzner/Lutz/Bodewig (2012), § 140c PatG Rn. 13; *Habersack*, in: MüKo BGB (2013), § 809 Rn. 8; *Steffen*, in: RGRK-BGB (1978), § 809 Rn. 5; *Chakraborty*, in: Haedicke/Timmann (2012), § 11 Rn. 721; *Oldekop*, in: Schramm (2012), Kap. 9 Rn. 121; *v. Hartz* (2004), S. 156; *Saß* (2002), S. 82; *Enneccerus/Lehmann* (1958), S. 866; *Kühnen,* MittdtPatA 2009, S. 211 (212); *Müller-Stoy,* MittdtPatA 2009, S. 361 (362, Fn. 18); *Schilken,* JURA 1988, S. 525 (528); *Leppin,* GRUR 1984, S. 552 (556 f.).

[152] *Ohst*, in: Wandtke/Bullinger (2014), § 101a UrhG Rn. 8; *Oldekop*, in: Schramm (2012), Kap. 9 Rn. 121; *Müller-Stoy* (2008), Rn. 105; *Saß* (2002), S. 84 f.; *Müller-Stoy,* MittdtPatA 2009, S. 361 (362, Fn. 18); *Leppin,* GRUR 1984, S. 552 (556, 557); a.A. *Marburger*, in: Staudinger (2015), § 809 Rn. 11; *Czychowski*, in: Fromm/Nordemann (2014),

im Voraus auch einen Besichtigungsanspruch gegen einen seiner Abnehmer erwirken, solange auch der Abnehmer wegen einer Schutzrechtsverletzung belangt werden kann.[153]

Probleme können auftreten, wenn der Antragsgegner die Betriebs- und Geschäftsräume, in denen die Besichtigung stattfinden soll, nur angemietet hat. Ein Besichtigungsanspruch besteht in diesem Fall nur gegen den Mieter (den eigentlichen Antragsgegner), nicht aber auch gegen den Vermieter der Betriebs- und Geschäftsräume.[154] Der Vermieter ist zwar mittelbarer Besitzer der vermieteten Räumlichkeiten, nicht aber gleichzeitigt auch mittelbarer Besitzer der vom Mieter eingebrachten Sachen, wozu auch der Besichtigungsgegenstand gehört. Der Vermieter erlangt durch die Einbringung dieser Sachen keinen (mittelbaren) Besitz an diesen, da das gesetzliche Vermieterpfandrecht ein besitzloses Pfandrecht ist.[155] Der Antragsteller wird dadurch aber nicht schutzlos gestellt, da ein kollusives Zusammenwirken von Mieter und Vermieter zum Nachteil des Antragstellers mittelbar durch die bestehenden Schuldverhältnisse ausgeschlossen wird.

Der Antragsgegner als Mieter hat nämlich im Innenverhältnis zu seinem Vermieter einen Duldungsanspruch auf Zugang zu den vermieteten Räumlichkeiten auch durch Dritte, sofern ein solcher Zugang für den Vermieter nicht unzumutbar ist.[156] Im Falle einer Zutrittsverweigerung der Besichtigungsteilnehmer durch den Vermieter trifft den Antragsgegner die Pflicht, seinen mietvertraglichen Anspruch durchzusetzen.[157] Eine Weigerung des Antragsgegners hinsichtlich eines solchen Vorgehens könnte durch Maßnahmen der Zwangsvollstreckung überwunden werden.[158] In zeitlicher Hinsicht gestaltet sich diese Situation aber für den Antragsteller äußerst nachteilig, da sich die eigentliche Besichtigung dadurch hinauszögern kann und sich für den Antragsgegner ein Raum für mögliche Beweisvereitelungsmaßnahmen bietet.

---

§ 101a UrhG Rn. 11; *Habersack*, in: MüKo BGB (2013), § 809 Rn. 8; *Steffen*, in: RGRK-BGB (1978), § 809 Rn. 5; *Rohlfing* (2009), S. 49; *Battenstein* (2006), S. 23 f.; *v. Hartz* (2004), S. 157; *Schilken,* JURA 1988, S. 525 (528); vgl. *Jatzow* (1888), S. 891.

[153] *Nieder*, in: Erdmann/Rojahn/Sosnitza (2011), Kap. 1 Rn. 597.

[154] LG Düsseldorf, Urt. v. 08.03.2007, Az. 4b O 230/04, InstGE 8, 103, 111 (Rn. 36) – Etikettiermaschine = BeckRS 2008, 20706; *Hahn*, in: PK-GewRS (2015), § 485 ZPO, Rn. 24; *Oldekop*, in: Schramm (2012), Kap. 9 Rn. 121.

[155] LG Düsseldorf, Urt. v. 08.03.2007, Az. 4b O 230/04, InstGE 8, 103, 111 (Rn. 36) – Etikettiermaschine = BeckRS 2008, 20706; *Joost*, in: MüKo BGB (2013), § 868 Rn. 64; *Kregel*, in: RGRK-BGB (1979), § 868 Rn. 11; *Oldekop*, in: Schramm (2012), Kap. 9 Rn. 121; vgl. RG, Urt. v. 02.02.1934, Az. VII 284/33, JW 1934, 1484, 1485.

[156] *Häublein*, in: MüKo BGB (2012), § 535 Rn. 82.

[157] LG Düsseldorf, Urt. v. 08.03.2007, Az. 4b O 230/04, InstGE 8, 103, 111 (Rn. 37) – Etikettiermaschine = BeckRS 2008, 20706.

[158] LG Düsseldorf, Urt. v. 08.03.2007, Az. 4b O 230/04, InstGE 8, 103, 111 f. (Rn. 37) – Etikettiermaschine = BeckRS 2008, 20706; vgl. *Pagenberg,* CR 1991, S. 65 (72); *Leppin,* GRUR 1984, S. 770 (771); *Leppin,* GRUR 1984, S. 695 (698).

ee) Hinreichende Wahrscheinlichkeit einer Verletzung

Die entscheidende Voraussetzung für einen Besichtigungsanspruch nach § 140c PatG besteht im Nachweis der „hinreichenden Wahrscheinlichkeit" einer Schutzrechtsverletzung.[159] Eine Benutzung durch den Antragsgegner wäre rechtmäßig, wenn er sie beispielsweise auf eine Lizenz, auf ein Vorbenutzungsrecht oder die Gemeinfreiheit des geschützten Gegenstandes stützen könnte.[160] Der Besichtigungsanspruch setzt in einem Stadium an, in dem nur ein Verletzungsverdacht besteht.[161] Durch das Merkmal der „hinreichenden Wahrscheinlichkeit" wird der Umstand berücksichtigt, dass Schutzrechtsinhaber auf den Besichtigungsanspruch zurückgreifen sollen, die den Sachver-

---

[159] OLG Karlsruhe, Beschl. v. 18.05.2010, Az. 6 W 28/10, BeckRS 2011, 18386; OLG Düsseldorf, Beschl. v. 20.01.2010, Az. I-2 W 62/09, InstGE 11, 298, 298 (Ls. 1) – Weißmacher; OLG Düsseldorf, Beschl. v. 30.01.2003, Az. 2 U 71/99, GRUR-RR 2003, 327, 327 – Raumkühlgerät = BeckRS 2003, 17845; KG, Urt. v. 11.08.2000, Az. 5 U 3069/00, NJW 2001, 233, 235 = GRUR-RR 2001, 118, 120; *Grabinski/Zülch*, in: Benkard (2015), § 139 PatG Rn. 152a, § 140c PatG Rn. 7; *Trimborn*, in: Büscher/Dittmer/Schiwy (2015), Kap. 1, § 140c PatG Rn. 5; Mes (2015), § 140c Rn. 10–13; *Hahn*, in: PK-GewRS (2015), Vor § 485 ZPO Rn. 40, 44, § 485 ZPO Rn. 27; *Hacker*, in: Ströbele/Hacker (2015), § 19a Rn. 7; *Czychowski*, in: Fromm/Nordemann (2014), § 101a UrhG Rn. 9, 14; *Rinken/Kühnen*, in: Schulte (2014), § 140c Rn. 11 f.; *Ohst*, in: Wandtke/Bullinger (2014), § 101a UrhG Rn. 9 f.; *Keukenschrijver/Kaess*, in: Busse (2013), § 140c Rn. 5–7; *Pitz*, in: Fitzner/Lutz/Bodewig (2012), § 140c PatG Rn. 7; Fezer (2009), § 19a MarkenG Rn. 18; *Kühnen* (2013), Rn. 299, 310; *Chakraborty*, in: Haedicke/Timmann (2012), § 11 Rn. 725; *Oldekop*, in: Schramm (2012), Kap. 9 Rn. 108, 118; *Pitz* (2010), Rn. 38; *Heydn*, in: *Heydn/Schmid-Petersen/Vassilaki* (2009), Rn. 315; *Amschewitz* (2008), S. 348 f.; *Jestaedt* (2008), Rn. 745, 839; *Eck/Dombrowski,* in: FS 50 Jahre BPatG (2011), S. 169 (169); *Junker,* in: FS Kilian (2004), S. 339 (348); *Deichfuß,* GRUR 2015, S. 436 (437 f., 442); *Tinnefeld,* CR 2013, S. 417 (419); *Zöllner,* GRUR-Prax 2010, S. 74 (74); *Kühnen,* MittdtPatA 2009, S. 211 (212); *Eck/Dombrowski,* GRUR 2008, S. 387 (392); *Kitz,* NJW 2008, S. 2374 (2376); *Berlit,* WRP 2007, S. 732 (737); *Kunz-Hallstein/Loschelder,* GRUR 2007, S. 765 (766); *Seichter,* WRP 2006, S. 391 (394); *Kunz-Hallstein/Loschelder,* GRUR 2005, S. 747 (747); vgl. BGH, Urt. v. 01.08.2006, Az. X ZR 114/03, GRUR 2006, 962, 967 (Rn. 43) – Restschadstoffentfernung = NJW-RR 2007, 106, 107 f. (Rn. 43); BGH, Urt. v. 02.05.2002, Az. I ZR 45/01, GRUR 2002, 1046, 1048 – Faxkarte = NJW-RR 2002, 1617, 1619.

[160] Mes (2015), § 140c Rn. 13; *Rinken/Kühnen*, in: Schulte (2014), § 140c Rn. 16; *Keukenschrijver/Kaess*, in: Busse (2013), § 140c Rn. 5; *Kühnen* (2013), Rn. 309; *Müller-Stoy,* MittdtPatA 2010, S. 267 (272, Fn. 39).

[161] BGH, Urt. v. 20.09.2012, Az. I ZR 90/09, GRUR 2013, 509, 510 (Rn. 20) – UniBasic-IDOS = NJW-RR 2013, 878, 879 (Rn. 20); BGH, Urt. v. 02.05.2002, Az. I ZR 45/01, GRUR 2002, 1046, 1048 – Faxkarte = NJW-RR 2002, 1617, 1619; *Hahn*, in: PK-GewRS (2015), § 485 ZPO Rn. 26; *Zöllner,* GRUR-Prax 2010, S. 74 (74); vgl. *Deichfuß,* GRUR 2015, S. 436 (438, Fn. 12).

halt sowie die notwendigen Beweise nicht sicher kennen und sich erst Gewissheit über das Bestehen eines Anspruchs verschaffen möchten.[162]

(1) Terminologie

Die von Gesetzgeber und Rechtsprechung gewählte Terminologie ist irreführend. Das Bestehen eines Anspruchs ist entweder wahrscheinlich oder unwahrscheinlich. Beschreibende Adjektive wie „erheblich", „gewiss" oder „hinreichend" sind nur Tendenzen, in welcher Intensität die Wahrscheinlichkeit vorliegen muss. Letztlich soll damit die untere Grenze der Wahrscheinlichkeitsskala beschrieben werden. Ein „erheblicher Grad" an Wahrscheinlichkeit für eine Schutzrechtsverletzung[163] bedeutet getreu der umgangssprachlichen Fassung des Begriffs „erheblich" einen hohen Wahrscheinlichkeitsgrad, der zwischen „wahrscheinlich" und „sicher" liegt, sodass der Besichtigungsanspruch nur der Ausräumung letzter Zweifel dienen kann.[164] Eine derartige Auslegung des § 809 BGB widerspricht dem Sinn und Zweck der Vorschrift, ist verfassungsrechtlich bedenklich[165] und schränkte die Vorschrift in der Vergangenheit letztlich derart ein, dass § 809 in der Praxis kaum Anwendung fand, da der Nachweis eines „erheblichen Grades" an Wahrscheinlichkeit in der Praxis nur sehr selten gelang.[166]

---

[162] BGH, Urt. v. 20.09.2012, Az. I ZR 90/09, GRUR 2013, 509, 510 (Rn. 20) – UniBasic-IDOS = NJW-RR 2013, 878, 879 (Rn. 20); LG Nürnberg-Fürth, Urt. v. 23.02.2005, Az. 3 O 4156/04, InstGE 5, 153, 155 (Rn. 8) – Betriebsspionage = BeckRS 2011, 12419; *Nieder*, in: Erdmann/Rojahn/Sosnitza (2011), Kap. 1 Rn. 593; *Kühnen* (2013), Rn. 299.

[163] BGH, Urt. v. 08.01.1985, Az. X ZR 18/84, GRUR 1985, 512, 516 – Druckbalken m. Anm. *Stauder* = NJW-RR 1986, 480, 483.

[164] BGH, Urt. v. 08.01.1985, Az. X ZR 18/84, GRUR 1985, 512, 516 – Druckbalken m. Anm. *Stauder* = NJW-RR 1986, 480, 483; *Rinken/Kühnen*, in: Schulte (2014), § 140c Rn. 11; *Kühnen* (2013), Rn. 299; *Tilmann/Schreibauer,* GRUR 2002, S. 1015 (1016); vgl. *Dierschke* (1901), S. 68.

[165] *Stadler,* NJW 1989, S. 1202 (1205); vgl. BVerfG, Beschl. v. 23.04.1974, Az. 1 BvR 6/74 und 1 BvR 2270/73, BverfGE 37, 132, 148 = NJW 1974, 1499, 1501; *Pagenberg,* CR 1991, S. 65 (66, Fn. 9); *Stürner,* NJW 1979, S. 2334 (2336 f.).

[166] *Grabinski/Zülch,* in: Benkard (2015), § 140c PatG Rn. 1; *Hahn,* in: PK-GewRS (2015), Vor § 485 ZPO Rn. 44; *Oldekop,* in: Schramm (2012), Kap. 9 Rn. 105; *Ahrens/McGuire* (2012), S. 180; *Osterloh-Konrad* (2007), S. 34; *Battenstein* (2006), S. 47–54; *Osthaus* (2005), S. 151; *Ibbeken* (2004), S. 57–69; *v. Hartz* (2004), S. 111 m.w.Nachw.; *Saß* (2002), S. 94–98; *Markfort* (2001), S. 169; *Bornkamm,* in: FS Ullmann (2006), S. 893 (896); *Melullis,* in: FS Tilmann (2003), S. 843 (843, 844, 845); *Tilmann/ Schreibauer,* in: FS Erdmann (2002), S. 901 (901–902, 905–909); *Dreier,* in: Beier/ Schricker (1996), S. 248 (275, Fn. 98; 276); *Axster,* in: FS Volhard (1996), S. 19 (27); *Marshall,* in: FS Preu (1988), S. 151 (159 f.); *Tilmann,* in: FS 25 Jahre BPatG (1986), S. 293 (306); *Kitz,* NJW 2008, S. 2374 (2376); *v. Falck,* MittdtPatA 2002, S. 429 (437); *König,* MittdtPatA 2002, S. 153 (156–158, 162–165); *Karg,* ZUM 2000, S. 934 (944); *Bork,* NJW 1997, S. 1665 (1670); *Kröger/Bausch,* GRUR 1997, S. 321 (323); *Dreier,*

Ein „gewisser Grad“ an Wahrscheinlichkeit[167] ist ebenfalls kein fest umrissener Begriff. Die Gewissheit ist das Wissen in Bezug auf etwas, in der Mathematik sogar die absolute Wahrscheinlichkeit hinsichtlich einer zutreffenden Aussage oder des Eintritts eines vorhergesagten Ereignisses, im Ergebnis also eine Art von Sicherheit. Im Gegensatz dazu wird mit der Wahrscheinlichkeit eine Aussage nach dem Grad ihrer Gewissheit eingestuft, die noch keine Sicherheit erreicht hat. Dementsprechend muss bei der Auslegung des Begriffs „gewisse Wahrscheinlicheit“ wieder die umgangssprachliche Bedeutung herangezogen werden. Das Adjektiv „gewiss“ soll daher einen niedrigen Wahrscheinlichkeitsgrad beschreiben, der auf einer Skala zwischen „möglich“ und „wahrscheinlich“ liegt.[168] In diesem Zusammenhang wurde zutreffend gesagt, dass das „Gewisse“ an der gewissen Wahrscheinlichkeit eine gewisse Ungewissheit ist.[169]

Der Gesetzgeber hat mit dem Merkmal der „hinreichenden Wahrscheinlichkeit“ für eine Schutzrechtsverletzung die neuere Rechtsprechung („gewisser Grad an Wahrscheinlichkeit“[170]) aufgegriffen und in § 140c PatG kodifiziert (vgl. auch „hinreichende Begründung“ in Art. 6 Abs. 1 S. 1, 7 Abs. 1 S. 1 Enforcement-Richtlinie sowie Art. 43 Abs. 1 TRIPS-Abkommen).[171]

GRUR 1993, S. 781 (789 f.); Deutsche Vereinigung für gewerblichen Rechtsschutz und Urheberrecht e.V., GRUR 1989, S. 29 (32); *Götting,* GRUR Int 1988, S. 729 (739, 742); *Brandi-Dohrn,* CR 1987, S. 835 (837); *Meyer-Dulheuer,* GRUR Int 1987, S. 14 (16); *Tilmann,* GRUR 1987, S. 251 (256 f.); *Fritze/Stauder,* GRUR Int 1986, S. 342 (343); *Brandi-Dohrn,* CR 1985, S. 67 (69 f.); *Leppin,* MittdtPatA 1985, S. 212 (213); *Stauder,* GRUR 1985, S. 518 (518); *Stürner/Stadler,* JZ 1985, S. 1101 (1102 f.).

[167] BGH, Urt. v. 02.05.2002, Az. I ZR 45/01, GRUR 2002, 1046, 1048 – Faxkarte = NJW-RR 2002, 1617, 1619.

[168] *Tinnefeld,* CR 2013, S. 417 (419); *Tilmann/Schreibauer,* GRUR 2002, S. 1015 (1016).

[169] *Tilmann/Schreibauer,* GRUR 2002, S. 1015 (1016).

[170] BGH, Urt. v. 01.08.2006, Az. X ZR 114/03, GRUR 2006, 962, 967 (Rn. 43) – Restschadstoffentfernung = NJW-RR 2007, 106, 107 f. (Rn. 43); BGH, Urt. v. 02.05.2002, Az. I ZR 45/01, GRUR 2002, 1046, 1048 – Faxkarte = NJW-RR 2002, 1617, 1619.

[171] BGH, Urt. v. 20.09.2012, Az. I ZR 90/09, GRUR 2013, 509, 510 (Rn. 20) – UniBasic-IDOS = NJW-RR 2013, 878, 879 (Rn. 20); OLG Karlsruhe, Beschl. v. 18.05.2010, Az. 6 W 28/10, BeckRS 2011, 18386; OLG Hamburg, Urt. v. 26.05.2005, Az. 3 U 91/04, InstGE 5, 294, 299 (Rn. 22) – Fußbodenpaneele II = BeckRS 2009, 09886; OLG Düsseldorf, Beschl. v. 30.01.2003, Az. 2 U 71/99, GRUR-RR 2003, 327, 327 – Raumkühlgerät = BeckRS 2003, 17845; BT-Drucks. 16/5048, S. 27, 40; *Hahn,* in: PK-GewRS (2015), Vor § 485 ZPO Rn. 40, 44, § 485 ZPO Rn. 27; *Hacker,* in: Ströbele/Hacker (2015), § 19a Rn. 3; *Rinken/Kühnen,* in: Schulte (2014), § 140c Rn. 11; Ingerl/Rohnke (2010), § 19a Rn. 8; Fezer (2009), § 19a MarkenG Rn. 18; *Chakraborty,* in: Haedicke/Timmann (2012), § 11 Rn. 722; *Oldekop,* in: Schramm (2012), Kap. 9 Rn. 116; *Nieder,* in: Erdmann/Rojahn/Sosnitza (2011), Kap. 1 Rn. 593; *v. Meibom/vom Feld,* in: FS 50 Jahre BPatG (2011), S. 975 (975, 988); *Kather/Fitzner,* MittdtPatA 2010, S. 325 (325); *Fitzner/Kather,* VPP-Rundbrief 2009, S. 58 (59); *Dörre/Maaßen,* GRUR-RR 2008, S. 217 (220);

Wenngleich dadurch eine Zersplitterung der Sekundäransprüche im gewerblichen Rechtsschutz vermieden wird[172], handelt es sich weiterhin um einen offenen Begriff, der einer Auslegung im Einzelfall bedarf. Der Austausch des Merkmals der „hinreichenden Wahrscheinlichkeit“ durch einen „hinreichenden Verdacht“ mit Blick auf das selbstständige Beweisverfahren, das keine Wahrscheinlichkeitsprüfung fordert, und den Richtlinienwortlaut, der nur die Nachweisbemühungen des Antragstellers vorsieht („... alle vernünftigerweise verfügbaren Beweismittel zur hinreichenden Begründung ihrer Ansprüche [...] vorgelegt ...“, Art. 7 Abs. 1 S. 1 Enforcement-Richtlinie; „Verdacht“, Art. 9 Abs. 1 lit. b) Enforcement-Richtlinie)[173], wäre letztlich nur grammatikalischer Natur. Bei beiden Begrifflichkeiten geht es letztlich um eine Vermutung bzw. eine bloße Möglichkeit.

(2) Interessenabwägung

Es bestehen keine festen Werte, ab wann die Schwelle der „hinreichenden Wahrscheinlichkeit“ überschritten ist. Die Verletzungswahrscheinlichkeit ergibt sich im Einzelfall unter Abwägung der betroffenen Interessen von Antragsteller und Antragsgegner.[174] Sie kann demzufolge mal über „50 Pro-

Eck/Dombrowski, GRUR 2008, S. 387 (392); *Berlit,* WRP 2007, S. 732 (737); *Kunz-Hallstein/Loschelder,* GRUR 2007, S. 765 (766); vgl. BGH, Beschl. v. 18.12.2012, Az. X ZR 7/12, GRUR 2013, 316, 318 (Rn. 22) – Rohrmuffe = MittdtPatA 2013, 200, 202 (Rn. 22); *McGuire/Joachim/Künzel/Weber,* GRUR Int 2010, S. 829 (833); *Spindler/Weber,* MMR 2006, S. 711 (711).

[172] *Nieder*, in: Erdmann/Rojahn/Sosnitza (2011), Kap. 1 Rn. 594; *Pitz* (2010), Rn. 38; *Melullis,* in: FS Tilmann (2003), S. 843 (843); *Eck/Dombrowski,* GRUR 2008, S. 387 (392); *Heymann,* CR 2008, S. 568 (572).

[173] *Tilmann,* in: FS Ullmann (2006), S. 1013 (1015, 1016); *Tilmann,* GRUR 2005, S. 737 (739); vgl. *Hacker*, in: Ströbele/Hacker (2015), § 19a Rn. 7; Ingerl/Rohnke (2010), § 19a Rn. 8; *Kitz,* NJW 2008, S. 2374 (2376).

[174] BGH, Beschl. v. 16.11.2009, Az. X ZB 37/08, GRUR 2010, 318, 319 f. (Rn. 16) – Lichtbogenschnürung = WRP 2010, 541, 543 f. (Rn. 16); BGH, Urt. v. 02.05.2002, Az. I ZR 45/01, GRUR 2002, 1046, 1048 – Faxkarte = NJW-RR 2002, 1617, 1619; OLG Frankfurt a.M., Beschl. v. 16.03.2011, Az. 6 W 36/11, InstGE 13, 254, 255 (Rn. 4) – komplexes Herstellungsverfahren = BeckRS 2012, 10149; *Grabinski/Zülch*, in: Benkard (2015), § 140c PatG Rn. 9; *Trimborn*, in: Büscher/Dittmer/Schiwy (2015), Kap. 1, § 140c PatG Rn. 7; Mes (2015), § 140c Rn. 12; *Hahn*, in: PK-GewRS (2015), Vor § 485 ZPO Rn. 40; *Rinken/Kühnen*, in: Schulte (2014), § 140c Rn. 13; *Keukenschrijver/Kaess*, in: Busse (2013), § 140c Rn. 7; Ingerl/Rohnke (2010), § 19a Rn. 7; *Ahrens/McGuire* (2012), S. 179; *Gniadek* (2011), S. 75–85; *Beckhaus* (2010), S. 24, 27; *Müller-Stoy* (2008), Rn. 127, 131; *Battenstein* (2006), S. 98; *v. Hartz* (2004), S. 146, 199; *Kreye,* in: FS v. Meibom (2010), S. 241 (248, 249); *Melullis,* in: FS Tilmann (2003), S. 843 (845 ff.); *Tilmann/Schreibauer,* in: FS Erdmann (2002), S. 901 (917, 920); *Wiese,* in: FS Herschel (1982), S. 483 (489 f.); *Deichfuß,* JurPC Web-Dok. 130/2010, Abs. 21; *Kather/Fitzner,* MittdtPatA 2010, S. 325 (325); *Heymann,* CR 2008, S. 568 (571 f.); *Hoeren,* CR 2008, S. 409 (410);

zentpunkten", im anderen Fall durchaus aber auch unter „50 Prozentpunkten" liegen.[175] Wenngleich der Verletzungssachverhalt regelmäßig unbestätigt ist, darf eine Besichtigung jedoch nicht bei jedem banalen Verdacht (ähnlich einem „Anfangsverdacht" im Sinne des § 160 StPO) angeordnet und dementsprechend nicht wahllos „ins Blaue hinein" durchgeführt werden.[176] Dahingehende Behauptungen bilden mithin die untere Grenze für die „hinreichende Wahrscheinlichkeit". Der Verletzungssachverhalt muss aber weder feststehen noch überwiegend wahrscheinlich sein. Ein bestimmtes Maß an Unsicherheit ist dem Besichtigungsanspruch immanent und darf dementsprechend nicht automatisch zu dessen Ablehnung führen. Andernfalls nimmt man dem Schutzrechtsinhaber durch die erstinstanzliche Entscheidung gegen ein Besichtigungsverfahren die Möglichkeiten der Erhebung der erforderlichen Beweise sowie einer Entscheidung im weiteren Instanzenzug.[177]

Frank/Wiegand, CR 2007, S. 481 (482); *Moos,* CR 2006, S. 797 (798); *Rauschhofer,* GRUR-RR 2006, S. 249 (250); *v. Hartz,* ZUM 2005, S. 376 (380); *Junker,* NJW 2005, S. 2829 (2829); *Patnaik,* GRUR 2004, S. 191 (193); *König,* MittdtPatA 2002, S. 153 (155); *Tilmann/Schreibauer,* GRUR 2002, S. 1015 (1016); *Karg,* ZUM 2000, S. 934 (944); *Dreier,* GRUR 1993, S. 781 (789); vgl. *Tilmann/Schreibauer,* GRUR 2006, S. 967 (968); *Götting,* GRUR Int 1988, S. 729 (731); kritisch: *Götz* (2014), S. 110 f.

[175] *Hahn*, in: PK-GewRS (2015), § 485 ZPO Rn. 28; *Ohst*, in: Wandtke/Bullinger (2014), § 101a UrhG Rn. 12; *Chakraborty*, in: Haedicke/Timmann (2012), § 11 Rn. 722; *Müller-Stoy* (2008), Rn. 132; *Amschewitz* (2008), S. 111; *Osterloh-Konrad* (2007), S. 34 f.; *Ibbeken* (2004), S. 307; *Melullis,* in: FS Tilmann (2003), S. 843 (845); *Kather/Fitzner,* MittdtPatA 2010, S. 325 (325, 326); *Müller-Stoy,* MittdtPatA 2009, S. 361 (362); a.A. *Pitz*, in: Fitzner/Lutz/Bodewig (2012), § 140c PatG Rn. 11; vgl. *Kreye,* in: FS v. Meibom (2010), S. 241 (257, 259).

[176] BGH, Urt. v. 20.09.2012, Az. I ZR 90/09, GRUR 2013, 509, 510 (Rn. 20) – UniBasic-IDOS = NJW-RR 2013, 878, 879 (Rn. 20); LG Düsseldorf, Urt. v. 08.03.2007, Az. 4b O 230/04, InstGE 8, 103, 107 (Rn. 25) – Etikettiermaschine = BeckRS 2008, 20706; LG München I, Beschl. v. 30.06.2005, Az. 21 O 11786/05, InstGE 6, 25, 27 (Rn. 16) – Drehbuch-Vorlage I; BT-Drucks. 16/5048, S. 40; *Grabinski/Zülch*, in: Benkard (2015), § 140c PatG Rn. 9; *Hahn*, in: PK-GewRS (2015), § 485 ZPO Rn. 28; *Hacker*, in: Ströbele/Hacker (2015), § 19a Rn. 7; *Rinken/Kühnen*, in: Schulte (2014), § 140c Rn. 12; *Keukenschrijver/Kaess*, in: Busse (2013), § 140c Rn. 6; Ingerl/Rohnke (2010), § 19a Rn. 8, 19, 20; Fezer (2009), § 19a MarkenG Rn. 4; *Kühnen* (2013), Rn. 310; *Chakraborty*, in: Haedicke/Timmann (2012), § 11 Rn. 722; *Kreye,* in: FS v. Meibom (2010), S. 241 (257); *Marshall,* in: FS Preu (1988), S. 151 (151); *Tinnefeld,* CR 2013, S. 417 (419); *Zöllner,* GRUR-Prax 2010, S. 74 (74); *Kühnen,* MittdtPatA 2009, S. 211 (212); *Heymann,* CR 2008, S. 568 (572); *v. Hartz,* ZUM 2005, S. 376 (380); a.A. *Gniadek* (2011), S. 405; *Kitz,* NJW 2008, S. 2374 (2376); vgl. *Beckhaus* (2010), S. 361; *Hoeren,* CR 2008, S. 409 (410).

[177] OLG Düsseldorf, Beschl. v. 20.01.2010, Az. I-2 W 62/09, InstGE 11, 298, 298 (Ls. 1) – Weißmacher; *Hahn*, in: PK-GewRS (2015), § 485 ZPO Rn. 32; *Kühnen* (2013), Rn. 317; *Chakraborty*, in: Haedicke/Timmann (2012), § 11 Rn. 725; vgl. Mes (2015), § 140c Rn. 11; *Keukenschrijver/Kaess*, in: Busse (2013), § 140c Rn. 7; *Oldekop*, in: Schramm (2012), Kap. 9 Rn. 118.

Der Grad der Wahrscheinlichkeit, das Informationsinteresse des Antragstellers und das Geheimhaltungsinteresse des Antragsgegners stellen nur einige der zu berücksichtigenden Punkte dar.[178] Entscheidend sind etwa auch berechtigte Geheimhaltungsinteressen des mutmaßlichen Verletzers, der Umstand, inwieweit der Schutzrechtsinhaber auf die Besichtigung angewiesen ist oder sich anderweitiger zumutbarer Aufklärungsmöglichkeiten bedienen kann (Ultima-Ratio-Gedanke), die Komplexität des (technischen) Sachverhalts, die Möglichkeit der Gewährleistung des Geheimnisschutzes (etwa durch den Einsatz eines zur Verschwiegenheit verpflichteten Dritten oder Ausschluss des Schutzrechtsinhabers vom Verfahren bis zum Nachweis einer Schutzrechtsverletzung) sowie die Notwendigkeit von Substanzeingriffen oder einer vorübergehenden Betriebsstilllegung bzw. Unterbrechung des Produktionsprozesses.[179]

Die „hinreichende Wahrscheinlichkeit" der Schutzrechtsverletzung darf nicht allein wegen der Komplexität des (technischen) Sachverhalts und der fehlenden Fachkenntnis des angerufenen Gerichts auf dem zugehörigen Gebiet (etwa der Biologie oder Chemie) verneint werden.[180] Gerichte können aufgrund technischer Unsicherheiten an ihre Grenzen stoßen. Sobald das Gericht den Vortrag des Antragstellers als ausreichend spezifiziert einstuft und eine Schutzrechtsverletzung wahrscheinlich erscheint, hat es eine Beweissicherungsanordnung zu erlassen.[181] Aufgrund technischer Besonderheiten können ausnahmsweise über das übliche Maß hinausgehende Geheimnis-

---

[178] BGH, Urt. v. 02.05.2002, Az. I ZR 45/01, GRUR 2002, 1046, 1048 f. – Faxkarte = NJW-RR 2002, 1617, 1619 f.; LG Nürnberg-Fürth, Urt. v. 23.02.2005, Az. 3 O 4156/04, InstGE 5, 153, 156 (Rn. 11) – Betriebsspionage = BeckRS 2011, 12419; *Hahn*, in: PK-GewRS (2015), § 485 ZPO Rn. 28; *Amschewitz* (2008), S. 234, 349; *v. Hartz* (2004), S. 175; *Melullis*, in: FS Tilmann (2003), S. 843 (845–847, 856); *Müller-Stoy*, MittdtPatA 2009, S. 361 (362 f.); *Tilmann/Schreibauer*, GRUR 2006, S. 967 (968); *König*, MittdtPatA 2002, S. 153 (155, 159 f.); *Karg*, ZUM 2000, S. 934 (944); vgl. *Ann*, VPP-Rundbrief 2011, S. 118 (118, Folie 3; 120, Folie 17); *Götting*, GRUR Int 1988, S. 729 (731).

[179] *Grabinski/Zülch*, in: Benkard (2015), § 140c PatG Rn. 9–12; Mes (2015), § 140c Rn. 10, 12; *Hahn*, in: PK-GewRS (2015), Vor § 485 ZPO Rn. 40, § 485 ZPO Rn. 29 f.; *Rinken/Kühnen*, in: Schulte (2014), § 140c Rn. 13; *Keukenschrijver/Kaess*, in: Busse (2013), § 140c Rn. 7; *Kühnen* (2013), Rn. 301–303; *Amschewitz* (2008), S. 234 f.; *Tilmann*, in: FS Ullmann (2006), S. 1013 (1016); *Melullis*, in: FS Tilmann (2003), S. 843 (846); *Rauschhofer*, GRUR-RR 2006, S. 249 (250); *Schneider*, CR 2003, S. 1 (7); vgl. OLG Frankfurt a.M., Beschl. v. 16.03.2011, Az. 6 W 36/11, InstGE 13, 254, 255 (Rn. 5) – komplexes Herstellungsverfahren = BeckRS 2012, 10149; *Heymann*, CR 2008, S. 568 (571 f.); *Tilmann/Schreibauer*, GRUR 2006, S. 967 (968).

[180] *Hahn*, in: PK-GewRS (2015), § 485 ZPO Rn. 29; *Rinken/Kühnen*, in: Schulte (2014), § 140c Rn. 14; *Kühnen* (2013), Rn. 316; a.A. OLG Frankfurt a.M., Beschl. v. 16.03.2011, Az. 6 W 36/11, InstGE 13, 254, 256 (Rn. 8 f.) – komplexes Herstellungsverfahren = BeckRS 2012, 10149; *Chakraborty*, in: Haedicke/Timmann (2012), § 11 Rn. 724.

[181] *Hahn*, in: PK-GewRS (2015), § 485 ZPO Rn. 29; *Kühnen* (2013), Rn. 316.

schutzmaßnahmen erforderlich sein (etwa die Besichtigung ausschließlich durch den Sachverständigen, also auch unter Ausschluss der Rechts- und Patentanwälte des Antragstellers, wobei möglicherweise ein Mitglied des Gerichts als eine Art „gerichtlicher Notar" hinzugezogen werden kann).[182]

(3) Konkrete Anhaltspunkte

Der Schutzrechtsinhaber muss konkrete, greifbare, auf Indizien gestützte Anhaltspunkte darlegen und glaubhaft machen, die auf eine Schutzrechtsverletzung hindeuten (etwa die Verwendung eines branchentypischen technischen (Industrie-)Standards; die Beschaffenheit im Ausland vertriebener Parallelprodukte; öffentliche Äußerungen und Stellungnahmen des Antragsgegners oder Dritter; Prospekte, Werbematerialien, Bedienungsanleitungen; Aussagen von derzeitigen oder ehemaligen Mitarbeitern sowie von Augenzeugen; bei Patenten die Vermutungswirkung des § 139 Abs. 3 PatG; Beschreibungen bestehender Schutzrechte oder offengelegter Schutzrechtsanmeldungen des Antragsgegners; Rückschlüsse aufgrund des Zusammenspiels des schutzrechtsverletzenden Merkmals mit vorhandenen, öffentlichen Merkmalen (etwa bekannt durch Werbung, Bedienungsanleitungen oder Produktbeschreibungen), sodass aufgrund der Funktionsweise der Sache eine Schutzrechtsverletzung naheliegend ist; gleiche Ablaufroutinen oder die starke Oberflächenähnlichkeit einer Software; die Wahrscheinlichkeit bestimmter Merkmalsverwirklichungen aufgrund allgemeingültiger Gesetzmäßigkeiten aus Technik oder Natur; Untersuchungen auf dem Markt verfügbarer Erzeugnisse oder Gegenstände, selbst wenn mit ihrer Hilfe der vollständige Verletzungsnachweis nicht gelingt).[183] Die Besichtigung soll Zweifel ausräumen,

---

[182] OLG Düsseldorf, Beschl. v. 20.01.2010, Az. I-2 W 62/09, InstGE 11, 298, 298 (Ls. 2) – Weißmacher; *Hahn*, in: PK-GewRS (2015), § 485 ZPO Rn. 29; *Rinken/Kühnen*, in: Schulte (2014), § 140c Rn. 14 f.; *Kühnen* (2013), Rn. 316 f.

[183] OLG Frankfurt a.M., Beschl. v. 16.03.2011, Az. 6 W 36/11, InstGE 13, 254, 255 (Rn. 5) – komplexes Herstellungsverfahren = BeckRS 2012, 10149; OLG Karlsruhe, Beschl. v. 18.05.2010, Az. 6 W 28/10, BeckRS 2011, 18386; OLG München, Beschl. v. 11.08.2005, Az. 29 W 2173/05, InstGE 6, 29, 29 (Rn. 4 f.) – Drehbuch-Vorlage II = BeckRS 2005, 33836; OLG Schleswig, Beschl. v. 17.06.1991, Az. 2 W 115/90, NJW-RR 1991, 1338, 1338 = BeckRS 9998, 09607; *Trimborn*, in: Büscher/Dittmer/Schiwy (2015), Kap. 1, § 140c PatG Rn. 5 f.; Mes (2015), § 140c Rn. 10; *Hahn*, in: PK-GewRS (2015), Vor § 485 ZPO Rn. 20 f., § 485 ZPO Rn. 28; *Rinken/Kühnen*, in: Schulte (2014), § 140c Rn. 12; *Keukenschrijver/Kaess*, in: Busse (2013), § 140c Rn. 6; *Pitz*, in: Fitzner/Lutz/Bodewig (2012), § 140c PatG Rn. 8; Ingerl/Rohnke (2010), § 19a Rn. 8; Fezer (2009), § 19a MarkenG Rn. 19, 20; *Götz* (2014), S. 110; *Kühnen* (2013), Rn. 294, 310–315, 1391; *Chakraborty*, in: Haedicke/Timmann (2012), § 11 Rn. 722–724; *Oldekop*, in: Schramm (2012), Kap. 9 Rn. 108, 117; *Müller-Stoy* (2008), Rn. 127, 132, 134; *v. Hartz* (2004), S. 144 f.; *Karger* (1996), S. 72 f.; *Kreye*, in: FS v. Meibom (2010), S. 241 (257); *Deichfuß*, JurPC Web-Dok. 130/2010, Abs. 26; *Kather/Fitzner*, MittdtPatA 2010, S. 325 (328);

sodass aufgrund der Besichtigungsergebnisse über das Bestehen des „Hauptanspruchs" entschieden werden kann.[184] Für den Nachweis bietet sich das Gutachten eines privaten Sachverständigen an.[185]

ff) Erforderlichkeit

Die Besichtigung muss zur Aufklärung der Verletzungsfrage erforderlich sein. Dem Anspruchsteller darf keine gleich geeignete und leichtere Möglichkeit zur Verfügung stehen, mit deren Hilfe er seinen Schutzrechtsverletzungsanspruch (entweder dem Grunde oder der Höhe nach) aufzuklären oder Beweise für deren Vollziehung zu sichern vermag (Ultima Ratio).[186] Der

---

Zöllner, GRUR-Prax 2010, S. 74 (74); *Fitzner/Kather,* VPP-Rundbrief 2009, S. 58 (62); *Kühnen,* MittdtPatA 2009, S. 211 (212); *Müller-Stoy,* MittdtPatA 2009, S. 361 (362 f.); *Spindler/Weber,* ZUM 2007, S. 257 (263); *Moos,* CR 2006, S. 797 (799); *v. Hartz,* ZUM 2005, S. 376 (380); *Kunz-Hallstein/Loschelder,* GRUR 2005, S. 747 (747); *Kühnen,* GRUR 2005, S. 185 (190, Fn. 34); *Junker,* NJW 2003, S. 2792 (2793); *Tilmann/Schreibauer,* GRUR 2002, S. 1015 (1022); *Brandi-Dohrn,* GRUR 1985, S. 179 (186); vgl. *Beckhaus* (2010), S. 359, 363; *Tilmann,* in: FS Ullmann (2006), S. 1013 (1016); *Kather,* VPP-Rundbrief 2005, S. 108 (113 f.).

[184] OLG Düsseldorf, Urt. v. 30.06.2011, Az. I-2 U 50/10, BeckRS 2011, 20939; BT-Drucks. 16/5048, S. 40; *Nieder,* in: Erdmann/Rojahn/Sosnitza (2011), Kap. 1 Rn. 593; *v. Hartz* (2004), S. 148; *Zöllner,* GRUR-Prax 2010, S. 74 (74); *Seichter,* WRP 2006, S. 391 (394); *Kiethe/Groeschke,* WRP 2005, S. 1358 (1370); *Tilmann/Schreibauer,* GRUR 2002, S. 1015 (1022); *Mes,* GRUR 2000, S. 934 (941); vgl. *Dierschke* (1901), S. 68.

[185] OLG Düsseldorf, Urt. v. 27.10.1988, Az. 2 U 181/88, GRUR Int 1990, 471, 473 – Epilady I = IIC 1990, 572, 579; *Hahn,* in: PK-GewRS (2015), § 485 ZPO Rn. 30; *Pitz* (2010), Rn. 36; *Müller-Stoy/Wahl,* MittdtPatA 2008, S. 311 (311 f.); *Tilmann/Schreibauer,* GRUR 2002, S. 1015 (1022).

[186] OLG Düsseldorf, Beschl. v. 20.01.2010, Az. I-2 W 62/09, InstGE 11, 298, 298 (Ls. 2 f.) – Weißmacher; *Grabinski/Zülch,* in: Benkard (2015), § 140c PatG Rn. 14; *Trimborn,* in: Büscher/Dittmer/Schiwy (2015), Kap. 1, § 140c PatG Rn. 9; *Dreier,* in: Dreier/Schulze (2015), § 101a Rn. 4; Mes (2015), § 140c Rn. 11 f., 15; *Hahn,* in: PK-GewRS (2015), Vor § 485 ZPO Rn. 35, 40, § 485 ZPO Rn. 31 f.; *Hacker,* in: Ströbele/Hacker (2015), § 19a Rn. 13; *Rinken/Kühnen,* in: Schulte (2014), § 140c Rn. 15, 19; *Ohst,* in: Wandtke/Bullinger (2014), § 101a UrhG Rn. 14, 16; *Keukenschrijver/Kaess,* in: Busse (2013), § 140c Rn. 8; *Pitz,* in: Fitzner/Lutz/Bodewig (2012), § 140c PatG Rn. 15; Ingerl/Rohnke (2010), § 19a Rn. 9; Fezer (2009), § 19a MarkenG Rn. 25; *Pitz,* in: BeckFormB GewRS (2015), Form I. 4 Anm. 8; *Götz* (2014), S. 111; *Kühnen* (2013), Rn. 317, 320–324; *Chakraborty,* in: Haedicke/Timmann (2012), § 11 Rn. 725 f.; *Oldekop,* in: Schramm (2012), Kap. 9 Rn. 123; *Nieder,* in: Erdmann/Rojahn/Sosnitza (2011), Kap. 1 Rn. 593; *Heydn,* in: *Heydn/Schmid-Petersen/Vassilaki* (2009), Rn. 316; *Jestaedt* (2008), Rn. 745; *Müller-Stoy* (2008), Rn. 136 f.; *v. Hartz* (2004), S. 151–153; *Karger* (1996), S. 74; *Tilmann,* in: FS Ullmann (2006), S. 1013 (1018); *Junker,* in: FS Kilian (2004), S. 339 (348, 352); *Melullis,* in: FS Tilmann (2003), S. 843 (846); *Marshall,* in: FS Preu (1988), S. 151 (156 f.); *Deichfuß,* GRUR 2015, S. 436 (438); *Zöllner,* GRUR-Prax 2010, S. 74 (74); *Kühnen,* MittdtPatA 2009, S. 211 (212); *Kitz,* NJW 2008, S. 2374 (2376); *Schreiber,* JR 2008, S. 1 (2).

Besichtigungsanspruch soll nicht als Instrument zur allgemeinen Ausforschung der gegnerischen Partei dienen und konkretisiert mithin das prozessrechtliche Verbot des Ausforschungsbeweises.[187] Eine Besichtigungsanordnung ist jedoch nicht nur dann erforderlich, sofern ein Nachweis auf einem anderen Wege ausgeschlossen ist, sondern auch schon dann, wenn die alternative Nachweismöglichkeit mit einem erheblichen Kosten-, Zeit- und Arbeitsaufwand sowie Risiko verbunden ist, sodass sie dem Antragsteller im Ergebnis nicht zumutbar ist.[188]

Die Darlegung der Erforderlichkeit obliegt dem Antragsteller, wobei er dem Gericht vor allem seine vergeblichen Bemühungen aufzeigen muss (etwa den Erwerb eines auf dem Markt frei verfügbaren Musters, Informationen zur konkreten Ausgestaltung aus parallelen Verfahren im Ausland, Nachforschungen im Internet und auf Messen, die Überprüfung von Werbeinformationen, Gebrauchsanleitungen oder frei zugänglichen Unterlagen für ein behördliches Verfahren bei Ausschreibungs- sowie Zulassungsstellen, Recherchen bei Beziehern des vermeintlich schutzrechtsverletzenden Gegenstandes sowie Argumente gegen eine freiwillige Besichtigung des Antragsgegners).[189] Bei einer ausschließlich betriebsinternen Verwendung des Streitgegenstandes (wie etwa bei Verfahrenspatenten, insbesondere bei Herstellungsverfahren[190]) kann der Antragsteller nicht auf diese Mittel zurückgreifen, sodass in diesen

---

[187] BT-Drucks. 16/5048, S. 40; *Trimborn*, in: Büscher/Dittmer/Schiwy (2015), Kap. 1, § 140c PatG Rn. 9; *Hahn*, in: PK-GewRS (2015), § 485 ZPO Rn. 35; *Hacker*, in: Ströbele/Hacker (2015), § 19a Rn. 12; *Czychowski*, in: Fromm/Nordemann (2014), § 101a UrhG Rn. 15; *Habersack*, in: MüKo BGB (2013), § 809 Rn. 6; *Wimmers*, in: Schricker/Loewenheim (2010), § 101a Rn. 2; Fezer (2009), § 19a MarkenG Rn. 5, 25; *Götz* (2014), S. 110 f.; *Oldekop*, in: Schramm (2012), Kap. 9 Rn. 108; *Gniadek* (2011), S. 403; *Müller-Stoy* (2008), Rn. 136; *Jestaedt* (2008), Rn. 745; *Amschewitz* (2008), S. 234, 237, 348; *v. Hartz* (2004), S. 202; *Mugdan* (1899), S. 497; *Jatzow* (1888), S. 890; *Tilmann/Schreibauer*, in: FS Erdmann (2002), S. 901 (920); *Zöllner*, GRUR-Prax 2010, S. 74 (74); *Müller-Stoy*, MittdtPatA 2009, S. 361 (363); *Dörre/Maaßen*, GRUR-RR 2008, S. 217 (220); einschränkend: *Weber* (2010), S. 358 (Fn. 1777); vgl. ausführlich zum Ausforschungsverbot: *Beckhaus* (2010), S. 245–258.

[188] OLG Karlsruhe, Beschl. v. 16.10.2012, Az. 6 W 72/12, BeckRS 2013, 19312; *Oldekop*, in: Schramm (2012), Kap. 9 Rn. 123; *Deichfuß*, GRUR 2015, S. 436 (438); vgl. Mes (2015), § 140c Rn. 15.

[189] *Grabinski/Zülch*, in: Benkard (2015), § 140c PatG Rn. 14; Mes (2015), § 140c Rn. 15; *Hahn*, in: PK-GewRS (2015), § 485 ZPO Rn. 36; *Rinken/Kühnen*, in: Schulte (2014), § 140c Rn. 19 f.; *Keukenschrijver/Kaess*, in: Busse (2013), § 140c Rn. 8; Ingerl/Rohnke (2010), § 19a Rn. 9; *Kühnen* (2013), Rn. 325; *Chakraborty*, in: Haedicke/Timmann (2012), § 11 Rn. 726; *Grabinski*, in: FS Mes (2009), S. 129 (130); *Zöllner*, GRUR-Prax 2010, S. 74 (74); *Kühnen*, MittdtPatA 2009, S. 211 (212); *Müller-Stoy*, MittdtPatA 2009, S. 361 (363).

[190] Vgl. *Hahn*, in: PK-GewRS (2015), § 485 ZPO, Rn. 37–41.

Fällen eine Besichtigung in der Regel erforderlich ist, ohne weitere Nachweise vom Antragsteller zu fordern.

(1) Testkauf

Ein im Rahmen des gewerblichen Rechtsschutzes zulässiger Testkauf (abgesehen von Fällen des Rechtsmissbrauchs und der Sittenwidrigkeit[191]), bei dem ein Modell des vermeintlich schutzrechtsverletzenden Gegenstandes oder einer marktüblichen Software erworben wird, wobei auch an eine Anmietung oder sonstige Beschaffung zu denken ist, kann im Einzelfall gegen die Erforderlichkeit einer Besichtigung sprechen.[192] Der Testkauf muss jedoch für den Antragsteller nach seinen persönlichen Verhältnissen zumutbar sein. Die Zumutbarkeit ist dabei abhängig von der Person, der etwas zugemutet werden soll, da keine allgemeingültigen Zumutbarkeitswerte existieren, sodass auf die Kaufkraft des Schutzrechtsinhabers abgestellt werden muss und die Zumutbarkeit bei hochpreisigen Kaufgegenständen verneint werden kann (etwa bei kostspieliger Spezialsoftware).[193] Ein Testkauf kann auch bei einem deut-

---

[191] BGH, Urt. v. 15.07.1999, Az. I ZR 204/96, GRUR 1999, 1017, 1019 – Kontrollnummernbeseitigung = NJW 1999, 3638, 3640; BGH, Urt. v. 02.04.1965, Az. Ib ZR 71/63, GRUR 1965, 607, 609 m. Anm. *Utescher* – Funkmietwagen = NJW 1965, 1661, 1662; OLG Karlsruhe, Urt. v. 23.06.1993, Az. 6 U 184/92, GRUR 1994, 130, 131 – Testpatient; LG Düsseldorf, Urt. v. 16.12.2008, Az. 4b O 280/07, InstGE 10, 193, 197 (Rn. 24) – Geogitter = BeckRS 2009, 26666; *Köhler*, in: Köhler/Bornkamm (2016), § 11 UWG Rn. 2.41; *Hahn*, in: PK-GewRS (2015), Vor § 485 ZPO Rn. 23; *Kühnen* (2013), Rn. 505–508.

[192] BGH, Urt. v. 25.02.1992, Az. X ZR 41/90, GRUR 1992, 612, 614 – Nicola = NJW 1992, 2292, 2293; BGH, Urteil vom 14.04.1965, Az. Ib ZR 72/63, GRUR 1965, 612, 613 m. Anm. *Hefermehl* – Warnschild = NJW 1965, 1527, 1528; OLG Düsseldorf, Urt. v. 28.01.2010, Az. I-2 U 124/08, BeckRS 2010, 15661; LG Düsseldorf, Urt. v. 16.12.2008, Az. 4b O 280/07, InstGE 10, 193, 197 (Rn. 22, 23) – Geogitter = BeckRS 2009, 26666; *Grabinski/Zülch*, in: Benkard (2015), § 140c PatG Rn. 14; *Dreier*, in: Dreier/Schulze (2015), § 101a Rn. 13; Mes (2015), § 140c Rn. 15; *Hahn*, in: PK-GewRS (2015), Vor § 485 ZPO Rn. 20–23, § 485 ZPO Rn. 36; *Rinken/Kühnen*, in: Schulte (2014), § 140c Rn. 20; *Grützmacher*, in: Wandtke/Bullinger (2014), Vor § 69a ff. UrhG Rn. 23; *Pitz*, in: Fitzner/Lutz/Bodewig (2012), § 140c PatG Rn. 15; Ingerl/Rohnke (2010), § 19a Rn. 9; *Kühnen* (2013), Rn. 325, 503 f.; *Chakraborty*, in: Haedicke/Timmann (2012), § 11 Rn. 726; *Oldekop*, in: Schramm (2012), Kap. 9 Rn. 124; *Pitz* (2010), Rn. 35; *Lieber/Zimmermann* (2009), Rn. 357; *v. Hartz* (2004), S. 152; *Eck/Dombrowski*, in: FS 50 Jahre BPatG (2011), S. 169 (170, Fn. 11); *Mes*, GRUR 2013, S. 767 (767); *Kühnen*, MittdtPatA 2009, S. 211 (212).

[193] *Grabinski/Zülch*, in: Benkard (2015), § 140c PatG Rn. 14; *Rinken/Kühnen*, in: Schulte (2014), § 140c Rn. 20; *Pitz*, in: Fitzner/Lutz/Bodewig (2012), § 140c PatG Rn. 15; *Kühnen* (2013), Rn. 325; *Chakraborty*, in: Haedicke/Timmann (2012), § 11 Rn. 726 (Fn. 1758); *Oldekop*, in: Schramm (2012), Kap. 9 Rn. 124; *Heydn*, in: *Heydn/Schmid-Petersen/Vassilaki* (2009), Rn. 314; *Schickedanz*, GRUR Int 2011, S. 480 (481); *Kühnen*, MittdtPatA 2009, S. 211 (212); *Müller-Stoy*, MittdtPatA 2009, S. 361 (363, Fn. 24); vgl.

lichen Missverhältnis zwischen dem Kaufpreis und dem Streitwert des angestrebten Verletzungsverfahrens unzumutbar sein. Der Antragsteller muss die Unzumutbarkeit des Testkaufs nachweisen, wobei dazu auch der Umstand gehört, dass die nötigen Erkenntnisse nicht bei Dritten verschafft werden können.[194]

(2) Besonderheit bei der Besichtigung von Quellcodes

Bei Schutzrechtsverletzungen im Bereich von Computerprogrammen ergibt sich die Besonderheit, dass regelmäßig nicht der gesamte Quellcode übernommen wurde, sondern nur einzelne Fragmente. Selbst wenn zwischen den Parteien Einigkeit darüber besteht, dass nicht der gesamte Quellcode übernommen wurde, ist dennoch die Besichtigung des gesamten Quellcodes „erforderlich". Eine Dekompilierung einer auf dem Markt verfügbaren Software ist neben dem gehörigen Aufwand strafbar (§ 69c Nr. 2 UrhG) und meist zu fehlerträchtig, als dass sie als alternatives Beweismittel im Rahmen der Erforderlichkeit gelten kann, um den gesamten Quellcode zu begutachten.[195] Von vornherein steht nämlich noch nicht fest, ob gerade die übernommenen Fragmente des Quellcodes auf einem eigenständigen Programmierschaffen des Antragsgegners beruhen.[196]

gg) Verhältnismäßigkeit

Das Besichtigungsverlangen des Antragstellers steht unter dem Grundsatz der Verhältnismäßigkeit (§ 140c Abs. 2 PatG). Auf diese Weise sollen umfangreiche Besichtigungsansprüche bei nur geringfügigen Schutzrechtsverletzungen vermieden werden.[197] Durch die Verhältnismäßigkeitsprüfung kann das

---

OLG Hamm, Urt. v. 30.06.1992, Az. 4 U 72/92, WRP 1992, 723, 723 = GRUR 1992, 889 (Ls.).

[194] *Müller-Stoy,* MittdtPatA 2009, S. 361 (363, Fn. 24).

[195] BGH, Urt. v. 02.05.2002, Az. I ZR 45/01, GRUR 2002, 1046, 1049 – Faxkarte = NJW-RR 2002, 1617, 1620; *Oldekop*, in: Schramm (2012), Kap. 9 Rn. 124; *Karger* (1996), S. 75, 89; *Junker,* in: FS Kilian (2004), S. 339 (352); *Frank/Wiegand,* CR 2007, S. 481 (482); *Auer-Reinsdorff,* ITRB 2006, S. 82 (83); *Czychowski/Nordemann,* NJW 2004, S. 1222 (1228); *Bork,* NJW 1997, S. 1665 (1669).

[196] BGH, Urt. v. 20.09.2012, Az. I ZR 90/09, GRUR 2013, 509, 511 (Rn. 30) – UniBasic-IDOS = NJW-RR 2013, 878, 880 (Rn. 30); *Rinken/Kühnen*, in: Schulte (2014), § 140c Rn. 20; *Tinnefeld,* CR 2013, S. 417 (418); *Karger,* GRUR-Prax 2013, S. 189 (189).

[197] BT-Drucks. 16/5048, S. 41; Ref-Entwurf vom 03.01.2006, S. 85 (abrufbar unter: http://www.urheberrecht.org/topic/enforce/bmj/2006–01–03-DurchsetzungsG-E.pdf; zuletzt abgerufen am: 30.06.2017); *Dreier*, in: Dreier/Schulze (2015), § 101a Rn. 8; *Hacker*, in: Ströbele/Hacker (2015), § 19a Rn. 26; *Czychowski*, in: Fromm/Nordemann (2014), § 101a UrhG Rn. 26; *Keukenschrijver/Kaess*, in: Busse (2013), § 140c Rn. 9; *Pitz*, in: Fitzner/Lutz/Bodewig (2012), § 140c PatG Rn. 18; Ingerl/Rohnke (2010), § 19a Rn. 21; *Wimmers*, in: Schricker/Loewenheim (2010), § 101a Rn. 41; *Berlit* (2015), Rn. 272a;

Besichtigungsverlangen im Einzelfall ganz oder im Hinblick auf einzelne Aufklärungs- und Beweissicherungsmaßnahmen ausgeschlossen sein, wodurch der Besichtigungsanspruch flexibel und interessengerecht gehandhabt werden kann.[198] Im Rahmen der Abwägung sind sämtliche betroffenen Aspekte zu berücksichtigen (etwa der Umfang der Schutzrechtsverletzung, die Benutzungsintensität, die Schwere des Eingriffs durch die Besichtigung oder der Grad des Verschuldens)[199], wobei dem Informationsinteresse des Antragstellers sowie dem Geheimhaltungsinteresse des Antragsgegners (unter Berücksichtigung der Möglichkeiten zum Geheimnisschutz) eine besondere Bedeutung zukommt.[200]

Bei der Verhältnismäßigkeitsprüfung handelt es sich mithin um eine Ausprägung der Interessenabwägung, die bei der Anwendung der jeweiligen Besichtigungsvorschrift ohnehin durchgeführt werden muss.[201] Wenngleich sich die Interessen beider Parteien im Zeitpunkt der Antragstellung gleichrangig gegenüberstehen und die Interessen einer Partei nicht zwangsläufig auf Kosten der Interessen der gegnerischen Partei zurückstehen sollen, ist die Unverhältnismäßigkeit des Besichtigungsverlangens nur ausnahmsweise (etwa im Falle eines erheblichen Missverhältnisses zwischen dem Rechtsverfolgungsinteresse des Antragstellers und dem Geheimhaltungsinteresse des

---

Müller-Stoy (2008), Rn. 141; *Bornkamm,* in: FS Ullmann (2006), S. 893 (895); *Müller-Stoy,* MittdtPatA 2009, S. 361 (363); vgl. *Wiese,* in: FS Herschel (1982), S. 483 (489 f.).

[198] *Grabinski/Zülch*, in: Benkard (2015), § 140c PatG Rn. 15; Mes (2015), § 140c Rn. 20; *Rinken/Kühnen*, in: Schulte (2014), § 140c Rn. 24; *Ohst*, in: Wandtke/Bullinger (2014), § 101a UrhG Rn. 11; *Kühnen* (2013), Rn. 328; *Chakraborty*, in: Haedicke/Timmann (2012), § 11 Rn. 728; *Grabinski,* in: FS Mes (2009), S. 129 (131); *Kühnen,* MittdtPatA 2009, S. 211 (213); *Müller-Stoy,* MittdtPatA 2009, S. 361 (366); *Karg,* ZUM 2000, S. 934 (944).

[199] BT-Drucks. 16/5048, S. 41; Mes (2015), § 140c Rn. 21–23; *Hahn*, in: PK-GewRS (2015), Vor § 485 ZPO Rn. 40, § 485 ZPO Rn. 43–45; *Rinken/Kühnen*, in: Schulte (2014), § 140c Rn. 25; *Keukenschrijver/Kaess*, in: Busse (2013), § 140c Rn. 9–12; *Voß*, in: Fitzner/Lutz/Bodewig (2012), Vor §§ 139 ff. PatG Rn. 257 f.; *Pitz*, in: Fitzner/Lutz/Bodewig (2012), § 140c PatG Rn. 18; Ingerl/Rohnke (2010), § 19a Rn. 21; *Kühnen* (2013), Rn. 329–338; *Chakraborty*, in: Haedicke/Timmann (2012), § 11 Rn. 729; *Oldekop*, in: Schramm (2012), Kap. 9 Rn. 126; *Müller-Stoy* (2008), Rn. 143; *Tilmann,* in: FS Ullmann (2006), S. 1013 (1019); *Deichfuß,* GRUR 2015, S. 436 (438); *Zöllner,* GRUR-Prax 2010, S. 74 (75); *Kühnen,* MittdtPatA 2009, S. 211 (213); *Müller-Stoy,* MittdtPatA 2009, S. 361 (363); *Eck/Dombrowski,* GRUR 2008, S. 387 (391); vgl. *v. Hartz* (2004), S. 153–156.

[200] Ref-Entwurf vom 03.01.2006, S. 85 f. (abrufbar unter: http://www.urheberrecht.org/topic/enforce/bmj/2006–01–03-DurchsetzungsG-E.pdf; zuletzt abgerufen am: 30.06.2017); Fezer (2009), § 19a MarkenG Rn. 26; *Chakraborty*, in: Haedicke/Timmann (2012), § 11 Rn. 728; *Oldekop*, in: Schramm (2012), Kap. 9 Rn. 126; *Zöllner,* GRUR-Prax 2010, S. 74 (75); *König,* MittdtPatA 2002, S. 153 (155).

[201] OLG Düsseldorf, Beschl. v. 17.03.2011, Az. I-2 W 5/11, InstGE 13, 126, 128 f. (Rn. 5) – Dringlichkeit bei Besichtigung = GRUR-RR 2011, 289, 290; *Müller-Stoy,* MittdtPatA 2009, S. 361 (363).

Antragsgegners) anzunehmen, insbesondere dann, wenn dem Schutzrechtsinhaber eine anderweitige Rechtsverfolgung versagt ist (vgl. die negative Formulierung von § 140c Abs. 2 PatG: „[...] ist ausgeschlossen, wenn [...]" sowie „im Einzelfall").[202]

hh) Zwischenergebnis

Die Umsetzung von Art. 6, 7 Enforcement-Richtlinie in Form der §§ 140c PatG, 101a UrhG, 19a MarkenG, 24c GebrMG, 46a DesignG, 37c SortSchG, 9 Abs. 2 HalblSchG i.V.m. 24c GebrMG ist eine positive Fortentwicklung der Besichtigungsansprüche im deutschen Recht. Die inhaltlich einheitliche Regelung des Besichtigungsanspruchs in sämtlichen Spezialgesetzen wirkt einer Zersplitterung der Sekundäransprüche im gewerblichen Rechtsschutz entgegen. Umfassende Abwägungen im Rahmen der „hinreichenden Wahrscheinlichkeit" einer Schutzrechtsverletzung sowie der Verhältnismäßigkeitsprüfung machen den Besichtigungsanspruch individuell anwendbar und ermöglichen auch Einschränkungen im Einzelfall, ohne einen Besichtigungsanspruch insgesamt zu versagen.

Vor allem im Hinblick auf Verfahrenspatente ist der Einblick in Betriebsinterna vereinfacht worden, da der Schutzrechtsinhaber nunmehr Verletzungen im betriebsinternen Bereich effektiver verfolgen kann.[203] Dies hat vermutlich auch ein Umdenken der Schutzrechtsinhaber bei der Anmeldung solcher Verfahrenspatente zur Folge. Ist man vor einigen Jahren noch davon ausgegegangen, dass beriebsinterne Verletzungen von Dritten nicht nachgewiesen werden können und die Anmeldung eines Verfahrenspatents demzufolge nicht lohnenswert sei, kann sich diese Sichtweise aufgrund der Effektivität der Beweissicherung mittels einer Besichtigung und des damit einhergehenden Nachweises einer Schutzrechtsverletzung wandeln, sodass die Anmeldung eines Verfahrenspatents sinnvoll erscheint.[204] Der Besichtigungsanspruch darf aber weiterhin nur Ultima Ratio sein, sodass der Schutzrechtsin-

---

[202] *Grabinski/Zülch*, in: Benkard (2015), § 140c PatG Rn. 15; *Trimborn*, in: Büscher/Dittmer/Schiwy (2015), Kap. 1, § 140c PatG Rn. 11; Mes (2015), § 140c Rn. 23; *Hahn*, in: PK-GewRS (2015), § 485 ZPO Rn. 42 f.; *Hacker*, in: Ströbele/Hacker (2015), § 19a Rn. 26 f.; *Rinken/Kühnen*, in: Schulte (2014), § 140c Rn. 26; *Pitz*, in: Fitzner/Lutz/Bodewig (2012), § 140c PatG Rn. 18; Ingerl/Rohnke (2010), § 19a Rn. 20; Fezer (2009), § 19 MarkenG Rn. 45, § 19a MarkenG Rn. 26; *Götz* (2014), S. 142–147; *Kühnen* (2013), Rn. 339; *Chakraborty*, in: Haedicke/Timmann (2012), § 11 Rn. 728; *Oldekop*, in: Schramm (2012), Kap. 9 Rn. 127; *Bornkamm*, in: FS Ullmann (2006), S. 893 (903); *Deichfuß*, GRUR 2015, S. 436 (438); *Kühnen*, MittdtPatA 2009, S. 211 (213); *Müller-Stoy*, MittdtPatA 2009, S. 361 (363 f.); vgl. *Amschewitz* (2008), S. 112.

[203] *Kather/Fitzner*, MittdtPatA 2010, S. 325 (332); *Fitzner/Kather*, VPP-Rundbrief 2009, S. 58 (66).

[204] *Kather/Fitzner*, MittdtPatA 2010, S. 325 (332); *Fitzner/Kather*, VPP-Rundbrief 2009, S. 58 (66).

haber im Vorfeld alle ihm zumutbaren und möglichen Maßnahmen ergreifen muss, um die notwendigen Beweise für ein Hauptsacheverfahren zu erlangen.[205]

b) Verfügungsgrund

Für den Erlass einer einstweiligen Verfügung muss neben dem Verfügungsanspruch auch ein Verfügungsgrund (§§ 936, 917 ZPO) in Gestalt einer besonderen Eilbedürftigkeit bzw. objektiven Dringlichkeit glaubhaft gemacht werden (§§ 935, 936, 920 Abs. 2 Var. 2, 294 ZPO).[206] In einem einstweiligen Verfügungsverfahren findet nur eine summarische Prüfung statt. Der Verfügungsgrund wirkt als Korrektiv gegen eine uferlose Ausweitung und ist als eine besondere Ausprägung des Rechtsschutzbedürfnisses anzusehen.[207] Es muss die Notwendigkeit einer vorläufigen Regelung des Sachverhalts zur Abwendung von Gefahren für die Interessen des Antragstellers bestehen, da der Anspruch ohne eine sofortige Gewährung einstweiligen Rechtsschutzes ansonsten vereitelt oder wesentlich erschwert wird (vgl. §§ 936, 917 Abs. 1 ZPO).[208]

Weder das Gesetz (vgl. §§ 935, 940 ZPO) noch die Gesetzesbegründung zur Enforcement-Richtlinie enthalten jedoch explizite Anhaltspunkte dafür, dass der Erlass einer Duldungsverfügung bei fehlender Dringlichkeit oder einem längeren Zuwarten mit dem Besichtigungsantrag gegen den Grundsatz der Verhältnismäßigkeit verstößt und der Verfügungsgrund in diesen Fällen stets zu verneinen ist.[209] Vielmehr ist im Rahmen des Dringlichkeitserforder-

---

[205] *Melullis,* in: FS Tilmann (2003), S. 843 (846).

[206] Vgl. zur Rechtsnatur des Verfügungsgrundes als Prozess- und Sachurteilsvoraussetzung: *Voß*, in: PK-GewRS (2015), § 940 ZPO Rn. 63.

[207] *Feddersen*, in: Teplitzky (2016), Kap. 54 Rn. 14 f.; *Vollkommer*, in: Zöller (2016), § 935 Rn. 5, 10, § 940 Rn. 4; *Sosnitza*, in: Ohly/Sosnitza (2014), § 12 UWG Rn. 114; Fezer (2009), § 19 MarkenG Rn. 73, § 19a MarkenG Rn. 41; *Stjerna,* MittdtPatA 2011, S. 271 (272) m.w.Nachw.

[208] Baumbach/Lauterbach/Albers/Hartmann (2016), § 935 Rn. 16; *Seiler*, in: Thomas/Putzo (2016), § 935 Rn. 6; *Vollkommer*, in: Zöller (2016), § 935 Rn. 10; *Sosnitza*, in: Ohly/Sosnitza (2014), § 12 UWG Rn. 114; *Hahn*, in: PK-GewRS (2015), § 485 ZPO Rn. 76; Fezer (2009), § 19 MarkenG Rn. 73, § 19a MarkenG Rn. 41; *Ann/Hauck/Maute* (2011), Rn. 335; *Knothe* (1999), S. 319–322; *Stjerna,* MittdtPatA 2011, S. 271 (272); *Leppin,* GRUR 1984, S. 695 (707).

[209] OLG Düsseldorf, Beschl. v. 17.03.2011, Az. I-2 W 5/11, InstGE 13, 126, 127 (Rn. 2), 129 (Rn. 6) – Dringlichkeit bei Besichtigung = GRUR-RR 2011, 289, 290; OLG Düsseldorf, Beschl. v. 30.03.2010, Az. I-20 W 32/10, InstGE 12, 105, 106 (Rn. 3) – Zuwarten mit Besichtigungsantrag = MittdtPatA 2011, 151, 151 f. (Rn. 4); *Hahn*, in: PK-GewRS (2015), § 485 ZPO Rn. 82; *Chakraborty*, in: Haedicke/Timmann (2012), § 11 Rn. 756; *Stjerna,* MittdtPatA 2011, S. 271 (276, 277); a.A. OLG Köln, Beschl. v. 09.01.2009, Az. 6 W 3/09, ZUM 2009, 427, 427 = CR 2009, 289, 289; *Zöllner,* GRUR-Prax 2010, S. 74 (76); vgl. OLG Düsseldorf, Urt. v. 13.11.2008, Az. I-2 U 35/08, InstGE

nisses neben der zeitlichen Komponente eine Interessenabwägung (insbesondere der Einbußen des Antragstellers im Falle einer Zurückweisung gegenüber den Nachteilen des Antragsgegners beim Erlass einer einstweiligen Verfügung sowie dem Rechtsbestand des antragstellerischen Schutzrechts) entscheidend.[210] Im Rahmen von Schutzrechtsverletzungen, insbesondere im Patentrecht, muss sehr sorgfältig geprüft werden, ob ein Verfügungsgrund vorliegt, da es sich meist um komplexe Sachverhalte handelt und sich daraus besondere Schwierigkeiten (etwa im Hinblick auf den Schutzumfang und die Schutzfähigkeit des antragstellerischen Schutzrechts) ergeben.[211]

Neben der deutschen Rechtspraxis sehen die Verfahrensordnungen der europäischen Gemeinschaftsgerichte (vgl. Art. 83 § 2 VerfO EuGH, Art. 104 § 2 VerfO EuG) sowie weiterer europäischer Länder ebenfalls das Erfordernis eines besonderen Maßnahmegrundes in Form der Dringlichkeit vor.[212] Die

---

10, 124, 125 (Rn. 5) – Inhalator = BeckRS 2009, 09403; OLG Düsseldorf, Beschl. v. 22.08.2008, Az. I-2 W 35/08, InstGE 10, 60, 62 f. (Rn. 5, 7) – Olanzapin II = BeckRS 2009, 09219; LG Düsseldorf, Beschl. v. 25.07.2006, Az. 4b O 550/05, InstGE 6, 294, 295 (Rn. 5) – Walzen-Formgebungsmaschine II; *Eck/Dombrowski,* GRUR 2008, S. 387 (393); *Peukert/Kur,* GRUR Int 2006, S. 292 (300 f.).

[210] OLG Düsseldorf, Beschl. v. 17.03.2011, Az. I-2 W 5/11, InstGE 13, 126, 127 (Rn. 2) – Dringlichkeit bei Besichtigung = GRUR-RR 2011, 289, 290; OLG Düsseldorf, Beschl. v. 30.03.2010, Az. I-20 W 32/10, InstGE 12, 105, 106 (Rn. 3) – Zuwarten mit Besichtigungsantrag = MittdtPatA 2011, 151, 151 f. (Rn. 4); OLG Karlsruhe, Urt. v. 08.07.2009, Az. 6 U 61/09, InstGE 11, 143, 146 (Rn. 11) – VA-LCD-Fernseher = GRUR-RR 2009, 442, 443; LG Mannheim, Urt. v. 29.10.2010, Az. 7 O 214/10, InstGE 13, 11, 13 (Rn. 12) – Sauggreifer = GRUR-RR 2011, 83, 84; LG Mannheim, Urt. v. 27.02.2009, Az. 7 O 29/09, InstGE 11, 159, 160 (Rn. 4) – VA-LCD-Fernseher II = BeckRS 2009, 87748; *Feddersen*, in: Teplitzky (2016), Kap. 54 Rn. 14; *Grabinski/Zülch*, in: Benkard (2015), § 140c PatG Rn. 21; *Hahn*, in: PK-GewRS (2015), § 485 ZPO Rn. 76; *Voß*, in: Fitzner/Lutz/Bodewig (2012), Vor §§ 139 ff. PatG Rn. 247; *Berneke/Schüttpelz* (2015), Rn. 99 ff.; *Pierson*, in: *Pierson/Ahrens/Fischer* (2014), S. 557; *Ann/Hauck/Maute* (2011), Rn. 336; *Paulus* (2010), Rn. 951; *Pitz* (2010), Rn. 103; *Schmid-Petersen*, in: *Heydn/Schmid-Petersen/Vassilaki* (2009), Rn. 490; *Lieber/Zimmermann* (2009), Rn. 159; *Heinze* (2007), S. 347; *Stjerna,* MittdtPatA 2011, S. 271 (272); *v. Falck,* MittdtPatA 2002, S. 429 (431–434); *Meier-Beck,* GRUR 1988, S. 861 (865 f.).

[211] OLG Düsseldorf, Urt. v. 29.04.2010, Az. I-2 U 126/09, InstGE 12, 114, 118 (Rn. 13) – Harnkatheterset = MittdtPatA 2011, 193, 195 (Rn. 66); OLG Düsseldorf, Urt. v. 21.10.1982, Az. 2 U 67/82, GRUR 1983, 79, 80 – Einstweilige Verfügung in Patentsachen; LG Mannheim, Urt. v. 29.10.2010, Az. 7 O 214/10, InstGE 13, 11, 12 (Rn. 10) – Sauggreifer = GRUR-RR 2011, 83, 83; LG Mannheim, Urt. v. 27.02.2009, Az. 7 O 29/09, InstGE 11, 159, 160 (Rn. 5) – VA-LCD-Fernseher II = BeckRS 2009, 87748; vgl. *Keukenschrijver/Kaess*, in: Busse (2013), § 140c Rn. 26, 38; *Keukenschrijver*, in: Busse (2013), § 24c GebrMG Rn. 2.

[212] EuGH, Urt. v. 16.06.1998, Rs. C-53/96, Slg. 1998, I-03603 (Rn. 37, 45) = NJW 1999, 2103, 2105 (Rn. 37, 45); EuG, Beschl. v. 22.12.2004, Rs. T-201/04, Slg. 2004, II-04463, Rn. 250, 251 = BeckEuRS 2004, 406975 (Rn. 250, 251); EuG, Beschl. v. 26.10.2001, Rs. T-184/01, Slg. 2001, II-03193, Rn. 126–131 = BeckEuRS 2001, 250922

Gemeinschaftsgerichte nehmen darüber hinaus über das Primärrecht (vgl. Art. 278, 279 AEUV) eine zusätzliche Interessenabwägung vor[213], wie es bei einstweiligen Verfügungen nach deutschem Recht ebenfalls praktiziert wird. Im Ergebnis existiert auch auf europäischer Ebene die nach deutschem Recht im Rahmen von einstweiligen Verfügungsverfahren erforderliche Dringlichkeit.

Wenngleich die Besichtigung im Rahmen des selbstständigen Beweisverfahrens angeordnet wird, ergeht die Duldungsverfügung auf der Grundlage von § 140c PatG in Verbindung mit den §§ 935 ff. ZPO, sodass die Besichtigungsanordnungen in den Anwendungsbereich der Enforcement-Richtlinie fallen (Art. 2 Abs. 1, Art. 3 Enforcement-Richtlinie). Dementsprechend müssen die angeordneten Maßnahmen entweder den Richtlinienvorgaben entsprechen oder entsprechend diesen Vorgaben richtlinienkonform ausgelegt werden (vgl. Art. 288 Abs. 3 AEUV sowie den Grundsatz des „effet utile" aus Art. 4 Abs. 3 S. 2 EU-Vertrag).[214] Jedenfalls dürfen sich Einschränkungen in den Gesetzen der Mitgliedsstaaten nur zugunsten der Schutzrechtsinhaber auswirken (Art. 2 Abs. 1 Enforcement-Richtlinie sowie die Erwägungsgründe 8 und 9 der Enforcement-Richtlinie).

Das „Düsseldorfer Modell" ist kein reines Verfahren im einstweiligen Rechtsschutz. Vielmehr gewährleistet die einstweilige Duldungsverfügung nur die Durchführung des selbstständigen Beweisverfahrens.[215] Ein Schutzrechtsinhaber muss zumutbare Untersuchungen grundsätzlich zügig einleiten und abschließen, sofern er sich Gewissheit über das Bestehen einer Schutzrechtsverletzung verschaffen möchte.[216] Entgegen dem deutschen Recht sieht Art. 7 Enforcement-Richtlinie jedoch kein Dringlichkeitserfordernis vor. Dementsprechend stellt sich die Frage, ob das Vorliegen einer zeitlichen Dringlichkeit beim Erlass einer Duldungsverfügung erforderlich ist und inwieweit der Antragsteller diese Dringlichkeit gegebenenfalls glaubhaft machen muss, insbesondere in Fällen, in denen der Antragsteller im Vorfeld der Antragstellung schon über einen längeren Zeitraum über eine mögliche Schutzrechtsverletzung Bescheid weiß.[217] Bislang hat sich zu diesem Prob-

---

(Rn. 126–131); EuG, Beschl. v. 11.05.1989, Rs. C-76/89, Slg. 1989, 01141, Rn. 18 = BeckRS 2004, 77765 (Rn. 18); *Heinze* (2007), S. 346, 352, jeweils m.w.Nachw.; *Pansch* (2003), S. 156–158; *Stürner,* in: FS Geiß (2000), S. 199 (214).

[213] *Heinze* (2007), S. 347, 352, jeweils m.w.Nachw.; vgl. Änderungsanträge 21, 22 der Stellungnahme des Ausschusses für Industrie, Außenhandel, Forschung und Energie v. 02.10.2003 im Bericht über den Vorschlag für eine Richtlinie des Europäischen Parlaments und des Rates über die Maßnahmen und Verfahren zum Schutz der Rechte an geistigem Eigentum vom 05.12.2003, A5–0468/2003, S. 58 f.

[214] *Stjerna,* MittdtPatA 2011, S. 271 (275); vgl. *Seichter,* WRP 2006, S. 391 (392).

[215] *Stjerna,* MittdtPatA 2011, S. 271 (271, Fn. 9).

[216] *Kühnen* (2013), Rn. 1809; *Cepl,* GRUR-Prax 2013, S. 203 (203).

[217] *Chakraborty*, in: Haedicke/Timmann (2012), § 11 Rn. 752.

lemkreis keine einheitliche Rechtsprechung herausgebildet.[218] Der begrenzte Instanzenzug im Verfahren auf Erlass einer einstweiligen Verfügung im Hinblick auf eine Rechtsbeschwerde (§§ 574 Abs. 1 S. 2, 542 Abs. 2 S. 1 ZPO) hat eine höchstrichterliche Entscheidung bisher verhindert.[219]

aa) Kein Dringlichkeitserfordernis

Die Voraussetzungen für den Erlass einer Besichtigungsanordnung unter Berücksichtigung von Art. 7 Abs. 1 S. 1 Enforcement-Richtlinie sind die hinreichende Begründung einer bereits erfolgten oder drohenden Schutzrechtsverletzung sowie die Gewährleistung des Schutzes vertraulicher Informationen.[220] Mithin sind in Art. 7 Abs. 1 Enforcement-Richtlinie die Dringlichkeit und damit eine Eilbedürftigkeit sowie ein besonders zügiges Handeln des Antragstellers nicht ausdrücklich als Tatbestandsvoraussetzung für den Erlass einer einstweiligen Beweissicherungsmaßnahme vorgesehen (vgl. Art. 7 Abs. 1 S. 2, Art. 9 Abs. 3, 4 Enforcement-Richtlinie).[221] Im Gegensatz

---

[218] *Hahn*, in: PK-GewRS (2015), § 485 ZPO Rn. 78; *Chakraborty*, in: Haedicke/Timmann (2012), § 11 Rn. 753; vgl. OLG Düsseldorf, Beschl. v. 17.03.2011, Az. I-2 W 5/11, InstGE 13, 126, 127 (Rn. 2) – Dringlichkeit bei Besichtigung = GRUR-RR 2011, 289, 289 f.; OLG Frankfurt a.M., Urt. v. 10.06.2010, Az. 15 U 192/09, BeckRS 2011, 18385; OLG Karlsruhe, Beschl. v. 18.05.2010, Az. 6 W 28/10, BeckRS 2011, 18386; OLG Düsseldorf, Beschl. v. 30.03.2010, Az. I-20 W 32/10, InstGE 12, 105, 106 (Rn. 2 f.) – Zuwarten mit Besichtigungsantrag = MittdtPatA 2011, 151, 151 f. (Rn. 3 f.); OLG Köln, Beschl. v. 09.01.2009, Az. 6 W 3/09, ZUM 2009, 427, 427 = CR 2009, 289, 289; LG München I, Urt. v. 20.10.2010, Az. 21 O 7563/10, InstGE 13, 181, 187 (Rn. 30) – Arzneimittelherstellung = BeckRS 2012, 15213.

[219] BGH, Beschl. v. 27.02.2003, Az. I ZB 22/02, GRUR 2003, 548, 548 – Rechtsbeschwerde = NJW 2003, 1531, 1531; vgl. BGH, Beschl. v. 16.11.2009, Az. X ZB 37/08, GRUR 2010, 318, 318 f. (Rn. 8 f.) – Lichtbogenschnürung = WRP 2010, 541, 542 f. (Rn. 8 f.); *Stürner*, in: FS Geiß (2000), S. 199 (215); *Deichfuß*, GRUR 2015, S. 436 (441); *Köklü/Müller-Stoy*, MittdtPatA 2011, S. 109 (111).

[220] *Stjerna*, MittdtPatA 2011, S. 271 (276, 277); *Seichter*, WRP 2006, S. 391 (395).

[221] BT-Drucks. 16/5048, S. 28, 42, vgl. S. 41; Ref-Entwurf vom 03.01.2006, S. 52 (abrufbar unter: http://www.urheberrecht.org/topic/enforce/bmj/2006–01–03-DurchsetzungsG-E.pdf; zuletzt abgerufen am: 30.06.2017); Fezer (2009), § 19a MarkenG Rn. 42; *Bahner* (2013), S. 114; *Götz* (2012), S. 60; *Chakraborty*, in: Haedicke/Timmann (2012), § 11 Rn. 756; *Beckhaus* (2010), S. 207; *Weber* (2010), S. 93, 363; *Heinze* (2007), S. 347 f., 351; *Kreye*, in: FS v. Meibom (2010), S. 241 (246); *Tilmann*, in: FS Ullmann (2006), S. 1013 (1020); *Tinnefeld*, CR 2013, S. 417 (421); *Stjerna*, MittdtPatA 2011, S. 271 (276 f.); *Zöllner*, GRUR-Prax 2010, S. 74 (76); *Frank/Wiegand*, CR 2007, S. 481 (484); *Spindler/Weber*, ZUM 2007, S. 257 (264); *Koch*, ITRB 2006, S. 40 (41); *v. Hartz*, ZUM 2005, S. 376 (378); *Kühnen*, GRUR 2005, S. 185 (193); a.A. OLG Nürnberg, Beschl. v. 17.08.2015, Az. 3 W 1412/15, GRUR-RR 2016, 108, 108 f. (Rn. 9) = BeckRS 2015, 20894 (Rn. 9); *Peukert/Kur*, GRUR Int 2006, S. 292 (300); vgl. Änderungsantrag 17 der Stellungnahme des Ausschusses für Industrie, Außenhandel, Forschung und Energie vom 02.10.2003 im Bericht über den Vorschlag für eine Richtlinie des Europäischen Parlaments

dazu verweist § 140c Abs. 3 S. 1 PatG auf die §§ 935–945 ZPO, nach denen der Antragsteller eine besondere Eilbedürftigkeit darzulegen hat. Das Erfordernis der „Dringlichkeit" nach deutschem Recht ist im Vergleich zu Art. 7 Abs. 1 Enforcement-Richtlinie eine zusätzliche Voraussetzung für den Erlass einer einstweiligen Maßnahme, die sich zum Nachteil des Schutzrechtsinhabers auswirkt und dementsprechend Art. 7 Enforcement-Richtlinie (als höherrangigem Recht) entgegensteht.[222]

In richtlinienkonformer Auslegung der Enforcement-Richtlinie darf beim Erlass einer Duldungsverfügung beruhend auf § 140c PatG kein Dringlichkeitserfordernis verlangt werden.[223] Art. 7 Abs. 1 Enforcement-Richtlinie sieht über die hinreichende Begründung einer Schutzrechtsverletzung und den Schutz vertraulicher Informationen hinaus keine weiteren Voraussetzungen vor, insbesondere auch nicht die Darlegung einer besonderen Eilbedüftigkeit oder kein längeres Zuwarten bis zur Antragstellung seit Kenntnis der für eine Schutzrechtsverletzung sprechenden Umstände. Die Glaubhaftmachung einer zeitlichen Dringlichkeit nach den allgemeinen Grundsätzen[224] kann dement-

und des Rates über die Maßnahmen und Verfahren zum Schutz der Rechte an geistigem Eigentum vom 05.12.2003, A5–0468/2003, S. 56; Änderunsanträge Nr. 139 und 152 im Entwurf des Berichts des Ausschusses für Recht und Binnenmarkt über den Vorschlag für eine Richtlinie des Europäischen Parlaments und des Rates über die Maßnahmen und Verfahren zum Schutz der Rechte an geistigem Eigentum vom 13.10.2003, PE 332.534/28–199, S. 81, 89; OLG Karlsruhe, Beschl. v. 18.05.2010, Az. 6 W 28/10, BeckRS 2011, 18386.

[222] *Hahn*, in: PK-GewRS (2015), § 485 ZPO Rn. 79; *Götz* (2012), S. 146; *Heinze* (2007), S. 347 f.; *Stjerna,* MittdtPatA 2011, S. 271 (278); *Kur,* IIC 2004, S. 821 (825, Fn. 23); vgl. *Bopp,* in: FS Helm (2002), S. 275 (284); *Seichter,* WRP 2006, S. 391 (400).

[223] *Ahrens*, in: Wieczorek/Schütze (2014), § 485 Rn. 6; Fezer (2009), § 19a MarkenG Rn. 43; *Bahner* (2013), S. 115; *Rohlfing* (2009), S. 69; *Heinze* (2007), S. 351; *Tilmann,* in: FS Ullmann (2006), S. 1013 (1020); *Stjerna,* MittdtPatA 2011, S. 271 (277 f.); *Heymann,* CR 2008, S. 568 (571); DAV, Stellungnahme Nr. 11/2007, S. 7, 10 f. (abrufbar unter: http://www.bundesgerichtshof.de/SharedDocs/Downloads/DE/Bibliothek/Gesetzesmaterialien/16_wp/geistiges_eigentum/stellung_dav_maerz_07.pdf?__blob=publicationFile; zuletzt abgerufen am: 30.06.2017); *Frank/Wiegand,* CR 2007, S. 481 (487); *Nägele/Nitsche,* WRP 2007, S. 1047 (1053); *Spindler/Weber,* ZUM 2007, S. 257 (264); vgl. *Chakraborty*, in: Haedicke/Timmann (2012), § 11 Rn. 758; *Tinnefeld,* CR 2013, S. 417 (421); *Koch,* ITRB 2006, S. 40 (41); *Kunz-Hallstein/Loschelder,* GRUR 2006, S. 393 (394); *Tilmann,* GRUR 2005, S. 737 (738).

[224] OLG Nürnberg, Beschl. v. 17.08.2015, Az. 3 W 1412/15, GRUR-RR 2016, 108, 108 (Rn. 7) = BeckRS 2015, 20894 (Rn. 7); OLG Hamm, Beschl. v. 20.08.2009, Az. I-4 W 107/09, ZUM-RD 2010, 27, 27; OLG Köln, Beschl. v. 09.01.2009, Az. 6 W 3/09, ZUM 2009, 427, 427 = CR 2009, 289, 289; LG München I, Beschl. v. 06.07.2007, Az. 7 O 11707/07, InstGE 8, 293, 296 f. (Rn. 13) – Verfügungsgrund im Urheberrecht II = BeckRS 2011, 12178; *Dreier*, in: Dreier/Schulze (2015), § 101a Rn. 9; *Hacker*, in: Ströbele/Hacker (2015), § 19a Rn. 30; *Czychowski*, in: Fromm/Nordemann (2014), § 101a UrhG Rn. 27;

sprechend nicht mehr gefordert werden. Ebenso scheidet ein großzügiger Umgang mit dem Dringlichkeitsnachweis aus, wonach bei der immanenten Gefahr eines Beweismittelverlustes in der Regel von der erforderlichen Dringlichkeit auszugehen ist.[225]

Die Duldungsverfügung soll den Antragsteller vor einer Beweisvereitelung schützen (vgl. Art. 7 Abs. 1 S. 1 Enforcement-Richtlinie), was bei der Abwägung zu berücksichtigen ist und weshalb die Anforderungen an die Dringlichkeit nicht überspannt werden dürfen.[226] Nur mittels einer begleitenden Duldungsverfügung können dem Antragsgegner die zur Vermeidung einer Beweisvereitelung erforderlichen Duldungs- und Unterlassungspflichten auferlegt werden. Würde man eine zeitliche Dringlichkeit nach den allgemeinen Maßstäben verlangen, wäre der Besichtigungsanspruch nach deutschem Recht keine schnelle und wirksame Maßnahme zur Sicherung der rechtserheblichen Beweismittel im Sinne des Art. 7 Abs. 1 S. 1 Enforcement-Richtlinie und es würde ein Verstoß gegen das gemeinschaftsrechtliche Effi-

---

Grützmacher, in: Wandtke/Bullinger (2014), Vor § 69a ff. UrhG Rn. 24; *Kefferpütz*, in: Wandtke/Bullinger (2014), Vor § 97 ff. UrhG Rn. 100; *Keukenschrijver/Kaess*, in: Busse (2013), § 140c Rn. 26; *Voß*, in: Fitzner/Lutz/Bodewig (2012), Vor §§ 139 ff. PatG Rn. 248; *Pitz*, in: Fitzner/Lutz/Bodewig (2012), § 140c PatG Rn. 35; *Wimmers*, in: Schricker/Loewenheim (2010), § 101a Rn. 44; Fezer (2009), § 19 MarkenG Rn. 73, § 19a MarkenG Rn. 41; *Schlüter*, in: Münch AnwHdb. UrhR (2011), § 37 Rn. 17; *Reinartz* (2009), S. 136; *Stadler,* in: FS Leipold (2009), S. 201 (207); *Zöllner,* GRUR-Prax 2010, S. 74 (76); *Dörre/Maaßen,* GRUR-RR 2008, S. 217 (221); *Eck/Dombrowski,* GRUR 2008, S. 387 (393); *Peukert/Kur,* GRUR Int 2006, S. 292 (300); *Patnaik,* GRUR 2004, S. 191 (192).

[225] OLG Frankfurt a.M., Urt. v. 10.06.2010, Az. 15 U 192/09, BeckRS 2011, 18385; OLG Karlsruhe, Beschl. v. 18.05.2010, Az. 6 W 28/10, BeckRS 2011, 18386; *Grabinski/Zülch*, in: Benkard (2015), § 140c PatG Rn. 21; *Karg,* ZUM 2000, S. 934 (942); *Leppin,* GRUR 1984, S. 695 (707); vgl. OLG Düsseldorf, Beschl. v. 17.03.2011, Az. I-2 W 5/11, InstGE 13, 126, 127 f. (Rn. 3) – Dringlichkeit bei Besichtigung = GRUR-RR 2011, 289, 290; OLG Karlsruhe, Urt. v. 25.11.1981, Az. 6 U 190/81, GRUR 1982, 169, 171; LG München I, Urt. v. 20.10.2010, Az. 21 O 7563/10, InstGE 13, 181, 186 (Rn. 27), 187 (Rn. 30) – Arzneimittelherstellung = BeckRS 2012, 15213; Ingerl/Rohnke (2010), Vor §§ 14–19d Rn. 193; *Chakraborty*, in: Haedicke/Timmann (2012), § 11 Rn. 754; *Jestaedt* (2008), Rn. 842; *Adloff* (2007), S. 419; *Meier-Beck,* GRUR 1988, S. 861 (866).

[226] OLG Düsseldorf, Beschl. v. 17.03.2011, Az. I-2 W 5/11, InstGE 13, 126, 127 (Rn. 3) – Dringlichkeit bei Besichtigung = GRUR-RR 2011, 289, 290; OLG Karlsruhe, Beschl. v. 18.05.2010, Az. 6 W 28/10, BeckRS 2011, 18386; OLG Düsseldorf, Beschl. v. 30.03.2010, Az. I-20 W 32/10, InstGE 12, 105, 106 (Rn. 3) – Zuwarten mit Besichtigungsantrag = MittdtPatA 2011, 151, 151 f. (Rn. 4); *Chakraborty*, in: Haedicke/Timmann (2012), § 11 Rn. 757; *Köklü/Müller-Stoy,* MittdtPatA 2011, S. 109 (110); *Stjerna,* MittdtPatA 2011, S. 271 (276); *Kühnen,* GRUR 2005, S. 185 (194).

zienzgebot („effet utile"; vgl. Art. 3 Abs. 2 Enforcement-Richtlinie) vorliegen.[227]

Das deutsche Recht kennt eine Vielzahl von Vorschriften, bei denen das Vorgehen im einstweiligen Rechtsschutz allgemein für zulässig erklärt und dabei auf die Glaubhaftmachung der Dringlichkeit verzichtet wird.[228] Dies ist etwa bei der Eintragung einer Vormerkung im Grundbuch (§ 885 Abs. 1 S. 2 BGB) oder der Eintragung eines Widerspruchs gegen die Richtigkeit des Grundbuchs (§ 899 Abs. 2 S. 2 BGB) der Fall. Im Rahmen dieser Vorschriften bedarf es keines konkreten Dringlichkeitsnachweises im Einzelfall, da aus tatsächlichen oder rechtlichen Gründen ersichtlich ist, dass das zu sichernde Recht gefährdet ist.[229] Der Gesetzgeber hat bei der Einfügung der §§ 140c PatG, 101a UrhG, 19a MarkenG, 24c GebrMG, 46a DesignG, 37c SortSchG, 9 Abs. 2 HalblSchG i.V.m. 24c GebrMG auf eine entsprechende Regelung verzichtet und es findet sich in der Gesetzesbegründung auch kein Hinweis auf diese Vorschriften, mit der eine Befreiung von der Glaubhaftmachungslast des Antragstellers für die Dringlichkeit einherginge.[230] Anscheinend wollte man den Dringlichkeitsgrundsatz bei einstweiligen Maßnahmen nach deutschem Recht formell nicht durchbrechen. Dies erstaunt vor dem Hintergrund, dass dies bereits an anderer Stelle im Gesetz (§§ 885 Abs. 1 S. 2, 899 Abs. 2 S. 2 BGB; § 12 Abs. 2 UWG) geschehen ist und ein Dringlichkeitsnachweis in der Enforcement-Richtlinie nicht gefordert wird.

(1) Kein richtlinienimmanenter Nachweis der Dringlichkeit

Wenngleich die Dringlichkeit keine ausdrückliche Erwähnung in der Enforcement-Richtlinie gefunden hat, kann möglicherweise an anderer Stelle ein Hinweis darauf bestehen, sodass das Dringlichkeitserfordernis nach nationalem Recht gerechtfertigt ist. Dabei verbietet sich jedoch ein Rückgriff auf nationales Recht (vgl. Art. 4, 9 Abs. 1 lit. a) Enforcement-Richtlinie), da diese Richtlinie eine Mindestharmonisierung (Erwägungsgrund 10 der Enforcement-Richtlinie) anstrebt und die Dringlichkeitsvoraussetzung eine für den Schutzrechtsinhaber nachteilige Abweichung bedeutet (vgl. Art. 2 Abs. 1

---

[227] OLG Düsseldorf, Beschl. v. 17.03.2011, Az. I-2 W 5/11, InstGE 13, 126, 127 f. (Rn. 3) – Dringlichkeit bei Besichtigung = GRUR-RR 2011, 289, 290; Fezer (2009), § 19a MarkenG Rn. 43; *Chakraborty*, in: Haedicke/Timmann (2012), § 11 Rn. 757.

[228] OLG Düsseldorf, Beschl. v. 17.03.2011, Az. I-2 W 5/11, InstGE 13, 126, 128 (Rn. 4) – Dringlichkeit bei Besichtigung = GRUR-RR 2011, 289, 290; Fezer (2009), § 19a MarkenG Rn. 42; *Kühnen,* GRUR 2005, S. 185 (193–195).

[229] OLG Düsseldorf, Beschl. v. 17.03.2011, Az. I-2 W 5/11, InstGE 13, 126, 128 (Rn. 4) – Dringlichkeit bei Besichtigung = GRUR-RR 2011, 289, 290; *Kühnen,* GRUR 2005, S. 185 (193).

[230] Fezer (2009), § 19a MarkenG Rn. 42; *Stjerna,* MittdtPatA 2011, S. 271 (278); *Tilmann,* GRUR 2005, S. 737 (738).

Enforcement-Richtlinie sowie die Erwägungsgründe 8 und 9).[231] Vielmehr bedarf es einer Rechtfertigung für die Dringlichkeitsvoraussetzung aus der Enforcement-Richtlinie.

Die Enforcement-Richtlinie lässt den Gedanken einer zeitlichen Dringlichkeit in Satz 2 von Erwägungsgrund 22 erkennen. Danach kann neben der Erfüllung der einschlägigen Tatbestandvoraussetzungen für den Erlass einer einstweiligen Verfügung eine zusätzliche Rechtfertigung erforderlich sein („... vor allem dann gerechtfertigt, ...“), deren Vorliegen insbesondere bei erheblichen Schäden für den Schutzrechtsinhaber aufgrund einer Verzögerung anzunehmen ist.[232] Hierin wird der Gedanke der „Gefahr im Verzug“ deutlich, der ein schnelles Einschreiten erforderlich macht. Demgemäß können dem Antragsteller Stellungnahmen hinsichtlich der besonderen Eilbedürftigkeit abverlangt werden. Diese konkreten Einschränkungen durch Erwägungsgrund 22 der Enforcement-Richtlinie beziehen sich jedoch nur auf einstweilige Maßnahmen nach Art. 9 Enforcement-Richtlinie[233], sodass sie für den Nachweis des Dringlichkeitserfordernisses bei Maßnahmen nach Art. 7 Enforcement-Richtlinie nur insoweit herangezogen werden können, dass der Enforcement-Richtlinie ein Dringlichkeitserfordernis nicht gänzlich fremd ist.

Die Dringlichkeitsvoraussetzung kann daneben in den allgemeinen Grundsatz der Verhältnismäßigkeit (Art. 3 Abs. 2 Enforcement-Richtlinie sowie deren Erwägungsgrund 17; vgl. Erwägungsgrund 22 S. 1 der Enforcement-Richtlinie) hineingelesen werden.[234] Danach dürfen selbst beim Vorliegen der Voraussetzungen von Art. 7 Enforcement-Richtlinie keine unverhältnismäßigen einstweiligen Maßnahmen ergehen. Der Rückgriff des Antragstellers auf einstweilige Maßnahmen fußt meist auf dem Erfordernis eines zügigen Handelns.[235] Die zugrunde liegende Verhältnismäßigkeitsprüfung kann demgemäß auch das Kriterium der zeitlichen Dringlichkeit umfassen, da der Antragsteller durch ein zögerliches Verhalten eine schnelle Rechtsdurchsetzung selbst verhindert.[236] Dennoch genügt der allgemeine Verhältnismäßigkeitsgrundsatz nicht als richtlinienimmanenter Nachweis einer zeitlichen Dringlichkeit. Das Bedürfnis nach einem Dringlichkeitserfordernis war im Rahmen

---

[231] BT-Drucks. 16/5048, S. 25; *Heinze* (2007), S. 349; *Stjerna,* MittdtPatA 2011, S. 271 (277); vgl. *Berlit,* WRP 2007, S. 732 (732); *Seichter,* WRP 2006, S. 391 (391 f.).

[232] *Heinze* (2007), S. 350.

[233] *Heinze* (2007), S. 351.

[234] *Beckhaus* (2010), S. 207; vgl. OLG Düsseldorf, Beschl. v. 22.08.2008, Az. I-2 W 35/08, InstGE 10, 60, 62 f. (Rn. 5) – Olanzapin II = BeckRS 2009, 09219.

[235] Kommissionsvorschlag für eine Richtlinie des europäischen Parlaments und des Rates über die Maßnahmen und Verfahren zum Schutz der Rechte an geistigem Eigentum v. 30.01.2003, KOM(2003) 46 endg., 2003/0024 (COD), S. 23; *Heinze* (2007), S. 351.

[236] OLG Düsseldorf, Beschl. v. 22.08.2008, Az. I-2 W 35/08, InstGE 10, 60, 62 f. (Rn. 5) – Olanzapin II = BeckRS 2009, 09219; *Heinze* (2007), S. 350 f.

des Gesetzgebungsverfahrens hinlänglich bekannt.[237] Der Richtliniengesetzgeber hätte vor diesem Hintergund auch für Art. 7 Enforcement-Richtlinie einen dem Erwägungsgrund 22 der Enforcement-Richtlinie entsprechenden Hinweis aufnehmen können. Demgemäß sind entsprechend der Enforcement-Richtlinie Maßnahmen zur Beweissicherung ohne eine weitere Dringlichkeitsprüfung zu erlassen, sofern die Voraussetzungen von Art. 7 Enforcement-Richtlinie erfüllt sind.[238]

(2) Anwendbarkeit von § 12 Abs. 2 UWG

Im Gegensatz zum Wettbewerbsrecht, wo das Vorliegen eines Verfügungsgrundes widerleglich vermutet wird (§ 12 Abs. 2 UWG), müssen bei Streitigkeiten über gewerbliche Schutzrechte die Voraussetzungen der §§ 935 ff. ZPO vollständig glaubhaft gemacht werden.[239] Eine Ausweitung der Dringlichkeitsvermutung des § 12 Abs. 2 UWG durch eine entsprechende Anwendung dieser Vorschrift auf den gesamten Bereich der gewerblichen Schutzrechte ist (abgesehen vom Markenrecht) wegen der meist komplexen Sach-

---

[237] Vgl. Änderungsantrag 17 der Stellungnahme des Ausschusses für Industrie, Außenhandel, Forschung und Energie vom 02.10.2003 im Bericht über den Vorschlag für eine Richtlinie des Europäischen Parlaments und des Rates über die Maßnahmen und Verfahren zum Schutz der Rechte an geistigem Eigentum vom 05.12.2003, A5–0468/2003, S. 56; Änderunsanträge Nr. 139 und 152 im Entwurf des Berichts des Ausschusses für Recht und Binnenmarkt über den Vorschlag für eine Richtlinie des Europäischen Parlaments und des Rates über die Maßnahmen und Verfahren zum Schutz der Rechte an geistigem Eigentum vom 13.10.2003, PE 332.534/28–199, S. 81, 89.

[238] *Heinze* (2007), S. 351.

[239] OLG Karlsruhe, Beschl. v. 18.05.2010, Az. 6 W 28/10, BeckRS 2011, 18386; OLG Karlsruhe, Urt. v. 08.07.2009, Az. 6 U 61/09, InstGE 11, 143, 145 (Rn. 10) – VA-LCD-Fernseher = GRUR-RR 2009, 442, 443; OLG Düsseldorf, Urt. v. 29.05.2008, Az. 2 W 47/07, InstGE 9, 140, 144 f. (Rn. 24) – Olanzapin = GRUR-RR 2008, 329, 330; OLG München, Beschl. v. 17.04.2007, Az. 29 W 1295/07, InstGE 8, 192, 193 (Rn. 2) – Verfügungsgrund im Urheberrecht; LG Mannheim, Urt. v. 29.10.2010, Az. 7 O 214/10, InstGE 13, 11, 12 (Rn. 8) – Sauggreifer = GRUR-RR 2011, 83, 83; LG München I, Beschl. v. 17.04.2008, Az. 21 O 6507/08, InstGE 10, 240, 241 (Rn. 5) – Stadtplanverfügung I = BeckRS 2011, 12215; LG München I, Beschl. v. 06.07.2007, Az. 7 O 11707/07, InstGE 8, 293, 294 (Rn. 7) – Verfügungsgrund im Urheberrecht II = BeckRS 2011, 12178; BT-Drucks. 16/5048, S. 41; *Grabinski/Zülch*, in: Benkard (2015), § 140c PatG Rn. 21; *Voß*, in: PK-GewRS (2015), § 940 ZPO Rn. 67, 71; *Voß*, in: Fitzner/Lutz/Bodewig (2012), Vor §§ 139 ff. PatG Rn. 247; *Oldekop*, in: Schramm (2012), Kap. 9 Rn. 147; *Ann/Hauck/Maute* (2011), Rn. 335; *Schmid-Petersen*, in: *Heydn/Schmid-Petersen/Vassilaki* (2009), Rn. 491; *Jestaedt* (2008), Rn. 837; *Meier-Beck,* GRUR 1988, S. 861 (865); *Klaka,* GRUR 1979, S. 593 (596); vgl. *Hahn*, in: PK-GewRS (2015), § 485 ZPO Rn. 83.

und Rechtslage abzulehnen und auch nicht mit der Umsetzung der Enforcement-Richtlinie einhergegangen.[240]

Außerhalb des Anwendungsbereichs von § 12 Abs. 2 UWG rechtfertigt die Tatsache, dass das Vorgehen des Antragstellers bei Erhebung einer Klage in der Hauptsache zeitaufwendiger wäre als bei einem Vorgehen gegen die Schutzrechtsverletzung im einstweiligen Rechtsschutz, nicht den Verzicht auf das Erfordernis eines Verfügungsgrundes.[241] Der Verzicht auf die Darlegung des Verfügungsgrundes in einfach gelagerten Fallgestaltungen oder bei einer offensichtlichen Beweisvereitelungsgefahr würde im Ergebnis zu einer Gleichbehandlung mit Verfahren führen, die der Dringlichkeitsvermutung des § 12 Abs. 2 UWG unterliegen.[242]

---

[240] OLG Nürnberg, Beschl. v. 17.08.2015, Az. 3 W 1412/15, GRUR-RR 2016, 108, 109 (Rn. 16) = BeckRS 2015, 20894 (Rn. 16); OLG Hamm, Urt. v. 31.01.2013, Az. 4 U 200/12, GRUR-RR 2013, 306, 307 – Vorbereitender Besichtigungsanspruch = BeckRS 2013, 07152; OLG Karlsruhe, Urt. v. 08.07.2009, Az. 6 U 61/09, InstGE 11, 143, 145 (Rn. 10) – VA-LCD-Fernseher = GRUR-RR 2009, 442, 443; OLG München, Beschl. v. 25.07.2008, Az. 6 W 1850/08, InstGE 10, 255, 255 (Rn. 3) – Stadtplanverfügung II = BeckRS 2008, 42109; OLG Düsseldorf, Urt. v. 29.05.2008, Az. 2 W 47/07, InstGE 9, 140, 144 f. (Rn. 24) – Olanzapin = GRUR-RR 2008, 329, 330; LG Mannheim, Urt. v. 29.10.2010, Az. 7 O 214/10, InstGE 13, 11, 12 (Rn. 8) – Sauggreifer = GRUR-RR 2011, 83, 83; LG München I, Beschl. v. 17.04.2008, Az. 21 O 6507/08, InstGE 10, 240, 241 (Rn. 5) – Stadtplanverfügung I = BeckRS 2011, 12215; LG München I, Beschl. v. 06.07.2007, Az. 7 O 11707/07, InstGE 8, 293, 296 (Rn. 12) – Verfügungsgrund im Urheberrecht II = BeckRS 2011, 12178; *Köhler*, in: Köhler/Bornkamm (2016), § 12 UWG Rn. 3.14 m.w.Nachw.; *Feddersen*, in: Teplitzky (2016), Kap. 54 Rn. 20b; *Grabinski/Zülch*, in: Benkard (2015), § 139 PatG Rn. 153; *Büscher*, in: Büscher/Dittmer/Schiwy (2015), Kap. 3, § 19a MarkenG Rn. 12; *Dittmer*, in: Büscher/Dittmer/Schiwy (2015), Kap. 7, § 12 UWG Rn. 29; *Voß*, in: PK-GewRS (2015), § 940 ZPO Rn. 67, 71; *Hacker*, in: Ströbele/Hacker (2015), § 19a Rn. 30; *Sosnitza*, in: Ohly/Sosnitza (2014), § 12 UWG Rn. 115; *Kefferpütz*, in: Wandtke/Bullinger (2014), Vor § 97 ff. UrhG Rn. 78 m.w.Nachw.; *Voß*, in: Fitzner/Lutz/Bodewig (2012), Vor §§ 139 ff. PatG Rn. 247; Ingerl/Rohnke (2010), Vor §§ 14–19d Rn. 194; Fezer (2009), § 19 MarkenG Rn. 73, § 19a MarkenG Rn. 43, 55; *Berneke/Schüttpelz* (2015), Rn. 129; *Pierson*, in: *Pierson/Ahrens/Fischer* (2014), S. 557; *Ann/Hauck/Maute* (2011), Rn. 335; *Creutzfeldt* (2010), S. 24; *Schmid-Petersen*, in: *Heydn/Schmid-Petersen/Vassilaki* (2009), Rn. 491; *Jestaedt* (2008), Rn. 837; *Karger* (1996), S. 59; *Sosnitza,* WRP 2004, S. 62 (64); *v. Falck,* MittdtPatA 2002, S. 429 (431); vgl. *Hahn*, in: PK-GewRS (2015), § 485 ZPO Rn. 83; *Doepner,* in: FS Canenbley (2012), S. 155 (160).

[241] LG München I, Beschl. v. 06.07.2007, Az. 7 O 11707/07, InstGE 8, 293, 295 (Rn. 11) – Verfügungsgrund im Urheberrecht II = BeckRS 2011, 12178; vgl. *Hahn*, in: PK-GewRS (2015), § 485 ZPO Rn. 83; *Voß*, in: PK-GewRS (2015), § 940 ZPO Rn. 67, 71.

[242] LG München I, Beschl. v. 06.07.2007, Az. 7 O 11707/07, InstGE 8, 293, 296 (Rn. 13) – Verfügungsgrund im Urheberrecht II = BeckRS 2011, 12178.

(3) Dringlichkeitsvermutung

Der Großteil der Praxis nimmt ein Dringlichkeitserfordernis an. Allerdings wird aufgrund der drohenden Beweismittelvereitelung die sonst näher festzustellende Dringlichkeit vermutet bzw. fingiert. Nur ausnahmsweise tritt eine Selbstwiderlegung ein, weswegen die Dringlichkeit nur zu verneinen ist, wenn die Beweismittelvereitelung im Ausnahmefall faktisch ausgeschlossen ist.[243] Der Verfügungsgrund ergibt sich mithin aus dem Verfügungsanspruch.[244] Dadurch wird das Regel-Ausnahme-Verhältnis umgekehrt, da die Dringlichkeit vermutet wird und nur in Ausnahmefällen konkret nachgewiesen werden muss (vgl. § 12 Abs. 2 UWG), sodass die Dringlichkeitsvermutung infolge einer Beweisvereitelungsgefahr faktisch ebenfalls zu einer Durchbrechung des Dringlichkeitsgrundsatzes führt.[245]

Zunächst ist festzuhalten, dass eine Dringlichkeitsfiktion begrifflich ausgeschlossen ist. Die Dringlichkeit kann vielmehr nur vermutet werden, da bei einer Fiktion schon im Voraus sicher feststeht, dass der fingierte Sachverhalt und der tatsächliche Zustand nicht übereinstimmen werden, wohingegen im Rahmen eines Besichtigungsanspruchs die vermutete Dringlichkeit tatsächlich vorliegen kann.[246]

---

[243] OLG Düsseldorf, Beschl. v. 17.03.2011, Az. I-2 W 5/11, InstGE 13, 126, 127 f. (Rn. 2–4) – Dringlichkeit bei Besichtigung = GRUR-RR 2011, 289, 289 f.; OLG Düsseldorf, Beschl. v. 30.03.2010, Az. I-20 W 32/10, InstGE 12, 105, 106 f. (Rn. 2–4) – Zuwarten mit Besichtigungsantrag = MittdtPatA 2011, 151, 151 f. (Rn. 3–5); LG München I, Urt. v. 20.10.2010, Az. 21 O 7563/10, InstGE 13, 181, 186 (Rn. 27), 187 (Rn. 30) – Arzneimittelherstellung = BeckRS 2012, 15213; LG Düsseldorf, Beschl. v. 25.07.2006, Az. 4b O 550/05, InstGE 6, 294, 295 (Rn. 5) – Walzen-Formgebungsmaschine II; BT-Drucks. 16/5048, S. 28; Mes (2015), § 140c Rn. 35; *Hahn*, in: PK-GewRS (2015), § 485 ZPO Rn. 82; *Rinken/Kühnen*, in: Schulte (2014), § 140c Rn. 47; *Kühnen* (2013), Rn. 359; *Götz* (2012), S. 185; *Chakraborty*, in: Haedicke/Timmann (2012), § 11 Rn. 754–759, 755 (Fn. 1827); *Oldekop*, in: Schramm (2012), Kap. 9 Rn. 147; *Nieder*, in: Erdmann/Rojahn/Sosnitza (2011), Kap. 1 Rn. 604; *Müller-Stoy* (2008), Rn. 262, 269; *Battenstein* (2006), S. 104 f.; *Kreye*, in: FS v. Meibom (2010), S. 241 (245; 259); *Tilmann/Schreibauer*, in: FS Erdmann (2002), S. 901 (924, 926); *Köklü/Müller-Stoy*, MittdtPatA 2011, S. 109 (111); *Fitzner/Kather*, VPP-Rundbrief 2009, S. 58 (59); *Kühnen*, GRUR 2005, S. 185 (193 f.); *Tilmann/Schreibauer*, GRUR 2002, S. 1015 (1021); *Bork*, NJW 1997, S. 1665 (1671); vgl. LG München I, Urt. v. 20.10.2010, Az. 21 O 7563/10, InstGE 13, 181, 186 (Rn. 27), 187 (Rn. 30) – Arzneimittelherstellung = BeckRS 2012, 15213; *Mes*, in: MPFormB GewRS (2014), Form. C.22 Anm. 33; *Keukenschrijver/Kaess*, in: Busse (2013), § 140c Rn. 21.

[244] *Oldekop*, in: Schramm (2012), Kap. 9 Rn. 147.

[245] *Chakraborty*, in: Haedicke/Timmann (2012), § 11 Rn. 759; *Stjerna*, MittdtPatA 2011, S. 271 (278); *Tilmann*, GRUR 2005, S. 737 (738); vgl. *Köklü/Müller-Stoy*, MittdtPatA 2011, S. 109 (110).

[246] *Chakraborty*, in: Haedicke/Timmann (2012), § 11 Rn. 759 (Fn. 1840); *Bitter/Rauhut*, JuS 2009, S. 289 (291); a.A. *Kühnen* (2013), Rn. 359; vgl. LG München I, Urt. v. 20.10.2010, Az. 21 O 7563/10, InstGE 13, 181, 186 (Rn. 27) – Arzneimittelherstellung =

Die Vermutung einer zeitlichen Dringlichkeit stellt aufgrund der Tatsache, dass regelmäßig ein Beweismittelverlust droht und jeder verstrichene Tag bis zur Anordnung einen Verlust darstellt, keine weitere Hürde für den Antragsteller dar. In diesen Fällen steht das Dringlichkeitserfordernis der Enforcement-Richtlinie im Ergebnis nicht entgegen, wenngleich Art. 7 Enforcement-Richtlinie diese objektive Dringlichkeit tatbestandlich nicht fordert. Die Dringlichkeitsvermutung entpuppt sich aber als eine Scheinbegründung, wenn der Antragsteller trotz Kenntnis oder eines erheblichen Verdachts einer Schutzrechtsverletzung eine Antragstellung hinauszögert, da die Dringlichkeitsvermutung in diesem Moment widerlegt ist.[247] Außerdem handelt es sich nur um eine faktische Dringlichkeitsvermutung, da der Antragsteller mangels einer entsprechenden Regelung (ähnlich wie §§ 885 Abs. 1 S. 2, 899 Abs. 2 S. 2 BGB oder § 12 Abs. 2 UWG) nicht vom Nachweis des Verfügungsgrundes befreit ist.

(4) Vereitelungsgefahr

Aus der objektivierten Sicht des Antragstellers besteht im Zeitpunkt der Anspruchstellung regelmäßig die Befürchtung, dass der Antragsgegner den zu besichtigenden Gegenstand beiseiteschafft oder verändert, um den Verletzungssachverhalt zu verschleiern.[248] Diese Vereitelungsgefahr ist umso größer, sobald sich der Gegenstand in der Sphäre des Antragsgegners befindet.[249] Die Beweisvereitelungsgefahr begründet demzufolge in der Regel eine zeitliche Dringlichkeit.[250] Wegen einer fortwährenden Vereitelungsgefahr kann jedoch nicht automatisch eine Dauerdringlichkeit angenommen werden.[251]

BeckRS 2012, 15213; *Rinken/Kühnen*, in: Schulte (2014), § 140c Rn. 47; *Kühnen*, GRUR 2005, S. 185 (194); *Donau*, ZZP 1954, S. 451 (452 f.).

[247] *Tilmann*, GRUR 2005, S. 737 (738); vgl. OLG Düsseldorf, Beschl. v. 22.08.2008, Az. I-2 W 35/08, InstGE 10, 60, 66 (Rn. 10) – Olanzapin II = BeckRS 2009, 09219.

[248] OLG Düsseldorf, Beschl. v. 17.03.2011, Az. I-2 W 5/11, InstGE 13, 126, 128 (Rn. 4) – Dringlichkeit bei Besichtigung = GRUR-RR 2011, 289, 290; BT-Drucks. 16/5048, S. 28; *Gniadek* (2011), S. 119 f.; *Rohlfing* (2009), S. 68; *Kühnen*, GRUR 2005, S. 185 (193); vgl. OLG München, Beschl. v. 25.07.2008, Az. 6 W 1850/08, InstGE 10, 255, 256 (Rn. 4 f.) – Stadtplanverfügung II = BeckRS 2008, 42109; *Hahn*, in: PK-GewRS (2015), § 485 ZPO Rn. 82.

[249] *Kühnen*, GRUR 2005, S. 185 (193 f.).

[250] OLG Frankfurt a.M., Urt. v. 10.06.2010, Az. 15 U 192/09, BeckRS 2011, 18385; LG Düsseldorf, Beschl. v. 25.07.2006, Az. 4b O 550/05, InstGE 6, 294, 295 (Rn. 6) – Walzen-Formgebungsmaschine II; BT-Drucks. 16/5048, S. 28; *Oldekop*, in: Schramm (2012), Kap. 9 Rn. 148; *Müller-Stoy* (2008), Rn. 264, 269; *Rohlfing* (2009), S. 68 f.; *Kreye*, in: FS v. Meibom (2010), S. 241 (246 f.); vgl. *Kühnen*, GRUR 2005, S. 185 (193 f.); *Bork*, NJW 1997, S. 1665 (1671); *Leppin*, GRUR 1984, S. 695 (707).

[251] *Eck/Dombrowski*, GRUR 2008, S. 387 (392); a.A. OLG Frankfurt a.M., Beschl. v. 17.01.2006, Az. 11 W 21/05, GRUR-RR 2006, 295, 296 – Quellcode-Besichtigung =

Sofern ausnahmsweise keine Vereitelungsgefahr besteht, kann die Beweismittelsicherung im Einzelfall nicht erforderlich sein und die Anordnung einer Duldungsverfügung aufgrund einer für den Antragsteller negativen Interessenabwägung gegen den Verhältnismäßigkeitsgrundsatz verstoßen (vgl. § 140c Abs. 2 PatG; Art. 3 Abs. 2 Enforcement-Richtlinie sowie deren Erwägungsgründe 17 und 22).[252] Der Antragsteller ist dann nicht mehr auf ein schnelles Einschreiten über Maßnahmen des einstweiligen Rechtsschutzes angewiesen und kann auf ein Hauptsacheverfahren verwiesen werden.

Die Unverhältnismäßigkeit besteht danach nur bezogen auf die fehlende Beweisvereitelungsgefahr und gerade nicht, wenn eine Beweissicherungsanordnung ohne das Bestehen einer zeitlichen Dringlichkeit angeordnet wurde.[253] Wenngleich im Verfügungsgrund eine umfassende Interessenabwägung im Einzelfall vorzunehmen ist, muss eine einstweilige Maßnahme bei Vorliegen der Voraussetzungen von Art. 7 Abs. 1 Enforcement-Richtlinie grundsätzlich ergehen und darf nicht von einem Dringlichkeitsnachweis abhängig gemacht werden.[254] Ein Dringlichkeitsnachweis ist nicht erforderlich, um in besonderen Ausnahmefällen (etwa wenn die Beweismittelvereitelung faktisch ausgeschlossen ist) notwendige Einschränkungen zu treffen und letztlich eine Duldungsverfügung zu verneinen.[255] Vielmehr können diese Ausnahmefälle über den Grundsatz der Verhältnismäßigkeit berücksichtigt werden.

MMR 2006, 820, 821; OLG Düsseldorf, Urt. v. 17.08.1981, Az. 2 U 102/81, GRUR 1983, 741, 742 – Geheimhaltungsinteresse und Besichtigungsanspruch I.

[252] BT-Drucks. 16/5048, S. 28; BR-Drucks. 64/07, S. 62 f.; Ref-Entwurf vom 03.01.2006, S. 52 (abrufbar unter: http://www.urheberrecht.org/topic/enforce/bmj/2006–01–03-DurchsetzungsG-E.pdf; zuletzt abgerufen am: 30.06.2017); OLG Düsseldorf, Beschl. v. 17.03.2011, Az. I-2 W 5/11, InstGE 13, 126, 128 f. (Rn. 5) – Dringlichkeit bei Besichtigung = GRUR-RR 2011, 289, 290; OLG Düsseldorf, Beschl. v. 30.03.2010, Az. I-20 W 32/10, InstGE 12, 105, 107 (Rn. 4) – Zuwarten mit Besichtigungsantrag = MittdtPatA 2011, 151, 152 (Rn. 5); Hahn, in: PK-GewRS (2015), § 485 ZPO Rn. 82; Oldekop, in: Schramm (2012), Kap. 9 Rn. 148; *Heinze* (2007), S. 351; *Eck/Dombrowski,* in: FS 50 Jahre BPatG (2011), S. 169 (186); *Köklü/Müller-Stoy,* MittdtPatA 2011, S. 109 (111); vgl. OLG Köln, Beschl. v. 09.01.2009, Az. 6 W 3/09, ZUM 2009, 427, 427 = CR 2009, 289, 289.

[253] BT-Drucks. 16/5048, S. 28; *Heinze* (2007), S. 351, 353.

[254] *Rohlfing* (2009), S. 69; *Heinze* (2007), S. 353; *v. Mühlendahl,* IIC 2007, S. 377 (380); vgl. Kommissionsvorschlag für eine Richtlinie des europäischen Parlaments und des Rates über die Maßnahmen und Verfahren zum Schutz der Rechte an geistigem Eigentum vom 30.01.2003, KOM(2003) 46 endg., 2003/0024 (COD), S. 15 f.; *Torremans* (2010), S. 618–623; *Klink,* EIPR 2004, S. 493 (497 f.); *Hoeren,* MMR 2003, S. 299 (300).

[255] OLG Düsseldorf, Beschl. v. 17.03.2011, Az. I-2 W 5/11, InstGE 13, 126, 128 (Rn. 5) – Dringlichkeit bei Besichtigung = GRUR-RR 2011, 289, 290; OLG Düsseldorf, Beschl. v. 30.03.2010, Az. I-20 W 32/10, InstGE 12, 105, 107 (Rn. 4) – Zuwarten mit Besichtigungsantrag = MittdtPatA 2011, 151, 152 (Rn. 5); *Rinken/Kühnen,* in: Schulte (2014), § 140c Rn. 47; *Chakraborty*, in: Haedicke/Timmann (2012), § 11 Rn. 758, 758 (Fn. 1839); vgl. *Kühnen,* GRUR 2005, S. 185 (194).

Der Verzicht auf die zeitliche Dringlichkeit im Rahmen von § 140c PatG verstößt auch nicht gegen den Grundsatz der Verhältnismäßigkeit.[256] Der Grundsatz der Verhältnismäßigkeit steht nicht als zusätzliches Kriterium neben der Erforderlichkeit. Vielmehr umfasst der Verhältnismäßigkeitsgrundsatz die Erforderlichkeit, sodass eine für den Antragsgegner belastende Besichtigungsanordnung nur dann zulässig ist, wenn die angeordnete Maßnahme zur Erreichung des angestrebten Zweckes geeignet sowie erforderlich ist und für den Antragsteller kein anderes Mittel besteht, den Zweck auf eine für den Antragsgegner schonendere Weise zu erreichen.[257] Demgemäß kann bei gewichtigen Gründen, aufgrund derer die Anordnung dem Zweck von Art. 7 Enforcement-Richtlinie widerspräche, eine Besichtigungsanordnung ausnahmsweise unverhältnismäßig sein.

Der Verfügungsgrund dient als Korrektiv gegen eine uferlose Ausweitung von Maßnahmen im Wege des einstweiligen Rechtsschutzes. Diese Ausgleichsfunktion geht aber nicht verloren, wenn bei einstweiligen Verfügungen auf der Grundlage von § 140c PatG wegen der Vorgaben der Enforcement-Richtlinie auf den Dringlichkeitsnachweis verzichtet wird. Vielmehr kann diese Funktion über den Verhältnismäßigkeitsgrundsatz (§ 140c Abs. 2 PatG) aufgefangen werden. Die Vereitelungsgefahr sowie eine zeitliche Dringlichkeit können als Kriterien im Rahmen der Verhältnismäßigkeitsprüfung berücksichtigt werden und zu einer Unverhältnismäßigkeit der einstweiligen Verfügung führen. Dementsprechend ist die Voraussetzung einer zeitlichen Dringlichkeit beim Erlass einer Duldungsverfügung fußend auf § 140c PatG nicht erforderlich.

bb) Längeres Zuwarten bis zu Antragstellung

Die für eine einstweilige Verfügung erforderliche Gefahr der Veränderung oder Vernichtung des Besichtigungsgegenstandes (vgl. §§ 935, 940 ZPO) besteht immer, wenn sich der Gegenstand im Besitz des Antragsgegners befindet.[258] Jeder Schutzrechtsinhaber ist im Hinblick auf seine zeitlich befristeten Ausschließlichkeitsrechte bestrebt, mögliche Schutzrechtsverletzungen so schnell wie möglich mithilfe einer Besichtigung aufzuklären.[259]

---

[256] OLG Düsseldorf, Beschl. v. 17.03.2011, Az. I-2 W 5/11, InstGE 13, 126, 128 f. (Rn. 5) – Dringlichkeit bei Besichtigung = GRUR-RR 2011, 289, 290.

[257] BT-Drucks. 16/5048, S. 28; OLG Düsseldorf, Beschl. v. 17.03.2011, Az. I-2 W 5/11, InstGE 13, 126, 128 f. (Rn. 5) – Dringlichkeit bei Besichtigung = GRUR-RR 2011, 289, 290.

[258] OLG Frankfurt a.M., Urt. v. 10.06.2010, Az. 15 U 192/09, BeckRS 2011, 18385; *Tilmann/Schreibauer,* in: FS Erdmann (2002), S. 901 (924); *Kühnen,* GRUR 2005, S. 185 (193 f.).

[259] *Kühnen,* GRUR 2005, S. 185 (194).

Wenngleich die §§ 935 ff. ZPO das Erfordernis einer zeitlichen Dringlichkeit nicht ausdrücklich erwähnen, wird ein Verfügungsgrund nur angenommen, wenn der Antragsteller nach der Kenntnis aller maßgeblichen Umstände seinen Antrag ohne längeres Zuwarten eingereicht hat.[260] Sofern er trotz voller Kenntnis zögerlich handelt und die Einreichung des Verfügungsantrags hinauszögert, wird dem Antragsteller mangelnde Dringlichkeit unterstellt („Selbstwiderlegung der Dringlichkeit").[261] Er darf mithin nicht den Anschein erwecken, dass die Rechtsverfolgung nicht eilig ist und er im Vergleich zur einstweiligen Verfügung auch auf ein Hauptsacheverfahren verwiesen werden könnte.[262] In Einklang damit tritt im Rahmen von § 12 Abs. 2 UWG bei zögerlichem Verhalten des Antragstellers eine Selbstwiderlegung der Dringlichkeitsvermutung ein.[263]

---

[260] Baumbach/Lauterbach/Albers/Hartmann (2016), § 940 Rn. 6; *Feddersen*, in: Teplitzky (2016), Kap. 54 Rn. 24 ff.; *Vollkommer*, in: Zöller (2016), § 940 Rn. 4; *Hahn*, in: PK-GewRS (2015), § 485 ZPO Rn. 77; *Voß*, in: PK-GewRS (2015), § 940 ZPO Rn. 73 f.; *Pitz*, in: Fitzner/Lutz/Bodewig (2012), § 140c PatG Rn. 35; *Kühnen* (2013), Rn. 1801–1804; *Spätgens*, in: Hdb. WettbR (2010), § 100 Rn. 35; *Schmukle*, in: WettbProz (2009), Kap. 45 Rn. 17 ff.; *Schmid-Petersen*, in: *Heydn/Schmid-Petersen/Vassilaki* (2009), Rn. 475, 495; *Jestaedt* (2008), Rn. 837; *Köklü/Müller-Stoy,* MittdtPatA 2011, S. 109 (111); *Müller-Stoy/Wahl,* MittdtPatA 2008, S. 311 (313); vgl. OLG Karlsruhe, Beschl. v. 18.05.2010, Az. 6 W 28/10, BeckRS 2011, 18386; *Teplitzky,* in: FS Loschelder (2010), S. 391 (394 f.); *v. Falck,* MittdtPatA 2002, S. 429 (431 f.); zu den unterschiedlichen „Dringlichkeitsfristen": *Stjerna,* MittdtPatA 2011, S. 271 (272–275; 278); *Müller-Stoy/Wahl,* MittdtPatA 2008, S. 311 (312 f.).

[261] OLG Düsseldorf, Beschl. v. 22.08.2008, Az. I-2 W 35/08, InstGE 10, 60, 66 (Rn. 10) – Olanzapin II = BeckRS 2009, 09219; *Huber*, in: Musielak/Voit (2016), § 940 Rn. 4; *Schuschke*, in: Schuschke/Walker (2016), § 935 ZPO Rn. 18; *Feddersen*, in: Teplitzky (2016), Kap. 54 Rn. 24 ff.; *Grabinski/Zülch*, in: Benkard (2015), § 139 PatG Rn. 153c; *Hahn*, in: PK-GewRS (2015), § 485 ZPO Rn. 82, § 491 ZPO Rn. 16 (Fn. 26); *Drescher*, in: MüKo ZPO (2012), § 935 Rn. 18–20; *Creutzfeldt* (2010), S. 27; *Rohlfing* (2009), S. 69; *Cepl,* GRUR-Prax 2013, S. 203 (203); *Ringleben,* GRUR-Prax 2013, S. 323 (323); *Teplitzky,* WRP 2013, S. 1414 (1416, Rn. 6); *Stjerna,* MittdtPatA 2011, S. 271 (272).

[262] *Grabinski/Zülch*, in: Benkard (2015), § 140c PatG Rn. 21; *Dittmer*, in: Büscher/Dittmer/Schiwy (2015), Kap. 7, § 12 UWG Rn. 31; *Hahn*, in: PK-GewRS (2015), § 485 ZPO Rn. 77; *Voß*, in: PK-GewRS (2015), § 940 ZPO Rn. 74; *Meier-Beck,* GRUR 1988, S. 861 (866).

[263] BGH, Beschl. v. 01.07.1999, Az. I ZB 7/99, GRUR 2000, 151, 152 = NJW-RR 2000, 209, 209; OLG Hamburg, Urt. v. 11.08.2005, Az. 5 U 19/05, NJOZ 2005, 4308, 4310 = BeckRS 2005, 10235; OLG Hamburg, Beschl. v. 28.02.2002, Az. 3 U 347/01, GRUR-RR 2002, 277, 277 = BeckRS 2002, 30243691; *Huber*, in: Musielak/Voit (2016), § 940 Rn. 25b; *Dittmer*, in: Büscher/Dittmer/Schiwy (2015), Kap. 7, § 12 UWG Rn. 31; *Sosnitza*, in: Ohly/Sosnitza (2014), § 12 UWG Rn. 115; *Voß*, in: Fitzner/Lutz/Bodewig (2012), Vor §§ 139 ff. PatG Rn. 250; *Drescher*, in: MüKo ZPO (2012), § 935 Rn. 18; *Pierson*, in: *Pierson/Ahrens/Fischer* (2014), S. 557; *Schmukle*, in: WettbProz (2009), Kap. 45 Rn. 17 ff.; *Pansch* (2003), S. 161; *Teplitzky,* WRP 2013, S. 1414 (1416, Rn. 6); *Stjerna,* MittdtPatA 2011, S. 271 (272, 278).

(1) Sinn und Zweck der Duldungsverfügung

Eine längeres Zuwarten ist dann entscheidend, wenn das Interesse des Antragstellers an der Verfahrensart der einstweiligen Verfügung auf die schnelle Erlangung eines Titels gerichtet ist (etwa bei Unterlassungsverfügungen).[264] Ein Unterlassungsantrag beschränkt sich auf den Umfang eines späteren Unterlassungstitels, falls der Antragsteller wegen fehlender Dringlichkeit auf das Hauptsacheverfahren verwiesen wird.[265] Der einen Titel anstrebende Verfügungsgläubiger kann auf die Geltendmachung seines materiell-rechtlichen Anpruchs im Hauptsacheverfahren verwiesen werden, ohne diesen zu verlieren und damit rechtlos gestellt zu werden. Ihm steht nämlich der Unterlassungsanspruch in die Zukunft gerichtet bis zum Ablauf des verletzten Schutzrechts zu, wobei ihm für die Vergangenheit regelmäßig ein Schadensersatzanspruch anstelle des erledigten Unterlassungsanspruchs gebührt.[266]

Dagegen wird der eine Besichtigung anstrebende Antragsteller seinen Besichtigungsanspruch unwiderruflich verlieren, wenn die einstweilige Verfügung nicht erlassen wird, weil der Antragsgegner bei einer Verfolgung in der Hauptsache vorgewarnt wäre und den Besichtigungsgegenstand möglicherweise vernichten, verändern oder beiseiteschaffen könnte, um so bestehende Beweise zu manipulieren oder zu beseitigen.[267] Der Antragsteller muss bei einem bloßen Verdacht so lange abwarten dürfen, bis er genügend Anhaltspunkte zusammengetragen hat, um die Anforderungen für die hinreichende Wahrscheinlichkeit einer Schutzrechtsverletzung erfüllen zu können.[268] Das Interesse des Antragstellers im Rahmen des „Düsseldorfer Modells" richtet sich mithin nicht auf die schnelle Erlangung eines Titels. Vielmehr sollen Maßnahmen ohne Beteiligung des Antragsgegners angeordnet werden, damit dieser die Beweismittel nicht manipulieren oder vernichten kann.[269]

---

[264] OLG Düsseldorf, Beschl. v. 17.03.2011, Az. I-2 W 5/11, InstGE 13, 126, 127 f. (Rn. 3) – Dringlichkeit bei Besichtigung = GRUR-RR 2011, 289, 290; OLG Düsseldorf, Beschl. v. 30.03.2010, Az. I-20 W 32/10, InstGE 12, 105, 106 (Rn. 3) – Zuwarten mit Besichtigungsantrag = MittdtPatA 2011, 151, 151 f. (Rn. 4).

[265] *Kühnen,* GRUR 2005, S. 185 (194).

[266] *Müller-Stoy* (2008), Rn. 266; *Kühnen,* GRUR 2005, S. 185 (194).

[267] OLG Düsseldorf, Beschl. v. 17.03.2011, Az. I-2 W 5/11, InstGE 13, 126, 127 f. (Rn. 3) – Dringlichkeit bei Besichtigung = GRUR-RR 2011, 289, 290; OLG Düsseldorf, Beschl. v. 30.03.2010, Az. I-20 W 32/10, InstGE 12, 105, 106 (Rn. 3) – Zuwarten mit Besichtigungsantrag = MittdtPatA 2011, 151, 151 f. (Rn. 4); Fezer (2009), § 19a MarkenG Rn. 42 f.; *Chakraborty,* in: Haedicke/Timmann (2012), § 11 Rn. 757; *Kreye,* in: FS v. Meibom (2010), S. 241 (246 f.); *Kühnen,* GRUR 2005, S. 185 (194); vgl. OLG Nürnberg, Beschl. v. 17.08.2015, Az. 3 W 1412/15, GRUR-RR 2016, 108, 109 (Rn. 11 f.) = BeckRS 2015, 20894 (Rn. 11 f.).

[268] *Deichfuß,* JurPC Web-Dok. 130/2010, Abs. 43.

[269] OLG Düsseldorf, Beschl. v. 17.03.2011, Az. I-2 W 5/11, InstGE 13, 126, 127 (Rn. 3) – Dringlichkeit bei Besichtigung = GRUR-RR 2011, 289, 290; OLG Düsseldorf, Beschl. v.

Die Besichtigung kann nur mittels einer flankierenden Duldungsverfügung effektiv durchgesetzt werden. Ergeht nämlich nur eine Beweissicherungsanordnung nach § 485 ZPO, die keine Dringlichkeit verlangt, und bleibt eine begleitende Duldungsverfügung mangels Dringlichkeitsnachweises aus, wäre die angeordnete Beweissicherung im Falle eines antragsgegnerischen Widerstandes nicht durchsetzbar und somit der auf § 485 ZPO gestützte Beweissicherungsbeschluss unbrauchbar.[270] Ähnlich wirkt sich bei unterbliebener Duldungsverfügung allein wegen des längeren Zuwartens der Verweis auf ein Hauptsacheverfahren aus, da dem Antragsteller dadurch der Besichtigungsanspruch sowie möglicherweise darauf aufbauende Unterlassungs- und Schadensersatzansprüche in der Regel endgültig verweigert werden und er damit rechtlos gestellt wird.[271]

Außerdem muss auch bei einem zögerlichen Verhalten des Antragstellers berücksichtigt werden, dass die Enforcement-Richtlinie keine zeitliche Dringlichkeit für den Erlass einer einstweiligen Maßnahme vorsieht. Die „Selbstwiderlegung der Dringlichkeit“ darf vor dem Gebot richtlinienkonformer Auslegung des nationalen Rechts nicht zu einer Versagung der einstweiligen Verfügung führen, sodass eine einstweilige Verfügung auch trotz Kenntnis der vermeintlichen Schutzrechtsverletzung und eines anschließenden Untätigbleibens erlassen werden kann.[272] Bislang wurde auf eine Vorlage dieser

---

30.03.2010, Az. I-20 W 32/10, InstGE 12, 105, 106 (Rn. 3) – Zuwarten mit Besichtigungsantrag = MittdtPatA 2011, 151, 151 f. (Rn. 4); *Grabinski/Zülch*, in: Benkard (2015), § 140c PatG Rn. 21; *Hahn*, in: PK-GewRS (2015), § 485 ZPO Rn. 82; *Chakraborty*, in: Haedicke/Timmann (2012), § 11 Rn. 757.

[270] *Kühnen*, GRUR 2005, S. 185 (193).

[271] OLG Düsseldorf, Beschl. v. 17.03.2011, Az. I-2 W 5/11, InstGE 13, 126, 127 f. (Rn. 3) – Dringlichkeit bei Besichtigung = GRUR-RR 2011, 289, 290; OLG Düsseldorf, Beschl. v. 30.03.2010, Az. I-20 W 32/10, InstGE 12, 105, 106 (Rn. 3) – Zuwarten mit Besichtigungsantrag = MittdtPatA 2011, 151, 151 f. (Rn. 4); LG München I, Urt. v. 20.10.2010, Az. 21 O 7563/10, InstGE 13, 181, 187 (Rn. 30) – Arzneimittelherstellung = BeckRS 2012, 15213; *Oldekop*, in: Schramm (2012), Kap. 9 Rn. 149; *Müller-Stoy* (2008), Rn. 265; *Köklü/Müller-Stoy*, MittdtPatA 2011, S. 109 (110); *Kühnen*, GRUR 2005, S. 185 (194).

[272] OLG Düsseldorf, Beschl. v. 17.03.2011, Az. I-2 W 5/11, InstGE 13, 126, 128 f. (Rn. 5) – Dringlichkeit bei Besichtigung = GRUR-RR 2011, 289, 290; OLG Karlsruhe, Beschl. v. 18.05.2010, Az. 6 W 28/10, BeckRS 2011, 18386; OLG Düsseldorf, Beschl. v. 30.03.2010, Az. I-20 W 32/10, InstGE 12, 105, 106 (Rn. 3) – Zuwarten mit Besichtigungsantrag = MittdtPatA 2011, 151, 151 f. (Rn. 4); *Kühnen* (2013), Rn. 359; *Götz* (2012), S. 185 f.; *Müller-Stoy* (2008), Rn. 264 f.; *Rohlfing* (2009), S. 69; *Stjerna*, MittdtPatA 2011, S. 271 (278); *Kühnen*, GRUR 2005, S. 185 (194); *Tilmann/Schreibauer*, GRUR 2002, S. 1015 (1021); a.A. OLG Nürnberg, Beschl. v. 17.08.2015, Az. 3 W 1412/15, GRUR-RR 2016, 108, 109 (Rn. 16 f.) = BeckRS 2015, 20894 (Rn. 16 f.); OLG Karlsruhe, Beschl. v. 18.05.2010, Az. 6 W 28/10, BeckRS 2011, 18386; OLG Hamm, Beschl. v. 20.08.2009, Az. I-4 W 107/09, ZUM-RD 2010, 27, 27; OLG Köln, Beschl. v. 09.01.2009, Az. 6 W 3/09, ZUM 2009, 427, 427 f. = CR 2009, 289, 290; OLG Düsseldorf, Beschl. v. 22.08.2008, Az.

unter den deutschen Gerichten äußerst streitigen Auslegung von Art. 7 Enforcement-Richtlinie an den EuGH (Art. 267 Abs. 3 AEUV) unter Verweis auf die Ausnahme von der Vorlagepflicht für Verfahren des vorläufigen Rechtsschutzes verzichtet.[273]

(2) Verhältnismäßigkeit

Wenngleich ein längeres Zuwarten des Antragstellers nicht per se zur Untersagung der Duldungsverfügung führt, kann der Erlass von Eilmaßnahmen zur Beweissicherung im Einzelfall unverhältnismäßig sein, sobald der Antragsteller trotz ausreichender Hinweise auf eine Schutzrechtsverletzung bis zur Antragstellung eine gewisse Zeit abwartet und damit offenkundig zögerlich handelt sowie zum Ausdruck bringt, dass die Sache für ihn nicht eilig ist (vgl. § 140c Abs. 2 PatG).[274] Hierbei handelt es sich jedoch nur um einen Punkt im Rahmen der Verhältnismäßigkeitsprüfung. Derartige dringlichkeitsschädliche Umstände können auch vor dem Hintergrund der Enforcement-Richtlinie berücksichtigt werden. Obwohl Art. 7 Abs. 1 Enforcement-Richtlinie eine zeitliche Dringlichkeit nicht als Tatbestandsvoraussetzung vorsieht, stellt Art. 3 Abs. 2 Enforcement-Richtlinie die allgemeine Verpflichtung auf, dass alle Maßnahmen verhältnismäßig sein müssen. Die Verhältnismäßigkeitsprüfung und die Prüfung des Verfügungsgrundes beruhen auf einer Interessenabwägung der beteiligten Parteien, weshalb auch Argumente berücksichtigt werden müssen, die gegen eine zeitliche Dringlichkeit sprechen.[275]

I-2 W 35/08, InstGE 10, 60, 63 (Rn. 7) – Olanzapin II = BeckRS 2009, 09219; *Voß*, in: Fitzner/Lutz/Bodewig (2012), Vor §§ 139 ff. PatG Rn. 249; *Heinze* (2007), S. 354; *Zöllner*, GRUR-Prax 2010, S. 74 (76); *Eck/Dombrowski*, GRUR 2008, S. 387 (392 f.); *Peukert/ Kur*, GRUR Int 2006, S. 292 (300); *Meier-Beck*, GRUR 1988, S. 861 (866); vgl. Kommissionsvorschlag für eine Richtlinie des europäischen Parlaments und des Rates über die Maßnahmen und Verfahren zum Schutz der Rechte an geistigem Eigentum v. 30.01.2003, KOM(2003) 46 endg., 2003/0024 (COD), S. 23 f.; OLG Karlsruhe, Urt. v. 27.04.1988, Az. 6 U 13/88, GRUR 1988, 900, 901 – Dutralene; OLG Hamburg, Urt. v. 29.09.1983, Az. 3 U 134/83, GRUR 1984, 105, 105 – Früchteschneidemaschine; OLG Frankfurt a.M., Urt. v. 13.08.1981, Az. 6 U 83/81, GRUR 1981, 905, 906 – Schleifwerkzeug.

[273] OLG Nürnberg, Beschl. v. 17.08.2015, Az. 3 W 1412/15, GRUR-RR 2016, 108, 109 (Rn. 20–22) = BeckRS 2015, 20894 (Rn. 20–22); *Kefferpütz*, in: Wandtke/Bullinger (2014), Vor § 97 ff. UrhG Rn. 160.

[274] OLG Nürnberg, Beschl. v. 17.08.2015, Az. 3 W 1412/15, GRUR-RR 2016, 108, 108 f. (Rn. 9, 12) = BeckRS 2015, 20894 (Rn. 9, 12); LG München I, Urt. v. 20.10.2010, Az. 21 O 7563/10, InstGE 13, 181, 187 (Rn. 30) – Arzneimittelherstellung = BeckRS 2012, 15213; *Oldekop*, in: Schramm (2012), Kap. 9 Rn. 148; *Müller-Stoy* (2008), Rn. 267–269; *Heinze* (2007), S. 352–354; *Köklü/Müller-Stoy*, MittdtPatA 2011, S. 109 (111); *Eck/Dombrowski*, GRUR 2008, S. 387 (393); a.A. *Kühnen* (2013), Rn. 359; vgl. *Cepl*, GRUR-Prax 2013, S. 203 (203); *Ringleben*, GRUR-Prax 2013, S. 323 (323).

[275] *Oldekop*, in: Schramm (2012), Kap. 9 Rn. 148; vgl. OLG Köln, Beschl. v. 09.01.2009, Az. 6 W 3/09, ZUM 2009, 427, 427 f. = CR 2009, 289, 289 f.; OLG Düssel-

Dabei ist aber wiederum zu berücksichtigen, dass die Besichtigung häufig die einzige Möglichkeit des Antragstellers ist, seiner Darlegungs- und Beweislast in einem möglicherweise anschließenden Hauptverfahren gerecht zu werden.[276] Sobald ihm diese Möglichkeit der Beweisermittlung leichtfertig untersagt wird, kann dies die endgültige Verhinderung der Durchsetzung seiner Schutzrechte gegenüber dem Antragsgegner zur Folge haben. Der zulässige Zeitraum, in dem der Verfügungsantrag gestellt werden muss, ist wegen der meist komplexen Sachverhalte eine Frage des Einzelfalls und dementsprechend je nach Sachlage kürzer oder länger zu bemessen, sodass starre Fristen abzulehnen sind.[277]

(3) Unzulässige Rechtsausübung

Neben einer Unverhältnismäßigkeit kann ein längeres Zuwarten des Antragstellers mit der Einreichung seines Antrags unter dem Gesichtspunkt der Verjährung bzw. der unzulässigen Rechtsausübung zum Verlust der Durchsetzbarkeit seines Anspruchs führen.[278] Eine Verwirkung (§ 242 BGB) wird hingegen ausscheiden, da der erforderliche Vertrauenstatbestand („Umstandsmoment") seitens des Antragsgegners wegen fehlender Kenntnis des Vorgehens und der Planungen des Antragstellers ausscheiden wird.

---

dorf, Beschl. v. 22.08.2008, Az. I-2 W 35/08, InstGE 10, 60, 62 f. (Rn. 5) – Olanzapin II = BeckRS 2009, 09219; *Teplitzky,* WRP 2013, S. 1414 (1416, Rn. 8); *v. Falck,* MittdtPatA 2002, S. 429 (432–434).

[276] *Pitz*, in: Fitzner/Lutz/Bodewig (2012), § 140c PatG Rn. 35; *Oldekop*, in: Schramm (2012), Kap. 9 Rn. 149.

[277] OLG Düsseldorf, Urt. v. 13.11.2008, Az. I-2 U 35/08, InstGE 10, 124, 125 (Rn. 5) – Inhalator = BeckRS 2009, 09403; LG München I, Urt. v. 20.10.2010, Az. 21 O 7563/10, InstGE 13, 181, 187 (Rn. 30) – Arzneimittelherstellung = BeckRS 2012, 15213; *Grabinski/Zülch*, in: Benkard (2015), § 140c PatG Rn. 21; *Keukenschrijver/Kaess*, in: Busse (2013), § 140c Rn. 26; *Voß*, in: Fitzner/Lutz/Bodewig (2012), Vor §§ 139 ff. PatG Rn. 250; *Oldekop*, in: Schramm (2012), Kap. 9 Rn. 149; *Pierson*, in: *Pierson/Ahrens/Fischer* (2014), S. 557; vgl. OLG Düsseldorf, Beschl. v. 30.03.2010, Az. I-20 W 32/10, InstGE 12, 105, 106 (Rn. 3) – Zuwarten mit Besichtigungsantrag = MittdtPatA 2011, 151, 151 f. (Rn. 4); LG Düsseldorf, Beschl. v. 25.07.2006, Az. 4b O 550/05, InstGE 6, 294, 295 (Rn. 5) – Walzen-Formgebungsmaschine II; *Cepl,* GRUR-Prax 2013, S. 203 (203); *Ringleben,* GRUR-Prax 2013, S. 323 (323); *Stjerna,* MittdtPatA 2011, S. 271 (278); *Kühnen,* GRUR 2009, S. 288 (288, 290).

[278] *Oldekop*, in: Schramm (2012), Kap. 9 Rn. 149; *Stjerna,* MittdtPatA 2011, S. 271 (278); *Köklü/Müller-Stoy,* MittdtPatA 2011, S. 109 (111, Fn. 17); vgl. OLG Düsseldorf, Beschl. v. 22.08.2008, Az. I-2 W 35/08, InstGE 10, 60, 62 f. (Rn. 5, 7) – Olanzapin II = BeckRS 2009, 09219.

cc) Zwischenergebnis

Nur die Kombination von selbstständigem Beweisverfahren und flankierender Duldungsverfügung verspricht eine effektive Beweissicherung. Die in Fällen des „Düsseldorfer Modells“ regelmäßig bestehende Vereitelungsgefahr erfüllt die Voraussetzung des Verfügungsgrundes. Dennoch beseitigen die tatsächlichen Erfordernisse nicht den Umstand, dass das deutsche Recht mit der objektiven Dringlichkeit eine Voraussetzung schafft, die die Enforcement-Richtlinie nicht vorsieht und die sich zum Nachteil des Schutzrechtsinhabers auswirkt. Demgemäß kann der Nachweis einer zeitlichen Dringlichkeit mit Blick auf die Enforcement-Richtlinie nicht mehr verlangt werden. Stattdessen muss auf den Dringlichkeitsnachweis beim Erlass einer einstweiligen Duldungsverfügung auf der Grundlage der §§ 140c PatG, 101a UrhG, 19a MarkenG, 24c GebrMG, 46a DesignG, 9 Abs. 2 HalblSchG i.V.m. 24c GebrMG, 37c SortSchG in richtlinienkonformer Auslegung verzichtet werden, insbesondere in den Fällen, in denen keine Vereitelungsgefahr besteht oder üblicherweise eine „Selbstwiderlegung der Dringlichkeit“ angenommen wird.

Sofern der Dringlichkeitsgrundsatz nicht durchbrochen wird, verlieren die Beweissicherungsmaßnahmen ihre Durchschlagskraft, sodass die gewerblichen Schutzrechte nicht effektiv geschützt werden. Eine Duldungsverfügung kann nicht allein mit Verweis auf die fehlende Dringlichkeit abgelehnt werden. Die Dringlichkeitsvermutung wegen einer bestehenden Beweisvereitelungsgefahr führt regelmäßig zu demselben Ergebnis, ist aber vor dem Hintergrund der Enforcement-Richtlinie und einer richtlinienkonformen Auslegung des nationalen Rechts nicht haltbar. Durch den Verzicht auf ein Dringlichkeitserfordernis hat der Antragsteller jedoch keinen längeren Zeitraum zur Einreichung seines Besichtigungsgesuchs als bei der Annahme einer Dringlichkeitsvermutung und einer sich dadurch ergebenden Selbstwiderlegung, da die Komponente der zeitlichen Dringlichkeit unter dem Grundsatz der Verhältnismäßigkeit berücksichtigt wird und damit ein Korrektiv gegen die uferlose Ausweitung der einstweiligen Maßnahme besteht.

Der Gesetzgeber hat bei der Umsetzung der Enforcement-Richtlinie die Gelegenheit verstreichen lassen, das Problem der zeitlichen Dringlichkeit klarstellend zu regeln und damit für mehr Rechtssicherheit zu sorgen. Er hält faktisch weiter am Dringlichkeitserfordernis fest, wobei eine Befreiung hiervon wie etwa in den Fällen der §§ 885 Abs. 1 S. 2, 899 Abs. 2 S. 2 BGB hilfreich gewesen wäre. Eine ausdrückliche Vermutungsregel vergleichbar mit § 12 Abs. 2 UWG wäre dagegen nicht ausreichend gewesen, da die Enforcement-Richtlinie für Art. 7 Abs. 1 Enforcement-Richtlinie (im Gegensatz zu Art. 9 Enforcement-Richtlinie) die Dringlichkeit nicht als Voraussetzung für eine einstweilige Maßnahme vorsieht.

c) Rechtsbestand

Für den Erlass einer einstweiligen Verfügung muss der Rechtsbestand des antragstellerischen Schutzrechts hinreichend gesichert sein. Der Maßstab der „hinreichenden Wahrscheinlichkeit" im Rahmen von § 140c PatG gilt nur hinsichtlich der Schutzrechtsverletzung und nicht im Hinblick auf den Bestand des Schutzrechts, sodass dieser voll glaubhaft zu machen ist.[279] Hinsichtlich des Rechtsbestands des antragstellerischen Schutzrechts dürfen keine erheblichen Zweifel bestehen, gleichzeitig dürfen aber auch keine gesteigerten Anforderungen daran gestellt werden, selbst wenn der Anspruch auf Besichtigung im einstweiligen Rechtsschutz durchgesetzt wird.[280] Der Besichtigungsanspruch ist nämlich nur ein Hilfsanspruch und hat vorläufigen Charakter.[281] Die strengen Maßstäbe, die im Rahmen des vorläufigen Rechtsschutzes gerichtet auf ein Unterlassungsbegehren gefordert werden, sind nicht anzulegen.[282]

Andernfalls müsste der Rechtsbestand des Schutzrechts aus der Sicht des Gerichts sicher vorliegen. Die Eingriffe im Rahmen eines Besichtigungsverfahrens liegen aber deutlich unter denen einer Unterlassungsverfügung.[283]

---

[279] *Müller-Stoy,* MittdtPatA 2009, S. 361 (362); a.A. *Hahn*, in: PK-GewRS (2015), § 485 ZPO Rn. 34.

[280] *Grabinski/Zülch*, in: Benkard (2015), § 139 PatG Rn. 153b, § 140c Rn. 8; *Rinken/Kühnen*, in: Schulte (2014), § 140c Rn. 8; *Keukenschrijver/Kaess*, in: Busse (2013), § 140c Rn. 3; *Kühnen* (2013), Rn. 306, 1745–1758; *Chakraborty*, in: Haedicke/Timmann (2012), § 11 Rn. 730; *Pitz* (2010), Rn. 38b, 101; *Müller-Stoy* (2008), Rn. 258–260; *Kühnen,* MittdtPatA 2009, S. 211 (211); *v. Falck,* MittdtPatA 2002, S. 429 (433 f.); vgl. OLG Düsseldorf, Urt. v. 13.11.2008, Az. I-2 U 35/08, InstGE 10, 124, 125 (Rn. 5) – Inhalator = BeckRS 2009, 09403.

[281] Mes (2015), § 140c Rn. 6; *Marburger*, in: Staudinger (2015), Vorbem zu §§ 809–811 Rn. 3; *Habersack*, in: MüKo BGB (2013), § 809 Rn. 1; *Chakraborty*, in: Haedicke/Timmann (2012), § 11 Rn. 730; *Gniadek* (2011), S. 52, 141; *Rohlfing* (2009), S. 38; *Amschewitz* (2008), S. 116; *Osthaus* (2005), S. 150, 156 f.; *v. Hartz* (2004), S. 142; *Junker,* in: FS Kilian (2004), S. 339 (344, 346); *Tilmann/Schreibauer,* in: FS Erdmann (2002), S. 901 (904, 915 f.); *McGuire/Joachim/Künzel/Weber,* GRUR Int 2010, S. 829 (833); *Auer-Reinsdorff,* ITRB 2006, S. 82 (83); *Ahrens,* GRUR 2005, S. 837 (838); *v. Hartz,* ZUM 2005, S. 376 (379); *Tilmann/Schreibauer,* GRUR 2002, S. 1015 (1016); *Bork,* NJW 1997, S. 1665 (1668); *Götting,* GRUR Int 1988, S. 729 (737); *Stauder,* GRUR Int 1978, S. 230 (236).

[282] *Grabinski/Zülch*, in: Benkard (2015), § 140c PatG Rn. 21; Mes (2015), § 140c Rn. 6; *Hahn*, in: PK-GewRS (2015), § 485 ZPO Rn. 34; *Rinken/Kühnen*, in: Schulte (2014), § 140c Rn. 8; *Kühnen* (2013), Rn. 306; *Chakraborty*, in: Haedicke/Timmann (2012), § 11 Rn. 730; *Pitz* (2010), Rn. 38b; *Müller-Stoy* (2008), Rn. 259; *Kühnen,* MittdtPatA 2009, S. 211 (211).

[283] *Grabinski/Zülch*, in: Benkard (2015), § 140c PatG Rn. 21; *Rinken/Kühnen*, in: Schulte (2014), § 140c Rn. 8; *Kühnen* (2013), Rn. 306; *Kühnen,* MittdtPatA 2009, S. 211 (211).

Außerdem ist die Schutzfähigkeit eines geprüften Schutzrechts wie ein deutsches oder europäisches Patent regelmäßig derart gesichert, dass der Erlass einer flankierenden Duldungsverfügung gerechtfertigt ist.[284] Bei ungeprüften Schutzrechten (wie etwa einem Gebrauchsmuster) oder der Benutzung einer veröffentlichten Patentanmeldung (hinsichtlich eines Entschädigungsanspruches nach § 33 Abs. 1 PatG oder Art. II § 1 Abs. 1 IntPatÜbkG) kann dagegen ausnahmsweise eine vorherige Anhörung des Antragsgegners notwendig sein oder die Duldungsverfügung darf nicht erlassen werden.[285]

Das Beweissicherungsverfahren ist in der Regel auch nicht auszusetzen, wenn der Rechtsbestand des antragstellerischen Schutzrechts angegriffen wird.[286] Der Antragsteller bezweckt nämlich nicht nur eine abstrakte Beweissicherung. Vielmehr möchte er alle notwendigen gerichtlichen Schritte zur Vermeidung der Schutzrechtsverletzung einleiten. Sofern das Schutzrecht jedoch angegriffen wird und mit großer Wahrscheinlichkeit nicht schutzfähig ist, kann dem Anspruchsinhaber das Besichtigungsverlangen untersagt werden.[287] Hat das antragstellerische Schutzrecht ein kontradiktorisches Verfahren bereits erfolgreich überstanden, müssen Maßnahmen im einstweiligen Rechtsschutz ermöglicht werden.[288] Das jeweilige Maß an Rechtsbeständig-

---

[284] *Rogge/Grabinski*, in: Benkard (2006), § 139 PatG Rn. 117b; vgl. *Meier-Beck,* GRUR 1988, S. 861 (867).

[285] *Rogge/Grabinski*, in: Benkard (2006), § 139 PatG Rn. 117b.

[286] OLG Düsseldorf, Beschl. v. 14.02.2007, Az. I-2 W 58/06, InstGE 7, 256, 257 (Rn. 2) – Klinkerriemchen = BeckRS 2011, 05466; Mes (2015), § 140c Rn. 6; *Chakraborty*, in: Haedicke/Timmann (2012), § 11 Rn. 730.

[287] OLG Düsseldorf, Urt. v. 07.06.2011, Az. I-20 U 1/11, GRUR-RR 2012, 146, 147 – E-Sky = BeckRS 2011, 23160; OLG Düsseldorf, Urt. v. 29.04.2010, Az. I-2 U 126/09, InstGE 12, 114, 118 f. (Rn. 12, 14) – Harnkatheterset = MittdtPatA 2011, 193, 195 (Rn. 64, 67); OLG Düsseldorf, Urt. v. 29.05.2008, Az. 2 W 47/07, InstGE 9, 140, 146 (Rn. 27) – Olanzapin = GRUR-RR 2008, 329, 331; *Grabinski/Zülch*, in: Benkard (2015), § 140c PatG Rn. 8; *Hahn*, in: PK-GewRS (2015), § 485 ZPO Rn. 33, § 492 ZPO Rn. 38; *Rinken/Kühnen*, in: Schulte (2014), § 140c Rn. 8; *Kühnen* (2013), Rn. 306; *Deichfuß,* GRUR 2015, S. 436 (438); *Kühnen,* MittdtPatA 2009, S. 211 (211); vgl. OLG Karlsruhe, Urt. v. 08.07.2009, Az. 6 U 61/09, InstGE 11, 143, 146 (Rn. 11) – VA-LCD-Fernseher = GRUR-RR 2009, 442, 443; LG Mannheim, Urt. v. 29.10.2010, Az. 7 O 214/10, InstGE 13, 11, 13 (Rn. 12) – Sauggreifer = GRUR-RR 2011, 83, 84; *Meier-Beck,* GRUR 1988, S. 861 (867).

[288] OLG Düsseldorf, Urt. v. 29.04.2010, Az. I-2 U 126/09, InstGE 12, 114, 121 (Rn. 18) – Harnkatheterset = MittdtPatA 2011, 193, 196 (Rn. 74); OLG Düsseldorf, Urt. v. 13.11.2008, Az. I-2 U 35/08, InstGE 10, 124, 125 (Rn. 5) – Inhalator = BeckRS 2009, 09403; OLG Düsseldorf, Urt. v. 29.05.2008, Az. 2 W 47/07, InstGE 9, 140, 146 (Rn. 28) – Olanzapin = GRUR-RR 2008, 329, 331; LG Mannheim, Urt. v. 27.02.2009, Az. 7 O 29/09, InstGE 11, 159, 161 (Rn. 8) – VA-LCD-Fernseher II = BeckRS 2009, 87748; *Grabinski/Zülch*, in: Benkard (2015), § 139 PatG Rn. 153b, § 140c Rn. 8; *Voß*, in: Fitzner/Lutz/Bodewig (2012), Vor §§ 139 ff. PatG Rn. 257; vgl. *v. Falck,* MittdtPatA 2002, S. 429 (434).

keit des Schutzrechts muss vom Gericht im Einzelfall im Rahmen einer Interessenabwägung festgelegt werden, wobei hier insbesondere die vorgebrachten Geheimhaltungsinteressen des Antragsgegners zu berücksichtigen sind, ein Rechercheberiecht des Antragstellers, der Zweifel an der Schutzfähigkeit seines Ausschließlichkeitsrechts ausräumt, aber hilfreich sein kann.[289]

d) Schutzschrift

Die Hinterlegung einer Schutzschrift bei Gericht kann den Erlass einer einstweiligen Verfügung verhindern. Zumindest wird dadurch regelmäßig eine mündliche Verhandlung erzwungen, wodurch der Überraschungseffekt des Antragstellers zunichtegemacht wird.[290] Sollte dennoch eine Beweissicherungsanordnung ohne vorherige Anhörung des Antragsgegners ergehen, liegen dem Gericht zumindest Argumente und Feststellungen des Antragsgegners in Form der Schutzschrift vor. Dies kann sich aber für den Antragsgegner auch nachteilig auswirken. So kann die Schutzschrift entweder zu wenige Argumente für eine wirksame Verteidigung enthalten und das Gericht davon ausgehen, dass der Antragsgegner nichts Erhebliches vorzutragen hat, was über den Inhalt der Schutzschrift hinausgeht, oder zu viel vorbringen, sodass weitere schutzrechtsverletzende Merkmale ins Blickfeld des Antragstellers rücken.[291]

e) Zwischenergebnis

Das „Düsseldorfer Modell" ist insbesondere bei nicht-öffentlichen Merkmalsverwirklichungen erforderlich, da in diesen Fällen kein direkter Zugriff auf den Besichtigungsgegenstand möglich ist, kann aber auch bei öffentlichen Merkmalsverwirklichungen angewandt werden. Um die Durchsetzungsschwäche des selbstständigen Beweisverfahrens auszugleichen, bedarf es einer flankierenden Duldungsverfügung aus dem Gebiet des einstweiligen Rechtsschutzes. Der Verfügungsanspruch ergibt sich aus § 140c PatG, wohingegen der Verfügungsgrund vor dem Hintergrund der Enforcement-Richtlinie nicht mehr gefordert werden kann.

---

[289] *Grabinski/Zülch*, in: Benkard (2015), § 139 PatG Rn. 153b; *Rinken/Kühnen*, in: Schulte (2014), § 140c Rn. 8; *Kühnen* (2013), Rn. 306; *Kühnen*, MittdtPatA 2009, S. 211 (211).

[290] *Chakraborty*, in: Haedicke/Timmann (2012), § 11 Rn. 765; *Schlüter*, in: Münch AnwHdb. UrhR (2011), § 37 Rn. 36; *Pitz* (2010), Rn. 106; *Weise* (2002), Rn. 328; vgl. *Pierson*, in: *Pierson/Ahrens/Fischer* (2014), S. 558 f.; *Kather/Fitzner*, MittdtPatA 2010, S. 325 (330); *Fitzner/Kather*, VPP-Rundbrief 2009, S. 58 (65).

[291] *Voß*, in: Fitzner/Lutz/Bodewig (2012), Vor §§ 139 ff. PatG Rn. 279–282; *Zigann*, in: Haedicke/Timmann (2012), § 11 Rn. 367; *Chakraborty*, in: Haedicke/Timmann (2012), § 11 Rn. 765; *Kühnen* (2013), Rn. 1876.

Im Zuge der Umsetzung der Enforcement-Richtlinie hat der deutsche Gesetzgeber die Möglichkeit verstreichen lassen, die nach deutschem Recht erforderliche zeitliche Dringlichkeit durch eine entsprechende Vorschrift oder zumindest eine Klarstellung in der Gesetzesbegründung rechtssicher zu regeln. Eine uferlose Ausweitung der einstweiligen Maßnahmen ist dennoch nicht zu befürchten, da die zeitliche Dringlichkeit und ein längeres Zuwarten des Antragstellers im Rahmen der Verhältnismäßigkeitsprüfung berücksichtigt werden können. Die Anforderungen an den Rechtsbestand des antragstellerischen Schutzrechts dürfen nicht zu hoch angesetzt werden, sind aber letztlich eine Frage des Einzelfalls. Eine hinterlegte Schutzschrift kann dem Überraschungseffekt des Antragstellers entgegenwirken, jedoch auch Nachteile für den Antragsgegner aufgrund einer unzureichenden Ausarbeitung bei einem Verzicht auf eine mündliche Verhandlung bedeuten.

3. Vereinbarkeit von Zwangsmaßnahmen mit dem selbstständigen Beweisverfahren

Sofern eine Beweissicherung in den Fällen einer beschränkten oder fehlenden Öffentlichkeit des Besichtigungsgegenstandes nicht erzwungen werden kann, ist ein effektiver Schutz der „Rechte des geistigen Eigentums" durch Mittel des Zivilprozessrechts nicht gegeben.[292] Sofern der Besichtigungsgegenstand eingeschränkt oder gar nicht öffentlich einsehbar ist, wird das selbstständige Beweisverfahren erst zu einem scharfen Schwert der Rechtsdurchsetzung, wenn es gegen den Willen der gegnerischen Partei durchgesetzt werden kann. Durch die Kombination von selbstständigem Beweisverfahren und einstweiliger Verfügung im Rahmen des „Düsseldorfer Modells" wird die Durchsetzungsschwäche des selbstständigen Beweisverfahrens überwunden und gleichzeitig das nötige Überraschungsmoment ermöglicht.[293] Dabei sichert das selbstständige Beweisverfahren (§§ 485 ff. ZPO) die Beweismittel, wohingegen die einstweilige Verfügung (§§ 935 ff. ZPO) der Sicherung des Besichtigungsanspruchs (und gerade nicht der Beweismittel) dient.[294] Im

[292] OLG Düsseldorf, Urt. v. 17.08.1981, Az. 2 U 102/81, GRUR 1983, 741, 743 – Geheimhaltungsinteresse und Besichtigungsanspruch I; *Marburger*, in: Staudinger (2015), Vorbem zu §§ 809–811 Rn. 8; *Karger* (1996), S. 144; *Patnaik,* GRUR 2004, S. 191 (193); *Bork,* NJW 1997, S. 1665 (1667); vgl. *Kunz-Hallstein/Loschelder,* GRUR 2005, S. 747 (747); *Dreier,* GRUR Int 1996, S. 205 (217); *Leppin,* GRUR 1984, S. 552 (559).

[293] *Hahn*, in: PK-GewRS (2015), Vor § 485 ZPO Rn. 45; *Oldekop*, in: Schramm (2012), Kap. 9 Rn. 139.

[294] OLG Düsseldorf, Beschl. v. 21.07.2011, Az. I-2 W 23/11, BeckRS 2012, 04014; OLG Köln, Beschl. v. 29.05.1995, Az. 18 W 16/95, BauR 1995, 874, 875 = BeckRS 1995, 31051453; OLG Nürnberg, Beschl. v. 07.09.1972, Az. 2 W 108/72, NJW 1972, 2138, 2139 = MDR 1973, 58, 59; BT-Drucks. 16/5048, S. 27 f.; Baumbach/ Lauterbach/Albers/Hartmann (2016), Übers § 485 Rn. 4; Fezer (2009), § 19a MarkenG Rn. 12; *Kühnen* (2013), Rn. 360; *Reinartz* (2009), S. 105; *Müller-Stoy* (2008), Rn. 242;

Zuge der Umsetzung der Enforcement-Richtlinie hat der Gesetzgeber von einer Kodifikation der Kombination von selbstständigem Beweisverfahren und einstweiliger Verfügung und einer Änderung des Prozessrechts abgesehen, da er die bisherigen rechtlichen Instrumente für ausreichend erachtet hat.[295]

a) Zwangsmaßnahmen im selbstständigen Beweisverfahren

Die Beweissicherung fußt auf dem selbstständigen Beweisverfahren (§§ 485 ff. ZPO), das keine Zwangsmaßnahmen (wie etwa eine Duldungsanordnung oder ein Unterlassungsgebot) vorsieht und demzufolge (anders als etwa § 372a Abs. 2 ZPO) keine Möglichkeit bereithält, die Beweissicherung gegen den Willen des Antragsgegners zwangsweise durchzusetzen.[296] Diese

---

Ulrich (2004), Rn. 27; *Weise* (2002), Rn. 59; *Spindler/Weber,* ZUM 2007, S. 257 (265); *Seichter,* WRP 2006, S. 391 (395); *Conrad,* ITRB 2005, S. 12 (15); *Metzger/Wurmnest,* ZUM 2003, S. 922 (928); *Bork,* NJW 1997, S. 1665 (1668); *Schilken,* ZZP 1979, S. 238 (246); *Habscheid,* BeckRS 9998, S. 107933; vgl. *Beckhaus* (2010), S. 250; *Kroppen/Heyers/Schmitz* (1982), Rn. 688; *Motzke* (1981), Rn. 128; *Kunz-Hallstein/Loschelder,* GRUR 2003, S. 682 (683).

[295] BT-Drucks. 16/5048, S. 27 f., 41; Ref-Entwurf vom 03.01.2006, S. 52 (abrufbar unter: http://www.urheberrecht.org/topic/enforce/bmj/2006–01–03-DurchsetzungsG-E.pdf; zuletzt abgerufen am: 30.06.2017); *Götz* (2014), S. 185 f.; *Götz* (2012), S. 192; *Müller-Stoy* (2008), Rn. 82, 242; vgl. *Kalbfus/Harte-Bavendamm,* GRUR 2014, S. 453 (456).

[296] OLG Karlsruhe, Urt. v. 27.04.2001, Az. 14 U 187/00, NJW-RR 2002, 951, 951 = BauR 2002, 1437, 1437; OLG Celle, Beschl. v. 13.03.2000, Az. 15 UFH 1/00, NJW-RR 2000, 1100, 1102 = FamRZ 2000, 1510, 1512; OLG Düsseldorf, Urt. v. 17.08.1981, Az. 2 U 102/81, GRUR 1983, 741, 743 – Geheimhaltungsinteresse und Besichtigungsanspruch I; BT-Drucks. 16/5048, S. 27; Baumbach/Lauterbach/Albers/Hartmann (2016), Übers § 371 Rn. 6; *Reichold,* in: Thomas/Putzo (2016), § 485 Rn. 8; *Grabinski/Zülch,* in: Benkard (2015), § 140c PatG Rn. 27; *Hahn,* in: PK-GewRS (2015), Vor § 485 ZPO Rn. 38, 63; *Berger,* in: Stein/Jonas (2015), § 492 Rn. 11; *Rinken/Kühnen,* in: Schulte (2014), § 140c Rn. 61; *Pitz,* in: Fitzner/Lutz/Bodewig (2012), § 140c PatG Rn. 51; Fezer (2009), § 19a MarkenG Rn. 12, 52; *Pastor,* in: Werner/Pastor (2015), Rn. 86; *Götz* (2014), S. 184 f.; *Kühnen* (2013), Rn. 378 (Fn. 391); *Bahner* (2013), S. 113 f.; *Götz* (2012), S. 108, 144, 157; *Ann/Hauck/Maute* (2011), Rn. 53; *Gniadek* (2011), S. 144, 146; *Beckhaus* (2010), S. 132; *Praun,* in: Kleine-Möller/Merl (2009), § 19 Rn. 199; *Rohlfing* (2009), S. 62; *Amschewitz* (2008), S. 241; *Jestaedt* (2008), Rn. 841; *Müller-Stoy* (2008), Rn. 82, 242; *Adloff* (2007), S. 364; *Battenstein* (2006), S. 57, 63; *Ibbeken* (2004), S. 75 f.; *v. Hartz* (2004), S. 127 f.; *Markfort* (2001), S. 164; *Sturmberg* (1999), Rn. 182; *Karger* (1996), S. 101, 144 f.; *Hoeren/Kuta,* in: FS Weber (2011), S. 499 (517); *Ahrens,* in: FS Loschelder (2010), S. 1 (3); *Stadler,* in: FS Leipold (2009), S. 201 (204 f.); *Dreier,* in: Beier/Schricker (1996), S. 248 (274); *Zöllner,* GRUR-Prax 2010, S. 74 (76); *Eck/Dombrowski,* GRUR 2008, S. 387 (390); *Seichter,* WRP 2006, S. 391 (395); *Conrad,* ITRB 2005, S. 12 (15); *Kunz-Hallstein/Loschelder,* GRUR 2005, S. 747 (747); *Kühnen,* GRUR 2005, S. 185 (190); *Karg,* ZUM 2000, S. 934 (942); *Bork,* NJW 1997, S. 1665 (1667); *Dreier,* GRUR Int 1996, S. 205 (217); *Götting,* GRUR Int 1988, S. 729 (737); *Fritze/Stauder,* GRUR Int 1986, S. 342

Einschränkung aus dem Blickfeld der Zwangsmaßnahmen hat aber die positive Konsequenz, dass mittels des selbstständigen Beweisverfahrens zügig Beweise gesichert und zeitnah verwertet werden können, da wegen der fehlenden Erzwingbarkeit kein langwieriges Verfahren über das Vorliegen der Voraussetzungen erforderlich ist.[297]

Die fehlenden Zwangsmaßnahmen im Rahmen der §§ 485 ff. ZPO ergeben sich aus dem Verständnis dieses Rechtsinstituts.[298] Der ursprüngliche Zweck für ein Beweissicherungsverfahren lag insbesondere in der Einholung von Zeugenaussagen, bevor diese Zeugen wegen ihres hohen Alters versterben.[299] Für diesen Beweissicherungszweck waren keine Zwangsmaßnahmen notwendig. Die erforderlichen Beweise sollten zwar gesichert werden, jedoch mussten der gegnerischen Partei dafür keine Duldungspflichten auferlegt werden. Dementsprechend ist es auch nicht verwunderlich, dass die Notwendigkeit von Zwangsmaßnahmen weder in den Gesetzgebungsmaterialien zum einstigen „Beweis zum ewigen Gedächtnis" noch in denen zum „Beweissicherungsverfahren" sowie zum heutigen „selbstständigen Beweisverfahren" erwähnt wird.[300] Im Gegensatz zum einstigen Motiv macht der Einsatz des selbstständigen Beweisverfahrens im Rahmen des „Düsseldorfer Modells" Duldungsmaßnahmen erforderlich, da man in die Sphäre der gegnerischen Partei eingreift und damit Grundrechtseingriffe einhergehen.

b) Keine Anordnung von Duldungspflichten im Rahmen eines selbstständigen Beweisverfahrens

Das selbstständige Beweisverfahren enthält keine prozessuale Verpflichtung, durch die der Antragsgegner an der Beweissicherung mitzuwirken oder diese zu dulden hat.[301] Dagegen kann ein Gericht im Rahmen einer mündlichen

---

(342); *Leppin,* GRUR 1984, S. 552 (559); *Stauder,* GRUR Int 1978, S. 230 (234); *Wussow,* NJW 1969, S. 1401 (1406).

[297] *Gniadek* (2011), S. 146; vgl. *Kühnen,* GRUR 2005, S. 185 (192).

[298] OLG Köln, Beschl. v. 23.01.2001, Az. 26 W 1/01, OLGReport Köln 2002, 129 (Rn. 5) = BeckRS 2002, 05927; *Kühnen,* GRUR 2005, S. 185 (194).

[299] *Hahn/Mugdan/Stegemann,* ZPO-Materialien Abt. 1 (1983), S. 677 f.; vgl. *Seeber* (2007), S. 22.

[300] BT-Drucks. 11/3621, S. 23 f.; BT-Drucks. 11/8283, S. 45; BR-Drucks. 400/88, S. 60–64, 116–121; Plenarprotokoll 11/162 vom 29.09.1989, S. 12315; Protokoll der 625. BR-Sitzung vom 14.12.1990, S. 675; Protokoll der 593. BR-Sitzung vom 14.10.1988, S. 361; *Hahn/Mugdan/Stegemann,* ZPO-Materialien Abt. 1 (1983), S. 342 f., 677–681; *Hahn/Mugdan/Stegemann,* ZPO-Materialien Abt. 2 (1983), S. 978; vgl. BT-Drucks. 14/4722, S. 92.

[301] OLG Karlsruhe, Urt. v. 27.04.2001, Az. 14 U 187/00, NJW-RR 2002, 951, 951 = BauR 2002, 1437, 1437; OLG Köln, Beschl. v. 23.01.2001, Az. 26 W 1/01, OLGReport Köln 2002, 129 (Rn. 5) = BeckRS 2002, 05927; OLG Stuttgart, Beschl. v. 30.06.1986, Az. 2 U 20/86, NJW-RR 1986, 1448, 1448; OLG Düsseldorf, Urt. v. 17.08.1981, Az. 2 U

Verhandlung über § 142 ZPO eine Urkundenvorlage und über § 144 ZPO die Inaugenscheinnahme sowie die Begutachtung durch einen Sachverständigen anordnen. Diese Vorschriften sind aber weder direkt noch entsprechend auf das selbstständige Beweisverfahren anwendbar.[302] Im Rahmen des „Düsseldorfer Modells" kommt nur die Begutachtung durch einen Sachverständigen in Betracht. Wegen § 492 Abs. 1 ZPO finden die §§ 402–414 ZPO Anwendung, wobei § 402 ZPO ergänzend die §§ 373–401 ZPO für anwendbar erklärt. Daneben sind die allgemeinen Vorschriften zur Beweisaufnahme (§§ 355–370 ZPO) von Belang. Abgesehen von dem engen Bereich der Inaugenscheinnahme (§§ 492 Abs. 1, 371 Abs. 2 ZPO), für den auf § 144 ZPO verwiesen wird, verweisen die §§ 485 ff. ZPO sowie die darauf anwendbaren Vorschriften ansonsten nicht auf die §§ 142, 144 ZPO.[303]

102/81, GRUR 1983, 741, 743 – Geheimhaltungsinteresse und Besichtigungsanspruch I; LG Aurich, Urt. v. 28.10.2011, Az. 5 O 854/11, NZBau 2012, 369, 369 = DS 2012, 364, 365; Baumbach/Lauterbach/Albers/Hartmann (2016), Übers § 371 Rn. 6; *Marburger*, in: Staudinger (2015), Vorbem zu §§ 809–811 Rn. 8; *Berger*, in: Stein/Jonas (2015), § 492 Rn. 11; *Ahrens*, in: Wieczorek/Schütze (2014), § 485 Rn. 6 f.; *Pastor*, in: Werner/Pastor (2015), Rn. 86, 353; *Kühnen* (2013), Rn. 378 (Fn. 391); *Praun*, in: Kleine-Möller/Merl (2009), § 19 Rn. 199; *Weise* (2002), Rn. 500; *Motzke* (1981), Rn. 251–254; *Wussow* (1981), S. 73–77; *Willer,* NJW 2014, S. 22 (23); *Kühnen,* GRUR 2005, S. 185 (190); *Ulrich,* AnwBl 2003, S. 78 (80); *Schilken,* ZZP 1979, S. 238 (240, 262 f.); *Wussow,* NJW 1969, S. 1401 (1406).

[302] OLG Frankfurt a.M., Beschl. v. 12.06.2014, Az. 3 W 25/14, IBR 2014, 586, 586 m. Anm. *Ulrich* = BeckRS 2014, 13890; OLG Karlsruhe, Beschl. v. 12.08.2013, Az. 6 W 56/13, BeckRS 2014, 05839 = GRUR-RS 2014, 05839; KG, Beschl. v. 10.04.2013, Az. 9 W 94/12, NJW 2014, 85, 85 f. = BeckRS 2013, 07827; LG Nürnberg-Fürth, Beschl. v. 08.06.2006, Az. 7 OH 5425/04, BeckRS 2011, 12440; *Kratz*, in: BeckOK ZPO (2016), § 485 Rn. 34; *Huber*, in: Musielak/Voit (2016), § 492 Rn. 1; *Reichold*, in: Thomas/Putzo (2016), § 492 Rn. 1; *Herget*, in: Zöller (2016), § 492 Rn. 1; *Grabinski/Zülch*, in: Benkard (2015), § 140c PatG Rn. 22, 40; *Pukall*, in: Saenger (2015), § 492 Rn. 1; *Willer,* NJW 2014, S. 22 (23); a.A. OLG Düsseldorf, Beschl. v. 30.01.2014, Az. I-5 W 84/13, MDR 2014, 926, 926 = BeckRS 2014, 08408; KG, Beschl. v. 21.10.2005, Az. 7 W 46/05, NJW-RR 2006, 241, 241 = NZBau 2006, 717, 717; OLG Frankfurt a.M., Beschl. v. 06.02.2003, Az. 12 W 12/03, BeckRS 2013, 18862 = BeckRS 2003, 30305320; Baumbach/Lauterbach/Albers/Hartmann (2016), § 142 Rn. 3; *Ulrich*, in: Prütting/Gehrlein (2015), § 491 ZPO Rn. 2, § 492 ZPO Rn. 2; *Berger*, in: Stein/Jonas (2015), vor § 402 Rn. 58, § 492 Rn. 11; *Pastor*, in: Werner/Pastor (2015), Rn. 89; *Rosenberg/Schwab/Gottwald* (2010), § 117 Rn. 16; *Adloff* (2007), S. 352; *Battenstein* (2006), S. 57 f.; *Fellner,* MDR 2013, S. 1011 (1011); vgl. BT-Drucks. 16/5048, S. 28; OLG Düsseldorf, Beschl. v. 21.07.2011, Az. I-2 W 23/11, BeckRS 2012, 04014; *Weise* (2002), Rn. 10 f.; offen gelassen durch: BGH, Beschl. v. 16.05.2013, Az. VII ZB 61/12, NJW 2013, 2687, 2688 (Rn. 9) = NZBau 2013, 634, 635 (Rn. 9).

[303] KG, Beschl. v. 10.04.2013, Az. 9 W 94/12, NJW 2014, 85, 87 = BeckRS 2013, 07827; *Huber*, in: Musielak/Voit (2016), § 492 Rn. 1; *Berger*, in: Stein/Jonas (2015), § 492 Rn. 11; *Willer,* NJW 2014, S. 22 (23).

Eine analoge Anwendung auf die übrigen Beweismittel des selbstständigen Beweisverfahrens scheitert neben der fehlenden planwidrigen Regelungslücke (für die Inaugenscheinnahme ist der Verweis auf § 144 ZPO gegeben und für die übrigen Beweismittel gerade nicht) auch daran, dass bei der Inaugengenscheinnahme und der Begutachtung durch einen Sachverständigen keine vergleichbare Interessenlage besteht.[304] Bei der Inaugenscheinnahme wird der Gegenstand lediglich äußerlich (durch Hören, Sehen, Fühlen, Schmecken oder Riechen) wahrgenommen[305], wohingegen der Gegenstand bei der Sachverständigenbegutachtung näher untersucht wird und dementsprechend die Interessen des Antragsgegners stärker beeinträchtigt werden.[306] Außerdem findet eine Beweiserhebung im selbstständigen Beweisverfahren auf Antrag einer Partei statt, wogegen die §§ 142, 144 ZPO die Anordnung von Amts wegen vorsehen, sofern sich eine Partei darauf bezieht.[307]

Trotz ihrer Auswirkungen auf die Beweisaufnahme und Beweisbeschaffung sind die §§ 142, 144 ZPO keine Beweisvorschriften im Sinne der §§ 355 ff. ZPO und nicht allgemein auf das selbstständige Beweisverfahren anwendbar.[308] Vielmehr sind die §§ 142, 144 ZPO bei den allgemeinen Verfahrensvorschriften verortet und ein Teil der Regelungen zur mündlichen Verhandlung. Die „mündliche Verhandlung" in diesem Sinne ist das mündliche Verhandeln der Parteien über den Rechtsstreit vor dem erkennenden Gericht (§ 128 Abs. 1 ZPO), das durch die Antragstellung der Parteien eingeleitet (§ 137 Abs. 1 ZPO) und vom Vorsitzenden geschlossen wird (§ 136 Abs. 4 ZPO). Die gerichtlich durchgeführte Beweisaufnahme ist keine „mündliche Verhandlung" im Sinne der §§ 128 ff. ZPO (vgl. §§ 491 Abs. 1, 490 Abs. 1, 128 Abs. 4 ZPO), da die Parteien nicht über den Rechtsstreit verhandeln (§ 128 Abs. 1 ZPO), sondern nur eine „mündliche Erörterung" stattfindet.[309] Das Gericht führt die Beweisaufnahme selbst durch und die Parteien dürfen dieser beiwohnen (§ 357 Abs. 1 ZPO), sodass sie im Grund-

---

[304] *Willer,* NJW 2014, S. 22 (24).

[305] Baumbach/Lauterbach/Albers/Hartmann (2016), Übers § 371 Rn. 4; *Zimmermann,* in: MüKo ZPO (2012), § 371 Rn. 2; *Jauernig/Hess* (2011), § 52 Rn. 1; *Willer,* NJW 2014, S. 22 (23).

[306] *Willer,* NJW 2014, S. 22 (24).

[307] *Berger,* in: Stein/Jonas (2015), § 492 Rn. 11.

[308] BGH, Urt. v. 26.06.2007, Az. XI ZR 277/05, NJW 2007, 2989, 2991 f. (Rn. 20) = WM 2007, 1651, 1653 f. (Rn. 20); *Willer,* NJW 2014, S. 22 (23; 25); *Rühl,* ZZP 2012, S. 25 (31); *Gruber/Kießling,* ZZP 2003, S. 305 (310 f., 331); a.A. OLG Düsseldorf, Beschl. v. 30.01.2014, Az. I-5 W 84/13, MDR 2014, 926, 926 = BeckRS 2014, 08408; vgl. *Stadler,* in: FS Beys Bd. 2 (2003), S. 1625 (1638–1642).

[309] OLG Düsseldorf, Beschl. v. 30.01.2014, Az. I-5 W 84/13, MDR 2014, 926, 926 = BeckRS 2014, 08408; KG, Beschl. v. 10.04.2013, Az. 9 W 94/12, NJW 2014, 85, 86 = BeckRS 2013, 07827; *Willer,* NJW 2014, S. 22 (23); vgl. *Weise* (2002), Rn. 9, 11; *Ulrich,* AnwBl 2003, S. 78 (79).

satz eine passive Rolle einnehmen. Im Anschluss wird die mündliche Verhandlung fortgesetzt (arg. ex § 370 Abs. 1 ZPO). Dabei kann eine Beweisaufnahme auch schon vor der mündlichen Verhandlung vom Gericht beschlossen werden (§ 358a ZPO).

Die Gerichte sollen sich mithilfe der §§ 142, 144 ZPO im Interesse einer effektiven Sachaufklärung frühzeitig von Amts wegen einen umfassenden Überblick über den Sachverhalt verschaffen können, sodass die Vorschriften die Aufklärungsmöglichkeiten des Gerichts stärken und nur in engen Grenzen der Bereitstellung von Beweismitteln dienen.[310] Im Gegensatz zu einem Hauptsacheverfahren nehmen die Gerichte im selbstständigen Beweisverfahren keine Schlüssigkeits- oder Erheblichkeitsprüfung der behaupteten Tatsachen sowie die Prüfung der Erfolgsaussichten eines späteren Hauptsacheverfahrens vor, sodass es für die Anordnung einer Urkundenvorlage, Inaugenscheinnahme oder Begutachtung durch einen Sachverständigen nicht auf das rechtliche Interesse an der begehrten Tatsachenfeststellung ankommt.[311] Aufgrund dieser eingeschränkten Prüfungskompetenz können die Voraussetzungen einer Anordnung nach §§ 142, 144 ZPO im selbstständigen Beweisverfahren nicht festgestellt werden. Für eine Anordnung muss nämlich die Relevanz und die Entscheidungserheblichkeit für das weitere Verfahren in einem schlüssigen Vortrag dargelegt werden, da die §§ 142, 144 ZPO nicht als Mittel für eine unzulässige Ausforschung der gegnerischen Partei eingesetzt werden dürfen.[312]

[310] BGH, Beschl. v. 26.10.2006, Az. III ZB 2/06, NJW 2007, 155, 155 (Rn. 5) = MDR 2007, 541, 541; KG, Beschl. v. 10.04.2013, Az. 9 W 94/12, NJW 2014, 85, 86 = BeckRS 2013, 07827; LG Nürnberg-Fürth, Beschl. v. 08.06.2006, Az. 7 OH 5425/04, BeckRS 2011, 12440; BT-Drucks. 14/4722, S. 78; *Stadler*, in: Musielak/Voit (2016), § 142 Rn. 1; Baumbach/Lauterbach/Albers/Hartmann (2016), § 142 Rn. 2; *Greger*, in: Zöller (2016), § 142 Rn. 1; *Leipold*, in: Stein/Jonas (2005), § 142 Rn. 1; *Willer,* NJW 2014, S. 22 (22–24); vgl. *Wussow,* NJW 1969, S. 1401 (1404 f.).

[311] BGH, Beschl. v. 20.10.2009, Az. VI ZB 53/08, NJW-RR 2010, 946, 946 (Rn. 6) = NZV 2010, 22, 22 f. (Rn. 6); BGH, Beschl. v. 16.09.2004, Az. III ZB 33/04, NJW 2004, 3488, 3488 f. = ZfBR 2005, 54, 55; BGH, Beschl. v. 04.11.1999, Az. VII ZB 19/99, NJW 2000, 960, 961 = NZBau 2000, 246, 247; OLG Karlsruhe, Beschl. v. 12.08.2013, Az. 6 W 56/13, BeckRS 2014, 05839 = GRUR-RS 2014, 05839; KG, Beschl. v. 10.04.2013, Az. 9 W 94/12, NJW 2014, 85, 86 = BeckRS 2013, 07827; LG Nürnberg-Fürth, Beschl. v. 08.06.2006, Az. 7 OH 5425/04, BeckRS 2011, 12440; *Herget*, in: Zöller (2016), § 490 Rn. 3; *Pastor*, in: Werner/Pastor (2015), Rn. 8; *Osthaus* (2005), S. 138; *v. Hartz* (2004), S. 125; *Willer,* NJW 2014, S. 22 (24); *Wussow,* NJW 1969, S. 1401 (1405).

[312] BGH, Beschl. v. 25.02.2008, Az. II ZB 9/07, NJW-RR 2008, 865, 868 (Rn. 30) = WM 2008, 641, 645 (Rn. 30); BGH, Urt. v. 26.06.2007, Az. XI ZR 277/05, NJW 2007, 2989, 2991 f. (Rn. 20) = WM 2007, 1651, 1653 f. (Rn. 20); BGH, Beschl. v. 14.06.2007, Az. VII ZR 230/06, NJW-RR 2007, 1393, 1394 (Rn. 10) = NZBau 2007, 637, 638 (Rn. 10); OLG Karlsruhe, Beschl. v. 12.08.2013, Az. 6 W 56/13, BeckRS 2014, 05839 = GRUR-RS 2014, 05839; KG, Beschl. v. 10.04.2013, Az. 9 W 94/12, NJW 2014, 85, 86 =

Das selbstständige Beweisverfahren soll im Fall des § 485 Abs. 1 ZPO einen Beweisverlust verhindern, in den Fällen des § 485 Abs. 2 ZPO, in denen es in erster Linie um tatsächliche Feststellungen geht, zur Vermeidung eines Hauptsacheverfahrens eine gütliche Einigung ermöglichen.[313] In diesem Zusammenhang kann die Tatsachenfeststellung und Sachverhaltsaufklärung auf einen Sachverständigen übertragen werden. Eine Partei muss der gegnerischen Partei grundsätzlich nicht die (Beweis-)Mittel aushändigen, die ihr zum Gewinn des Verfahrens verhelfen („Waffen gegen die eigene Person“).[314] Sofern eine solche Aushändigung ausnahmsweise anerkannt wird (etwa für § 142 ZPO), müssen die Interessen der aushändigenden Partei effektiv geschützt werden.[315] Demgemäß sehen die §§ 142, 144 ZPO eine Ermessensentscheidung vor, in der das Gericht die betroffenen Interessen berücksichtigen und eine Anordnung von dieser Interessenabwägung abhängig machen kann. Im Gegensatz zum Gericht in einem Hauptsacheverfahren hat das Gericht im selbstständigen Beweisverfahren die dafür notwendigen Kenntnisse vom Sachverhalt nicht.[316] Infolge der eingeschränkten Sachprüfung im Rahmen des selbstständigen Beweisverfahrens können die bei einer Anordnung nach §§ 142, 144 ZPO betroffenen Interessen der gegnerischen Partei nicht hinreichend berücksichtigt und geschützt werden.[317] Derweil ist der Schutz der Interessen des Antragsgegners bei einer Anordnung im Rahmen eines selbstständigen Beweisverfahrens von besonderer Bedeutung, da dieses Verfahren oftmals zur Sachverhaltsaufklärung, Anspruchsidentifikation und Beweissicherung genutzt wird.[318]

Überdies könnte eine Anordnung nach §§ 142, 144 ZPO im selbstständigen Beweisverfahren (wie auch in einem Hauptsacheverfahren) ohnehin nicht

---

BeckRS 2013, 07827; BT-Drucks. 14/6036, S. 120 f.; *Greger*, in: Zöller (2016), § 142 Rn. 1, 7; *Willer*, NJW 2014, S. 22 (22 f.); *Greger*, DStR 2005, S. 479 (482).

[313] OLG Köln, Beschl. v. 23.01.2001, Az. 26 W 1/01, OLGReport Köln 2002, 129 (Rn. 5) = BeckRS 2002, 05927; *Willer*, NJW 2014, S. 22 (24).

[314] BGH, Urt. v. 11.06.1990, Az. II ZR 159/89, NJW 1990, 3151, 3151 f. = MDR 1991, 226, 226 f.; BGH, Urt. v. 26.06.1958, Az. II ZR 66/57, NJW 1958, 1491, 1492 = MDR 1958, 664, 664; *Willer*, NJW 2014, S. 22 (24); *Schlosser*, JZ 1991, S. 599 (604); *Götting*, GRUR Int 1988, S. 729 (737); vgl. *Schlosser*, JZ 2003, S. 427 (428).

[315] BGH, Beschl. v. 26.10.2006, Az. III ZB 2/06, NJW 2007, 155, 156 (Rn. 7) = MDR 2007, 541, 541; *Willer*, NJW 2014, S. 22 (24).

[316] BGH, Beschl. v. 20.10.2009, Az. VI ZB 53/08, NJW-RR 2010, 946, 946 (Rn. 6) = NZV 2010, 22, 22 f. (Rn. 6); BGH, Beschl. v. 16.09.2004, Az. III ZB 33/04, NJW 2004, 3488, 3488 = ZfBR 2005, 54, 55; KG, Beschl. v. 10.04.2013, Az. 9 W 94/12, NJW 2014, 85, 86 = BeckRS 2013, 07827; *Willer*, NJW 2014, S. 22 (24).

[317] *Willer*, NJW 2014, S. 22 (24; 25); a.A. OLG Düsseldorf, Beschl. v. 30.01.2014, Az. I-5 W 84/13, MDR 2014, 926, 926 = BeckRS 2014, 08408.

[318] *Willer*, NJW 2014, S. 22 (24).

zwangsweise durchgesetzt werden.[319] Das selbstständige Beweisverfahren erschöpft sich in der Beweisaufnahme, eine Beweiswürdigung findet nicht statt. Demgemäß kann eine Weigerung des Antragsgegners gegenüber einer Anordnung nach §§ 142, 144 ZPO aufrund der eingeschränkten Sachprüfung im selbstständigen Beweisverfahren weder im selbstständigen Beweisverfahren noch im nachfolgenden Hauptsacheverfahren im Rahmen der freien Beweiswürdigung (§ 286 Abs. 1 S. 1 ZPO) berücksichtigt werden, sodass sie sanktionslos bleiben würde.[320] Außerdem können die Parteien im selbstständigen Beweisverfahren die freie Überzeugung des Gerichts (§ 286 Abs. 1 S. 1 ZPO) nicht durch andere Beweismittel beeinflussen.[321] Aufgrund der eingeschränkten Prüfungskompetenz kann das Gericht die Interessen des Antragsgegners im selbstständigen Beweisverfahren nicht vollständig berücksichtigen, obgleich trifftige Gründe für die Weigerung bestehen können.

c) Zulässigkeit einer flankierenden Duldungsverfügung

Der Antragsgegner kann im selbstständigen Beweisverfahren mit prozessrechtlichen Mitteln nicht zur Duldung der Besichtigung durch den Sachverständigen gezwungen werden, da Duldungs- und Mitwirkungspflichten im selbstständigen Beweisverfahren nicht unmittelbar durchgesetzt werden können. Aus diesem Grund bedarf es im Rahmen des „Düsseldorfer Modells" einer flankierenden Duldungsverfügung (§§ 935 ff. ZPO). Wenngleich die Kombination von selbstständigem Beweisverfahren und einstweiliger Verfügung keine Grundlage im Gesetz findet, stehen grundsätzlich weder die Vorschriften des selbstständigen Beweisverfahrens noch § 260 ZPO (wegen unterschiedlicher Prozessarten) einer auf §§ 935 ff. ZPO gestützten begleitenden Duldungsverfügung ausdrücklich entgegen.[322] Der Charakter als Eilverfahren ist sowohl dem einstweiligen Verfügungsverfahren als auch dem selbstständigen Beweisverfahren immanent, sodass trotz unterschiedlicher Sicherungsinteressen eine gemeinsame Ausgangslage besteht.[323]

---

[319] OLG Frankfurt a.M., Beschl. v. 12.06.2014, Az. 3 W 25/14, IBR 2014, 586, 586 m. Anm. *Ulrich* = BeckRS 2014, 13890; vgl. OLG Düsseldorf, Beschl. v. 30.01.2014, Az. I-5 W 84/13, MDR 2014, 926, 926 = BeckRS 2014, 08408.

[320] OLG Frankfurt a.M., Beschl. v. 12.06.2014, Az. 3 W 25/14, IBR 2014, 586, 586 m. Anm. *Ulrich* = BeckRS 2014, 13890; *Willer,* NJW 2014, S. 22 (25); a.A. OLG Frankfurt a.M., Beschl. v. 06.02.2003, Az. 12 W 12/03, BeckRS 2013, 18862 = BeckRS 2003, 30305320.

[321] OLG Frankfurt a.M., Beschl. v. 12.06.2014, Az. 3 W 25/14, IBR 2014, 586, 586 m. Anm. *Ulrich* = BeckRS 2014, 13890; *Willer,* NJW 2014, S. 22 (25).

[322] *Maaßen*, in: FormB-UMR (2015), Kap. 15 Rn. 259; *Zöllner,* GRUR-Prax 2010, S. 74 (77); *Kühnen,* GRUR 2005, S. 185 (194).

[323] *Reinartz* (2009), S. 104 f.; *Sturmberg* (2004), Rn. 31, 95; *Ulrich* (2004), Rn. 27; *Weise* (2002), Rn. 59; *Sturmberg* (1999), Rn. 185; *Spilok* (1982), S. 11–13; *Hickl,* BauR 1986, S. 282 (287); *Schilken,* ZZP 1979, S. 238 (247).

Ein maßgebliches Argument gegen die direkte oder entsprechende Anwendung der §§ 142, 144 ZPO im selbstständigen Beweisverfahren ist die eingeschränkte Sachprüfung in diesem Verfahren, wodurch die Interessen des Antragsgegners bei einer Anordnung nach §§ 142, 144 ZPO nicht berücksichtigt werden können. Das selbstständige Beweisverfahren sieht nur für die Inaugenscheinnahme ausnahmsweise die Möglichkeit einer Anordnung nach § 144 ZPO vor (§§ 492 Abs. 1, 371 Abs. 2 ZPO). Diese Ausnahme zeigt aber, dass Duldungsanordnungen mit den §§ 485 ff. ZPO im Grundsatz vereinbar sind. Sie können jedoch abgesehen von der Inaugenscheinnahme nicht über die §§ 142, 144 ZPO angeordnet werden. Vielmehr ist die Duldung der Besichtigung von einem materiell-rechtlichen Anspruch abhängig (vgl. §§ 371 Abs. 2, 422, 424 Nr. 5 und 429 ZPO) und im Klagewege oder über eine einstweilige Verfügung durchzusetzen.[324] Im Gegensatz zum selbstständigen Beweisverfahren können Duldungs- und Mitwirkungspflichten über materiell-rechtliche Besichtigungsansprüche (§§ 140c PatG, 101a UrhG, 19a MarkenG, 24c GebrMG, 46a DesignG, 9 Abs. 2 HalblSchG i.V.m. 24c GebrMG, 37c SortSchG sowie § 809 BGB) angeordnet werden, insbesondere auch durch eine einstweilige Verfügung.

Die Konsequenz aus der fehlenden Erzwingbarkeit der Beweisaufnahme im selbstständigen Beweisverfahren ist, dass die Voraussetzungen von Zwangsmaßnahmen nicht erst in einem langwierigen Verfahren geprüft werden müssen und infolgedessen Beweise zügig gesichert und zeitnah verwertet werden können.[325] Dieser Interessenausgleich, bei dem auf Zwangsmittel im selbstständigen Beweisverfahren zugunsten einer schnellen Beweissicherung und -verwertung verzichtet wird, wird durch die Kombination von selbstständigem Beweisverfahren und einstweiliger Verfügung im Rahmen des „Düsseldorfer Modells" nicht umgangen. Wenngleich die flankierende Duldungsverfügung die fehlende Erzwingbarkeit des selbstständigen Beweisverfahrens

---

[324] OLG Karlsruhe, Urt. v. 27.04.2001, Az. 14 U 187/00, NJW-RR 2002, 951, 951 = BauR 2002, 1437, 1437; OLG Köln, Beschl. v. 29.05.1995, Az. 18 W 16/95, BauR 1995, 874, 875 = BeckRS 1995, 31051453; OLG Stuttgart, Beschl. v. 30.06.1986, Az. 2 U 20/86, NJW-RR 1986, 1448, 1448; LG Aurich, Urt. v. 28.10.2011, Az. 5 O 854/11, NZBau 2012, 369, 369 = DS 2012, 364, 365; *Huber*, in: Musielak/Voit (2016), § 371 Rn. 19; *Reichold*, in: Thomas/Putzo (2016), Vorbem § 371 Rn. 2; *Grabinski/Zülch*, in: Benkard (2015), § 139 PatG Rn. 132, § 140c Rn. 27; *Ahrens*, in: Wieczorek/Schütze (2014), § 485 Rn. 6 f.; *Pastor*, in: Werner/Pastor (2015), Rn. 88, 353; *Kühnen* (2013), Rn. 378 (Fn. 391); *Praun*, in: Kleine-Möller/Merl (2009), § 19 Rn. 200 f., 209; *Adloff* (2007), S. 365; *Ulrich* (2004), Rn. 28; *Weise* (2002), Rn. 501 f.; *Ahrens,* in: FS Loschelder (2010), S. 1 (3); *Willer,* NJW 2014, S. 22 (22); *Kühnen,* GRUR 2005, S. 185 (190); *Hök,* BauR 1999, S. 221 (224); *Wussow,* NJW 1969, S. 1401 (1407); a.A. *Götz* (2014), S. 185 f.; *Gniadek* (2011), S. 146, 164; *Müller-Stoy* (2008), Rn. 242; einschränkend: *Wussow* (1981), S. 76; vgl. BGH, Urt. v. 08.04.1981, Az. VIII ZR 98/80, NJW 1981, 1733, 1733 = MDR 1981, 1009, 1009; KG, Beschl. v. 21.10.2005, Az. 7 W 46/05, NJW-RR 2006, 241, 241 = NZBau 2006, 717, 717.

[325] *Gniadek* (2011), S. 146; vgl. *Kühnen,* GRUR 2005, S. 185 (192).

aufhebt, können die Interessen der Parteien im Rahmen der Besichtigungsansprüche ausreichend berücksichtigt werden, sodass auch die Argumente, die gegen eine Anwendbarkeit der §§ 142, 144 ZPO im selbstständigen Beweisverfahren sprechen, an dieser Stelle nicht greifen.

Im Verfahren der einstweiligen Verfügung erfolgt zwar nur eine summarische Prüfung. Dennoch hat das Gericht die erforderlichen Maßnahmen zu treffen, um den Schutz vertraulicher Informationen zu gewährleisten, insbesondere bei Erlass der einstweiligen Verfügung ohne vorherige Anhörung des Gegners (§ 140c Abs. 3 S. 2, 3 PatG). Die Interessen des Antragsgegners werden also hinreichend berücksichtigt und können sogar zur Ablehnung des Antrags auf Erlass einer einstweiligen Verfügung führen, sodass die Besichtigung durch den Sachverständigen bei überwiegenden Interessen des Antragsgegners nicht gegen seinen Willen durchgeführt werden kann. Neben der Berücksichtigung von Geheimhaltungsinteressen beinhaltet das „Düsseldorfer Modell" außerdem weitere Maßnahmen zum Schutz der Interessen des Antragsgegners, wie die Einschaltung eines gerichtlichen Sachverständigen, die Verschwiegenheitsverpflichtung der Besichtigungsteilnehmer sowie die „abgesicherte" Gutachtenfreigabe. Demgemäß ist eine flankierende Duldungsverfügung im Grundsatz mit dem selbstständigen Beweisverfahren vereinbar, sofern die Parteiinteressen ausreichend berücksichtigt werden können.[326]

Die Duldungsanordnung darf aber nur so weit reichen, wie es der Rahmen des zugrunde liegenden Anspruchs zulässt. Die spezialgesetzlichen Besichtigungsansprüche sehen nur eine Besichtigung durch den Antragsteller oder einen Vertreter (etwa seine anwaltlichen Vertreter oder einen privaten Sachverständigen) vor, nicht jedoch die Begutachtung durch einen gerichtlich bestellten Sachverständigen wie im selbstständigen Beweisverfahren (§ 485 Abs. 1, 2 ZPO).

---

[326] OLG Karlsruhe, Beschl. v. 12.08.2013, Az. 6 W 56/13, BeckRS 2014, 05839 = GRUR-RS 2014, 05839; OLG Düsseldorf, Beschl. v. 21.07.2011, Az. I-2 W 23/11, BeckRS 2012, 04014; OLG Frankfurt a.M., Urt. v. 10.06.2010, Az. 15 U 192/09, BeckRS 2011, 18385; OLG Karlsruhe, Urt. v. 27.04.2001, Az. 14 U 187/00, NJW-RR 2002, 951, 951 = BauR 2002, 1437, 1437; OLG Stuttgart, Beschl. v. 30.06.1986, Az. 2 U 20/86, NJW-RR 1986, 1448, 1448; LG Aurich, Urt. v. 28.10.2011, Az. 5 O 854/11, NZBau 2012, 369, 369 = DS 2012, 364, 365; *Czychowski*, in: Fromm/Nordemann (2014), § 101a UrhG Rn. 28, 40; *Ahrens*, in: Wieczorek/Schütze (2014), § 485 Rn. 7; *Keukenschrijver/Kaess*, in: Busse (2013), § 140c Rn. 24; *Haedicke* (2015), Kap. 13 Rn. 48; *Sacher*, in: Kompendium BauR (2014), 13. Teil Rn. 1; *Kühnen* (2013), Rn. 378 (Fn. 391); *Praun*, in: Kleine-Möller/Merl (2009), § 19 Rn. 200 f., 209; *Battenstein* (2006), S. 230; *Weise* (2002), Rn. 61, 509, 519; *Kroppen/Heyers/Schmitz* (1982), Rn. 685–692; *Spilok* (1982), S. 103–108; *Motzke* (1981), Rn. 128; *Hoeren/Kuta*, in: FS Weber (2011), S. 499 (517); *Zöllner*, GRUR-Prax 2010, S. 74 (77); *Kühnen*, GRUR 2005, S. 185 (190); a.A. *Gniadek* (2011), S. 146, 164; *Reinartz* (2009), S. 104; *Rohlfing* (2009), S. 82 f.; *Wussow* (1981), S. 76; *Hök*, BauR 1999, S. 221 (227); vgl. *Wimmers*, in: Schricker/Loewenheim (2010), § 101a Rn. 37.

Aus Neutralitäts- und Verschwiegenheitsgesichtspunkten ist ein gerichtlich bestellter Sachverständiger zwar ein „Mehr“ im Vergleich zu einem Privatsachverständigen. Aus diesem Grund könnte man davon ausgehen, dass dieser erst recht unter die spezialgesetzlichen Besichtigungsansprüche fällt und damit im Rahmen einer Besichtigung zuzulassen ist. Diesem Erst-recht-Schluss steht aber der Sinn und Zweck des Gesetzes entgegen. Die spezialgesetzlichen Besichtigungsansprüche ermöglichen dem Antragsteller oder einem von ihm bestimmten Interessenvertreter die Besichtigung einer Sache. Der gerichtlich bestellte Sachverständige ist jedoch kein Interessenvertreter des Antragstellers im Sinne der spezialgesetzlichen Besichtigungsansprüche. Wenngleich die Besichtigung und Begutachtung durch den gerichtlich bestellten Sachverständigen erst aufgrund des Beweissicherungsantrags des Antragstellers durchgeführt wird und der gerichtlich bestelle Sachverständige mithin faktisch erst auf Veranlassung des Antragstellers hin handelt, da ohne seinen Antrag kein Besichtigungsverfahren durchgeführt wird, hat der Antragsteller letztlich keine Einflussmöglichkeiten auf den gerichtlich bestellten Sachverständigen. Dieser wird nämlich vom Gericht ausgewählt (§§ 492 Abs. 1, 404 Abs. 1 S. 1 ZPO) und handelt auf der Grundlage der gerichtlichen Weisungen. Der Antragsteller kann lediglich mittelbar über seine Rechts- und Patentanwälte Hinweise an den gerichtlich bestellten Sachverständigen herantragen lassen.

Demzufolge kann über § 140c PatG auch nur die Duldung der Besichtigung durch den Antragsteller oder einen Vertreter angeordnet werden, sodass das Anwesenheitsrecht der anwaltlichen Vertreter während der Besichtigung über die Duldungsverfügung unproblematisch bestimmt werden kann. Dagegen kann die Duldung der Besichtigung durch einen gerichtlich bestellten Sachverständigen („gerichtliche Begutachtung“) nicht über die flankierende Duldungsverfügung angeordnet werden.[327] Andernfalls würde entgegen der derzeitigen Rechtslage aus der Sicht der §§ 485 ff. ZPO eine „erzwingbare sachverständige Begutachtung im selbstständigen Beweisverfahren“ erschaffen und aus der Sicht der §§ 935 ff. ZPO entgegen den §§ 936, 920 Abs. 2 ZPO „durch die Hintertür“ eine förmliche Beweiserhebung durch einen Sachverständigen im einstweiligen Verfügungsverfahren ermöglicht.[328] Beide Neuschöpfungen widersprechen dem geltenden Recht.

Diese Differenzierung wird durch die unterschiedlichen Folgen einer Besichtigung durch einen gerichtlich bestellten Sachverständigen sowie einer

---

[327] *Pitz*, in: Fitzner/Lutz/Bodewig (2012), § 140c PatG Rn. 52 f.; vgl. *Grabinski/Zülch*, in: Benkard (2015), § 140c PatG Rn. 27.

[328] *Gniadek* (2011), S. 146; *Kunz-Hallstein/Loschelder*, GRUR 2005, S. 747 (747); vgl. *Pitz*, in: Fitzner/Lutz/Bodewig (2012), § 140c PatG Rn. 52; *Ahrens/McGuire* (2012), S. 187; *Ahrens*, in: FS Loschelder (2010), S. 1 (2); *Tilmann*, in: FS Ullmann (2006), S. 1013 (1023).

Besichtigung durch einen privaten Sachverständigen gestützt. Während das Gutachten eines Privatsachverständigen als qualifizierter Parteivortrag zu bewerten ist, wird das Gutachten eines gerichtlich bestellten Sachverständigen bei Berücksichtigung der gesetzlichen Anhörungs- und Ladungsvoraussetzungen einer Beweisaufnahme vor dem Prozessgericht gleichgestellt (§ 493 Abs. 1 ZPO) und ist damit ein Mittel des Strengbeweises. Demgemäß hat das Gutachten eines gerichtlich bestellten Sachverständigen im Rahmen eines selbstständigen Beweisverfahrens schwerwiegendere Auswirkungen auf ein nachfolgendes Hauptsacheverfahren.

Im Ergebnis bleibt festzuhalten, dass eine das selbstständige Beweisverfahren flankierende Duldungsverfügung grundsätzlich zulässig ist. Aufgrund der eingeschränkten Reichweite der spezialgesetzlichen Besichtigungsansprüche, die der Duldungsverfügung als Verfügungsanspruch zugrunde liegen, kann im Rahmen des „Düsseldorfer Modells" über die Duldungsverfügung nur die Duldung der Anwesenheit der anwaltlichen Vertreter des Antragstellers angeordnet werden, nicht hingegen die Duldung der Besichtigungsdurchführung durch den gerichtlich bestellten Sachverständigen. Letzteres müsste über das selbstständige Beweisverfahren angeordnet werden, das aber keine Rechtsgrundlage für die zwangsweise Durchsetzung der Ortsbesichtigung vorsieht. Demzufolge ist das „Düsseldorfer Modell" nicht durchführbar, sobald dem gerichtlich bestellten Sachverständigen der Zutritt zu den Betriebs- und Geschäftsräumen des Antragsgegners verweigert wird.

IV. Anhörung des Antragsgegners

Der Antragsgegner ist vor dem Erlass einer Besichtigungsanordnung sowohl im selbstständigen Beweisverfahren (vgl. § 491 Abs. 1 ZPO) als auch allgemein bei Anträgen auf eine einstweilige Verfügung (vgl. § 937 Abs. 2 ZPO) anzuhören.[329] Der Anspruch auf rechtliches Gehör ist verfassungsrechtlich in Art. 103 Abs. 1 GG verankert. Durch eine frühe Anhörung des Antragsgegners könnten mögliche Geheimhaltungsinteressen seitens des Antragsgegners rechtzeitig in das Verfahren eingeführt werden. Der Antragsgegner müsste nach den Regeln der Darlegungs- und Beweislast die betroffenen geheimhaltungsbedürftigen Tatsachen vorbringen und nachweisen. Wenngleich im Rahmen der Besichtigungsanordnung die Behauptung genügt, dass durch die Besichtigung als solche geheimhaltungsbedürftige Tatsachen offenbart werden, ist das antragsgegnerische Vorbringen unzureichend, wenn er schlichtweg behauptet, dass der Besichtigungsgegenstand irgendwo geheimhaltungsbedürftige Tatsachen beinhalte, da daraus nicht hervorgeht, dass gerade die

[329] *Rinken/Kühnen*, in: Schulte (2014), § 140c Rn. 58; *Kühnen* (2013), Rn. 1828; *Stürner*, in: FS Geiß (2000), S. 199 (213); *Hoeren*, MMR 2003, S. 299 (300, Fn. 12).

Besichtigung die Geheimnisse offenlegt.[330] Das Gericht hat daraufhin die notwendigen Maßnahmen zum Geheimnisschutz zu treffen (§ 140c Abs. 1 S. 3 PatG).

Eine vorherige Anhörung des Antragstellers unterläuft aber regelmäßig die Interessen des Antragstellers. Eine Besichtigung im Rahmen des „Düsseldorfer Modells“ ist nur dann effektiv und erfolgversprechend, wenn man sie für den Gegner nach Möglichkeit überraschend durchführen kann, da er den Besichtigungsgegenstand dann nicht mehr zu seinen Gunsten verändern kann.[331] Dementsprechend darf der Antragsgegner zum Zwecke einer effektiven Beweissicherung zunächst nicht am Verfahren beteiligt werden. Der Überraschungseffekt ist auch in den ausländischen Verfahrensweisen das Kernelement, das Besichtigungsverfahren zu rigorosen und effektiven Mitteln der Beweissicherung macht.[332] Wenngleich der Antragsgegner nicht selber geheimhaltungsbedürftige Tatsachen vorbringen kann, hat das Gericht selbstständig die erforderlichen Maßnahmen zum Schutz vertraulicher Informationen zu treffen (§ 140c Abs. 3 S. 2, 3 PatG), sodass der Geheimnisschutz auch gewahrt wird, wenn der Antragsgegner im Vorfeld nicht angehört wird.

1. Besichtigungsanordnung

Im Rahmen von Besichtigungsanordnungen nach dem „Düsseldorfer Modell“ wird aus Gründen besonderer Eilbedürftigkeit, der Befürchtung der Gefährdung des Besichtigungserfolges durch Vereitelungs- oder Veränderungsmaßnahmen und der Wahrung des Überraschungseffektes regelmäßig von der vorherigen Anhörung sowie frühzeitigen Ladung des Antragsgegners abgesehen.[333] Für eine effektive Beweissicherung muss der Vollzug der einstweili-

---

[330] *Müller-Stoy,* MittdtPatA 2010, S. 267 (274; 274, Fn. 49).

[331] *Pastor*, in: Werner/Pastor (2015), Rn. 76, 86; *Rohlfing* (2009), S. 69; *Müller-Stoy* (2008), Rn. 174 f.; *Hoeren/Kuta,* in: FS Weber (2011), S. 499 (522); *Melullis,* in: FS Tilmann (2003), S. 843 (848); *Bork,* NJW 1997, S. 1665 (1671); vgl. OLG Düsseldorf, Urt. v. 12.02.1980, Az. 20 U 32/79, BauR 1980, 289, 289.

[332] *Binn/Dupuis-Latour,* VPP-Rundbrief 1998, S. 72 (73); *Götting,* GRUR Int 1988, S. 729 (729).

[333] LG Düsseldorf, Beschl. v. 03.05.2005, Az. 4a O 162/05, InstGE 5, 236, 237 f. (Rn. 5) – Anhörungsrüge; *Trimborn*, in: Büscher/Dittmer/Schiwy (2015), Kap. 1, § 140c PatG Rn. 10; *Hahn*, in: PK-GewRS (2015), Vor § 485 ZPO Rn. 49, § 487 ZPO Rn. 17 f., § 490 ZPO Rn. 1, 8, § 491 ZPO Rn. 5, 7–17, § 493 ZPO Rn. 12; *Voß*, in: PK-GewRS (2015), § 937 ZPO Rn. 19; *Rinken/Kühnen*, in: Schulte (2014), § 140c Rn. 23, 58; *Keukenschrijver/Kaess*, in: Busse (2013), § 140c Rn. 21; *Voß*, in: Fitzner/Lutz/Bodewig (2012), Vor §§ 139 ff. PatG Rn. 283 f.; *Pitz*, in: Fitzner/Lutz/Bodewig (2012), § 140c PatG Rn. 44, 47; Ingerl/Rohnke (2010), § 19a Rn. 22; *Mes*, in: MPFormB GewRS (2014), Form. C.22 Anm. 8, 13; *Chakraborty*, in: Haedicke/Timmann (2012), § 11 Rn. 744; *Oldekop*, in: Schramm (2012), Kap. 9 Rn. 161; *Tilmann/Schreibauer,* in: FS Erdmann (2002), S. 901 (924); *Deichfuß,* GRUR 2015, S. 436 (437); *Müller-Stoy,* MittdtPatA 2010, S. 267 (269);

gen Verfügung den Antragsgegner möglichst unvorbereitet treffen, was auch eine kurzfristige und nur fernmündliche Anhörung ausschließt (vgl. Art. 7 Abs. 1 Enforcement-Richtlinie).[334] Daneben ist aus der objektivierten Sichtweise des Antragstellers zur Zeit der Antragstellung regelmäßig zu befürchten, dass der vermeintliche Verletzer trotz des angeordneten Veränderungsverbotes den Besichtigungsgegenstand bei der Kenntnisnahme einer Anhörung oder spätestens im Nachgang der Anhörung manipuliert oder zerstört, sodass das Risiko eines Beweisverlustes besteht und der Besichtigungserfolg gefährdet wird.[335]

a) Duldungsverfügung

Der Anspruch auf rechtliches Gehör (Art. 103 Abs. 1 GG) kann zurücktreten, wenn eine vorherige Anhörung der Maßnahme den Überraschungseffekt raubt und somit den Zweck der Maßnahme vereitelt.[336] Infolgedessen kann in einstweiligen Verfügungsverfahren wegen besonderer Dringlichkeit und zur Wahrung eines Überraschungseffektes ohne eine mündliche Verhandlung und ohne Anhörung des Antragsgegners entschieden werden (§ 937 Abs. 2 ZPO; vgl. § 128 Abs. 4 ZPO).[337] Bei einem Besichtigungsverfahren ist in der Regel anzunehmen, dass der Antragsgegner bestehende Beweise verändert oder

---

Ahrens, GRUR 2005, S. 837 (838); *Kühnen,* GRUR 2005, S. 185 (189 f., 193); *Bork,* NJW 1997, S. 1665 (1671); vgl. Baumbach/Lauterbach/Albers/Hartmann (2016), § 491 Rn. 2; *Herget,* in: Zöller (2016), § 490 Rn. 1; *Kühnen* (2013), Rn. 1830; *Götz* (2012), S. 188; *Amschewitz* (2008), S. 133; *Dreier,* in: Beier/Schricker (1996), S. 248 (264); *Grabinski,* GRUR Int 2013, S. 310 (318); *Deichfuß,* JurPC Web-Dok. 130/2010, Abs. 27, 30.

[334] *Hahn,* in: PK-GewRS (2015), § 487 ZPO Rn. 17; *Rinken/Kühnen,* in: Schulte (2014), § 140c Rn. 58; *Gniadek* (2011), S. 359 f.; *Baur/Stürner/Bruns* (2006), § 51 Rn. 16; *Walker* (1993), Rn. 282 f.; *Bork,* NJW 1997, S. 1665 (1671); *Leppin,* GRUR 1984, S. 695 (708); vgl. BVerfG, Beschl. v. 08.01.1959, Az. 1 BvR 396/55, NJW 1959, 427, 429 = JZ 1959, 207, 210; *Grunsky,* in: Stein/Jonas (2002), § 922 Rn. 1; *Pitz* (2010), Rn. 99.

[335] *Rinken/Kühnen,* in: Schulte (2014), § 140c Rn. 23, 58; *Kühnen* (2013), Rn. 378 (Fn. 390); vgl. *Dreier,* in: Beier/Schricker (1996), S. 248 (264).

[336] *Schmidt-Aßmann,* in: Maunz/Dürig (2015), Art. 103 GG Rn. 93; *Chakraborty,* in: Haedicke/Timmann (2012), § 11 Rn. 744 (Fn. 1810); *Pieroth/Schlink/Kingreen/Poscher* (2015), Rn. 1204; *Stürner,* in: FS Geiß (2000), S. 199 (213).

[337] Baumbach/Lauterbach/Albers/Hartmann (2016), § 937 Rn. 2, 5 f.; *Grabinski/Zülch,* in: Benkard (2015), § 140c PatG Rn. 26; *Eichmann,* in: Eichmann/v. Falckenstein/Kühne (2015), § 46a Rn. 5; *Hahn,* in: PK-GewRS (2015), § 491 ZPO Rn. 5; *Voß,* in: PK-GewRS (2015), § 973 ZPO Rn. 19 ff.; *Marly* (2014), Rn. 327; *Götz* (2012), S. 148; *Gniadek* (2011), S. 120; *Reinartz* (2009), S. 137; *Rohlfing* (2009), S. 69 f.; *Müller-Stoy* (2008), Rn. 270; *Adloff* (2007), S. 419; *v. Hartz* (2004), S. 171 m.w.Nachw.; *Treichel* (2001), S. 230; *Rauschhofer,* GRUR-RR 2006, S. 249 (251); *Ahrens,* GRUR 2005, S. 837 (838); *Kühnen,* GRUR 2005, S. 185 (195); *Bork,* NJW 1997, S. 1665 (1671); *Teplitzky,* DRiZ 1982, S. 41 (44 f.); vgl. *Rogge,* in: FS v. Gamm (1990), S. 461 (473); *Krieger,* GRUR Int 1997, S. 421 (424).

vernichtet, sobald er von den Maßnahmen gegen ihn Kenntnis erlangt, insbesondere bei böswilligen Verletzern, sodass ein Grund für die besondere Dringlichkeit vorliegt. In Ergänzung und Konkretisierung zu § 937 Abs. 2 ZPO, wonach der Verzicht auf eine mündliche Verhandlung die Ausnahme ist, sieht § 140c Abs. 3 S. 3 PatG für die begleitende Duldungsverfügung ausdrücklich die Möglichkeit des Verzichts auf eine vorherige Anhörung des Antragsgegners für Besichtigungen in Verbindung mit Maßnahmen des einstweiligen Rechtsschutzes vor und stellt die vorherige Anhörung in das Ermessen des Gerichts (vgl. Art. 7 Abs. 1 S. 3 Enforcement-Richtlinie: „gegebenenfalls“).[338]

Im Gegenzug muss das zuständige Gericht beim Erlass einer einstweiligen Verfügung ohne vorherige Anhörung des Antragsgegners die erforderlichen Maßnahmen zum Schutz vertraulicher Informationen gewährleisten (§ 140c Abs. 3 S. 2, 3 PatG). Gleichwohl erfährt der Antragsgegner spätestens im Zeitpunkt des Besichtigungsbeginns von den Maßnahmen gegen ihn und hat im Anschluss an die Besichtigung (vor der Freigabe des Gutachtens an den Antragsteller) die Gelegenheit, seinen Standpunkt darzulegen, insbesondere geheimhaltungsbedürftige Informationen vorzutragen.[339] Aufgrund der fehlenden Anhörung des Antragsgegners ergeht die Duldungsverfügung im Beschlusswege (§§ 936, 922 Abs. 1 S. 1, 128 Abs. 4 ZPO).[340]

Der mögliche Einwand im Rahmen der Duldungsverfügung, dass durch eine vorherige Anhörung des Antragsgegners ein effektiverer Geheimnisschutz bewerkstelligt werden kann, greift im Ergebnis nicht durch. Es ist zwar nicht von der Hand zu weisen, dass der Antragsgegner vertrauliche Informationen im Zweifel konkreter benennen kann als die betrauten Gerichte. Dennoch haben die Gerichte über § 140c Abs. 3 S. 2, 3 PatG umfassende Möglichkeiten, den Schutz vertraulicher Informationen zu gewährleisten, und können im Zweifel weitreichende Schutzmaßnahmen anordnen.

---

[338] BT-Drucks. 16/5048, S. 28; *Hahn*, in: PK-GewRS (2015), § 490 ZPO Rn. 1, 8, § 491 ZPO Rn. 6; Fezer (2009), § 19a MarkenG Rn. 46; *Mes*, in: MPFormB GewRS (2014), Form. C.22 Anm. 14, 28; *Heinze* (2007), S. 396; *Tilmann,* in: FS Ullmann (2006), S. 1013 (1020 f.); *Mayer/Linnenborn,* K&R 2003, S. 313 (315); vgl. *Amschewitz* (2008), S. 243, 355 f.; *Kreye,* in: FS v. Meibom (2010), S. 241 (245); *Wiebe,* in: Büllesbach/Büchner (2006), S. 153 (164); *Grabinski,* GRUR Int 2013, S. 310 (318); *Metzger/Wurmnest,* ZUM 2003, S. 922 (928 f.).

[339] LG Düsseldorf, Urt. v. 08.03.2007, Az. 4b O 230/04, InstGE 8, 103, 110 (Rn. 32) – Etikettiermaschine = BeckRS 2008, 20706; *Hahn*, in: PK-GewRS (2015), § 491 ZPO Rn. 3, 5, § 492 ZPO Rn. 12, § 493 ZPO Rn. 11; *Pitz*, in: Fitzner/Lutz/Bodewig (2012), § 140c PatG Rn. 44; *Kühnen,* GRUR 2005, S. 185 (195).

[340] *Voß*, in: Fitzner/Lutz/Bodewig (2012), Vor §§ 139 ff. PatG Rn. 290.

b) Selbstständiges Beweisverfahren

Der Antragsgegner muss auch im selbstständigen Beweisverfahren angehört werden (Art. 103 Abs. 1 GG). Darüber hinaus sieht das selbstständige Beweisverfahren ein besonderes Ladungserfordernis vor (§ 491 Abs. 1 ZPO), wobei die vorherige Anhörung unabhängig von der Ladung nach § 491 Abs. 1 ZPO zu betrachten ist.

aa) Anhörung

Dem Gehörsanspruch (Art. 103 Abs. 1 GG) des Antragsgegners ist auch im selbstständigen Beweisverfahren durch eine Anhörung Rechnung zu tragen, insbesondere mit Blick auf die erheblichen Folgen in einem späteren Hauptsacheverfahren (vgl. § 493 Abs. 1 ZPO).[341] In immaterialgüterrechtlichen Streitigkeiten ist dem Schutzrechtsinhaber viel daran gelegen, den Antragsgegner zu überraschen, damit dieser die Beweismittel nicht vor der Besichtigung manipulieren oder beiseiteschaffen kann. Die Möglichkeit des Anhörungsverzichts in den spezialgesetzlichen Vorschriften gilt nur für die Duldungsverfügung, weshalb der Verzicht auf eine Anhörung im selbstständigen Beweisverfahren einer eigenständigen Rechtfertigung bedarf.

(1) Anhörungsverzicht

Ein Beweiserörterungstermin zum Zwecke einer gütlichen Einigung steht im Ermessen des Gerichts (§ 492 Abs. 3 ZPO). In der Regel wird über den Antrag auf Durchführung des selbstständigen Beweisverfahrens per sofortigem gerichtlichen Beschluss entschieden (§ 490 Abs. 1 ZPO). Ein solcher Beschluss kann ohne mündliche Verhandlung ergehen, soweit nichts anderes bestimmt ist (§ 490 Abs. 1 i.V.m. § 128 Abs. 4 ZPO). Dementsprechend ist die Anhörung des Antragsgegners vor dem Erlass des Beweissicherungsbeschlusses im selbstständigen Beweisverfahren aus Gründen der Prozessförderung fakultativ und liegt im Ermessen des Gerichts, sodass der Wegfall des Verhandlungszwangs im selbstständigen Beweisverfahren über die bloße Ausnahmeregelung des § 937 Abs. 2 ZPO im einstweiligen Rechtsschutz hinausgeht.[342]

---

[341] OLG Karlsruhe, Beschl. v. 03.08.1982, Az. 7 W 20/82, BauR 1983, 188, 189 = MDR 1982, 1026, 1026 f.; *Praun*, in: Kleine-Möller/Merl (2009), § 19 Rn. 135; *Gniadek* (2011), S. 157.

[342] OLG Frankfurt a.M., Beschl. v. 22.09.2003, Az. 2 W 63/03, BeckRS 2003, 30328695; LG München II, Beschl. v. 27.02.1985, Az. 8 T 325/85, ZMR 1985, 417, 417; Baumbach/Lauterbach/Albers/Hartmann (2016), § 490 Rn. 2; *Pukall*, in: Saenger (2015), § 490 Rn. 1; *Berger*, in: Stein/Jonas (2015), § 490 Rn. 1; *Schreiber*, in: MüKo ZPO (2012), § 485 Rn. 17; *Joussen*, in: Ingenstau/Korbion (2015), Anh. 3 Rn. 98; *Pastor*, in: Werner/Pastor (2015), Rn. 76; *Koeble*, in: Kompendium BauR (2014), 2. Teil Rn. 45; *Mes*, in:

Die Gewährung rechtlichen Gehörs aufseiten des Antragsgegners im Vorfeld der Besichtigung hängt maßgeblich davon ab, ob aus der objektivierten Antragstellersicht im Zeitpunkt der Antragstellung die berechtigte Befürchtung einer Gefährdung des Besichtigungserfolgs durch Beseitigungs- oder Veränderungsmaßnahmen am Besichtigungsgegenstand im Falle der Anhörung des Antragsgegners besteht (vgl. § 486 Abs. 3 ZPO).[343] Bereits die wahrscheinliche Möglichkeit von Vereitelungsmaßnahmen, von der bei der alleinigen Verfügungsgewalt des Antragsgegners regelmäßig auszugehen ist, spricht gegen eine Anhörung, wobei die Schwelle niedrig einzustufen ist.[344]

Sofern der Antragsgegner während der oder im Anschluss an die Besichtigung und damit vor Beschlussfassung die Möglichkeit zur Stellungnahme hat und auf das Verfahren Einfluss nehmen kann, kann auf die vorherige Anhörung des Antragsgegners wegen der Gefahr einer Beweismittelvereitelung und der Überraschung des Antragsgegners verzichtet werden, da durch die nachträgliche Gewährung rechtlichen Gehörs (Art. 103 Abs. 1 GG) seine Interessen ausreichend berücksichtigt werden.[345] Der Verzicht auf die vorherige Anhörung bei Beweissicherungsverfahren ist aber kein Automatismus, sondern nur im Falle einer Eilbedürftigkeit zur Überraschung des Gegners zulässig, was vom Antragsteller darzulegen ist.[346]

MPFormB GewRS (2014), Form. C.22 Anm. 13; *Praun*, in: Kleine-Möller/Merl (2009), § 19 Rn. 136; *Ulrich* (2007), Rn. 467; *Weise* (2002), Rn. 262; *Booz,* BauR 1989, S. 30 (39, 40); a.A. *Sturmberg* (2004), Rn. 244.

[343] LG Düsseldorf, Beschl. v. 03.05.2005, Az. 4a O 162/05, InstGE 5, 236, 237 f. (Rn. 5) – Anhörungsrüge; *Grabinski/Zülch*, in: Benkard (2015), § 140c PatG Rn. 26; *Hahn*, in: PK-GewRS (2015), § 487 ZPO Rn. 18, § 491 ZPO Rn. 5, 16; *Kühnen* (2013), Rn. 378 (Fn. 390).

[344] BT-Drucks. 16/5048, S. 28; *Hahn*, in: PK-GewRS (2015), § 487 ZPO Rn. 18, § 491 ZPO Rn. 5, 8, 15–17; *Maaßen*, in: FormB-UMR (2015), Kap. 15 Rn. 261; *Kühnen* (2013), Rn. 378 (Fn. 390).

[345] OLG Karlsruhe, Beschl. v. 03.08.1982, Az. 7 W 20/82, BauR 1983, 188, 189 = MDR 1982, 1026, 1027; Baumbach/Lauterbach/Albers/Hartmann (2016), Übers § 485 Rn. 6, § 490 Rn. 2–5, § 491 Rn. 2; *Huber*, in: Musielak/Voit (2016), § 490 Rn. 1; *Berger*, in: Stein/Jonas (2015), § 490 Rn. 2; *Schreiber*, in: MüKo ZPO (2012), § 485 Rn. 17; *Hahn*, in: PK-GewRS (2015), § 487 ZPO Rn. 17, § 490 ZPO Rn. 1, 8, § 491 ZPO Rn. 3 f.; *Schreiber*, in: MüKo ZPO (2012), § 485 Rn. 17; *Pitz*, in: Fitzner/Lutz/Bodewig (2012), § 140c PatG Rn. 44; *Joussen*, in: Ingenstau/Korbion (2015), Anh. 3 Rn. 98; *Pastor*, in: Werner/Pastor (2015), Rn. 76, 92–94; *Gniadek* (2011), S. 157 f.; *Praun*, in: Kleine-Möller/Merl (2009), § 19 Rn. 136; *Stadler,* in: FS Leipold (2009), S. 201 (212, Fn. 49); *Deichfuß,* JurPC Web-Dok. 130/2010, Abs. 27, 30.

[346] Baumbach/Lauterbach/Albers/Hartmann (2016), § 491 Rn. 2; *Praun*, in: Kleine-Möller/Merl (2009), § 19 Rn. 136; *Gniadek* (2011), S. 158.

(2) Zwingendes Anhörungserfordernis

Sofern aus der objektivierten Sicht des Antragstellers im Zeitpunkt der Antragstellung keine Gefahr für eine Beweisvereitelung in Form von Veränderungen oder eines Beiseiteschaffens des Besichtigungsgegenstandes besteht, muss der Antragsgegner zwingend im Vorfeld angehört und geladen werden (§ 491 Abs. 1 ZPO).[347] Gleiches gilt im Falle einer Nachbesichtigung, da der Antragsgegner zu diesem Zeitpunkt infolge der ersten Besichtigung schon über die Aktivitäten des Antragstellers im Bilde ist und es keines Überraschungsmomentes mehr bedarf.[348]

Eine frühzeitige Anhörung ist auch dann unbedenklich, wenn der Antragsgegner schon vorab erklärt hat, dass er die Besichtigung duldet oder aber bereits negative Feststellungsklage erhoben hat und damit die Beweise, die den Vorwurf der Schutzrechtsverletzung widerlegen, regelmäßig zur Verfügung stellen kann.[349] In diesen Fällen bedarf es einer Überraschung des Gegners nicht mehr. Dabei ist aber zu berücksichtigen, dass der Antragsgegner seine Duldungserklärung jederzeit zurücknehmen sowie im Rahmen der negativen Feststellungsklage solche Beweise zurückhalten kann, die für ihn nachteilig sind.[350]

bb) Ladung

Von dieser vorherigen Anhörung ist die rechtzeitige Ladung des Antragsgegners im selbstständigen Beweisverfahren (§ 491 Abs. 1 ZPO) zu unterscheiden, die ebenfalls nicht vom Anhörungsverzicht in den spezialgesetzlichen Vorschriften umfasst ist.[351] Durch § 491 Abs. 1 ZPO wird der Gehörsanspruch der gegnerischen Partei (Art. 103 Abs. 1 GG) einfachgesetzlich (insbesondere die Teilnahme- und Teilhaberechte, etwa die Teilnahme an der Besichtigung (§ 357 Abs. 1 ZPO, „Recht auf Anwesenheit") sowie das Fragerecht bei der Begutachtung durch einen Sachverständigen (§§ 492 Abs. 1, 402, 397 ZPO; vgl. §§ 492 Abs. 1, 411 Abs. 4 ZPO)) abgesichert.[352] Die Nichtbefolgung des Ladungserfordernisses steht einer Beweisaufnahme je-

---

[347] *Hahn*, in: PK-GewRS (2015), § 487 ZPO, Rn. 18, § 491 ZPO Rn. 16; vgl. LG Düsseldorf, Beschl. v. 03.05.2005, Az. 4a O 162/05, InstGE 5, 236, 237 f. (Rn. 5) – Anhörungsrüge.

[348] A.A. wohl *Hahn*, in: PK-GewRS (2015), § 491 ZPO Rn. 16.

[349] Vgl. *Hahn*, in: PK-GewRS (2015), § 491 ZPO Rn. 16.

[350] *Hahn*, in: PK-GewRS (2015), § 491 ZPO Rn. 16.

[351] *Hahn*, in: PK-GewRS (2015), § 491 ZPO Rn. 7.

[352] Baumbach/Lauterbach/Albers/Hartmann (2016), § 491 Rn. 2, 4; *Herget*, in: Zöller (2016), § 491 Rn. 1; *Schmidt-Aßmann*, in: Maunz/Dürig (2015), Art. 103 GG Rn. 69; *Hahn*, in: PK-GewRS (2015), § 491 ZPO Rn. 1; *Pieroth*, in: Jarass/Pieroth (2014), Art. 103 Rn. 17–21; *Schulze-Fielitz*, in: Dreier (2008), Art. 103 I Rn. 38; *Mes*, in: MPFormB GewRS (2014), Form. C.22 Anm. 28; *van Hees/Braitmayer* (2010), Rn. 979 f.

doch nicht entgegen (§ 491 Abs. 2 ZPO), sondern wirkt sich im Rahmen der Beweiswürdigung aus, sodass die rechtzeitige Ladung des Antragsgegners für die spätere Verwertbarkeit der Beweisergebnisse bedeutsam ist (§ 493 Abs. 2 ZPO).[353] In Ergänzung zum Verzicht auf eine vorherige Anhörung des Antragsgegners wird ihm die Besichtigungsanordnung nach dem „Düsseldorfer Modell" auch sinnvollerweise erst kurz vor dem Besichtigungsbeginn zugestellt.

(1) Anwesenheit des Antragsgegners

Der Wortlaut von § 493 Abs. 2 ZPO macht deutlich, dass es für die Beweisverwertbarkeit zunächst nur auf die Anwesenheit des Antragsgegners während der Beweisaufnahme ankommt.[354] Die Ergebnisse der Beweisaufnahme können im Einklang mit § 493 Abs. 2 ZPO benutzt werden, sofern der Antragsgegner („zufällig") vor Ort war oder aber nicht anwesend war, jedoch rechtzeitig geladen wurde im Sinne des § 491 Abs. 1 ZPO („Stufenverhältnis").[355] Die Schutzwirkung der §§ 493 Abs. 2, 491 Abs. 1 ZPO ist nur erforderlich, wenn der Anspruch auf rechtliches Gehör (Art. 103 Abs. 1 GG) des Antragsgegners unberücksichtigt bleibt.[356] Dementsprechend kommt es auf die Ladung nach § 491 Abs. 1 ZPO nicht an, wenn der Antragsgegner („zufällig") anwesend ist und seine Teilnahme- und Teilhaberechte einschränkungslos wahrnehmen kann.[357]

Sofern der Antragsgegner jedoch bei der Zustellung der Besichtigungsanordnung nicht angetroffen wird, können die im selbstständigen Beweisverfahren erlangten Beweise wegen der Verbotswirkung von § 493 Abs. 2 ZPO nur

[353] *Huber*, in: Musielak/Voit (2016), § 491 Rn. 2; *Hahn*, in: PK-GewRS (2015), § 487 ZPO Rn. 17, § 491 ZPO Rn. 4, § 493 Rn. 10; *Schreiber*, in: MüKo ZPO (2012), § 491 Rn. 1; *Pitz*, in: Fitzner/Lutz/Bodewig (2012), § 140c PatG Rn. 47; *Pastor*, in: Werner/Pastor (2015), Rn. 83, 119, 3115; *Gniadek* (2011), S. 159; *v. Hartz* (2004), S. 127 f.; *Wussow,* NJW 1969, S. 1401 (1407).

[354] *Reichold*, in: Thomas/Putzo (2016), § 493 Rn. 2; *Gniadek* (2011), S. 161; *Adloff* (2007), S. 356; *Battenstein* (2006), S. 57, 122; *Markfort* (2001), S. 165; *Bork,* NJW 1997, S. 1665 (1667, Fn. 22); a.A. *v. Hartz* (2004), S. 128 (Fn. 554); *Norrenberg* (1998), S. 357; *Dreier,* GRUR Int 1996, S. 205 (217); *Götting,* GRUR Int 1988, S. 729 (737); vgl. *Treichel* (2001), S. 219 (Fn. 1305).

[355] Baumbach/Lauterbach/Albers/Hartmann (2016), § 493 Rn. 2; *Huber*, in: Musielak/Voit (2016), § 493 Rn. 3; *Schreiber*, in: MüKo ZPO (2012), § 493 Rn. 3; *Gniadek* (2011), S. 161, 166 f.; *Battenstein* (2006), S. 57, 122; *Keldungs/Tilly* (2005), S. 98; *Ibbeken* (2004), S. 75; *Markfort* (2001), S. 165; *Karg,* ZUM 2000, S. 934 (941 f.); *Bork,* NJW 1997, S. 1665 (1667, Fn. 22); a.A. *v. Hartz* (2004), S. 128 (Fn. 554); *Gaul* (2003), S. 145; *Dreier,* GRUR Int 1996, S. 205 (217).

[356] Baumbach/Lauterbach/Albers/Hartmann (2016), § 493 Rn. 2; *Gniadek* (2011), S. 161; *Karg,* ZUM 2000, S. 934 (942).

[357] *Kratz*, in: BeckOK ZPO (2016), § 491 Rn. 4; *Götz* (2012), S. 156; *Gniadek* (2011), S. 161; *Praun*, in: Kleine-Möller/Merl (2009), § 19 Rn. 179.

in einem anschließenden Verletzungsprozess benutzt werden, wenn (als weitere, kumulative Voraussetzung) eine rechtzeitige Ladung erfolgt ist.[358] In der Konsequenz hat die Besichtigung zu den üblichen Betriebs- und Geschäftszeiten zu erfolgen, da in dieser Zeit die Anwesenheit des Antragsgegners am wahrscheinlichsten ist.[359] Der Überraschungseffekt verpufft mit dem erstmaligen Erscheinen der Besichtigungsteilnehmer beim Antragsgegner, sodass das Beweisverwertungsrisiko beim Verzicht auf eine vorherige Ladung beim Antragsteller liegt.

(2) Anwesenheit der anwaltlichen Vertreter des Antragsgegners

Es kommt allein auf die Anwesenheit des Antragsgegners an, sodass unberücksichtigt bleiben muss, ob er im kurzen Zeitraum der Zurückstellung der Besichtigung seine anwaltlichen Vertreter herbeizitieren kann. Zwar müssen bestellte Prozessbevollmächtigte ebenfalls geladen werden (§§ 491 Abs. 1, 172 Abs. 1 S. 1 ZPO).[360] Eine Bestellung kann jedoch nur bei einem bereits anhängigen Rechtsstreit erfolgt sein (Fall von § 485 Abs. 1 ZPO), wohingegen das „Düsseldorfer Modell" regelmäßig vorprozessual und damit zu einem Zeitpunkt durchgeführt wird, in dem noch kein Rechtsstreit anhängig ist (Fall von § 485 Abs. 2 ZPO) und die gegnerische Partei noch keine Prozessbevollmächtigten für dieses Verfahren bestellt haben kann. Wenngleich deren Anwesenheit ebenfalls vorteilhaft ist, kommt es für eine Beweisverwertung (§ 493 Abs. 2 ZPO) im Rahmen des „Düsseldorfer Modells" nur auf die Anwesenheit des Antragsgegners an.[361]

(3) „Rechtzeitige" Ladung

Sofern der Antragsgegner nicht „zufällig" am Besichtigungsort zugegen ist, kommt es für die Beweisverwertbarkeit auf seine rechtzeitige Ladung an (§ 493 Abs. 2 ZPO). Nach § 491 Abs. 1 ZPO ist der Antragsgegner so zeitig zu laden, dass er im Termin zur Beweisaufnahme seine prozessualen Rechte (§§ 357, 397, 402 ff. ZPO) wahrnehmen kann, insbesondere bei einer Ortsbe-

---

[358] *Hahn*, in: PK-GewRS (2015), § 493 ZPO Rn. 13; *Rogge/Grabinski*, in: Benkard (2006), § 139 PatG Rn. 117b; *Mes*, in: MPFormB GewRS (2014), Form. C.22 Anm. 28; *Oldekop*, in: Schramm (2012), Kap. 9 Rn. 181; *Gniadek* (2011), S. 161, 167; *Amschewitz* (2008), S. 241; *Ibbeken* (2004), S. 75; *Weise* (2002), Rn. 653; *Götting*, GRUR Int 1988, S. 729 (737).

[359] *Gniadek* (2011), S. 361.

[360] *Huber*, in: Musielak/Voit (2016), § 491 Rn. 1; *Gniadek* (2011), S. 161, 167; *Praun*, in: Kleine-Möller/Merl (2009), § 19 Rn. 262; *Ulrich*, AnwBl 2003, S. 78 (80); *Wita*, MDR 2000, S. 1363 (1363).

[361] Vgl. *Huber*, in: Musielak/Voit (2016), § 491 Rn. 1.

sichtigung durch den Sachverständigen (vgl. § 404a Abs. 4 ZPO).[362] Wenngleich sich § 491 Abs. 1, 2 ZPO sowie § 493 Abs. 2 ZPO ihrem Wortlaut und der Systematik nach nur auf gerichtliche Termine beziehen, ist vom Ladungserfordernis aus § 491 Abs. 1 ZPO gleichwohl auch der nicht-gerichtliche Ortstermin des Sachverständigen zur Tatsachenerhebung umfasst, da auch bei diesen Ermittlungstätigkeiten beiden Parteien ein Anwesenheitsrecht zusteht, sodass auch § 493 Abs. 2 ZPO für den Ortstermin des Sachverständigen gilt und die Parteien dementsprechend nach § 491 Abs. 1 ZPO zum Ortstermin zu laden sind.[363] Der Ortstermin des Sachverständigen ist zwar Teil des selbstständigen Beweisverfahrens, aber keine gerichtliche Beweisaufnahme. Demnach ergibt sich das Anwesenheitsrecht der Parteien an diesem Termin in entsprechender Anwendung von § 357 Abs. 1 ZPO (Prinzip der Parteiöffentlichkeit)[364], dem Anspruch auf rechtliches Gehör (Art. 103 Abs. 1 GG)[365] sowie dem Grundsatz der Waffengleichheit[366] und ist schon vor der Befürch-

---

[362] OLG Hamm, Beschl. v. 27.06.2002, Az. 21 W 4/02, BauR 2003, 930, 931 = IBR 2003, 1043, 1043 m. Anm. *Moufang*; LG Düsseldorf, Beschl. v. 13.09.1979, Az. 25 T 633/79, ZSW 1981, 22, 22 m. Anm. *Müller* = JurBüro 1980, 111, 111; *Huber*, in: Musielak/Voit (2016), § 491 Rn. 1; *Reichold*, in: Thomas/Putzo (2016), § 491 Rn. 1; Seibel (2013), § 491 Rn. 2; *Schreiber*, in: MüKo ZPO (2012), § 491 Rn. 1; *Pastor*, in: Werner/Pastor (2015), Rn. 83, 93, 119 f.; *Wita,* MDR 2000, S. 1363 (1363); *Schneider,* MDR 1975, S. 538 (540).

[363] OLG München, Urt. v. 03.11.1983, Az. 24 U 185/83, NJW 1984, 807, 807 f. = BeckRS 9998, 101829; OLG Köln, Urt. v. 16.01.1974, Az. 2 U 33/73, MDR 1974, 589 (Ls.) = DB 1974, 1111 (Ls.); Baumbach/Lauterbach/Albers/Hartmann (2016), § 404a Rn. 8, § 407a Rn. 15, § 493 Rn. 2; *Kratz*, in: BeckOK ZPO (2016), § 491 Rn. 3; *Huber*, in: Musielak/Voit (2016), § 404a Rn. 6, § 493 Rn. 3; *Reichold*, in: Thomas/Putzo (2016), § 357 Rn. 1, § 493 Rn. 2; *Pukall*, in: Saenger (2015), § 491 Rn. 2; *Berger*, in: Stein/Jonas (2015), § 357 Rn. 9, § 493 Rn. 14; *Schreiber*, in: MüKo ZPO (2012), § 490 Rn. 1; *Bleutge* (2016), Rn. 3.1, 3.2, 4.1; *Pastor*, in: Werner/Pastor (2015), Rn. 83; *Koeble*, in: Kompendium BauR (2014), 2. Teil Rn. 128 f.; *Gniadek* (2011), S. 159 f.; *Praun*, in: Kleine-Möller/Merl (2009), § 19 Rn. 260, 346; *Bayerlein*, in: Bayerlein (2008), § 21 Rn. 29 f.; *Tiwisina* (2005), S. 141; *Ulrich,* AnwBl 2003, S. 78 (80); *Schmitz,* BauR 1981, S. 40 (44); *Schneider,* MDR 1975, S. 538 (540); a.A. *Weber* (2010), S. 227; *Keldungs/Tilly* (2005), S. 38; *Cuypers,* NJW 1994, S. 1985 (1989); vgl. *Späth* (1995), S. 114 f.; *Höffmann* (1989), S. 65–72, 75–76; *Stürner* (1976), S. 224 m.w.Nachw.

[364] Baumbach/Lauterbach/Albers/Hartmann (2016), § 407a Rn. 15; *Berger*, in: Stein/Jonas (2015), § 357 Rn. 9; *Gniadek* (2011), S. 159 f.; a.A. OLG Dresden, Beschl. v. 25.11.1996, Az. 7 U 1608/95, NJW-RR 1997, 1354, 1354 = OLG-NL 1997, 91, 92; *Sturmberg* (2004), Rn. 153; vgl. *Bayerlein*, in: Bayerlein (2008), § 15 Rn. 56.

[365] OLG München, Urt. v. 03.11.1983, Az. 24 U 185/83, NJW 1984, 807, 807 f. = BeckRS 9998, 101829.

[366] OLG Dresden, Beschl. v. 25.11.1996, Az. 7 U 1608/95, NJW-RR 1997, 1354, 1354 = OLG-NL 1997, 91, 92; Baumbach/Lauterbach/Albers/Hartmann (2016), § 407a Rn. 15; *Zimmermann*, in: MüKo ZPO (2012), § 404a Rn. 11; *Gniadek* (2011), S. 160; *Praun*, in: Kleine-Möller/Merl (2009), § 19 Rn. 261; *Sturmberg* (2004), Rn. 156; vgl. *Huber*, in: Musielak/Voit (2016), § 404a Rn. 6.

tung gerechtfertigt, dass die nicht geladene Partei den Sachverständigen wegen Befangenheit ablehnen könnte (§§ 492 Abs. 1, 406 Abs. 1 S. 1 42 Abs. 1 Var. 2, Abs. 2 ZPO)[367].

Eine Ladung ist zumindest „rechtzeitig" im Sinne des § 491 Abs. 1 ZPO, wenn die Ladungsfrist nach § 217 ZPO eingehalten wurde.[368] Eine frühzeitige Ladung würde jedoch (wie bereits eine Anhörung im Vorfeld der Besichtigung) dem Überraschungseffekt der Besichtigungsmaßnahme zuwiderlaufen, da der Antragsgegner vorgewarnt wäre und Beweismittel manipulieren oder vernichten könnte. Demgemäß ist eine Abweichung von den im Hauptsacheverfahren geltenden Ladungsfristen (vgl. § 217 ZPO und § 274 Abs. 3 ZPO) erforderlich. Abgesehen davon steht die „rechtzeitige" Ladung unter dem Vorbehalt, dass sie „nach den Umständen des Falles" geschehen kann (§ 491 Abs. 1 ZPO), sodass Konstellationen auftreten können, in denen eine „rechtzeitige" Ladung des Antragsgegners nicht möglich ist, etwa zur Überraschung der gegnerischen Partei in Fällen besonderer Eilbedürftigkeit.[369] In der Konsequenz ist das für das selbstständige Beweisverfahren bestehende Ladungserfordernis nach § 491 Abs. 1 ZPO (zumindest in zeitlicher Hinsicht) nicht unabdingbar.[370]

Durch die gleichzeitige Zustellung von Ladung und Besichtigungsanordnung (wie im „Düsseldorfer Modell" praktiziert) „am Werkstor" kurz vor Beginn der Besichtigung wird „lediglich" die Vorbereitungszeit für den An-

---

[367] *Zimmermann*, in: MüKo ZPO (2012), § 404a Rn. 11; *Gniadek* (2011), S. 160; *Praun*, in: Kleine-Möller/Merl (2009), § 19 Rn. 261; *Sturmberg* (2004), Rn. 156; vgl. BGH, Beschl. v. 15.04.1975, Az. X ZR 52/75, GRUR 1975, 507, 507 m. Anm. *Harmsen* – Schulterpolster = NJW 1975, 1363, 1363; *Greger*, in: Zöller (2016), § 404a Rn. 9.

[368] *Kratz*, in: BeckOK ZPO (2016), § 491 Rn. 1; *Pukall*, in: Saenger (2015), § 491 Rn. 2; *Praun*, in: Kleine-Möller/Merl (2009), § 19 Rn. 179; vgl. Seibel (2013), § 491 Rn. 2; *Götz* (2012), S. 156.

[369] Baumbach/Lauterbach/Albers/Hartmann (2016), § 491 Rn. 2; *Gniadek* (2011), S. 160; *Ibbeken* (2004), S. 75; *Karg*, ZUM 2000, S. 934 (941); *Bork*, NJW 1997, S. 1665 (1667, Fn. 22); vgl. BT-Drucks. 16/5048, S. 27 f.; *Hahn*, in: PK-GewRS (2015), § 491 ZPO Rn. 8.

[370] OLG Karlsruhe, Beschl. v. 03.08.1982, Az. 7 W 20/82, BauR 1983, 188, 189 = MDR 1982, 1026, 1027; LG Düsseldorf, Beschl. v. 03.05.2005, Az. 4a O 162/05, InstGE 5, 236, 237, 238 (Rn. 5) – Anhörungsrüge; Baumbach/Lauterbach/Albers/Hartmann (2016), § 491 Rn. 2; *Reichold*, in: Thomas/Putzo (2016), § 490 Rn. 1; *Herget*, in: Zöller (2016), § 490 Rn. 1; *Hahn*, in: PK-GewRS (2015), Vor § 485 ZPO Rn. 49, § 487 ZPO Rn. 17, § 490 ZPO Rn. 1, 8, § 491 ZPO Rn. 1, 4, 8; *Pitz*, in: Fitzner/Lutz/Bodewig (2012), § 140c PatG Rn. 47; *Pastor*, in: Werner/Pastor (2015), Rn. 76, 3115; *Götz* (2012), S. 155 f., 163; *Rohlfing* (2009), S. 63; *Fink* (2005), Rn. 230; *Sturmberg* (2004), Rn. 244 f.; *Ulrich* (2004), Rn. 103; *Weise* (2002), Rn. 261 f.; *Sturmberg* (1999), Rn. 325; *Röthlein* (1995), Rn. 77; *Karg*, ZUM 2000, S. 934 (941); *Bork*, NJW 1997, S. 1665 (1667, Fn. 22); *Götting*, GRUR Int 1988, S. 729 (737); vgl. *Müller-Stoy*, MittdtPatA 2010, S. 267 (269); *Kühnen*, GRUR 2005, S. 185 (189, 193).

tragsgegner verkürzt, solange der Antragsgegner seine Teilnahme- und Teilhaberechte weiterhin wahrnehmen kann.[371] Diese Einschränkung ist der Wahrung des Überraschungsmoments geschuldet und könnte als Ausnahme im Sinne von § 491 Abs. 1 ZPO („…, sofern es nach den Umständen des Falles geschehen kann, …") angesehen werden. Nur der Verzicht auf eine frühe Ladung des Antragsgegners macht eine effektive Beweissicherung zur wirksamen Verfolgung von Schutzrechtsverletzungen möglich (vgl. Art. 50 Abs. 1 TRIPS-Abkommen, Art. 7 Abs. 1 S. 1 Enforcement-Richtlinie), da andernfalls die Beweisführung vereitelt werden könnte.[372]

Die Zulässigkeit einer späten Ladung ist auch im Interesse des Antragsgegners. Sofern der Antragsgegner bei einer Besichtigungsanordnung nach dem „Düsseldorfer Modell" wegen des Ladungserfordernisses (§ 491 Abs. 1 ZPO) im selbstständigen Beweisverfahren zwingend einen längeren Zeitraum vor dem Besichtigungsbeginn geladen werden müsste und auf diese Weise vorgewarnt werden würde, würde der Antragsteller wahrscheinlich auf ein Vorgehen nach dem „Düsseldorfer Modell" verzichten und anstelle dessen den Besichtigungsanspruch im einstweiligen Rechtsschutz durchsetzen.[373] Durch den Verzicht auf das selbstständige Beweisverfahren würde er zwar den Beweiswert eines in diesem Verfahren erstellten Sachverständigengutachtens (§ 493 Abs. 1 ZPO) verlieren, jedoch kann er den Überraschungsmoment wahren.

Wenngleich der Antragsteller die Besichtigung aus Geheimnisschutzgründen nicht persönlich durchführen kann, wird diese Aufgabe ein Privatsachverständiger als Vertreter des Antragstellers übernehmen. Die Besichtigung durch einen gerichtlich bestellten Sachverständigen ist in § 140c PatG nicht vorgesehen. Die Einschaltung eines neutralen, gerichtlich bestellten Sachver-

---

[371] LG Düsseldorf, Beschl. v. 03.05.2005, Az. 4a O 162/05, InstGE 5, 236, 237 f. (Rn. 5) – Anhörungsrüge; Baumbach/Lauterbach/Albers/Hartmann (2016), § 491 Rn. 2, 4; *Herget*, in: Zöller (2016), § 491 Rn. 1; *Hahn*, in: PK-GewRS (2015), § 491 ZPO Rn. 1, 9, 11, 15; *Pitz*, in: Fitzner/Lutz/Bodewig (2012), § 140c PatG Rn. 47; *Pastor*, in: Werner/Pastor (2015), Rn. 76, 92–94; *Mes*, in: MPFormB GewRS (2014), Form. C.22 Anm. 28 f.; *Götz* (2012), S. 156, 163; *Praun*, in: Kleine-Möller/Merl (2009), § 19 Rn. 179; *Rohlfing* (2009), S. 63; *Deichfuß*, JurPC Web-Dok. 130/2010, Abs. 27, 30; *Kühnen*, GRUR 2005, S. 185 (189); *Bork*, NJW 1997, S. 1665 (1667, Fn. 22); a.A. *Gaul* (2003), S. 145; vgl. OLG Karlsruhe, Beschl. v. 03.08.1982, Az. 7 W 20/82, BauR 1983, 188, 189 = MDR 1982, 1026, 1027; *Gniadek* (2011), S. 360 f.; *Müller-Stoy*, MittdtPatA 2010, S. 267 (269).

[372] BT-Drucks. 16/5048, S. 27 f.; *Hahn*, in: PK-GewRS (2015), § 491 ZPO Rn. 11 (Fn. 14); *Mes*, in: MPFormB GewRS (2014), Form. C.22 Anm. 28; vgl. Baumbach/Lauterbach/Albers/Hartmann (2016), § 491 Rn. 2; *Guhn*, in: PK-GewRS (2015), § 357 ZPO Rn. 9; *v. Hartz* (2004), S. 127; *Harte-Bavendamm*, in: FS Tilmann (2003), S. 793 (801); *Ahrens*, GRUR 2005, S. 837 (838); *Tilmann*, GRUR 2005, S. 737 (737–739); *Tilmann/Schreibauer*, GRUR 2002, S. 1015 (1017 f.); *König*, MittdtPatA 2002, S. 153 (155–157).

[373] *Hahn*, in: PK-GewRS (2015), Vor § 485 ZPO Rn. 5, § 491 ZPO Rn. 11.

ständigen wäre für den Antragsgegner eine weniger einschneidende Maßnahme, obgleich auch dem Privatsachverständigen Verschwiegenheitsverpflichtungen gegenüber dem Antragsteller auferlegt werden können. Im Rahmen einer Besichtigung nach dem „Düsseldorfer Modell" kommt der Einsatz eines neutralen Sachverständigen auch dem Schutz der (Geheimhaltungs-)Interessen des Antragsgegners zugute.[374] Die unabdingbare Forderung einer frühen Ladung würde diesem Schutz zuwiderlaufen.

Aufgrund eines effektiven Rechtsschutzes sind im Rahmen der Duldungsverfügung eine mündliche Verhandlung und damit eine Anhörung des Antragsgegners entbehrlich (vgl. § 937 Abs. 2 ZPO sowie § 140c Abs. 3 S. 3 PatG). Im selbstständigen Beweisverfahren besteht mit Blick auf das Sicherungsinteresse eine ähnliche Interessenlage.[375] Trotz der einschneidenden Rechtswirkungen einer Unterlassungsverfügung im einstweiligen Rechtsschutz darf jedoch nicht übersehen werden, dass die Rechtswirkungen einer Beweisaufnahme im selbstständigen Beweisverfahren irreversibel sind und wegen § 493 Abs. 1 ZPO weitreichende Konsequenzen für ein nachfolgendes Verfahren haben können.[376] Dementsprechend handelt es sich bei der späten Ladung nicht um einen Automatismus. Vielmehr ist eine Prüfung im Einzelfall vorzunehmen, inwieweit die Beweissicherung durch eine Ladung des Antragsgegners gefährdet ist und der Antragsgegner während sowie nach der Besichtigung seinen Anspruch auf rechtliches Gehör (Art. 103 Abs. 1 GG) wahrnehmen kann.[377] Dadurch wird auch dem Sinn und Zweck des Ladungserfordernisses entsprochen, dem Antragsgegner rechtliches Gehör in Form seiner Teilnahme- und Teilhaberechte zu ermöglichen.

Neben dem Sinn und Zweck des Ladungserfordernisses nach § 491 Abs. 1 ZPO muss für die „rechtzeitige" Ladung auch das Stufenverhälnis in § 493 Abs. 2 ZPO berücksichtigt werden. Danach kommt es für die Beweisverwertbarkeit zunächst nur auf die Anwesenheit des Antragsgegners während der Beweisaufnahme an (vgl. § 493 Abs. 2 ZPO). Sofern er jedoch abwesend ist, muss er auf einer zweiten Stufe „rechtzeitig" geladen worden sein, damit die Ergebnisse des selbstständigen Beweisverfahrens in einem anschließenden Verfahren benutzt werden können (§§ 491 Abs. 1, 493 Abs. 2 ZPO). Eine späte Ladung des Antragsgegners, die zeitgleich mit der Zustellung der Besichtigungsanordnung „am Werktor" erfolgt, würde dieses Stufenverhältnis auflösen. Durch eine Ladung wird eine Person aufgefordert, zu einem be-

---

[374] *Hahn*, in: PK-GewRS (2015), § 491 ZPO Rn. 12.

[375] *Hahn*, in: PK-GewRS (2015), § 491 ZPO Rn. 11.

[376] Baumbach/Lauterbach/Albers/Hartmann (2016), § 491 Rn. 2; *Hahn*, in: PK-GewRS (2015), § 491 ZPO Rn. 5.

[377] Baumbach/Lauterbach/Albers/Hartmann (2016), § 491 Rn. 2; *Hahn*, in: PK-GewRS (2015), § 487 ZPO Rn. 18, § 491 ZPO Rn. 3, 5, 16; *Kühnen* (2013), Rn. 378 (Fn. 390); *Chakraborty*, in: Haedicke/Timmann (2012), § 11 Rn. 744 (Fn. 1810); vgl. *Metzger/Wurmnest*, ZUM 2003, S. 922 (928).

stimmten Termin an einem bestimmten Ort zu erscheinen. Demnach ist selbst für eine kurzfristige Ladung eine bestimmte Vorlaufzeit erforderlich. Eine Ladung „am Werkstor" kurz vor der Besichtigung muss dem Antragsgegner zugestellt werden, sodass er denknotwendig auch anwesend sein muss. In diesem Fall greift aber bereits die erste Stufe von § 493 Abs. 2 ZPO und eine „rechtzeitige" Ladung ist nicht mehr erforderlich.

Demzufolge erfüllt eine Ladung des Antragsgegners „am Werkstor" nicht die Voraussetzungen von § 493 Abs. 2 ZPO. Sie widerspricht vielmehr dem Stufenverhältnis von § 493 Abs. 2 ZPO. Sofern der Antragsteller zur Wahrung des Überraschungseffekts dennoch auf eine „rechtzeitige" Ladung verzichtet, kann auf die Frist zurückgegriffen werden, in der die Besichtigung üblicherweise zurückgestellt wird, damit der Antragsgegner seine anwaltlichen Vertreter hinzuziehen kann. Erscheint der Antragsgegner in diesem Zeitraum am Besichtigungsort und kann er seine Teilnahme- und Teilhaberechte wahrnehmen, ist er anwesend, sodass es einer Ladung (§ 491 Abs. 1 ZPO) nicht bedarf und das Beweisergebnis unter Wahrung von § 493 Abs. 2 ZPO in einem späteren Verfahren als Strengbeweismittel verwertet werden kann (§ 493 Abs. 1 ZPO). Andernfalls liegt neben der Abwesenheit des Antragsgegners keine ordnungsgemäße Ladung vor (§§ 491 Abs. 1, 493 Abs. 2 ZPO), sodass die im Zuge der Beweissicherung erlangten Beweise in einem späteren Verfahren nicht als Beweismittel verwertet werden können (§ 493 Abs. 2 ZPO).[378] Im Ergebnis kommt es im „Düsseldorfer Modell" für die Beweisverwertbarkeit nach § 493 Abs. 2 ZPO nur auf die Anwesenheit des Antragsgegners an, da eine „rechtzeitige" Ladung unter Wahrung des Überraschungseffekts nicht möglich ist. Die Verwertbarkeit des Sachverständigengutachtens hängt dementsprechend vom Zufall ab, sodass eine erhebliche Rechtsunsicherheit für den Antragsteller besteht.

(4) Teilnahme- und Teilhaberechte

Sofern der Antragsgegner am Besichtigungsort „zufällig" zugegen ist oder kurzfristig hinzukommt, kann er seine Teilnahme- und Teilhaberechte ab der Zustellung der Besichtigungsanordnung wahrnehmen, da er im Gegensatz zum Antragsteller nicht von der Besichtigung ausgeschlossen ist (§ 357 Abs. 1 ZPO) und dem Sachverständigen bereits während der Besichtigung Fragen stellen kann.[379] Daneben werden in der Besichtigungsanordnung we-

---

[378] *Pitz*, in: Fitzner/Lutz/Bodewig (2012), § 140c PatG Rn. 48; *v. Hartz* (2004), S. 127–129; *Anduleit* (2001), S. 274; *Spuhler* (2000), S. 118; *Oppermann* (1997), S. 94; *Braun* (1993), S. 275; *Gloge* (1991), S. 23; *Dreier*, GRUR Int 1996, S. 205 (217); *Götting*, GRUR Int 1988, S. 729 (737); a.A. *Hahn*, in: PK-GewRS (2015), § 487 ZPO Rn. 17, § 491 ZPO Rn. 4, 12 f., § 493 ZPO Rn. 10; *Gniadek* (2011), S. 161, 167.

[379] *Hahn*, in: PK-GewRS (2015), § 491 ZPO Rn. 9; *Pastor*, in: Werner/Pastor (2015), Rn. 76, 92–94.

gen der unterbliebenen Anhörung des Antragsgegners abfedernde Maßnahmen getroffen (vgl. § 140c Abs. 3 S. 2 PatG), wie der Ausschluss des Antragstellers, die sorgfältige Auswahl der weiteren Besichtigungsteilnehmer, die Zurückstellung der Besichtigung für einen bestimmten Zeitraum (damit der Antragsgegner seine anwaltlichen Vertreter hinzuziehen kann) und die Möglichkeit der Stellungnahme zum Gutachten sowie der Geltendmachung von Geheimhaltungsinteressen durch den Antragsgegner vor einer Entscheidung über die Gutachtenweiterleitung an den Antragsteller.[380] Demgemäß werden die über § 491 ZPO geschützten Rechte der gegnerischen Partei auch ohne eine frühzeitige Ladung vor der Zustellung der Besichtigungsanordnung berücksichtigt, sodass der Sinn und Zweck der Vorschrift in den eingangs geschilderten Konstellationen gewahrt bleibt.[381]

2. Nachträgliche Inkenntnissetzung

Sofern eine Besichtigung ohne vorherige Anhörung des Antragsgegners stattfindet, sind die betroffenen Parteien spätestens unverzüglich nach der Vollziehung der Maßnahmen davon in Kenntnis zu setzen (Art. 7 Abs. 1 S. 4 Enforcement-Richtlinie, Art. 50 Abs. 4 S. 1 TRIPS-Abkommen). Unterbleibt eine vorherige Anhörung, wird der Antragsgegner in dem Moment von den gegen ihn gerichteten Maßnahmen zur Beweissicherung erfahren, wenn der Sachverständige mitsamt dem Gerichtsvollzieher in seinen Betriebs- und Geschäftsräumen auftaucht und den Beweissicherungsbeschluss zustellt (vgl. §§ 936, 922 Abs. 2 ZPO).[382] Dementsprechend wird den Anforderungen von Art. 7 Abs. 1 S. 4 Enforcement-Richtlinie bereits aus tatsächlichen Gründen entsprochen.[383] Wird der Antragsgegner hingegen nicht angetroffen und die Besichtigung in seiner Abwesenheit durchgeführt, muss er nachträglich über die Besichtigungsmaßnahme informiert werden. Dementsprechend wäre eine Klarstellung der nachträglichen Inkenntnissetzung durch den Gesetzgeber im Rahmen der Umsetzung der Enforcement-Richtlinie wünschenswert gewesen.

3. Zwischenergebnis

Wenngleich die Anhörung beider Parteien im Vorfeld gerichtlicher Maßnahmen den gesetzlichen Regelfall darstellt, kann im Rahmen des „Düsseldorfer Modells" regelmäßig auf die vorherige Anhörung des Antragsgegners aus

---

[380] *Hahn*, in: PK-GewRS (2015), Vor § 485 ZPO Rn. 50, § 487 ZPO Rn. 19, § 491 ZPO Rn. 14, 17.

[381] *Hahn*, in: PK-GewRS (2015), § 491 ZPO Rn. 9.

[382] BT-Drucks. 16/5048, S. 28; *Rohlfing* (2009), S. 70; *Kühnen*, GRUR 2005, S. 185 (195); vgl. *Mayer/Linnenborn*, K&R 2003, S. 313 (315).

[383] Vgl. Denkschrift, BT-Drucks. 12/7655 (neu), S. 347; *Ibbeken* (2004), S. 346 f.; *Dreier*, in: Beier/Schricker (1996), S. 248 (270, 273); *McGuire*, GRUR 2015, S. 424 (424 f.); *König*, MittdtPatA 2002, S. 153 (156); *Mes*, GRUR 2000, S. 934 (940).

Gründen besonderer Eilbedürftigkeit, der Befürchtung der Gefährdung des Besichtigungserfolges und der Wahrung des Überraschungseffektes verzichtet werden. Diese Vorgehensweise steht sowohl für das selbstständige Beweisverfahren als auch für die flankierende Duldungsverfügung im Einklang mit den gesetzlichen Regelungen. Es muss aber stets im Einzelfall festgestellt werden, dass die vorherige Anhörung des Antragsgegners den Besichtigungszweck vereiteln würde. Im Falle einer unterbliebenen Anhörung haben die Gerichte im Rahmen der Duldungsverfügung über § 140c Abs. 3 S. 2, 3 PatG die Befugnis, weitreichende Schutzmaßnahmen anzuordnen.

Das Ladungserfordernis im selbstständigen Beweisverfahren (§ 491 Abs. 1 ZPO) beeinflusst nicht die Beweisaufnahme (§ 491 Abs. 2 ZPO). Vielmehr wirkt es sich nur auf die spätere Beweisverwertung aus (§ 493 Abs. 2 ZPO), bei der es zunächst nur auf die Anwesenheit des Antragsgegners während der Beweisaufnahme ankommt. Sobald er („zufällig") anwesend ist, kann das Sachverständigengutachten in einem späteren Verfahren verwendet werden. Auf eine rechtzeitige Ladung kommt es in diesem Fall nicht an, sondern erst bei der Abwesenheit des Antragsgegners. Selbst eine spätere Ladung zeitgleich mit der Zustellung der Besichtigungsanordnung ist gesetzeskonform, sofern der Antragsgegner vor dem Besichtigungsbeginn eintrifft und seine Teilnahme- und Teilhaberechte wahrnehmen kann. Sofern jedoch auch eine kurzfristige Ladung ausscheidet und die Besichtigung daher in Abwesenheit des Antragsgegners durchgeführt wird, kann das Ergebnis der Beweisaufnahme im weiteren Verlauf nicht genutzt werden (§ 493 Abs. 2 ZPO), da § 493 Abs. 2 ZPO ein absolutes Beweisverwertungsverbot statuiert.

V. Vorschlag und Bestellung des Sachverständigen

Einen großen Anteil am Ausgang des Verfahrens hat die Person des Sachverständigen, da sein Gutachten entscheidend für die weitere Vorgehensweise des Antragstellers ist. Daher kann es sinnvoll sein, wenn der Antragsteller dem Gericht schon im Zuge der Antragstellung einen oder mehrere potenzielle Sachverständige vorschlägt.[384] Das deutsche Zivilprozessrecht sieht in dem Sachverständigen eine neutrale Person, die ihr Gutachten weder für die eine noch für die andere Partei erstellt (vgl. §§ 402–414 ZPO).[385]

---

[384] *Chakraborty*, in: Haedicke/Timmann (2012), § 11 Rn. 751; *Kather/Fitzner*, MittdtPatA 2010, S. 325 (329); *Zöllner*, GRUR-Prax 2010, S. 74 (75); *Fitzner/Kather*, VPP-Rundbrief 2009, S. 58 (63); vgl. *Pagenberg*, CR 1991, S. 65 (70).

[385] *Paulus* (2010), Rn. 399; *Sturmberg* (2004), Rn. 128.

1. Vorschlag und Auswahl

Bei Streitigkeiten über gewerbliche Schutzrechte ist neben der Neutralität stets eine besondere Sachkunde notwendig.[386] Aus diesem Grund werden üblicherweise die das spezielle Fachgebiet in Forschung und Lehre vertretenden Hochschullehrer als Sachverständige bestellt, wobei aber auch etwa spezialisierte Ingenieure oder Patentanwälte in Betracht kommen (vgl. § 407a Abs. 1 S. 1 ZPO sowie für Patentanwälte § 10 Nr. 1 BOPA).[387] Im Rahmen des „Düsseldorfer Modells" wird der Antragsgegner im Vorfeld nicht angehört. Damit kann nur der Antragsteller der gerichtlichen Aufforderung nach § 404 Abs. 3 ZPO nachkommen und einen aus seiner Sicht geeigneten Sachverständigen bezeichnen.

Das Gericht kann den Antragsteller zur Benennung eines Sachverständigen auffordern (§ 404 Abs. 3 ZPO), aber er ist weder zur Abgabe eines Vorschlags verpflichtet, noch hat er einen Anspruch auf Abgabe eines Vorschlags.[388] Er kann allerdings von sich aus dem Gericht ohne Aufforderung einen Sachverständigen vorschlagen. Der Antragsteller kann bereits vorab die Bereitschaft eines einschlägigen Sachverständigen zur Tätigkeit als gerichtlicher Sachverständiger abfragen sowie seine Tauglichkeit und Qualifikation überprüfen.[389] Hierdurch erfolgt eine immense Beschleunigung des Verfahrens, da das Gericht nicht erst nach einem geeigneten Sachverständigen suchen muss und das Risiko einer Absage des vom Gericht ausgewählten Sachverständigen gering gehalten wird.[390] Die Beteiligung der Parteien bei der Auswahl des Sachverständigen erscheint dementsprechend empfehlens-

---

[386] *Grabinski/Zülch*, in: Benkard (2015), § 139 PatG Rn. 125; *Fitzner/Kather,* VPP-Rundbrief 2009, S. 58 (60).

[387] LG München I, Urt. v. 20.10.2010, Az. 21 O 7563/10, InstGE 13, 181, 186 (Rn. 26) – Arzneimittelherstellung = BeckRS 2012, 15213; *Kühnen* (2013), Rn. 2380; *Leppin,* GRUR 1984, S. 552 (560); vgl. *Meier-Beck,* GRUR 2013, S. 1177 (1184); *Enchelmaier,* GRUR Int 2012, S. 503 (511).

[388] BT-Drucks. 11/3621, S. 2, 24; *Huber*, in: Musielak/Voit (2016), § 487 Rn. 4; *Hahn*, in: PK-GewRS (2015), § 487 ZPO Rn. 12; *Czychowski*, in: Fromm/Nordemann (2014), § 101a UrhG Rn. 28; *Pastor*, in: Werner/Pastor (2015), Rn. 59; *Mes*, in: MPFormB GewRS (2014), Form. C.22 Anm. 11; *Ulrich* (2007), Rn. 158, 192; *Fink* (2005), Rn. 180, 311, 315, 318; *Sturmberg* (2004), Rn. 130; *Ulrich* (2004), Rn. 81; *Tinnefeld,* CR 2013, S. 417 (420, Fn. 31); *Leppin,* GRUR 1984, S. 552 (560); a.A. Baumbach/Lauterbach/Albers/Hartmann (2016), § 487 Rn. 6.

[389] *Hahn*, in: PK-GewRS (2015), § 485 ZPO Rn. 59, § 487 ZPO Rn. 11, 13; *Kather/ Fitzner,* MittdtPatA 2010, S. 325 (329); *Fitzner/Kather,* VPP-Rundbrief 2009, S. 58 (63); vgl. BGH, Beschl. v. 03.04.2012, Az. X ZR 67/09, NJW 2012, 1517, 1517 (Rn. 8) – Sachverständigenablehnung V = GRUR 2012, 855, 855 f. (Rn. 8).

[390] *Kather/Fitzner,* MittdtPatA 2010, S. 325 (329); *Fitzner/Kather,* VPP-Rundbrief 2009, S. 58 (63).

wert.[391] In ähnlichen Beweisermittlungsmaßnahmen im Ausland ist es üblich, dass der Antragsteller den Sachverständigen vorschlägt.[392]

Die Bestellung eines vom Antragsteller vorgeschlagenen Sachverständigen wird beim Antragsgegner in der Regel Bedenken hervorrufen, insbesondere hinsichtlich seiner Neutralität.[393] Der Antragsgegner hat nämlich keinerlei Einfluss auf die Sachverständigenauswahl. Vielmehr kann er erst dann eingreifen, wenn die Besichtigung bereits durchgeführt worden ist, sodass schnell der Vorwurf der Befangenheit aufkommen kann. Außerdem kann das Gericht im Erlasszeitpunkt weder Verbindungen zwischen dem Antragsteller und dem Sachverständigen (egal ob privater oder geschäftlicher Natur) vollumfänglich überprüfen, noch können in der Kürze der Zeit mögliche widerstreitende Interessen in der Person des Sachverständigen zweifelsfrei aufgedeckt werden (vgl. §§ 39a Abs. 4, 41, 41a PAO, § 5 Abs. 1 BOPA für Patentanwälte).[394] Die Integrität gerichtlich bestellter Sachverständiger darf aber nicht allgemein angezweifelt werden. Schließlich haften sie im Falle einer vorsätzlichen oder fahrlässigen Falschbegutachtung (§ 839a BGB). Daneben ist eine Beeinflussung des Sachverständigen für den Antragsteller mit einem erheblichen Risiko behaftet, da dies zu einem Ablehnungsgesuch wegen Befangenheit (§ 406 Abs. 1 S. 1 ZPO) führen kann.[395] Wird die Befangenheit gerichtlich bestätigt, wird das Gutachten für ungültig erklärt und vom Gericht nicht freigegeben. Der Antragsteller steht ohne das Sachverständigengutachten wieder am Anfang seiner Rechtsverfolgungskette.

Die Auswahl und Bestellung des Sachverständigen steht letztlich jedoch allein dem Prozessgericht zu (§§ 492 Abs. 1, 404 Abs. 1 S. 1 ZPO).[396] In der

---

[391] *Huber*, in: Musielak/Voit (2016), § 404 Rn. 5; *Hahn/Mugdan/Stegemann,* ZPO-Materialien Abt. 1 (1983), S. 678; vgl. *Sturmberg* (1999), Rn. 278 f.; *Pagenberg,* CR 1991, S. 65 (70).

[392] *Petit,* IIC 2000, S. 669 (681 f.); *Stauder,* GRUR Int 1978, S. 230 (231).

[393] *Pastor*, in: Werner/Pastor (2015), Rn. 59; *Huber*, in: Musielak/Voit (2016), § 404 Rn. 5.

[394] *Reinhard,* in: Feuerich/Weyland (2016), § 39a PAO Rn. 4; *Kather/Fitzner,* MittdtPatA 2010, S. 325 (329); *Fitzner/Kather,* VPP-Rundbrief 2009, S. 58 (63); vgl. *Kühnen* (2013), Rn. 2389.

[395] *Huber*, in: Musielak/Voit (2016), § 404 Rn. 5.

[396] OLG Düsseldorf, Beschl. v. 03.06.1993, Az. 5 W 19/93, OLGZ 1994, 85, 85; BT-Drucks. 11/3621, S. 23; *Huber*, in: Musielak/Voit (2016), § 404 Rn. 5, § 487 Rn. 4; *Herget*, in: Zöller (2016), § 487 Rn. 5; *Pukall*, in: Saenger (2015), § 487 Rn. 12; *Voß*, in: Fitzner/Lutz/Bodewig (2012), Vor §§ 139 ff. PatG Rn. 139; *Pastor*, in: Werner/Pastor (2015), Rn. 3108; *Mes*, in: MPFormB GewRS (2014), Form. C.22 Anm. 11; *Gniadek* (2011), S. 143, 361; *Bayerlein*, in: Bayerlein (2008), § 13 Rn. 1; *Ulrich* (2007), Rn. 149; *Keldungs/Tilly* (2005), S. 43; *Tiwisina* (2005), S. 141; *Prietzel-Funk,* GRUR 2009, S. 322 (323); *Ulrich,* AnwBl 2003, S. 26 (32); *Cuypers,* NJW 1994, S. 1985 (1989); *Weyer,* BauR 1992, S. 313 (319); *Hansens,* NJW 1991, S. 953 (957); *Schreiber,* NJW 1991, S. 2600 (2602); *Bayerlein,* BauR 1989, S. 397 (400 f.); *Booz,* BauR 1989, S. 30 (37); a.A.

gerichtlichen Praxis in Deutschland wird häufig der vom Antragsteller vorgeschlagene Sachverständige bestellt, sofern keine Befangenheitsgründe oder ersichtlich fehlende Qualifikationen dagegensprechen.[397] Die Ablehnungsgründe werden aber regelmäßig erst bei der Entscheidung über die Freigabe des Gutachtens oder sogar erst bei der Verwertung des Gutachtens in einem möglichen Hauptsacheverfahren maßgebend.[398] Neben den vorgeschlagenen Sachverständigen kann das Gericht jedoch auch aus vorangegangenen Verfahren bekannte Sachverständige auswählen oder den Gerichten vorliegende Sachverständigenverzeichnisse einsehen oder Erkundigungen bei geeigneten Stellen (etwa bei Industrie- und Handelskammern oder Handwerkskammern) einholen.[399] Ein Rückgriff auf § 404 Abs. 2 ZPO ist indes nur selten möglich. Die nach dieser Vorschrift bevorzugt heranzuziehenden öffentlich bestellen Sachverständigen weisen zwar eine besondere Sachkunde auf und verfügen meist über eine große forensische Erfahrung, sind jedoch im Gewerblichen Rechtsschutz kaum verfügbar.[400]

2. Bestellung

Mit seiner Bestellung ist der Sachverständige ein unabhängiger gerichtlicher Gutachter.[401] Im Rahmen der Bestellung kann die Gestattung der Beanspruchung und Heranziehung eines Mitarbeiters oder Gehilfen förderlich sein, was insbesondere bei speziellen technischen Feststellungen im Rahmen der Besichtigung gilt.[402] Das Gericht verpflichtet den Sachverständigen zum

---

Baumbach/Lauterbach/Albers/Hartmann (2016), § 487 Rn. 6 (vgl. Rn. 7); vgl. zur alten Rechtslage: *Müller* (1988), Rn. 156–158, 169 f.; *Wussow,* NJW 1969, S. 1401 (1404).

[397] *Huber*, in: Musielak/Voit (2016), § 404 Rn. 5; *Hahn*, in: PK-GewRS (2015), § 487 ZPO Rn. 12; *Voß*, in: Fitzner/Lutz/Bodewig (2012), Vor §§ 139 ff. PatG Rn. 139; *Chakraborty*, in: Haedicke/Timmann (2012), § 11 Rn. 751; vgl. *Kühnen* (2013), Rn. 2427.

[398] *Hahn*, in: PK-GewRS (2015), § 487 ZPO Rn. 12.

[399] *Huber*, in: Musielak/Voit (2016), § 404 Rn. 3; *Bayerlein*, in: Bayerlein (2008), § 13 Rn. 25 f.; *Fink/Klein*, in: Freiberger Hdb. BauR (2008), § 7 Rn. 45; *Fink* (2005), Rn. 317; *Weise* (2002), Rn. 385; vgl. *Sturmberg* (2004), Rn. 127.

[400] *Huber*, in: Musielak/Voit (2016), § 404 Rn. 4; *Augenstein*, in: PK-GewRS (2015), § 407 ZPO Rn. 2; *Hahn*, in: PK-GewRS (2015), § 487 ZPO Rn. 23; *Fink* (2005), Rn. 179; *Sturmberg* (2004), Rn. 134 f.; *Weise* (2002), Rn. 385; vgl. LG München I, Urt. v. 20.10.2010, Az. 21 O 7563/10, InstGE 13, 181, 186 (Rn. 26) – Arzneimittelherstellung = BeckRS 2012, 15213.

[401] *Sturmberg* (2004), Rn. 128; *Kather/Fitzner,* MittdtPatA 2010, S. 325 (329); *Fitzner/ Kather,* VPP-Rundbrief 2009, S. 58 (63); vgl. *Marshall,* in: FS Preu (1988), S. 151 (155 f.).

[402] BVerwG, Urt. v. 28.02.1992, Az. 8 C 48/90, NVwZ 1993, 771, 772 = BeckRS 9998, 48979; *Greger*, in: Zöller (2016), § 407a Rn. 2a; *Hahn*, in: PK-GewRS (2015), § 487 ZPO Rn. 14; *Pastor*, in: Werner/Pastor (2015), Rn. 3111; *Kühnen* (2013), Rn. 378 (Fn. 387); *Weise* (2002), Rn. 406; *Deichfuß,* GRUR 2015, S. 436 (439); *Bleutge,* NJW 1985, S. 1185 (1185).

Zwecke eines umfassenden Geheimnisschutzes über alle Tatsachen, von denen er im Laufe der Besichtigung Kenntnis erlangt, zur Verschwiegenheit gegenüber außenstehenden Dritten (vgl. § 39a Abs. 2 PAO, § 4 BOPA für Patentanwälte).[403] Dasselbe gilt für die Mitarbeiter oder Gehilfen, die er im Rahmen der gerichtlichen Gestattung während der Besichtigung hinzuzieht.

Als Rechtsgrundlage für die Verschwiegenheitsverpflichtung dient § 140c Abs. 3 S. 2 PatG. Dagegen können die §§ 174 Abs. 3 S. 1, 172 Nr. 2 GVG nicht als gesetzliche Grundlage herangezogen werden, da sie eine mündliche Verhandlung voraussetzen, die Besichtigung durch den Sachverständigen aber auf der Anordnung des selbstständigen Beweisverfahrens beruht, die kein Bestandteil der mündlichen Verhandlung ist.[404] Die strafrechtlichen Folgen ergeben sich aus § 353d Nr. 2 StGB. Für einen öffentlich bestellten Sachverständigen ist zudem § 203 Abs. 2 Nr. 5 StGB relevant.[405] Werden Patentanwälte als Sachverständige bestellt, kann ein Verstoß nicht über § 203 Abs. 1 Nr. 3 StGB sanktioniert werden.[406] Zwar findet man auch die Berufsgruppe des Patentanwalts in dieser Aufzählung, jedoch fungiert er im Moment der Besichtigung als gerichtlich bestellter Sachverständiger und gerade nicht als Patentanwalt, sodass ihm die Betriebs- und Geschäftsgeheimnisse nicht in seiner Funktion als Patentanwalt zur Kenntnis gelangen, weshalb auch die Verschwiegenheitsverpflichtungen aus § 39a Abs. 1, 2 PAO sowie § 4 Abs. 1, 2 BOPA keine Anwendung finden.[407]

VI. Veränderungsverbot

Als Teil der Duldungsverfügung erlässt das Gericht im „Düsseldorfer Modell“ ein mit Ordnungsmitteln belegtes Veränderungsverbot in Bezug auf den

---

[403] LG Düsseldorf, Beschl. v. 03.05.2005, Az. 4a O 162/05, InstGE 5, 236, 238 (Rn. 7) – Anhörungsrüge; *Grabinski/Zülch*, in: Benkard (2015), § 140c PatG Rn. 26; *Hahn*, in: PK-GewRS (2015), Vor § 485 ZPO Rn. 54–56; *Bleutge* (2016), Rn. 2.11; *Battenstein* (2006), S. 120–122; *Grabinski*, in: FS Mes (2009), S. 129 (131); *Deichfuß*, GRUR 2015, S. 436 (439); *Kather/Fitzner*, MittdtPatA 2010, S. 325 (331); *Fitzner/Kather*, VPP-Rundbrief 2009, S. 58 (66).

[404] *Beckhaus* (2010), S. 136; a.A. *Hahn*, in: PK-GewRS (2015), § 487 ZPO Rn. 23; *Ahrens*, GRUR 2005, S. 837 (839); *Leppin*, GRUR 1984, S. 695 (697); vgl. *Müller-Stoy* (2008), Rn. 187; *Battenstein* (2006), S. 126.

[405] *Hahn*, in: PK-GewRS (2015), § 487 ZPO Rn. 23; *Lenckner/Eisele*, in: Schönke/Schröder (2014), § 203 Rn. 16, 29, 61; vgl. *Kühnen*, GRUR 2005, S. 185 (191, Fn. 40).

[406] *Hahn*, in: PK-GewRS (2015), § 487 ZPO Rn. 23; *Cierniak/Pohlit*, MüKo StGB (2012), § 203 StGB Rn. 33, 71; a.A. *Kühnen*, GRUR 2005, S. 185 (191; 191, Fn. 40).

[407] *Hahn*, in: PK-GewRS (2015), § 487 ZPO Rn. 23; a.A. *Kather/Fitzner*, MittdtPatA 2010, S. 325 (331); *Fitzner/Kather*, VPP-Rundbrief 2009, S. 58 (66); vgl. *Ahrens*, GRUR 2005, S. 837 (839).

Besichtigungsgegenstand gerichtet an den Antragsgegner.[408] Darüber wird dem Antragsgegner für die Dauer der Besichtigung untersagt, eigenständig Veränderungen an dem Besichtigungsgegenstand vorzunehmen oder diesen beiseitezuschaffen.[409] Auf diese Weise soll die Untersuchung des Besichtigungsgegenstandes in unverändertem Zustand gesichert werden. Ein Veränderungsverbot ist daher insbesondere für den Zeitraum zwischen der Zustellung der Besichtigungsanordnung und dem tatsächlichen Beginn der Begutachtung (etwa die Zurückstellung der Besichtigung für einen bestimmten Zeitraum, damit der Antragsgegner seine anwaltlichen Vertreter konsultieren kann) bedeutsam.[410]

Das Veränderungsverbot sichert den materiell-rechtlichen Besichtigungsanspruch und stellt demnach (anders als die Duldungsverfügung) eine Sicherungsverfügung im Sinne von § 935 ZPO dar.[411] Mit dem Abschluss der Besichtigung ist der Zweck des Veränderungsverbots erreicht.[412] Der Sachverständige hat zu diesem Zeitpunkt alle relevanten Tatsachen festgestellt, sodass Verschleierungsmaßnahmen die Grundlage entzogen ist. Außerdem wäre eine Erstreckung des Veränderungsverbots bis zum fertiggestellten Sachverständigengutachten oder zur Entscheidung über die Gutachtenfreigabe unverhältnismäßig (vgl. § 140c Abs. 2 PatG).[413]

Wenngleich die bei Verletzung des Veränderungsverbotes drohenden Sanktionen auf den ersten Blick abschreckend wirken, bietet eine solche Anordnung bei genauerer Betrachtung im Falle der Zuwiderhandlung nur einen begrenzten Schutz. Je einfacher die Schutzrechtsverletzung ausgemerzt und je schwieriger die verbotswidrig vorgenommene Veränderung nachträglich zu entdecken ist, desto geringer ist der Schutz des Verbots der Vornahme eigenmächtiger Veränderungen an der zu besichtigenden Sache.[414] Außerdem sieht der Sachverständige den Besichtigungsgegenstand mit Beginn der Besichtigung zum ersten Mal, sodass ihm leicht zu verschleiernde Verände-

---

[408] *Grabinski/Zülch*, in: Benkard (2015), § 140c PatG Rn. 30; *Hahn*, in: PK-GewRS (2015), Vor § 485 ZPO Rn. 53, § 487 ZPO Rn. 40; *Mes*, in: MPFormB GewRS (2014), Form. C.22 Anm. 18 f.; *Kather/Fitzner*, MittdtPatA 2010, S. 325 (328); *Fitzner/Kather*, VPP-Rundbrief 2009, S. 58 (62); vgl. Mes (2015), § 140c Rn. 63; *Rinken/Kühnen*, in: Schulte (2014), § 140c Rn. 65; *Kühnen* (2013), Rn. 378; *Lieber/Zimmermann* (2009), Rn. 222; *Kühnen*, GRUR 2005, S. 185 (187).

[409] *Grabinski/Zülch*, in: Benkard (2015), § 140c PatG Rn. 30; *Rinken/Kühnen*, in: Schulte (2014), § 140c Rn. 61; *Oldekop*, in: Schramm (2012), Kap. 9 Rn. 157; *Grabinski*, in: FS Mes (2009), S. 129 (131); *Kather/Fitzner*, MittdtPatA 2010, S. 325 (331); *Fitzner/Kather*, VPP-Rundbrief 2009, S. 58 (65); vgl. *Seiler*, in: Thomas/Putzo (2016), § 938 Rn. 8; *Hoppen*, CR 2009, S. 407 (410).

[410] *Rinken/Kühnen*, in: Schulte (2014), § 140c Rn. 61.

[411] *Hahn*, in: PK-GewRS (2015), § 487 ZPO Rn. 40.

[412] *Eck/Dombrowski*, in: FS 50 Jahre BPatG (2011), S. 169 (178 f.).

[413] *Eck/Dombrowski*, in: FS 50 Jahre BPatG (2011), S. 169 (179).

[414] *Müller-Stoy*, MittdtPatA 2010, S. 267 (269); *Kühnen*, GRUR 2005, S. 185 (190).

rungsmaßnahmen nicht auffallen werden. Lediglich die vom Antragsteller eingewiesenen Rechts- und Patentanwälte können in einem solchen Fall vorgenommene Veränderungen entdecken und aufzeigen.

VII. Sicherheitsleistung und Auslagenvorschuss

Falls sich im Nachhinein herausstellt, dass eine Schutzrechtsverletzung von Anfang an nicht bestanden oder gedroht hat, kann der Antragsgegner schon einen Schaden durch die Besichtigung erlitten haben. Daher muss neben einem Schadensersatzanspruch (Art. 7 Abs. 4 Enforcement-Richtlinie) sichergestellt sein, dass die Maßnahmen zur Beweissicherung an die Stellung einer angemessenen Kaution oder entsprechenden Sicherheit durch den Antragsteller geknüpft werden können, um eine Entschädigung des Antragsgegners sicherzustellen (Art. 7 Abs. 2 Enforcement-Richtlinie). Ein Kostenvorschuss kommt in erster Linie für Kopierkosten in Betracht, wohingegen eine Sicherheitsleistung bei Substanzverletzungen relevant wird.[415] Eine Sicherheitsleistung für Schäden, die sich während der Besichtigung aus der Gebrauchsentziehung des Besichtigungsgegenstandes ergeben, ist dagegen nicht notwendig.[416]

1. Sicherheitsleistung

Im selbstständigen Beweisverfahren (§§ 485 ff. ZPO) ist keine verfahrensrechtliche Grundlage zur Anordnung einer Sicherheitsleistung vorgesehen, da es nur eine „freiwillige" Besichtigung ermöglicht, die nicht mit Zwangsmaßnahmen durchgesetzt werden kann. Dementsprechend ist keine Sicherheitsleistung erforderlich, da sich der Sachverständige wie jeder Dritte verhält, dem der Antragsgegner freiwillig Zugang zum streitbefangenen Gegenstand gewährt.[417] Anders verhält es sich in den Konstellationen des „Düsseldorfer Modells", in denen eine Besichtigung nach dem selbstständigen Beweisverfahren (§§ 485 ff. ZPO) mit einer flankierenden Duldungsverfügung (§§ 935 ff. ZPO) erzwungen wird. Da die Besichtigung entgegen dem Willen des Antragsgegners vorgenommen wird, muss das Erfordernis einer Sicherheitsleistung berücksichtigt werden.

Der Verweis in § 140c Abs. 3 S. 1 PatG auf die §§ 935–945 ZPO umfasst auch die §§ 936, 921 S. 2 ZPO. Danach kann die Anordnung einer flankie-

---

[415] *Hahn*, in: PK-GewRS (2015), § 487 Rn. 43; vgl. *Leppin*, GRUR 1984, S. 695 (709).

[416] *Hahn*, in: PK-GewRS (2015), § 487 Rn. 43; *Chakraborty*, in: Haedicke/Timmann (2012), § 11 Rn. 742; *Mayer/Linnenborn*, K&R 2003, S. 313 (315).

[417] *Zöllner*, GRUR-Prax 2010, S. 74 (76); *Kühnen*, GRUR 2005, S. 185 (195); vgl. *Kather/Fitzner*, MittdtPatA 2010, S. 325 (329 f.); *Fitzner/Kather*, VPP-Rundbrief 2009, S. 58 (64).

renden Duldungsverfügung (und damit richtigerweise auch die Durchsetzung des Besichtigungsanspruchs) hinsichtlich einer Schadensersatzhaftung nach § 945 ZPO von einer Sicherheitsleistung des Antragstellers an den Antragsgegner abhängig gemacht werden (vgl. § 108 ZPO).[418] Hierin besteht die verfahrensrechtliche Grundlage für die Anordnung einer Sicherheitsleistung, die dem selbstständigen Beweisverfahren fehlt und im Zuge des „Düsseldorfer Modells" greift.[419] Der durch die angeordnete Besichtigung voraussichtlich entstehende Schaden bildet die Grundlage für die Höhe der Sicherheitsleistung (vgl. §§ 936, 921 S. 1, 945 ZPO).[420] Dagegen ist der Verweis in § 140c Abs. 4 PatG auf § 811 Abs. 2 S. 2 BGB nicht ausreichend, um den Erfordernissen der Enforcement-Richtlinie gerecht zu werden. Die Norm gibt dem Antragsgegner nämlich nur eine materiell-rechtliche Einrede.[421] Eine Anordnung der Sicherheitsleistung im Voraus einer nur eventuell zu erhebenden Einrede ist nicht möglich.

2. Auslagenvorschuss

Regelmäßig wird der Antragsteller für die Durchführung des selbstständigen Beweisverfahrens einen Auslagenvorschuss (§ 17 Abs. 1 S. 1 GKG) bei der Gerichtskasse einzuzahlen haben (§§ 492 Abs. 1, 402, 379 ZPO). Die Vorschrift des § 379 ZPO ist allgemein auf den Sachverständigenbeweis, auf die schriftliche Begutachtung (§ 411 ZPO) sowie auf das selbstständige Beweisverfahren anwendbar, da es sich dabei um eine Beweisaufnahme handelt, die nicht von Amts wegen angeordnet, sondern durch eine Partei beantragt wurde.[422]

---

[418] BT-Drucks. 16/5048, S. 28; *Vollkommer*, in: Zöller (2016), § 921 Rn. 5; *Kühnen* (2013), Rn. 1759; *Amschewitz* (2008), S. 247; *Dörre/Maaßen*, GRUR-RR 2008, S. 217 (221, Fn. 52); *Kühnen*, GRUR 2005, S. 185 (195); vgl. OLG Düsseldorf, Urt. v. 29.05.2008, Az. 2 W 47/07, InstGE 9, 140, 163 (Rn. 61) – Olanzapin = GRUR-RR 2008, 329, 332.

[419] *Hahn*, in: PK-GewRS (2015), § 485 ZPO Rn. 54, § 487 Rn. 43; *Nieder*, in: Erdmann/Rojahn/Sosnitza (2011), Kap. 1 Rn. 596; *Müller-Stoy*, MittdtPatA 2009, S. 361 (365); *Dörre/Maaßen*, GRUR-RR 2008, S. 217 (221); vgl. *Dreier*, in: Beier/Schricker (1996), S. 248 (264).

[420] *Kühnen*, GRUR 2005, S. 185 (195).

[421] *Chakraborty*, in: Haedicke/Timmann (2012), § 11 Rn. 742; *Oldekop*, in: Schramm (2012), Kap. 9 Rn. 129; *Gniadek* (2011), S. 119; *Kühnen*, GRUR 2005, S. 185 (195, Fn. 59); vgl. *Müller-Stoy* (2008), Rn. 271 (Fn. 508).

[422] BGH, Beschl. v. 03.03.2009, Az. VIII ZB 56/08, NJW-RR 2009, 1433, 1434 (Rn. 10) = DS 2010, 187, 187 (Rn. 10); *Hahn*, in: PK-GewRS (2015), § 487 ZPO Rn. 42; *Pastor*, in: Werner/Pastor (2015), Rn. 82; *Ulrich*, AnwBl 2003, S. 144 (144); vgl. OLG Düsseldorf, Beschl. v. 18.12.2012, Az. I-21 W 28/12, NJW-RR 2013, 346, 347 = DS 2013, 117, 117 f.; Mes (2015), § 140c Rn. 51; *Kather/Fitzner*, MittdtPatA 2010, S. 325 (329); *Fitzner/Kather*, VPP-Rundbrief 2009, S. 58 (63).

Die gerichtliche Anordnung eines Auslagenvorschusses für die Kosten der Beweisaufnahme (§§ 492 Abs. 1, 402, 379 ZPO) im selbstständigen Beweisverfahren ist nicht anfechtbar.[423] Das Gesetz bestimmt weder ausdrücklich, dass gegen die Anordnung eines Auslagenvorschusses für die Kosten einer Beweisaufnahme im selbstständigen Beweisverfahren die sofortige Beschwerde statthaft ist (vgl. § 567 Abs. 1 Nr. 1 ZPO), noch ist diese Entscheidung von § 567 Abs. 1 Nr. 2 ZPO erfasst.[424]

VIII. Streitwert des Besichtigungsverfahrens

Durch den aus prozessualer Sicht zweigliedrigen Charakter eines Besichtigungsverfahrens nach dem „Düsseldorfer Modell" müssen für das selbstständige Beweisverfahren und die einstweilige Verfügung im Hinblick auf den Streitwert die Besonderheiten der einzelnen Verfahrensteile beachtet werden, sodass gesonderte Streitwerte festzusetzen sind und sich eine Streitwertaufteilung ergibt.[425] Die Kosten des selbstständigen Beweisverfahrens können nicht im einstweiligen Verfügungsverfahren verrechnet werden.

Der Streitwert des selbstständigen Beweisverfahrens ist anhand des materiellen Interesses des Antragstellers zu schätzen (§ 3 ZPO) und bestimmt sich daher regelmäßig nach dem Wert des Hauptsacheverfahrens oder dessen Teil, auf den die Beweissicherung Bezug nimmt, da das selbstständige Beweisverfahren ein vorweggenommener Teil des anschließenden Hauptsacheverfahrens ist.[426] Das selbstständige Beweisverfahren führt zwar nicht zu einem

---

[423] BGH, Beschl. v. 03.03.2009, Az. VIII ZB 56/08, NJW-RR 2009, 1433, 1434 (Rn. 7 f.) = DS 2010, 187, 187 (Rn. 7 f.); *Kratz*, in: BeckOK ZPO (2016), § 485 Rn. 3; *Huber*, in: Musielak/Voit (2016), § 379 Rn. 8; *Reichold*, in: Thomas/Putzo (2016), § 492 Rn. 2; *Herget*, in: Zöller (2016), § 490 Rn. 4; *Hahn*, in: PK-GewRS (2015), § 487 ZPO Rn. 42.

[424] BGH, Beschl. v. 03.03.2009, Az. VIII ZB 56/08, NJW-RR 2009, 1433, 1434 (Rn. 7) = DS 2010, 187, 187 (Rn. 7); *Hahn*, in: PK-GewRS (2015), § 490 ZPO Rn. 15; *Kühnen* (2013), Rn. 416.

[425] *Grabinski/Zülch*, in: Benkard (2015), § 140c PatG Rn. 31; *Hahn*, in: PK-GewRS (2015), § 494a ZPO Rn. 3; *Maaßen*, in: FormB-UMR (2015), Kap. 15 Rn. 268; *Kather/Fitzner*, MittdtPatA 2010, S. 325 (330); *Zöllner*, GRUR-Prax 2010, S. 74 (77); *Fitzner/Kather*, VPP-Rundbrief 2009, S. 58 (64); vgl. OLG München, Beschl. v. 19.03.2010, Az. 6 W 832/10, InstGE 12, 186, 190 (Rn. 31) – Presseur = BeckRS 2011, 00035.

[426] BGH, Beschl. v. 16.09.2004, Az. III ZB 33/04, NJW 2004, 3488, 3489 = ZfBR 2005, 54, 56; OLG Stuttgart, Beschl. v. 09.08.2011, Az. 12 W 36/11, NJW-RR 2012, 91, 91 = NZBau 2011, 760, 761; OLG Karlsruhe, Beschl. v. 31.05.2010, Az. 4 W 17/10, NJW-RR 2011, 22, 23 = NZBau 2010, 703, 703; OLG Düsseldorf, Beschl. v. 23.03.2010, Az. 21 W 5/10, NZBau 2010, 705, 705 = BeckRS 2010, 08018; *Herget*, in: Zöller (2016), § 3 Rn. 16 („Selbständiges Beweisverfahren"); Mes (2015), § 140c Rn. 41; *Berger*, in: Stein/Jonas (2015), vor § 485 Rn. 10; *Hahn*, in: PK-GewRS (2015), § 494a ZPO Rn. 3, 22;

Titel, steht aber wegen § 493 Abs. 1 ZPO einer Beweisaufnahme vor dem Prozessgericht gleich.

Der Teil der Duldungsverfügung wird regelmäßig hinter dem des Hauptsacheverfahrens zurückbleiben, da die Duldungsverfügung nur der Durchsetzung der Besichtigung dient und es sich lediglich um eine vorläufige Regelung handelt. Deshalb kann der Antragsgegner über die Kostenentscheidung im einstweiligen Verfügungsverfahren auch nur einen Teil seiner Kosten einfordern.[427] Der Besichtigungsanspruch richtet sich nach dem Streitwert der vorzubereitenden Ansprüche, sodass der Streitwert der Duldungsverfügung nur einen Bruchteil des Streitwerts des selbstständigen Beweisverfahrens beträgt, wobei regelmäßig ein Zehntel bis ein Fünftel des Wertes des Beweissicherungsverfahrens anzusetzen ist.[428]

IX. Zusammenfassung

Der Anwendungsbereich des „Düsseldorfer Modells" liegt wegen des eingeschränkten Zugriffs auf den Besichtigungsgegenstand insbesondere bei nichtöffentlichen Merkmalsverwirklichungen, obgleich es auch bei öffentlichen Merkmalsverwirklichungen angewandt werden kann. Die Besichtigungsanordnung nach dem „Düsseldorfer Modell" kennzeichnet sich durch die Kombination von einem selbstständigen Beweisverfahren (§§ 485 ff. ZPO) und einer einstweiligen Duldungsverfügung (§§ 935 ff. ZPO). Wenngleich das selbstständige Beweisverfahren nicht zwangsweise durchgesetzt werden kann, ist dieses Verfahren grundsätzlich mit Zwangsmaßnahmen vereinbar.

Rinken/Kühnen, in: Schulte (2014), § 140c Rn. 57; *Pitz*, in: Fitzner/Lutz/Bodewig (2012), § 140c PatG Rn. 49; Seibel (2013), § 486 Rn. 58; *Pastor*, in: Werner/Pastor (2015), Rn. 145; *Mes*, in: MPFormB GewRS (2014), Form. C.22 Anm. 7; *Kühnen* (2013), Rn. 378 (Fn. 399); *Praun*, in: Kleine-Möller/Merl (2009), § 19 Rn. 301; *Bayerlein*, in: Bayerlein (2008), § 21 Rn. 46; *Müller-Stoy* (2008), Rn. 287; *Seeber* (2007), S. 57–62; *Ulrich* (2007), Rn. 530; *Fink* (2005), Rn. 521 f.; *Keldungs/Tilly* (2005), S. 95; *Sturmberg* (2004), Rn. 327, vgl. Rn. 321–336; *Ulrich* (2004), Rn. 390, vgl. Rn. 389–402; *Weise* (2002), Rn. 553; *Sturmberg* (1999), Rn. 391, 392; *Röthlein* (1995), Rn. 129 ff.; *Herget*, in: FS Vollkommer (2006), S. 97 (113); *Zöllner*, GRUR-Prax 2010, S. 74 (76); *Ulrich*, AnwBl 2003, S. 144 (149); *Cuypers*, NJW 1994, S. 1985 (1990).

[427] *Hahn*, in: PK-GewRS (2015), § 494a ZPO Rn. 3.

[428] BGH, Beschl. v. 31.03.2010, Az. I ZR 27/09, WRP 2010, 902, 903 = BeckRS 2010, 11845 (Rn. 4); *Grabinski/Zülch*, in: Benkard (2015), § 140c PatG Rn. 31; Mes (2015), § 140c Rn. 41; *Hahn*, in: PK-GewRS (2015), § 494a ZPO Rn. 38; *Hacker*, in: Ströbele/Hacker (2015), § 19a Rn. 32; *Czychowski*, in: Fromm/Nordemann (2014), § 101a UrhG Rn. 32; *Keukenschrijver/Kaess*, in: Busse (2013), § 140c Rn. 19; *Mes*, in: MPFormB GewRS (2014), Form. C.22 Anm. 7; *Wiebe*, in: Münch AnwHdb IT-Recht (2013), Teil 3 Rn. 244; *Müller-Stoy* (2008), Rn. 287; vgl. *Voß*, in: Fitzner/Lutz/Bodewig (2012), Vor §§ 139 ff. PatG Rn. 300.

Die Duldungsverfügung im Rahmen des „Düsseldorfer Modells“ vermag jedoch nicht die Duldung der Anwesenheit des gerichtlich bestellten Sachverständigen anzuordnen, sodass eine Besichtigung nach diesem Verfahren nicht durchführbar ist, sobald dem Sachverständigen der Zutritt zum Besichtigungsgegenstand verweigert wird. Ein Beschluss nach dem „Düsseldorfer Modell“ ist eine gemischte gerichtliche Anordnung, die selbstständige Verfahren der Zivilprozessordnung verbindet. Trotz der bestehenden Abhängigkeit beider Verfahren müssen sie prozessual getrennt voneinander betrachtet werden. Die Vorzüge beider Rechtsinstitute (die hohe Beweiskraft eines gerichtlichen Sachverständigengutachtens und die zwangsweise Durchsetzbarkeit) ergänzen sich gegenseitig und bilden zusammen ein effektives Instrument zur vorprozessualen Beweissicherung.

Für die Besichtigungsanordnung ist einheitlich das Gericht zuständig, vor dem das Hauptsacheverfahren über die Schutzrechtsverletzung einzuleiten ist. Eine Beweissicherung in immaterialgüterrechtlichen Streitigkeiten kann sowohl auf § 485 Abs. 1 Var. 2 ZPO als auch auf § 485 Abs. 2 S. 1 Nr. 1 ZPO gestützt werden. Im Regelfall wird jedoch § 485 Abs. 2 S. 1 Nr. 1 ZPO für eine vorprozessuale Beweissicherung nach dem „Düsseldorfer Modell“ herangezogen. Die beweisbelastete Partei erhält durch das selbstständige Beweisverfahren ein geordnetes gesetzliches Verfahren, auf dessen Grundlage eine Begutachtung vergleichsweise zügig und kostengünstig abgewickelt wird und dessen Ergebnis ein vollwertiges Mittel des Strengbeweises ist (§ 493 Abs. 1 ZPO). Die Durchsetzungsschwäche des selbstständigen Beweisverfahrens wird durch eine flankierende Duldungsverfügung ausgeglichen. Dabei ergibt sich der Verfügungsanspruch aus den §§ 809 BGB, 140c PatG, 101a UrhG, 19a MarkenG, 24c GebrMG, 46a DesignG, 9 Abs. 2 HalblSchG i.V.m. 24c GebrMG, 37c SortSchG. Vor dem Hintergrund der Enforcement-Richtlinie kann ein Verfügungsgrund bei Besichtigungsverfügungen nicht mehr gefordert werden.

Bei einer Besichtigungsanordnung nach dem „Düsseldorfer Modell“ wird gesetzeskonform aus Gründen besonderer Eilbedürftigkeit, der Befürchtung der Gefährdung des Besichtigungserfolges und der Wahrung des Überraschungseffektes auf die vorherige Anhörung des Antragsgegners verzichtet. In diesem Fall haben die Gerichte im Rahmen der Duldungsverfügung die erforderlichen Maßnahmen zum Schutz vertraulicher Informationen anzuordnen (§ 140c Abs. 3 S. 2, 3 PatG). Für die Beweisverwertung in einem nachfolgenden Verfahren (§ 493 Abs. 1, 2 ZPO) kommt es zunächst nur auf die Anwesenheit des Antragsgegners während der Beweisaufnahme an, sodass eine Benutzung der Ergebnisse der Beweisaufnahme möglich ist, wenn der Antragsgegner („zufällig“) am Besichtigungsort ist. Sofern der Antragsgegner jedoch nicht angetroffen wird, kann auch eine spätere Ladung zeitgleich mit der Zustellung der Besichtigungsanordnung nicht erfolgen. Dennoch kann den Voraussetzungen von § 493 Abs. 2 ZPO entsprochen werden, sofern der

Antragsgegner vor Besichtigungsbeginn eintrifft und seine Teilnahme- und Teilhaberechte wahrnehmen kann. Andernfalls kann das Ergebnis der Beweisaufnahme im weiteren Verlauf nicht genutzt werden (§ 493 Abs. 2 ZPO), weil § 493 Abs. 2 ZPO ein absolutes Beweisverwertungsverbot statuiert. Damit hängt die Verwertbarkeit des Sachverständigengutachtens letztlich vom Zufall ab, was eine erhebliche Rechtsunsicherheit für den Antragsteller bedeutet.

Wenngleich das Gericht den Antragsteller zur Benennung eines Sachverständigen auffordern kann (§ 404 Abs. 3 ZPO), steht die Auswahl und Bestellung des Sachverständigen allein dem Prozessgericht zu (§§ 492 Abs. 1, 404 Abs. 1 S. 1 ZPO). Im Zuge der Bestellung wird dem Sachverständigen eine Verschwiegenheitsverpflichtung über alle Tatsachen auferlegt, die er im Laufe der Besichtigung erfährt. Die Duldungsverfügung enthält ein Veränderungsverbot, das dem Antragsgegner die Vornahme eigenmächtiger Veränderungen an der zu besichtigenden Sache bis zum Ende der Besichtigung verbietet. Im Rahmen des „Düsseldorfer Modells" kann der Antragsteller zur Leistung einer Sicherheit sowie zur Zahlung eines Auslagenvorschusses aufgefordert werden. Bei der Berechnung des Streiwertes einer Besichtigungsanordnung nach dem „Düsseldorfer Modell" müssen das selbstständige Verfahren und die Duldungsverfügung separat betrachtet werden („Streitwertaufteilung").

D. Die Besichtigung

Die Besichtigung im Rahmen des „Düsseldorfer Modells“ wird von einem gerichtlich bestellten und zur Verschwiegenheit verpflichteten Sachverständigen durchgeführt, der im Anschluss an die Begutachtung ein Gutachten erstellt. Den Rechts- und Patentanwälten des Antragstellers wird daneben die Teilnahme an der Besichtigung gestattet, wobei ihnen eine Verschwiegenheitsverpflichtung (auch gegenüber dem Antragsteller) auferlegt wird. Für den Zeitraum der Besichtigung und der Gutachtenerstellung ist der Sachverständige der Herr des Verfahrens (vgl. die Ähnlichkeiten mit dem sog. „Supervising Solicitor“ im britischen Recht[1]).[2] Hierin besteht ein Unterschied zur Rechtsfolge der §§ 140c PatG, 101a UrhG, 19a MarkenG, 24c GebrMG, 46a DesignG, 9 Abs. 2 HalblSchG i.V.m. 24c GebrMG, 37c SortSchG, die nur eine Besichtigung durch den Antragsteller persönlich oder einen Vertreter (beispielsweise einen Privatsachverständigen) vorsehen.[3]

I. Zutrittsersuchen

Sobald das Gericht die Besichtigungsanordnung erlassen hat, wird der Sachverständige über den Beweissicherungsbeschluss in Kenntnis gesetzt. Dies geschieht entweder durch den Gerichtsvollzieher oder die Rechts- und Patentanwälte des Antragstellers.[4] Die Beweisaufnahme soll schnell, sachdienlich und ordnungsgemäß durchgeführt werden.[5] Dementsprechend leitet das Gericht die Tätigkeit des Sachverständigen und erteilt ihm die notwendigen Weisungen (§ 404a Abs. 1 ZPO), wobei die Besichtigungsanordnung diese Informationen in der Regel vollumfänglich enthält. Die Funktion des Sach-

---

[1] *Beckhaus* (2010), S. 180; *Enchelmaier,* GRUR Int 2012, S. 503 (511, 513); *Götting,* GRUR Int 1988, S. 729 (734); vgl. *Cornish/Llewelyn,* IIC 2000, S. 627 (636).

[2] *Bleutge* (2016), Rn. 2.1; *Pastor*, in: Werner/Pastor (2015), Rn. 3098; *Kather/Fitzner,* MittdtPatA 2010, S. 325 (331); *Fitzner/Kather,* VPP-Rundbrief 2009, S. 58 (65).

[3] *Rinken/Kühnen*, in: Schulte (2014), § 140c Rn. 27 f.; *Dörre/Maaßen,* GRUR-RR 2008, S. 217 (220).

[4] *Hoppen,* CR 2009, S. 407 (410).

[5] *Huber*, in: Musielak/Voit (2016), § 404a Rn. 1; vgl. *Hoppen,* CR 2009, S. 407 (410).

verständigen besteht in einer Art Richtergehilfe.[6] Der Umfang der Leitungs- und Weisungspflichten hängt dabei maßgeblich von den Umständen des Einzelfalls und den bisherigen forensischen Erfahrungen des Sachverständigen ab, wodurch aber seine Eigenverantwortlichkeit (§ 407a Abs. 1, 3 ZPO) nicht eingeschränkt wird.[7]

Im Anschluss wird der Gerichtsvollzieher die Besichtigungsanordnung zeitnah zustellen, damit der Sachverständige die Besichtigung durchführen kann. Der Antragsgegner ist bisher nicht am Verfahren beteiligt und erfährt im Zeitpunkt der Zustellung zum ersten Mal vom gerichtlichen Vorgehen des Antragstellers. Sofern ein Werkschutz mit der Überwachung der Gebäude beauftragt ist, wird dieser zunächst die verantwortlichen Mitarbeiter benachrichtigen und die Besichtigungsteilnehmer bis zu deren Eintreffen warten lassen.[8]

1. Zustellung der Besichtigungsanordnung

Bei einer Zustellung von Amts wegen (§§ 166 ff. ZPO) könnte die Besichtigungsanordnung den Antragsgegner vor dem Eintreffen des Sachverständigen erreichen, sodass in dieser Zeitspanne (trotz des Veränderungsverbots) Verschleierungsmaßnahmen am Besichtigungsgegenstand möglich sind. Erfolgt die Zustellung hingegen direkt vor dem Beginn der Besichtigung, wird man den Besichtigungsgegenstand im ursprünglichen und somit unveränderten Zustand vorfinden.[9] Mangels Anhörung des Antragsgegners ergeht die Duldungsverfügung als Verfügungsbeschluss (§§ 936, 922 Abs. 2 ZPO). Dieser wird im Parteibetrieb zugestellt, da die Zustellung bereits ein Teil der Vollziehung und damit auch ein Teil der Vollstreckung ist und nur durch die Zustellung im Parteibetrieb der Vollziehungs- und Vollstreckungswille des Antragstellers zum Ausdruck kommt. Eine Vollstreckung kann außerdem eine Schadensersatzpflicht des Antragstellers (§ 945 ZPO) nach sich ziehen, sodass die Vollziehung und damit die Zustellung nur auf Initiative des Antragstellers und nicht des Gerichts erfolgen kann. Für den Beschluss, der das selbstständige Beweisverfahren anordnet, ist ebenfalls keine amtswegige Zustellung an den Antragsgegner erforderlich, da aufgrund des Verzichts auf

---

[6] *Huber*, in: Musielak/Voit (2016), § 402 Rn. 1, § 404a Rn. 2; *Greger*, in: Zöller (2016), § 404a Rn. 1; *Augenstein*, in: PK-GewRS (2015), § 404a ZPO Rn. 1; *Pastor*, in: Werner/Pastor (2015), Rn. 29, 3107; *Braun* (2014), S. 822; *Rosenberg/Schwab/Gottwald* (2010), § 121 Rn. 1; *Ulrich* (2007), Rn. 273; *Weise* (2002), Rn. 379, 393.

[7] *Huber*, in: Musielak/Voit (2016), § 404a Rn. 2; *Augenstein*, in: PK-GewRS (2015), § 404a ZPO Rn. 24–26; *Voß*, in: Fitzner/Lutz/Bodewig (2012), Vor §§ 139 ff. PatG Rn. 141.

[8] *Grabinski/Zülch*, in: Benkard (2015), § 140c PatG Rn. 30; *Chakraborty*, in: Haedicke/Timmann (2012), § 11 Rn. 766.

[9] *Kühnen* (2013), Rn. 378 (Fn. 395).

eine Ladung (§ 491 ZPO) sowie des Verzichts auf die Anhörung des Antragsgegners eine formlose Mitteilung mangels Terminsbestimmung und mündlicher Verhandlung ausreicht (§§ 329 Abs. 2 S. 1, 270 ZPO).[10]

Im Rahmen des „Düsseldorfer Modells“ wird zwar ein Besichtigungstermin festgesetzt. Bei diesem Ortstermin handelt es sich aber nicht um einen gerichtlichen Termin, sodass auch nicht die besonderen Zustellungserfordernisse gelten, insbesondere keine amtswegige Zustellung erforderlich ist (vgl. § 329 Abs. 2 S. 2 ZPO, §§ 214, 166 Abs. 2 ZPO).[11] Dementsprechend kann der Antragsteller neben der Zustellung der einstweiligen Duldungsverfügung im Parteibetrieb (§§ 936, 922 Abs. 2, 191 ZPO; vgl. § 750 Abs. 1 S. 2 ZPO) auch die Bekanntgabe des Beweisbeschlusses im selbstständigen Beweisverfahren veranlassen, wobei der Gerichtsvollzieher einen dahingehenden Zustellungsauftrag erhält (§ 192 Abs. 1 ZPO) und gleichzeitig auch für die Vollziehung der einstweiligen Duldungsverfügung sowie der möglicherweise notwendigen Durchsuchungsanordnung (§ 758a ZPO) hinzuzuziehen ist.[12] Auf diese Weise können Vereitelungsmaßnahmen am Besichtigungsgegenstand verhindert werden.[13] Vor dem Hintergrund des Zugangsbeweises ist eine förmliche Zustellung außerdem wegen der Wirkung von § 493 Abs. 2 ZPO sowie der Verjährungshemmung bedeutsam.[14]

---

[10] BGH, Urt. v. 29.05.1970, Az. V ZR 24/68, NJW 1970, 1919, 1921 = MDR 1970, 999, 999; Baumbach/Lauterbach/Albers/Hartmann (2016), § 491 Rn. 1; *Huber*, in: Musielak/Voit (2016), § 490 Rn. 6; *Herget*, in: Zöller (2016), § 490 Rn. 2, § 491 Rn. 1; *Hahn*, in: PK-GewRS (2015), § 487 ZPO Rn. 41, § 490 ZPO Rn. 1, 8, § 491 ZPO Rn. 3; *Kühnen* (2013), Rn. 378 (Fn. 395); *Weise* (2002), Rn. 287; vgl. *Ulrich*, AnwBl 2003, S. 78 (79).

[11] *Bleutge* (2016), Rn. 4.1; *Gniadek* (2011), S. 159; vgl. *Reichold*, in: Thomas/Putzo (2016), § 329 Rn. 8.

[12] BGH, Urt. v. 29.05.1970, Az. V ZR 24/68, NJW 1970, 1919, 1921 = MDR 1970, 999, 999; OLG Karlsruhe, Urt. v. 27.04.2001, Az. 14 U 187/00, NJW-RR 2002, 951, 952 = BauR 2002, 1437, 1438; *Huber*, in: Musielak/Voit (2016), § 490 Rn. 6; *Reichold*, in: Thomas/Putzo (2016), § 490 Rn. 1; *Herget*, in: Zöller (2016), § 490 Rn. 2; *Hahn*, in: PK-GewRS (2015), § 491 ZPO Rn. 2; Fezer (2009), § 19a MarkenG Rn. 46; *Pastor*, in: Werner/Pastor (2015), Rn. 77; *Pierson*, in: *Pierson/Ahrens/Fischer* (2014), S. 560; *Kühnen* (2013), Rn. 1842; *Götz* (2012), S. 163; *Chakraborty*, in: Haedicke/Timmann (2012), § 11 Rn. 761; *Oldekop*, in: Schramm (2012), Kap. 9 Rn. 161; *Lieber/Zimmermann* (2009), Rn. 247, 260; *Schmid-Petersen*, in: *Heydn/Schmid-Petersen/Vassilaki* (2009), Rn. 517, 540; *Jestaedt* (2008), Rn. 843; *Weise* (2002), Rn. 287; *Kather/Fitzner*, MittdtPatA 2010, S. 325 (329 f.); *Fitzner/Kather*, VPP-Rundbrief 2009, S. 58 (63, 65).

[13] *Herget*, in: Zöller (2016), § 490 Rn. 2; *Hahn*, in: PK-GewRS (2015), § 487 ZPO Rn. 41; *Voß*, in: PK-GewRS (2015), § 922 ZPO Rn. 15; *Voß*, in: Fitzner/Lutz/Bodewig (2012), Vor §§ 139 ff. PatG Rn. 305; *Kühnen* (2013), Rn. 378 (Fn. 395).

[14] *Hahn*, in: PK-GewRS (2015), § 491 ZPO Rn. 3 (Fn. 3).

2. Zurückstellen der Besichtigung

Der Sachverständige muss dem Antragsgegner die Möglichkeit geben, die Besichtigung für einen beschränkten Zeitraum zurückzustellen, um eigene Rechts- und Patentanwälte hinzuzuziehen und seine prozessualen Rechte (§§ 357, 397, 402 ff. ZPO) aufgrund der späten Ladung wahrzunehmen.[15] Neben dem Grundsatz der Waffengleichheit (insbesondere relevant bei der Zulassung der Rechts- und Patentanwälte des Antragstellers zur Besichtigung) wird dadurch auch der Anspruch auf rechtliches Gehör (Art. 103 Abs. 1 GG) abgesichert, wobei diesem bei unterbliebener Anhörung und später Ladung besondere Bedeutung beigemessen werden muss.

Dem Antragsgegner ist die Anrufung seiner anwaltlichen Vertreter unter Berücksichtigung seines Anspruchs auf rechtliches Gehör (Art. 103 Abs. 1 GG) darüber hinaus auch dann zu ermöglichen, wenn die Rechts- und Patentanwälte des Antragstellers der Besichtigung nach der Besichtigungsanordnung ausnahmsweise nicht beiwohnen dürfen, obgleich dies vor dem Hintergrund der Waffengleichheit nicht zwingend erforderlich ist.[16] Der Antragsgegner wird durch die Besichtigungsanordnung regelmäßig überrascht und im Vorfeld nicht angehört. Außerdem wird ihm die Besichtigungsanordnung erst direkt vor dem Besichtigungsbeginn zugestellt. Mithilfe seiner Anwälte kann er in diesem frühen Stadium der Beweissicherung zumindest die formellen Beschlussvoraussetzungen (etwa die Gerichtszuständigkeit oder das Vorliegen der Voraussetzungen von § 487 ZPO) überprüfen und formelle Einwände (etwa die Rüge der fehlenden Glaubhaftmachung oder der angebotenen Beweismittel) geltend machen.[17]

Die Wartefrist für die Konsultation der Rechts- und Patentanwälte durch den Antragsgegner beträgt regelmäßig zwei Stunden ab Erscheinen des Sachverständigen und Zustellung der Besichtigungsanordnung an den Antrags-

---

[15] *Grabinski/Zülch*, in: Benkard (2015), § 140c PatG Rn. 26; *Hahn*, in: PK-GewRS (2015), Vor § 485 ZPO Rn. 50, § 487 ZPO Rn. 19, § 491 ZPO Rn. 14, § 493 ZPO Rn. 14; *Mes*, in: MPFormB GewRS (2014), Form. C.22 Anm. 20; *Chakraborty*, in: Haedicke/Timmann (2012), § 11 Rn. 766, 768; *Paulus* (2010), Rn. 336; *Grabinski*, in: FS Mes (2009), S. 129 (131); *Kather/Fitzner*, MittdtPatA 2010, S. 325 (331); *Fitzner/Kather*, VPP-Rundbrief 2009, S. 58 (65); vgl. *Rinken/Kühnen*, in: Schulte (2014), § 140c Rn. 63; *Kühnen* (2013), Rn. 378 (Fn. 389); *Hoppen*, CR 2009, S. 407 (410); *Cornish/Llewelyn*, IIC 2000, S. 627 (636).

[16] *Hahn*, in: PK-GewRS (2015), Vor § 485 ZPO Rn. 50, § 487 ZPO Rn. 20, § 491 ZPO Rn. 14; vgl. *Mes*, in: MPFormB GewRS (2014), Form. C.22 Anm. 20; *Kühnen* (2013), Rn. 378 (Fn. 389); *Grabinski*, in: FS Mes (2009), S. 129 (131).

[17] *Hahn*, in: PK-GewRS (2015), Vor § 485 ZPO Rn. 51, § 487 ZPO Rn. 29; *Pastor*, in: Werner/Pastor (2015), Rn. 92; *Chakraborty*, in: Haedicke/Timmann (2012), § 11 Rn. 766 f.; *Grabinski*, in: FS Mes (2009), S. 129 (131); *Deichfuß*, GRUR 2015, S. 436 (439); *Kather/Fitzner*, MittdtPatA 2010, S. 325 (331); *Fitzner/Kather*, VPP-Rundbrief 2009, S. 58 (65).

gegner.[18] Macht der Antragsgegner von dieser Möglichkeit keinen Gebrauch, kann die Besichtigung sofort beginnen. Andernfalls hat der Sachverständige mit der Besichtigung bis zum Ablauf der Frist zu warten.[19] Bis zum Eintreffen der anwaltlichen Vertreter des Antragsgegners werden die Besichtigungsteilnehmer regelmäßig zu einem Besprechungsraum geführt, um dort zu warten.[20] Wenngleich die Rechts- und Patentanwälte des Antragsgegners noch nicht eingetroffen sind, kann mit dem Ablauf der Wartefrist die Besichtigung durchgeführt werden.[21] Gleiches gilt für den Fall, dass das Gericht den Beweissicherungsbeschluss nicht selbst wieder aufgehoben hat (vgl. § 360 ZPO).

Weder die Einholung einer Durchsuchungsanordnung (§ 758a ZPO) noch die Ankündigung eines Widerspruchs gegen die Duldungsverfügung unter gleichzeitiger Beantragung der Einstellung der Zwangsvollstreckung hemmt den Ablauf der Frist.[22] Der Antragsgegner kann seine anwaltlichen Vertreter nämlich weiterhin uneingeschränkt heranziehen. Sofern der Antragsgegner jedoch nicht am Besichtigungsort angetroffen wurde, kann die zweistündige Frist erst ab dessen Erscheinen zu laufen beginnen, sofern der Antragsteller das Ladungserfordernis (§ 491 Abs. 1 ZPO) und die sich daran anschließende Beweisverwertung (§ 493 Abs. 2 ZPO) wahren möchte.

3. Zwangsweise Durchsetzung der Duldungsverfügung

Sobald sich der Antragsgegner mit Ablauf der zweistündigen Wartefrist der Besichtigung insgesamt widersetzt, einzelne Maßnahmen des Sachverständigen nicht duldet, Mitwirkungshandlungen nicht nachkommt oder teilnahmeberechtigten Personen aufgrund seines Hausrechts den Zutritt zu seinen Betriebs- und Geschäftsräumen verweigert, muss der Antragsteller die Duldungsverfügung im Wege der Zwangsvollstreckung durchsetzen.[23] Bei An-

---

[18] *Grabinski/Zülch*, in: Benkard (2015), § 140c PatG Rn. 26; *Hahn*, in: PK-GewRS (2015), Vor § 485 ZPO Rn. 50 (Fn. 116), § 487 ZPO Rn. 19; *Rinken/Kühnen*, in: Schulte (2014), § 140c Rn. 63; *Mes*, in: MPFormB GewRS (2014), Form. C.22 Anm. 20; *Kühnen* (2013), Rn. 378 (Fn. 388); *Chakraborty*, in: Haedicke/Timmann (2012), § 11 Rn. 767; *Grabinski,* in: FS Mes (2009), S. 129 (131); *Deichfuß,* GRUR 2015, S. 436 (439); *Kather/Fitzner,* MittdtPatA 2010, S. 325 (331); *Fitzner/Kather,* VPP-Rundbrief 2009, S. 58 (65).

[19] *Kather/Fitzner,* MittdtPatA 2010, S. 325 (331); *Fitzner/Kather,* VPP-Rundbrief 2009, S. 58 (65).

[20] *Chakraborty*, in: Haedicke/Timmann (2012), § 11 Rn. 766; vgl. OLG Karlsruhe, Beschl. v. 18.05.2010, Az. 6 W 28/10, BeckRS 2011, 18386.

[21] *Oldekop*, in: Schramm (2012), Kap. 9 Rn. 162; *Kather/Fitzner,* MittdtPatA 2010, S. 325 (331); *Fitzner/Kather,* VPP-Rundbrief 2009, S. 58 (65).

[22] *Hahn*, in: PK-GewRS (2015), § 487 ZPO Rn. 19; *Kühnen* (2013), Rn. 378 (Fn. 388).

[23] OLG Karlsruhe, Urt. v. 27.04.2001, Az. 14 U 187/00, NJW-RR 2002, 951, 952 = BauR 2002, 1437, 1438 f.; OLG Stuttgart, Beschl. v. 30.06.1986, Az. 2 U 20/86, NJW-RR 1986, 1448, 1448; *Hahn*, in: PK-GewRS (2015), § 487 ZPO Rn. 29; *Pastor*, in: Werner/

drohung der Zwangsvollstreckung besteht die Möglichkeit, dass der Antragsgegner seine abwehrende Haltung aufgibt und die Besichtigung freiwillig durchführen lässt.[24]

Einstweilige Verfügungen können in Abweichung von §§ 750, 751 ZPO sofort vollstreckt werden, selbst wenn dies nicht ausdrücklich im Tenor ausgesprochen wurde.[25] Die Vollstreckung der Duldungsverfügung (insbesondere die Anwesenheit der anwaltlichen Vertreter des Antragstellers, die Duldung der Besichtigung sowie die Vornahme von Mitwirkungshandlungen) steht dabei gesondert neben einer möglicherweise notwendigen Durchsuchungsanordnung nach § 758a ZPO.[26] Eine richterliche Durchsuchungsanordnung (§ 758a ZPO) legitimiert Durchsuchungsmaßnahmen in den Betriebs- und Geschäftsräumen des Antragsgegners, wohingegen die Zwangsvollstreckung die Duldungsanordnung durchsetzt.

a) Zutrittsverweigerung

Wenn der Antragsgegner dem Sachverständigen oder den anwaltlichen Vertretern des Antragstellers den Zutritt zu seinen Betriebs- und Geschäftsräumen gänzlich verweigert, obwohl diese Verpflichtung aufgrund der gerichtlichen Anordnung besteht, kommt für die Zwangsvollstreckung sowohl die Erzwingung einer vertretbaren oder nicht vertretbaren Handlung (§§ 887, 892 ZPO oder § 888 ZPO) als auch die Erzwingung der Duldung der Vornahme einer Handlung (§§ 890, 892 ZPO) in Betracht. Der Unterschied zwischen einer Unterlassensverpflichtung und einer Handelnsverpflichtung liegt darin, dass bei der Verpflichtung zu einem Unterlassen ein untätiges Verhalten gefordert wird, damit ein bestimmter Kausalverlauf nicht beeinflusst wird.[27] Bei der Verpflichtung zu einem Handeln soll der Verpflichtete durch sein Tätigwerden einen Kausalverlauf gerade in Gang setzen oder beeinflussen. Entscheidend für die Unterscheidung zwischen einer Verpflichtung zu

---

Pastor (2015), Rn. 10, 86, 353; *Mes*, in: MPFormB GewRS (2014), Form. C.22 Anm. 31; *Kühnen* (2013), Rn. 1854; *Amschewitz* (2008), S. 116; *Grabinski,* in: FS Mes (2009), S. 129 (134); *Kather/Fitzner,* MittdtPatA 2010, S. 325 (326, Fn. 11; 331); *Fitzner/Kather,* VPP-Rundbrief 2009, S. 58 (60, Fn. 18; 65); *Bork,* NJW 1997, S. 1665 (1671); *Wussow,* NJW 1969, S. 1401 (1407); vgl. OLG Düsseldorf, Beschl. v. 05.06.2001, Az. 22 W 29/01, MDR 2001, 1288, 1288 = BauR 2001, 1270, 1270 f.; *Augenstein,* in: PK-GewRS (2015), § 404a ZPO Rn. 30.

[24] *Kather/Fitzner,* MittdtPatA 2010, S. 325 (326, 331); *Fitzner/Kather,* VPP-Rundbrief 2009, S. 58 (60, 65).

[25] OLG Naumburg, Beschl. v. 23.03.2005, 10 W 12/05 (Hs), NJOZ 2005, 3673, 3675 = OLGReport Naumburg 2005, 1008 (Rn. 26); *Lieber/Zimmermann* (2009), Rn. 263.

[26] Vgl. *Hahn*, in: PK-GewRS (2015), § 485 ZPO Rn. 84.

[27] *Lackmann*, in: Musielak/Voit (2016), § 890 Rn. 2; *Seiler*, in: Thomas/Putzo (2016), § 890 Rn. 4; *Stöber*, in: Zöller (2016), § 890 Rn. 2; *Gruber*, in: MüKo ZPO (2012), § 890 Rn. 4; *Grabinski,* in: FS Mes (2009), S. 129 (135); *Brehm,* ZZP 1976, S. 178 (180–186).

einem Dulden und zu einem Handeln ist der Schwerpunkt der Verhaltensweise.[28] Nutzt der Verpflichtete eine bestehende Beeinträchtigung aus oder hält er diese aufrecht, kann das an ihn gerichtete Unterlassungsgebot auch die Verpflichtung zu einem aktiven Tun enthalten.[29]

Ausgehend von diesen Überlegungen muss man im Rahmen der Verpflichtung zur Duldung der Besichtigung sowie der Duldung der Anwesenheit der anwaltlichen Vertreter des Antragstellers im Kern von einer Duldungsverpflichtung ausgehen, deren Zwangsvollstreckung nach §§ 890, 892 ZPO erfolgt.[30] Die gerichtliche Anordnung hat ihren Schwerpunkt in der Duldung der Besichtigung des vermeintlich schutzrechtsverletzenden Gegenstandes durch den Sachverständigen und ist eine Unterform des Unterlassens, da dem Antragsgegner eine bestimmte Untätigkeit aufgegeben wird, um das Handeln eines Dritten nicht zu behindern.[31] Die Gewährung des Zutritts zu den Räumlichkeiten, in denen die Besichtigung durchzuführen ist, ist eine Handlung,

---

[28] BayObLG, Beschl. v. 06.05.1999, Az. 2Z BR 47/99, NZM 1999, 769, 770 = BeckRS 1999, 04556; OLG Köln, Beschl. v. 07.03.1994, Az. 2 W 32/94, OLGZ 1994, 599, 602 f. = BeckRS 1994, 08882; *Seiler*, in: Thomas/Putzo (2016), § 890 Rn. 4; *Gruber*, in: MüKo ZPO (2012), § 890 Rn. 6; *Grabinski,* in: FS Mes (2009), S. 129 (135).

[29] BGH, Beschl. v. 25.01.2007, Az. I ZB 58/06, NJW-RR 2007, 863, 864 (Rn. 17) = WM 2007, 1416, 1417 (Rn. 17); BayObLG, Beschl. v. 06.05.1999, Az. 2Z BR 47/99, NZM 1999, 769, 769 = BeckRS 1999, 04556; OLG Köln, Beschl. v. 07.03.1994, Az. 2 W 32/94, OLGZ 1994, 599, 602 = BeckRS 1994, 08882; *Lackmann*, in: Musielak/Voit (2016), § 890 Rn. 2; *Grabinski,* in: FS Mes (2009), S. 129 (135).

[30] BGH, Beschl. v. 10.08.2006, Az. I ZB 126/05, NJW 2006, 3352, 3353 (Rn. 10) = NZM 2006, 863, 863 (Rn. 10); OLG Karlsruhe, Urt. v. 27.04.2001, Az. 14 U 187/00, NJW-RR 2002, 951, 952 = BauR 2002, 1437, 1438 f.; OLG Düsseldorf, Beschl. v. 10.08.2000, Az. 9 W 65/00, NJW-RR 2001, 1223, 1224 = BeckRS 2000, 30126297; OLG Köln, Beschl. v. 10.02.1988, Az. 2 W 216/87, NJW-RR 1988, 832, 832 = OLGZ 1988, 338, 340; *Reichold*, in: Thomas/Putzo (2016), Vorbem § 371 Rn. 2; *Seiler*, in: Thomas/Putzo (2016), § 890 Rn. 2b, 3; Mes (2015), § 140c Rn. 43; *Hahn*, in: PK-GewRS (2015), § 485 ZPO Rn. 87; *Haft*, in: PK-GewRS (2015), § 890 ZPO Rn. 40; *Czychowski*, in: Fromm/Nordemann (2014), § 101a UrhG Rn. 31; *Rinken/Kühnen*, in: Schulte (2014), § 140c Rn. 61; *Ohst*, in: Wandtke/Bullinger (2014), § 101a UrhG Rn. 23; *Keukenschrijver/Kaess*, in: Busse (2013), § 140c Rn. 24, 49; *Pitz*, in: Fitzner/Lutz/Bodewig (2012), § 140c PatG Rn. 60; Fezer (2009), § 19a MarkenG Rn. 46; *Pastor*, in: Werner/Pastor (2015), Rn. 10, 353; *Götz* (2014), S. 180; *Kühnen* (2013), Rn. 378 (Fn. 393); *Götz* (2012), S. 165; *Chakraborty*, in: Haedicke/Timmann (2012), § 11 Rn. 763; *Oldekop*, in: Schramm (2012), Kap. 9 Rn. 167; *Ahrens*, in: FS Loschelder (2010), S. 1 (3); *Grabinski,* in: FS Mes (2009), S. 129 (135 f., 139); *Schreiber*, JR 2008, S. 1 (4); *Ahrens*, GRUR 2005, S. 837 (838); *Leppin*, GRUR 1984, S. 695 (711); *Wussow*, NJW 1969, S. 1401 (1407); a.A. OLG Zweibrücken, Beschl. v. 21.11.2003, Az. 3 W 104/03, NJOZ 2004, 241, 242 = BeckRS 2003, 30333967.

[31] *Lackmann*, in: Musielak/Voit (2016), § 890 Rn. 2; *Seiler*, in: Thomas/Putzo (2016), § 890 Rn. 2a, 2b, 3; *Gruber*, in: MüKo ZPO (2012), § 890 Rn. 5; *Grabinski,* in: FS Mes (2009), S. 129 (135 f.).

die der Duldungsverpflichtung notwendigerweise vorausgeht und zwangsläufig von dieser mitumfasst ist.[32] Letztlich sprechen auch praktische Erwägungen gegen die Festsetzung von Zwangsmitteln nach § 888 ZPO, da gegen sie die sofortige Beschwerde nach §§ 793, 567 Abs. 1 Nr. 1 ZPO eingelegt werden kann, was dementsprechend ein zeitaufwendiges Verfahren nach sich ziehen kann und einer schnellen Vorgehensweise nach dem „Düsseldorfer Modell" widerspricht (vgl. Erwägungsgrund 20 der Enforcement-Richtlinie).[33]

Zur Beseitigung eines Widerstandes des Antragsgegners kann ein Gerichtsvollzieher herangezogen werden, der zur Anwendung von Gewalt ermächtigt ist und dafür auch die Unterstützung der Polizei (§§ 892, 758 Abs. 3 ZPO) einholen kann; insbesondere ist unter Einhaltung des zur Beseitigung des Widerstandes notwendigen Maßes auch das zwangsweise Öffnen von verschlossenen Türen möglich.[34] Außerdem kommt im Falle der Besichtigungsvereitelung eine Anwendung der Grundsätze zur Beweisvereitelung nach § 371 Abs. 3 ZPO in Betracht.[35] Geht man nicht den Weg über § 892 ZPO, droht wegen des für § 890 ZPO bestehenden Anhörungserfordernisses (§ 891 S. 2 ZPO) des Antragsgegners eine Beweisvereitelung.[36]

b) Herausgabe beweglicher Sachen

Die gerichtliche Anordnung kann die Herausgabe einer bestimmten oder zumindest bestimmbaren Sache aus dem Besitz des Antragsgegners zum Inhalt haben. Ziel der Herausgabe ist die spätere Untersuchung durch den Sachverständigen, um die Frage der Schutzrechtsverletzung zu klären. Hier-

---

[32] OLG Köln, Beschl. v. 07.03.1994, Az. 2 W 32/94, OLGZ 1994, 599, 602 = BeckRS 1994, 08882.

[33] *Grabinski,* in: FS Mes (2009), S. 129 (136, Fn. 20); vgl. OLG Zweibrücken, Beschl. v. 21.11.2003, Az. 3 W 104/03, NJOZ 2004, 241, 242 = BeckRS 2003, 30333967; BT-Drucks. 16/5048, S. 41.

[34] Baumbach/Lauterbach/Albers/Hartmann (2016), § 892 Rn. 3 f.; *Lackmann*, in: Musielak/Voit (2016), § 892 Rn. 3; *Seiler*, in: Thomas/Putzo (2016), § 892 Rn. 2; *Stöber*, in: Zöller (2016), § 892 Rn. 1; *Hahn*, in: PK-GewRS (2015), § 485 ZPO Rn. 87; *Rinken/Kühnen*, in: Schulte (2014), § 140c Rn. 66; *Ohst*, in: Wandtke/Bullinger (2014), § 101a UrhG Rn. 23; Fezer (2009), § 19a MarkenG Rn. 46; *Kühnen* (2013), Rn. 386; *Chakraborty*, in: Haedicke/Timmann (2012), § 11 Rn. 764; *Nieder*, in: Erdmann/Rojahn/Sosnitza (2011), Kap. 1 Rn. 606; *Amschewitz* (2008), S. 244; *Grabinski,* in: FS Mes (2009), S. 129 (136 f.); *Kather/Fitzner,* MittdtPatA 2010, S. 325 (329); *Fitzner/Kather,* VPP-Rundbrief 2009, S. 58 (63 f.); *Tilmann,* GRUR 2005, S. 737 (739).

[35] *Greger*, in: Zöller (2016), § 371 Rn. 5; *Hahn*, in: PK-GewRS (2015), § 485 ZPO Rn. 88; *Rinken/Kühnen*, in: Schulte (2014), § 140c Rn. 66; *Chakraborty*, in: Haedicke/Timmann (2012), § 11 Rn. 764; *Kühnen* (2013), Rn. 386; *Kühnen,* MittdtPatA 2009, S. 211 (215); vgl. *Laumen,* MDR 2009, S. 177 (178).

[36] *Hahn*, in: PK-GewRS (2015), § 485 ZPO Rn. 87; *Haft*, in: PK-GewRS (2015), § 890 ZPO Rn. 49.

für ist die Zwangsvollstreckung zur Erwirkung der Herausgabe einer bestimmten beweglichen Sache nach § 883 ZPO (analog) einschlägig.[37] Ist der Besichtigungsgegenstand eine Software, bezieht sich die Herausgabe nicht auf die in der Software gespeicherten Informationen, sondern auf den Quellcode der Software.[38] Der gerichtlich bestellte Sachverständige kann im Zeitpunkt der Erwirkung der Herausgabe der entsprechenden Sache überprüfen, ob die vom Antragsgegner herausgegebenen Sachen (etwa Proben spezieller chemischer Substanzen oder bestimmte Datenträger) tatsächlich die in der Besichtigungsanordnung bezeichneten Sachen sind, sofern dem zuständigen Gerichtsvollzieher das nötige technische Fachwissen zur Identifizierung fehlt.[39] Müssen im Rahmen der Zwangsvollstreckung die Betriebs- und Geschäftsräume des Antragsgegners ohne seine Einwilligung durchsucht werden, ist eine richterliche Durchsuchungsanordnung nach § 758a Abs. 1 S. 1 ZPO erforderlich (vgl. § 758a Abs. 5 ZPO).[40]

c) Vornahme von Mitwirkungshandlungen

Haben Mitwirkungshandlungen des Antragsgegners neben der Herausgabevollstreckung nach § 883 Abs. 1 ZPO (analog) noch eine eigenständige Bedeutung, so werden vertretbare Handlungen nach § 887 Abs. 1 ZPO und nicht vertretbare Handlungen nach § 888 Abs. 1 S. 1 ZPO vollstreckt.[41] Die in der

---

[37] Baumbach/Lauterbach/Albers/Hartmann (2016), § 883 Rn. 16; *Sprau*, in: Palandt (2016), § 809 Rn. 13; *Reichold*, in: Thomas/Putzo (2016), Vorbem § 371 Rn. 2; *Seiler*, in: Thomas/Putzo (2016), § 883 Rn. 3; *Stöber*, in: Zöller (2016), § 883 Rn. 2; *Marburger*, in: Staudinger (2015), Vorbem zu §§ 809–811 Rn. 10; *Hacker*, in: Ströbele/Hacker (2015), § 19a Rn. 33; *Czychowski*, in: Fromm/Nordemann (2014), § 101a UrhG Rn. 31; *Gruber*, in: MüKo ZPO (2012), § 883 Rn. 4; Ingerl/Rohnke (2010), § 19a Rn. 24; Fezer (2009), § 19a MarkenG Rn. 39; *Brehm*, in: Stein/Jonas (2004), § 883 Rn. 11; *Grunsky*, in: Stein/Jonas (2002), § 938 Rn. 32; *Steffen*, in: RGRK-BGB (1978), Vor § 809 Rn. 8; *Götz* (2012), S. 110, 163 f.; *Oldekop*, in: Schramm (2012), Kap. 9 Rn. 167; *Gniadek* (2011), S. 121; *Beckhaus* (2010), S. 390–392; *Amschewitz* (2008), S. 237; *Müller-Stoy* (2008), Rn. 290 m.w.Nachw.; *Adloff* (2007), S. 422; *Battenstein* (2006), S. 129 f.; *Osthaus* (2005), S. 156; *Braun* (1993), S. 273; *Grabinski*, in: FS Mes (2009), S. 129 (134); *Tilmann/Schreibauer*, in: FS Erdmann (2002), S. 901 (915); *Czychowski*, GRUR-RR 2008, S. 265 (268); *Schreiber*, JR 2008, S. 1 (4); *Auer-Reinsdorff*, ITRB 2006, S. 82 (84); *Leppin*, GRUR 1984, S. 695 (710); a.A. *Wilhelmi*, in: Erman (2014), § 809 Rn. 5a; *Habersack*, in: MüKo BGB (2013), § 809 Rn. 17.

[38] *Oldekop*, in: Schramm (2012), Kap. 9 Rn. 167.

[39] *Grabinski*, in: FS Mes (2009), S. 129 (134 f.).

[40] *Lackmann*, in: Musielak/Voit (2016), § 758a Rn. 2, § 883 Rn. 9; *Stöber*, in: Zöller (2016), § 758a Rn. 6; *Amschewitz* (2008), S. 237; *Grabinski*, in: FS Mes (2009), S. 129 (138 f.).

[41] *Stöber*, in: Zöller (2016), § 883 Rn. 9; *Czychowski*, in: Fromm/Nordemann (2014), § 101a UrhG Rn. 31; *Götz* (2012), S. 165; *Chakraborty*, in: Haedicke/Timmann (2012), § 11 Rn. 763; *Oldekop*, in: Schramm (2012), Kap. 9 Rn. 167; *Adloff* (2007), S. 422;

Besichtigungsanordnung aufgetragenen Mitwirkungshandlungen können aber nicht mithilfe der Polizei durchgesetzt werden.[42] Sollte der Antragsgegner die aufgegebenen Maßnahmen nicht vornehmen, ist der Besichtigungsgegenstand vielmehr durch den Gerichtsvollzieher mitzunehmen oder vor Manipulationen zu schützen. Gleichzeitig sind die Ordnungsmittel aus der Besichtigungsanordnung anzuwenden. Dafür ist es jedoch erforderlich, dass der Gerichtsvollzieher den Besichtigungsgegenstand an sich nehmen kann, die Begutachtung durch den Sachverständigen an einem anderen Ort als dem ursprünglichen Belegenheitsort der Sache ohne Mitwirkungshandlungen des Antragsgegners durchgeführt werden kann und die Besichtigungsanordnung die Herausgabeverpflichtung beinhaltet.[43]

4. Durchsuchungsanordnung

Sofern mit der Beweissicherung der Verletzungsverdacht bestätigt werden könnte, hat der Antragsgegner ein Interesse an der Verheimlichung von Tatsachen und der Verhinderung der Besichtigung.[44] Der Zutritt und die Untersuchung des Sachverständigen in den Betriebs- und Geschäftsräumen des Antragsgegners unter gleichzeitiger Anwesenheit der Rechts- und Patentanwälte des Antragstellers bedürfen der Zustimmung des Antragsgegners, sodass der Antragsgegner dem Sachverständigen sowie den teilnahmeberechtigten Rechts- und Patentanwälten des Antragstellers das Betreten seiner Betriebs- und Geschäftsräume untersagen kann. In diesen Fällen ist als eine Art „Türöffner" eine gesonderte richterliche Durchsuchungsanordnung nach § 758a ZPO erforderlich, da nur mit deren Hilfe eine Durchsuchung in den Räumlichlichkeiten des Antragsgegners gegen seinen Willen vollstreckt werden kann und sie nicht bereits in der einstweiligen Duldungsverfügung enthalten ist.[45]

Tilmann/Schreibauer, in: FS Erdmann (2002), S. 901 (915); *Zöllner,* GRUR-Prax 2010, S. 74 (76); *Leppin,* GRUR 1984, S. 695 (711); *Wussow,* NJW 1969, S. 1401 (1407).

[42] *Kather/Fitzner,* MittdtPatA 2010, S. 325 (329); *Fitzner/Kather,* VPP-Rundbrief 2009, S. 58 (64).

[43] *Hahn,* in: PK-GewRS (2015), § 485 ZPO Rn. 60; *Oldekop,* in: Schramm (2012), Kap. 9 Rn. 167; *Müller-Stoy* (2008), Rn. 290; *Fitzner/Kather,* VPP-Rundbrief 2009, S. 58 (60); *Bork,* NJW 1997, S. 1665 (1671 f.).

[44] *Grabinski,* in: FS Mes (2009), S. 129 (138).

[45] BVerfG, Beschl. v. 03.04.1979, Az. 1 BvR 994/76, NJW 1979, 1539, 1539 = MDR 1979, 906, 906; AG Geldern, Beschl. v. 09.02.1977, Az. 9 M 1/77, NJW 1977, 1243, 1243 = BeckRS 9998, 59636; *Seiler,* in: Thomas/Putzo (2016), § 758a Rn. 5; *Grabinski/Zülch,* in: Benkard (2015), § 140c PatG Rn. 31; Mes (2015), § 140c Rn. 43; *Hahn,* in: PK-GewRS (2015), § 485 ZPO Rn. 85; *Hacker,* in: Ströbele/Hacker (2015), § 19a Rn. 33; *Rinken/Kühnen,* in: Schulte (2014), § 140c Rn. 66; *Ohst,* in: Wandtke/Bullinger (2014), § 101a UrhG Rn. 23; *Keukenschrijver/Kaess,* in: Busse (2013), § 140c Rn. 19; *Heßler,* in: MüKo ZPO (2012), § 758a Rn. 1; *Pitz,* in: Fitzner/Lutz/Bodewig (2012), § 140c PatG Rn. 60;

a) Betriebs- und Geschäftsräume

Die Durchsuchungsanordnung legitimiert die Durchsuchung der Betriebs- und Geschäftsräume des Antragstellers und steht neben einer möglichen Durchsetzung der Duldungsverfügung im Wege der Zwangsvollstreckung. Durch § 758a ZPO wird der Schutzgedanke der Unverletzlichkeit der Wohnung aus Art. 13 Abs. 1 GG einfachgesetzlich ausgefüllt.[46] Zwar sieht der Wortlaut von § 758a ZPO ausschließlich Wohnungen vor, jedoch ist der Begriff der Wohnung, der gleichbedeutend mit dem in Art. 13 Abs. 1 GG ist, weit auszulegen, sodass diese Vorschrift auch für Arbeits-, Betriebs- und Geschäftsräume gilt (vgl. § 61 Abs. 1 S. 2 GVGA).[47] Ohne eingeholte Durch-

---

Fezer (2009), § 19a MarkenG Rn. 15, 47; *Pitz*, in: BeckFormB GewRS (2015), Form I. 4 Anm. 7; *Brox/Walker* (2014), Rn. 328; *Götz* (2014), S. 179; *Kühnen* (2013), Rn. 379; *Chakraborty*, in: Haedicke/Timmann (2012), § 11 Rn. 764; *Oldekop*, in: Schramm (2012), Kap. 9 Rn. 168; *Nieder*, in: Erdmann/Rojahn/Sosnitza (2011), Kap. 1 Rn. 606; *Pitz* (2010), Rn. 38b; *Reinartz* (2009), S. 128; *Amschewitz* (2008), S. 237, 243, 356; *Jestaedt* (2008), Rn. 844; *Battenstein* (2006), S. 131; *Grabinski,* in: FS Mes (2009), S. 129 (138, 139); *Tinnefeld,* CR 2013, S. 417 (421); *Deichfuß,* JurPC Web-Dok. 130/2010, Abs. 39; *Zöllner,* GRUR-Prax 2010, S. 74 (75); *Fitzner/Kather,* VPP-Rundbrief 2009, S. 58 (62); *Kühnen,* MittdtPatA 2009, S. 211 (215); *Dörre/Maaßen,* GRUR-RR 2008, S. 217 (221); *v. Hartz,* ZUM 2005, S. 376 (382); *Bork,* NJW 1997, S. 1665 (1672); a.A. OLG Köln, Beschl. v. 10.02.1988, Az. 2 W 216/87, NJW-RR 1988, 832, 832 = OLGZ 1988, 338, 339; *Götz* (2012), S. 166; *Müller-Stoy* (2008), Rn. 152, 293; *Ringer/Wiedemann,* GRUR 2014, S. 229 (230 f., 233); *Schneider,* NJW 1980, S. 2377 (2379) m.w.Nachw.; vgl. *Battenstein* (2006), S. 131–133; *Karger* (1996), S. 103; *Peukert/Kur,* GRUR Int 2006, S. 292 (301); *Ahrens,* GRUR 2005, S. 837 (838 f.); *Langheid,* MDR 1980, S. 21 (22).

[46] *Stöber*, in: Zöller (2016), § 758a Rn. 1; *Ringer/Wiedemann,* GRUR 2014, S. 229 (230, 232).

[47] BVerfG, Beschl. v. 07.09.2006, Az. 2 BvR 1141/05, NJW 2006, 3411, 3412 = BeckRS 2006, 26193; BVerfG, Beschl. v. 13.10.1971, Az. 1 BvR 280/66, NJW 1971, 2299, 2300 = BeckRS 9998, 160867; BGH, Beschl. v. 16.05.2013, Az. VII ZB 61/12, NJW 2013, 2687, 2688 (Rn. 7) = NZBau 2013, 634, 634 (Rn. 7); OLG Hamburg, Urt. v. 05.06.1984, Az. 2 Ss 149/83, NJW 1984, 2898, 2899 = BeckRS 9998, 58106; *Lackmann*, in: Musielak/Voit (2016), § 758 Rn. 2, § 758a Rn. 3; *Seiler*, in: Thomas/Putzo (2016), § 758a Rn. 7; *Stöber*, in: Zöller (2016), § 758a Rn. 4; *Grabinski/Zülch*, in: Benkard (2015), § 140c PatG Rn. 31; *Hahn*, in: PK-GewRS (2015), § 485 ZPO Rn. 85; *Jarass*, in: Jarass/Pieroth (2014), Art. 13 Rn. 5; *Hofmann*, in: Schmidt-Bleibtreu/Hofmann/Henneke (2014), Art. 13 Rn. 7; *Rinken/Kühnen*, in: Schulte (2014), § 140c Rn. 66; *Kunig*, in: v. Münch/Kunig (2012), Art. 13 Rn. 11; *Heßler*, in: MüKo ZPO (2012), § 758a Rn. 2; *Gornig*, in: v. Mangoldt/Klein/Starck (2010), Art. 13 Rn. 21–26; *Pieroth/Schlink/Kingreen/Poscher* (2015), Rn. 972 f.; *Kühnen* (2013), Rn. 379; *Chakraborty*, in: Haedicke/Timmann (2012), § 11 Rn. 764; *Amschewitz* (2008), S. 243; *Battenstein* (2006), S. 131; *v. Hartz* (2004), S. 173; *Karger* (1996), S. 102; *Grabinski,* in: FS Mes (2009), S. 129 (137); *Fellner,* MDR 2013, S. 1011 (1011); *Pützenbacher,* LMK 2013, S. 349132; *Kather/Fitzner,* MittdtPatA 2010, S. 325 (328); *Fitzner/Kather,* VPP-Rundbrief 2009, S. 58 (62); *Tilmann,* GRUR 2005, S. 737 (739); *Goebel,* DGVZ 1998, S. 161 (162); *Bork,* NJW 1997, S. 1665 (1672); *Götting,* GRUR Int 1988, S. 729 (738); *Schneider,* NJW 1980, S. 2377

suchungsanordnung besteht die Gefahr, dass das Ergebnis der Besichtigung wegen eines Eingriffs in die Grundrechte des Antragsgegners (allen voran Art. 13 Abs. 1 GG, möglicherweise auch Art. 14 GG) nicht verwertbar ist.[48]

b) „Durchsuchung"

Ist der Belegenheitsort des Besichtigungsgegenstandes innerhalb der Räumlichkeiten des Antragsgegners, müssen diese „durchsucht" werden (vgl. §§ 758 Abs. 1, 758a Abs. 1 ZPO). Darunter versteht man ein Betreten zur ziel- und zweckgerichteten Suche nach Personen oder Sachen oder zur Ermittlung eines nicht bereits nach § 291 ZPO offenkundigen Sachverhalts, mithin das Aufspüren dessen, was der Wohnungsinhaber von sich aus nicht offenlegen oder herausgeben will.[49] Werden die Räumlichkeiten hingegen bloß betreten und durchschritten, liegt zwar ein Eingriff in Art. 13 Abs. 1 GG vor, es findet jedoch keine „Durchsuchung" im Sinne von § 758a ZPO statt, selbst bei einer fehlenden Einwilligung des Antragsgegners nicht.[50] Die Besichtigung im Zuge des „Düsseldorfer Modells" ist nicht nur auf das Betreten der Betriebs- und Geschäftsräume des Antragsgegners gerichtet, sondern auf die Ermittlung von Tatsachen zur Feststellung einer Schutzrechtsverletzung in diesen Räumlichkeiten und damit auf eine „Durchsuchung" im Sinne von

---

(2380); a.A. Baumbach/Lauterbach/Albers/Hartmann (2016), § 758 Rn. 5, § 758a Rn. 4; *Behr,* NJW 1992, S. 2125 (2126 f.).

[48] *Hahn*, in: PK-GewRS (2015), § 486 ZPO Rn. 27; *Kather/Fitzner,* MittdtPatA 2010, S. 325 (328); *Fitzner/Kather,* VPP-Rundbrief 2009, S. 58 (62); *Ahrens,* GRUR 2005, S. 837 (839).

[49] BVerfG, Beschl. v. 19.11.1999, Az. 1 BvR 2017/97, NJW 2000, 943, 944 = BeckRS 2000, 20153; BVerfG, Beschl. v. 05.05.1987, Az. 1 BvR 1113/85, NJW 1987, 2500, 2501 = BeckRS 9998, 99421; BVerwG, Urt. v. 06.09.1974, Az. I C 17/73, NJW 1975, 130, 131 = BeckRS 9998, 161473; BGH, Beschl. v. 10.08.2006, Az. I ZB 126/05, NJW 2006, 3352, 3353 (Rn. 8) = NZM 2006, 863, 863 (Rn. 8); Baumbach/Lauterbach/Albers/Hartmann (2016), § 758a Rn. 5; *Lackmann*, in: Musielak/Voit (2016), § 758 Rn. 3; *Seiler*, in: Thomas/Putzo (2016), § 758a Rn. 6; *Stöber*, in: Zöller (2016), § 758 Rn. 2; *Grabinski/Zülch*, in: Benkard (2015), § 140c PatG Rn. 31; *Hahn*, in: PK-GewRS (2015), § 485 ZPO Rn. 85; *Jarass*, in: Jarass/Pieroth (2014), Art. 13 Rn. 14; *Rinken/Kühnen*, in: Schulte (2014), § 140c Rn. 66; *Kunig*, in: v. Münch/Kunig (2012), Art. 13 Rn. 25; *Heßler*, in: MüKo ZPO (2012), § 758a Rn. 26; *Gornig*, in: v. Mangoldt/Klein/Starck (2010), Art. 13 Rn. 59; *Kühnen* (2013), Rn. 379; *Chakraborty*, in: Haedicke/Timmann (2012), § 11 Rn. 764; *Bleckmann* (1997), § 34 Rn. 11; *Grabinski,* in: FS Mes (2009), S. 129 (137); *Ringer/Wiedemann,* GRUR 2014, S. 229 (231); *Bär,* CR 1995, S. 158 (159).

[50] BGH, Beschl. v. 10.08.2006, Az. I ZB 126/05, NJW 2006, 3352, 3353 (Rn. 9) = NZM 2006, 863, 863 (Rn. 9); *Lackmann*, in: Musielak/Voit (2016), § 758a Rn. 2; *Stöber*, in: Zöller (2016), § 758 Rn. 2; *Heßler*, in: MüKo ZPO (2012), § 758a Rn. 27; *Grabinski,* in: FS Mes (2009), S. 129 (137 f.).

§ 758a ZPO, sodass es einer Durchsuchungsanordnung nach § 758a Abs. 1 S. 1 ZPO bedarf.[51]

Etwas anderes kann auch nicht gelten, wenn der Belegenheitsort der Sache innerhalb der Betriebs- und Geschäftsräume ausnahmsweise genau bestimmt werden kann. Auch in dieser Konstellation werden die Besichtigungsteilnehmer nicht zielgerichtet auf den Besichtigungsgegenstand zulaufen. Vielmehr müssen sie den Belegenheitsort erst erreichen (was noch als ein Durchschreiten gewertet werden kann) und dann noch die genauen Merkmale ausfindig machen. Spätestens Letzteres geht über das bloße Durchschreiten von Räumlichkeiten hinaus, sodass die Eingriffsintensität der Besichtigung einer Durchsuchung gleichkommt.[52] Einer Durchsuchungsanordnung nach § 758a Abs. 1 S. 1 ZPO bedarf es erst recht bei der Vollstreckung der Herausgabe des Besichtigungsgegenstandes, da dafür offenkundig die Betriebs- und Geschäftsräume des Antragsgegners für eine ziel- und zweckgerichtete Durchsuchung betreten werden müssen.[53]

c) Zuständigkeit

Für den Erlass der Durchsuchungsordnung ist (in Abweichung von den Zuständigkeiten der Besichtigungsanordnung) ausschließlich das Amtsgericht zuständig, in dessen Bezirk die Durchsuchung erfolgen soll (§§ 758a Abs. 1 S. 1, 802 ZPO; vgl. § 61 Abs. 3 S. 2 GVGA), sodass das für die Besichtigungsanordnung zuständige Landgericht keine Anordnungskompetenz für eine Durchsuchungsanordnung über § 938 ZPO hat.[54] Dafür spricht der ein-

---

[51] *Grabinski,* in: FS Mes (2009), S. 129 (138); a.A. *Ringer/Wiedemann,* GRUR 2014, S. 229 (230 f., 233).

[52] A.A. *Ringer/Wiedemann,* GRUR 2014, S. 229 (231–233).

[53] *Hahn,* in: PK-GewRS (2015), § 485 ZPO Rn. 86; *Grabinski,* in: FS Mes (2009), S. 129 (138 f.).

[54] KG, Beschl. v. 03.07.2003, Az. 4 W 98/03, NJW-RR 2003, 1528, 1529 = NZBau 2003, 616, 617; OLG Frankfurt a.M., Beschl. v. 30.06.1995, Az. 6 W 77/95, WRP 1995, 959, 959 = OLGReport Frankfurt 1995, 214 (Rn. 2); LG Hamburg, Beschl. v. 16.01.2013, Az. 327 O 10/13, GRUR-RR 2014, 47, 47 = BeckRS 2013, 18098; Baumbach/Lauterbach/Albers/Hartmann (2016), § 758a Rn. 11; *Grabinski/Zülch*, in: Benkard (2015), § 140c PatG Rn. 31; *Hahn*, in: PK-GewRS (2015), § 485 ZPO Rn. 89, § 486 ZPO Rn. 25; *Hacker*, in: Ströbele/Hacker (2015), § 19a Rn. 33; *Rinken/Kühnen*, in: Schulte (2014), § 140c Rn. 66; *Keukenschrijver/Kaess*, in: Busse (2013), § 140c Rn. 19; *Heßler*, in: MüKo ZPO (2012), § 758a Rn. 54; *Pitz*, in: Fitzner/Lutz/Bodewig (2012), § 140c PatG Rn. 60; Fezer (2009), § 19a MarkenG Rn. 15, 47; *Pitz*, in: BeckFormB GewRS (2015), Form I. 4 Anm. 7; *Brox/Walker* (2014), Rn. 328; *Götz* (2014), S. 179 f.; *Kühnen* (2013), Rn. 382; *Götz* (2012), S. 166; *Chakraborty*, in: Haedicke/Timmann (2012), § 11 Rn. 764; *Oldekop*, in: Schramm (2012), Kap. 9 Rn. 168; *Nieder*, in: Erdmann/Rojahn/Sosnitza (2011), Kap. 1 Rn. 606; *Pitz* (2010), Rn. 38b; *Jestaedt* (2008), Rn. 844; *Müller-Stoy* (2008), Rn. 295, 297; *Battenstein* (2006), S. 132 f.; *Grabinski,* in: FS Mes (2009), S. 129 (137); *Kleinemenke,* GRUR-Prax 2013, S. 514 (514); *Tinnefeld,* CR 2013, S. 417 (421); *Deichfuß,* JurPC Web-

deutige Wortlaut des § 758a Abs. 1 S. 1 ZPO („... nur auf Grund einer Anordnung des Richters bei dem Amtsgericht durchsucht werden, in dessen Bezirk die Durchsuchung erfolgen soll."). Die Besichtigungsanordnung kann wegen der ausschließlichen Zuständigkeitsverweisung für Vollstreckungshandlungen in § 802 ZPO keine dem § 758a Abs. 1 ZPO gleichkommende Durchsuchungsanordnung enthalten, obwohl diese von einem Richter erlassen wurde und gleichzeitig die Duldung der Besichtigung des streitbefangenen Gegenstandes in den Betriebs- und Geschäftsräumen des Antragsgegners beinhaltet.[55] Für die Zustellung und Durchsetzung der Durchsuchungsanordnung ist der Gerichtsvollzieher zuständig.[56]

Der Gesetzgeber hat bei der Umsetzung der Enforcement-Richtlinie die Möglichkeit verstreichen lassen, dem Gericht der Verletzungssache (vgl. § 143 PatG) die Zuständigkeit für eine Durchsuchungsanordnung nach § 758a ZPO einzuräumen (etwa eine Zuständigkeitsverweisung in Form eines Verweises auf §§ 758a Abs. 1 S. 1, 802 ZPO in § 140c PatG), womit eine Verfahrensvereinfachung und -verkürzung einhergegangen wäre.[57] Das Verletzungsgericht ist nämlich mit dem Sachverhalt vertraut und bereits im Zeitpunkt der Antragstellung vorgewarnt, dass der Erlass einer Durchsuchungsanordnung notwendig werden könnte.

Nach bisheriger Gesetzeslage muss der Antragsteller weiterhin ein zweites Gericht wegen der Durchsuchungsanordung aufsuchen und es möglicherweise schon im Vorfeld über seine Vorgehensweise informieren.[58] Beide

---

Dok. 130/2010, Abs. 39; *Kather/Fitzner,* MittdtPatA 2010, S. 325 (328); *Fitzner/Kather,* VPP-Rundbrief 2009, S. 58 (62); *Dörre/Maaßen,* GRUR-RR 2008, S. 217 (221); *Goebel,* DGVZ 1998, S. 161 (164); a.A. OLG Hamburg, Urt. v. 11.02.1999, Az. 3 U 184/98, NJWE-WettbR 2000, 19, 21 – Berodural = BeckRS 9998, 00981; *Amschewitz* (2008), S. 356 (Fn. 59); *Ringer/Wiedemann,* GRUR 2014, S. 229 (230–232); *Nägele/Nitsche,* WRP 2007, S. 1047 (1053).

[55] *Hahn*, in: PK-GewRS (2015), § 486 ZPO Rn. 27; *Kather/Fitzner,* MittdtPatA 2010, S. 325 (328); *Fitzner/Kather,* VPP-Rundbrief 2009, S. 58 (62); a.A. *v. Hartz* (2004), S. 173.

[56] *Chakraborty*, in: Haedicke/Timmann (2012), § 11 Rn. 764, 768; *Kather/Fitzner,* MittdtPatA 2010, S. 325 (328 f.); *Fitzner/Kather,* VPP-Rundbrief 2009, S. 58 (62 f., 65).

[57] Fezer (2009), § 19a MarkenG Rn. 15, 47; *Götz* (2012), S. 249, 297, 349 f.; *Gniadek* (2011), S. 360; *Tilmann,* in: FS Ullmann (2006), S. 1013 (1020); *Ringer/Wiedemann,* GRUR 2014, S. 229 (230); *Kleinemenke,* GRUR-Prax 2013, S. 514 (514); *Dörre/Maaßen,* GRUR-RR 2008, S. 217 (221); *Kunz-Hallstein/Loschelder,* GRUR 2007, S. 765 (766); *Tilmann,* GRUR 2005, S. 737 (739); vgl. LG Hamburg, Beschl. v. 16.01.2013, Az. 327 O 10/13, GRUR-RR 2014, 47, 47 = BeckRS 2013, 18098; *Götz* (2012), S. 166.

[58] *Hahn*, in: PK-GewRS (2015), § 485 ZPO Rn. 88, § 486 ZPO Rn. 25; *Kühnen* (2013), Rn. 385; *Chakraborty*, in: Haedicke/Timmann (2012), § 11 Rn. 764; *Oldekop*, in: Schramm (2012), Kap. 9 Rn. 170; *Pitz* (2010), Rn. 38b; *Kühnen,* MittdtPatA 2009, S. 211 (215); *Kather/Fitzner,* MittdtPatA 2010, S. 325 (328–330); *Fitzner/Kather,* VPP-Rundbrief 2009, S. 58 (63–65).

Punkte bringen einen Zeitaufwand mit sich, der durch eine Zuständigkeitsverweisung leicht hätte reduziert werden können, wenngleich richterliche Durchsuchungsanordnungen bei guter Vorbereitung noch am selben Tag eingeholt werden können.[59] Die aktuelle Gesetzeslage steht der mit § 802 ZPO bezweckten Vereinheitlichung und Beschleunigung des Verfahrens sowie der Rechtssicherheit entgegen, sodass wegen des Zuständigkeitssplittings eine effektive Rechtsdurchsetzung eingeschränkt wird (vgl. das Wirksamkeitsgebot aus Art. 3 Abs. 2, 7 Abs. 1 S. 1 Enforcement-Richtlinie).[60]

d) Zeitpunkt der Antragstellung

Eine Durchsuchungsanordnung wird erst im Zeitpunkt der Zutrittsverweigerung seitens des Antragsgegners erforderlich. Der Antragsteller kann einen dahingehenden Antrag nach § 758a ZPO demzufolge nicht schon vorsorglich im Vorfeld stellen, da das Rechtsschutzbedürfnis nur bei der tatsächlichen Zutrittsverweigerung für den Gerichtsvollzieher durch den Antragsgegner besteht.[61] Ein bereits im Voraus gestellter Antrag auf eine Durchsuchungsanordnung wird wegen des fehlenden Rechtsschutzbedürfnisses vom zuständigen Amtsgericht abgewiesen.[62] Jedoch ist der zuständige Spruchkörper hierdurch schon bestimmt, der Vorgang beim zuständigen Amtsgericht bekannt und in einer Akte vermerkt.[63]

---

[59] *Chakraborty*, in: Haedicke/Timmann (2012), § 11 Rn. 768.

[60] Baumbach/Lauterbach/Albers/Hartmann (2016), § 802 Rn. 2; Fezer (2009), § 19a MarkenG Rn. 15; *Ringer/Wiedemann,* GRUR 2014, S. 229 (229, 232); *Kleinemenke,* GRUR-Prax 2013, S. 514 (514); vgl. *Seichter,* WRP 2006, S. 391 (392); *Tilmann,* GRUR 2005, S. 737 (739).

[61] OLG Köln, Beschl. v. 08.08.1994, Az. 2 W 114/94, MDR 1995, 850, 851 = BB 1995, 16 (Ls.); LG Mönchengladbach, Beschl. v. 20.11.2007, Az. 5 T 317/07, DGVZ 2008, 65, 65 = BeckRS 2008, 01083; LG Düsseldorf, Beschl. v. 28.04.1998, Az. 25 T 248/98, DGVZ 1998, 157, 158; LG Düsseldorf, Beschl. v. 18.10.1982, Az. 25 T 764/82, MDR 1983, 238, 238 = JurBüro 1983, 142, 142; *Stöber*, in: Zöller (2016), Vor § 704 Rn. 17, § 758a Rn. 19 f.; *Grabinski/Zülch*, in: Benkard (2015), § 140c PatG Rn. 31; *Hahn*, in: PK-GewRS (2015), § 485 ZPO Rn. 88, 90, § 486 ZPO Rn. 25; *Rinken/Kühnen*, in: Schulte (2014), § 140c Rn. 66; *Keukenschrijver/Kaess*, in: Busse (2013), § 140c Rn. 19; *Pitz*, in: Fitzner/Lutz/Bodewig (2012), § 140c PatG Rn. 60; *Heßler*, in: MüKo ZPO (2012), § 758a Rn. 50; *Pitz*, in: BeckFormB GewRS (2015), Form I. 4 Anm. 7; *Kühnen* (2013), Rn. 380; *Chakraborty*, in: Haedicke/Timmann (2012), § 11 Rn. 764; *Nieder*, in: Erdmann/Rojahn/Sosnitza (2011), Kap. 1 Rn. 606; *Pitz* (2010), Rn. 38b; *Müller-Stoy* (2008), Rn. 295; *Deichfuß,* JurPC Web-Dok. 130/2010, Abs. 39; *Kather/Fitzner,* MittdtPatA 2010, S. 325 (329); *Kühnen,* MittdtPatA 2009, S. 211 (215); *Fitzner/Kather,* VPP-Rundbrief 2009, S. 58 (63).

[62] *Seiler*, in: Thomas/Putzo (2016), § 758a Rn. 5, 17; *Oldekop*, in: Schramm (2012), Kap. 9 Rn. 170.

[63] *Oldekop*, in: Schramm (2012), Kap. 9 Rn. 170.

Im Zeitpunkt der tatsächlichen Zutrittsverweigerung kann sodann sofortige Beschwerde (§§ 793, 567 Abs. 1 Nr. 1 ZPO) gegen die vormalige Abweisung eingelegt werden, wobei der befasste Richter am Amtsgericht dieser abhelfen muss (vgl. § 572 Abs. 1 S. 1 Hs. 1 ZPO).[64] Im Rahmen der Beschwerdebegründung können neue Tatsachen vorgetragen werden (§ 571 Abs. 2 S. 1 ZPO), was in diesem Fall die Zutrittsverweigerung des Antragsgegners wäre. Der zuständige Richter beim Amtsgericht kann aufgrund dieser neuen Tatsachengrundlage der Beschwerde abhelfen (§ 572 Abs. 1 S. 1 Hs. 1 ZPO) und damit die Durchsuchungsanordnung erlassen. Sofern der Antragsgegner wider Erwarten den Zutritt gewährt, bleibt es bei der Abweisung.[65] Der Antragsteller hat lediglich die daraus entstandenen Kosten zu tragen.

e) Keine Gefahr im Verzug

Sofern die Einholung der Anordnung den Erfolg der Durchsuchung gefährden würde, gilt § 758a Abs. 1 S. 1 ZPO nicht (§ 758a Abs. 1 S. 2 ZPO). Die Entbehrlichkeit einer richterlichen Durchsuchungsanordnung bei Gefahr im Verzug und damit bei der Gefährdung des Durchsuchungserfolgs beruht auf der Einschränkung des Richtervorbehalts in Art. 13 Abs. 2 GG.[66] Diese Einschränkung ist jedoch eng auszulegen, da die richterliche Anordnung einer Durchsuchung die Regel und die Durchsuchung ohne richterliche Anordnung die Ausnahme darstellt, vor allem aber wegen der grundrechtssichernden Schutzfunktion des Richtervorbehalts.[67] Demzufolge liegt Gefahr im Verzug ausschließlich dann vor, wenn bereits die zeitliche Verzögerung wegen eines Versuchs der Einholung einer Durchsuchungsanordnung den Erfolg der Durchsuchung gefährden würde.[68] Gefahr im Verzug kann sich zwar aus konkreten Anhaltspunkten für eine beabsichtigte Vollstreckungsvereitelung ergeben, jedoch genügt die Zutrittsverweigerung durch den Antragsgegner allein nicht.[69] Das Bedürfnis nach Überraschung des Gegners kann den Ausnahmetatbestand ebenfalls nicht rechtfertigen.[70]

---

[64] *Oldekop*, in: Schramm (2012), Kap. 9 Rn. 170.

[65] *Oldekop*, in: Schramm (2012), Kap. 9 Rn. 170.

[66] *Seiler*, in: Thomas/Putzo (2016), § 758a Rn. 2, 9; *Stöber*, in: Zöller (2016), § 758a Rn. 32; *Bork*, NJW 1997, S. 1665 (1672).

[67] BVerfG, Urt. v. 20.02.2001, Az. 2 BvR 1444/00, NJW 2001, 1121, 1122 = NStZ 2001, 382, 383; Baumbach/Lauterbach/Albers/Hartmann (2016), § 758a Rn. 7; *Stöber*, in: Zöller (2016), § 758a Rn. 32.

[68] BVerfG, Urt. v. 20.02.2001, Az. 2 BvR 1444/00, NJW 2001, 1121, 1123 = NStZ 2001, 382, 384; Baumbach/Lauterbach/Albers/Hartmann (2016), § 758a Rn. 7; *Stöber*, in: Zöller (2016), § 758a Rn. 32.

[69] *Huber*, in: Musielak/Voit (2016), § 758a Rn. 9; *Seiler*, in: Thomas/Putzo (2016), § 758a Rn. 10 f.; *Stöber*, in: Zöller (2016), § 758a Rn. 32.

[70] BVerfG, Urt. v. 20.02.2001, Az. 2 BvR 1444/00, NJW 2001, 1121, 1122 f. = NStZ 2001, 382, 383 f.; BVerfG, Beschl. v. 03.04.1979, Az. 1 BvR 994/76, NJW 1979, 1539,

Es müssen vielmehr konkrete Verdachtsmomente bestehen, wobei die Art und Weise sowie der Zeitpunkt der Durchsuchung, der Zustand und der Belegenheitsort des Gegenstandes, das bisherige Verhalten des Antragsgegners sowie seine Äußerungen, Absichten und finanzielle Lage wichtige Kriterien sind.[71] Sobald der Sachverständige samt teilnahmeberechtigten Personen beim Antragsgegner eintrifft, wird dieser von der Besichtigung in Kenntnis gesetzt. Die Besichtigungsanordnung nach dem „Düsseldorfer Modell“ sieht ein Veränderungsverbot unter Androhung von Ordnungsmitteln vor. Dieses Veränderungsverbot wird mit der Zustellung der Besichtigungsanordnung wirksam.[72] Der Antragsgegner kann den teilnahmeberechtigten Personen erst im Anschluss an diese Zustellung und mit dem Wirksamwerden des Veränderungsverbots den Zutritt zu seinen Räumlichkeiten verweigern. Aus diesem Grund besteht (entgegen der mitunter vorherrschenden Auffassung einiger Gerichtsvollzieher sowie Vollstreckungsgerichte) aus rechtlicher Sicht wegen des ordnungsmittelbelegten Veränderungsverbots zu keinem Zeitpunkt eine Gefahr im Verzug.[73]

5. Zwischenergebnis

Die Besichtigungsanordnung wird dem Antragsgegner im Parteibetrieb zugestellt (§§ 936, 922 Abs. 2, 191 ff. ZPO), um Vereitelungsmaßnahmen bereits im Vorfeld zu unterbinden. Auf Verlangen des Antragsgegners kann die Besichtigung um zwei Stunden aufgeschoben werden, sodass er in dieser Zeit seine anwaltlichen Vertreter hinzuziehen und die Besichtigungsanordnung

---

1540 = MDR 1979, 906, 906; *Kindl*, in: Saenger (2015), § 758a Rn. 8; *Stöber*, in: Zöller (2016), § 758a Rn. 32; *Heßler*, in: MüKo ZPO (2012), § 758a Rn. 38; *Bork*, NJW 1997, S. 1665 (1672); a.A. *Hahn*, in: PK-GewRS (2015), § 485 ZPO Rn. 89; *Rohlfing* (2009), S. 111; *v. Hartz* (2004), S. 173; *Karger* (1996), S. 102; *Grabinski*, in: FS Mes (2009), S. 129 (139); *Schneider*, NJW 1980, S. 2377 (2378); vgl. *Grabinski/Zülch*, in: Benkard (2015), § 140c PatG Rn. 31; *Battenstein* (2006), S. 131 f.; *Ringer/Wiedemann*, GRUR 2014, S. 229 (232).

[71] LG Koblenz, Beschl. v. 17.02.1982, Az. 4 T 88/82, DGVZ 1982, 91, 92; Baumbach/Lauterbach/Albers/Hartmann (2016), § 758a Rn. 7; *Seiler*, in: Thomas/Putzo (2016), § 758a Rn. 11; vgl. *Stöber*, in: Zöller (2016), § 758a Rn. 32; *van den Hövel*, NJW 1993, S. 2031 (2032).

[72] *Hahn*, in: PK-GewRS (2015), Vor § 485 ZPO Rn. 53; *Lieber/Zimmermann* (2009), Rn. 296; *Kather/Fitzner*, MittdtPatA 2010, S. 325 (328); *Fitzner/Kather*, VPP-Rundbrief 2009, S. 58 (62); vgl. *Rinken/Kühnen*, in: Schulte (2014), § 140c Rn. 65; *Kühnen* (2013), Rn. 378; *Kühnen*, GRUR 2005, S. 185 (187); Mes (2015), § 140c Rn. 63.

[73] *Hahn*, in: PK-GewRS (2015), § 486 ZPO Rn. 26 f.; *Ringer/Wiedemann*, GRUR 2014, S. 229 (230); *Kather/Fitzner*, MittdtPatA 2010, S. 325 (328); *Fitzner/Kather*, VPP-Rundbrief 2009, S. 58 (62); a.A. *Rohlfing* (2009), S. 111; vgl. AG Mönchengladbach-Rheydt, Beschl. v. 15.11.1979, Az. 13 M 2069/79, DGVZ 1980, 94, 95; *Kindl*, in: Saenger (2015), § 758a Rn. 8; *Heßler*, in: MüKo ZPO (2012), § 758a Rn. 39; *Müller-Stoy* (2008), Rn. 296.

überprüfen kann. Verweigert der Antragsgegner auch nach Ablauf der zweistündigen Wartefrist dem Sachverständigen sowie den Rechts- und Patentanwälten des Antragstellers (soweit sie zur Teilnahme an der Besichtigung von dem die Besichtigungsanordnung erlassenen Gericht zugelassenen wurden) den Zutritt zu seinen Betriebs- und Geschäftsräumen zum Zwecke der Besichtigung, kann die Duldungsverfügung nach §§ 890, 892 ZPO zwangsweise vollstreckt werden. Gleichzeitig ist bei fehlender Einwilligung des Antragsgegners regelmäßig eine richterliche Durchsuchungsanordnung (§ 758a Abs. 1 S. 1 ZPO) erforderlich, wobei diese wegen des bis zur Zutrittsverweigerung fehlenden Rechtsschutzbedürfnisses nicht bereits im Vorfeld beantragt werden kann. Bei der Antragstellung ergibt sich eine vom Gericht für die Besichtigungsanordnung abweichende Zuständigkeit des einschlägigen Amtsgerichts (§§ 758a Abs. 1 S. 1, 802 ZPO).

II. Inhaltliche Ausgestaltung der Besichtigung

Nachdem der Sachverständige Zutritt zu den Räumlichkeiten des Antragsgegners erlangt hat, kann er unmittelbar mit der Begutachtung des streitbefangenen Gegenstandes beginnen, wodurch auch Manipulationen durch den Antragsgegner vorgebeugt wird. Die Besichtigung wird regelmäßig gänzlich in den Betriebs- und Geschäftsräumen des Antragsgegners durch den Sachverständigen durchgeführt. Nur ausnahmsweise wird der Sachverständige Gegenstände an sich nehmen und diese in seinen Diensträumen im Anschluss an die Besichtigung untersuchen sowie auswerten.

1. Reichweite der Besichtigung

Die Gerichte sind an die Anträge der Parteien gebunden („*ne ultra petita partium*“, § 308 Abs. 1 S. 1 ZPO). Dementsprechend kommt dem anstragstellerischen Vorbringen eine entscheidende Bedeutung zu, da ein unzureichendes Sachverständigengutachten regelmäßig ein verlorenes Hauptsacheverfahren zur Folge hat. Die Anträge begrenzen den Umfang der Besichtigung in Bezug auf die Beweismittel (vgl. § 487 Nr. 3 ZPO) sowie den Besichtigungsgegenstand und dessen aufklärungsbedürftige Merkmale (vgl. § 487 Nr. 2 ZPO).[74] Im Gegensatz zu einem Klageverfahren kann im selbstständigen

---

[74] OLG München, Beschl. v. 11.03.2011, Az. 6 W 610/10, InstGE 13, 298, 302 (Rn. 20) – ausgelagerter Server; OLG Hamburg, Urt. v. 26.05.2005, Az. 3 U 91/04, InstGE 5, 294, 302 (Rn. 34) – Fußbodenpaneele II = BeckRS 2009, 09886; OLG Frankfurt a.M., Beschl. v. 05.03.1990, Az. 1 W 4/90, NJW-RR 1990, 1023, 1024 = BeckRS 9998, 08634; BT-Drucks. 16/5048, S. 40; Baumbach/Lauterbach/Albers/Hartmann (2016), § 308 Rn. 3; *Hahn*, in: PK-GewRS (2015), § 487 ZPO Rn. 4, § 490 ZPO Rn. 3; *Keukenschrijver/Kaess*, in: Busse (2013), § 140c Rn. 20; *Kühnen* (2013), Rn. 375; *Chakraborty*, in: Haedicke/

Beweisverfahren das Beweisthema nicht über das Vorbringen des Klägers ausgedehnt werden (vgl. § 359 Nr. 1 ZPO), da mit dem Abschluss der Beweisaufnahme eine Korrektur in der Sache ab diesem Zeitpunkt nicht mehr möglich ist.[75] Sofern das Gericht den Beweissicherungsbeschluss mit Beweistatsachen des Antragsgegners ergänzt, können für den Antragsteller Nachteile entstehen, die sein Rechtsbegehren ins Gegenteil verkehren, was mit der gesetzlichen Regelung der §§ 485 ff. ZPO nicht zu vereinbaren ist.[76]

Der Begriff der „Besichtigung“ ist weit auszulegen, sodass darunter jede Maßnahme zu verstehen ist, die vor dem Hintergrund der Eigenart des Besichtigungsgegenstandes und abhängig von den aufklärungsbedürftigen Tatsachen für eine ordnungsgemäße und effektive Aufklärung der vermeintlichen Schutzrechtsverletzung erforderlich und dem Antragsgegner mit Blick auf den Verhältnismäßigkeitsgrundsatz zumutbar ist (funktionelle Interpretation).[77] Das Gericht ordnet die notwendigen Maßnahmen in der Duldungsverfügung unter Berücksichtigung des Parteiantrags an.[78] Wenngleich eine pau-

---

Timmann (2012), § 11 Rn. 739, 762; *Oldekop*, in: Schramm (2012), Kap. 9 Rn. 122; *Amschewitz* (2008), S. 110, 135; *Sturmberg* (2004), Rn. 73, 77; *Kather/Fitzner,* MittdtPatA 2010, S. 325 (326–328, 331); *Fitzner/Kather,* VPP-Rundbrief 2009, S. 58 (60, 62, 65); *Hoppen,* CR 2009, S. 407 (409 f.); *Tilmann,* GRUR 2005, S. 737 (738); *Brandi-Dohrn,* CR 1987, S. 835 (836); vgl. LG Düsseldorf, Urt. v. 08.03.2007, Az. 4b O 230/04, InstGE 8, 103, 110 f. (Rn. 34) – Etikettiermaschine = BeckRS 2008, 20706; *Gniadek* (2011), S. 118, 360; *Petit,* IIC 2000, S. 669 (680–682).

[75] OLG Frankfurt a.M., Beschl. v. 05.03.1990, Az. 1 W 4/90, NJW-RR 1990, 1023, 1024 = BeckRS 9998, 08634.

[76] OLG Frankfurt a.M., Beschl. v. 05.03.1990, Az. 1 W 4/90, NJW-RR 1990, 1023, 1024 = BeckRS 9998, 08634.

[77] BT-Drucks. 16/5048, S. 41; LG Düsseldorf, Urt. v. 08.03.2007, Az. 4b O 230/04, InstGE 8, 103, 110 (Rn. 34) – Etikettiermaschine = BeckRS 2008, 20706; Mes (2015), § 140c Rn. 18; *Hahn*, in: PK-GewRS (2015), § 485 ZPO Rn. 46; *Rinken/Kühnen*, in: Schulte (2014), § 140c Rn. 31; *Keukenschrijver/Kaess*, in: Busse (2013), § 140c Rn. 15; *Pitz*, in: Fitzner/Lutz/Bodewig (2012), § 140c PatG Rn. 20; Fezer (2009), § 19a MarkenG Rn. 27; *Götz* (2014), S. 134 f.; *Kühnen* (2013), Rn. 342–345; *Chakraborty*, in: Haedicke/Timmann (2012), § 11 Rn. 731; *v. Hartz* (2004), S. 157 f.; *Eck/Dombrowski,* in: FS 50 Jahre BPatG (2011), S. 169 (177); *Kather/Fitzner,* MittdtPatA 2010, S. 325 (326); *Zöllner,* GRUR-Prax 2010, S. 74 (75); *Fitzner/Kather,* VPP-Rundbrief 2009, S. 58 (60); *Kühnen,* MittdtPatA 2009, S. 211 (213); *Müller-Stoy,* MittdtPatA 2009, S. 361 (364); vgl. RG, Urt. v. 26.11.1903, Az. VI 140/03, RGZ 56, 63, 66.

[78] *Grabinski/Zülch*, in: Benkard (2015), § 140c PatG Rn. 16; *Hahn*, in: PK-GewRS (2015), Vor § 485 ZPO Rn. 52; *Oldekop*, in: Schramm (2012), Kap. 9 Rn. 163; *Gniadek* (2011), S. 97 f.; *Osterloh-Konrad* (2007), S. 37–39; *Ibbeken* (2004), S. 28 ff.; *v. Hartz* (2004), S. 159, 161; *Kather/Fitzner,* MittdtPatA 2010, S. 325 (331); *Zöllner,* GRUR-Prax 2010, S. 74 (76); *Fitzner/Kather,* VPP-Rundbrief 2009, S. 58 (65); *v. Hartz,* ZUM 2005, S. 376 (380); *Stauder,* GRUR 1985, S. 518 (519); vgl. *Treichel* (2001), S. 227; *Karger* (1996), S. 88; *Enchelmaier,* GRUR Int 2012, S. 503 (506); *Stürner/Stadler,* JZ 1985, S. 1101 (1103).

schale Begrenzung des Besichtigungsumfangs in Bezug auf bestimmte Maßnahmen abzulehnen ist, müssen die Maßnahmen im Rahmen der Besichtigung für die Beurteilung einer Schutzrechtsverletzung aufgrund des Charakters des Besichtigungsanspruchs als Hilfsanspruch sowie der Geheimhaltungsinteressen des Antragsgegners erforderlich sein.[79] Dementsprechend müssen sämtliche Umstände des Einzelfalls im Rahmen einer Interessenabwägung berücksichtigt werden, sodass die zulässigen Maßnahmen auch beschränkt sein können (vgl. § 938 ZPO).[80] Die besichtigungsfreundlichere Rechtsprechung zu § 809 BGB wirkt sich dabei auch auf § 140c PatG aus. Durch den erweiterten Umfang zulässiger Maßnahmen im Rahmen einer Besichtigung wurde die Rechtsstellung des Schutzrechtsinhabers erheblich verbessert.[81]

a) Besichtigungsmaßnahmen

Die Besichtigung kann in einigen Sachverhalten das Betreten des Grundstücks des Antragsgegners, den Einsatz eines technischen Untersuchungsverfahrens, die Einsichtnahme in Dokumente, die Vor- oder Durchführung des vermeintlich schutzrechtsverletzenden Verfahrens sowie das bloße Hinschauen, Abwiegen, Vermessen, Betasten oder mikroskopische Untersuchungen umfassen, wohingegen in anderen Fällen darüber hinausgehende Untersuchungen, wie die Inbetriebnahme oder das An- und Ausschalten einer Maschine, der Ein- und Ausbau von Teilen, die Anfertigung von Screenshots von einer Maschinensteuerung oder einer Darstellung auf einem Monitor sowie von Kopien, Foto- und Filmaufnahmen, die Verwendung eines Diktiergerätes, die Erstellung von Dokumentenkopien und deren Mitnahme, das Herunterladen und die Kopie sowie Speicherung von Daten oder etwa die Vorlage eines Quellcodes, notwendig sein können.[82] Daneben kann die Be-

---

[79] *Deichfuß,* GRUR 2015, S. 436 (438, 442); *König,* MittdtPatA 2002, S. 457 (458); *Kather/Fitzner,* MittdtPatA 2010, S. 325 (326); *Fitzner/Kather,* VPP-Rundbrief 2009, S. 58 (60); *Müller-Stoy,* MittdtPatA 2009, S. 361 (364); *König,* MittdtPatA 2002, S. 153 (157 f.); *Bork,* NJW 1997, S. 1665 (1669).

[80] *Kühnen* (2013), Rn. 341; *Hoeren/Kuta,* in: FS Weber (2011), S. 499 (518 f.); *Müller-Stoy,* MittdtPatA 2009, S. 361 (364); *Bork,* NJW 1997, S. 1665 (1669).

[81] *Kühnen* (2013), Rn. 340.

[82] *Sprau,* in: Palandt (2016), § 809 Rn. 9; *Trimborn,* in: Büscher/Dittmer/Schiwy (2015), Kap. 1, § 140c PatG Rn. 13; Mes (2015), § 140c Rn. 18; *Grabinski/Zülch,* in: Benkard (2015), § 140c PatG Rn. 16, 27–29; *Dreier,* in: Dreier/Schulze (2015), § 101a Rn. 6; *Hahn,* in: PK-GewRS (2015), Vor § 485 ZPO Rn. 52, § 485 ZPO Rn. 48–51, § 487 ZPO Rn. 39; *Marburger,* in: Staudinger (2015), § 809 Rn. 9; *Hacker,* in: Ströbele/Hacker (2015), § 19a Rn. 16; *Czychowski,* in: Fromm/Nordemann (2014), § 101a UrhG Rn. 17; *Rinken/Kühnen,* in: Schulte (2014), § 140c Rn. 31; *Ohst,* in: Wandtke/Bullinger (2014), § 101a UrhG Rn. 21, 22; *Habersack,* in: MüKo BGB (2013), § 809 Rn. 9; *Keukenschrijver/Kaess,* in: Busse (2013), § 140c Rn. 15; *Voß,* in: Fitzner/Lutz/Bodewig (2012), Vor §§ 139 ff. PatG Rn. 145; *Pitz,* in: Fitzner/Lutz/Bodewig (2012), § 140c PatG Rn. 20;

sichtigung auch die Einsichtnahme von Festplatten, Servern oder sonstigen Speichermedien umfassen.[83]

b) Substanzeingriffe

Mitunter wird der Besichtigungsgegenstand vorübergehend verändert (etwa durch den Ein- und Ausbau von Teilen), mit dem Abschluss der Begutachtung jedoch wieder in seinen ursprünglichen Zustand zurückversetzt.[84] Wenngleich der vermeintliche Schutzrechtsverletzer die realistische Gefahr einer Beschädigung des Besichtigungsgegenstandes nicht schlechterdings hinnehmen muss, besteht nur in den wenigsten Fällen die tatsächliche Gefahr einer Beschädigung.[85] Außerdem trifft den Schutzrechtsinhaber im Falle einer Beschädigung eine Schadensersatzpflicht (§ 140c Abs. 5 PatG) und die Besichtigung kann von einer Sicherheitsleistung abhängig gemacht werden (§ 811 Abs. 2 BGB), was in einer Interessenabwägung zugunsten von Substanzeingriffen zu berücksichtigen ist.[86]

Wimmers, in: Schricker/Loewenheim (2010), § 101a Rn. 24–26; Ingerl/Rohnke (2010), § 19a Rn. 14; *Heydn*, in: *Heydn/Schmid-Petersen/Vassilaki* (2009), Rn. 319; *Kühnen* (2013), Rn. 346 f., 378 (Fn. 396); *Chakraborty*, in: Haedicke/Timmann (2012), § 11 Rn. 740; *Oldekop*, in: Schramm (2012), Kap. 9 Rn. 130 f., 166; *Nieder*, in: Erdmann/ Rojahn/Sosnitza (2011), Kap. 1 Rn. 596; *Beckhaus* (2010), S. 25 f.; *Haeffs* (2010), S. 79; *Amschewitz* (2008), S. 113; *Müller-Stoy* (2008), Rn. 147; *Battenstein* (2006), S. 28; *Eck/ Dombrowski*, in: FS 50 Jahre BPatG (2011), S. 169 (177); *Grabinski*, in: FS Mes (2009), S. 129 (132); *Junker*, in: FS Kilian (2004), S. 339 (341); *Marshall*, in: FS Preu (1988), S. 151 (155, 160); *Kather/Fitzner*, MittdtPatA 2010, S. 325 (326); *Zöllner*, GRUR-Prax 2010, S. 74 (75); *Fitzner/Kather*, VPP-Rundbrief 2009, S. 58 (60); *Kühnen*, MittdtPatA 2009, S. 211 (213); *Müller-Stoy*, MittdtPatA 2009, S. 361 (364); *Dörre/Maaßen*, GRUR-RR 2008, S. 217 (220); *Spindler/Weber*, ZUM 2007, S. 257 (264); *Stauder*, GRUR Int 1978, S. 230 (236); vgl. *Bayerlein*, in: Bayerlein (2008), § 15 Rn. 72c, 175; *Enchelmaier*, GRUR Int 2012, S. 503 (506); *Maloney*, IIC 2000, S. 723 (741); *Leppin*, GRUR 1984, S. 552 (562–564); als Beispiele aus der Rechtsprechung: BGH, Urt. v. 20.09.2012, Az. I ZR 90/09, GRUR 2013, 509, 509 (Rn. 17) – UniBasic-IDOS = NJW-RR 2013, 878, 879 (Rn. 17); BGH, Urt. v. 02.05.2002, Az. I ZR 45/01, GRUR 2002, 1046, 1049 – Faxkarte = NJW-RR 2002, 1617, 1620; LG Düsseldorf, Urt. v. 08.03.2007, Az. 4b O 230/04, InstGE 8, 103, 110 (Rn. 34) – Etikettiermaschine = BeckRS 2008, 20706.

[83] OLG München, Beschl. v. 11.03.2011, Az. 6 W 610/10, InstGE 13, 298, 301 f. (Rn. 19) – ausgelagerter Server.

[84] *Rinken/Kühnen*, in: Schulte (2014), § 140c Rn. 31; *Chakraborty*, in: Haedicke/ Timmann (2012), § 11 Rn. 740; *Marshall*, in: FS Preu (1988), S. 151 (159 f.); *Kather/ Fitzner*, MittdtPatA 2010, S. 325 (326); *Müller-Stoy*, MittdtPatA 2009, S. 361 (365); vgl. *Kühnen* (2013), Rn. 341.

[85] BGH, Urt. v. 02.05.2002, Az. I ZR 45/01, GRUR 2002, 1046, 1049 – Faxkarte = NJW-RR 2002, 1617, 1620; *Kühnen*, MittdtPatA 2009, S. 211 (213 f.).

[86] BGH, Urt. v. 02.05.2002, Az. I ZR 45/01, GRUR 2002, 1046, 1049 – Faxkarte = NJW-RR 2002, 1617, 1620; *Grabinski/Zülch*, in: Benkard (2015), § 140c PatG Rn. 16; *Hahn*, in: PK-GewRS (2015), § 485 ZPO Rn. 54; *Chakraborty*, in: Haedicke/Timmann

Infolgedessen sind Substanzeingriffe zulässig, wenn das Ergebnis einer Interessenabwägung und der Grundsatz der Verhältnismäßigkeit nicht entgegenstehen, mit der Besichtigung mithin grundsätzlich keine bleibenden und unzumutbaren Schäden für den Antragsgegner einhergehen.[87] Diese Sichtweise liegt auf einer Linie mit Art. 7 Abs. 1 S. 1 Enforcement-Richtlinie, der weitreichende Maßnahmen zum Zwecke der Beweissicherung vorsieht, die auch für den Antragsgegner zumutbare Substanzeingriffe umfassen können (vgl. Erwägungsgrund 20 der Enforcement-Richtlinie).[88] Sofern der Besichtigungsgegenstand zwangsläufig zerstört wird, ist der Besichtigungsanspruch nur dann gerechtfertigt, wenn der Substanzeingriff zu keinem merklichen Schaden aufseiten des vermeintlichen Schutzrechtsverletzers führt (etwa bei

---

(2012), § 11 Rn. 741; *Battenstein* (2006), S. 52; *Müller-Stoy,* MittdtPatA 2009, S. 361 (365); *Frank/Wiegand,* CR 2007, S. 481 (482); *König,* MittdtPatA 2002, S. 153 (162); vgl. *Leppin,* GRUR 1984, S. 695 (709).

[87] BGH, Beschl. v. 18.12.2012, Az. X ZR 7/12, GRUR 2013, 316, 318 (Rn. 26) – Rohrmuffe = MittdtPatA 2013, 200, 202 f. (Rn. 26); BGH, Urt. v. 02.05.2002, Az. I ZR 45/01, GRUR 2002, 1046, 1049 – Faxkarte = NJW-RR 2002, 1617, 1620; BT-Drucks. 16/5048, S. 41; *Grabinski/Zülch*, in: Benkard (2015), § 140c PatG Rn. 16, 29; *Hahn*, in: PK-GewRS (2015), § 485 ZPO Rn. 54; *Hacker*, in: Ströbele/Hacker (2015), § 19a Rn. 12; *Rinken/Kühnen*, in: Schulte (2014), § 140c Rn. 31; *Keukenschrijver/Kaess*, in: Busse (2013), § 140c Rn. 1; *Voß*, in: Fitzner/Lutz/Bodewig (2012), Vor §§ 139 ff. PatG Rn. 145; *Pitz*, in: Fitzner/Lutz/Bodewig (2012), § 140c PatG Rn. 20; Ingerl/Rohnke (2010), § 19a Rn. 14; Fezer (2009), § 19a MarkenG Rn. 27, 55; *Adler* (2014), S. 62; *Götz* (2014), S. 135; *Mes*, in: MPFormB GewRS (2014), Form. C.22 Anm. 10; *Kühnen* (2013), Rn. 348; *Ahrens/McGuire* (2012), S. 180; *Chakraborty*, in: Haedicke/Timmann (2012), § 11 Rn. 740 f.; *Oldekop*, in: Schramm (2012), Kap. 9 Rn. 130; *Gniadek* (2011), S. 97; *Beckhaus* (2010), S. 25 f.; *Rohlfing* (2009), S. 43, 46, 109; *Amschewitz* (2008), S. 350; *Müller-Stoy* (2008), Rn. 158; *Battenstein* (2006), S. 99 f.; *v. Hartz* (2004), S. 159 f.; *Weise* (2002), Rn. 510; *Karger* (1996), S. 88; *Wussow* (1981), S. 74; *Tilmann,* in: FS Ullmann (2006), S. 1013 (1017); *Melullis,* in: FS Tilmann (2003), S. 843 (849 f.); *Tilmann/Schreibauer,* in: FS Erdmann (2002), S. 901 (906 f.); *Marshall,* in: FS Preu (1988), S. 151 (159–161); *Zöllner,* GRUR-Prax 2010, S. 74 (75); *Kather/Fitzner,* MittdtPatA 2010, S. 325 (326); *Müller-Stoy,* MittdtPatA 2009, S. 361 (365, Fn. 41); *Kitz,* NJW 2008, S. 2374 (2376); *Berlit,* WRP 2007, S. 732 (737); *Nägele/Nitsche,* WRP 2007, S. 1047 (1052); *Spindler/Weber,* ZUM 2007, S. 257 (264); *Schlosser,* JZ 2003, S. 427 (428); *König,* MittdtPatA 2002, S. 153 (162 f.); *Tilmann/Schreibauer,* GRUR 2002, S. 1015 (1019); *Götting,* GRUR Int 1988, S. 729 (739); *Fritze/Stauder,* GRUR Int 1986, S. 342 (343); *Stauder,* GRUR 1985, S. 518 (518, 519); *Stürner/Stadler,* JZ 1985, S. 1101 (1103); a.A. BGH, Urt. v. 08.01.1985, Az. X ZR 18/84, GRUR 1985, 512, 517 – Druckbalken m. Anm. *Stauder* = NJW-RR 1986, 480, 483; *Gniadek* (2011), S. 149; *Jestaedt* (2008), Rn. 745; vgl. *Marshall,* IIC 2000, S. 646 (656); *Götting,* GRUR Int 1988, S. 729 (742).

[88] *Müller-Stoy,* MittdtPatA 2009, S. 361 (365, Fn. 40); *König,* MittdtPatA 2002, S. 153 (163); vgl. *Melullis,* in: FS Tilmann (2003), S. 843 (849 f.).

der substanzzerstörenden Untersuchung von Zwischen- oder Endprodukten einer Massenproduktion).[89]

c) Mitnahme des Besichtigungsgegenstandes

Die „Mitnahme" oder „Beschlagnahme" des Besichtigungsgegenstandes kann nicht unter die Begriffe „Begutachtung" (§ 485 Abs. 1, 2 ZPO) bzw. „Besichtigung" (§ 140c Abs. 1 S. 1 PatG) subsumiert werden. Vielmehr gehen die Einbehaltung von Mustern und die dingliche Beschlagnahme über die Besichtigung als solche hinaus. Derartige Maßnahmen können auch nicht als Substanzeingriffe eingeordnet werden[90], da die betroffenen Sachen der Verfügungsgewalt des Antragsgegners vorübergehend oder dauerhaft entzogen werden. Vor dem Hintergrund des Art. 7 Abs. 1 S. 2 Enforcement-Richtlinie wurde an dieser Stelle die Enforcement-Richtlinie unzureichend umgesetzt, sodass bis zu einem Tätigwerden des Gesetzgebers die Besichtigungsvorschriften richtlinienkonform ausgelegt werden müssen und eine „Mitnahme" sowie „Beschlagnahme" des Besichtigungsgegenstandes umfassen.[91]

Demgemäß können im Einzelfall (etwa bei (chemischen) Zwischen- oder Endprodukten) Besichtigungsanordnungen die Entnahme von Proben sowie die Mitnahme von Mustern[92] und deren anschließende Begutachtung in einem Labor (beispielsweise chemische Analysen, die nicht am Besichtigungsort durchführbar sind) vorsehen, wobei gegebenenfalls sogar substanzzerstörende Analysen und Untersuchungseingriffe umfasst sind.[93] Der Sachverständige

---

[89] *Grabinski/Zülch*, in: Benkard (2015), § 140c PatG Rn. 16; *Hahn*, in: PK-GewRS (2015), § 485 ZPO Rn. 52, 54; *Rinken/Kühnen*, in: Schulte (2014), § 140c Rn. 31; *Keukenschrijver/Kaess*, in: Busse (2013), § 140c Rn. 15; *Chakraborty*, in: Haedicke/Timmann (2012), § 11 Rn. 740 f.; *Kühnen* (2013), Rn. 348; *Grabinski,* in: FS Mes (2009), S. 129 (132); *Kather/Fitzner,* MittdtPatA 2010, S. 325 (326); *Fitzner/Kather,* VPP-Rundbrief 2009, S. 58 (60); *Kühnen,* MittdtPatA 2009, S. 211 (213 f.); *Müller-Stoy,* MittdtPatA 2009, S. 361 (365, Fn. 41).

[90] *Müller-Stoy,* MittdtPatA 2009, S. 361 (365).

[91] *Hahn*, in: PK-GewRS (2015), § 485 ZPO Rn. 52; *Ahrens/McGuire* (2012), S. 187; *Oldekop*, in: Schramm (2012), Kap. 9 Rn. 145; *Reinartz* (2009), S. 131; a.A. *Müller-Stoy,* MittdtPatA 2009, S. 361 (365; 366, Fn. 43); vgl. *Wiebe,* in: Büllesbach/Büchner (2006), S. 153 (163 f.); *Kunz-Hallstein/Loschelder,* GRUR 2007, S. 765 (766).

[92] *Hahn*, in: PK-GewRS (2015), § 485 ZPO Rn. 52; *Rinken/Kühnen*, in: Schulte (2014), § 140c Rn. 62; *Keukenschrijver/Kaess*, in: Busse (2013), § 140c Rn. 15; *Chakraborty*, in: Haedicke/Timmann (2012), § 11 Rn. 740.

[93] *Grabinski/Zülch*, in: Benkard (2015), § 140c PatG Rn. 16; *Hahn*, in: PK-GewRS (2015), Vor § 485 ZPO Rn. 52, 54; *Rinken/Kühnen*, in: Schulte (2014), § 140c Rn. 31; *Keukenschrijver/Kaess*, in: Busse (2013), § 140c Rn. 15; *Kühnen* (2013), Rn. 348; *Chakraborty*, in: Haedicke/Timmann (2012), § 11 Rn. 740 f.; *Grabinski,* in: FS Mes (2009), S. 129 (132); *Kather/Fitzner,* MittdtPatA 2010, S. 325 (326); *Fitzner/Kather,* VPP-Rundbrief 2009, S. 58 (60); *Kühnen,* MittdtPatA 2009, S. 211 (213 f.);

kann Datenbestände (etwa bei großen Datenmengen) auf eigene Datenträger überspielen, um diese Informationen anschließend in seinen Diensträumen zu untersuchen (beispielsweise die Kompilation eines Quellcodes und der nachfolgende Einsatz einer Analysesoftware).[94] Dabei kann auch eine forensische Sicherung von ungenutzten Datenträgerbereichen erforderlich sein, um gelöschte oder veränderte Daten aufzufinden.[95] Die Einbehaltung wirkt gleichzeitig einem Untergang des Besichtigungsgegenstandes vor Abschluss der Begutachtung entgegen.[96] Die Maßnahmen infolge der Mitnahme müssen aber die Besichtigung des streitbefangenen Gegenstandes zum Inhalt haben, da kein Anspruch auf eine umfassende Feststellung der für die Beurteilung der Schutzrechtsverletzung wesentlichen Tatsachen und damit eine vollständige Beantwortung der Verletzungsfrage besteht.[97]

d) Kein Nachforschungs- und Durchsuchungsrecht

Dem Antragsteller steht kein Nachforschungs- und Durchsuchungsrecht in den Betriebs- und Geschäftsräumen des Antragsgegners zu, da die Ansprüche nur in Ansehung einer konkreten Sache oder Sachgesamtheit bestehen können.[98] Der Antragsgegner kann nicht erst ermitteln, ob der Antragsgegner

---

Müller-Stoy, MittdtPatA 2009, S. 361 (365, Fn. 41); vgl. *Zöllner,* GRUR-Prax 2010, S. 74 (76 f.).

[94] *Hoppen,* CR 2009, S. 407 (409, 411).

[95] *Hoppen,* CR 2009, S. 407 (410).

[96] *Müller-Stoy,* MittdtPatA 2009, S. 361 (365, Fn. 42).

[97] *Hahn,* in: PK-GewRS (2015), § 485 ZPO Rn. 53; *Eck/Dombrowski,* in: FS 50 Jahre BPatG (2011), S. 169 (178).

[98] BGH, Urt. v. 13.11.2003, Az. I ZR 187/01, GRUR 2004, 420, 421 – Kontrollbesuch = NJW-RR 2004, 916, 917; BGH, Urt. v. 02.05.2002, Az. I ZR 45/01, GRUR 2002, 1046, 1048 – Faxkarte = NJW-RR 2002, 1617, 1619; OLG Karlsruhe, Beschl. v. 18.05.2010, Az. 6 W 28/10, BeckRS 2011, 18386; LG Nürnberg-Fürth, Urt. v. 23.02.2005, Az. 3 O 4156/04, InstGE 5, 153, 155 (Rn. 8) – Betriebsspionage = BeckRS 2011, 12419; BT-Drucks. 16/5048, S. 40; *Trimborn,* in: Büscher/Dittmer/Schiwy (2015), Kap. 1, § 140c PatG Rn. 13; *Dreier,* in: Dreier/Schulze (2015), § 101a Rn. 5; *Hahn,* in: PK-GewRS (2015), § 485 ZPO Rn. 61; *Czychowski,* in: Fromm/Nordemann (2014), § 101a UrhG Rn. 28; *Rinken/Kühnen,* in: Schulte (2014), § 140c Rn. 32; *Habersack,* in: MüKo BGB (2013), § 809 Rn. 6; *Keukenschrijver/Kaess,* in: Busse (2013), § 140c Rn. 15; *Birr,* in: HKK-BGB (2013), §§ 809–811 Rn. 9 f.; *Braitmayer,* in: Bühring (2011), § 24c Rn. 2; Ingerl/Rohnke (2010), § 19a Rn. 14; Fezer (2009), § 19a MarkenG Rn. 15, 47; *Rogge/Grabinski,* in: Benkard (2006), § 139 PatG Rn. 117a; *Götz* (2014), S. 136–139; *Kühnen* (2013), Rn. 349; *Oldekop,* in: Schramm (2012), Kap. 9 Rn. 165; *Beckhaus* (2010), S. 26; *Haeffs* (2010), S. 78 f.; *Pitz* (2010), Rn. 38a; *Heydn,* in: *Heydn/Schmid-Petersen/Vassilaki* (2009), Rn. 316 f.; *Amschewitz* (2008), S. 237; *Klinger,* in: Taeger/Wiebe (2008), S. 267 (272); *Götting,* in: FS Hay (2005), S. 181 (188); *Deichfuß,* GRUR 2015, S. 436 (438); *Zöllner,* GRUR-Prax 2010, S. 74 (75); *Fitzner/Kather,* VPP-Rundbrief 2009, S. 58 (61); *Hoppen,* CR 2009, S. 407 (408); *Hoeren,* CR 2008, S. 409 (410); *Frank/Wiegand,* CR

überhaupt im Besitz der vemeintlich schutzrechtsverletzenden Sache ist und ob ihm ein Anspruch zusteht.[99] Anderenfalls würde es sich um eine reine Ausforschung (möglicherweise auch von schutzwürdigen Geheimhaltungsinteressen) des Antragsgegners (mit der Gefahr einer branchenweiten Ausspähung) handeln, die bei Berücksichtigung des Verbots des Ausforschungsbeweises unzulässig ist.[100]

Im Gegensatz zu Art. 6 Abs. 1 Enforcement-Richtlinie stellt der Wortlaut von Art. 7 Abs. 1 S. 1 Enforcement-Richtlinie zwar nicht auf die Verfügungsgewalt des Antragsgegners ab. Daraus kann aber nicht im Umkehrschluss gefolgert werden, dass über Art. 7 Abs. 1 S. 1 Enforcement-Richtlinie im Eilfall auch die Durchsuchung von Betriebs- und Geschäftsräumen zum Auffinden und zur Sicherung von Beweismitteln erlaubt ist.[101] Vielmehr wird es sich beim Fehlen der Verfügungsgewalt in Art. 7 Abs. 1 S. 1 Enforcement-Richtlinie um ein schlichtes Redaktionsversehen handeln. Die Enforcement-Richtlinie soll dem Schutzrechtsinhaber zwar weitreichende Möglichkeiten zur Beweissicherung und Beweisbeschaffung zum Zwecke der Durchsetzung seiner Ausschließlichkeitsrechte ermöglichen, wovon aber nicht das Aufsuchen von Anhaltspunkten für eine Verletzungshandlung des Antragsgegners umfasst ist (Erwägungsgrund 20 der Enforcement-Richtlinie).[102] Ein umfassendes Durchsuchungsrecht des Antragstellers würde erheblich in die Sphäre

---

2007, S. 481 (482); *Moos,* CR 2006, S. 797 (799); *Auer-Reinsdorff,* ITRB 2006, S. 82 (83); *Koch,* ITRB 2006, S. 40 (41); *Peukert/Kur,* GRUR Int 2006, S. 292 (300); *Seichter,* WRP 2006, S. 391 (395); *v. Hartz,* ZUM 2005, S. 376 (378); *Kühnen,* GRUR 2005, S. 185 (190); a.A. *Müller-Stoy* (2008), Rn. 152, 293; *Müller-Stoy,* MittdtPatA 2009, S. 361 (364 f.); vgl. *Hoeren/Spittka,* MMR 2009, S. 583 (586); *Knaak,* GRUR Int 1988, S. 1 (8).

[99] BGH, Urt. v. 13.11.2003, Az. I ZR 187/01, GRUR 2004, 420, 421 – Kontrollbesuch = NJW-RR 2004, 916, 917; BGH, Urt. v. 08.01.1985, Az. X ZR 18/84, GRUR 1985, 512, 515 f. – Druckbalken m. Anm. *Stauder* = NJW-RR 1986, 480, 482 f.; *Trimborn,* in: Büscher/Dittmer/Schiwy (2015), Kap. 1, § 140c PatG Rn. 13; *Hahn,* in: PK-GewRS (2015), § 485 ZPO Rn. 61; *Rinken/Kühnen,* in: Schulte (2014), § 140c Rn. 32; *Habersack,* in: MüKo BGB (2013), § 809 Rn. 6; Fezer (2009), § 19a MarkenG Rn. 15, 47, 54; *Chakraborty,* in: Haedicke/Timmann (2012), § 11 Rn. 732; *Dierschke* (1901), S. 85 f.; *Mugdan* (1899), S. 497; *Jatzow* (1888), S. 890; vgl. *Kohler,* AcP 1892, S. 1 (46 f.).

[100] BT-Drucks. 14/6036, S. 120; BGH, Urt. v. 08.01.1985, Az. X ZR 18/84, GRUR 1985, 512, 515 f. – Druckbalken m. Anm. *Stauder* = NJW-RR 1986, 480, 482; Fezer (2009), § 19a MarkenG Rn. 5, 25; *Marshall,* in: FS Preu (1988), S. 151 (154 f.); *Tilmann/Schreibauer,* GRUR 2002, S. 1015 (1022); vgl. Baumbach/Lauterbach/Albers/Hartmann (2016), § 138 Rn. 21, Einf § 284 Rn. 27–29; *Tilmann/Schreibauer,* in: FS Erdmann (2002), S. 901 (904 f.); *König,* MittdtPatA 2002, S. 153 (158).

[101] *Moos,* CR 2006, S. 797 (800); *v. Hartz,* ZUM 2005, S. 376 (378; 380); a.A. *Müller-Stoy* (2008), Rn. 152, 293; *Müller-Stoy,* MittdtPatA 2009, S. 361 (365); *Koch,* ITRB 2006, S. 40 (42); *Knaak,* GRUR Int 2004, S. 745 (748 f.); vgl. *Tilmann,* GRUR 2005, S. 737 (739).

[102] *Brüning-Petit,* in: FS Stauder/Kolle (2005), S. 341 (343 f.); *Müller-Stoy,* MittdtPatA 2009, S. 361 (365); *v. Hartz,* ZUM 2005, S. 376 (380).

des Antragsgegners eingreifen und kann nicht mit dem Ziel der Enforcement-Richtlinie gerechtfertigt werden, die einen ausgewogenen Rechtsschutz für alle Verfahrensbeteiligten vorsieht (vgl. Erwägungsgrund 20 der Enforcement-Richtlinie), zumal diese Eingriffe auch nicht auf prozessualer Ebene aufgefangen werden können (etwa durch die Einschaltung einer Amtsperson während der Durchsuchung zur Überwachung der beteiligten Personen).[103]

2. *Mitwirkungspflichten des Antragsgegners*

Der Sachverständige hat die Besichtigung ohne Mithilfe des Antragsgegners durchzuführen, wobei er zur Inbetriebnahme oder Bedienung auch Hilfskräfte heranziehen kann, falls er dazu allein nicht imstande ist.[104] Weder § 485 ZPO noch § 140c PatG sieht ausdrücklich konkrete Mitwirkungspflichten des Antragsgegners vor.[105] In § 485 ZPO ist ausschließlich die Begutachtung des Besichtigungsgegenstandes durch einen Sachverständigen vorgesehen, wohingegen die Besichtigung nach § 140c PatG durch den Antragsteller oder einen von diesem beauftragten Privatsachverständigen durchgeführt wird.[106] Im Rahmen des „Düsseldorfer Modells" hat der Antragsgegner die Maßnahmen des gerichtlich bestellten Sachverständigen zu dulden, die ihm die gerichtliche Anordnung aufgibt.[107] Auf prozessualer Ebene liegt nur eine Duldungsverfügung vor, sodass etwa die Durchführung der Besichtigung durch den Antragsgegner mangels ausdrücklicher Mitwirkungspflichten nicht erreicht werden kann.[108]

Obwohl der Antragsgegner zur Erfüllung von Mitwirkungspflichten aktiv tätig werden muss und ihm dementsprechend ein positives Tun im Rahmen der Besichtigung auferlegt wird, ist darin wertungsmäßig lediglich eine Maß-

---

[103] *v. Hartz,* ZUM 2005, S. 376 (380); a.A. *Müller-Stoy,* MittdtPatA 2009, S. 361 (365).

[104] *Rinken/Kühnen*, in: Schulte (2014), § 140c Rn. 62; *Pastor*, in: Werner/Pastor (2015), Rn. 3111; *Kühnen* (2013), Rn. 378 (Fn. 396).

[105] *Ulrich*, in: Prütting/Gehrlein (2015), § 491 ZPO Rn. 2; *Pastor*, in: Werner/Pastor (2015), Rn. 86; *Chakraborty*, in: Haedicke/Timmann (2012), § 11 Rn. 762; *Ulrich,* AnwBl 2003, S. 78 (80); vgl. *Olzen*, in: Staudinger (2015), § 241 Rn. 258.

[106] OLG Hamburg, Urt. v. 26.05.2005, Az. 3 U 91/04, InstGE 5, 294, 302 (Rn. 34) – Fußbodenpaneele II = BeckRS 2009, 09886; *Hahn*, in: PK-GewRS (2015), § 491 ZPO Rn. 12; *Jestaedt* (2008), Rn. 841.

[107] LG Aurich, Urt. v. 28.10.2011, Az. 5 O 854/11, NZBau 2012, 369, 369 = DS 2012, 364, 365; *Grabinski/Zülch*, in: Benkard (2015), § 140c PatG Rn. 16; *Hahn*, in: PK-GewRS (2015), § 485 ZPO Rn. 55, 58; *Chakraborty*, in: Haedicke/Timmann (2012), § 11 Rn. 762; *Oldekop*, in: Schramm (2012), Kap. 9 Rn. 163; *Praun*, in: Kleine-Möller/Merl (2009), § 19 Rn. 211; *Weise* (2002), Rn. 509; *Kather/Fitzner,* MittdtPatA 2010, S. 325 (331); *Fitzner/Kather,* VPP-Rundbrief 2009, S. 58 (65).

[108] *Hahn*, in: PK-GewRS (2015), § 485 ZPO Rn. 58.

nahme zur Duldung der Besichtigung zu sehen.[109] Die Duldungsverfügung kann die Verpflichtung zu einem positiven Tun enthalten, falls dem Unterlassungsgebot nur bei dessen Ausführung nachgekommen werden kann und die Vornahme einer positiven Handlung zur Erreichung des rechtmäßigen Zustandes erforderlich ist.[110] Auf einer Linie damit liegt der aktiv ausgestaltete Wortlaut von § 809 BGB („zur Besichtigung vorlegt").

In der Besichtigungsanordnung ausgewiesene Mitwirkungshandlungen des Antragsgegners sind demzufolge zulässig, wenn sie zur Aufklärung des Sachverhalts erforderlich sind und kein überwiegendes Integritätsinteresse des Antragsgegners entgegensteht.[111] Die Anordnung ist aber auf quantitativ und qualitativ untergeordnete Tätigkeiten (etwa Herausgabehandlungen, Anweisungen an den Sachverständigen, die Inbetriebnahme einer Maschine oder die Eingabe von Maschinen- oder Steuerungsbefehlen) zu beschränken.[112] Ein umfangreiches positives Tätigwerden (etwa die Bedienung einer Maschinensteuerung) kann vom Antragsgegner nicht gefordert werden, sodass auf ihn nur bei zwingend notwendigen Maßnahmen zurückzugreifen ist. Dagegen muss der Antragsgegner unselbstständigen Mitwirkungshandlungen, die sich zwangsläufig aus der Duldungspflicht ergeben (etwa das Öffnen von Türen

---

[109] *Seiler*, in: Thomas/Putzo (2016), § 890 Rn. 2c, 3; *Rinken/Kühnen*, in: Schulte (2014), § 140c Rn. 31, 62.

[110] BGH, Urt. v. 28.09.2011, Az. VIII ZR 242/10, NJW 2012, 63, 63 f. (Rn. 15) = NZG 2011, 1376, 1377 (Rn. 15); BGH, Beschl. v. 25.01.2007, Az. I ZB 58/06, NJW-RR 2007, 863, 864 (Rn. 17) = WM 2007, 1416, 1417 (Rn. 17); *Seiler*, in: Thomas/Putzo (2016), § 890 Rn. 2c, 3; *Hahn*, in: PK-GewRS (2015), § 485 ZPO Rn. 56 f.; *Hacker*, in: Ströbele/Hacker (2015), § 19a Rn. 18; *Rinken/Kühnen*, in: Schulte (2014), § 140c Rn. 62; *Keukenschrijver/Kaess*, in: Busse (2013), § 140c Rn. 25; *Pitz*, in: Fitzner/Lutz/Bodewig (2012), § 140c PatG Rn. 20; *Kühnen* (2013), Rn. 378 (Fn. 396); *Chakraborty*, in: Haedicke/Timmann (2012), § 11 Rn. 762; *Oldekop*, in: Schramm (2012), Kap. 9 Rn. 132; *Kather/Fitzner*, MittdtPatA 2010, S. 325 (326); *Fitzner/Kather*, VPP-Rundbrief 2009, S. 58 (60); *Kühnen*, MittdtPatA 2009, S. 211 (214).

[111] *Grabinski/Zülch*, in: Benkard (2015), § 140c PatG Rn. 16, 28; *Hacker*, in: Ströbele/Hacker (2015), § 19a Rn. 18; *Rinken/Kühnen*, in: Schulte (2014), § 140c Rn. 31; *Götz* (2012), S. 163; *Chakraborty*, in: Haedicke/Timmann (2012), § 11 Rn. 762; *Oldekop*, in: Schramm (2012), Kap. 9 Rn. 163; *Reinartz* (2009), S. 127; *Karger* (1996), S. 82; *Tilmann/Schreibauer*, in: FS Erdmann (2002), S. 901 (906); *Hoppen*, CR 2009, S. 407 (409); *Tilmann/Schreibauer*, GRUR 2002, S. 1015 (1019); *Bork*, NJW 1997, S. 1665 (1670); vgl. *Pagenberg*, CR 1991, S. 65 (72); *Lachmann*, NJW 1987, S. 2206 (2210).

[112] Mes (2015), § 140c Rn. 34; *Hahn*, in: PK-GewRS (2015), § 485 ZPO Rn. 57; *Hacker*, in: Ströbele/Hacker (2015), § 19a Rn. 18; *Rinken/Kühnen*, in: Schulte (2014), § 140c Rn. 31, 62; *Keukenschrijver/Kaess*, in: Busse (2013), § 140c Rn. 25; *Pitz*, in: Fitzner/Lutz/Bodewig (2012), § 140c PatG Rn. 20; Ingerl/Rohnke (2010), § 19a Rn. 15; *Kühnen* (2013), Rn. 378 (Fn. 396); *Oldekop*, in: Schramm (2012), Kap. 9 Rn. 132; *Karger* (1996), S. 83 f.; *Kather/Fitzner*, MittdtPatA 2010, S. 325 (326); *Fitzner/Kather*, VPP-Rundbrief 2009, S. 58 (60); *Hoppen*, CR 2009, S. 407 (409); *Müller-Stoy*, MittdtPatA 2009, S. 361 (364, Fn. 29).

oder die Eingabe von Kennwörtern an Computern), sogar ohne ausdrückliche Benennung in der Besichtigungsanordnung entsprechen.[113]

Der Antragsgegner kann einer Fremdbedienung durch den Sachverständigen (sowie seiner Hilfskräfte) entgegenwirken, indem er Mitwirkungshandlungen freiwillig vornimmt (etwa die Bedienung einer Maschine nach genauen Weisungen des Sachverständigen) oder entsprechendes Fachpersonal aus seinem Mitarbeiterstamm abstellt.[114] Daneben ist die Kooperation im Rahmen der Besichtigung vor dem Hintergrund der Schadensabwendungspflicht des Antragsgegners aus § 254 Abs. 2 S. 1 BGB geboten, sofern er im Nachgang einen Schadensersatzanspruch geltend macht.[115]

3. Standortbenennung

Auf größeren Betriebsgeländen kann es hilfreich sein, dass der Antragsgegner den genauen Belegenheitsort des Besichtigungsgegenstandes preisgibt. An dieser Stelle muss bei dem Begriff „Standortbenennung" differenziert werden zwischen dem allgemeinen Belegenheitsort des Besichtigungsgegenstandes und dem konkreten Standort in den Räumlichkeiten des Antragsgegners.

a) Allgemeiner Belegenheitsort

Sowohl für das selbstständige Beweisverfahren als auch für die Duldungsverfügung muss der allgemeine Belegenheitsort des Besichtigungsgegenstandes bekannt sein. Sämtliche Besichtigungsgegenstände sowie konkrete Angaben zu deren Belegenheitsorten müssen im Antrag auf Anordnung eines selbstständigen Beweisverfahrens eindeutig bezeichnet werden, da bei fehlenden, unklaren oder nicht hinreichend bestimmten Ortsangaben der Antrag wegen Nichterfüllung von § 487 Nr. 2 ZPO unzulässig ist.[116] Daneben setzt der Verfügungsanspruch im Rahmen der Duldungsverfügung die Verfügungsgewalt

---

[113] *Grabinski/Zülch*, in: Benkard (2015), § 140c PatG Rn. 16; *Rinken/Kühnen*, in: Schulte (2014), § 140c Rn. 62; *Kühnen* (2013), Rn. 378 (Fn. 396); *Chakraborty*, in: Haedicke/Timmann (2012), § 11 Rn. 762; *Oldekop*, in: Schramm (2012), Kap. 9 Rn. 163; *Müller-Stoy,* MittdtPatA 2009, S. 361 (364, Fn. 29); *Kühnen,* MittdtPatA 2009, S. 211 (214); vgl. BGH, Beschl. v. 25.01.2007, Az. I ZB 58/06, NJW-RR 2007, 863, 864 (Rn. 18) = WM 2007, 1416, 1417 (Rn. 18).

[114] *Hahn*, in: PK-GewRS (2015), § 485 ZPO Rn. 60; *Rinken/Kühnen*, in: Schulte (2014), § 140c Rn. 62; *Kühnen* (2013), Rn. 378 (Fn. 396); *Chakraborty*, in: Haedicke/Timmann (2012), § 11 Rn. 740; vgl. *Hoppen,* CR 2009, S. 407 (409).

[115] *Leppin,* GRUR 1984, S. 552 (563).

[116] OLG Hamm, Urt. v. 31.01.2013, Az. 4 U 200/12, GRUR-RR 2013, 306, 307 – Vorbereitender Besichtigungsanspruch = BeckRS 2013, 07152; BT-Drucks. 16/5048, S. 40; *Hahn*, in: PK-GewRS (2015), § 487 ZPO Rn. 10; *Keukenschrijver/Kaess*, in: Busse (2013), § 140c Rn. 20; *Rinken/Kühnen*, in: Schulte (2014), § 140c Rn. 43; *Oldekop*, in: Schramm (2012), Kap. 9 Rn. 122; *Marshall,* in: FS Preu (1988), S. 151 (163); *Ringer/Wiedemann,* GRUR 2014, S. 229 (232).

des Antragsgegners über den Besichtigungsgegenstand voraus. Aufgrund dieses Besitzerfordernisses scheidet ein Anspruch auf eine allgemeine Standortbenennung durch den Antragsgegner im Zuge des Besichtigungsantrags aus.[117] Eine andere Vorgehensweise im Rahmen des „Düsseldorfer Modells" wäre auch nicht im Interesse des Antragstellers, da bei Abfrage des aktuellen Standorts des Besichtigungsgegenstandes der Überraschungseffekt verloren gehen würde.

Der Besichtigungsort wird durch die Verweisung in § 140c Abs. 4 PatG, die § 811 BGB für entsprechend anwendbar erklärt, noch konkretisiert. Danach hat die Besichtung (in Abweichung von § 269 Abs. 1 BGB) grundsätzlich an dem Orte zu erfolgen, an welchem sich die vorzulegende Sache befindet (§ 811 Abs. 1 S. 1 BGB), wobei der Begriff „Ort" die politische Gemeinde meint.[118] Für einen anderen Besichtigungsort (§ 811 Abs. 1 S. 2 BGB) ist neben einem wichtigen Grund sowohl ein ausdrücklicher Antrag des Antragstellers als auch eine ausdrückliche Anordnung des Gerichts erforderlich.[119]

b) Konkreter Standort

Eine präzise Standortbenennung durch den Antragsteller innerhalb der Betriebs- und Geschäftsräume wird regelmäßig nur schwer möglich sein, vor allem bei großen Betriebsgeländen. Er muss aber im Rahmen der Antragstellung bereits dargelegt haben, dass sich der Besichtigungsgegenstand in den Räumlichkeiten des Antragsgegners befindet. Dem Antragsteller im Nachgang die konkrete Standortbenennung durch den Antragsgegner zu verweigern, würde nur eine zeitliche Verzögerung bedeuten. Der Besichtigungsanspruch enthält daher als eine Art „Minus" zur Besichtigung die Verpflichtung, den konkreten Standort des vermeintlich schutzrechtsverletzenden Gegenstandes auf dem Betriebsgelände zu benennen.[120]

---

[117] OLG Düsseldorf, Beschl. v. 30.01.2003, Az. 2 U 71/99, GRUR-RR 2003, 327, 327 – Raumkühlgerät = BeckRS 2003, 17845; *Oldekop*, in: Schramm (2012), Kap. 9 Rn. 135; *Brandi-Dohrn,* GRUR 1985, S. 179 (186).

[118] RG, Urt. 11.01.1912, Az. VI 480/10, RGZ 78, 137, 141; BGH, Urt. v. 09.03.1983, Az. VIII ZR 11/82, NJW 1983, 1479, 1481 = MDR 1983, 660, 660; *Sprau*, in: Palandt (2016), § 811 Rn. 1; *Ohst*, in: Wandtke/Bullinger (2014), § 101a UrhG Rn. 37; *Habersack*, in: MüKo BGB (2013), § 811 Rn. 2; *Gehrlein*, in: Bamberger/Roth (2012), § 811 Rn. 1; *Dörre/Maaßen,* GRUR-RR 2008, S. 217 (220).

[119] *Chakraborty*, in: Haedicke/Timmann (2012), § 11 Rn. 742; *Oldekop*, in: Schramm (2012), Kap. 9 Rn. 128.

[120] *Keukenschrijver/Kaess*, in: Busse (2013), § 140c Rn. 15; *Rogge/Grabinski*, in: Benkard (2006), § 139 PatG Rn. 117a; *Kühnen* (2013), Rn. 350; *Müller-Stoy,* MittdtPatA 2009, S. 361 (364); *Leppin,* GRUR 1984, S. 695 (711); vgl. OLG Düsseldorf, Beschl. v. 30.01.2003, Az. 2 U 71/99, GRUR-RR 2003, 327, 327 – Raumkühlgerät = BeckRS 2003, 17845; *Hahn*, in: PK-GewRS (2015), § 485 ZPO Rn. 63 f.; *Chakraborty*, in: Haedicke/Timmann (2012), § 11 Rn. 733; *Oldekop*, in: Schramm (2012), Kap. 9 Rn. 135, 163;

Die Duldungspflicht wird (wie schon bei den Mitwirkungshandlungen) erweitert ausgelegt, da die Interessen des Antragsgegners dadurch nicht nachteilig beeinträchtigt werden. Vielmehr wird dem Antragsgegner ebenfalls daran gelegen sein, dass die Besichtigungsteilnehmer auf dem schnellsten Weg zum Besichtigungsgegenstand gelangen. Andernfalls besteht nämlich die Gefahr, dass sie auf ihrem Weg weitere geheimhaltungsbedürftige Informationen „im Vorbeigehen" aufschnappen. Im Anschluss an die konkrete Standortbenennung kann der Besichtigungsgegenstand vom Sachverständigen durch spezifische Merkmale (etwa Typenbezeichnungen, Fotodokumentationen sowie verbale oder zeichnerische Beschreibungen des Gegenstandes) identifiziert werden.[121]

4. Antragsüberschreitende Beweissicherung

Der Sachverständige darf nur über die in der Besichtigungsanordnung aufgeführten Punkte Beweis erheben. Die eigenständige Einbeziehung von Unter- oder Nebenansprüchen in die Besichtigung durch den Sachverständigen ist nicht gestattet, sodass weiter gehende Stellungnahmen des Sachverständigen im Gutachten grundsätzlich nicht an den Antragsteller freigegeben werden dürfen.[122] Hat der Sachverständige dennoch Unter- oder Nebenansprüche in die Besichtigung einbezogen, obwohl sie nicht in der Beweissicherungsanordnung aufgeführt waren, kann der Antragsteller diesen Verstoß gegen § 308 Abs. 1 ZPO durch eine nachträgliche Genehmigung der Antragsüberschreitung heilen.[123] Dafür ist das zumindest hilfsweise Zueigenmachen der Feststellungen des Sachverständigen zu den Unter- oder Nebenansprüchen not-

---

Nieder, in: Erdmann/Rojahn/Sosnitza (2011), Kap. 1 Rn. 609 („Praxistipp"); *Kühnen*, MittdtPatA 2009, S. 211 (214).

[121] *Rinken/Kühnen*, in: Schulte (2014), § 140c Rn. 43 f.

[122] OLG München, Beschl. v. 11.03.2011, Az. 6 W 610/10, InstGE 13, 298, 300 (Rn. 14), 301 (Rn. 16, 18) – ausgelagerter Server; Mes (2015), § 140c Rn. 33; *Hahn*, in: PK-GewRS (2015), § 485 ZPO Rn. 59, § 487 ZPO Rn. 39, § 490 ZPO Rn. 9; *Rinken/Kühnen*, in: Schulte (2014), § 140c Rn. 72; *Kühnen* (2013), Rn. 375, 395, 405, 2448; *Chakraborty*, in: Haedicke/Timmann (2012), § 11 Rn. 739; *Oldekop*, in: Schramm (2012), Kap. 9 Rn. 132; *Nieder*, in: Erdmann/Rojahn/Sosnitza (2011), Kap. 1 Rn. 595; *Weise* (2002), Rn. 275; *Karger* (1996), S. 119; *Marshall*, in: FS Preu (1988), S. 151 (156); *McGuire*, GRUR 2015, S. 424 (434); *Kather/Fitzner*, MittdtPatA 2010, S. 325 (326, 328, 332); *Fitzner/Kather*, VPP-Rundbrief 2009, S. 58 (60, 62, 66); *Hoppen*, CR 2009, S. 407 (408); vgl. OLG München, Beschl. v. 19.03.2010, Az. 6 W 832/10, InstGE 12, 186, 189 f. (Rn. 28 f.) – Presseur = BeckRS 2011, 00035; OLG Saarbrücken, Beschl. v. 11.03.2008, Az. 5 W 42/08, DS 2008, 230, 232 = MDR 2008, 1121, 1121; *Hahn*, in: PK-GewRS (2015), § 494a ZPO Rn. 26; *Chakraborty*, in: Haedicke/Timmann (2012), § 11 Rn. 787 f.; instruktiv: OLG Karlsruhe, Beschl. v. 18.05.2010, Az. 6 W 28/10, BeckRS 2011, 18386.

[123] OLG München, Beschl. v. 11.03.2011, Az. 6 W 610/10, InstGE 13, 298, 302 f. (Rn. 21) – ausgelagerter Server; *Hahn*, in: PK-GewRS (2015), § 490 ZPO Rn. 3; *Kühnen* (2013), Rn. 376.

wendig[124], was etwa durch das Herausgabeverlangen hinsichtlich des gesamten Gutachtens, also einschließlich der Befunde zu den Unter- oder Nebenansprüchen, als konkludente Genehmigung erfolgen kann.[125] Diese Genehmigung des Antragstellers beinhaltet typischerweise gleichzeitig eine Erweiterung des ursprünglich enger gefassten Antrages auf die bisher ohne Auftrag behandelten Ansprüche.[126]

Für einen Erlass der Beweissicherungsanordnung hinsichtlich dieser Ansprüche durch das Gericht werden regelmäßig dieselben Gründe wie für die ursprüngliche Beweissicherungsanordnung sprechen. Andernfalls müssten die bereits durch den Sachverständigen erhobenen Feststellungen zu den Unter- oder Nebenansprüchen des antragstellerischen Schutzrechts nur aufgrund des fehlenden Auftrags verworfen werden. Zeitgleich müsste durch das Gericht im Zuge einer Antragserweiterung eine Nachbesichtigung hinsichtlich der Unter- oder Nebenansprüche angeordnet werden, zu denen der Sachverständige im Rahmen der ersten Besichtigung schon auftragslos Feststellungen getroffen hat.[127] Diese Vorgehensweise würde sämtlichen Bedürfnissen der Praxis hinsichtlich Schnelligkeit und Vermeidung einer Beweisvereitelung widersprechen. Sofern der Antragsteller sich die weiter gehenden Feststellungen zu eigen macht, sollte dementsprechend der gesamte Gutachteninhalt als gegeben angesehen und im weiteren Verlauf berücksichtigt werden.[128]

III. Geheimnisschutz

Die Grundlage eines gewerblichen Schutzrechts bildet regelmäßig ein Geheimnis.[129] Betriebs- und Geschäftsgeheimnisse können das Know-how (wobei aber die gewerbliche Geheimnissphäre über den Begriff „Know-how" hinausgeht) eines Unternehmens darstellen und dementsprechend einen immensen Wert haben, gleichzeitig aber auch zu neuen Leistungen anregen und damit förderlich für den Wettbewerb sein (vgl. die Erwägungsgründe 1–3 und 16 der Geheimnisschutz-Richtlinie[130]).[131]

---

[124] Vgl. BGH, Urt. v. 06.10.1998, Az. XI ZR 313/97, NJW 1999, 61, 62 = MDR 1999, 314, 314.

[125] *Hahn*, in: PK-GewRS (2015), § 490 ZPO Rn. 3, 10; *Kühnen* (2013), Rn. 376.

[126] *Kühnen* (2013), Rn. 376.

[127] *Hahn*, in: PK-GewRS (2015), § 490 ZPO Rn. 10; *Kühnen* (2013), Rn. 376.

[128] *Kühnen* (2013), Rn. 376.

[129] Vorschlag für eine Richtlinie des Europäischen Parlaments und des Rates über den Schutz vertraulichen Know-hows und vertraulicher Geschäftsinformationen (Geschäftsgeheimnisse) vor rechtswidrigem Erwerb sowie rechtswidriger Nutzung und Offenlegung vom 28.11.2013, COM(2013) 813 final, 2013/0402 (COD), S. 2.

[130] Richtlinie (EU) 2016/943 des Europäischen Parlaments und des Rates vom 08. Juni 2016 über den Schutz vertraulichen Know-hows und vertraulicher Geschäftsinformationen

Der Geheimnisschutz hat in Europa eine lange Tradition. Bereits im römischen Recht hatte der Verrat von Geschäftsgeheimnissen über wirtschaftliche Angelegenheiten des Herrn durch Sklaven rechtliche Konsequenzen und auch in mittelalterlichen europäischen Gilden wurde ein Geheimnisschutz ausgiebig praktiziert.[132]

Im Gegensatz zu anderen Ländern[133], in denen der Schutz von Betriebs- und Geschäftsgeheimnissen kein maßgeblicher Grund für die Vorenthaltung von für die gegnerische Partei bedeutenden Dokumenten ist oder die Verletzung derartiger Geheimnisse nicht nennenswert geahndet wird, ist der Schutz geheimhaltungsbedürftiger Informationen in Deutschland und Europa (trotz der Bezeichnung als Stiefkind[134] oder Aschenputtel[135] des geistigen Eigentums sowie des Lauterkeitsrechts) als schutzwürdiger Bestandteil eines Unternehmens anerkannt und von hoher Bedeutung, sodass er in verschiedenen Stadien zu berücksichtigen ist (insbesondere bei der Besichtigung sowie der Entscheidung über die Gutachtenfreigabe an den Antragsteller).[136]

(Geschäftsgeheimnisse) vor rechtswidrigem Erwerb sowie rechtswidriger Nutzung und Offenlegung, ABl. EU L 157 vom 15.06.2016, S. 1 ff.; vgl. PE-CONS 76/15, 2013/0402 (COD) sowie TA/2016/131/P8.

[131] *Stürner* (1976), S. 208; *Kiethe/Groeschke,* WRP 2005, S. 1358 (1359); *Stürner,* JZ 1985, S. 453 (453 f.).

[132] Jorda, Trade Secrets and Trade-Secret Licensing, Chapter No. 11.5 (abrufbar unter: http://www.iphandbook.org/handbook/ch11/p05/; zuletzt abgerufen am: 30.06.2017).

[133] *Heath,* IIC 2000, S. 749 (766); *Stürner,* JZ 1985, S. 453 (455); *Stürner,* ZVglRWiss 1982, S. 159 (192); *Stauder,* GRUR Int 1978, S. 230 (233); vgl. Study on Trade Secrets and Confidential Business Information in the Internal Market, MARKT/2011/128/D, S. 35 (abrufbar unter: http://ec.europa.eu/internal_market/iprenforcement/docs/trade-secrets/130711_final-study_en.pdf; zuletzt abgerufen am: 30.06.2017); *Schlosser,* ZZP 1981, S. 369 (398–402).

[134] *Ann,* GRUR 2007, S. 39 (39).

[135] Hogan Lovells International LLP, Report on Trade Secrets for the European Commission v. 23.09.2011, S. 9 (Rn. 34) (abrufbar unter: http://ec.europa.eu/internal_market/iprenforcement/docs/trade-secrets/120113_study_en.pdf; zuletzt abgerufen am: 30.06.2017).

[136] OLG Düsseldorf, Beschl. v. 30.11.2012, Az. I-2 W 24/12, BeckRS 2013, 09674; *Ann/Hauck/Maute* (2011), Rn. 5–7; *Kersting* (1995), S. 37; *Stadler* (1989), S. 232; *Brandi-Dohrn,* CR 2014, S. 211 (211); *Ohly,* GRUR 2014, S. 1 (2); DAV, Stellungnahme Nr. 36/2014, S. 4, 6 (abrufbar unter: http://anwaltverein.de/dc/newsroom/sn-36–14?file=files/anwaltverein.de/downloads/newsroom/stellungnahmen/2014/DAV-SN36–2014.pdf; zuletzt abgerufen am: 30.06.2017); GRUR, Stellungnahme vom 19.03.2014, S. 2 (abrufbar unter: http://www.grur.org/uploads/tx_gstatement/2014–03–19_GRUR_Stellungnahme_zum_Know-how-Schutz.pdf; zuletzt abgerufen am: 30.06.2017); *Wessendorf,* GRUR Int 2013, S. 876 (876); Study on Trade Secrets and Confidential Business Information in the Internal Market, MARKT/2011/128/D, S. 1 (abrufbar unter: http://ec.europa.eu/internal_market/iprenforcement/docs/trade-secrets/130711_final-study_en.pdf; zuletzt abgerufen am: 30.06.2017); Hogan Lovells International LLP, Report on Trade Secrets for the European Commission vom 23.09.2011, S. 5 (Rn. 14, 16), S. 18 (Rn. 104), S. 32 (Rn. 217)

Die Geheimhaltung darf nicht auf Kosten der Rechtsdurchsetzung des Schutzrechtsinhabers überwiegen, genauso wenig darf aber auch die Rechtsdurchsetzung zum Nachteil der Geheimhaltung einseitig begünstigt werden, sodass eine Partei entweder ihr Geheimnis oder das Verfahren (infolge der Beweisfälligkeit) verliert.[137] Geheimhaltungsbedürftige Tatsachen müssen in einem geordneten Verfahren auch gegen den Willen des Antragsgegners festgestellt werden können, sofern der Schutz dieser Informationen vor dem Einblick Dritter gewährleistet werden kann.[138] Dabei bestimmt das schwächste Glied im Rahmen der Schutzvorkehrungen den Erfolg des Geheimnisschutzes.[139]

Im Rahmen von Besichtigungsmaßnahmen können Gerichte die notwendigen Maßnahmen zum Schutz vertraulicher Informationen anordnen (§ 140c Abs. 1 S. 3, Abs. 3 S. 2, 3 PatG), wobei die Gerichte bei einem Verzicht auf die vorherige Anhörung des Antragsgegners sogar zum Erlass verpflichtet sind (§ 140c Abs. 3 S. 2, 3 PatG), da § 140c Abs. 1 S. 3 PatG eine Geltendmachung durch den Antragsgegner verlangt.[140] Die im konkreten Fall zu ergreifenden Maßnahmen stehen im Ermessen des Gerichts (vgl. § 938 Abs. 1 ZPO), sodass den Umständen des Einzelfalls Rechnung getragen werden kann.[141] Dabei sind die Interessen beider Parteien im Verhältnis zur Wahrscheinlichkeit der Schutzrechtsverletzung[142] zu berücksichtigen, ohne im

---

(abrufbar unter: http://ec.europa.eu/internal_market/iprenforcement/docs/trade-secrets/120113_study_ en.pdf; zuletzt abgerufen am: 30.06.2017); *Ann,* GRUR 2007, S. 39 (40); *Stürner,* ZVglRWiss 1982, S. 159 (204); vgl. *Kurz* (2013), Rn. 622, 646, 669, 676; *Mes,* GRUR 1979, S. 584 (588 f.); *Kraßer,* GRUR 1977, S. 177 (195).

[137] *Stadler* (1989), S. 368; *Bornkamm,* in: FS Ullmann (2006), S. 893 (903); *Prütting/Weth,* NJW 1993, S. 576 (576); *Pagenberg,* CR 1991, S. 65 (65, 72); a.A. *Kürschner,* NJW 1992, S. 1804 (1805); vgl. OLG Düsseldorf, Urt. v. 29.05.2008, Az. 2 W 47/07, InstGE 9, 140, 163 (Rn. 61) – Olanzapin = GRUR-RR 2008, 329, 332; *Melullis,* in: FS Tilmann (2003), S. 843 (856); *McGuire,* GRUR 2015, S. 424 (427); *Wessendorf,* GRUR Int 2013, S. 876 (876); *Stadler,* NJW 1989, S. 1202 (1202); *Stürner/Stadler,* JZ 1985, S. 1101 (1104); *Stürner,* JZ 1985, S. 453 (457).

[138] *Pagenberg,* CR 1991, S. 65 (72).

[139] *Wessendorf,* GRUR Int 2013, S. 876 (880).

[140] BT-Drucks. 16/5048, S. 41; *Czychowski,* in: Fromm/Nordemann (2014), § 101a UrhG Rn. 25, 29; wohl a.A. Fezer (2009), § 19a MarkenG Rn. 35; vgl. Ref-Entwurf vom 03.01.2006, S. 85 (abrufbar unter: http://www.urheberrecht.org/topic/enforce/bmj/2006–01–03-DurchsetzungsG-E.pdf; zuletzt abgerufen am: 30.06.2017).

[141] BT-Drucks. 16/5048, S. 41; Ref-Entwurf vom 03.01.2006, S. 85 (abrufbar unter: http://www.urheberrecht.org/topic/enforce/bmj/2006–01–03-DurchsetzungsG-E.pdf; zuletzt abgerufen am: 30.06.2017); Fezer (2009), § 19a MarkenG Rn. 36, 44 f.; *Bornkamm,* in: FS Ullmann (2006), S. 893 (895, 901); *Tilmann,* in: FS Ullmann (2006), S. 1013 (1020–1022); *Seichter,* WRP 2006, S. 391 (394 f.); *v. Hartz,* ZUM 2005, S. 376 (380); kritisch: *Spindler/Weber,* MMR 2006, S. 711 (713 f.); *Peukert/Kur,* GRUR Int 2006, S. 292 (302).

[142] *Rinken/Kühnen,* in: Schulte (2014), § 140c Rn. 13; *v. Meibom/vom Feld,* in: FS 50 Jahre BPatG (2011), S. 975 (988); *Melullis,* in: FS Tilmann (2003), S. 843 (851 f., 856).

Vorfeld einem Interesse ein höheres Gewicht beizumessen.[143] Da im Vorfeld einer Besichtigung ungewiss ist, in welchem Ausmaß die Geheimhaltungsinteressen des Antragsgegners im konkreten Fall betroffen sind, sind diese in Wechselwirkung mit den Interessen des Antragstellers tendenziell großzügig anzunehmen.[144]

1. Betriebs- und Geschäftsgeheimnisse

Der Geheimnisschutz umfasst das betriebsbezogene technische und kaufmännische Wissen im weitesten Sinne, das allenfalls einem eng begrenzten Personenkreis bekannt ist und von dem sich ein größerer Personenkreis nur unter Schwierigkeiten Kenntnis verschaffen kann, an dessen Geheimhaltung der Unternehmer ein berechtigtes (wirtschaftliches) Interesse hat und in Bezug auf das sein Geheimhaltungswille bekundet worden oder erkennbar ist (vgl. Art. 39 Abs. 2 TRIPS-Abkommen sowie Art. 2 Abs. 1 Geheimnisschutz-Richtlinie).[145] Dabei umfassen Betriebsgeheimnisse im Wesentlichen techni-

---

[143] BT-Drucks. 16/5048, S. 41; Ref-Entwurf vom 03.01.2006, S. 85 (abrufbar unter: http://www.urheberrecht.org/topic/enforce/bmj/2006–01–03-DurchsetzungsG-E.pdf; zuletzt abgerufen am: 30.06.2017); *Hahn*, in: PK-GewRS (2015), Vor § 485 ZPO Rn. 54; *Voß*, in: Fitzner/Lutz/Bodewig (2012), Vor §§ 139 ff. PatG Rn. 133; *Drescher*, in: MüKo ZPO (2012), § 938 Rn. 2–4; *Grunsky*, in: Stein/Jonas (2002), § 938 Rn. 1; *Oldekop*, in: Schramm (2012), Kap. 9 Rn. 144, 154; *Zöllner,* GRUR-Prax 2010, S. 74 (77); vgl. BGH, Beschl. v. 16.11.2009, Az. X ZB 37/08, GRUR 2010, 318, 320 (Rn. 17) – Lichtbogenschnürung = WRP 2010, 541, 544 (Rn. 17); *Rinken/Kühnen*, in: Schulte (2014), § 140c Rn. 22; *Kühnen* (2013), Rn. 327; *Dörre/Maaßen,* GRUR-RR 2008, S. 217 (221); *Spindler/Weber,* MMR 2006, S. 711 (712); *Ahrens,* GRUR 2005, S. 837 (839 f.).

[144] BGH, Beschl. v. 16.11.2009, Az. X ZB 37/08, GRUR 2010, 318, 320 (Rn. 23) – Lichtbogenschnürung = WRP 2010, 541, 545 (Rn. 23); Mes (2015), § 140c Rn. 38; *Amschewitz* (2008), S. 112; *Kühnen,* GRUR 2005, S. 185 (190).

[145] RG, Urt. v. 22.11.1935, Az. II 128/35, RGZ 149, 329, 334; BVerfG, Beschl. v. 14.03.2006, Az. 1 BvR 2087/03 und 1 BvR 2111/03, MMR 2006, 375, 376 = NVwZ 2006, 1041, 1042 (Rn. 87); BGH, Beschl. v. 16.11.2009, Az. X ZB 37/08, GRUR 2010, 318, 320 (Rn. 17) – Lichtbogenschnürung = WRP 2010, 541, 544 (Rn. 17); BGH, Urt. v. 07.11.2002, Az. I ZR 64/00, GRUR 2003, 356, 358 – Präzisionsmessgeräte = NJW-RR 2003, 618, 620; BGH, Urt. v. 15.03.1955, Az. I ZR 111/53, GRUR 1955, 424, 425 – Möbelpaste; OLG Düsseldorf, Beschl. v. 02.07.2015, Az. I-2 W 13/15, BeckRS 2016, 01681 (Rn. 7); OLG Düsseldorf, Beschl. v. 20.08.2012, Az. I-2 W 13/12, BeckRS 2016, 01066; *Köhler*, in: Köhler/Bornkamm (2016), § 17 UWG Rn. 4; *Dreier*, in: Dreier/Schulze (2015), § 101a Rn. 7; *Rinken*, in: PK-GewRS (2015), § 285 ZPO Rn. 12; *Czychowski*, in: Fromm/Nordemann (2014), § 101a UrhG Rn. 24; *Ohly*, in: Ohly/Sosnitza (2014), § 17 UWG Rn. 5; *Rinken/Kühnen*, in: Schulte (2014), § 140c Rn. 22; *Ohst*, in: Wandtke/Bullinger (2014), § 101a UrhG Rn. 29; *Voß*, in: Fitzner/Lutz/Bodewig (2012), Vor §§ 139 ff. PatG Rn. 132; *Pitz*, in: Fitzner/Lutz/Bodewig (2012), § 140c PatG Rn. 29; Ingerl/Rohnke (2010), § 19a Rn. 18; *Götz* (2014), S. 11; *Kühnen* (2013), Rn. 327; *Malmström* (2013), S. 35; *Chakraborty*, in: Haedicke/Timmann (2012), § 11 Rn. 769; *Oldekop*, in: Schramm (2012), Kap. 9 Rn. 155; *Ann/Hauck/Maute* (2011), Rn. 12 f.; *Müller-Stoy*

sches Wissen und Geschäftsgeheimnisse vornehmlich kaufmännisches Wissen.[146]

Regelmäßig wird es sich bei den beteiligten Parteien um Wettbewerber handeln. Das sich aus den widerstreitenden Interessen der Parteien (das Geheimhaltungsinteresse des Antragsgegners gegenüber der Sachverhaltsaufklärung) ergebende Spannungsverhältnis bedarf einer sachgerechten Auflösung.[147] Berechtigte Betriebs- und Geschäftsgeheimnisse unterliegen dem Schutz von Art. 2, 12, 14 Abs. 1 GG und dem Grundsatz von Treu und Glauben nach § 242 BGB.[148] Zum Schutz dieser geheimhaltungsbedürftigen Tatsachen müssen an die verfahrenstechnische Durchführung der Besichtigung besondere Anforderungen gestellt werden. Das gerichtliche Verfahren muss eine Beweisaufklärung sowie -sicherung ermöglichen und gleichzeitig berechtigte Geheimhaltungsinteressen des Antragsgegners aufgrund des verfassungsrechtlichen Schutzes berücksichtigen.[149]

2. *Konkreter Schutzgegenstand*

Wenngleich der Besichtigungsgegenstand im Mittelpunkt der Besichtigung steht und eigenständiges, geheimes Know-how des Antragsgegners beinhal-

---

(2008), Rn. 17; *Karger* (1996), S. 45; *Maass* (1970), S. 94; *Rojahn,* in: FS Loewenheim (2009), S. 251 (251); *McGuire,* GRUR 2015, S. 424 (425); *Ohly,* GRUR 2014, S. 1 (4); *Ann,* VPP-Rundbrief 2011, S. 118 (118, Folie 5); *McGuire/Joachim/Künzel/Weber,* GRUR Int 2010, S. 829 (829); *Ann,* GRUR 2007, S. 39 (41, 43); *Kiethe,* JZ 2005, S. 1034 (1037); *Lachmann,* NJW 1987, S. 2206 (2207); *Stürner,* JZ 1985, S. 453 (453); *Mes,* GRUR 1979, S. 584 (584 f.); *Kraßer,* GRUR 1977, S. 177 (178); *Kraßer,* GRUR 1970, S. 587 (589); vgl. *Wessendorf,* GRUR Int 2013, S. 876 (876); Study on Trade Secrets and Confidential Business Information in the Internal Market, MARKT/2011/128/D, S. 2 (abrufbar unter: http://ec.europa.eu/internal_market/iprenforcement/docs/trade-secrets/130711_final-study_en.pdf; zuletzt abgerufen am: 30.06.2017).

[146] *Brammsen*, in: MüKo UWG (2014), § 17 UWG Rn. 8; *Malmström* (2013), S. 35; *Ann/Hauck/Maute* (2011), Rn. 18–22; *Beckhaus* (2010), S. 365; *Müller-Stoy* (2008), Rn. 17; *Maass* (1970), S. 94 f.; *Ann,* GRUR 2007, S. 39 (41); *Stürner* (1976), S. 208; *Kiethe,* JZ 2005, S. 1034 (1037); *Lieberknecht,* WuW 1988, S. 833 (836); *Gottwald,* BB 1979, S. 1780 (1781); *Kraßer,* GRUR 1977, S. 177 (179); *Nastelski,* GRUR 1957, S. 1 (1).

[147] *Chakraborty*, in: Haedicke/Timmann (2012), § 11 Rn. 769.

[148] BVerfG, Beschl. v. 14.03.2006, Az. 1 BvR 2087/03 und 1 BvR 2111/03, MMR 2006, 375, 376, 382 = NVwZ 2006, 1041, 1042 (Rn. 79), 1046 (Rn. 137);
OLG Düsseldorf, Urt. v. 17.08.1981, Az. 2 U 102/81, GRUR 1983, 741, 744 – Geheimhaltungsinteresse und Besichtigungsanspruch I; *Müller-Stoy,* MittdtPatA 2010, S. 267 (268); vgl. BGH, Beschl. v. 25.01.2006, Az. VIII ZB 33/05, NJOZ 2006, 2751, 2752 = BeckRS 2006, 02798; *Ann,* GRUR 2007, S. 39 (42).

[149] *Jarass*, in: Jarass/Pieroth (2014), Art. 12 Rn. 10, Art. 14 Rn. 19, 21; *Rinken/Kühnen*, in: Schulte (2014), § 140c Rn. 22; *Voß*, in: Fitzner/Lutz/Bodewig (2012), Vor §§ 139 ff. PatG Rn. 132; *Kühnen* (2013), Rn. 327; *Oldekop*, in: Schramm (2012), Kap. 9 Rn. 154; *Ann,* GRUR 2007, S. 39 (42).

ten kann (etwa eine von den festzustellenden Tatsachen unabhängige Neuerung im Rahmen einer abhängigen Erfindung), sind darüber hinaus Geheimhaltungsbedürfnisse des Antragsgegners hinsichtlich weiterer Betriebs- und Geschäftsgeheimnisse möglich, die in seinen Räumlichkeiten für die Besichtigungsteilnehmer wahrnehmbar sind, mit der Besichtigung jedoch in keinem Zusammenhang stehen.[150] Dementsprechend umfasst der Geheimnisschutz die Weitergabe aller Informationen, die im Zusammenhang mit der Besichtigung an zugänglichen oder wahrnehmbaren betrieblichen Gegenständen (etwa Maschinen oder andere Vorrichtungen einschließlich der mit ihnen möglicherweise ausgeführten Verfahren, Modelle, Prototypen, Entwicklungs- und Forschungsprojekte, Zeichnungen und sonstige Unterlagen, Rezepte, Designs, Formeln, Genmaterial, Quellcodes oder anderweitige Daten) zutage getreten sind.[151]

3. Geheimhaltungswille und Geheimhaltungsinteresse

Grundsätzlich bedarf es neben der objektiven Voraussetzung des Bestehens von nichtoffenkundigen, vertraulichen Informationen auch zweier subjektiver Komponenten in Form eines Geheimhaltungswillens, der sich durch eine dahingehende Äußerung zeigt oder sich aus den jeweiligen Umständen ergibt, sowie eines berechtigten (wirtschaftlichen) Geheimhaltungsinteresses des Antragsgegners.[152] Mangels Anhörung im Rahmen des „Düsseldorfer Mo-

---

[150] OLG Düsseldorf, Urt. v. 17.08.1981, Az. 2 U 102/81, GRUR 1983, 741, 743 – Geheimhaltungsinteresse und Besichtigungsanspruch I; LG Düsseldorf, Beschl. v. 09.03.2006, Az. 4b O 550/05, InstGE 6, 189, 190 (Rn. 1) – Walzen-Formgebungsmaschine; Mes (2015), § 140c Rn. 38; *Rinken/Kühnen*, in: Schulte (2014), § 140c Rn. 22; *Melullis*, in: FS Tilmann (2003), S. 843 (852); *Müller-Stoy*, MittdtPatA 2010, S. 267 (268); *Zöllner*, GRUR-Prax 2010, S. 74 (75); *Kühnen*, MittdtPatA 2009, S. 211 (212); *Ann*, GRUR 2007, S. 39 (40 f.); *Spindler/Weber*, MMR 2006, S. 711 (711); *Kühnen*, GRUR 2005, S. 185 (190); *Lachmann*, NJW 1987, S. 2206 (2207); vgl. *Kiethe/Groeschke*, WRP 2005, S. 1358 (1359).

[151] BVerfG, Beschl. v. 14.03.2006, Az. 1 BvR 2087/03 und 1 BvR 2111/03, MMR 2006, 375, 376 = NVwZ 2006, 1041, 1042 (Rn. 87); BGH, Beschl. v. 16.11.2009, Az. X ZB 37/08, GRUR 2010, 318, 320 (Rn. 17) – Lichtbogenschnürung = WRP 2010, 541, 544 (Rn. 17); *Rinken*, in: PK-GewRS (2015), § 285 ZPO Rn. 12; *Brammsen*, in: MüKo UWG (2014), § 17 UWG Rn. 30 m.w.Nachw.; *Voß*, in: Fitzner/Lutz/Bodewig (2012), Vor §§ 139 ff. PatG Rn. 132; *Götz* (2014), S. 12 f.; *Chakraborty*, in: Haedicke/Timmann (2012), § 11 Rn. 769; *McGuire*, GRUR 2015, S. 424 (425); *Ann*, GRUR 2007, S. 39 (41); *Spindler/Weber*, MMR 2006, S. 711 (711); vgl. Study on Trade Secrets and Confidential Business Information in the Internal Market, MARKT/2011/128/D, S. 1 (abrufbar unter: http://ec.europa.eu/internal_market/iprenforcement/docs/trade-secrets/130711_final-study_en.pdf; zuletzt abgerufen am: 30.06.2017).

[152] RG, Urt. v. 22.11.1935, Az. II 128/35, RGZ 149, 329, 333; BGH, Beschl. v. 16.11.2009, Az. X ZB 37/08, GRUR 2010, 318, 320 (Rn. 17) – Lichtbogenschnürung = WRP 2010, 541, 544 (Rn. 17); BGH, Urt. v. 07.11.2002, Az. I ZR 64/00, GRUR 2003,

dells“ kann der Antragsgegner seinen Geheimhaltungswillen nicht ausdrücklich bekunden (vgl. § 140c Abs. 3 S. 2, 3 PatG). Demzufolge kommt es nicht darauf an, ob das Know-how dauerhaft geheim gehalten werden soll oder eine Veröffentlichung (etwa in Form einer Patentanmeldung) in naher Zukunft beabsichtigt ist. Vielmehr ist entscheidend, dass das dem Besichtigungsgegenstand zugrunde liegende schützenswerte technische Know-how des Antragsgegners im Zeitpunkt der gerichtlichen Entscheidung geheim ist (Nichtoffenkundigkeit).[153]

IV. Personelle Ausgestaltung der Besichtigung

Der Geheimnisschutz spielt bei der Entscheidung über die Gutachtenweiterleitung an den Antragsteller eine bedeutende Rolle, muss jedoch auch schon im Rahmen der Besichtigung als Ausgleich für die einschneidenen Maßnahmen, die der Antragsgegner ohne vorherige Anhörung dulden muss, berücksichtigt werden.[154] Sofern der Besichtigungsgegenstand öffentlich zugänglich ist, sind Geheimhaltungsinteressen des Antragsgegners nicht betroffen und bedürfen demzufolge auch keiner Berücksichtigung, da der Sachverständige nur auf das zurückgreift, was für die Öffentlichkeit einsehbar ist.[155] Dagegen sind Maßnahmen zum Geheimnisschutz erforderlich, wenn der Besichti-

---

356, 358 – Präzisionsmessgeräte = NJW-RR 2003, 618, 620; BGH, Urt. v. 10.05.1995, Az. 1 StR 764/94, NJW 1995, 2301, 2301 = NStZ 1995, 551, 552; *Köhler*, in: Köhler/Bornkamm (2016), § 17 UWG Rn. 9 f.; Mes (2015), § 140c Rn. 19; *Ohly*, in: Ohly/Sosnitza (2014), § 17 UWG Rn. 12; *Rinken/Kühnen*, in: Schulte (2014), § 140c Rn. 22; Fezer (2009), § 19a MarkenG Rn. 35; *Götz* (2014), S. 16–22; *Malmström* (2013), S. 44–47; *Oldekop*, in: Schramm (2012), Kap. 9 Rn. 155; *Kersting* (1995), S. 15 f.; *McGuire/Joachim/Künzel/Weber*, GRUR Int 2010, S. 829 (830); *Ann*, GRUR 2007, S. 39 (42); *Kiethe/Groeschke*, WRP 2005, S. 1358 (1364); *Többens*, NStZ 2000, S. 505 (506); *Stürner*, JZ 1985, S. 453 (453); *Kraßer*, GRUR 1970, S. 587 (590).

[153] *Rinken/Kühnen*, in: Schulte (2014), § 140c Rn. 22; *Kühnen* (2013), Rn. 327; *Kühnen*, MittdtPatA 2009, S. 211 (212); *Stürner*, JZ 1985, S. 453 (453); vgl. *Kraßer*, GRUR 1977, S. 177 (179); *Kraßer*, GRUR 1970, S. 587 (590).

[154] BT-Drucks. 16/5048, S. 41; *Sprau*, in: Palandt (2016), § 809 Rn. 11; Mes (2015), § 140c Rn. 19; *Hahn*, in: PK-GewRS (2015), Vor § 485 ZPO Rn. 54; *Marburger*, in: Staudinger (2015), Vorbem zu §§ 809–811 Rn. 5; *Habersack*, in: MüKo BGB (2013), § 809 Rn. 7; *Chakraborty*, in: Haedicke/Timmann (2012), § 11 Rn. 770; vgl. *Wilhelmi*, in: Erman (2014), § 809 Rn. 2a; *Steffen*, in: RGRK-BGB (1978), § 809 Rn. 9; *Schaaff* (1983), S. 145, 152; *Mugdan* (1899), S. 497; *Jatzow* (1888), S. 890; *Hauck*, GRUR Int 2013, S. 713 (717); *Götting*, GRUR Int 1988, S. 729 (737); *Leppin*, GRUR 1984, S. 552 (554); *Stauder*, GRUR Int 1978, S. 230 (237).

[155] OLG Hamburg, Urt. v. 26.05.2005, Az. 3 U 91/04, InstGE 5, 294, 301 (Rn. 31) – Fußbodenpaneele II = BeckRS 2009, 09886; *Hahn*, in: PK-GewRS (2015), § 487 ZPO Rn. 25; *Kühnen*, GRUR 2005, S. 185 (189).

gungsgegenstand (wie regelmäßig im Rahmen des „Düsseldorfer Modells“) nicht öffentlich zugänglich ist oder dieser zur Feststellung von Beweistatsachen näher untersucht werden muss, da sich die öffentliche Wahrnehmung nur auf das äußere Erscheinungsbild beschränkt.[156] Durch den Verzicht auf die vorherige Anhörung des Antragsgegners muss bis zu seiner Stellungnahmemöglichkeit im Anschluss an die Besichtigung die Vertraulichkeit möglicher Betriebs- und Geschäftsgeheimnisse gewährleistet werden.[157]

Nach dem „Düsseldorfer Modell“ findet die Besichtigung durch einen gerichtlich bestellten Sachverständigen in Anwesenheit der zur Verschwiegenheit verpflichteten anwaltlichen Vertreter des Antragstellers statt, da er persönlich von der Besichtigung ausgeschlossen wird (sog. „Anwaltslösung“).[158] Auf diese Weise werden die Betriebs- und Geschäftsgeheimnisse des Antragsgegners frühzeitig geschützt, gleichzeitig aber auch das Aufklärungsinteresse des Antragstellers bestmöglich berücksichtigt.[159] Die Duldung der An-

---

[156] *Hahn*, in: PK-GewRS (2015), § 487 ZPO Rn. 25.

[157] *Rinken/Kühnen*, in: Schulte (2014), § 140c Rn. 23; *Zöllner*, GRUR-Prax 2010, S. 74 (75); *Kühnen*, GRUR 2005, S. 185 (190).

[158] OLG Düsseldorf, Beschl. v. 07.02.2008, Az. I-20 W 152/07, InstGE 9, 41, 41 f. (Rn. 3) – Schaumstoffherstellung = BeckRS 2010, 00781; OLG Düsseldorf, Urt. v. 08.04.1982, Az. 2 U 176/81, GRUR 1983, 745, 746 – Geheimhaltungsinteresse und Besichtigungsanspruch II = MDR 1982, 671 (Ls.); *Grabinski/Zülch*, in: Benkard (2015), § 140c PatG Rn. 22; Mes (2015), § 140c Rn. 19; *Hahn*, in: PK-GewRS (2015), Vor § 485 ZPO Rn. 51, 55; *Rinken/Kühnen*, in: Schulte (2014), § 140c Rn. 23, 29; *Chakraborty*, in: Haedicke/Timmann (2012), § 11 Rn. 760, 771; *Spuhler/Vykydal*, in: Münch AnwHdb GewRS (2012), § 3 Rn. 192; *Oldekop*, in: Schramm (2012), Kap. 9 Rn. 156; *Pitz* (2010), Rn. 38b; *Eck/Dombrowski*, in: FS 50 Jahre BPatG (2011), S. 169 (170 f., 175 f.); *v. Meibom/vom Feld*, in: FS 50 Jahre BPatG (2011), S. 975 (988); *Melullis*, in: FS Tilmann (2003), S. 843 (853 f.); *Tilmann/Schreibauer*, in: FS Erdmann (2002), S. 901 (907, 924); *Deichfuß*, GRUR 2015, S. 436 (438, 442); *Kather/Fitzner*, MittdtPatA 2010, S. 325 (327); *Müller-Stoy*, MittdtPatA 2010, S. 267 (270); *Fitzner/Kather*, VPP-Rundbrief 2009, S. 58 (61); *Czychowski*, GRUR-RR 2008, S. 265 (268); *Dörre/Maaßen*, GRUR-RR 2008, S. 217 (221); *Seichter*, WRP 2006, S. 391 (395); *Tilmann/Schreibauer*, GRUR 2006, S. 967 (968); *Kühnen*, GRUR 2005, S. 185 (191); *Patnaik*, GRUR 2004, S. 191 (196); *Tilmann/Schreibauer*, GRUR 2002, S. 1015 (1020); *Stauder*, GRUR Int 1978, S. 230 (236); vgl. *Voß*, in: Fitzner/Lutz/Bodewig (2012), Vor §§ 139 ff. PatG Rn. 133 f.; *Pitz*, in: Fitzner/Lutz/Bodewig (2012), § 140c PatG Rn. 30; *Beckhaus* (2010), S. 26, 28; *Amschewitz* (2008), S. 112, 135, 235, 244, 250, 350; *Stürner* (1976), S. 223; *Grabinski*, GRUR Int 2013, S. 310 (318); *Enchelmaier*, GRUR Int 2012, S. 503 (510); *Binn/Dupuis-Latour*, VPP-Rundbrief 1998, S. 72 (72); *Stadler*, NJW 1989, S. 1202 (1203); *Leppin*, GRUR 1984, S. 552 (560 f.); *Leppin*, GRUR 1984, S. 695 (699 f.); *Stauder*, GRUR Int 1978, S. 230 (236); GRUR, Stellungnahme vom 19.03.2014, S. 11 (abrufbar unter: http://www.grur.org/uploads/tx_gstatement/2014–03–19_GRUR_Stellungnahme_zum_Know-how-Schutz.pdf; zuletzt abgerufen am: 30.06.2017); für eine Kodifikation: *Peukert/Kur*, GRUR Int 2006, S. 292 (302).

[159] Vgl. OLG Karlsruhe, Beschl. v. 18.05.2010, Az. 6 W 28/10, BeckRS 2011, 18386.

wesenheit des Sachverständigen sowie der anwaltlichen Vertreter des Antragstellers in den Räumlichkeiten des Antragsgegners während der Besichtigung ordnet das Gericht im Rahmen der einstweiligen Verfügung an.[160]

1. Einschaltung eines gerichtlich bestellten Sachverständigen

Die Besichtigung im Rahmen des „Düsseldorfer Modells" fußt auf dem selbstständigen Beweisverfahren und wird durch einen neutralen, gerichtlich bestellten Sachverständigen durchgeführt, ähnlich wie er dem deutschen Recht auch beim Wirtschaftsprüfervorbehalt bekannt ist.[161] Durch die Einschaltung eines gerichtlich bestellten Sachverständigen werden die Geheimhaltungsinteressen des Antragsgegners, die wegen des Verzichts auf eine vorherige Anhörung besonders schutzbedürftig sind, in besonderem Maße

---

[160] *Hahn*, in: PK-GewRS (2015), § 487 ZPO Rn. 27 f.

[161] BGH, Urt. v. 02.05.2002, Az. I ZR 45/01, GRUR 2002, 1046, 1049 – Faxkarte = NJW-RR 2002, 1617, 1620; BGH, Urt. v. 08.01.1985, Az. X ZR 18/84, GRUR 1985, 512, 516 f. – Druckbalken m. Anm. *Stauder* = NJW-RR 1986, 480, 483; BGH, Beschl. v. 13.02.1981, Az. I ZR 111/78, GRUR 1981, 535, 535 – Wirtschaftsprüfervorbehalt = MDR 1981, 733, 733; BGH, Urt. v. 07.12.1979, Az. I ZR 157/77, GRUR 1980, 227, 233 m. Anm. *Nordemann* – Monumenta Germaniae Historica = MDR 1980, 282, 282; BGH, Urt. v. 02.04.1957, Az. I ZR 58/56, GRUR 1957, 336, 336 – Rechnungslegung = NJW 1957, 951 (Ls.); OLG Düsseldorf, Urt. v. 08.04.1982, Az. 2 U 176/81, GRUR 1983, 745, 746 – Geheimhaltungsinteresse und Besichtigungsanspruch II = MDR 1982, 671 (Ls.); LG Düsseldorf, Urt. v. 08.03.2007, Az. 4b O 230/04, InstGE 8, 103, 110 (Rn. 32) – Etikettiermaschine = BeckRS 2008, 20706; *Trimborn*, in: Büscher/Dittmer/Schiwy (2015), Kap. 1, § 140c PatG Rn. 12; *Hahn*, in: PK-GewRS (2015), § 487 ZPO, Rn. 23; Fezer (2009), § 19a MarkenG Rn. 27; *Götz* (2014), S. 148–178; *Ahrens/McGuire* (2012), S. 180 f.; *Götz* (2012), S. 168; *Gniadek* (2011), S. 361; *Beckhaus* (2010), S. 54, 209; *Battenstein* (2006), S. 105 f., 119 f.; *Saß* (2002), S. 138 f.; *Stadler* (1989), S. 258; *Hoeren/Kuta,* in: FS Weber (2011), S. 499 (522 f.); *Kreye,* in: FS v. Meibom (2010), S. 241 (249); *Stadler,* in: FS Leipold (2009), S. 201 (211); *Bornkamm,* in: FS Ullmann (2006), S. 893 (897–901); *Melullis,* in: FS Tilmann (2003), S. 843 (854); *Krieger,* in: FS Steindorff (1990), S. 989 (999); *Werner,* in: FS Pfeiffer (1988), S. 821 (834 f.); *Kather/Fitzner,* MittdtPatA 2010, S. 325 (331); *Müller-Stoy,* MittdtPatA 2010, S. 267 (269); *Fitzner/Kather,* VPP-Rundbrief 2009, S. 58 (65); *Kitz,* NJW 2008, S. 2374 (2376); *Berlit,* WRP 2007, S. 732 (737); *Spindler/Weber,* ZUM 2007, S. 257 (264); *Koch,* ITRB 2006, S. 40 (41); *Moos,* CR 2006, S. 797 (801); *Spindler/Weber,* MMR 2006, S. 711 (711); *Ahrens,* GRUR 2005, S. 837 (839); *Kühnen,* GRUR 2005, S. 185 (190 f.); *Knaak,* GRUR Int 2004, S. 745 (749); *Metzger/Wurmnest,* ZUM 2003, S. 922 (928 f.); *Fritze/Stauder,* GRUR Int 1986, S. 342 (343); *Stürner,* JZ 1985, S. 453 (455, 459, 461); vgl. *Ann/Hauck/Maute* (2011), Rn. 416; *Hauck,* GRUR Int 2013, S. 713 (717); *Hoeren/Spittka,* MMR 2009, S. 583 (586); *Kunz-Hallstein/Loschelder,* GRUR 2003, S. 682 (683); *Petit,* IIC 2000, S. 669 (681); *Binn/Dupuis-Latour,* VPP-Rundbrief 1998, S. 72 (75); *Stadler,* NJW 1989, S. 1202 (1203); *Schweikhardt,* GRUR 1962, S. 116 (123 f.).

gewahrt.[162] Der Antragsteller kann weder geheime Merkmale am Besichtigungsgegenstand noch in den Räumlichkeiten des Antragsgegners befindliche Geheimnisse in Form anderer Maschinen, Verfahrensweisen oder sonstigen betrieblichen Know-hows beiläufig erblicken.[163] Neben der Gewährleistung des Geheimnisschutzes wirkt sich die besondere Fachkenntnis des Sachverständigen positiv auf die Begutachtung aus.[164]

2. Ausschluss des Antragstellers

Die Parteien haben ein berechtigtes Interesse und das Recht (§ 357 Abs. 1 ZPO), der Beweisaufnahme in Form der Besichtigung persönlich oder zumindest durch entsandte Vertreter beizuwohnen und zum Beweisergebnis Stellung zu beziehen (§ 285 Abs. 1 ZPO), sodass eine für eine Partei „geheime Besichtigung" nicht in Betracht kommt.[165] Die Teilnahme an der Beweisaufnahme als Ausdruck des Grundsatzes der Parteiöffentlichkeit (abgeleitet

---

[162] BT-Drucks. 16/5048, S. 41; *Zöllner,* GRUR-Prax 2010, S. 74 (75); vgl. Tribunal de grande instance Paris, Beschl. v. 14.05.1999, Az. 4 Ob 30/00, GRUR Int 2000, 1031, 1032 f. – Quick Turn/Meta Systems; *Marshall,* in: FS Preu (1988), S. 151 (161–163); *Grabinski,* GRUR Int 2013, S. 310 (318); *Karg,* ZUM 2000, S. 934 (944).

[163] *Melullis,* in: FS Tilmann (2003), S. 843 (852); *Spindler/Weber,* MMR 2006, S. 711 (711).

[164] *Oldekop*, in: Schramm (2012), Kap. 9 Rn. 137; *Paulus* (2010), Rn. 400; vgl. BGH, Urt. v. 01.08.2006, Az. X ZR 114/03, GRUR 2006, 962, 964 (Rn. 22) – Restschadstoffentfernung = GRUR Int 2007, 157, 159 (Rn. 22); *Tilmann/Schreibauer,* GRUR 2006, S. 967 (968); *Ahrens,* GRUR 2005, S. 837 (838).

[165] BGH, Urt. v. 19.02.2014, Az. I ZR 230/12, GRUR 2014, 578, 580 (Rn. 26 f.) – Umweltengel für Tragetasche = NJW 2014, 3033, 3034, 3035 (Rn. 26 f.); BVerwG, Beschl. v. 12.04.2006, Az. 8 B 91/05, NJW 2006, 2058, 2058 (Rn. 5) = DS 2007, 158, 158 (Rn. 5); OLG München, Beschl. v. 11.08.2008, Az. 6 W 1380/08, InstGE 10, 186, 191 (Rn. 50 f.) – Laser-Schweißverfahren = GRUR-RR 2009, 191, 192; OLG Frankfurt a.M., Beschl. v. 10.02.1994, Az. 24 UH 1/92, OLGReport Frankfurt 1994, 69 (Rn. 3) = IBR 1995, 85, 85 m. Anm. *Weber*; OLG München, Urt. v. 03.11.1983, Az. 24 U 185/83, NJW 1984, 807, 807, 808 = BeckRS 9998, 101829; Baumbach/Lauterbach/Albers/Hartmann (2016), § 357 Rn. 5; *Reichold*, in: Thomas/Putzo (2016), § 357 Rn. 1, 3; *Guhn*, in: PK-GewRS (2015), § 357 ZPO Rn. 2; *Augenstein*, in: PK-GewRS (2015), § 404a ZPO Rn. 32; *Keukenschrijver*, in: Busse (2013), § 139 Rn. 217; *Kunig*, in: v. Münch/Kunig (2012), Art. 103 Rn. 11; *Nolte*, in: v. Mangoldt/Klein/Starck (2010), Art. 103 Abs. 1 Rn. 32, 36; *Bleutge* (2016), Rn. 3.1, 3.2; *Pastor*, in: Werner/Pastor (2015), Rn. 3101, 3114, 3117; *Götz* (2014), S. 156 f.; *Weber* (2010), S. 228 f.; *Liebheit* (2009), S. 18; *Ulrich* (2007), Rn. 390; *Späth* (1995), S. 111; *Stürner* (1976), S. 224; *Habscheid,* in: FS Vogel (1991), S. 3 (14); *Grossam,* DS 2013, S. 214 (215); *Spindler/Weber,* MMR 2006, S. 711 (712); *Kühnen,* GRUR 2005, S. 185 (191); *Kürschner,* NJW 1992, S. 1804 (1804); *Stadler,* NJW 1989, S. 1202 (1203); *Jauernig,* ZZP 1988, S. 361 (361, 383); *Jessnitzer,* BauR 1975, S. 73 (76); vgl. *Ploch-Kumpf* (1996), S. 93–96; *Höffmann* (1989), S. 20–22.

aus Art. 103 Abs. 1 GG) ist ein Eckpfeiler des Beweisaufnahmerechts.[166] Außerdem erhöht sich bei einem vollständigen Ausschluss einer Partei die Gefahr eines Fehlurteils.[167] Der eingeschränkte Zugriff einer oder beider Parteien auf geheimhaltungsbedürftige Informationen während eines Besichtigungsverfahrens ist dagegen in anderen Rechtsordnungen nicht unüblich (etwa beim Erlass einer sog. „protective order" im Zuge eines „pretrial discovery"-Verfahrens oder im Rahmen einer „search order").[168]

Die persönliche Teilnahme des Antragstellers in vollem Umfang (unter Geltendmachung seines Rechts auf persönliche Teilnahme an der Beweisaufnahme (§ 357 Abs. 1 ZPO), seines Rechts auf Stellungnahme zum Beweisergebnis (§ 285 Abs. 1 ZPO) und seines Rechts auf Akteneinsicht (§ 299 Abs. 1 ZPO)) würde in diesem Stadium jedoch sämtliche Maßnahmen zum Geheimnisschutz konterkarieren.[169] Demgemäß wird im „Düsseldorfer Modell" der Antragsteller zur Gewährleistung des Geheimnisschutzes vom Beginn der Besichtigung bis zur Entscheidung über die Weiterleitung des Sachverständigengutachtens vom Beweissicherungsverfahren ausgeschlossen.[170] Lediglich seine zur Verschwiegenheit verpflichteten Rechts- und Patentanwälte nehmen

---

[166] BSG, Urt. v. 25.11.1976, Az. 11 RA 14/76, MDR 1977, 346, 346 = BeckRS 1976, 00422 (Rn. 15); *Kürschner,* NJW 1992, S. 1804 (1804); *Stürner,* JZ 1985, S. 453 (459); vgl. BVerfG, Beschl. v. 09.07.1980, Az. 2 BvR 701/80, BVerfGE 55, 1, 6 = NJW 1980, 2698, 2698; *Müller-Stoy* (2008), Rn. 20.

[167] *Lachmann,* NJW 1987, S. 2206 (2209); vgl. *Enchelmaier,* GRUR Int 2012, S. 503 (510).

[168] Supreme Court of Justice, Court of Appeal, Urt. v. 20.02.1987, Crest homes plc v. Marks and Others, (1987) 2 All.E.R. 1074 = (1987) F.S.R. 305 = (1987) R.P.C. 21 = GRUR Int 1988, 944, 944 – Anton Piller Order II; House of Lords, Urt. v. 08.04.1981, Rank Film Distributors Ltd. v. Video Information Centre, (1981) 2 All.E.R. 76 = (1981) 2 W.L.R. 668 = (1981) F.S.R. 363 = GRUR Int 1982, 262, 264; *Rinken/Kühnen,* in: Schulte (2014), § 140c Rn. 93; *Badke/De/Kirchhofer,* MittdtPatA 2015, S. 215 (220); *Kalbfus/Harte-Bavendamm,* GRUR 2014, S. 453 (456).

[169] *Rinken,* in: PK-GewRS (2015), § 285 ZPO Rn. 15; *Ibbeken* (2004), S. 432; *Stadler* (1989), S. 259; *Reimann,* in: FS Mes (2009), S. 293 (299); *Seichter,* WRP 2006, S. 391 (395); *Spindler/Weber,* MMR 2006, S. 711 (712); vgl. KG, Urt. v. 11.08.2000, Az. 5 U 3069/00, NJW 2001, 233, 234 = GRUR-RR 2001, 118, 119; Baumbach/Lauterbach/Albers/Hartmann (2016), § 357 Rn. 5; *Stürner* (1976), S. 225; *Mes,* GRUR 2000, S. 934 (940); *Brandi-Dohrn,* GRUR 1985, S. 179 (186); vgl. dagegen: Art. 19 Abs. 1 der Verordnung (EU) Nr. 608/2013.

[170] *Grabinski/Zülch,* in: Benkard (2015), § 140c PatG Rn. 22; *Guhn,* in: PK-GewRS (2015), § 357 ZPO Rn. 4, 12; *Ann/Hauck/Maute* (2011), Rn. 55; *Amschewitz* (2008), S. 136, 357; *Deichfuß,* GRUR 2015, S. 436 (438); *Fähndrich,* VPP-Rundbrief 2015, S. 98 (105, Folie 57); *McGuire/Joachim/Künzel/Weber,* GRUR Int 2010, S. 829 (835); *Müller-Stoy,* MittdtPatA 2010, S. 267 (269, Fn. 17); *Ahrens,* GRUR 2005, S. 837 (839); *Kühnen,* GRUR 2005, S. 185 (191); vgl. *Grabinski,* GRUR Int 2013, S. 310 (318); *Stadler,* NJW 1989, S. 1202 (1202 f., 1206); *Stürner,* JZ 1985, S. 453 (458, 461); *Stauder,* GRUR Int 1978, S. 230 (231, 234).

an der Besichtigung teil (was wegen Art. 103 Abs. 1 GG auch zwingend erforderlich ist), sodass er nur mittelbar über sie am Verfahren beteiligt ist.[171]

Der weitreichende Ausschluss des Antragstellers stellt einen Eingriff in seinen Anspruch auf rechtliches Gehör (Art. 103 Abs. 1 GG) dar. Im Zentrum dieser Problematik stehen die Fragen, ob Art. 103 Abs. 1 GG und seine einfach-rechtlichen Ausprägungen in § 357 Abs. 1 ZPO (Grundsatz der Parteiöffentlichkeit der Beweisaufnahme), § 285 Abs. 1 ZPO (Recht auf Stellungnahme zum Beweisergebnis) sowie §§ 492 Abs. 1, 402, 397 Abs. 1, 2 ZPO (Fragerecht gegenüber dem Sachverständigen) in zulässiger Weise eingeschränkt werden können und ob dies allein auf der Grundlage der spezialgesetzlichen Ermessensnormen (§ 140c Abs. 1 S. 3, Abs. 3 S. 2 PatG) durch den jeweils zuständigen Richter angeordnet werden kann.[172]

a) Gerichtlicher Ausschluss des Antragstellers

Die Parteien können in besonderen Konstellationen (etwa aus sitzungspolizeilichen Gründen (§§ 177 ff. GVG); Vortragsuntersagung (§ 157 Abs. 2 ZPO); Zeugenbeeinflussung (§ 247 StPO analog); Verwertung einer ausländischen Beweisaufnahme (§ 364 Abs. 4 ZPO); ärztliche Untersuchungen) ausgeschlossen werden, sodass § 357 Abs. 1 ZPO nicht ausnahmslos gilt.[173] Sofern der Antragsteller nicht freiwillig auf die Teilnahme an der Besichtigung verzichtet, muss (auch in seinem Interesse) die Möglichkeit des Parteiausschlusses gesetzlich geregelt werden. Die aufgezählten Eingriffe in den Anspruch auf rechtliches Gehör (Art. 103 Abs. 1 GG) sind relativ gering, da die ausgeschlossene Partei jedenfalls im Nachhinein unterrichtet wird.[174] Im Gegensatz

---

[171] *Grabinski/Zülch*, in: Benkard (2015), § 139 PatG Rn. 123; *Hahn*, in: PK-GewRS (2015), Vor § 485 ZPO Rn. 51; *Rohlfing* (2009), S. 95; *Stadler* (1989), S. 246, 248 f., 259; *Grabinski,* in: FS Mes (2009), S. 129 (131); *Tilmann/Schreibauer,* in: FS Erdmann (2002), S. 901 (922); *Spindler/Weber,* MMR 2006, S. 711 (712); *Pagenberg,* CR 1991, S. 65 (70); *Stadler,* NJW 1989, S. 1202 (1204); *Stürner,* JZ 1985, S. 453 (458, 461); *Leppin,* GRUR 1984, S. 695 (700); vgl. *Kühnen* (2013), Rn. 413 (Fn. 430); *Kühnen,* MittdtPatA 2009, S. 211 (217, Fn. 23).

[172] *Hahn*, in: PK-GewRS (2015), § 492 ZPO Rn. 23; *Oldekop*, in: Schramm (2012), Kap. 9 Rn. 160; *Gniadek* (2011), S. 134; *Karger* (1996), S. 128; *Kreye,* in: FS v. Meibom (2010), S. 241 (251); *Spindler/Weber,* MMR 2006, S. 711 (712); vgl. BGH, Urt. v. 12.11.1991, Az. KZR 18/90, GRUR 1992, 191, 194 – Amtsanzeiger = NJW 1992, 1817, 1819; *Rohlfing* (2009), S. 98; *Stadler* (1989), S. 233 f., 259; *Stürner* (1976), S. 224.

[173] BGH, Urt. v. 06.07.1960, Az. IV ZR 322/59, NJW 1960, 1950, 1951 = MDR 1960, 830, 831; Baumbach/Lauterbach/Albers/Hartmann (2016), § 357 Rn. 2, 5; *Stadler*, in: Musielak/Voit (2016), § 357 Rn. 4; *Reichold*, in: Thomas/Putzo (2016), § 357 Rn. 1; *Greger*, in: Zöller (2016), § 357 Rn. 5; *Berger*, in: Stein/Jonas (2015), § 357 Rn. 10; *Späth* (1995), S. 116–119; *Stadler* (1989), S. 236, 259; *Höffmann* (1989), S. 94–104; *Stadler,* NJW 1989, S. 1202 (1204).

[174] *Stadler* (1989), S. 237.

dazu ist die Eingriffsintensität in den Gehörsanspruch bei einem Ausschluss von einer Besichtigung deutlich höher, da die betroffene Partei vom gesamten Verfahren ausgeschlossen wird und selbst im Nachhinein nicht vollumfänglich unterrichtet wird.

Der Anspruch auf rechtliches Gehör nach Art. 103 Abs. 1 GG kann zwar durch das Gebot eines effektiven Rechtsschutzes nach Art. 19 Abs. 4 GG eingeschränkt werden und damit ein Eingriff in Art. 103 Abs. 1 GG durch verfassungsimmanente Schranken gerechtfertigt sein, sodass auch ein Parteiausschluss verfassungsrechtlich legitimiert sein kann.[175] Daraus kann aber nicht der Rückschluss gezogen werden, dass der Ausschluss einer Partei im Rahmen eines Besichtigungsverfahrens nach geltendem Recht geradewegs durch eine Rechtsfortbildung möglich ist.[176] Bei widerstreitenden Grundrechtspositionen (Gebot effektiven Rechtsschutzes (Art. 19 Abs. 4 GG), Anspruch auf rechtliches Gehör (Art. 103 Abs. 1 GG), Betriebs- und Geschäftsgeheimnisse (Art. 12, 14 GG)) sind Beschränkungen von Grundrechten zulässig, wenn sie den Rechtsschutz ausschließlich verbessern, bedürfen aber (abgesehen von konfligierenden Grundrechten Dritter oder anderen Gütern mit Verfassungsrang) einer einfachgesetzlichen Grundlage.[177] Vor dem Hintergrund des Vorbehalts des Gesetzes ist mithin eine gesetzliche Ausgestaltung des Parteiausschlusses (wie auch bei einem kameralistischen Verfahren) erforderlich (vgl. Art. 38 S. 2 der Bundeszivilprozessordnung der Schweiz).[178]

---

[175] *Schmidt-Aßmann*, in: Maunz/Dürig (2015), Art. 103 GG Rn. 16; *Degenhart*, in: Sachs (2014), Art. 103 Rn. 18; *Nolte*, in: v. Mangoldt/Klein/Starck (2010), Art. 103 Abs. 1 Rn. 33; *Bahner* (2013), S. 241; vgl. ausführlich: *Stadler* (1989), S. 239–253, 259.

[176] *Schmidt-Aßmann*, in: Maunz/Dürig (2015), Art. 103 GG Rn. 19; *Karger* (1996), S. 134; *Spindler/Weber*, MMR 2006, S. 711 (713); *Wagner*, ZZP 1995, S. 193 (214, 217); *Prütting/Weth*, DB 1989, S. 2273 (2278); a.A. *Schlosser*, in: FS Großfeld (1999), S. 997 (1006); *Stadler*, NJW 1989, S. 1202 (1204 f.).

[177] BVerfG, Beschl. v. 14.03.2006, Az. 1 BvR 2087/03 und 1 BvR 2111/03, MMR 2006, 375, 379 = NVwZ 2006, 1041, 1044 (Rn. 112); BVerfG, Beschl. v. 27.10.1999, Az. 1 BvR 385/90, NJW 2000, 1175, 1178 = NStZ 2000, 151, 152 f.; BVerwG, Urt. v. 27.03.1992, Az. 7 C 21/90, NJW 1992, 2496, 2499 = JZ 1993, 33, 36 m. Anm. *Badura*; *Schmidt-Aßmann*, in: Maunz/Dürig (2015), Art. 103 GG Rn. 19; *Rinken*, in: PK-GewRS (2015), § 285 ZPO Rn. 16; *Jarass*, in: Jarass/Pieroth (2014), Art. 1 Rn. 34, 57; *Dreier*, in: Dreier (2013), Vorb. Rn. 141; *Ibbeken* (2004), S. 62; a.A *Ploch-Kumpf* (1996), S. 211.

[178] BVerfG, Beschl. v. 14.03.2006, Az. 1 BvR 2087/03 und 1 BvR 2111/03, MMR 2006, 375, 379 = NVwZ 2006, 1041, 1044 (Rn. 112); *Götz* (2012), S. 187 f.; *Gniadek* (2011), S. 137; *Reinartz* (2009), S. 156; *Rohlfing* (2009), S. 117 f.; *Ibbeken* (2004), S. 62; *Karger* (1996), S. 134; *Späth* (1995), S. 127; *Kreye*, in: FS v. Meibom (2010), S. 241 (254); *Kitz*, NJW 2008, S. 2374 (2376); *Spindler/Weber*, MMR 2006, S. 711 (713); a.A. *Stadler* (1989), S. 235; *Wagner*, ZZP 1995, S. 193 (217); *Stadler*, NJW 1989, S. 1202 (1204; vgl. 1205); *Prütting/Weth*, DB 1989, S. 2273 (2278); vgl. *Schlosser*, in: FS Großfeld (1999), S. 997 (1006); *Prütting/Weth*, NJW 1993, S. 576 (577); *Stürner*, JZ 1985, S. 453 (459).

Eine derartigte Regelung existiert gegenwärtig für Besichtigungsverfahren nicht, insbesondere kann ein Parteiausschluss nicht über § 140c Abs. 1 S. 3, Abs. 3 S. 2 PatG (vgl. auch § 139 Abs. 3 S. 2 PatG) oder über §§ 172 Nr. 2, 173 Abs. 2, 174 Abs. 3 S. 1 GVG angeordnet werden, sodass ein zwangsweiser Parteiausschluss nach geltendem Recht unzulässig ist.[179] Zwar sehen diese Vorschriften die Gewährleistung des Schutzes vertraulicher Informationen durch vom Gericht zu treffende geeignete Maßnahmen vor, worunter auch ein Parteiausschluss als erforderliche Maßnahme gefasst werden kann. Vor dem Hintergrund der betroffenen verfassungsrechtlichen Güter und mit Blick auf die Wesentlichkeitstheorie sowie den Bestimmtheitsgrundsatz ist jedoch eine eindeutige Vorschrift ähnlich den § 99 Abs. 2 VwGO, § 138 Abs. 2 TKG oder § 72 Abs. 2 GWB (vgl. auch § 259 S. 2 HGB) erforderlich.

Wenngleich der Entwurf der EU-Geheimnisschutz-Richtlinie (Geheimnisschutz-Richtlinie-Entwurf)[180] die Möglichkeit des Ausschlusses einer Partei in Art. 8 Abs. 2 UAbs. 2 lit. b) noch ausdrücklich vorgesehen hat, wurde dieser Passus in der vom Europäischen Parlament mit Änderungen gebilligten Richtlinienfassung gestrichen (Art. 9 Abs. 2 UAbs. 2 lit. b) Geheimnisschutz-Richtlinie; vgl. Erwägungsgründe 24, 25 der Geheimnisschutz-Richtlinie). Vielmehr wurde klargestellt, dass mindestens eine natürliche Person jeder

---

[179] OLG Düsseldorf, Beschl. v. 24.09.2008, Az. I-2 W 57/08, InstGE 10, 122, 123 (Rn. 6) – Geheimverfahren = BeckRS 2009, 09220; OLG München, Beschl. v. 08.11.2004, Az. 29 W 2601/04, NJW 2005, 1130, 1131 – Anlagenkonvolut = GRUR-RR 2005, 175, 176; *Berger*, in: Stein/Jonas (2015), § 357 Rn. 18; *Rinken*, in: PK-GewRS (2015), § 285 ZPO Rn. 17 f.; *Gniadek* (2011), S. 135, 138, 366, 416–419; *Reinartz* (2009), S. 156–158; *Ibbeken* (2004), S. 62, 435; *Karger* (1996), S. 134; *Spindler/Weber,* MMR 2006, S. 711 (713); *Ahrens,* GRUR 2005, S. 837 (839); a.A. *Hahn*, in: PK-GewRS (2015), § 492 ZPO Rn. 23, 23 (Fn. 50); *Bahner* (2013), S. 257; *Malmström* (2013), S. 213; *Kreye,* in: FS v. Meibom (2010), S. 241 (256, 259; vgl. 251 f.); *Stadler,* in: FS Leipold (2009), S. 201 (217, 219); *Reimann,* in: FS Mes (2009), S. 293 (297 f.); *Bornkamm,* in: FS Ullmann (2006), S. 893 (909–912); *Stadler,* ZZP 2010, S. 261 (281); vgl. BGH, Urt. v. 26.10.2015, Az. AnwSt (R) 4/15, NJW 2015, 3672, 3672 (Rn. 8) m. Anm. *Möller* = BeckRS 2015, 19028; *Keukenschrijver*, in: Busse (2013), § 139 Rn. 217; *Götz* (2014), S. 405–422; *Haedicke,* in: FS Leipold (2009), S. 53 (61); *Tilmann/Schreibauer,* in: FS Erdmann (2002), S. 901 (922); *Kunz-Hallstein/Loschelder,* GRUR 2007, S. 765 (766); *Kunz-Hallstein/Loschelder,* GRUR 2005, S. 747 (747); *Prütting/Weth,* DB 1989, S. 2273 (2278); kritisch: *Peukert/Kur,* GRUR Int 2006, S. 292 (302).

[180] Vorschlag für eine Richtlinie des Europäischen Parlaments und des Rates über den Schutz vertraulichen Know-hows und vertraulicher Geschäftsinformationen (Geschäftsgeheimnisse) vor rechtswidrigem Erwerb sowie rechtswidriger Nutzung und Offenlegung v. 28.11.2013, COM(2013) 813 final, 2013/0402 (COD), S. 24 f.; vgl. Stellungnahme des Europäischen Wirtschafts- und Sozialausschusses zu dem Vorschlag für eine Richtlinie des Europäischen Parlaments und des Rates über den Schutz vertraulichen Know-hows und vertraulicher Geschäftsinformationen (Geschäftsgeheimnisse) vor rechtswidrigem Erwerb sowie rechtswidriger Nutzung und Offenlegung, ABl. EU C 226 vom 16.07.2014, S. 48 (50); *Kalbfus/Harte-Bavendamm,* GRUR 2014, S. 453 (456).

Partei und ihre jeweiligen Rechtsanwälte oder sonstigen Vertreter am Verfahren beteiligt sein müssen (Art. 9 Abs. 2 UAbs. 3 Geheimnisschutz-Richtlinie). Aufgrund dieser Einschränkung ist der deutsche Gesetzgeber im Zuge der Richtlinienumsetzung nicht zur Schaffung einer Ermächtigungsgrundlage für einen Parteiausschluss angehalten.

b) Verzicht des Antragstellers

Neben dem gerichtlichen Ausschluss des Antragstellers kommt auch sein Verzicht auf die Beteiligung an der Besichtigung bis zur Gutachtenfreigabe in Betracht. Nach der Beweisermittlung kann sowohl auf den Anspruch auf rechtliches Gehör (Art. 103 Abs. 1 GG) als auch auf die Parteiöffentlichkeit (§ 357 Abs. 1 ZPO) verzichtet werden (§ 295 Abs. 1 ZPO).[181] Dadurch kann jedoch der Geheimnisschutz während der Besichtigung nicht gewährleistet werden, sodass neben dem nachträglichen Verzicht auch ein vorausgehender Verzicht des Antragstellers erforderlich ist. In diesem Sinne könnte der Antragsteller im Beweissicherungsantrag seinen persönlichen Ausschluss von der Besichtigung und der sich daran anschließenden Entscheidung über die Gutachtenfreigabe beantragen. Dadurch verzichtet er freiwillig auf seinen Anspruch auf rechtliches Gehör (Art. 103 Abs. 1 GG), wenn zu erwarten ist, dass im Zuge der Besichtigung geheimhaltungsbedürftige Informationen des Antragsgegners offenbart werden.[182] Dieser freiwillige Verzicht beschränkt sich aufgrund eines umfassenden Geheimnisschutzes nicht auf die Teilnahme an der Besichtigung, sondern gilt auch für die weitere Verfahrensbeteiligung des Antragstellers bis zur Entscheidung über die Gutachtenfreigabe.[183] Davon umfasst sind auch sein Informationsanspruch aus dem Mandatsverhältnis sowie sein Recht auf Akteneinsicht (§ 299 Abs. 1 ZPO).[184] Abgemildert wird dieser Verzicht durch die Beteiligung seiner anwaltlichen Vertreter am gesamten Verfahren.

---

[181] *Stürner* (1976), S. 225 m.w.Nachw.; *Baumgärtel,* in: FS Habscheid (1989), S. 1 (6).

[182] *Schmidt-Aßmann*, in: Maunz/Dürig (2015), Art. 103 GG Rn. 82; *Rohlfing* (2009), S. 94; *Ulrich* (2007), Rn. 390; *Battenstein* (2006), S. 125; *Markfort* (2001), S. 175; *Kersting* (1995), S. 282; *Höffmann* (1989), S. 141 f.; *Stürner* (1976), S. 226; *Kreye,* in: FS v. Meibom (2010), S. 241 (252); *Kühnen,* GRUR 2005, S. 185 (191); *Pagenberg,* CR 1991, S. 65 (72, Fn. 49); *Stadler,* NJW 1989, S. 1202 (1204); *Stürner/Stadler,* JZ 1985, S. 1101 (1104); *Stürner,* JZ 1985, S. 453 (459); *Leppin,* GRUR 1984, S. 695 (697, 698); vgl. *Brandi-Dohrn,* GRUR 1985, S. 179 (186); kritisch: OLG München, Beschl. v. 11.08.2008, Az. 6 W 1380/08, InstGE 10, 186, 191 (Rn. 53) – Laser-Schweißverfahren = GRUR-RR 2009, 191, 192.

[183] *Deichfuß,* GRUR 2015, S. 436 (441); *Spindler/Weber,* MMR 2006, S. 711 (713).

[184] *Kreye,* in: FS v. Meibom (2010), S. 241 (252); *Müller-Stoy,* MittdtPatA 2010, S. 267 (271); *Müller-Stoy,* GRUR-RR 2009, S. 161 (163); *Kunz-Hallstein/Loschelder,* GRUR 2007, S. 765 (766); vgl. *Keukenschrijver/Kaess*, in: Busse (2013), § 140c Rn. 14; *Kühnen,* GRUR 2005, S. 185 (187, 191).

Die Zahl an Verfassungsbeschwerden wegen eines Verstoßes gegen die Gewährung rechtlichen Gehörs (Art. 103 Abs. 1 GG) steigt immer mehr an.[185] Der Anspruch auf rechtliches Gehör schützt die Parteien davor, ein passiver Teil eines Verfahrens zu werden, ermöglicht effektiven Rechtsschutz und stellt einen Grundpfeiler eines ordentlichen Gerichtsverfahrens dar.[186] Der Gehörsanspruch würde seinem Sinn und Zweck widersprechen und ins Gegenteil verkehrt, wenn man ihn schematisch anwenden würde, obwohl er sich im konkreten Fall für die betroffene, schützenswerte Partei nachteilig auswirkt.[187] Außerdem ist die Durchsetzung der Ausschließlichkeitsrechte des Antragstellers gefährdet, sofern man ihm die Verzichtsmöglichkeit vor dem Hintergrund seines Anspruchs auf rechtliches Gehör versagen würde, da keine andere Möglichkeit zur Beweissicherung besteht.[188] Die vollumfängliche Wahrung des Anspruchs auf rechtliches Gehör des Antragstellers und der Geheimhaltungsinteressen des Antragsgegners führt dazu, dass die vom Antragsteller begehrte Besichtigungsanordnung nicht erlassen wird.

Bei dieser Entscheidung tritt der Anspruch auf rechtliches Gehör (Art. 103 Abs. 1 GG) mit dem ebenfalls verfassungsrechtlich garantierten Gebotes eines effektiven Rechtsschutzes (Art. 19 Abs. 4 GG) in Konflikt. Sobald sich der Gehörsanspruch (Art. 103 Abs. 1 GG) gegen die betroffene Partei richtet und deren Rechtsstellung verschlechtert, obwohl er sie gerade schützen soll, entfällt dessen absolute und bindende Wirkung.[189] Art. 19 Abs. 4 GG und Art. 103 Abs. 1 GG stehen nicht in einem Gegensatz zueinander. Vielmehr muss der enge Zusammenhang zwischen dem Anspruch auf rechtliches Gehör (Art. 103 Abs. 1 GG) und der Rechtsschutzgarantie (Art. 19 Abs. 4 GG) gesehen werden, da beide Rechte gemeinsam haben, einen effektiven Rechts-

---

[185] *Paulus* (2010), Rn. 333; vgl. *Häsemeyer,* ZZP 1988, S. 385 (387).

[186] OLG München, Beschl. v. 11.08.2008, Az. 6 W 1380/08, InstGE 10, 186, 191 (Rn. 53) – Laser-Schweißverfahren = GRUR-RR 2009, 191, 192; *Pieroth*, in: Jarass/Pieroth (2014), Art. 103 Rn. 1; *Schmahl*, in: Schmidt-Bleibtreu/Hofmann/Henneke (2014), Art. 103 Rn. 2; *Pieroth/Schlink/Kingreen/Poscher* (2015), Rn. 1204; *Gniadek* (2011), S. 135.

[187] *Bornkamm,* in: FS Ullmann (2006), S. 893 (905); *Müller-Stoy,* MittdtPatA 2010, S. 267 (271); *Müller-Stoy,* GRUR-RR 2009, S. 161 (163); a.A. wohl *Lachmann,* NJW 1987, S. 2206 (2210).

[188] *Müller-Stoy,* MittdtPatA 2010, S. 267 (271); *Müller-Stoy,* GRUR-RR 2009, S. 161 (163).

[189] BVerfG, Beschl. v. 14.03.2006, Az. 1 BvR 2087/03 und 1 BvR 2111/03, MMR 2006, 375, 379 = NVwZ 2006, 1041, 1044 (Rn. 112); BVerfG, Beschl. v. 27.10.1999, Az. 1 BvR 385/90, NJW 2000, 1175, 1178 = NStZ 2000, 151, 152 f.; *Hahn*, in: PK-GewRS (2015), § 492 ZPO Rn. 24; *Kaess*, in: Busse (2013), § 140b Rn. 85; *Rohlfing* (2009), S. 98 f., 102; *Ibbeken* (2004), S. 433 f.; *Stürner* (1976), S. 226 f.; *Kreye,* in: FS v. Meibom (2010), S. 241 (253 f.); *Bornkamm,* in: FS Ullmann (2006), S. 893 (905); *Melullis,* in: FS Tilmann (2003), S. 843 (853); *Müller-Stoy,* MittdtPatA 2010, S. 267 (273); *Stürner,* JZ 1985, S. 453 (459); vgl. *Götz* (2014), S. 434–447; *Schlosser* (1991), Rn. 430.

schutz zu ermöglichen.[190] Außerdem ist das Gebot effektiven Rechtsschutzes aus Art. 19 Abs. 4 GG im Vergleich zu Art. 103 Abs. 1 GG das umfassendere Grundrecht, wohingegen der Anspruch auf rechtliches Gehör aus Art. 103 Abs. 1 GG das speziellere Grundrecht ist.[191] Das speziellere Grundrecht muss hinter dem allgemeineren Grundrecht zurücktreten, wenn ein effektiver Rechtsschutz bei einem vollständig gewährleisteten rechtlichen Gehör nicht möglich ist, ohne die Betriebs- und Geschäftsgeheimnisse einer Partei gleichzeitig zu gefährden oder gar zu verletzen.

Sofern man den Gehörsanspruch nicht partiell einschränken möchte, kann in Besichtigungsfällen ohne eine gegnerische Aufklärungspflicht ein effektiver Rechtsschutz bei vollem rechtlichen Gehör nicht gewährleistet werden, was letztlich zu einem Rechtsverlust führt, wohingegen ein effektiver Rechtsschutz möglich ist, wenn man den Gehörsanspruch einschränkt und dadurch eine Aufklärung durch den Gegner erfolgt.[192] Die fehlende Möglichkeit zur Einschränkung von Art. 103 Abs. 1 GG vermindert im Ergebnis den Individualrechtsschutz und wiegt schwerer als eine bloße Beschränkung des Anspruchs auf rechtliches Gehör.[193] Im Wege der praktischen Konkordanz zwischen dem verfassungsrechtlichen Anspruch auf rechtliches Gehör (Art. 103 Abs. 1 GG) und dem ebenfalls von der Verfassung garantierten Anspruch auf einen effektiven Rechtsschutz (Art. 19 Abs. 4 GG) kann die Beschränkung

---

[190] BVerfG, Beschl. v. 27.10.1999, Az. 1 BvR 385/90, NJW 2000, 1175, 1178 = NStZ 2000, 151, 152 f.; BVerfG, Beschl. v. 29.11.1989, Az. 1 BvR 1011/88, BVerfGE 81, 123, 129 = NJW 1990, 1104, 1105; *Ahrens*, in: Wieczorek/Schütze (2013), Vor § 284 Rn. 52; *Hoeren/Kuta*, in: FS Weber (2011), S. 499 (535); *McGuire*, GRUR 2015, S. 424 (431); *König*, MittdtPatA 2002, S. 153 (164); vgl. *Gniadek* (2011), S. 136; *Stadler* (1989), S. 245; GRUR, Stellungnahme vom 19.03.2014, S. 10 (abrufbar unter: http://www.grur.org/uploads/tx_gstatement/2014–03–19_GRUR_Stellungnahme_zum_Know-how-Schutz.pdf; zuletzt abgerufen am: 30.06.2017); *McGuire/Joachim/Künzel/Weber*, GRUR Int 2010, S. 829 (835); vgl. *Stürner* (1976), S. 226 f.; *Ahrens*, JZ 1996, S. 738 (738 f.).

[191] *Schmidt-Aßmann*, in: Maunz/Dürig (2015), Art. 103 GG Rn. 7; *Schulze-Fielitz*, in: Dreier (2008), Art. 103 I Rn. 84; *Beckhaus* (2010), S. 378 f.; *Stadler* (1989), S. 246; *Hoeren/Kuta*, in: FS Weber (2011), S. 499 (537); *Stadler*, NJW 1989, S. 1202 (1204); vgl. BVerfG, Beschl. v. 09.07.1980, Az. 2 BvR 701/80, BVerfGE 55, 1, 6 = NJW 1980, 2698, 2698; *Rosenberg* (1965), S. 58; *Baur*, AcP 1954, S. 393 (404–406).

[192] *Stürner* (1976), S. 227; *Bornkamm*, in: FS Ullmann (2006), S. 893 (905); *Stadler*, ZZP 2010, S. 261 (276).

[193] BVerfG, Beschl. v. 27.10.1999, Az. 1 BvR 385/90, NJW 2000, 1175, 1178 = NStZ 2000, 151, 152 f.; *Adler* (2014), S. 82; *Rohlfing* (2009), S. 98; *Battenstein* (2006), S. 124; *Stadler* (1989), S. 245 f., 259; *Stürner* (1976), S. 226 f.; *Wagner*, JZ 2007, S. 706 (718); *König*, MittdtPatA 2002, S. 153 (164); kritisch: *Baumgärtel*, in: FS Habscheid (1989), S. 1 (7 f.).

des Gehörsanspruchs einer Partei sachlich gerechtfertigt werden, wenn dadurch erst ein effektiver Rechtsschutz möglich wird.[194]

Dementsprechend kann bei einer hinreichenden Rechtfertigung der Anspruch auf rechtliches Gehör (Art. 103 Abs. 1 GG) eingeschränkt werden (vgl. etwa § 120 Abs. 3 SGG oder § 99 Abs. 2 VwGO), sodass bei einer verfahrensmäßigen Ausgestaltung der Zugang einer Partei zu geheimhaltungsbedürftigen Informationen beschränkt werden kann (vgl. Art. 58 EPGÜ sowie Art. 9 Abs. 2 UAbs. 2 lit. b) Geheimnisschutz-Richtlinie).[195] Eine solche Rechtfertigung ist anzunehmen, wenn der von Art. 19 Abs. 4 GG gewährleistete effektive Rechtsschutz erst durch eine Beschränkung des rechtlichen Gehörs ermöglicht wird und sich die Rechtslage des Betroffenen dadurch sogar verbessert.[196] Mit Blick auf Art. 19 Abs. 4 GG ist der Ausschluss einer

---

[194] BVerfG, Beschl. v. 27.10.1999, Az. 1 BvR 385/90, NJW 2000, 1175, 1178 = NStZ 2000, 151, 152 f.; *Götz* (2014), S. 167–171; *Bahner* (2013), S. 245–247; *Götz* (2012), S. 188; *Hoeren/Kuta,* in: FS Weber (2011), S. 499 (537); *Rojahn,* in: FS Loewenheim (2009), S. 251 (256); *Bornkamm,* in: FS Ullmann (2006), S. 893 (906); *Melullis,* in: FS Tilmann (2003), S. 843 (853); *McGuire,* GRUR 2015, S. 424 (431); *Müller-Stoy,* MittdtPatA 2010, S. 267 (271); *Müller-Stoy,* GRUR-RR 2009, S. 161 (163); *Stadler,* NJW 1989, S. 1202 (1204); a.A. *Späth* (1995), S. 127; *Krieger,* in: FS Steindorff (1990), S. 989 (998 f.); *Werner,* in: FS Pfeiffer (1988), S. 821 (833 f.); *Lachmann,* NJW 1987, S. 2206 (2210); kritisch: *Gaier,* in: FS Scharf (2008), S. 201 (205); vgl. *Gniadek* (2011), S. 135; *König,* MittdtPatA 2002, S. 153 (164).

[195] BVerfG, Beschl. v. 27.10.1999, Az. 1 BvR 385/90, NJW 2000, 1175, 1178 = NStZ 2000, 151, 152 f.; *Foerste,* in: Musielak/Voit (2016), § 284 Rn. 25; *Schmidt-Aßmann,* in: Maunz/Dürig (2015), Art. 103 GG Rn. 82; *Pieroth,* in: Jarass/Pieroth (2014), Art. 103 Rn. 16; *Degenhart,* in: Sachs (2014), Art. 103 Rn. 18; *Schmahl,* in: Schmidt-Bleibtreu/Hofmann/Henneke (2014), Art. 103 Rn. 38; *Götz* (2012), S. 170; *Beckhaus* (2010), S. 380; *Lang* (2007), S. 247–249; *Ibbeken* (2004), S. 434; *v. Hartz* (2004), S. 206; *Karger* (1996), S. 135; *Stürner* (1976), S. 227; *Hoeren/Kuta,* in: FS Weber (2011), S. 499 (534–536); *Rojahn,* in: FS Loewenheim (2009), S. 251 (264); *McGuire,* GRUR 2015, S. 424 (432); GRUR, Stellungnahme vom 19.03.2014, S. 10 (abrufbar unter: http://www.grur.org/uploads/tx_gstatement/2014–03–19_GRUR_Stellungnahme_zum_Know-how-Schutz.pdf; zuletzt abgerufen am: 30.06.2017); *Müller-Stoy,* MittdtPatA 2010, S. 267 (271); *Müller-Stoy,* GRUR-RR 2009, S. 161 (163); *Spindler/Weber,* MMR 2006, S. 711 (714); *v. Hartz,* ZUM 2005, S. 376 (381 f.); *Kühnen,* GRUR 2005, S. 185 (192); *König,* MittdtPatA 2002, S. 153 (164); *Stadler,* NJW 1989, S. 1202 (1203 f.); *Stürner/Stadler,* JZ 1985, S. 1101 (1104); a.A. *Gniadek* (2011), S. 139 f.; *Lachmann,* NJW 1987, S. 2206 (2210); kritisch: *Baumgärtel,* in: FS Habscheid (1989), S. 1 (7 f.); vgl. EuGH, Urt. v. 13.07.2006, Rs. C-438/04, MMR 2006, 803, 805 (Rn. 40) – Mobistar/IBPT = CR 2006, 669, 670 (Rn. 40); BVerfG, Beschl. v. 29.11.1989, Az. 1 BvR 1011/88, BVerfGE 81, 123, 129 = NJW 1990, 1104, 1105; *Rosenberg/Schwab/Gottwald* (2010), § 82 Rn. 30; OLG München, Beschl. v. 11.08.2008, Az. 6 W 1380/08, InstGE 10, 186, 191 (Rn. 50) – Laser-Schweißverfahren = GRUR-RR 2009, 191, 192; *Kohler* (1889), S. 78 ff.; Gaier, Sondervotum zu BVerfG, Beschl. v. 14.03.2006, Az. 1 BvR 2087/03 und 1 BvR 2111/03, MMR 2006, 375, 383.

[196] BVerfG, Beschl. v. 27.10.1999, Az. 1 BvR 385/90, NJW 2000, 1175, 1178 = NStZ 2000, 151, 152 f.; *v. Hartz* (2004), S. 206 f.; *Stürner* (1976), S. 227; *Rojahn,* in:

Partei insoweit das mildere Mittel, solange seine anwaltlichen Vertreter dem Verfahren in vollem Umfang beiwohnen dürfen.[197] Der Antragsgegner als aufklärungspflichtige Partei nimmt weiterhin am gesamten Verfahren teil, sodass nur die Rechte des Antragstellers eingeschränkt werden und er mithin das Risiko für die Beweissicherung trägt.[198]

Eine ähnliche Herangehensweise sieht die Zivilprozessordnung bereits vor. Die Parteien können auf die Teilnahme an einer mündlichen Verhandlung oder einer Beweisaufnahme grundsätzlich verzichten, ohne gegen den Grundsatz der Parteiöffentlichkeit zu verstoßen (vgl. § 141 ZPO).[199] Trotz erfolgter Anordnung des persönlichen Erscheinens einer Partei kann diese der mündlichen Verhandlung oder Beweisaufnahme fernbleiben, solange sie einen gleichwertigen Vertreter entsendet, der zur Aufklärung des Tatbestandes in der Lage und zur Abgabe der gebotenen Erklärungen, insbesondere zu einem Vergleichsabschluss, ermächtigt ist (§ 141 Abs. 3 S. 2 ZPO). Dieser entsandte Vertreter kann auch ein Anwalt sein, wenn er entsprechend angewiesen und bevollmächtigt ist.

Mithin ist der vorherige Verzicht auf den Anspruch auf rechtliches Gehör (Art. 103 Abs. 1 GG) durch den Antragsteller nach dem „Düsseldorfer Modell" im Interesse eines effektiven Rechtsschutzes (Art. 19 Abs. 4 GG) zulässig, sodass er als Ausdruck seiner Freiheit und Selbstbestimmung seinen Ausschluss von der Besichtigung bis zur Entscheidung über die Gutachtenfreigabe beantragen kann.[200] Die Entscheidung, seine Rechte nicht höchstper-

---

FS Loewenheim (2009), S. 251 (256); *Reimann,* in: FS Mes (2009), S. 293 (297); *Bornkamm,* in: FS Ullmann (2006), S. 893 (906 f.); *Deichfuß,* GRUR 2015, S. 436 (441); *König,* MittdtPatA 2002, S. 153 (164).

[197] *Malmström* (2013), S. 217; *Ibbeken* (2004), S. 436; *Rojahn,* in: FS Loewenheim (2009), S. 251 (264); *Spindler/Weber,* MMR 2006, S. 711 (714); *Stadler,* NJW 1989, S. 1202 (1204); vgl. Tribunal de grande instance Paris, Beschl. v. 14.05.1999, Az. 4 Ob 30/00, GRUR Int 2000, 1031, 1033 – Quick Turn/Meta Systems; *Jauernig,* ZZP 1988, S. 361 (365).

[198] *Stürner* (1976), S. 228.

[199] *Müller-Stoy* (2008), Rn. 185; *Müller-Stoy,* MittdtPatA 2010, S. 267 (271); *Müller-Stoy,* GRUR-RR 2009, S. 161 (163); *Leppin,* GRUR 1984, S. 695 (697); vgl. *Pagenberg,* CR 1991, S. 65 (72); *Stadler,* NJW 1989, S. 1202 (1204).

[200] BVerfG, Beschl. v. 27.10.1999, Az. 1 BvR 385/90, NJW 2000, 1175, 1178 = NStZ 2000, 151, 152 f.; BGH, Beschl. v. 16.11.2009, Az. X ZB 37/08, GRUR 2010, 318, 321 (Rn. 32) – Lichtbogenschnürung = WRP 2010, 541, 546 (Rn. 32); *Stadler,* in: Musielak/Voit (2016), § 357 Rn. 4; *Schmidt-Aßmann,* in: Maunz/Dürig (2015), Art. 103 GG Rn. 82; *Hahn,* in: PK-GewRS (2015), § 492 ZPO Rn. 24; *Berger,* in: Stein/Jonas (2015), § 357 Rn. 18; *Schmahl,* in: Schmidt-Bleibtreu/Hofmann/Henneke (2014), Art. 103 Rn. 39; *Degenhart,* in: Sachs (2014), Art. 103 Rn. 18; *Ahrens,* in: Wieczorek/Schütze (2013), Vor § 284 Rn. 52; *Voß,* in: Fitzner/Lutz/Bodewig (2012), Vor §§ 139 ff. PatG Rn. 133; *Nolte,* in: v. Mangoldt/Klein/Starck (2010), Art. 103 Abs. 1 Rn. 38; *Götz* (2014), S. 426–432, vgl. S. 433–452; *Götz* (2012), S. 170; *Oldekop,* in: Schramm (2012), Kap. 9 Rn. 160; *Rohlfing*

sönlich wahrzunehmen, sondern durch einen Vertreter, gehört ebenfalls zur Freiheit des Grundrechtsberechtigten.[201] Es handelt sich dabei zweifelsohne um eine „bedingte Freiwilligkeit", da die mögliche Abweisung des Antrags eine gewisse Drucksituation aufbaut. Gleichwohl handelt der Antragsteller in diesem Fall nach eigenem Willen mit dem Ziel einer effektiven Rechtsdurchsetzung und nicht aufgrund eines äußeren Zwangs. Der Ausschluss des Antragstellers und die Teilnahme seiner anwaltlichen Vertreter, wodurch der Anspruch auf rechtliches Gehör (Art. 103 Abs. 1 GG) gewahrt wird, dürfen aber nicht die einzigen Maßnahme zum Schutz der Betriebs- und Geschäftsgeheimnisse des Antragsgegners bilden.[202]

Da derzeit keine gesetzliche Regelung für einen Parteiausschluss besteht, kann nur der Verzicht der auszuschließenden Partei herangezogen werden („freiwillige Selbstbeschränkung").[203] Eine spätere Rücknahme des Verzichts wäre widersprüchlich zu seinem vorhergehenden Verhalten und dementspre-

---

(2009), S. 102; *Ploch-Kumpf* (1996), S. 206, 211; *Kersting* (1995), S. 288 f.; *Schlosser* (1991), Rn. 430; *Stürner* (1976), S. 226 f.; *Kreye,* in: FS v. Meibom (2010), S. 241 (252–256); *Reimann,* in: FS Mes (2009), S. 293 (297); *Bornkamm,* in: FS Ullmann (2006), S. 893 (910, 911); *Melullis,* in: FS Tilmann (2003), S. 843 (853); *Tilmann/Schreibauer,* in: FS Erdmann (2002), S. 901 (922); *Deichfuß,* GRUR 2015, S. 436 (441); *Stadler,* ZZP 2010, S. 261 (276); *Zöllner,* GRUR-Prax 2010, S. 74 (75); *Spindler/Weber,* MMR 2006, S. 711 (713); *Bork,* NJW 1997, S. 1665 (1671); *Götting,* GRUR Int 1988, S. 729 (740); *Stürner,* JZ 1985, S. 453 (458 f.); a.A. *Greger,* in: Zöller (2016), Vor § 128 Rn. 7a, § 295 Rn. 5; *Bahner* (2013), S. 238 f.; *Lang* (2007), S. 245–247; *Späth* (1995), S. 126; *Baumgärtel,* in: FS Habscheid (1989), S. 1 (6, 9); *Lachmann,* NJW 1987, S. 2206 (2010); vgl. *Rinken/Kühnen,* in: Schulte (2014), § 140c Rn. 93; *v. Meibom/vom Feld,* in: FS 50 Jahre BPatG (2011), S. 975 (989); *Walker,* in: FS E. Schneider (1997), S. 147 (173–178); *Müller-Stoy,* GRUR-RR 2009, S. 161 (163); *Kitz,* NJW 2008, S. 2374 (2376); *Tilmann/Schreibauer,* GRUR 2006, S. 967 (968); *Ahrens,* GRUR 2005, S. 837 (839); *Kühnen,* GRUR 2005, S. 185 (191); *Götting,* GRUR Int 1988, S. 729 (740); *Leppin,* GRUR 1984, S. 695 (697); kritisch: OLG München, Beschl. v. 11.08.2008, Az. 6 W 1380/08, InstGE 10, 186, 191 (Rn. 53) – Laser-Schweißverfahren = GRUR-RR 2009, 191, 192; *Kemper* (1992), S. 292 f.; *Stadler* (1989), S. 238 f.; *Stadler,* NJW 1989, S. 1202 (1204).

[201] *Karger* (1996), S. 133; *Schlosser* (1991), Rn. 430; *Spindler/Weber,* MMR 2006, S. 711 (713); *Prütting/Weth,* ArbuR 1990, S. 269 (274); *Leppin,* GRUR 1984, S. 695 (697); vgl. *Pieroth/Schlink/Kingreen/Poscher* (2015), Rn. 157.

[202] BGH, Urt. v. 01.08.2006, Az. X ZR 114/03, GRUR 2006, 962, 967 (Rn. 42) – Restschadstoffentfernung = NJW-RR 2007, 106, 107 (Rn. 42); *Koch* (2013), S. 246 f.; *Kersting* (1995), S. 288; *Hoeren/Kuta,* in: FS Weber (2011), S. 499 (537 f.); *Müller-Stoy,* MittdtPatA 2010, S. 267 (271); *Müller-Stoy,* GRUR-RR 2009, S. 161 (163); *Pagenberg,* CR 1991, S. 65 (72); vgl. BT-Drucks. 16/5048, S. 41; *Kunig,* in: v. Münch/Kunig (2012), Art. 103 Rn. 15 („Rechtsanwalt, Mandant").

[203] *Kefferpütz,* in: Wandtke/Bullinger (2014), Vor § 97 ff. UrhG Rn. 103, 106; *Tilmann/Schreibauer,* in: FS Erdmann (2002), S. 901 (922); *McGuire,* GRUR 2015, S. 424 (432); *Zöllner,* GRUR-Prax 2010, S. 74 (75); vgl. BT-Drucks. 15/2316, S. 103; *Ahrens,* GRUR 2005, S. 837 (839); kritisch: OLG München, Beschl. v. 11.08.2008, Az. 6 W 1380/08, InstGE 10, 186, 191 (Rn. 53) – Laser-Schweißverfahren = GRUR-RR 2009, 191, 192.

chend unter dem Gesichtspunkt des *„venire contra factum proprium"* ein Verstoß gegen den Grundsatz von Treu und Glauben (§ 242 BGB), sodass dies im Hinblick auf die anwaltlichen Vertreter des Antragstellers keine Rechtswirkung hätte.[204] Außerdem sind Prozesshandlungen (abgesehen von sehr begrenzten Ausnahmen) unwiderruflich.[205] Letztlich wären die Rechts- und Patentanwälte des Antragstellers auch im Falle der Rücknahme seines Verzichts auf die Kenntnisnahme des Gutachteninhalts an die gerichtlich auferlegte Verschwiegenheitsverpflichtung gebunden. Der Gesetzgeber sollte jedoch im Sinne der Rechtssicherheit und Rechtsklarheit eine gesetzliche Regelung zum Parteiausschluss schaffen, damit es nicht allein bei der bisherigen Verzichts-Option bleibt.[206]

c) Kein kameralistisches Geheimverfahren

Bei einem sog. „in camera"-Verfahren werden die geheimhaltungsbedürftigen Informationen gegenüber dem Gericht vollständig offenbart und der gegnerischen Partei wie auch ihren prozessualen Vertretern vorenthalten, sodass nur das Gericht über sämtliche Tatsachen informiert ist und „hinter verschlossenen Türen" entscheidet (vgl. etwa § 259 S. 2 HGB).[207] Diese kameralistischen Geheimverfahren gibt es in verschiedenen Ausprägungen, etwa als Vorver-

---

[204] *Müller-Stoy,* GRUR-RR 2009, S. 161 (164); vgl. BGH, Beschl. v. 16.11.2009, Az. X ZB 37/08, GRUR 2010, 318, 321 f. (Rn. 33) – Lichtbogenschnürung = WRP 2010, 541, 546 (Rn. 33); OLG München, Beschl. v. 11.08.2008, Az. 6 W 1380/08, InstGE 10, 186, 192 (Rn. 57) – Laser-Schweißverfahren = GRUR-RR 2009, 191, 192; *Krautstrunk* (2005), S. 209 f.

[205] Baumbach/Lauterbach/Albers/Hartmann (2016), Grdz § 128 Rn. 58; *Reichold,* in: Thomas/Putzo (2016), Einl III Rn. 21 f.; *Greger*, in: Zöller (2016), Vor § 128 Rn. 18.

[206] *Ahrens*, in: Wieczorek/Schütze (2013), Vor § 284 Rn. 47; GRUR, Stellungnahme vom 19.03.2014, S. 10 (abrufbar unter: http://www.grur.org/uploads/tx_gstatement/2014–03–19_GRUR_Stellungnahme_zum_Know-how-Schutz.pdf; zuletzt abgerufen am: 30.06.2017); *Kunz-Hallstein/Loschelder,* GRUR 2007, S. 765 (766); *Ahrens,* GRUR 2005, S. 837 (839); *Kunz-Hallstein/Loschelder,* GRUR 2005, S. 747 (747); vgl. *Ahrens/McGuire* (2012), S. 180 f.; *McGuire,* GRUR 2015, S. 424 (433, 435).

[207] *Schenke*, in: Kopp/Schenke (2015), § 99 Rn. 1; *Bahner* (2013), S. 235–237; *Grosch*, in: Hdb. Know-how-Schutz (2010), Kap. 6 Rn. 195; *Müller-Stoy* (2008), Rn. 204; *Ulrich* (2007), Rn. 378; *Markfort* (2001), S. 174; *Gaier,* in: FS Scharf (2008), S. 201 (201); *Krieger,* in: FS Steindorff (1990), S. 989 (998); *Baumgärtel,* in: FS Habscheid (1989), S. 1 (7); *McGuire,* GRUR 2015, S. 424 (431); *Kitz,* NJW 2008, S. 2374 (2376); *Spindler/Weber,* MMR 2006, S. 711 (712); *Margedant,* NVwZ 2001, S. 759 (763); *Wagner,* ZEuP 2001, S. 441 (476); *Prütting/Weth,* NJW 1993, S. 576 (576); vgl. ausführlich: *Götz* (2014), S. 395–452; vgl. *Stadler* (1989), S. 253; *v. Hartz* (2004), S. 205; *Bornkamm,* in: FS Ullmann (2006), S. 893 (904); *Melullis,* in: FS Tilmann (2003), S. 843 (853); *Frank/Wiegand,* CR 2007, S. 481 (486, 487); *Wollweber,* MMR 2000, S. 633 (633); *Prütting/Weth,* ArbuR 1990, S. 269 (271).

fahren (vgl. etwa § 99 Abs. 2 VwGO[208]) oder Hauptsacheverfahren (vgl. etwa § 138 Abs. 2 TKG, § 72 Abs. 2 GWB), sie sind verfassungsrechtlich zulässig, bedürfen aber stets einer ausdrücklichen Regelung im Gesetz.[209]

Wenngleich die Gefahr von Fehlentscheidungen trotz vollständiger Kenntnis des Gerichts hinsichtlich aller das Verfahren betreffender Umstände besteht, kann der Anspruch auf rechtliches Gehör der Parteien bei Bestehen einer gesetzlichen Grundlage beschränkt werden.[210] Ungeachtet des Ausschlusses des Antragstellers sind seine anwaltlichen Vertreter am Verfahren nach dem „Düsseldorfer Modell" von Anfang bis Ende unter vollem Informationsgehalt beteiligt. Das Gericht entscheidet nicht hinter verschlossenen Türen über die Sache durch einen Beschluss. Dementsprechend beinhaltet das „Düsseldorfer Modell" trotz des Ausschlusses des Antragstellers von der Besichtigung kein kameralistisches Geheimverfahren.[211] Dennoch ist für den

---

[208] BVerfG, Beschl. v. 27.10.1999, Az. 1 BvR 385/90, NJW 2000, 1175, 1178 = NStZ 2000, 151, 152 f.; vgl. Gaier, Sondervotum zu BVerfG, Beschl. v. 14.03.2006, Az. 1 BvR 2087/03 und 1 BvR 2111/03, MMR 2006, 375, 383.

[209] OVG Münster, Beschl. v. 23.11.2000, Az. 13 E 276/00, NVwZ 2001, 820, 821 = K&R 2001, 226, 228 f.; *Foerste*, in: Musielak/Voit (2016), § 284 Rn. 25; *Greger*, in: Zöller (2016), § 357 Rn. 4; *Schmidt-Aßmann*, in: Maunz/Dürig (2015), Art. 103 GG Rn. 19; Fezer (2009), § 19a MarkenG Rn. 38; *Wolf* (2015), S. 69 f.; *Koch* (2013), S. 245 f., 251; *Gniadek* (2011), S. 366; *Reinartz* (2009), S. 156; *Karger* (1996), S. 134; *Stadler* (1989), S. 368; *Stadler,* in: FS Leipold (2009), S. 201 (215); *Gaier,* in: FS Scharf (2008), S. 201 (207–209); *Bornkamm,* in: FS Ullmann (2006), S. 893 (907–909); *Kitz,* NJW 2008, S. 2374 (2376); *Kunz-Hallstein/Loschelder,* GRUR 2005, S. 747 (747); *König,* MittdtPatA 2002, S. 153 (164); *Prütting/Weth,* NJW 1993, S. 576 (577); *Prütting/Weth,* DB 1989, S. 2273 (2278); kritisch: *Prütting,* in: FS Bartenbach (2005), S. 417 (525); vgl. *Stürner* (1976), S. 223 ff.; *Leppin,* GRUR 1984, S. 695 (696–700); *Schweikhardt,* GRUR 1962, S. 116 (124).

[210] *Ahrens*, in: Wieczorek/Schütze (2013), Vor § 284 Rn. 47, 52; *Battenstein* (2006), S. 124; *Bornkamm,* in: FS Ullmann (2006), S. 893 (905, 906); *Melullis,* in: FS Tilmann (2003), S. 843 (853); *Tilmann/Schreibauer,* in: FS Erdmann (2002), S. 901 (922); *McGuire,* GRUR 2015, S. 424 (431); *Wagner,* ZZP 1995, S. 193 (212, 217); *Spindler/Weber,* MMR 2006, S. 711 (714); *König,* MittdtPatA 2002, S. 153 (164); *Zekoll/Bolt,* NJW 2002, S. 3129 (3131); *Pagenberg,* CR 1991, S. 65 (68); *Stadler,* NJW 1989, S. 1202 (1204 f.); *Stürner,* JZ 1985, S. 453 (459); a.A. *Marshall,* in: FS Preu (1988), S. 151 (164); *Lachmann,* NJW 1987, S. 2206 (2210); kritisch: *Baumgärtel,* in: FS Habscheid (1989), S. 1 (7, 8); vgl. *Walker,* in: FS E. Schneider (1997), S. 147 (173–178); Gaier, Sondervotum zu BVerfG, Beschl. v. 14.03.2006, Az. 1 BvR 2087/03 und 1 BvR 2111/03, MMR 2006, 375, 383; *Prütting/Weth,* NJW 1993, S. 576 (577); *Leppin,* GRUR 1984, S. 695 (696–700).

[211] *Müller-Stoy,* MittdtPatA 2010, S. 267 (273); a.A. *Rohlfing* (2009), S. 79; *Stadler,* in: FS Leipold (2009), S. 201 (212); vgl. BGH, Urt. v. 12.11.1991, Az. KZR 18/90, GRUR 1992, 191, 194 – Amtsanzeiger = NJW 1992, 1817, 1819; *Voß,* in: Fitzner/Lutz/Bodewig (2012), Vor §§ 139 ff. PatG Rn. 133; *Weber* (2010), S. 223; *v. Hartz* (2004), S. 219; *Deichfuß,* GRUR 2015, S. 436 (441); *Spindler/Weber,* MMR 2006, S. 711 (714); *v. Hartz,* ZUM 2005, S. 376 (381 f.); *Kunz-Hallstein/Loschelder,* GRUR 2005, S. 747 (747);

Ausschluss des Antragstellers eine gesetzliche Grundlage erforderlich, wenn man nicht allein auf den Verzicht des Antragstellers angewiesen sein möchte.

3. Vertreter des Antragstellers

Sowohl der Antragsteller (als ausgeschlossene Partei) als auch der Antragsgegner haben ein berechtigtes Interesse daran, die Besichtigung durch den gerichtlich bestellten Sachverständigen persönlich oder aus Gründen des Geheimnisschutzes zumindest von Personen ihres Vertrauens beaufsichtigen und kritisch hinterfragen zu lassen, was eine in keiner Weise überprüfbare „Geheimbesichtigung" unter Ausschluss einer oder beider Parteien ausschließt.[212]

a) Rechts- und Patentanwälte des Antragstellers

Durch die Anwesenheit der anwaltlichen Vertreter des Antragstellers während der Besichtigung wird der Anspruch auf rechtliches Gehör (Art. 103 Abs. 1 GG) berücksichtigt, die Gefahr der einseitigen Beeinflussung des Sachverständigen durch den Antragsgegner gebannt und die nötige Chancen- bzw. Waffengleichheit („Prozessfairness") geschaffen (vgl. Art. 9 Abs. 2 UAbs. 2 lit. b), UAbs. 3 Geheimnisschutz-Richtlinie).[213] Eine Beeinflussung des Sachverständigen durch die Rechts- und Patentanwälte des Antragstellers erscheint fernliegend, da der Antragsgegner entweder persönlich zugegen ist

---

Kürschner, NJW 1992, S. 1804 (1805); *Stadler,* NJW 1989, S. 1202 (1204); *Götting,* GRUR Int 1988, S. 729 (740); *Leppin,* GRUR 1984, S. 695 (697 f.).

[212] BGH, Urt. v. 19.02.2014, Az. I ZR 230/12, GRUR 2014, 578, 580 (Rn. 27) – Umweltengel für Tragetasche = NJW 2014, 3033, 3035 (Rn. 27); *Götz* (2014), S. 156 f.; *Ulrich* (2007), Rn. 390; *Kühnen,* GRUR 2005, S. 185 (191); vgl. *Ploch-Kumpf* (1996), S. 93–96.

[213] *Stadler*, in: Musielak/Voit (2016), § 357 Rn. 4; *Grabinski/Zülch*, in: Benkard (2015), § 140c PatG Rn. 29; *Hahn*, in: PK-GewRS (2015), § 487 ZPO Rn. 29 f.; Fezer (2009), § 19a MarkenG Rn. 36; *Götz* (2014), S. 157–161, 188, 422; *Mes*, in: MPFormB GewRS (2014), Form. C.22 Anm. 27; *Götz* (2012), S. 167–169; *Beckhaus* (2010), S. 376; *Rohlfing* (2009), S. 95, 101; *Müller-Stoy* (2008), Rn. 182; *Battenstein* (2006), S. 123; *Ibbeken* (2004), S. 436; *Stadler* (1989), S. 246; *Hoeren/Kuta,* in: FS Weber (2011), S. 499 (524, 537 f.); *Rojahn,* in: FS Loewenheim (2009), S. 251 (261); *Tilmann,* in: FS Ullmann (2006), S. 1013 (1022); *Müller-Stoy,* MittdtPatA 2010, S. 267 (270); *Kühnen,* GRUR 2005, S. 185 (191); *Stadler,* NJW 1989, S. 1202 (1204, 1206); *Leppin,* GRUR 1984, S. 695 (697); a.A. *Gniadek* (2011), S. 361 f.; *Ahrens,* GRUR 2005, S. 837 (839); vgl. LG Düsseldorf, Urt. v. 08.03.2007, Az. 4b O 230/04, InstGE 8, 103, 110 (Rn. 33) – Etikettiermaschine = BeckRS 2008, 20706; *Guhn,* in: PK-GewRS (2015), § 357 ZPO Rn. 6, 12; *Kunig,* in: v. Münch/Kunig (2012), Art. 103 Rn. 3; *Teplitzky,* WRP 2013, S. 1414 (1418, Rn. 18); EPLAW, Second Venice Resolution vom 04.11.2006, S. 6 (abrufbar unter: http://eplaw.org/wp-content/uploads/2015/12/Second-Venice-Resolution-dated-4-November-2006.pdf, zuletzt abgerufen am: 30.06.2017); *Spindler/Weber,* MMR 2006, S. 711 (713).

oder in seinen Betriebs- und Geschäftsräumen Vertrauenspersonen zur Beaufsichtigung abstellen kann, sofern seine anwaltlichen Vertreter nicht rechtzeitig eintreffen.[214]

Da den anwaltlichen Vertretern eine gerichtliche Verschwiegenheitsverpflichtung auferlegt wird, werden die Geheimhaltungsinteressen des Antragsgegners berücksichtigt, sodass sich eine alleinige Besichtigung durch den Sachverständigen verbietet.[215] Sobald der Antragsteller keine ihm vertrauten Personen zur Durchführung der Besichtigung entsenden kann, hat er keine Informationen über den Ablauf der Besichtigung. Mögliche Einflussnahmen auf den Sachverständigen (sei es gezielt in Richtung des Sachverständigen oder aber nur durch Ablenkungen, um den Blick des Sachverständigen von der eigentlichen Merkmalsverwirklichung zu lenken) bleiben in seinem Gutachten unerwähnt und gelangen somit möglicherweise nie an die Öffentlichkeit. Außerdem kann ein Sachverständiger wegen der Besorgnis der Befangenheit nach § 406 Abs. 1 ZPO abgelehnt werden, sofern nur eine Partei bei der Besichtigung berücksichtigt wird.[216] Der Ausschluss der anwaltlichen Vertreter des Antragstellers kommt dieser Konstellation sehr nahe.

Die Anwesenheit der anwaltlichen Vertreter des Antragstellers ist sowohl zu Beginn als auch im Laufe der Besichtigung geboten. Sofern der Antragsgegner nach Ablauf der zweistündigen Wartefrist den teilnahmeberechtigten Personen den Zutritt verweigert, können die Rechts- und Patentanwälte des Antragstellers die notwendigen Maßnahmen einleiten (etwa die Beantragung einer Durchsuchungsanordnung nach § 758a ZPO).[217] Im Laufe der Besichtigung können sie Meinungsverschiedenheiten im Hinblick auf die Reichweite der Besichtigungsanordnung aufklären und (aufgrund von Detailkenntnissen oder vorherigen Unterweisungen durch den Antragsteller) den Sachverständi-

---

[214] Kritisch: *Beckhaus* (2010), S. 136 f., 201 f.

[215] Vgl. *Grabinski/Zülch*, in: Benkard (2015), § 140c PatG Rn. 29; *Kühnen*, GRUR 2005, S. 185 (191).

[216] BVerwG, Beschl. v. 12.04.2006, Az. 8 B 91/05, NJW 2006, 2058, 2058 (Rn. 6) = DS 2007, 158, 158 (Rn. 6); BGH, Beschl. v. 15.04.1975, Az. X ZR 52/75, GRUR 1975, 507, 507 m. Anm. *Harmsen* – Schulterpolster = NJW 1975, 1363, 1363; OLG Köln, Beschl. v. 13.12.2010, Az. 11 W 83/10, MDR 2011, 507, 507 f. = BeckRS 2010, 30776; OLG Stuttgart, Beschl. v. 04.08.2010, Az. 13 W 33/10, MDR 2011, 190, 190 = BeckRS 2010, 20824; LG Düsseldorf, Beschl. v. 13.09.1979, Az. 25 T 633/79, ZSW 1981, 22, 22 m. Anm. *Müller* = JurBüro 1980, 111, 111; *Greger*, in: Zöller (2016), § 406 Rn. 8; *Grabinski/Zülch*, in: Benkard (2015), § 139 PatG Rn. 130; *Schenke*, in: Kopp/Schenke (2015), § 97 Rn. 2, 4; *Guhn*, in: PK-GewRS (2015), § 357 ZPO Rn. 6, 15; *Hahn*, in: PK-GewRS (2015), § 487 ZPO Rn. 30; *Rudisile*, in: Schoch/Schneider/Bier (2015), § 97 VwGO Rn. 28; *Ulrich* (2007), Rn. 214, 217; *Höffmann* (1989), S. 82; *Prietzel-Funk*, GRUR 2009, S. 322 (325); *Kühnen*, GRUR 2005, S. 185 (191); *Cuypers*, NJW 1994, S. 1985 (1989); *Jessnitzer*, BauR 1975, S. 73 (76).

[217] *Hahn*, in: PK-GewRS (2015), § 487 ZPO Rn. 29; *Grabinski*, in: FS Mes (2009), S. 129 (131).

gen durch sachdienliche Hinweise dabei unterstützen, den Besichtigungsgegenstand zu identifizieren sowie nötigenfalls zu bedienen, möglichwerweise übersehene oder für nicht relevant erachtete Tatsachen zu berücksichtigen und Merkmalsverwirklichungen sowie dem Veränderungsverbot zuwiderlaufende Maßnahmen des Antragsgegners aufzudecken.[218]

b) Neutrale Dritte

Ein neutraler Dritter (etwa ein Notar oder ein Richter) kann die anwaltlichen Vertreter des Antragstellers während der Besichtigung nicht ersetzen. Notare und Richter sind aufgrund ihrer Unabhängigkeit und Verschwiegenheit grundsätzlich als neutrale Personen im Rahmen einer Besichtigung geeignet.[219] Darüber hinaus können auch sie zur Verschwiegenheit verpflichtet werden. Sie werden aber regelmäßig nicht über die erforderlichen Spezialkenntnisse verfügen, insbesondere in Bezug auf den Besichtigungsgegenstand, möglicherweise aber auch allgemein bezogen auf den Bereich des gewerblichen Rechtsschutzes. Letztlich wären sie reine Begleiter des Sachverständigen, die für eine ordnungsgemäße Besichtigung sorgen, den Sachverständigen aber nicht unterstützen können, wohingegen der Antragsgegner und seine anwaltlichen Vertreter Einfluss (im Sinne von förderlichen Hinweisen) auf den Sachverständigen nehmen können.

c) Gerichtlich bestellte Rechts- oder Patentanwälte

Ebenfalls auszuschließen ist (insbesondere mangels einer Rechtsgrundlage) die Bestellung eines anwaltlichen Vertreters durch das Gericht, der den Antragsteller aufgrund seines Ausschlusses von der Besichtigung für den weiteren Verfahrensgang vertritt.[220] Auf diese Weise soll dem Umstand vorgebeugt

[218] *Hahn*, in: PK-GewRS (2015), § 487 ZPO Rn. 29, 31; *Gniadek* (2011), S. 361, 366 f.; *Battenstein* (2006), S. 127; *Karger* (1996), S. 136; *Hoeren/Kuta,* in: FS Weber (2011), S. 499 (527); *Rojahn,* in: FS Loewenheim (2009), S. 251 (261); *Grabinski,* in: FS Mes (2009), S. 129 (131); *Melullis,* in: FS Tilmann (2003), S. 843 (854 f.); *Müller-Stoy,* MittdtPatA 2010, S. 267 (269 f.; 270, Fn. 24); *Kühnen,* GRUR 2005, S. 185 (191); *Pagenberg,* CR 1991, S. 65 (70); *Leppin,* GRUR 1984, S. 695 (700); vgl. *Schickedanz,* GRUR Int 2011, S. 480 (480); *Kather/Fitzner,* MittdtPatA 2010, S. 325 (331); *Fitzner/Kather,* VPP-Rundbrief 2009, S. 58 (65).

[219] Vgl. BGH, Beschl. v. 18.12.2012, Az. X ZR 7/12, GRUR 2013, 316, 317 (Rn. 11) – Rohrmuffe = MittdtPatA 2013, 200, 202 (Rn. 11); *Leppin,* GRUR 1984, S. 552 (561).

[220] *Götz* (2014), S. 160 f., 423; *Karger* (1996), S. 136; *Kersting* (1995), S. 288, 290; *Schlosser,* in: FS Großfeld (1999), S. 997 (1010); a.A. *Koch* (2013), S. 247; *Ahrens/McGuire* (2012), S. 180 f.; *Ploch-Kumpf* (1996), S. 210; *Stadler* (1989), S. 246 f., 259; *Stadler,* in: FS Leipold (2009), S. 201 (217); *McGuire,* GRUR 2015, S. 424 (433); *Spindler/Weber,* MMR 2006, S. 711 (714); *Ahrens,* GRUR 2005, S. 837 (839); *Stadler,* NJW 1989, S. 1202 (1204); vgl. *Ahrens*, in: Wieczorek/Schütze (2013), Vor § 284 Rn. 50; *Rojahn,* in: FS Loewenheim (2009), S. 251 (261, 262); *Stadler,* ZZP 2010, S. 261 (280).

werden können, dass die geheimhaltungsbedürftigen Tatsachen bei länger währenden Verfahren fahrlässig preisgegeben werden. Es ist jedoch nicht nachvollziehbar, warum ein gerichtlich bestellter Rechtsanwalt einer fahrlässigen Preisgabe von Betriebs- und Geschäftsgeheimnissen weniger zum Opfer fallen soll als ein Rechts- oder Patentanwalt, zu dem schon ein langjähriges Mandatsverhältnis besteht.

Dieses Argument könnte vielmehr im Rahmen einer vorsätzlichen Weitergabe von geheimhaltungsbedürftigen Informationen greifen, wobei vorsätzlichen Handlungen die straf- und berufsrechtlichen Vorschriften entgegenwirken. Auch aus tatsächlicher Sicht ist eine fahrlässige Weitergabe von Betriebs- und Geschäftsgeheimnissen unwahrscheinlich, da es sich bei solchen meist um komplexe Gebilde handelt, die nicht in einem einzigen Wort oder einer einfachen Formel versehentlich ausgesprochen werden können.[221] Dabei kann auch kein Unterschied zwischen einem Rechts- und einem Patentanwalt gemacht werden, zumal sie auch (wie in den USA üblich, in Deutschland bisher nur vereinzelt vertreten) in einer Person vorkommen können.[222]

Außerdem werden sich weder die betroffene Partei noch die Richter auf eine solche Vorgehensweise einlassen, da die richtige Auswahl des Rechts- und Patentanwalts häufig einen entscheidenden Einfluss auf den Ausgang des Verfahrens haben kann.[223] Das Gericht müsste die Anwälte sowohl nach deren Seriosität als auch deren fachlichen Qualifikationen und Eigenschaften für den konkreten Fall auswählen, sodass es das Gericht letztlich zu verantworten hätte, falls sich im Verfahren das Vorhandensein einer Qualifikation als Trugschluss herausstellt. Ein solch aufgezwungenes Mandatsverhältnis kann der ausgeschlossenen Partei nicht zugemutet werden („Wissensvermittler"), vor allem wäre das Vertrauensverhältnis (vgl. § 43 S. 2 BRAO) zwischen dem beauftragten Rechtsanwalt und der ausgeschlossenen Partei eine bloße Annahme.[224] Außerdem müsste der Rechtsanwalt kurzfristig tätig werden und hätte nur eine kurze Einarbeitungszeit, was gerade bei komplizierten Sachverhalten eine nicht optimale Vertretung zur Folge haben könnte. Daher ist auch ihm eine solche Vorgehensweise nicht zuzumuten, zumal seine Eigenschaft als „Organ" der Rechtspflege (§ 1 BRAO) überstrapaziert würde, da man ihn (vor allem aus zeitlicher Sicht) nicht überall sofort „verpflanzen" kann.[225]

---

[221] *Pagenberg,* CR 1991, S. 65 (71).

[222] *Pagenberg,* CR 1991, S. 65 (71); vgl. *Grabinski/Zülch,* in: Benkard (2015), § 139 PatG Rn. 123; *Leppin,* GRUR 1984, S. 695 (697).

[223] *Pagenberg,* CR 1991, S. 65 (70 f.).

[224] *Pagenberg,* CR 1991, S. 65 (71); vgl. *Göcken,* in: FS Scharf (2008), S. 211 (213).

[225] *Brüggemann,* in: Feuerich/Weyland (2016), § 1 BRAO Rn. 1, 13–15; Kleine-Cosack (2015), § 1 Rn. 22, 23; *Busse,* in: Henssler/Prütting (2014), § 1 Rn. 47–52; *Pagenberg,* CR 1991, S. 65 (71).

d) *Privatsachverständiger*

Ein Privatsachverständiger ist dagegen ein geeigneter Vertreter für den Antragsteller während der Besichtigung. Der Antragsteller kann den privaten Sachverständigen im Vorfeld der Besichtigung einweisen und für wichtige Punkte sensibilisieren. Außerdem besitzt er bei richtiger Auswahl das nötige Fachwissen und kann dem gerichtlich bestellten Sachverständigen im Laufe der Besichtigung Hinweise geben. Aus Geheimnisschutzgründen müsste er dem Antragsteller gegenüber ebenfalls zur Verschwiegenheit hinsichtlich aller Tatsachen verpflichtet werden, derer er im Laufe der Besichtigung gewahr wird.[226]

Regelmäßig wird aber kein längeres Vertrauensverhältnis zwischen dem Antragsteller und dem privaten Sachverständigen bestehen, was aber wiederum entscheidend ist, wenn der Antragsteller nicht persönlich an der Besichtigung teilnehmen kann. Darüber hinaus kann es zu Konflikten zwischen dem Sachverständigen und dem Antragsteller als Auftraggeber kommen.[227] Einerseits besteht aus dem Auftragsverhältnis ein Informationsanspruch des Antragstellers gegenüber dem privaten Sachverständigen, andererseits ist dieser aufgrund der gerichtlichen Anordnung zur Verschwiegenheit gegenüber dem Antragsteller hinsichtlich aller während der Besichtigung erlangten Informationen verpflichtet.

Dementsprechend sind Rechts- oder Patentanwälte vorrangig als Vertreter des Antragstellers bei der Durchführung der Besichtigung heranzuziehen. Wenngleich auch bei ihnen Spannungen im Mandatsverhältnis auftreten können, wird dieses bereits über einen längeren Zeitraum bestehen. Dementsprechend werden die anwaltlichen Vertreter die einschlägigen Schutzrechte durch eine Betreuung während verschiedener Anmeldeverfahren kennen und haben ein detaillierteres Fachwissen in Bezug auf den konkreten Sachverhalt.

e) *Zweiter gerichtlich bestellter Sachverständiger*

Der Konflikt aus dem Vertragsverhältnis bei einem Privatsachverständigen kann durch einen zweiten gerichtlich bestellten Sachverständigen umgangen werden, der zur Verschwiegenheit gegenüber dem Antragsteller verpflichtet wird.[228] Der Auftrag wird ihm nämlich durch das Gericht im Zuge der Besichtigungsanordnung (schon mit Beschränkungen) erteilt und gerade nicht

---

[226] *Müller-Stoy*, MittdtPatA 2010, S. 267 (269); vgl. BGH, Urt. v. 19.02.2014, Az. I ZR 230/12, GRUR 2014, 578, 580 (Rn. 26) – Umweltengel für Tragetasche = NJW 2014, 3033, 3034 (Rn. 26).

[227] BGH, Urt. v. 19.02.2014, Az. I ZR 230/12, GRUR 2014, 578, 580 (Rn. 27) – Umweltengel für Tragetasche = NJW 2014, 3033, 3034 f. (Rn. 27).

[228] BGH, Urt. v. 19.02.2014, Az. I ZR 230/12, GRUR 2014, 578, 580 (Rn. 26 f.) – Umweltengel für Tragetasche = NJW 2014, 3033, 3034 f. (Rn. 26 f.).

durch den Antragsteller persönlich. Dadurch können sich keine Konflikte aus dem Vertragsverhältnis ergeben. Dieser fungiert auch nicht als besichtigender Sachverständiger, sondern vertritt nur den Antragsteller während der Besichtigung. Hierbei kann es sich insbesondere um einen öffentlich bestellten und vereidigten Sachverständigen handeln (vgl. § 404 Abs. 2 ZPO).

Die Weitergabe von Betriebs- oder Geschäftsgeheimnissen würde einen grob pflichtwidrigen Verstoß gegen die auferlegte Verschwiegenheitsverpflichtung darstellen, wobei dies einem öffentlich bestellten und vereidigten Sachverständigen nicht von Vornherein unterstellt werden kann.[229] Jedoch steht einem zweiten gerichtlichen Sachverständigen (wie auch beim Privatsachverständigen) anstelle der anwaltlichen Vertreter des Antragstellers das fehlende Vertrauensverhältnis entgegen. Außerdem kann der Antragsteller den zweiten gerichtlich bestellten Sachverständigen im Gegensatz zum Privatsachverständigen nicht eigenständig aussuchen, sodass sich Probleme beim erforderlichen Fachwissen ergeben können.

f) Gestufte Mehrfachbesichtigung

Das Charakteristikum einer gestuften Mehrfachbesichtigung[230] ist ihr mehrgliedriger Aufbau. Dabei wird die erste Besichtigung zunächst allein durch den Sachverständigen unter Ausschluss des Antragstellers und seiner anwaltlichen Vertreter durchgeführt. Im Anschluss bekommt der Antragsgegner die Gelegenheit, seine Geheimhaltungsinteressen vorzubringen und zu geheimhaltungsbedürftigen Tatsachen im Sachverständigengutachten Stellung zu beziehen. Sofern das Sachverständigengutachten hinreichende Anhaltspunkte für eine Schutzrechtsverletzung darlegt (ohne diese vollständig nachzuweisen oder zu widerlegen), kann eine weitere Besichtigung unter Anwesenheit des Antragstellers sowie seiner Rechts- und Patentanwälte angeordnet werden. In der zweiten Besichtigung können dann durch konkrete Hinweise der Antragstellerseite bisher verborgen gebliebene Tatsachen festgestellt werden.[231]

Das Verfahren ist dabei nicht auf zwei Besichtigungen begrenzt, sondern kann im Einzelfall auch mehrere Besichtigungen umfassen, sodass sich durch ein Herantasten zum Kern des Verletzungsvorwurfs („tastende Versuche") von Besichtigung zu Besichtigung mehr Anhaltspunkte für eine Schutz-

---

[229] BGH, Urt. v. 19.02.2014, Az. I ZR 230/12, GRUR 2014, 578, 580 (Rn. 27) – Umweltengel für Tragetasche = NJW 2014, 3033, 3034 f. (Rn. 27).

[230] *Hahn*, in: PK-GewRS (2015), § 487 ZPO Rn. 37; *Rogge/Grabinski*, in: Benkard (2006), § 139 PatG Rn. 117b; *Müller-Stoy* (2008), Rn. 180; *Melullis*, in: FS Tilmann (2003), S. 843 (854–856); *Müller-Stoy*, MittdtPatA 2010, S. 267 (269); *Kühnen*, GRUR 2005, S. 185 (191); *Tilmann/Schreibauer*, GRUR 2002, S. 1015 (1021); vgl. BT-Drucks. 16/5048, S. 40 f.

[231] *Hahn*, in: PK-GewRS (2015), § 487 ZPO Rn. 37; *Müller-Stoy*, MittdtPatA 2010, S. 267 (269); *Kühnen*, GRUR 2005, S. 185 (191).

rechtsverletzung ergeben können.[232] Unter Berücksichtigung der geltend gemachten Geheimhaltungsinteressen auf jeder Stufe können der Antragsteller und seine Rechts- und Patentanwälte im Laufe des Verfahrens immer stärker an den Besichtigungen beteiligt werden.[233] Neben dem Schutz von geheimhaltungsbedürftigen Tatsachen wird der Antragsgegner vor unberechtigten Besichtigungen bewahrt, die auf falschen Tatsachen und Vermutungen des Antragstellers beruhen.[234] Trotz der beschriebenen Vorteile kann die gestufte Mehrfachbesichtigung im Ergebnis nicht überzeugen. Vielmehr ist der Antragsteller durch seine anwaltlichen Vertreter bereits an der ersten Besichtigung zu beteiligen.

aa) Anzahl der Besichtigungen

Die Begutachtung durch den gerichtlich bestellten Sachverständigen hat ihre Grundlage im selbstständigen Beweisverfahren (§§ 485 ff. ZPO), wobei das selbstständige Beweisverfahren eine erneute Begutachtung nur unter den engen Voraussetzungen von § 412 ZPO zulässt (§ 485 Abs. 3 ZPO). Die gestufte Mehrfachbesichtigung erfordert jedoch mindestens zwei Besichtigungen. Die erfolgreiche Ablehnung des Sachverständigen (§ 412 Abs. 2 ZPO) kommt als Grund für eine weitere Begutachtung nicht in Betracht. Das nach der ersten Besichtigung erstellte Gutachten wird man nicht allein aus dem Grund, dass der Antragsteller und seine anwaltlichen Vertreter nicht an der Besichtigung teilgenommen haben, als ungenügend einstufen können, sodass eine weitere Begutachtung auch nicht auf § 412 Abs. 1 ZPO gestützt werden kann.

Unabhängig von einer weiteren Begutachtung nach § 485 Abs. 3 ZPO könnte man auch bloß auf eine weitere Ortsbesichtigung abstellen. Diese ist der Gutachtenerstellung durch den Sachverständigen vorgelagert, sodass eine weitere Ortsbesichtigung noch keine neue Begutachtung im Sinne von § 485 Abs. 3 ZPO darstellt. Die gestufte Mehrfachbesichtigung setzt jedoch ein abgeschlossenes Gutachten nach der ersten Besichtigung voraus, auf dessen Grundlage dann möglicherweise weitere Besichtigungen angeordnet werden. Das selbstständige Beweisverfahren ist beendet, sobald das Sachverständigengutachten an die Parteien übermittelt wird. Demgemäß kann keine neue Ortsbesichtigung in dem ursprünglichen Beweissicherungsverfahren durchgeführt werden. Vielmehr bedarf es eines neuen selbstständigen Beweisverfah-

---

[232] *Hahn,* in: PK-GewRS (2015), § 487 ZPO Rn. 37; *Melullis,* in: FS Tilmann (2003), S. 843 (856).

[233] *Hahn,* in: PK-GewRS (2015), § 487 ZPO Rn. 37; *Melullis,* in: FS Tilmann (2003), S. 843 (855); *Kather/Fitzner,* MittdtPatA 2010, S. 325 (327); *Müller-Stoy,* MittdtPatA 2010, S. 267 (270, Fn. 20); *Fitzner/Kather,* VPP-Rundbrief 2009, S. 58 (61).

[234] *Hahn,* in: PK-GewRS (2015), § 487 ZPO Rn. 37 (Fn. 61); *Melullis,* in: FS Tilmann (2003), S. 843 (846–848).

rens, was dann aber eine neue Begutachtung im Sinne von § 485 Abs. 3 ZPO ist. Demgemäß ist die gestufte Mehrfachbesichtigung nicht mit dem „Düsseldorfer Modell" vereinbar, sondern lediglich bei isolierten Besichtigungansprüchen anwendbar.

bb) Einflussnahme auf den Gutachteninhalt

Durch den Ausschluss des Antragstellers und seiner anwaltlichen Vertreter im Zuge der ersten Besichtigung verläuft das Verfahren zunächst rein einseitig, sodass in dieser Phase die Gefahr der Beeinflussung des Sachverständigen durch den Antragsgegner besteht, etwa durch bewusste Ablenkungsmaßnahmen oder Bestechungsversuche (vgl. § 410 ZPO, §§ 153, 154 StGB).[235] Das spätere Sachverständigengutachten wird (abgesehen von evidenten Fällen) keine Hinweise auf eine Beeinflussung durch den Antragsgegner enthalten, noch kann sich dies anderweitig herausstellen.[236] Die Durchführung einer zweiten Besichtigung unter Anwesenheit beider Parteien hängt vom Besichtigungsergebnis der (möglicherweise einseitig durch den Antragsgegner beeinflussten) ersten Besichtigung ab.[237] Eine erfolgreiche Beeinflussung des Sachverständigen führt zu einem für den Antragsteller negativen Gutachten, aufgrund dessen eine zweite Besichtigung nicht mehr stattfände. Diese Ungleichbehandlung ist vor dem Hintergrund der Chancen- und Waffengleichheit beider Parteien als Ausprägung der Prozessfairness nicht hinnehmbar.[238]

cc) Erforderliche Spezialkenntnisse

In technisch einfach gelagerten Sachverhaltskonstellationen wird das Verfahren einer gestuften Mehrfachbesichtigung zu vernünftigen Ergebnissen führen, wohingegen bei komplexen und anspruchsvollen Sachverhalten diese Variante zu Risiken (vor allem im Hinblick auf unzureichende Ergebnisse) bei der Beweisermittlung führen kann.[239] Trotz seiner Fachkunde kann der gerichtlich bestellte Sachverständige den technischen Sachverhalt nicht im-

---

[235] *Hahn*, in: PK-GewRS (2015), § 487 ZPO Rn. 38; *Müller-Stoy* (2008), Rn. 181; *Hoeren/Kuta*, in: FS Weber (2011), S. 499 (524); *Kather/Fitzner*, MittdtPatA 2010, S. 325 (327); *Fitzner/Kather*, VPP-Rundbrief 2009, S. 58 (61); *Kühnen*, GRUR 2005, S. 185 (191).

[236] *Hahn*, in: PK-GewRS (2015), § 487 ZPO Rn. 38; *Müller-Stoy* (2008), Rn. 181; *Kühnen*, GRUR 2005, S. 185 (191).

[237] *Hahn*, in: PK-GewRS (2015), § 487 ZPO Rn. 38; *Kühnen*, GRUR 2005, S. 185 (191).

[238] *Paulus* (2010), Rn. 336; *Kühnen*, GRUR 2005, S. 185 (191); vgl. *Beckhaus* (2010), S. 74–77; *Habscheid*, in: FS Vogel (1991), S. 3 (17).

[239] *Müller-Stoy* (2008), Rn. 181; *Müller-Stoy*, MittdtPatA 2010, S. 267 (270); *Kühnen*, GRUR 2005, S. 185 (191).

mer in der gleichen Weise wie die Parteien überblicken[240], da sie bestimmte Spezialkenntnisse im Hinblick auf den Besichtigungsgegenstand besitzen. Demzufolge besteht die Gefahr, dass schutzrechtsverletzende Merkmale der zu besichtigenden Sache (etwa eine abgewandelte Maschine oder eine äquivalente Benutzung) während der ersten Besichtigung unentdeckt bleiben, da der Sachverständige in diesem Stadium noch auf sich allein gestellt ist und der Antragsteller oder seine anwaltlichen Vertreter keine unterstützenden Hinweise geben können.[241] Die bloße Möglichkeit einer weiteren Besichtigung (unter Anwesenheit des Antragstellers oder seiner anwaltlichen Vertreter) zahlt sich für den Antragsteller in einer solchen Konstellation nicht aus, da ein (wenn auch fehlerhaftes) Sachverständigengutachten nach der ersten Besichtigung ohne Anhaltspunkte auf eine Schutzrechtsverletzung eine zweite Besichtigung nicht mehr zu rechtfertigen vermag.[242]

Außerdem kann die Anhörung des Antragsgegners nach der ersten Besichtigung dazu führen, dass auf der Grundlage der (möglicherweise fehlerhaften) Ergebnisse des Sachverständigengutachtens das Interesse des Antragsgegners an der Geheimhaltung seiner vorgebrachten Betriebs- und Geschäftsgeheimnisse vom Gericht derart hoch eingestuft wird, dass eine zweite Besichtigung unter Anwesenheit des Antragstellers und seiner anwaltlichen Vertreter als unzumutbar eingestuft wird.[243] Aufgrund seines Ausschlusses bei der Erstbesichtigung und der fehlenden Informationen über den Besichtigungsgegenstand wird der Antragsteller das Vorbringen des Antragsgegners nicht (detailliert) widerlegen können.[244]

dd) Veränderungen am Besichtigungsgegenstand

Die Feststellungen des Sachverständigen aus der ersten Besichtigung sind im Gutachten gesichert, sodass im Nachgang vorgenommene Manipulationen oder Veränderungen am Besichtigungsgegenstand festgestellt werden können, zumal an weiteren Besichtigungen derselbe Sachverständige beteiligt ist.[245] Mit dem Abschluss der ersten Besichtigung geht jedoch der Überraschungseffekt für jede nachfolgende Besichtigung verloren und der Antragsgegner kann trotz des bestehenden Veränderungsverbots und schon erfolgter Beweissicherung durch den gerichtlich bestellten Sachverständigen den Verletzungstatbe-

---

[240] *Hoeren/Kuta,* in: FS Weber (2011), S. 499 (525); *Müller-Stoy,* MittdtPatA 2010, S. 267 (270); *Kühnen,* GRUR 2005, S. 185 (191).

[241] *Hahn,* in: PK-GewRS (2015), § 487 ZPO Rn. 38; *Müller-Stoy,* MittdtPatA 2010, S. 267 (270); *Kühnen,* GRUR 2005, S. 185 (191).

[242] *Kühnen,* GRUR 2005, S. 185 (191).

[243] *Müller-Stoy,* MittdtPatA 2010, S. 267 (270).

[244] *Müller-Stoy,* MittdtPatA 2010, S. 267 (270); *Kühnen,* GRUR 2005, S. 185 (191).

[245] *Melullis,* in: FS Tilmann (2003), S. 843 (855); *Müller-Stoy,* MittdtPatA 2010, S. 267 (269 f.).

stand am Besichtigungsgegenstand verschleiern.[246] Je nach Umfang und Genauigkeit der Beweissicherung durch den Sachverständigen in der Erstbesichtigung besteht die Gefahr, dass derartige Maßnahmen des Antragsgegners im weiteren Verlauf unentdeckt bleiben. In der Folge hätte der Antragsgegner keine Sanktionen zu befürchten und eine zweite Besichtigung würde den Verletzungstatbestand nicht mehr nachweisen können.

g) Ausschluss der Anwälte des Antragstellers

Es besteht keine Alternative zur Anwesenheit der anwaltlichen Vertreter des Antragstellers als dessen Vertreter. Dennoch ist ihre Anwesenheit bei Besichtigungen an öffentlichen Orten besonders kritisch abzuwägen, da eine größere Ansammlung von Menschen, die den Besichtigungsgegenstand genau untersuchen, für deutlich mehr Aufsehen sorgt als eine einzelne Person (in Gestalt des Sachverständigen).[247] Dem Antragsteller ist an einer lückenlosen und reibungslosen Aufklärung der Verletzungsfrage gelegen. Eine wenig Aufmerksamkeit erregende Besichtigung wird daher den größten Erfolg versprechen. Gleichermaßen hat der Antragsgegner ein Interesse an einer möglichst unauffälligen Besichtigung, um negative Meldungen in der Öffentlichkeit sowie sich daraus ergebende Rufschädigungen zu vermeiden und seine Reputation zu wahren. Unter Berücksichtigung der Interessen beider Parteien ist eine Besichtigung daher möglichst unauffällig durchzuführen, was durch eine geringe Anzahl der teilnehmenden Personen gefördert wird.[248]

Die Anwesenheit der anwaltlichen Vertreter des Antragstellers bei der Durchführung der Besichtigung auf Messen oder bei Produktpräsentationen kann demzufolge untersagt werden, wenn ein berechtigtes Interesse des Antragsgegners an einer möglichst unauffälligen Besichtigung besteht.[249] Die Gefahr der Einflussnahme des Antragsgegners auf den Sachverständigen ist an öffentlichen Orten deutlich geringer als in seinen Betriebs- und Geschäftsräumen. Sofern aber die anwaltlichen Vertreter des Antragsgegners vor Ort sind, muss vor dem Hintergrund der Waffengleichheit auch die Anwesenheit der Rechts- und Patentanwälte des Antragstellers erlaubt sein.[250] Außerdem

---

[246] *Hahn*, in: PK-GewRS (2015), § 487 ZPO Rn. 38; vgl. *Brandi-Dohrn,* CR 1987, S. 835 (836).

[247] *Rinken/Kühnen*, in: Schulte (2014), § 140c Rn. 54; *Kühnen* (2013), Rn. 378 (Fn. 392); vgl. *Grabinski/Zülch*, in: Benkard (2015), § 140c PatG Rn. 29.

[248] *Rinken/Kühnen*, in: Schulte (2014), § 140c Rn. 54; *Kühnen* (2013), Rn. 378 (Fn. 392); vgl. *Grabinski/Zülch*, in: Benkard (2015), § 140c PatG Rn. 29; *Hahn*, in: PK-GewRS (2015), Vor § 485 ZPO Rn. 5; *Amschewitz* (2008), S. 129.

[249] *Grabinski/Zülch*, in: Benkard (2015), § 140c PatG Rn. 29; *Hahn*, in: PK-GewRS (2015), § 487 ZPO Rn. 32; *Kühnen* (2013), Rn. 378 (Fn. 392); *Chakraborty*, in: Haedicke/Timmann (2012), § 11 Rn. 760; *Müller-Stoy,* MittdtPatA 2010, S. 267 (270, Fn. 22).

[250] *Hahn*, in: PK-GewRS (2015), § 487 ZPO Rn. 32.

ist die Anwesenheit der anwaltlichen Vertreter des Antragstellers mit Blick auf den Anspruch auf rechtliches Gehör (Art. 103 Abs. 1 GG) die notwendige Konsequenz aus dem Ausschluss des Antragstellers von der Besichtigung, sodass ihre Anwesenheit nur in Ausnahmefällen untersagt werden darf.

4. Verschwiegenheitsverpflichtung

Im Vorfeld der Besichtigung ist nicht vorherzusehen, ob der Antragsgegner den Schutz vertraulicher Informationen geltend macht. Dennoch muss bei einer Besichtigung typischerweise mit der Offenbarung von geheimhaltungsbedürftigen Informationen gerechnet werden. Insbesondere in einem einseitigen Verfahren darf es nicht allein auf die Geltendmachung von schützenswerten Geheimhaltungsinteressen durch den Antragsgegner ankommen (vgl. § 140c Abs. 3 S. 2, 3 PatG).[251]

Demgemäß werden im Rahmen des „Düsseldorfer Modells“ neben dem Sachverständigen (sowie seinen Mitarbeitern) auch die Rechts- und Patentanwälte des Antragstellers vor der Besichtigung vom Gericht vorsorglich strafbewehrt zur Verschwiegenheit gegenüber jedem nicht an der Besichtigung Beteiligten (und damit auch gegenüber dem Antragsteller und seinen Mitarbeitern) verpflichtet.[252] Die umfassende Verschwiegenheitsverpflichtung aller an der Besichtigung beteiligten Personen gewährleistet, dass die bei der Besichtigung zutage getretenen Erkenntnisse vorerst nicht an Dritte (wozu durch den Ausschluss auch der Antragsteller zählt) weitergegeben

---

[251] *Deichfuß,* GRUR 2015, S. 436 (439); *Müller-Stoy,* MittdtPatA 2010, S. 267 (274).

[252] LG Düsseldorf, Beschl. v. 03.05.2005, Az. 4a O 162/05, InstGE 5, 236, 238 (Rn. 7) – Anhörungsrüge; *Grabinski/Zülch*, in: Benkard (2015), § 140c PatG Rn. 22, 29; *Trimborn*, in: Büscher/Dittmer/Schiwy (2015), Kap. 1, § 140c PatG Rn. 12; *Hahn*, in: PK-GewRS (2015), Vor § 485 ZPO Rn. 54–56, § 487 ZPO Rn. 23 f., 34 f.; *Berger*, in: Stein/Jonas (2015), § 357 Rn. 20; Ingerl/Rohnke (2010), § 19a Rn. 19; *Mes*, in: MPFormB GewRS (2014), Form. C.22 Anm. 12; *Kühnen* (2013), Rn. 378 (Fn. 394); *Chakraborty*, in: Haedicke/Timmann (2012), § 11 Rn. 771; *Oldekop*, in: Schramm (2012), Kap. 9 Rn. 157; *Nieder*, in: Erdmann/Rojahn/Sosnitza (2011), Kap. 1 Rn. 595, 609; *Eck/Dombrowski,* in: FS 50 Jahre BPatG (2011), S. 169 (171); *v. Meibom/vom Feld,* in: FS 50 Jahre BPatG (2011), S. 975 (988); *Grabinski,* in: FS Mes (2009), S. 129 (131 f.); *Tilmann,* in: FS Ullmann (2006), S. 1013 (1022); *Tilmann/Schreibauer,* in: FS Erdmann (2002), S. 901 (922 f.); *Deichfuß,* GRUR 2015, S. 436 (439); *Fähndrich,* VPP-Rundbrief 2015, S. 98 (105, Folie 57); *Tinnefeld,* CR 2013, S. 417 (420); *Kather/Fitzner,* MittdtPatA 2010, S. 325 (327, 331); *Müller-Stoy,* MittdtPatA 2010, S. 267 (269 f.); *Zöllner,* GRUR-Prax 2010, S. 74 (75); *Fitzner/Kather,* VPP-Rundbrief 2009, S. 58 (61, 65); *Eck/Dombrowski,* GRUR 2008, S. 387 (390); *Ahrens,* GRUR 2005, S. 837 (839); *Kühnen,* GRUR 2005, S. 185 (191); *König,* MittdtPatA 2002, S. 153 (161, 164); *Stürner,* JZ 1985, S. 453 (458); vgl. *Guhn*, in: PK-GewRS (2015), § 357 ZPO Rn. 12; *Ahrens*, in: Wieczorek/Schütze (2013), Vor § 284 Rn. 50; *Marshall,* in: FS Preu (1988), S. 151 (161); ktitisch: *Schlosser,* in: FS Großfeld (1999), S. 997 (1010, 1016).

werden (vgl. Art. 9 Abs. 1 Geheimnisschutz-Richtlinie sowie deren Erwägungsgründe 24 und 25).[253]

Wird eine solche Verschwiegenheitsverpflichtung nicht ausgesprochen, müsste der Antragsgegner im Vorfeld der Besichtigung angehört werden, sodass der Überraschungseffekt verloren ginge, oder das Gericht würde die Duldungsverfügung nicht erlassen, sodass die Besichtigung im Falle der Weigerung des Antragsgegners nicht zwangsweise durchgesetzt werden könnte.[254] Wenngleich mit der Verschwiegenheitsverpflichtung gegenüber dem eigenen Mandanten einige Vorteile einhergehen, scheint sie im Widerspruch zum klassischen Berufs- und Tätigkeitsbild eines Rechts- und Patentanwalts zu stehen und den Informationsanspruch des Mandanten gegenüber seinen rechtlichen Vertretern zu unterlaufen.[255]

a) Rechtsgrundlage

Die Verschwiegenheitsverpflichtung schränkt den Informationsanspruch des Antragstellers aus dem Mandatsverhältnis erheblich ein und tangiert auch das Standesrecht der anwaltlichen Vertreter (Art. 12 GG), sodass es nach dem Grundsatz des Vorbehalts des Gesetzes einer gesetzlichen Grundlage bedarf.

aa) Duldungsverfügung

Als Rechtsgrundlage für die Anordnung einer Verschwiegenheitsverpflichtung kann § 140c Abs. 1 S. 3, Abs. 3 S. 2 PatG herangezogen werden[256], wonach das Gericht die erforderlichen Maßnahmen trifft, um den Schutz vertraulicher Informationen zu gewährleisten. Bei der Umsetzung der Enforce-

---

[253] *Deichfuß,* GRUR 2015, S. 436 (439).

[254] *Hahn,* in: PK-GewRS (2015), § 487 ZPO Rn. 33; *Grabinski,* in: FS Mes (2009), S. 129 (132).

[255] *Hahn,* in: PK-GewRS (2015), § 487 ZPO Rn. 36; *Müller-Stoy* (2008), Rn. 183; *Melullis,* in: FS Tilmann (2003), S. 843 (853, 854); *Deichfuß,* GRUR 2015, S. 436 (439); *Müller-Stoy,* MittdtPatA 2010, S. 267 (270); *Müller-Stoy,* GRUR-RR 2009, S. 161 (163); *Kühnen,* GRUR 2005, S. 185 (191); *Lachmann,* NJW 1987, S. 2206 (2209 f.); vgl. OLG München, Beschl. v. 11.08.2008, Az. 6 W 1380/08, InstGE 10, 186, 191 (Rn. 52) – Laser-Schweißverfahren = GRUR-RR 2009, 191, 192; DAV, Stellungnahme Nr. 36/2014, S. 11 f. (abrufbar unter: http://anwaltverein.de/de/newsroom/sn-36–14?file=files/anwaltverein.de/downloads/newsroom/stellungnahmen/2014/DAV-SN36–2014.pdf; zuletzt abgerufen am: 30.06.2017).

[256] BGH, Beschl. v. 16.11.2009, Az. X ZB 37/08, GRUR 2010, 318, 320 (Rn. 24) – Lichtbogenschnürung = WRP 2010, 541, 545 (Rn. 24); *Augenstein,* in: PK-GewRS (2015), § 404a ZPO Rn. 29, 34; *Hahn,* in: PK-GewRS (2015), Vor § 485 ZPO Rn. 54, 56; *Mes,* in: MPFormB GewRS (2014), Form. C.22 Anm. 12, 16 f.; *Rojahn,* in: FS Loewenheim (2009), S. 251 (262); *Stadler,* ZZP 2010, S. 261 (281); a.A. *Beckhaus* (2010), S. 136; vgl. *Götz* (2014), S. 163 f.; kritisch: *Peukert/Kur,* GRUR Int 2006, S. 292 (302); *Kunz-Hallstein/Loschelder,* GRUR 2005, S. 747 (747).

ment-Richtlinie hat man bewusst auf konkrete gesetzliche Regelungen verzichtet, damit das Gericht im Einzelfall die erforderlichen Maßnahmen anordnen kann.[257] Die unterschiedliche Auslegung dieser Generalklausel im Vergleich zum Ausschluss des Antragstellers von der Besichtigung, wo sie als unzureichend für eine Ausschlussanordnung eingestuft wurde, ergibt sich aus der geringeren Eingriffsintensität. Durch den Parteiausschluss kann der Antragsteller der gesamten Beweisaufnahme nicht beiwohnen, sodass erheblich in den Anspruch auf rechtliches Gehör (Art. 103 Abs. 1 GG) eingegriffen wird. Dagegen schränkt die Verschwiegenheitsverpflichtung lediglich den Informationsanspruch aus dem Mandatsverhältnis ein. Wenngleich dies eine der tragenden Säulen des Mandatsverhältnisses darstellt, ist der Eingriff dennoch geringer als beim Ausschluss des Antragstellers vom gesamten Beweissicherungsverfahren.

Durch die Rechtsgrundlage innerhalb der spezialgesetzlichen Besichtigungstatbestände ist keine Übertragung der Rechtsgedanken anderer Vorschriften (insbesondere §§ 174 Abs. 3 S. 1, 172 Nr. 2 GVG; vgl. auch § 173 Abs. 2 GVG, §§ 17, 18 UWG) auf den Bereich des gewerblichen Rechtsschutzes erforderlich. Abgesehen davon, dass diese Vorschriften keine Verschwiegenheitsverpflichtung gegenüber dem eigenen Mandanten ermöglichen, da die Geheimhaltung das Verhältnis zwischen den anwaltlichen Vertretern sowie dem Mandanten betrifft, würde die direkte Anwendbarkeit von §§ 174 Abs. 3 S. 1, 172 Nr. 2 GVG ohnehin an der fehlenden mündlichen Verhandlung scheitern.[258] Einer Selbstverpflichtung der betroffenen Rechts- und Patentanwälte[259] sowie eines Verzichts durch den Schutzrechtsinhaber[260]

---

[257] BT-Drucks. 16/5048, S. 41; Fezer (2009), § 19a MarkenG Rn. 37; *Marly* (2014), Rn. 323; *Zöllner,* GRUR-Prax 2010, S. 74 (75); *Kitz,* NJW 2008, S. 2374 (2376).

[258] *Götz* (2014), S. 161 f. m.w.Nachw.; *Gniadek* (2011), S. 138, 147; *Beckhaus* (2010), S. 136; *Reinartz* (2009), S. 154; *Rohlfing* (2009), S. 101 f.; *Battenstein* (2006), S. 125–127; *Hoeren/Kuta,* in: FS Weber (2011), S. 499 (527, 528, 531); *Schlosser,* in: FS Großfeld (1999), S. 997 (1010); a.A. *Malmström* (2013), S. 114–116, 232; *Götz* (2012), S. 168 f.; *Adloff* (2007), S. 418; *Ibbeken* (2004), S. 436 (Fn. 48); *Stadler* (1989), S. 259; *Stürner* (1976), S. 223 (Fn. 74); *Spindler/Weber,* MMR 2006, S. 711 (714); vgl. *Hahn,* in: PK-GewRS (2015), § 487 ZPO Rn. 23; *Graf,* in: MüKo StGB (2014), § 353d StGB Rn. 46; *Kühnen* (2013), Rn. 378 (Fn. 394); *Bahner* (2013), S. 255; *Koch* (2013), S. 247; *Gniadek* (2011), S. 417; *Müller-Stoy* (2008), Rn. 187; *Karger* (1996), S. 135; *Kersting* (1995), S. 286 f.; *Rojahn,* in: FS Loewenheim (2009), S. 251 (256, 262); *Tilmann/Schreibauer,* in: FS Erdmann (2002), S. 901 (922); *Müller-Stoy,* MittdtPatA 2010, S. 267 (270 f.); *Stadler,* ZZP 2010, S. 261 (280); *Müller-Stoy,* GRUR-RR 2009, S. 161 (163 f.); *Ahrens,* GRUR 2005, S. 837 (839); *Kühnen,* GRUR 2005, S. 185 (191 f.); *Pagenberg,* CR 1991, S. 65 (70); *Stadler,* NJW 1989, S. 1202 (1204); *Leppin,* GRUR 1984, S. 695 (697).

[259] *Beckhaus* (2010), S. 136; *Müller-Stoy* (2008), Rn. 187; *Battenstein* (2006), S. 126 f.; *Stürner* (1976), S. 223; vgl. *Stürner,* JZ 1985, S. 453 (459).

[260] *Battenstein* (2006), S. 126 f.

im Vorfeld der Besichtigungsanordnung bedarf es wegen der spezialgesetzlichen Rechtsgrundlagen daher ebenfalls nicht.

Vor dem Hintergrund der Rechtsklarheit sind jedoch gesetzliche Grundlagen erforderlich, die die Anordnung einer Verschwiegenheitsverpflichtung gegenüber dem eigenen Mandanten aus Gründen des Geheimnisschutzes ausdrücklich vorsehen (vgl. Art. 9 Abs. 1 Geheimnisschutz-Richtlinie sowie deren Erwägungsgründe 24 und 25).[261] Dadurch würde die unterschiedliche Handhabung der Gerichte aufgelöst und ein einheitlicher Schutz an allen Gerichten sowie in allen Verfahrensarten erreicht.[262] Wenngleich die Geheimnisschutz-Richtlinie keine speziellen Regelungen für Besichtigungen vorsieht[263], kann der Geheimnisschutz im Rahmen des „Düsseldorfer Modells" über Art. 9 Geheimnisschutz-Richtlinie aufgewertet werden.

bb) Selbstständiges Beweisverfahren

Die im Rahmen der Duldungsverfügung auferlegte Verschwiegenheitsverpflichtung ist jedoch (trotz des meist umfassenden Wortlauts der gerichtlichen Anordnung: „im Zuge des selbstständigen Beweisverfahrens"[264]) keine verfahrensübergreifende Verschwiegenheitsverpflichtung und gilt damit nicht automatisch auch für das selbstständige Beweisverfahren, sodass dort eigenständige Geheimhaltungsmaßnahmen vorgenommen werden müssen.[265] Trotz des Zusammenspiels von selbstständigem Beweisverfahren und einstweiliger Verfügung müssen beide Verfahren getrennt voneinander behandelt werden.

Das selbstständige Beweisverfahren enthält keine Rechtsgrundlage zur Auferlegung von Verschwiegenheitsverpflichtungen[266], und eine analoge Anwendung von § 938 Abs. 1 ZPO auf das selbstständige Beweisverfahren kommt nicht in Betracht, da der Gesetzgeber eine solche Ermessensvorschrift

---

[261] GRUR, Stellungnahme vom 19.03.2014, S. 11 (abrufbar unter: http://www.grur.org/uploads/tx_gstatement/2014–03–19_GRUR_Stellungnahme_zum_Know-how-Schutz.pdf; zuletzt abgerufen am: 30.06.2017); a.A. DAV, Stellungnahme Nr. 36/2014, S. 12 (abrufbar unter: http://anwaltverein.de/de/newsroom/sn-36–14?file=files/anwaltverein.de/downloads/newsroom/stellungnahmen/2014/DAV-SN36–2014.pdf; zuletzt abgerufen am: 30.06.2017).

[262] *Fähndrich,* VPP-Rundbrief 2015, S. 98 (105, Folie 57).

[263] *Fähndrich,* VPP-Rundbrief 2015, S. 98 (106, Folie 66); vgl. *Geller,* GRUR Int 2006, S. 273 (277).

[264] Vgl. die Musterbeschlüsse bei: Mes (2015), § 140c Rn. 63 „VII. 6."; *Hahn*, in: PK-GewRS (2015), § 487 Rn. 45 „III. 2."; *Rinken/Kühnen*, in: Schulte (2014), § 140c Rn. 65 „IV.", *Kühnen* (2013), Rn. 378 „III. 2."; *Kühnen,* GRUR 2005, S. 185 (187, „III. 2.").

[265] BGH, Beschl. v. 16.11.2009, Az. X ZB 37/08, GRUR 2010, 318, 320 (Rn. 20) – Lichtbogenschnürung = WRP 2010, 541, 544 (Rn. 20); *Hahn*, in: PK-GewRS (2015), Vor § 485 ZPO Rn. 60, § 492 ZPO Rn. 20; *Rinken/Kühnen*, in: Schulte (2014), § 140c Rn. 67; *Chakraborty*, in: Haedicke/Timmann (2012), § 11 Rn. 771; a.A. *Kühnen* (2013), Rn. 391.

[266] Vgl. *Augenstein*, in: PK-GewRS (2015), § 404a ZPO Rn. 29, 34.

für die Beweisaufnahme nicht vorgesehen hat. Die Verschwiegenheitsverpflichtung auf der Grundlage der Duldungsverfügung im Stadium der Besichtigung umfasst jedoch bereits sämtliche Wahrnehmungen, die im Rahmen der Duldungsverfügung angeordnet worden sind, um die Besichtigung gegen den Willen des Antragsgegners zwangsweise durchzusetzen.[267] Darüber hinausgehende Geheimnisschutzmaßnahmen sind in diesem Stadium nicht erforderlich, da diese Verschwiegenheitsverpflichtung die Besichtigung mit Blick auf den Geheimnisschutz vollständig abdeckt. Demgemäß ist eine gesonderte Verschwiegenheitsverpflichtung für das selbstständige Beweisverfahren im Zuge der Besichtigung nicht erforderlich.

b) Reichweite der Verschwiegenheitsverpflichtung

Durch die Verschwiegenheitsverpflichtung der Rechts- und Patentanwälte des Antragstellers wird sichergestellt, dass die bei der Besichtigung zutage getretenen Geheimnisse nicht offenkundig werden, wobei dieser Verpflichtung nur den Geschäftsbetrieb betreffende, betriebsinterne Tatsachen unterfallen.[268] Die bloße Bekanntgabe des Besichtigungsergebnisses, ob eine Schutzrechtsverletzung durch die Besichtigung nachgewiesen werden konnte oder nicht, ist hingegen nicht davon umfasst.[269] Hierbei handelt es sich nämlich um keine Betriebsinterna, sondern lediglich um eine schlichte Wertung des Sachverständigen, durch die die Geheimhaltungsinteressen des Antragsgegners nicht berührt werden. Sofern die Kundgabe des Besichtigungsergebnisses aber aufgrund der Besonderheiten des Falles Rückschlüsse auf eine bestimmte konstruktive Ausgestaltung des zu besichtigenden Gegenstandes erlaubt, muss die Verschwiegenheitsverpflichtung ausnahmsweise auch auf die Be-

---

[267] BGH, Beschl. v. 16.11.2009, Az. X ZB 37/08, GRUR 2010, 318, 320 (Rn. 20) – Lichtbogenschnürung = WRP 2010, 541, 544 (Rn. 20).

[268] BGH, Beschl. v. 16.11.2009, Az. X ZB 37/08, GRUR 2010, 318, 320 (Rn. 20 f.) – Lichtbogenschnürung = WRP 2010, 541, 544 (Rn. 20 f.); *Hahn*, in: PK-GewRS (2015), § 487 ZPO Rn. 34; *Rinken/Kühnen*, in: Schulte (2014), § 140c Rn. 64; *Stürner* (1976), S. 223; *Kreye*, in: FS v. Meibom (2010), S. 241 (250); *Deichfuß*, GRUR 2015, S. 436 (439); *Müller-Stoy*, GRUR-RR 2009, S. 161 (162); *Kühnen*, GRUR 2005, S. 185 (191 f.); *Schweikhardt*, GRUR 1962, S. 116 (124); vgl. *Kunz-Hallstein/Loschelder*, GRUR 2005, S. 747 (747); *Leppin*, GRUR 1984, S. 695 (697, 699).

[269] OLG Düsseldorf, Beschl. v. 14.01.2009, Az. I-2 W 56/08, InstGE 10, 198, 203 (Rn. 18) – zeitversetztes Fernsehen = BeckRS 2009, 17532; Mes (2015), § 140c Rn. 39; *Hahn*, in: PK-GewRS (2015), § 487 ZPO Rn. 34 (Fn. 52), § 492 ZPO Rn. 27; *Rinken/Kühnen*, in: Schulte (2014), § 140c Rn. 64; *Keukenschrijver/Kaess*, in: Busse (2013), § 140c Rn. 30; *Pitz*, in: Fitzner/Lutz/Bodewig (2012), § 140c PatG Rn. 46; *Kühnen* (2013), Rn. 409; *Chakraborty*, in: Haedicke/Timmann (2012), § 11 Rn. 779; *Nieder*, in: Erdmann/Rojahn/Sosnitza (2011), Kap. 1 Rn. 609; *Pitz* (2010), Rn. 38b; *Kreye*, in: FS v. Meibom (2010), S. 241 (250); *Deichfuß*, GRUR 2015, S. 436 (439); *Kühnen*, MittdtPatA 2009, S. 211 (216); *Schweikhardt*, GRUR 1962, S. 116 (124).

kanntgabe des Besichtigungsergebnisses erstreckt werden, worauf ein Hinweis des Sachverständigen im Gutachten hilfreich sein kann.[270]

c) Klassisches Berufs- und Tätigkeitsbild

Oftmals bestehen Mandatsverhältnisse schon über einen geraumen Zeitraum. Es hat sich mit der Zeit ein starkes Vertrauensverhältnis aufgebaut, was einen standesrechtlichen Grundsatz der Juristerei darstellt. Dies kann aufseiten des Antragsgegners Bedenken gegen die vollumfängliche Einhaltung der Verschwiegenheitsverpflichtung aufkommen lassen, vor allem hinsichtlich kleinerer Informationen, deren Weitergabe nur äußerst schwer oder im Zweifel gar nicht aufzudecken ist.[271] Diese Bedenken sind gerechtfertigt, können in der Gesamtschau aber letztlich nicht überzeugen. Verschwiegenheitsverpflichtungen dieser Art werden schon seit geraumer Zeit in anderen Rechtsordnungen (insbesondere in Großbritannien und den USA) praktiziert und haben sich dort einschlägig bewährt.[272] Wenngleich Verstöße gegen die Geheimhaltungspflicht mitunter nur schwer nachzuweisen sind (insbesondere bei Rückschlüssen, die der Antragsteller der zulässigen Kommunikation mit seinen anwaltlichen Vertretern entnimmt), wird man das den Anwälten in diesen Ländern entgegengebrachte Vertrauen hinsichtlich ihrer Unabhängigkeit gegenüber dem Mandanten auch den in Deutschland zugelassenen Rechts- und Patentanwälten nicht absprechen können.[273]

---

[270] OLG Düsseldorf, Beschl. v. 14.01.2009, Az. I-2 W 56/08, InstGE 10, 198, 203 (Rn. 18) – zeitversetztes Fernsehen = BeckRS 2009, 17532; *Hahn*, in: PK-GewRS (2015), § 492 ZPO Rn. 27; *Pitz*, in: Fitzner/Lutz/Bodewig (2012), § 140c PatG Rn. 46; *Kühnen* (2013), Rn. 409; *Kühnen,* MittdtPatA 2009, S. 211 (216).

[271] *Stadler* (1989), S. 246 f.; *Stürner* (1976), S. 224; *Schweikhardt,* GRUR 1962, S. 116 (124); vgl. Kleine-Cosack (2015), § 43a Rn. 139.

[272] *Enchelmaier,* GRUR Int 2012, S. 503 (510); *Müller-Stoy,* MittdtPatA 2010, S. 267 (270 f.); *Müller-Stoy,* GRUR-RR 2009, S. 161 (163); *Leppin,* GRUR 1984, S. 695 (697); vgl. *Stadler* (1989), S. 247; weitere Nachweise zu ausländischen Rechtsordnungen bei: *Müller-Stoy,* MittdtPatA 2010, S. 267 (271, Fn. 28); *Leppin,* GRUR 1984, S. 695 (697, Fn. 102).

[273] BGH, Beschl. v. 16.11.2009, Az. X ZB 37/08, GRUR 2010, 318, 320 (Rn. 24) – Lichtbogenschnürung = WRP 2010, 541, 545 (Rn. 24); *Götz* (2014), S. 165 f.; *Götz* (2012), S. 169; *Gniadek* (2011), S. 367; *Beckhaus* (2010), S. 381; *Müller-Stoy* (2008), Rn. 184; *Karger* (1996), S. 136; *Kersting* (1995), S. 287; *Stadler* (1989), S. 246 f.; *Göcken,* in: FS Scharf (2008), S. 211 (211–216); *Hellwig,* StudZR 2010, S. 3 (11); *Müller-Stoy,* MittdtPatA 2010, S. 267 (271); *Müller-Stoy,* GRUR-RR 2009, S. 161 (163); *Pagenberg,* CR 1991, S. 65 (70); *Leppin,* GRUR 1984, S. 695 (697); a.A. *Stürner* (1976), S. 224; *Stadler,* in: FS Leipold (2009), S. 201 (217); vgl. *Koch* (2013), S. 247; *Kühnen* (2013), Rn. 378 (Fn. 394); *Markfort* (2001), S. 176; *Melullis,* in: FS Tilmann (2003), S. 843 (853 f.); *Enchelmaier,* GRUR Int 2012, S. 503 (510); *Stürner/Bormann,* NJW 2004, S. 1481 (1482 f.); *v. Westphalen,* AnwBl 2003, S. 125 (125, 131); *Schweikhardt,* GRUR

Der Rechtsanwalt ist ein unabhängiges Organ der Rechtspflege (§ 1 BRAO). Gleiches gilt für den Patentanwalt (§ 1 PAO) für den ihm durch das Gesetz zugewiesenen Aufgabenbereich (vgl. § 3 Abs. 2 Nr. 1, Abs. 3 Nr. 1 PAO). Trotz der standesrechtlichen Einbindung bleibt der Anwalt ein Parteivertreter (vgl. § 3 Abs. 1 BRAO) und soll seinem Mandanten unter Einhaltung des rechtlichen Rahmens zum Prozesserfolg verhelfen (vgl. §§ 3 Abs. 1, 3, 43a Abs. 4 BRAO, §§ 1 Abs. 3, 11 BORA).[274] Dies darf aber nicht zu einer Abhängigkeit vom Mandanten führen.[275] Anwälte haben kraft Gesetzes an einer rechtsstaatlichen und geordneten Rechtspflege mitzuwirken, sodass sie auch zur Förderung des ordnungsgemäßen Ablaufs gerichtlicher Verfahren verpflichtet sind und einer gerichtlich auferlegten Verschwiegenheitsverpflichtung (auch gegenüber dem eigenen Mandanten) nachkommen werden.[276]

Die Rechts- und Patentanwälte vertreten durch die Teilnahme an der Besichtigung und Annahme des Sachverständigengutachtens bei bestehender Verschwiegenheitsverpflichtung auch keine widerstreitenden Interessen (vgl. § 43a Abs. 4 BRAO, § 39a Abs. 4 PAO).[277] Vielmehr nehmen sie ausschließlich die Parteiinteressen im Rahmen der gerichtlich auferlegten Beschränkungen wahr, die jedoch auf Antrag der Partei angeordnet werden, sodass sie diese kennt und akzeptiert.[278] Trotz des Spannungsverhältnisses zwischen der Verschwiegenheitsverpflichtung und dem klassischen Berufs- und Tätigkeitsbild des Anwalts sind der Wille und die Interessen des Mandanten an einer

1962, S. 116 (124); kritisch: *Rojahn,* in: FS Loewenheim (2009), S. 251 (260); *Stürner,* JZ 1985, S. 453 (458 f.).

[274] *Busse*, in: Henssler/Prütting (2014), § 1 Rn. 48; *Hartung*, in: Hartung (2012), § 1 BORA Rn. 72; *Koch* (2013), S. 247; *Beckhaus* (2010), S. 382; *Melullis,* in: FS Tilmann (2003), S. 843 (853); *Rüpke,* AnwBl 2003, S. 19 (20); *Lachmann,* NJW 1987, S. 2206 (2210).

[275] *Enchelmaier,* GRUR Int 2012, S. 503 (510); *Pagenberg,* CR 1991, S. 65 (70).

[276] BGH, Beschl. v. 16.11.2009, Az. X ZB 37/08, GRUR 2010, 318, 319 (Rn. 24) – Lichtbogenschnürung = WRP 2010, 541, 545 (Rn. 24); *Hahn*, in: PK-GewRS (2015), § 492 ZPO Rn. 25.

[277] BGH, Beschl. v. 16.11.2009, Az. X ZB 37/08, GRUR 2010, 318, 319 (Rn. 25) – Lichtbogenschnürung = WRP 2010, 541, 545 (Rn. 25); *Hahn*, in: PK-GewRS (2015), § 492 ZPO Rn. 25; *Götz* (2012), S. 171; vgl. *Träger*, in: Feuerich/Weyland (2016), § 43a BRAO Rn. 72–76; *Reinhard*, in: Feuerich/Weyland (2016), § 39a PAO Rn. 4; Kleine-Cosack (2015), § 43a Rn. 180–183; *Henssler*, in: Henssler/Prütting (2014), § 43a Rn. 172.

[278] BGH, Beschl. v. 16.11.2009, Az. X ZB 37/08, GRUR 2010, 318, 319 f. (Rn. 25) – Lichtbogenschnürung = WRP 2010, 541, 545 (Rn. 25); *Hahn*, in: PK-GewRS (2015), § 492 ZPO Rn. 25; *Götz* (2014), S. 166 f.; vgl. *Strahl*, in: BeckPFormB (2016), Form. I.A.1. Anm. 2.

bestmöglichen und erfolgreichen Rechtsdurchsetzung mithin höher einzuordnen.[279]

d) Eingeschränkter Informationsfluss

Das durch die Verschwiegenheitsverpflichtung hervorgerufene Spannungsverhältnis erstreckt sich auch auf die Weitergabe von Informationen an den Antragsteller. Innerhalb des Mandatsverhältnisses trifft den Rechtsanwalt eine umfassende Unterrichtungspflicht gegenüber seinem Mandanten, insbesondere im Hinblick auf Tätigkeiten in Gerichtsverfahren (vgl. § 11 Abs. 1, 2 BORA).[280] Diese Verpflichtung ergibt sich aus §§ 675 Abs. 1, 666 BGB, wobei der Antragsteller als Mandant bei seinen anwaltlichen Vertretern nach §§ 675 Abs. 1, 667 BGB überdies jederzeit die Herausgabe der anwaltlichen Handakten verlangen kann.[281] Eine Verweigerung des Rechtsanwalts ist in diesen Fällen nur ausnahmsweise möglich (vgl. § 50 Abs. 3 BRAO).[282] Die umfassende Unterrichtung des Mandanten über den Prozessverlauf gewährleistet eine ordnungsgemäße Vertretung des Mandanten („fair trial"-Prinzip und Prinzip der Waffengleichheit) und ist damit neben dem Schutz des Vertrauensverhältnisses zwischen Mandant und Rechtsanwalt bedeutsam für ein geordnetes Verfahren.[283] Dennoch sieht selbst § 11 Abs. 1, 2 BORA eine

[279] BGH, Beschl. v. 16.11.2009, Az. X ZB 37/08, GRUR 2010, 318, 321 (Rn. 26 f.) – Lichtbogenschnürung = WRP 2010, 541, 545 (Rn. 26 f.); *Grabinski/Zülch*, in: Benkard (2015), § 140c PatG Rn. 29; *Müller-Stoy,* MittdtPatA 2010, S. 267 (271); *Müller-Stoy,* GRUR-RR 2009, S. 161 (163); *Leppin,* GRUR 1984, S. 695 (697 f.).

[280] *Scharmer*, in: Hartung (2012), § 11 BORA Rn. 7–8, 19, 31; *Fitzner* (2014), Rn. 345; *Koch* (2013), S. 247; DAV, Stellungnahme Nr. 36/2014, S. 11 (abrufbar unter: http://anwaltverein.de/de/newsroom/sn-36-14?file=files/anwaltverein.de/downloads/newsroom/stellungnahmen/2014/DAV-SN36–2014.pdf; zuletzt abgerufen am: 30.06.2017); *Rüpke,* AnwBl 2003, S. 19 (20); vgl. BVerfG, Beschl. v. 27.05.2002, Az. 2 BvR 742/02, DB 2002, 2588, 2589 = BeckRS 2002, 30261665; BVerfG, Beschl. v. 21.03.2002, Az. 1 BvR 2119/01, NJW 2002, 2307, 2308 = BeckRS 2002, 30248829.

[281] BGH, Urt. v. 16.05.1984, Az. IVa ZR 106/82, MDR 1985, 31, 31 = BeckRS 1984, 31071097; *Mansel*, in: Jauernig (2015), § 666 Rn. 2, § 667 Rn. 4, § 675 Rn. 12; *Seiler*, in: MüKo BGB (2012), § 666 Rn. 5, § 667 Rn. 7, 15 f.; *Heermann*, in: MüKo BGB (2012), § 675 Rn. 49; *Scharmer*, in: Hartung (2012), § 11 BORA Rn. 7; *Fitzner* (2014), Rn. 297, 344–346; vgl. BGH, Urt. v. 08.10.1969, Az. I ZR 149/67, GRUR 1970, 87, 89 m. Anm. *Hoepffner* – Muschi-Blix = NJW 1970, 35, 36.

[282] *Seiler*, in: MüKo BGB (2012), § 666 Rn. 5, § 667 Rn. 15 f.; vgl. *Träger*, in: Feuerich/Weyland (2016), § 43a BRAO Rn. 24.

[283] *Gniadek* (2011), S. 137; *Stürner* (1976), S. 224; *Melullis,* in: FS Tilmann (2003), S. 843 (853 f.); DAV, Stellungnahme Nr. 36/2014, S. 12 (abrufbar unter: http://anwaltverein.de/de/newsroom/sn-36–14?file=files/anwaltverein.de/downloads/newsroom/stellungnahmen/2014/DAV-SN36–2014.pdf; zuletzt abgerufen am: 30.06.2017); *Pagenberg,* CR 1991, S. 65 (70).

Einschränkung des Informationsanspruchs vor, indem die Unterrichtungspflicht auf die wesentlichen Informationen beschränkt ist.[284]

Im Rahmen des „Düsseldorfer Modells“ wird der Informationsanspruch durch die Verschwiegenheitsverpflichtung unter Berücksichtigung des Anspruchs auf rechtliches Gehör (Art. 103 Abs. 1 GG) und des Anspruchs auf einen effektiven Rechtsschutz (Art. 19 Abs. 4 GG) in zulässiger Weise beschränkt.[285] Der Antragsteller kann seine anwaltlichen Vertreter trotz der Verschwiegenheitsverpflichtung weiterhin in den zugrunde liegenden Sachverhalt und Prozessstoff einführen, insbesondere bei technisch komplexen Fällen. Außerdem können Informationen ausgetauscht werden, die in keinem Zusammenhang mit der Besichtigung stehen. Vor dem Hintergrund der begrenzten Informations- und Beteiligungsmöglichkeiten des Mandanten und sich daraus ergebender Fehler der Rechts- und Patentanwälte sind gesonderte Haftungsregelungen im Mandantenverhältnis erforderlich.[286]

e) Straf- und berufsrechtliche Sanktionen

Ein Verstoß gegen die Verschwiegenheitsverpflichtung hat straf- und berufsrechtliche Konsequenzen.[287] Wenngleich sich die Verpflichtung zur Verschwiegenheit gegenüber unbeteiligten Dritten bereits aus § 203 Abs. 1 Nr. 3 StGB (Verletzung von Privatgeheimnissen) ergibt, eröffnet die gerichtliche Anordnung einer Verschwiegenheitsverpflichtung eine Strafverfolgung über § 353d Nr. 2 StGB (verbotene Mitteilung über Gerichtsverhandlungen).[288]

---

[284] *Scharmer*, in: Hartung (2012), § 11 BORA Rn. 17, 24–28; *Götz* (2014), S. 162.

[285] BVerfG, Beschl. v. 27.10.1999, Az. 1 BvR 385/90, NJW 2000, 1175, 1178 = NStZ 2000, 151, 152 f.; *Götz* (2014), S. 167–171 m.w.Nachw.; *Kühnen,* GRUR 2005, S. 185 (191); *McGuire,* GRUR 2015, S. 424 (431); *Müller-Stoy,* MittdtPatA 2010, S. 267 (270, 271); *Müller-Stoy,* GRUR-RR 2009, S. 161 (163); *Stadler,* NJW 1989, S. 1202 (1204); a.A. *Melullis,* in: FS Tilmann (2003), S. 843 (853 f.); *Krieger,* in: FS Steindorff (1990), S. 989 (999); *Werner,* in: FS Pfeiffer (1988), S. 821 (833 f.); *Lachmann,* NJW 1987, S. 2206 (2210); vgl. Study on Trade Secrets and Confidential Business Information in the Internal Market, MARKT/2011/128/D, S. 7, 34 f. (abrufbar unter: http://ec.europa.eu/internal_market/iprenforcement/docs/trade-secrets/130711_final-study_en.pdf; zuletzt abgerufen am: 30.06.2017); *Gniadek* (2011), S. 135; *König,* MittdtPatA 2002, S. 153 (164).

[286] *Hahn*, in: PK-GewRS (2015), § 492 ZPO Rn. 27; *Müller-Stoy,* MittdtPatA 2010, S. 267 (271, Fn. 35); vgl. *Bierekoven,* ITRB 2008, S. 84 (87).

[287] BGH, Beschl. v. 16.11.2009, Az. X ZB 37/08, GRUR 2010, 318, 321 (Rn. 28 f.) – Lichtbogenschnürung = WRP 2010, 541, 545 (Rn. 28 f.); LG Düsseldorf, Urt. v. 08.03.2007, Az. 4b O 230/04, InstGE 8, 103, 110 (Rn. 33) – Etikettiermaschine = BeckRS 2008, 20706; BT-Drucks. 16/5048, S. 41; Ref-Entwurf vom 03.01.2006, S. 85 (abrufbar unter: http://www.urheberrecht.org/topic/enforce/bmj/2006–01–03-DurchsetzungsG-E.pdf; zuletzt abgerufen am: 30.06.2017); *Hahn*, in: PK-GewRS (2015), § 487 ZPO Rn. 34; *Tilmann,* in: FS Ullmann (2006), S. 1013 (1022).

[288] BVerfG, Beschl. v. 21.03.2002, Az. 1 BvR 2119/01, NJW 2002, 2307, 2308 = BeckRS 2002, 30248829; BT-Drucks. 16/5048, S. 41; Ref-Entwurf vom 03.01.2006, S. 85

Dabei setzt § 353d Nr. 2 StGB aber eine nichtöffentliche Verhandlung (vgl. § 174 Abs. 3 S. 1 GVG) voraus, sodass die Strafbarkeit noch nicht direkt nach der Besichtigung greift, sondern erst ab einer Verhandlung über die Gutachtenfreigabe.[289] Die Vewertung von Betriebs- und Geschäftsgeheimnissen würde daneben ebenfalls strafrechtliche Folgen haben (§ 204 StGB). Daneben können berufsrechtliche Sanktionen bis zu einer Entziehung der Anwaltszulassung führen (vgl. §§ 43a Abs. 2, 113, 114, 150 BRAO, § 2 Abs. 1, 2 BORA, §§ 39a Abs. 2, 95, 96, 132 PAO sowie § 4 Abs. 1, 2 BOPA).[290] Gerade bei Zweifeln an der Verlässlichkeit solcher Verschwiegenheitsverpflichtungen bilden scharfe Sanktionen bei einem Verstoß gegen die Schweigepflicht das Fundament für einen verfahrensmäßigen Geheimnisschutz.[291]

Die beteiligten Anwälte können den Antragsteller schon im Rahmen der Antragstellung auf diesen Umstand hinweisen und ihm die alternativen Möglichkeiten darlegen. Die Mandanten werden aufgrund der plausiblen Darlegungen in der Regel mit ausreichendem Verständnis reagieren, sodass Einflussnahmeversuche deutlich begrenzt werden.[292] Die Verteilung der aufgezeigten Sanktionen in verschiedenen Gesetzen steht jedoch einer effektiven Rechtsanwendung entgegen. Demgemäß erscheint es empfehlenswert, über die bisherigen straf- und berufsrechtlichen Sanktionen hinaus in den Spezial-

---

(abrufbar unter: http://www.urheberrecht.org/topic/enforce/bmj/2006–01–03-DurchsetzungsG-E.pdf; zuletzt abgerufen am: 30.06.2017); *Dreier*, in: Dreier/Schulze (2015), § 101a Rn. 7; *Lenckner/Eisele*, in: Schönke/Schröder (2014), § 203 Rn. 37; *Perron*, in: Schönke/Schröder (2014), § 353d Rn. 22–26; *Cierniak/Pohlit*, MüKo StGB (2012), § 203 StGB Rn. 33; *Götz* (2014), S. 164 m.w.Nachw.; *Bahner* (2013), S. 255; *Götz* (2012), S. 170 f.; *Nieder*, in: Erdmann/Rojahn/Sosnitza (2011), Kap. 1 Rn. 609; *Gniadek* (2011), S. 418; *Beckhaus* (2010), S. 381; *Rohlfing* (2009), S. 94 f., 102; *Battenstein* (2006), S. 125–127; *Stürner* (1976), S. 223 (Fn. 74); *Rojahn,* in: FS Loewenheim (2009), S. 251 (262); *Müller-Stoy,* MittdtPatA 2010, S. 267 (270, Fn. 23); *Ahrens,* GRUR 2005, S. 837 (839); *Kühnen,* GRUR 2005, S. 185 (191, Fn. 44); vgl. *Lachmann,* NJW 1987, S. 2206 (2208); kritisch: Fezer (2009), § 19a MarkenG Rn. 37; *Wiegand,* in: Taeger/Wiebe (2008), S. 253 (260); *Seichter,* WRP 2006, S. 391 (395).

289 *Graf*, in: MüKo StGB (2014), § 353d StGB Rn. 46, 48; *Perron*, in: Schönke/Schröder (2014), § 353d Rn. 24; Fezer (2009), § 19a MarkenG Rn. 37; *Beckhaus* (2010), S. 136.

290 *Dreier*, in: Dreier/Schulze (2015), § 101a Rn. 7; *Gniadek* (2011), S. 367; *Beckhaus* (2010), S. 381; *Rohlfing* (2009), S. 94 f.; *Karger* (1996), S. 136; *Rojahn,* in: FS Loewenheim (2009), S. 251 (262, 263); *Müller-Stoy,* MittdtPatA 2010, S. 267 (271, Fn. 29); *Pagenberg,* CR 1991, S. 65 (70); vgl. *Reelsen*, in: Feuerich/Weyland (2016), § 114 BRAO Rn. 9–57; *Reinhard*, in: Feuerich/Weyland (2016), § 132 PAO Rn. 1; Kleine-Cosack (2015), § 114 Rn. 8–25; *Dittmann*, in: Henssler/Prütting (2014), § 114 Rn. 7–16; *Ahrens,* GRUR 2005, S. 837 (840).

291 *Gniadek* (2011), S. 362, 367.

292 *Müller-Stoy,* MittdtPatA 2010, S. 267 (271); *Müller-Stoy,* GRUR-RR 2009, S. 161 (163); *Pagenberg,* CR 1991, S. 65 (70).

gesetzen der gewerblichen Schutzrechte selbstständige Sanktionen oder ausdrückliche Verweise einzuführen, um einen wirksamen, verhältnismäßigen und abschreckenden Schutz bei der Verletzung gerichtlicher Geheimhaltungsanordnungen zu gewährleisten (vgl. Art. 16 Geheimnisschutz-Richtlinie).[293]

f) Schadensersatz

Neben den straf- und berufsrechtlichen Sanktionen kann ein Verstoß gegen die Verschwiegenheitsverpflichtung möglicherweise auch zu einem Schadensersatzanspruch des Antragsgegners führen. Ein Anspruch nach § 823 Abs. 1 BGB setzt die Verletzung eines der in der Vorschrift aufgeführten Rechtsgüter voraus. Da die Offenbarung von Betriebs- und Geschäftsgeheimnissen einen Eingriff in das Eigentumsrecht des Antragsgegners darstellt und Geheimnisse außerdem ein sonstiges Recht im Sinne des § 823 Abs. 1 BGB sind, kann der Antragsgegner einen Schadensersatzanspruch gegen die anwaltlichen Vertreter des Antragstellers geltend machen.[294] Überdies ist § 823 Abs. 1 BGB einschlägig, sofern die Weitergabe der Geheimnisse einen Einriff in das Recht am eingerichteten und ausgeübten Gewerbebetrieb des Antragsgegners darstellt, wobei die Rechtswidrigkeit des Eingriffs im Rahmen einer Interessenabwägung positiv festgestellt werden muss.[295] In gleicher Weise kann ein Anspruch nach § 823 Abs. 2 BGB bestehen. Diese Vorschrift setzt tatbestandlich die Verletzung eines Schutzrechts voraus, wofür § 203 Abs. 1 Nr. 3 StGB sowie § 353d Nr. 2 StGB in Betracht kommen, nicht jedoch die Berufsgesetze.[296]

Dagegen kann der Antragsgegner keinen Schadensersatzanspruch aus § 280 Abs. 1 BGB geltend machen. Die Vorschrift setzt die Verletzung einer Pflicht aus dem Schuldverhälnis voraus. Eine vertragliche Beziehung zwi-

---

[293] *Kunz-Hallstein/Loschelder,* GRUR 2005, S. 747 (747).

[294] *Pfister* (1974), S. 85; *Rojahn,* in: FS Loewenheim (2009), S. 251 (256 f.); *Stadler,* ZZP 2010, S. 261 (265); *Kiethe/Groeschke,* WRP 2005, S. 1358 (1362); *Stürner,* JZ 1985, S. 453 (453); vgl. BGH, Urt. v. 21.12.1962, Az. I ZR 47/61, GRUR 1963, 367, 369 m. Anm. *Bußmann* – Industrieböden = NJW 1963, 856, 857; *Mes,* GRUR 1979, S. 584 (590).

[295] BGH, Urt. v. 09.03.1989, Az. I ZR 189/86, GRUR 1990, 221, 222 – Forschungskosten = NJW 1990, 52, 52 f.; BGH, Urt. v. 18.03.1955, Az. I ZR 144/53, GRUR 1955, 468, 472 – Schwermetall-Kokillenguß = NJW 1955, 829, 830; BGH, Urt. v. 25.01.1955, Az. I ZR 15/53, GRUR 1955, 388, 389 = NJW 1955, 628, 629; *Köhler*, in: Köhler/Bornkamm (2016), § 17 UWG Rn. 53; *Kurz* (2013), Rn. 637; *Ann*, in: Hdb. Know-how-Schutz (2010), Kap. 7 Rn. 39; *Pfister* (1974), S. 104 f.; *Kiethe/Groeschke,* WRP 2005, S. 1358 (1362); *Stürner,* JZ 1985, S. 453 (453); *Mes,* GRUR 1979, S. 584 (592); *Nastelski,* GRUR 1957, S. 1 (6); vgl. BGH, Urt. v. 21.12.1962, Az. I ZR 47/61, GRUR 1963, 367, 369 m. Anm. *Bußmann* – Industrieböden = NJW 1963, 856, 857.

[296] Kleine-Cosack (2015), Einl. Rn. 118; *Prütting*, in: Henssler/Prütting (2014), § 43 Rn. 36; *Kurz* (2013), Rn. 634.

schen den anwaltlichen Vertretern des Antragstellers und dem Antragsgegner besteht nicht. Als Schuldverhältnis kommt mithin nur ein Prozessrechtsverhältnis zwischen dem Antragsgegner und dem Antragsteller in Betracht. Für einen Schadensersatzanspruch des Antragsgegners gegenüber dem Antragsteller müssten die anwaltlichen Vertreter des Antragstellers seine Erfüllungsgehilfen (§ 278 S. 1 BGB) sein. Wenngleich die Rechts- und Patentanwälte im Pflichtenkreis des Antragstellers auf seinen Auftrag hin tätig werden, sind sie ein unabhängiges Organ der Rechtspflege (§ 1 BRAO; § 1 PAO), sodass sie nicht als Erfüllungsgehilfen des Antragstellers einzuordnen sind und ein Schadensersatzanspruch nach § 280 Abs. 1 BGB ausscheidet.[297]

5. Zwischenergebnis

Im Rahmen des „Düsseldorfer Modells" ist die persönliche Teilnahme des Antragstellers an der Besichtigung ausgeschlossen. Der Parteiausschluss kann mangels einer Rechtsgrundlage nach derzeitiger Rechtslage nur über den freiwilligen Verzicht des Antragstellers erfolgen. Dabei verzichtet er gleichzeitig auf seinen Informationsanspruch aus dem Mandatsverhältnis. Der persönliche Ausschluss des Antragstellers von der Besichtigung erfolgt bei gleichzeitiger Zulassung seiner Rechts- und Patentanwälte zu der Besichtigung. Sämtliche Besichtigungsteilnehmer werden vom Gericht zur Verschwiegenheit über die Tatsachen verpflichtet, die sich aus der Besichtigung ergeben, wodurch die Geheimhaltungsinteressen des Antragsgegners umfassend geschützt werden. Der eingeschränkte Informationsanspruch zwischen den anwaltlichen Vertretern und dem Mandanten sowie das Spannungsverhältnis zwischen der Verschwiegenheitsverpflichtung gegenüber dem klassischen Berufs- und Tätigkeitsbild des Anwalts sind dabei mit Blick auf einen effektiven Rechtsschutz hinzunehmen. Andernfalls würde man dem Antragsteller aus vermeintlicher Rücksichtnahme auf seine Interessen die Rechtsdurchsetzung unnötig erschweren.

V. Eröffnung eines Insolvenzverfahrens

Sofern im Laufe der Beweissicherung über das Vermögen einer der Parteien oder beider Parteien ein Insolvenzverfahren eröffnet wird, ist die Beweiserhebung zum Zwecke der Verfahrensbeschleunigung entgegen § 240 ZPO fortzusetzen, da andernfalls eine zügige Beweissicherung sowie eine schnelle

[297] Vgl. BGH, Urt. v. 30.04.1987, Az. I ZR 8/85, GRUR 1987, 648, 649 = NJW 1987, 3253, 3253 f.; LG Dresden, Urt. v. 23.01.2009, Az. 10 O 2246/08, JurionRS 2009, 42670.

und kostensparende Einigung zwischen den Parteien nicht möglich ist.[298] Dagegen kann das selbstständige Beweisverfahren bei abgeschlossener Beweisaufnahme beendet werden (vgl. § 240 ZPO), da ab diesem Zeitpunkt kein besonderes Beschleunigungsbedürfnis mehr besteht.[299] Das vom selbstständigen Beweisverfahren gesondert zu betrachtende einstweilige Verfügungsverfahren wird durch ein Insolvenzverfahren unterbrochen, was letztlich aber auch keine Auswirkung auf das Besichtigungsverfahren hat, da sich die begleitende Duldungsverfügung mit erfolgter Besichtigung und bei Eröffnung des Insolvenzverfahrens in der Regel erledigt haben wird, wobei im Übrigen die obigen Argumente gelten.[300]

VI. Erneute Besichtigung

Der Erlass der Besichtigungsanordnung garantiert nicht automatisch eine erfolgreiche Durchführung der Besichtigung. Zieht der Sachverständige den ihm durch die Besichtigungsanordnung gesteckten Ermessensspielraum hinsichtlich der zulässigen Maßnahmen während der Besichtigung (etwa aus Vorsicht vor einem Befangenheitsantrag) zu eng, besteht die Gefahr, dass er bestehende Beweise übersieht.[301] Wurden im Rahmen der ersten Besichtigung

---

[298] BGH, Beschl. v. 11.12.2003, Az. VII ZB 14/03, NJW 2004, 1388, 1389 m.w.Nachw. = WM 2004, 1152, 1152 f.; OLG Frankfurt a.M., Beschl. v. 23.07.2008, Az. 1 W 50/08, NJW-RR 2008, 1552, 1553 = NZBau 2009, 36, 36; OLG Hamm, Beschl. v. 04.02.1997, Az. 21 W 12/96, NJW-RR 1997, 723, 724 = BeckRS 9998, 15405; Baumbach/Lauterbach/Albers/Hartmann (2016), Übers § 239 Rn. 5; *Herget*, in: Zöller (2016), Vor § 485 Rn. 6; *Cepl*, in: PK-GewRS (2015), § 240 ZPO Rn. 7; *Hahn*, in: PK-GewRS (2015), § 485 ZPO Rn. 11; *Rinken/Kühnen*, in: Schulte (2014), § 140c Rn. 52; *Gehrlein*, in: MüKo ZPO (2013), § 240 Rn. 3; *Pastor*, in: Werner/Pastor (2015), Rn. 6; *Koeble*, in: Kompendium BauR (2014), 2. Teil Rn. 79; *Kühnen* (2013), Rn. 366; *Fink* (2005), Rn. 432; *Hildebrandt*, ZfIR 2004, S. 92 (94); *Ulrich*, AnwBl 2003, S. 78 (85); a.A. OLG München, Beschl. v. 21.12.2001, Az. 13 W 2641/01, NJW-RR 2002, 1053, 1053 f. = NZI 2003, 57, 57; OLG Hamburg, Beschl. v. 22.03.2000, Az. 11 W 11/00, OLG Report Hamburg 2000, 436 (Rn. 3 f.); *Roth*, in: Stein/Jonas (2005), vor § 239 Rn. 3; vgl. *Gehrlein*, in: MüKo ZPO (2013), § 239 Rn. 7; *Lenzen*, NZBau 2003, S. 428 (429).

[299] BGH, Beschl. v. 23.03.2011, Az. VII ZB 128/09, NJW 2011, 1679, 1679 (Rn. 7) = NZBau 2011, 421, 421 (Rn. 7); BGH, Beschl. v. 26.10.2006, Az. VII ZB 39/06, NJW-RR 2007, 307, 307 (Rn. 8) = NZBau 2007, 98, 98 (Rn. 8); *Cepl*, in: PK-GewRS (2015), § 240 ZPO Rn. 7; Mes (2015), § 140c Rn. 40; *Pastor*, in: Werner/Pastor (2015), Rn. 6; *Koeble*, in: Kompendium BauR (2014), 2. Teil Rn. 79; vgl. OLG Dresden, Beschl. v. 11.04.2002, Az. 3 W 426/02, NZI 2002, 688, 688 = BeckRS 2002, 17313; *Lenzen*, NZBau 2003, S. 428 (429).

[300] *Cepl*, in: PK-GewRS (2015), § 240 ZPO Rn. 6 f.; *Hahn*, in: PK-GewRS (2015), § 485 ZPO Rn. 11, § 492 ZPO Rn. 13, 20 (Fn. 42), 33.

[301] *Hoppen*, CR 2009, S. 407 (409).

die für die Beurteilung einer Schutzrechtsverletzung relevanten Tatsachen nicht oder nur zum Teil festgestellt und sieht der Antragsteller weiteren Aufklärungsbedarf, wird er eine weitere Besichtigung anstreben, in der die bisherigen Hindernisse überwunden werden können und ein weiterer Fehlschlag ausbleibt.[302]

Für eine weitere Besichtigung kommt entweder die bereits erlassene Besichtigungsanordnung oder eine neue Besichtigungsanordnung in Betracht.[303] Würde man die bisherige Besichtigungsanordnung ausreichen lassen, könnte dies zu einer Vielzahl von Besichtigungen bis zum gewünschten Ergebnis führen. Sofern ein neuer Antrag auf Erlass einer Besichtigungsanordnung erforderlich ist, müssen sämtliche Voraussetzungen des selbstständigen Beweisverfahrens und der Duldungsverfügung im Zeitpunkt der erneuten Antragstellung vorliegen, insbesondere der Verfügungsanspruch und der Verfügungsgrund für die Duldungsverfügung.[304] Das Gericht wird überprüfen, ob sich in der Zwischenzeit die Sachlage derart geändert hat, dass eine andere Beurteilung als im Zeitpunkt des Erlasses der ersten Besichtigungsanordnung angeraten ist. Dies gilt vor allem im Hinblick auf die vorherige Ladung und Anhörung des Antragsgegners, da die erneute Besichtigung mit keinem Überraschungseffekt verbunden ist und der Antragsgegner zwischen den beiden Besichtigungen genügend Zeit für Veränderungen am Besichtigungsgegenstand oder seine Beseitigung hat, sodass der Verzicht auf eine vorherige Ladung und Anhörung des Antragsgegners im Zuge der zweiten Besichtigungsanordnung nicht mehr erforderlich ist.[305]

1. Selbstständiges Beweisverfahren

Die Begutachtung im Rahmen des selbstständigen Beweisverfahrens erfolgt unabhängig von einem materiell-rechtlichen Besichtigungsanspruch auf einer eigenständigen verfahrensrechtlichen Grundlage und ist damit auch nicht von der Erfüllungswirkung nach § 362 Abs. 1 BGB erfasst.[306] Vielmehr ist im

---

[302] *Eck/Dombrowski,* in: FS 50 Jahre BPatG (2011), S. 169 (173).

[303] *Eck/Dombrowski,* in: FS 50 Jahre BPatG (2011), S. 169 (173); vgl. OLG Karlsruhe, Beschl. v. 18.05.2010, Az. 6 W 28/10, BeckRS 2011, 18386.

[304] OLG Karlsruhe, Beschl. v. 18.05.2010, Az. 6 W 28/10, BeckRS 2011, 18386; *Hahn*, in: PK-GewRS (2015), § 485 Rn. 75, 82, § 491 ZPO Rn. 16 (Fn. 26); *Eck/Dombrowski,* in: FS 50 Jahre BPatG (2011), S. 169 (173; vgl. 184–187, 192); vgl. KG, Urt. v. 21.05.1991, Az. 9 U 1164/90, NJW-RR 1992, 318, 318 f. = BeckRS 9998, 10699.

[305] *Eck/Dombrowski,* in: FS 50 Jahre BPatG (2011), S. 169 (186 f.).

[306] BGH, Beschl. v. 16.11.2009, Az. X ZB 37/08, GRUR 2010, 318, 319 f. (Rn. 8) – Lichtbogenschnürung = WRP 2010, 541, 542 f. (Rn. 8); OLG Düsseldorf, Beschl. v. 21.07.2011, Az. I-2 W 23/11, BeckRS 2012, 04014; OLG Frankfurt a.M., Beschl. v. 16.03.2011, Az. 6 W 36/11, InstGE 13, 254, 254 (Rn. 2) – komplexes Herstellungsverfahren = BeckRS 2012, 10149; *Hahn*, in: PK-GewRS (2015), § 485 ZPO Rn. 10; *Czychowski*, in: Fromm/Nordemann (2014), § 101a UrhG Rn. 28; *Kühnen* (2013), Rn. 360; *Jestaedt*

selbstständigen Beweisverfahren eine weitere Begutachtung nur unter den engen Voraussetzungen von § 412 ZPO (ungenügendes Erstgutachten (§ 412 Abs. 1 ZPO) oder erfolgreiche Ablehnung des Erstgutachters (§ 412 Abs. 2 ZPO)) möglich (§ 485 Abs. 3 ZPO) und steht im pflichtgemäßen Ermessen des Gerichts (§§ 485 Abs. 3, 412 ZPO), sodass in der Regel strenge Maßstäbe gelten und eine erneute Besichtigung die Ausnahme darstellt.[307] Die Wiederholung einer Begutachtung im selbstständigen Beweisverfahren (§§ 485 ff. ZPO) setzt mithin eine erneute Entscheidung durch das zuständige Gericht voraus, wobei diese Entscheidung wiederum von einer (mit einem Sachverständigengutachten abgeschlossenen) ersten Begutachtung abhängig ist.[308]

Infolgedessen ist nach einer erfolgten Abtretung die Durchführung eines neuen Beweissicherungsverfahrens über Tatsachen durch den Zessionar bei entsprechender Anwendung der §§ 265, 325 i.V.m. § 485 Abs. 3 ZPO unstatthaft, falls der Zedent hierüber schon ein selbstständiges Beweisverfahren hat durchführen lassen, da für ein neues selbstständiges Beweisverfahren kein eigenes schutzwürdiges Interesse des Zessionars besteht.[309] Im Hinblick auf einen späteren Verletzungsprozess kann die nachträgliche Einbringung von Beweisen, die schon zu einem früheren Zeitpunkt vorhanden waren (jedoch im Zuge der Sachverständigenbegutachtung übersehen wurden) problematisch sein (§§ 360, 368, 398, 412 ZPO; vgl. §§ 282, 296 ZPO).[310]

(2008), Rn. 841; a.A. *Oldekop*, in: Schramm (2012), Kap. 9 Rn. 137; vgl. LG München I, Urt. v. 20.10.2010, Az. 21 O 7563/10, InstGE 13, 181, 185 (Rn. 23) – Arzneimittelherstellung = BeckRS 2012, 15213.

[307] OLG Hamm, Beschl. v. 20.11.2009, Az. 19 W 31/09, NJW 2010, 622, 622 = NZBau 2010, 250, 251; OLG Frankfurt a.M., Beschl. v. 05.05.2006, Az. 19 W 17/06, NJW-RR 2007, 18, 19 = NZBau 2007, 250, 250; OLG Düsseldorf, Beschl. v. 21.10.1996, Az. 5 W 48/96, NJW-RR 1997, 1086, 1086 = BeckRS 9998, 14829; *Reichold*, in: Thomas/Putzo (2016), § 485 Rn. 9; *Berger*, in: Stein/Jonas (2015), § 492 Rn. 8; *Hahn*, in: PK-GewRS (2015), § 485 ZPO Rn. 12; Seibel (2013), § 485 Rn. 42; *Pastor*, in: Werner/Pastor (2015), Rn. 94, 112, 122, 3131; *Koeble*, in: Kompendium BauR (2014), 2. Teil Rn. 141; *Fink* (2005), Rn. 399–407; *Schneider*, MDR 1975, S. 538 (540).

[308] *Huber*, in: Musielak/Voit (2016), § 412 Rn. 5; *Reichold*, in: Thomas/Putzo (2016), § 485 Rn. 9; *Pukall*, in: Saenger (2015), § 485 Rn. 15; *Hahn*, in: PK-GewRS (2015), § 485 ZPO Rn. 73; *Zimmermann*, in: MüKo ZPO (2012), § 412 Rn. 3; *Fink* (2005), Rn. 403; *Eck/Dombrowski*, in: FS 50 Jahre BPatG (2011), S. 169 (184); *Booz*, BauR 1989, S. 30 (35).

[309] BGH, Beschl. v. 27.10.2011, Az. VII ZB 126/09, NJW-RR 2012, 224, 224 (Rn. 15) = NZBau 2012, 36, 37 (Rn. 15); *Hahn*, in: PK-GewRS (2015), § 485 ZPO Rn. 12, § 493 ZPO Rn. 4; *Pastor*, in: Werner/Pastor (2015), Rn. 106.

[310] *Weise* (2002), Rn. 478; *Schreiber*, NJW 1991, S. 2600 (2602); *Quack*, BauR 1991, S. 278 (281); *Wussow*, NJW 1969, S. 1401 (1405 f.).

2. *Duldungsverfügung*

Im Gegensatz zum selbstständigen Beweisverfahren beinhaltet die Duldungsverfügung als Verfügungsanspruch den Besichtigungsanspruch nach § 140c Abs. 1 S. 1 PatG. Dieser materiell-rechtliche Besichtigungsanspruch kann infolge der ersten Besichtigung durch Erfüllung erloschen sein, sofern die geschuldete Leistung bewirkt (§ 362 Abs. 1 BGB) und damit der Leistungserfolg eingetreten ist.[311] Eine Zwangsvollstreckung aus dem diesem Anspruch zugrunde liegenden Titel wäre dann unzulässig.[312] Eine mehrfache und wiederholte Besichtigung bis zur Erlangung des gewünschten Ergebnisses ist nicht möglich, da die Besichtigung im Rahmen des „Düsseldorfer Modells" auf der Grundlage des selbstständigen Beweisverfahrens (unabhängig von einer materiell-rechtlichen Besichtigungsvorschrift) erfolgt und die Duldungsverfügung nur deren zwangsweiser Durchsetzung dient sowie den konkreten Maßnahmenkatalog festlegt.[313]

Eine Erfüllungswirkung ist aber (abgesehen von der Besichtigung als solcher) sowohl im Hinblick auf die Risikoverteilung als auch hinsichtlich der Handlungsinitiative für die Bestandteile der Duldungsverfügung bedeutsam.[314] Verneint man die Frage der Erfüllung des materiell-rechtlichen Besichtigungsanspruchs bezogen auf die darüber angeordneten Duldungsmaßnahmen durch die erste, nicht erfolgreiche Besichtigung, hätte dies zur Folge, dass der Antragsteller keine neue Duldungsverfügung benötigt.[315] Im Rahmen der einmonatigen Vollziehungsfrist (§§ 926, 929 Abs. 2 ZPO) könnte der Antragsteller auf der Grundlage des einmal erlangten Titels die Duldungsmaßnahmen zwangsweise durchsetzen. Der Antragsgegner müsste die Aufhebung der einstweiligen Verfügung veranlassen und damit die Initiative ergreifen. Nimmt man hingegen die Erfüllung des Besichtigungsanspruchs an, würde wegen der unzulässigen Zwangsvollstreckung den Antragsteller die Handlungsinitiative treffen, sodass er im Zuge einer neuen Begutachtung auch eine neue einstweilige Verfügung beantragen müsste.[316]

---

[311] BGH, Urt. v. 06.02.1954, Az. II ZR 176/53, BGHZ 12, 267, 268 = NJW 1954, 794, 794; *Fetzer*, in: MüKo BGB (2016), § 362 Rn. 2 f.; *Grüneberg*, in: Palandt (2016), § 362 Rn. 1; *Hahn*, in: PK-GewRS (2015), § 485 ZPO Rn. 71; *Dennhardt*, in: Bamberger/Roth (2012), § 362 Rn. 12; *Eck/Dombrowski,* in: FS 50 Jahre BPatG (2011), S. 169 (174).

[312] *Eck/Dombrowski,* in: FS 50 Jahre BPatG (2011), S. 169 (174); vgl. BGH, Urt. v. 08.05.1985, Az. IV a ZR 138/83, NJW 1985, 2405, 2407 = MDR 1985, 825, 826; *Hahn*, in: PK-GewRS (2015), § 490 ZPO Rn. 18.

[313] OLG Düsseldorf, Beschl. v. 21.07.2011, Az. I-2 W 23/11, BeckRS 2012, 04014; *Hahn*, in: PK-GewRS (2015), § 485 ZPO Rn. 10; *Kühnen* (2013), Rn. 360; vgl. *Eck/Dombrowski,* in: FS 50 Jahre BPatG (2011), S. 169 (191).

[314] *Eck/Dombrowski,* in: FS 50 Jahre BPatG (2011), S. 169 (173).

[315] *Eck/Dombrowski,* in: FS 50 Jahre BPatG (2011), S. 169 (173 f.).

[316] *Eck/Dombrowski,* in: FS 50 Jahre BPatG (2011), S. 169 (174).

Für die Erfüllung des spezialgesetzlichen Besichtigungsanspruchs nach § 362 Abs. 1 BGB müssen die Teile der Duldungsverfügung (die Verpflichtung des Antragsgegners, die Anwesenheit des Sachverständigen und der anwaltlichen Vertreter des Antragstellers sowie die Besichtigung im angeordneten Umfang zu dulden (Duldungsverfügung als solche), die Verpflichtung, keine Veränderungen am Besichtigungsgegenstand ab Zustellung der Besichtigungsanordnung vorzunehmen (Veränderungsverbot), und die Verschwiegenheitsverpflichtung der Rechts- und Patentanwälte des Antragsgegners) gesondert betrachtet werden.[317] Der Besichtigungsanspruch ist grundsätzlich erfüllt, sofern die Besichtigung erfolgreich vollzogen wurde.[318]

a) Leistungserfolg beim Veränderungsverbot

Das Veränderungsverbot stellt eine Unterlassungsverpflichtung des Antragsgegners dar.[319] Mit diesem soll dem Sachverständigen ermöglicht werden, den Besichtigungsgegenstand in einem Zustand zu untersuchen, der nicht vom Antragsgegner nach Kenntniserlangung von der Besichtigung verändert wurde. Mit dem Abschluss der Besichtigung ist somit auch der Zweck des Veränderungsverbotes erreicht, sodass der Leistungserfolg dahingehend mit Abschluss des Besichtigungstermins erreicht ist.[320]

b) Leistungserfolg bei der Verschwiegenheitsverpflichtung

Die Verschwiegenheitsverpflichtung der anwaltlichen Vertreter sowie des gerichtlich bestellten Sachverständigen über die Tatsachen, die sie während der Besichtigung zur Kenntnis genommen haben, ist eine Dauerverpflichtung.[321] Diese Verpflichtung endet nicht automatisch mit dem Abschluss der Besichtigung, sondern gilt so lange fort, bis das Gericht die Freigabe des Gutachtens anordnet und die anwaltlichen Vertreter insoweit von ihrer Geheimhaltungsverflichtung befreit.[322]

c) Leistungserfolg bei der Duldungsverfügung als solcher

Bei der Duldungsverfügung als solcher handelt es sich um eine Duldungsverpflichtung des Antragsgegners.[323] Die spezialgesetzlichen Besichtigungsansprüche umfassen keinen Besichtigungserfolg (wie die Beantwortung der

---

[317] *Grüneberg*, in: Palandt (2016), § 362 Rn. 2; *Hahn*, in: PK-GewRS (2015), § 485 ZPO Rn. 72; *Eck/Dombrowski,* in: FS 50 Jahre BPatG (2011), S. 169 (176).

[318] Fezer (2009), § 19a MarkenG Rn. 46.

[319] *Eck/Dombrowski,* in: FS 50 Jahre BPatG (2011), S. 169 (178).

[320] *Eck/Dombrowski,* in: FS 50 Jahre BPatG (2011), S. 169 (178 f.).

[321] *Eck/Dombrowski,* in: FS 50 Jahre BPatG (2011), S. 169 (179).

[322] *Eck/Dombrowski,* in: FS 50 Jahre BPatG (2011), S. 169 (179).

[323] *Eck/Dombrowski,* in: FS 50 Jahre BPatG (2011), S. 169 (176).

Frage, ob eine Schutzrechtsverletzung tatsächlich vorliegt), sondern nur die Besichtigungsdurchführung (vgl. § 140c PatG: „Besichtigung einer Sache" (Abs. 1 S. 1) sowie „Duldung der Besichtigung einer Sache" (Abs. 3 S. 1)).[324] Sofern der Sachverständige den streitbefangenen Gegenstand vollumfänglich (also im Rahmen der Vorgaben der Besichtigungsanordnung) besichtigen und untersuchen konnte, ist für diesen Teil der Leistungserfolg eingetreten, die geschuldete Leistung bewirkt und damit Erfüllung nach § 362 Abs. 1 BGB eingetreten.[325] Dementsprechend ist für den Leistungserfolg zwischen den Maßnahmen, die in der Besichtigungsanordnung vorgesehen sind, und den Maßnahmen, die zur Feststellung aller für die Beurteilung der Schutzrechtsverletzung erforderlichen Tatsachen notwendig sind, zu unterscheiden, da Letztere kein Teil des Leistungserfolgs der Duldungsverfügung sind.[326] Zuweilen kann der Eintritt des Leistungserfolgs erst nach der Erstellung des Sachverständigengutachtens beurteilt werden.

Liegt der Besichtigungsgegenstand zum Zeitpunkt der Besichtigung vollständig vor, kann ihn der Sachverständige hinsichtlich aller für die Beurteilung der Schutzrechtsverletzung relevanter Tatsachen begutachten und alle in der Duldungsverfügung aufgeführten Maßnahmen vornehmen. Der Leistungserfolg ist mit dem Abschluss der Besichtigung eingetreten und der spezialgesetzliche Besichtigungsanspruch erfüllt, sodass der Antragsteller eine neue Duldungsverfügung beantragen müsste.[327] Befindet sich der Besichtigungsgegenstand nicht am geschuldeten Besichtigungsort, kann die Besichtigung nicht durchgeführt werden, sodass kein Leistungserfolg und damit keine Erfüllung eingetreten ist und es keiner neuen Duldungsverfügung bedarf.[328] Sofern der Besichtigungsgegenstand unvollständig vorliegt (etwa nicht zusammengebaut oder unvollständig, da Teile fehlen) und die Besichtigung nicht im angeordneten Umfang durchgeführt werden kann, ist der Leistungserfolg nicht eingetreten und keine neue Duldungsverfügung erforderlich.[329]

Eine Sonderform des unvollständigen Besichtigungsgegenstandes stellt ein nicht funktionsfähiger Besichtigungsgegenstand dar (etwa wegen einer fehlenden, für den Betrieb notwendigen Software), weshalb die soeben getroffe-

---

[324] *Eck/Dombrowski,* in: FS 50 Jahre BPatG (2011), S. 169 (178).

[325] *Eck/Dombrowski,* in: FS 50 Jahre BPatG (2011), S. 169 (176, 178).

[326] *Eck/Dombrowski,* in: FS 50 Jahre BPatG (2011), S. 169 (178).

[327] OLG Karlsruhe, Beschl. v. 18.05.2010, Az. 6 W 28/10, BeckRS 2011, 18386; *Hahn,* in: PK-GewRS (2015), § 485 ZPO Rn. 74; *Eck/Dombrowski,* in: FS 50 Jahre BPatG (2011), S. 169 (180, 184).

[328] *Hahn,* in: PK-GewRS (2015), § 485 ZPO Rn. 72; *Eck/Dombrowski,* in: FS 50 Jahre BPatG (2011), S. 169 (181, 184); vgl. OLG Karlsruhe, Beschl. v. 18.05.2010, Az. 6 W 28/10, BeckRS 2011, 18386.

[329] OLG Karlsruhe, Beschl. v. 18.05.2010, Az. 6 W 28/10, BeckRS 2011, 18386; *Hahn,* in: PK-GewRS (2015), § 485 ZPO Rn. 72; *Eck/Dombrowski,* in: FS 50 Jahre BPatG (2011), S. 169 (181 f., 184; vgl. 182, Fn. 53).

nen Feststellungen auch für diese besondere Fallgruppe gelten, wenn der Betrieb für die angeordneten Besichtigungsmaßnahmen notwendig ist.[330] Sofern der Antragsgegner allen Verpflichtungen aus der Duldungsverfügung nachgekommen ist und ein vollständig funktionsfähiger Besichtigungsgegenstand begutachtet werden konnte, ist der geschuldete Leistungserfolg und damit Erfüllung eingetreten, selbst wenn der Sachverständige nicht alle im Beweisbeschluss aufgeführten Tatsachen festgestellt hat (defizitäre Besichtigung).[331]

3. Zwischenergebnis

Wenngleich es Fälle geben kann, in denen der Leistungserfolg der Duldungsverfügung noch nicht eingetreten ist, muss der Antragsgegner eine erneute Besichtigung aufgrund der alten Besichtigungsanordnung nicht befürchten. Die Ortsbesichtigung als Teil der sachverständigen Begutachtung erfolgt nämlich im Rahmen des selbstständigen Beweisverfahrens, das hohe Anforderungen an eine erneute Besichtigung stellt (§§ 485 Abs. 3, 412 ZPO).

VII. Zusammenfassung

Die Besichtigungsanordnung nach dem „Düsseldorfer Modell" kann insgesamt vom Gerichtsvollzieher zugestellt werden. Nach der Zustellung der Besichtigungsanordung ist die Besichtigung für einen bestimmten Zeitraum (regelmäßig zwei Stunden) zurückzustellen, damit der Antragsgegner seine anwaltlichen Vertreter hinzuziehen kann. Sofern der Antragsgegner nach Ablauf dieser Frist die Besichtigung nicht zulässt und den teilnahmeberechtigten Personen den Zutritt zu seinen Räumlichkeiten verweigert, muss die Duldungsverfügung im Wege der Zwangsvollstreckung durchgesetzt werden. Da die Besichtigung in der Regel Durchsuchungsmaßnahmen umfasst, ist eine richterliche Durchsuchungsanordnung erforderlich (§ 758a Abs. 1 S. 1 ZPO), für die eine von der Besichtigungsanordnung abweichende Gerichtszuständigkeit besteht (§§ 758a Abs. 1 S. 1, 802 ZPO). Die im Rahmen der Besichtigung vorzunehmenden Maßnahmen sowie Mitwirkungspflichten hat das Gericht im Einzelfall über die Duldungsverfügung anzuordnen, wobei auch Substanzeingriffe umfasst sein können, sofern sie für den Antragsgegner zumutbar sind. Eine erneute Begutachtung ist wegen §§ 485 Abs. 3, 412 ZPO nur in Ausnahmefällen möglich.

---

[330] *Hahn*, in: PK-GewRS (2015), § 485 ZPO Rn. 72 f., 73 (Fn. 123); *Eck/Dombrowski,* in: FS 50 Jahre BPatG (2011), S. 169 (172, 182–184).

[331] *Hahn*, in: PK-GewRS (2015), § 485 ZPO Rn. 73 f.; *Eck/Dombrowski,* in: FS 50 Jahre BPatG (2011), S. 169 (183 f., 191).

Ein „perfekter“, die Offenbarung von geheimhaltungsbedürftigen Informationen gänzlich ausschließender Geheimnisschutz ist nicht zu verwirklichen. Vielmehr müssen stets die widerstreitenden Parteiinteressen in einen gerechten Ausgleich gebracht werden, wobei der Geheimnisschutz nicht zu einer Rechtlosstellung der gegnerischen Partei führen darf. In einem lebendigen Wettbewerb kann und muss man sich mit „zweitbesten“ Lösungen arrangieren, die aber nach derzeitigem Stand sehr umfangreich und wirksam erscheinen.

Demgemäß wird die Besichtigung im Rahmen des „Düsseldorfer Modells“ durch einen gerichtlich bestellten Sachverständigen durchgeführt. Im Gegensatz zum Antragsgegner und seinen Rechts- und Patentanwälten ist der Antragsteller während der Besichtigung nicht anwesend. Obschon der gerichtliche Ausschluss einer Partei zulässig wäre, besteht nach geltendem Recht keine Rechtsgrundlage für einen Parteiausschluss, sodass der Antragsteller freiwillig auf seine Besichtigungsteilnahme verzichten muss. Zur Wahrung des Anspruchs auf rechtliches Gehör (Art. 103 Abs. 1 GG) erfolgt die Besichtigung in Anwesenheit seiner anwaltlichen Vertreter, die vom Gericht zur Verschwiegenheit (auch gegenüber dem Antragsteller) verpflichtet werden. Die Besichtigung durch einen gerichtlich bestellten Sachverständigen in Anwesenheit des Antragsgegners, seiner Rechts- und Patentanwälte sowie der anwaltlichen Vertreter des Antragstellers berücksichtigt in besonderem Maße die Rechte der Parteien und bringt die widerstreitenden Interessen in einen angemessenen Ausgleich.

E. Das Gutachten

Im letzten Schritt einer Besichtigung nach dem „Düsseldorfer Modell" geht es um die Aushändigung des Sachverständigengutachtens. Das Gutachten ist der wichtigste Gegenstand des Beweissicherungsverfahrens, da der Gutachteninhalt entscheidend für eine weitere Rechtsverfolgung des Antragstellers in einem Hauptsacheverfahren ist. Es beinhaltet regelmäßig geheimhaltungsbedürftige Tatsachen. Der Gutachteninhalt darf jedoch nicht ausschließlich dem Sachverständigen vorbehalten bleiben, sondern muss den Parteien und dem Gericht zur Verfügung gestellt werden. Andernfalls würde das Gebot rechtlichen Gehörs der Parteien (Art. 103 Abs. 1 GG, einfach gesetzlich ausgeformt etwa in § 355 ZPO, § 357 Abs. 1 ZPO, § 411 Abs. 3, 4 ZPO) verletzt und die Aufgaben des Gerichts (etwa die sorgfältige und kritische Würdigung des Gutachtens, § 286 Abs. 1 S. 1 ZPO) würden verfassungswidrig verkürzt.[1] Demgemäß muss das Gericht die Einzelheiten der Gutachtenweiterleitung unter Berücksichtigung aller Umstände des Einzelfalls festlegen.

I. Erstellung durch den Sachverständigen und Vorlage an das Gericht

Der Sachverständige wird im Anschluss an den Ortstermin die sichergestellten Informationen untersuchen und auswerten. Ab diesem Zeitpunkt ist der unmittelbare Kontakt zum Antragsteller und Antragsgegner ausgeschlossen, sodass eine Korrespondenz nur noch über das Gericht möglich ist (vgl. §§ 492 Abs. 2, 404 Abs. 4 ZPO).[2] Der gerichtlich bestellte Sachverständige

---

[1] BGH, Urt. v. 12.11.1991, Az. KZR 18/90, GRUR 1992, 191, 194 – Amtsanzeiger = NJW 1992, 1817, 1819; *Bornkamm,* in: FS Ullmann (2006), S. 893 (905); *Prütting/Weth,* NJW 1993, S. 576 (577); *Kürschner,* NJW 1992, S. 1804 (1804); vgl. *Schlosser,* in: FS Großfeld (1999), S. 997 (1004, 1005); *Spindler/Weber,* MMR 2006, S. 711 (712); *Stürner,* JZ 1985, S. 453 (459).

[2] *Grabinski/Zülch*, in: Benkard (2015), § 140c PatG Rn. 26; Mes (2015), § 140c Rn. 63; *Hahn*, in: PK-GewRS (2015), Vor § 485 ZPO Rn. 55, § 487 ZPO Rn. 24; *Rinken/Kühnen*, in: Schulte (2014), § 140c Rn. 65; *Pastor*, in: Werner/Pastor (2015), Rn. 3107; *Kühnen* (2013), Rn. 378, 2384 (unter „III."); *Lieber/Zimmermann* (2009), Rn. 234; *Battenstein*

erstellt das schriftliche Gutachten auf der Grundlage der Ortsbesichtigung persönlich, eigenverantwortlich und gänzlich unabhängig (vgl. §§ 407 Abs. 2, 407a Abs. 2 ZPO), was zu einer größtmöglichen Objektivität führt.[3] Außerdem erhalten seine Ausführungen dadurch ein besonderes Gewicht, insbesondere in ihrer Außenwirkung sowie in Bezug auf Dritte.[4] Der Sachverständige hat bereits vor Abgabe des Gutachtens Passagen zu entfernen, die ersichtlich nicht mit der vermuteten Schutzrechtsverletzung im Zusammenhang stehen und gleichzeitig Betriebs- und Geschäftsgeheimnisse des Antragsgegners betreffen.[5] Das Gericht hat dem Sachverständigen regelmäßig eine Frist zu setzen, innerhalb derer er das von ihm unterschriebene Gutachten zu übermitteln hat (§§ 492 Abs. 1, 411 Abs. 1 ZPO).[6]

1. Inhalt des Sachverständigengutachtens

Mit einer Besichtigungsanordnung nach dem „Düsseldorfer Modell" soll durch Einholung eines schriftlichen Sachverständigengutachtens Beweis darüber erhoben werden, ob eine konkret bezeichnete Vorrichtung oder ein bestimmt bezeichnetes Verfahren die benannten Merkmale des antragstellerischen Schutzrechts verletzt. Es bestehen fließende Grenzen zwischen der Feststellung von Tatsachen, deren Auswertung und der anschließenden

---

(2006), S. 120 f.; *Deichfuß,* GRUR 2015, S. 436 (439); *Kather/Fitzner,* MittdtPatA 2010, S. 325 (331); *Fitzner/Kather,* VPP-Rundbrief 2009, S. 58 (65); *Hoppen,* CR 2009, S. 407 (409, 411); *Kühnen,* GRUR 2005, S. 185 (187); a.A. *Harmsen,* GRUR 1975, S. 507 (508); vgl. *Kühnen* (2013), Rn. 2442 f.; *Sturmberg* (1999), Rn. 278; *Tilmann/Schreibauer,* in: FS Erdmann (2002), S. 901 (921).

[3] BVerwG, Urt. v. 09.03.1984, Az. 8 C 97/83, NJW 1984, 2645, 2646 = BeckRS 9998, 58088; OLG Nürnberg, Beschl. v. 16.05.2006, Az. 5 W 781/06, DS 2006, 319, 321 = BeckRS 2006, 07218; OLG Frankfurt a.M., Urt. v. 18.05.1983, Az. 17 U 29/82, MDR 1983, 849, 849 = BauR 1985, 240, 240; LG Düsseldorf, Beschl. v. 09.03.2006, Az. 4b O 550/05, InstGE 6, 189, 190 (Rn. 2) – Walzen-Formgebungsmaschine; *Voß*, in: Fitzner/Lutz/Bodewig (2012), Vor §§ 139 ff. PatG Rn. 141 f.; *Pastor*, in: Werner/Pastor (2015), Rn. 3111, 3116; *Paulus* (2010), Rn. 401; *Keldungs/Tilly* (2005), S. 46; *Sturmberg* (2004), Rn. 159; *Kühnen,* GRUR 2005, S. 185 (192); vgl. *Kather/Fitzner,* MittdtPatA 2010, S. 325 (331); *Fitzner/Kather,* VPP-Rundbrief 2009, S. 58 (66); *Casucci,* IIC 2000, S. 692 (698).

[4] *Beckhaus* (2010), S. 135; *Kühnen,* GRUR 2005, S. 185 (192); vgl. *Kühnen* (2013), Rn. 2436.

[5] OLG München, Beschl. v. 11.03.2011, Az. 6 W 610/10, InstGE 13, 298, 301 (Rn. 16) – ausgelagerter Server; *Chakraborty*, in: Haedicke/Timmann (2012), § 11 Rn. 739; *Kather/Fitzner,* MittdtPatA 2010, S. 325 (328); *Fitzner/Kather,* VPP-Rundbrief 2009, S. 58 (62); *Spindler/Weber,* MMR 2006, S. 711 (712); *Kühnen,* GRUR 2005, S. 185 (192); vgl. Tribunal de grande instance de Paris, Beschl. v. 14.05.1999, Az. 4 Ob 30/00, GRUR Int 2000, 1031, 1034 – Quick Turn/Meta Systems.

[6] *Kühnen* (2013), Rn. 2437; *Weise* (2002), Rn. 407 f.; *Kather/Fitzner,* MittdtPatA 2010, S. 325 (331); *Fitzner/Kather,* VPP-Rundbrief 2009, S. 58 (66); vgl. *Ulrich,* AnwBl 2003, S. 78 (81).

Rechtsanwendung. Dies gilt für das Verständnis eines Merkmals des antragstellerischen Schutzrechts, die Merkmalsverwirklichung durch den Besichtigungsgegenstand, die Klärung der Gleichwirkung eines eingesetzten Austauschmittels sowie die Analyse, ob die Wahl des alternativen Austauschmittels für einen am Schutzrecht orientierten Fachmann naheliegend war.[7]

Bei der Auslegung des Schutzrechts, der Prüfung der Schutzvoraussetzung (etwa die Neuheit oder die erfinderische Tätigkeit) und der Prüfung der Verletzungsfragen sowie einer möglichen Äquivalenz handelt es sich um Rechtsfragen, die nicht zum Aufgabenbereich des Sachverständigen gehören, sondern vom Gericht eigenständig vorzunehmen sind.[8] Dagegen ist eine sachverständige Beratung und eine darauffolgende Auseinandersetzung mit den Erklärungen des Sachverständigen zulässig. Infolgedessen soll sich der Sachverständige nur zu den technischen Fragen des Streitfalles äußern und auf diese Weise dem Gericht eine Hilfe für die Entscheidung geben, sodass seine Aufgabe insbesondere in der Vermittlung von Kenntnissen und Fähigkeiten des technischen Fachmanns liegt und er damit die Rolle eines sprechenden Lexikons für das Gericht einnimmt.[9] Das Gericht muss mithilfe des Sachver-

---

[7] *Kather/Fitzner,* MittdtPatA 2010, S. 325 (331); *Fitzner/Kather,* VPP-Rundbrief 2009, S. 58 (66).

[8] BGH, Urt. v. 26.01.2010, Az. X ZR 25/06, GRUR 2010, 410, 413 (Rn. 40) – Insassenschutzsystemsteuereinheit = BeckRS 2010, 05791 (Rn. 40); BGH, Urt. v. 22.12.2009, Az. X ZR 56/08, GRUR 2010, 314, 317 (Rn. 25 f.) – Kettenradanordnung II = WRP 2010, 533, 537 f.; BGH, Urt. v. 12.02.2008, Az. X ZR 153/05, GRUR 2008, 779, 782 (Rn. 32) – Mehrgangnabe = BeckRS 2008, 08464 (Rn. 32); BGH, Urt. v. 13.02.2007, Az. X ZR 74/05, GRUR 2007, 410, 412 f. (Rn. 18) – Kettenradanordnung = BeckRS 2007, 04114 (Rn. 18); BGH, Urt. v. 01.08.2006, Az. X ZR 114/03, GRUR 2006, 962, 964 (Rn. 22) – Restschadstoffentfernung = GRUR Int 2007, 157, 159 (Rn. 22); OLG Karlsruhe, Beschl. v. 12.08.2013, Az. 6 W 56/13, BeckRS 2014, 05839 = GRUR-RS 2014, 05839; OLG München, Beschl. v. 03.01.2011, Az. 6 W 2007/10, InstGE 13, 286, 289 f. (Rn. 21) – Lesevorrichtung für Reliefmarkierungen II; OLG Düsseldorf, Beschl. v. 14.01.2009, Az. I-2 W 56/08, InstGE 10, 198, 200 f. (Rn. 6) – zeitversetztes Fernsehen = BeckRS 2009, 17532; *Grabinski/Zülch*, in: Benkard (2015), § 139 PatG Rn. 125; Mes (2015), § 140c Rn. 40; *Augenstein*, in: PK-GewRS (2015), § 404a ZPO Rn. 26; *Hahn*, in: PK-GewRS (2015), § 492 ZPO Rn. 8; *Voß*, in: Fitzner/Lutz/Bodewig (2012), Vor §§ 139 ff. PatG Rn. 138; *Kühnen* (2013), Rn. 2378; *Pastor*, in: Werner/Pastor (2015), Rn. 3113; *Nieder*, in: Erdmann/Rojahn/Sosnitza (2011), Kap. 1 Rn. 595; *Bayerlein*, in: Bayerlein (2008), § 15 Rn. 1; *Ulrich* (2007), Rn. 273–278; *Fink* (2005), Rn. 95; *Bornkamm,* in: FS Ullmann (2006), S. 893 (903); *Kather/Fitzner,* MittdtPatA 2010, S. 325 (332); *Fitzner/Kather,* VPP-Rundbrief 2009, S. 58 (66); *König,* MittdtPatA 2002, S. 153 (161); *Quack,* BauR 1993, S. 161 (162); *Brandi-Dohrn,* CR 1985, S. 67 (70); vgl. *Tilmann/Schreibauer,* in: FS Erdmann (2002), S. 901 (908 f.).

[9] BGH, Urt. v. 11.10.2005, Az. X ZR 76/04, BGHZ 164, 261, 268 f. = GRUR 2006, 131, 133 (Rn. 19) – Seitenspiegel; BGH, Urt. v. 25.11.2003, Az. X ZR 162/00, GRUR 2004, 411, 413 – Diabehältnis = BeckRS 2004, 01544; OLG München, Beschl. v. 03.01.2011, Az. 6 W 2007/10, InstGE 13, 286, 290 (Rn. 23) – Lesevorrichtung für Relief-

ständigengutachtens die Sach- und Rechtslage eigenverantwortlich und unabhängig bewerten (können).[10]

2. Anhörung des Sachverständigen

Zur Klärung technisch komplizierter Fragestellungen kann das Gericht (von Amts wegen) das Erscheinen des Sachverständigen zur Erläuterung des schriftlichen Gutachtens anordnen (§§ 492 Abs. 1, 411 Abs. 3 ZPO), insbesondere bei nicht ausreichenden eigenen Kenntnissen zum technischen Hintergrund des streitbefangenen Gegenstandes.[11] Auf diese Weise wird das Risiko minimiert, dass eine vom fachkundigen Urteil des Sachverständigen abweichende Entscheidung darüber ergeht, ob die Ergebnisse der Besichtigung eine Schutzrechtsverletzung nahelegen oder nicht.[12] Sofern eine ordnungsgemäße Feststellung nach § 286 ZPO aufgrund eines unverständlichen,

---

markierungen II; *Grabinski/Zülch*, in: Benkard (2015), § 139 PatG Rn. 125; *Augenstein*, in: PK-GewRS (2015), § 404a ZPO Rn. 24–26; *Voß*, in: Fitzner/Lutz/Bodewig (2012), Vor §§ 139 ff. PatG Rn. 138; *Pastor*, in: Werner/Pastor (2015), Rn. 28; *Ulrich* (2007), Rn. 273; *Fink* (2005), Rn. 95; *Keldungs/Tilly* (2005), S. 43; *Weise* (2002), Rn. 379; *Höffmann* (1989), S. 29–31; *Melullis*, in: FS Tilmann (2003), S. 843 (854); *Kather/Fitzner*, MittdtPatA 2010, S. 325 (332); *Fitzner/Kather*, VPP-Rundbrief 2009, S. 58 (66); *Ulrich*, AnwBl 2003, S. 26 (29); *König*, MittdtPatA 2002, S. 153 (161); *Bayerlein*, BauR 1989, S. 397 (398 f.); *Bierbach*, GRUR 1986, S. 201 (201); *Fritze/Stauder*, GRUR Int 1986, S. 342 (343); *Bleutge*, NJW 1985, S. 1185 (1185 f.); vgl. *Kühnen* (2013), Rn. 2378; *Amschewitz* (2008), S. 244; *Bayerlein*, in: Bayerlein (2008), § 11 Rn. 7, 9; *Ann*, in: FS 50 Jahre BPatG (2011), S. 111 (114); *Eck/Dombrowski*, in: FS 50 Jahre BPatG (2011), S. 169 (171); *Eisenführ*, in: FS 50 Jahre BPatG (2011), S. 1065 (1069); *Herget*, in: FS Vollkommer (2006), S. 97 (117); *Schneider*, VPP-Rundbrief 2009, S. 19 (27); *Meier-Beck*, MittdtPatA 2005, S. 529 (531).

[10] *Grabinski/Zülch*, in: Benkard (2015), § 139 PatG Rn. 125; *Pastor*, in: Werner/Pastor (2015), Rn. 3116, 3123; *Kather/Fitzner*, MittdtPatA 2010, S. 325 (332); *Fitzner/Kather*, VPP-Rundbrief 2009, S. 58 (66).

[11] BGH, Urt. v. 16.01.2001, Az. VI ZR 408/99, NJW 2001, 1787, 1788 = BeckRS 2001, 01716; BGH, Urt. v. 25.03.1993, Az. VII ZR 280/91, NJW-RR 1993, 1022, 1023 = BauR 1993, 500, 501; OLG Düsseldorf, Beschl. v. 14.01.2009, Az. I-2 W 56/08, InstGE 10, 198, 200 (Rn. 6) – zeitversetztes Fernsehen = BeckRS 2009, 17532; *Grabinski/Zülch*, in: Benkard (2015), § 140c PatG Rn. 32; *Rinken/Kühnen*, in: Schulte (2014), § 140c Rn. 72; *Pastor*, in: Werner/Pastor (2015), Rn. 3127 f.; *Kühnen* (2013), Rn. 406; *Weise* (2002), Rn. 422; *Kühnen*, MittdtPatA 2009, S. 211 (216); vgl. OLG Karlsruhe, Urt. v. 08.07.2009, Az. 6 U 61/09, InstGE 11, 143, 146 (Rn. 11) – VA-LCD-Fernseher = GRUR-RR 2009, 442, 443; LG Mannheim, Urt. v. 27.02.2009, Az. 7 O 29/09, InstGE 11, 159, 161 (Rn. 7) – VA-LCD-Fernseher II = BeckRS 2009, 87748; *Ann*, in: FS 50 Jahre BPatG (2011), S. 111 (125); *Eisenführ*, in: FS 50 Jahre BPatG (2011), S. 1065 (1069); *Schneider*, VPP-Rundbrief 2009, S. 19 (24); *Bayerlein*, BauR 1989, S. 397 (403).

[12] OLG Düsseldorf, Beschl. v. 14.01.2009, Az. I-2 W 56/08, InstGE 10, 198, 200 f. (Rn. 6) – zeitversetztes Fernsehen = BeckRS 2009, 17532; *Grabinski/Zülch*, in: Benkard (2015), § 140c PatG Rn. 32; vgl. *Eisenführ*, in: FS 50 Jahre BPatG (2011), S. 1065 (1069).

widersprüchlichen oder in einer anderen Weise unzulänglichen Sachverständigengutachtens nicht möglich ist, kann sich das gerichtliche Ermessen auf Anhörung des Sachverständigen zur Erläuterung seines Gutachtens zu einer amtsseitigen Anhörungspflicht entwickeln.[13] Möchte das Gericht von der fachkundigen Bewertung des Sachverständigen abweichen, muss der Sachverständige zuvor zwingend angehört und die Abweichung im Urteil eingehend begründet werden.[14]

II. Weiterleitung des Gutachtens an die Parteien

Die Beendigung des selbstständigen Beweisverfahrens erfolgt nicht durch einen gerichtlichen Beschluss, sondern mit seiner sachlichen Erledigung, welche entweder durch den Abschluss eines Vergleichs oder die Bekanntgabe des Beweisergebnisses eintritt.[15] Der Beendigungszeitpunkt des selbstständigen Beweisverfahrens ist bedeutsam für die Verjährungshemmung nach § 204 Abs. 2 S. 1, Abs. 1 Nr. 7 BGB.[16] Im Rahmen des „Düsseldorfer Modells" ist das selbstständige Beweisverfahren mit der Zustellung des Gutachtens an die

---

[13] BGH, Urt. v. 24.02.1987, Az. VI ZR 295/85, NJW-RR 1987, 1197, 1198 = MDR 1987, 751, 751 f.; *Kühnen* (2013), Rn. 2400; *Sturmberg* (1999), Rn. 315.

[14] BGH, Urt. v. 21.01.1997, Az. VI ZR 86/96, NJW 1997, 1446, 1446 = NZV 1997, 228, 229; OLG Düsseldorf, Beschl. v. 14.01.2009, Az. I-2 W 56/08, InstGE 10, 198, 200 f. (Rn. 6) – zeitversetztes Fernsehen = BeckRS 2009, 17532; *Grabinski/Zülch*, in: Benkard (2015), § 139 PatG Rn. 129; *Hahn*, in: PK-GewRS (2015), § 492 ZPO Rn. 7; *Pastor*, in: Werner/Pastor (2015), Rn. 3124; *Keukenschrijver/Kaess*, in: Busse (2013), § 140c Rn. 32; *Voß*, in: Fitzner/Lutz/Bodewig (2012), Vor §§ 139 ff. PatG Rn. 147.

[15] BGH, Urt. v. 27.01.2011, Az. VII ZR 186/09, NJW 2011, 1965, 1970 (Rn. 50) m. Anm. *Grothe* = NZBau 2011, 303, 308 (Rn. 50) m. Anm. *Schwenker*; BGH, Beschl. v. 24.03.2009, Az. VII ZR 200/08, NJW-RR 2009, 1243, 1243 (Rn. 4) = NZBau 2009, 598, 598 (Rn. 4); OLG Hamm, Beschl. v. 28.12.2006, Az. 19 W 21/06, NJW-RR 2007, 600, 600 = NZBau 2007, 376, 376; Baumbach/Lauterbach/Albers/Hartmann (2016), § 492 Rn. 7, 8; *Reichold*, in: Thomas/Putzo (2016), § 492 Rn. 3; *Hahn*, in: PK-GewRS (2015), § 492 ZPO Rn. 2; Seibel (2013), § 494a Rn. 15; *Pastor*, in: Werner/Pastor (2015), Rn. 99, 111; *Ulrich* (2007), Rn. 484.

[16] BGH, Urt. v. 27.01.2011, Az. VII ZR 186/09, NJW 2011, 1965, 1970 (Rn. 50) m. Anm. *Grothe* = NZBau 2011, 303, 308 (Rn. 50) m. Anm. *Schwenker*; BGH, Beschl. v. 24.03.2009, Az. VII ZR 200/08, NJW-RR 2009, 1243, 1243 (Rn. 5) = NZBau 2009, 598, 598 (Rn. 5); OLG Frankfurt a.M., Beschl. v. 15.12.2006, Az. 1 W 58/06, NJW 2007, 852, 852 = NZBau 2007, 791, 792; *Pastor*, in: Werner/Pastor (2015), Rn. 6, 99, 110; *Fink/Klein*, in: Freiberger Hdb. BauR (2008), § 7 Rn. 56; *Rosenberg/Schwab/Gottwald* (2010), § 117 Rn. 4; *Bayerlein*, in: Bayerlein (2008), § 21 Rn. 19; *Ulrich* (2007), Rn. 465, 495; *Sturmberg* (2004), Rn. 405 f.; *Ulrich* (2004), Rn. 234; *Weise* (2002), Rn. 8, 12, 18, 671, 688; *Sturmberg* (1999), Rn. 182, 519–521; *Schlösser*, NZBau 2012, S. 669 (669); *Ulrich*, AnwBl 2003, S. 78 (87).

Parteien sachlich erledigt und damit beendet.[17] Sofern die Parteien die Ergänzung des Gutachtens oder die Ladung des Sachverständigen zum Zwecke der mündlichen Erläuterung (§§ 492 Abs. 1, 411 Abs. 3, 4 S. 1 ZPO) verlangen, endet das selbstständige Beweisverfahren mit der Verlesung des Sitzungsprotokolls über die Vernehmung des Sachverständigen oder dessen Vorlage zur Einsichtnahme.[18] Eine gerichtliche Entscheidung über die Freigabe des Gutachtens ist dem selbstständigen Beweisverfahren folglich immanent, sodass die Weitergabe des Gutachtens nicht erst im Zuge eines Hauptsachetitels erfolgt.[19]

1. Gutachtenverwahrung wegen Unzuständigkeit des Gerichts

Sofern ein sachlich, örtlich oder international (etwa aufgrund einer entgegenstehenden Schiedsabrede) unzuständiges Gericht das selbstständige Beweisverfahren angeordnet hat, kann das erstellte Gutachten nicht gegen den Einwand des Antragsgegners an den Antragsteller weitergeleitet werden, sondern

---

[17] BGH, Urt. v. 27.01.2011, Az. VII ZR 186/09, NJW 2011, 1965, 1970 (Rn. 50) m. Anm. *Grothe* = NZBau 2011, 303, 308 (Rn. 50) m. Anm. *Schwenker*; BGH, Beschl. v. 16.11.2009, Az. X ZB 37/08, GRUR 2010, 318, 322 (Rn. 35) – Lichtbogenschnürung = WRP 2010, 541, 546 (Rn. 35); OLG München, Beschl. v. 11.03.2011, Az. 6 W 610/10, InstGE 13, 298, 300, 301 (Rn. 15) – ausgelagerter Server; OLG Düsseldorf, Beschl. v. 14.01.2009, Az. I-2 W 56/08, InstGE 10, 198, 199 (Rn. 2) – zeitversetztes Fernsehen = BeckRS 2009, 17532; Baumbach/Lauterbach/Albers/Hartmann (2016), § 492 Rn. 7 f.; *Huber*, in: Musielak/Voit (2016), § 492 Rn. 3; *Pukall*, in: Saenger (2015), § 492 Rn. 3; *Hahn*, in: PK-GewRS (2015), § 486 ZPO Rn. 3, 17, § 490 ZPO Rn. 2, 32, § 492 ZPO Rn. 2, 5; *Rinken/Kühnen*, in: Schulte (2014), § 140c Rn. 59; *Keukenschrijver/Kaess*, in: Busse (2013), § 140c Rn. 32; *Pastor*, in: Werner/Pastor (2015), Rn. 111, 113, jeweils m.w.Nachw., 115; *Kühnen* (2013), Rn. 388, 405; *Chakraborty*, in: Haedicke/Timmann (2012), § 11 Rn. 777; *Gniadek* (2011), S. 165; *Ulrich* (2007), Rn. 484; *Fink* (2005), Rn. 292 f., 388; *Sturmberg* (2004), Rn. 407 f.; *Ulrich* (2004), Rn. 206 f.; *Weise* (2002), Rn. 530–532; *Motzke* (1981), Rn. 258; *Hoeren/Kuta,* in: FS Weber (2011), S. 499 (515); *Kühnen,* MittdtPatA 2009, S. 211 (216); *Fricke,* BauR 1977, S. 231 (235); vgl. *Tilmann/Schreibauer,* in: FS Erdmann (2002), S. 901 (924 f.); *Kühnen,* GRUR 2005, S. 185 (192); *Ulrich,* AnwBl 2003, S. 78 (84).

[18] BGH, Beschl. v. 24.03.2009, Az. VII ZR 200/08, NJW-RR 2009, 1243, 1243 (Rn. 4) = NZBau 2009, 598, 598 (Rn. 4); BGH, Urt. v. 21.02.1973, Az. VIII ZR 212/71, BGHZ 60, 212, 213 = NJW 1973, 698, 699; *Pukall*, in: Saenger (2015), § 492 Rn. 3; *Reichold*, in: Thomas/Putzo (2016), § 493 Rn. 3; *Hahn*, in: PK-GewRS (2015), § 492 ZPO Rn. 2; *Pastor*, in: Werner/Pastor (2015), Rn. 111, 113 jeweils m.w.Nachw., 115; *Hoeren/Kuta,* in: FS Weber (2011), S. 499 (515); *Ulrich,* AnwBl 2003, S. 78 (84 f.).

[19] Mes (2015), § 140c Rn. 27; *Tilmann/Schreibauer,* in: FS Erdmann (2002), S. 901 (925); *Kühnen,* GRUR 2005, S. 185 (192); vgl. OLG Frankfurt a.M., Beschl. v. 17.01.2006, Az. 11 W 21/05, GRUR-RR 2006, 295, 297 – Quellcode-Besichtigung = MMR 2006, 820, 822; *Marshall,* in: FS Preu (1988), S. 151 (159); *Eck/Dombrowski,* GRUR 2008, S. 387 (389); *Rauschhofer,* GRUR-RR 2006, S. 249 (251); *Bork,* NJW 1997, S. 1665 (1671).

ist vom Gericht zu verwahren, da das Gericht wegen der fehlenden Zuständigkeit (§ 486 Abs. 2 S. 1 ZPO) keinen Freigabebeschluss als Teil des selbstständigen Beweisverfahrens erlassen kann.[20] Gleicherweise sind auch Unterlagen, Dateien und Gegenstände, die im Zuge der Besichtigung in Verwahrung genommen wurden, solange einzubehalten, bis über das Einsichtsgesuch des Antragstellers entschieden wurde (vgl. § 404a Abs. 1, 4 ZPO).[21]

2. Freigabe an den Antragsgegner

Im Zuge einer Besichtigungsmaßnahme sind regelmäßig nur die Betriebs- und Geschäftsgeheimnisse des Antragsgegners betroffen. Das Sachverständigengutachten kann daher dem Antragsgegner übersandt werden, wenn es sich bei den geheimhaltungsbedürftigen Tatsachen nur um solche aus seiner eigenen Sphäre handeln.[22] Für die Kenntnisnahme seiner eigenen Betriebs- und Geschäftsgeheimnisse bedarf es denknotwendig keiner Maßnahmen zum Geheimnisschutz. Vielmehr muss er zum Gutachteninhalt Stellung beziehen und mögliche Geheimhaltungsinteressen vorbringen können, die im weiteren Verfahrensverlauf (insbesondere mit Blick auf eine mögliche Gutachtenfreigabe an den Antragsteller) geschützt werden müssen.

a) Stellungnahmemöglichkeit des Antragsgegners

Der Antragsgegner muss (auch im Falle einer freiwilligen Besichtigung) vor einer möglichen Freigabe des Gutachtens an den Antragsteller die Gelegenheit zur Stellungnahme erhalten (vgl. Art. 7 Abs. 1 S. 5 Enforcement-Richtlinie sowie § 136 TKG), da andernfalls die Gefahr der Offenbarung von berechtigten Geheimhaltungsinteressen des Antragsgegners (regelmäßig gegenüber einem Wettbewerber) besteht und damit eine direkte Gutachtenwei-

---

[20] OLG Düsseldorf, Beschl. v. 07.02.2008, Az. I-20 W 152/07, InstGE 9, 41, 43 f. (Rn. 9) – Schaumstoffherstellung = BeckRS 2010, 00781; *Grabinski/Zülch*, in: Benkard (2015), § 140c PatG Rn. 24; *Hahn*, in: PK-GewRS (2015), § 486 ZPO Rn. 17; *Rinken/Kühnen*, in: Schulte (2014), § 140c Rn. 74; *Keukenschrijver/Kaess*, in: Busse (2013), § 140c Rn. 30; *Kühnen* (2013), Rn. 374; *Kühnen,* MittdtPatA 2009, S. 211 (216); *Zöllner,* GRUR-Prax 2010, S. 74 (76); vgl. *Pastor*, in: Werner/Pastor (2015), Rn. 119.

[21] OLG München, Beschl. v. 22.08.2014, Az. 6 W 1918/13, BeckRS 2014, 20365 (Rn. 58).

[22] OLG Düsseldorf, Beschl. v. 14.01.2009, Az. I-2 W 56/08, InstGE 10, 198, 199 (Rn. 2) – zeitversetztes Fernsehen = BeckRS 2009, 17532; *Grabinski/Zülch*, in: Benkard (2015), § 140c PatG Rn. 32; Mes (2015), § 140c Rn. 44; *Kühnen* (2013), Rn. 390; *Chakraborty*, in: Haedicke/Timmann (2012), § 11 Rn. 772; *Müller-Stoy* (2008), Rn. 192; *Hoeren/Kuta,* in: FS Weber (2011), S. 499 (531); *v. Meibom/vom Feld,* in: FS 50 Jahre BPatG (2011), S. 975 (988); *Grabinski,* in: FS Mes (2009), S. 129 (132); *Deichfuß,* GRUR 2015, S. 436 (439).

terleitung mit Blick auf Art. 12, 14 GG ausgeschlossen ist.[23] Der Antragsgegner kann in Zusammenarbeit mit seinen anwaltlichen Vertretern Geheimhaltungsbelange vorbringen, die gegen eine Gutachtenfreigabe an den Antragsteller sprechen. Andernfalls würde der Antragsteller direkt vom vollständigen Gutachteninhalt Kenntnis erlangen, sodass durch eine verspätete Stellungnahmemöglichkeit (vgl. §§ 492 Abs. 1, 411 Abs. 4 S. 1 ZPO) vollendete Tatsachen geschaffen würden.[24]

Die Stellungnahmemöglichkeit ist mit Blick auf den Anspruch auf rechtliches Gehör (Art. 103 Abs. 1 GG) des Antragsgegners die Konsequenz aus dem Verzicht auf seine Anhörung im Vorfeld der Besichtigung, wohingegen der Gehörsanspruch des Antragstellers (Art. 103 Abs. 1 GG) einer vorläufigen Zurückhaltung des Gutachtens nicht entgegensteht.[25] Zur Wahrung des Gehörsanspruchs ist der Antragsgegner im Zuge der Gutachtenaushändigung ausdrücklich zur Stellungnahme aufzufordern, wobei das Gericht ihm dafür

---

[23] BVerfG, Beschl. v. 24.04.1985, Az. 2 BvR 1248/82, NJW 1985, 3005, 3005 = BeckRS 9998, 100917; BGH, Beschl. v. 16.11.2009, Az. X ZB 37/08, GRUR 2010, 318, 322 (Rn. 35) – Lichtbogenschnürung = WRP 2010, 541, 546 (Rn. 35); BGH, Urt. v. 01.08.2006, Az. X ZR 114/03, GRUR 2006, 962, 967 (Rn. 42) – Restschadstoffentfernung = NJW-RR 2007, 106, 107 (Rn. 42); OLG München, Beschl. v. 22.08.2014, Az. 6 W 1918/13, BeckRS 2014, 20365 (Rn. 17); LG Düsseldorf, Urt. v. 08.03.2007, Az. 4b O 230/04, InstGE 8, 103, 110 (Rn. 32) – Etikettiermaschine = BeckRS 2008, 20706; *Grabinski/Zülch*, in: Benkard (2015), § 140c PatG Rn. 32; Mes (2015), § 140c Rn. 38, 46; *Hahn*, in: PK-GewRS (2015), § 487 ZPO Rn. 21, § 491 ZPO Rn. 17, § 492 ZPO Rn. 10 f.; *Mes*, in: MPFormB GewRS (2014), Form. C.22 Anm. 21; *Kühnen* (2013), Rn. 389, 395; *Gniadek* (2011), S. 362; *Oldekop*, in: Schramm (2012), Kap. 9 Rn. 157; *Rohlfing* (2009), S. 88; *Amschewitz* (2008), S. 136 f., 355, 357; *Jestaedt* (2008), Rn. 846; *Müller-Stoy* (2008), Rn. 191 f.; *Karger* (1996), S. 119; *Eck/Dombrowski*, in: FS 50 Jahre BPatG (2011), S. 169 (171); *Tilmann*, in: FS Ullmann (2006), S. 1013 (1022, 1023); *Melullis*, in: FS Tilmann (2003), S. 843 (851, 852); *Tinnefeld*, CR 2013, S. 417 (421); *Deichfuß*, JurPC Web-Dok. 130/2010, Abs. 40; *Müller-Stoy*, MittdtPatA 2010, S. 267 (269); *Kühnen*, MittdtPatA 2009, S. 211 (216); *Czychowski*, GRUR-RR 2008, S. 265 (268); *Kühnen*, GRUR 2005, S. 185 (192, 195); *Tilmann/Schreibauer*, GRUR 2002, S. 1015 (1020); vgl. BGH, Beschl. v. 11.04.2013, Az. I ZB 91/11, GRUR 2013, 1276, 1278 (Rn. 16) – Metro-Linien = WRP 2013, 1608, 1608 f. (Rn. 16); OLG Frankfurt a.M., Urt. v. 04.10.2011, Az. 10 U 264/07, NJW 2012, 1153, 1153 = NZBau 2012, 171, 171; *v. Hartz* (2004), S. 207; *Fritze/Stauder*, GRUR Int 1986, S. 342 (343).

[24] *Hahn*, in: PK-GewRS (2015), § 492 ZPO Rn. 12.

[25] LG Düsseldorf, Urt. v. 08.03.2007, Az. 4b O 230/04, InstGE 8, 103, 110 (Rn. 32) – Etikettiermaschine = BeckRS 2008, 20706; *Herget*, in: Zöller (2016), § 493 Rn. 4; *Grabinski/Zülch*, in: Benkard (2015), § 140c PatG Rn. 32; *Hahn*, in: PK-GewRS (2015), § 491 ZPO Rn. 3, 5, 17, § 492 ZPO Rn. 12, § 493 ZPO Rn. 11; *Pitz*, in: Fitzner/Lutz/Bodewig (2012), § 140c PatG Rn. 44; *Kunz-Hallstein/Loschelder*, GRUR 2006, S. 393 (394); *Kühnen*, GRUR 2005, S. 185 (195).

auch eine Frist setzen kann (§§ 492 Abs. 1, 411 Abs. 4 S. 2 ZPO).[26] Die Stellungnahme hat (in Abhängigkeit vom Umfang und der Komplexität des jeweiligen Sachverständigengutachtens, insbesondere bei technischen Schutzrechten) zeitnah zu erfolgen (etwa innerhalb von ein bis sechs Wochen), da ein enger zeitlicher Zusammenhang mit der Gutachtenzustellung bestehen muss (vgl. auch § 204 Abs. 2 S. 1, Abs. 1 Nr. 7 BGB).[27] Sofern der Antragsgegner vor der Gutachtenherausgabe an den Antragsteller keine Möglichkeit zur Stellungnahme erhalten hat, darf das Sachverständigengutachten in einem nachfolgenden Hauptsacheverfahren in entsprechender Anwendung von § 493 Abs. 2 ZPO nicht verwendet werden.[28]

aa) Anforderungen an die Stellungnahme

Die Gutachtenfreigabe an den Antragsteller hängt entscheidend von der Geltendmachung von Geheimhaltungsinteressen durch den Antragsgegner ab. Im Stadium der Gutachtenfreigabe ist an die Darlegung von Betriebs- und Geschäftsgeheimnissen ein strengerer Maßstab anzulegen als etwa im Rahmen von § 140c Abs. 1 S. 3 PatG, da eine Beweissicherung grundsätzlich dem öffentlichen Interesse an der Wahrheitsfindung und Sachverhaltsaufklärung dient, diese Interessen durch die Geheimhaltungsmaßnahmen jedoch eingeschränkt werden.[29] Die pauschale Geltendmachung von geheimhaltungsbedürftigen Tatsachen genügt dementsprechend nicht. Vielmehr muss der Antragsgegner die schutzwürdigen Betriebs- und Geschäftsgeheimnisse konkret darlegen und nachweisen, wobei es insbesondere auf die Bedeutung dieser schützenswerten Tatsachen im Wettbewerb, den Nachweis und Umfang der Geheimheit sowie die konkreten Nachteile im Falle einer Preisgabe an den

---

[26] *Herget*, in: Zöller (2016), § 493 Rn. 4; Mes (2015), § 140c Rn. 46; *Hahn*, in: PK-GewRS (2015), § 487 ZPO Rn. 21, § 491 ZPO Rn. 3, § 492 ZPO Rn. 5, 9, § 493 Rn. 11 f.; *Pitz*, in: Fitzner/Lutz/Bodewig (2012), § 140c PatG Rn. 46; *Tilmann/Schreibauer*, in: FS Erdmann (2002), S. 901 (924, 925); *Wintermeier*, IPRB 2015, S. 281 (282); *Deichfuß*, GRUR 2015, S. 436 (439); *Kühnen*, MittdtPatA 2009, S. 211 (216); vgl. OLG Karlsruhe, Beschl. v. 18.05.2010, Az. 6 W 28/10, BeckRS 2011, 18386; *Leppin*, GRUR 1984, S. 695 (696, 708).

[27] OLG Karlsruhe, Beschl. v. 18.05.2010, Az. 6 W 28/10, BeckRS 2011, 18386; OLG Frankfurt a.M., Beschl. v. 15.12.2006, Az. 1 W 58/06, NJW 2007, 852, 852 = NZBau 2007, 791, 792; OLG Düsseldorf, Urt. v. 05.12.1995, Az. 21 U 68/95, NJW-RR 1996, 1527, 1528 = BeckRS 9998, 14228; *Herget*, in: Zöller (2016), § 492 Rn. 4; *Hahn*, in: PK-GewRS (2015), § 492 ZPO Rn. 3, 9; *Pastor*, in: Werner/Pastor (2015), Rn. 113 m.w.Nachw.

[28] *Hahn*, in: PK-GewRS (2015), § 493 ZPO Rn. 13.

[29] *Hahn*, in: PK-GewRS (2015), § 490 ZPO Rn. 31, § 492 ZPO Rn. 28; *Müller-Stoy* (2008), Rn. 210; *Müller-Stoy*, MittdtPatA 2010, S. 267 (274); *König*, MittdtPatA 2002, S. 153 (159).

Antragsteller ankommt.[30] Sie müssen ein solches Gewicht besitzen, dass sie im Rahmen einer Abwägung unter Berücksichtigung aller Umstände des Einzelfalls die Interessen des Antragstellers überwiegen.[31]

Der Antragsgegner kann sich neben seinen eigenen Betriebs- und Geschäftsgeheimnissen auch auf Geheimhaltungsinteressen eines Dritten berufen, sofern er ihm gegenüber (ausdrücklich oder konkludent) zur Geheimhaltung verpflichtet ist.[32] Dies kann sich etwa daraus ergeben, dass der Antragsgegner den Gegenstand mit dem Ziel einer technischen Erprobung von Dritten erlangt hat[33], er den Gegenstand modifizieren soll oder die Endmontage vor der Auslieferung vornimmt. In gleicher Weise können Kooperationspro-

---

[30] BGH, Beschl. v. 16.11.2009, Az. X ZB 37/08, GRUR 2010, 318, 322 (Rn. 37–39) – Lichtbogenschnürung = WRP 2010, 541, 546 f. (Rn. 37–39); OLG Düsseldorf, Beschl. v. 02.07.2015, Az. I-2 W 13/15, BeckRS 2016, 01681 (Rn. 8); OLG Düsseldorf, Beschl. v. 20.08.2012, Az. I-2 W 13/12, BeckRS 2016, 01066; *Grabinski/Zülch*, in: Benkard (2015), § 140c PatG Rn. 32; Mes (2015), § 140c Rn. 38, 47; *Hahn*, in: PK-GewRS (2015), § 492 ZPO Rn. 15; *Rinken/Kühnen*, in: Schulte (2014), § 140c Rn. 68; *Keukenschrijver/Kaess*, in: Busse (2013), § 140c Rn. 32; *Kühnen* (2013), Rn. 395; *Chakraborty*, in: Haedicke/ Timmann (2012), § 11 Rn. 773; *Amschewitz* (2008), S. 112; *Deichfuß*, GRUR 2015, S. 436 (440); *Enchelmaier*, GRUR Int 2012, S. 503 (513); *Müller-Stoy*, MittdtPatA 2010, S. 267 (274; 274, Fn. 51); *König*, MittdtPatA 2002, S. 153 (159); *Stürner*, JZ 1985, S. 453 (461); *Leppin*, GRUR 1984, S. 695 (708); *Kraßer*, GRUR 1977, S. 177 (178); vgl. OLG München, Beschl. v. 22.08.2014, Az. 6 W 1918/13, BeckRS 2014, 20365 (Rn. 57); OLG Düsseldorf, Urt. v. 17.08.1981, Az. 2 U 102/81, GRUR 1983, 741, 744 – Geheimhaltungsinteresse und Besichtigungsanspruch I; *Tilmann/Schreibauer*, in: FS Erdmann (2002), S. 901 (922); *Kather/Fitzner*, MittdtPatA 2010, S. 325 (327); *Fitzner/Kather*, VPP-Rundbrief 2009, S. 58 (61); *Müller-Stoy*, GRUR-RR 2009, S. 161 (162); *Kühnen*, GRUR 2005, S. 185 (192).

[31] BGH, Beschl. v. 16.11.2009, Az. X ZB 37/08, GRUR 2010, 318, 322 (Rn. 38) – Lichtbogenschnürung = WRP 2010, 541, 547 (Rn. 38); OLG Düsseldorf, Beschl. v. 20.08.2012, Az. I-2 W 13/12, BeckRS 2016, 01066; Mes (2015), § 140c Rn. 47; *Rinken/ Kühnen*, in: Schulte (2014), § 140c Rn. 68; *Kühnen* (2013), Rn. 395; *Enchelmaier*, GRUR Int 2012, S. 503 (513); *Müller-Stoy*, MittdtPatA 2010, S. 267 (274); a.A. OLG Düsseldorf, Urt. v. 17.08.1981, Az. 2 U 102/81, GRUR 1983, 741, 744 – Geheimhaltungsinteresse und Besichtigungsanspruch I; vgl. BGH, Urt. v. 19.11.2008, Az. VIII ZR 138/07, NJW 2009, 502, 507 (Rn. 47) = WM 2009, 134, 140 f. (Rn. 47); OLG Düsseldorf, Urt. v. 29.05.2008, Az. 2 W 47/07, InstGE 9, 140, 163 (Rn. 61) – Olanzapin = GRUR-RR 2008, 329, 331 f.; *Müller-Stoy*, GRUR-RR 2009, S. 161 (162).

[32] OLG Düsseldorf, Beschl. v. 20.08.2012, Az. I-2 W 13/12, BeckRS 2016, 01066; *Rinken/Kühnen*, in: Schulte (2014), § 140c Rn. 22; *Kühnen* (2013), Rn. 327; *Kühnen*, MittdtPatA 2009, S. 211 (212).

[33] OLG Düsseldorf, Beschl. v. 20.08.2012, Az. I-2 W 13/12, BeckRS 2016, 01066; *Rinken/Kühnen*, in: Schulte (2014), § 140c Rn. 22; *Kühnen* (2013), Rn. 327; *Kühnen*, MittdtPatA 2009, S. 211 (212).

jekte mit einer gemeinsamen technischen Entwicklungsphase unter der wechselseitigen Prämisse der Geheimhaltung gegenüber Dritten stehen.[34]

bb) Zeitpunkt für die Beurteilung der Geheimhaltungsinteressen

Die gerichtliche Entscheidung über die Gutachtenweiterleitung ist der maßgebliche Zeitpunkt für das Vorliegen von Geheimhaltungsinteressen, die eine Gutachtenweiterleitung verhindern können.[35] Dementsprechend kann sich die Beurteilung der Geheimhaltungsinteressen während des Verfahrens auch ändern, sodass vormals einschlägige Gründe, die in der Zwischenzeit weggefallen sind (beispielsweise durch das Inverkehrbringen des Besichtigungsgegenstandes oder die anderweitige Offenbarung bestehender Betriebs- und Geschäftsgeheimnisse), im Rahmen der Interessenabwägung nicht mehr berücksichtigt werden dürfen.[36]

b) Aushändigung von Unterlagen durch den Antragsteller

Sofern der Antragsteller dem Sachverständigen für eine aussagekräftige Gutachtenerstellung eigene Dokumente zur Verfügung stellen muss, darf das Sachverständigengutachten jedoch nicht ohne Weiteres an den Antragsgegner weitergeleitet werden. Technische Zeichnungen oder Konstruktionspläne der Vorrichtung des Antragstellers offenbaren meist Informationen, die der Öffentlichkeit bereits bekannt sind, sodass der Antragsteller nicht schützenswert ist. Dagegen beinhalten beispielsweise Quellcodes regelmäßig schützenswertes Know-how des Antragstellers, das über die vermeintliche Schutzrechtsverletzung hinausgeht. Der Quellcode einer Software ist das mit am besten gehütete Geheimnis eines Unternehmens, dessen Geheimhaltung allein schon wegen seiner exklusiven Verwertung geboten ist.[37] Das im Quellcode enthal-

[34] OLG Düsseldorf, Beschl. v. 20.08.2012, Az. I-2 W 13/12, BeckRS 2016, 01066; *Kühnen* (2013), Rn. 327.

[35] OLG Düsseldorf, Beschl. v. 17.12.2009, Az. I-2 W 68/09, InstGE 11, 296, 297 (Rn. 3) – Kaffeemaschine = BeckRS 2010, 16065; *Grabinski/Zülch*, in: Benkard (2015), § 140c PatG Rn. 32; *Hahn*, in: PK-GewRS (2015), § 492 ZPO Rn. 18; *Rinken/Kühnen*, in: Schulte (2014), § 140c Rn. 68; *Kühnen* (2013), Rn. 397; *Chakraborty*, in: Haedicke/Timmann (2012), § 11 Rn. 776; *Nieder*, in: Erdmann/Rojahn/Sosnitza (2011), Kap. 1 Rn. 608.

[36] OLG Düsseldorf, Beschl. v. 17.12.2009, Az. I-2 W 68/09, InstGE 11, 296, 297 (Rn. 3) – Kaffeemaschine = BeckRS 2010, 16065; Mes (2015), § 140c Rn. 38; *Hahn*, in: PK-GewRS (2015), § 492 ZPO Rn. 18; *Rinken/Kühnen*, in: Schulte (2014), § 140c Rn. 68; *Kühnen* (2013), Rn. 397; *Chakraborty*, in: Haedicke/Timmann (2012), § 11 Rn. 776; *Rojahn*, in: FS Loewenheim (2009), S. 251 (251).

[37] *Sasdi* (2004), S. 46 f.; *Karger* (1996), S. 45 f.; *Rojahn*, in: FS Loewenheim (2009), S. 251 (251); *Melullis*, in: FS Tilmann (2003), S. 843 (851); *Wiebe*, in: Fiedler/Ullrich (1997), S. 93 (103, 128); *Schneider*, CR 2003, S. 1 (1); *Taeger*, CR 1991, S. 449 (449);

tene Know-how ist der Öffentlichkeit auch nicht bekannt, da eine Software den Nutzern nur in kompilierter Fassung vorliegt, sodass der Antragsteller ein berechtigtes Interesse am Schutz dieser Informationen hat. Der Nachweis einer Schutzrechtsverletzung im Bereich des Softwarerechts kann aber oftmals nur über einen Vergleich der Quellcodes beider Parteien erbracht werden, da der im freien Verkauf erhältliche Objektcode trotz eines Reverse Engineerings (insbesondere einer Dekompilierung) im Gegensatz zum Quellcode regelmäßig nicht vollständig lesbar ist.[38]

Für ein aussagekräftiges Sachverständigengutachten wird der Antragsteller dem Sachverständigen seinen Quellcode auf Verlangen aushändigen. Möglicherweise nimmt der Sachverständige Fragmente dieses Quellcodes zum Zwecke des Nachweises einer Verletzungshandlung in sein Gutachten auf oder fügt seinem Gutachten den gesamten Quellcode aus Nachweisgründen als Anlage bei. Aus diesen Informationen können geheimhaltungsbedürftige Tatsachen hervorgehen, die den Verletzungsvorwurf betreffen oder darüber hinausgehendes Know-how beinhalten. In beiden Fällen wird der Antragsteller ein Interesse am Schutz dieser Informationen haben. Wenngleich der Antragsteller zur Herausgabe seines eigenen Quellcodes verpflichtet ist, wenn dieser zur Aufklärung der Schutzrechtsverletzung beiträgt (es handelt sich hierbei um ein für den Antragsteller verfügbares Beweismittel zum Nachweis der hinreichenden Wahrscheinlichkeit der Schutzrechtsverletzung, vgl. Art. 6 Abs. 1 S. 1, Art. 7 Abs. 1 S. 1 Enforcement-Richtlinie sowie Art. 43 Abs. 1 TRIPS-Abkommen), betrifft diese Verpflichtung nur die Weitergabe seines Quellcodes an das Gericht und nicht an den Antragsteller.[39] Gleichwohl kann der Quellcode wegen der bestehenden Verschwiegenheitsverpflichtung auch an den Sachverständigen weitergegeben werden.

Aus dem Gebot rechtlichen Gehörs (Art. 103 Abs. 1 GG) ergibt sich das Recht zur Äußerung einer jeden Partei zum gesamten von der gegnerischen Partei vorgebrachten und für das Gericht entscheidungserheblichen Prozessstoff.[40] Sämtliche Schriftsätze und Erklärungen der Parteien (insbesondere Angriffs- und Verteidigungsmittel) müssen der gegnerischen Partei von Amts

---

Brandi-Dohrn, CR 1985, S. 67 (67); vgl. *v. Hartz* (2004), S. 148; *v. Gravenreuth,* CR 1986, S. 111 (112).

[38] OLG Celle, Urt. v. 09.09.1993, Az. 13 U 105/93, CR 1994, 748, 750; *Grützmacher,* in: Wandtke/Bullinger (2014), Vor § 69a ff. UrhG Rn. 23; *Imhof,* in: Hdb. UrhR (2016), Kap. 5 Rn. 401; *Marly* (2014), Rn. 325; *Beier,* in: *Pagenberg/Beier* (2008), Kap. 13 Rn. 97; *Koch* (2003), § 11 Rn. 31 f.; *Karger* (1996), S. 119; *Tinnefeld,* CR 2013, S. 417 (417); *Deichfuß,* JurPC Web-Dok. 130/2010, Abs. 19; *Hoppen,* CR 2009, S. 407 (410–412); *Rauschhofer,* GRUR-RR 2006, S. 249 (251); *Conrad,* ITRB 2005, S. 12 (14).

[39] *Kather/Fitzner,* MittdtPatA 2010, S. 325 (330); *Fitzner/Kather,* VPP-Rundbrief 2009, S. 58 (64).

[40] BVerfG, Beschl. v. 10.10.1978, Az. 1 BvR 475/78, NJW 1979, 538, 538 = JZ 1979, 96, 96.

wegen vollständig mitgeteilt werden (§ 270 S. 1 ZPO), sodass weiterzugebende Unterlagen im Vorfeld nicht selektiert werden dürfen.[41] Bestehende Betriebs- und Geschäftsgeheimnisse rechtfertigen keine Beschränkung von § 270 S. 1 ZPO.[42] Vielmehr müssen die Parteien bei der Abfassung ihrer Schriftsätze und Erklärungen berücksichtigen, dass bei einer prozessordnungsgemäßen Zustellung an die gegnerische Partei angesprochene geheimhaltungsbedürftige Informationen offengelegt werden.[43]

Für die Beurteilung einer Schutzrechtsverletzung sind Quellcodefragmente, die über die Verletzungssache hinausgehendes Know-how beinhalten, nicht von Bedeutung, sondern dienen höchstens der Nachvollziehbarkeit des Quellcodes. Dementsprechend handelt es sich dabei nicht um entscheidungserheblichen Prozessstoff, sodass keine Interessenabwägung notwendig ist und das Gericht diese Passagen vor einer Gutachtenfreigabe an den Antragsgegner schwärzen kann.[44] Andernfalls müsste der Antragsteller seine eigenen Betriebs- und Geschäftsgeheimnisse zum Zwecke der Rechtsdurchsetzung offenlegen.[45] Mangels einschlägiger Rechtsgrundlage können geheimhaltungsbedürftige Informationen, die beim Quellcodevergleich von Bedeutung sind, wegen § 270 ZPO nicht geschwärzt werden.

Die Offenlegung von geheimem Know-how darf kein „notwendiges Übel" im Rahmen der Rechtsverfolgung sein, da dies zu einer Kosten-Nutzen-Rechnung führen würde, in der die Vorteile einer erfolgreichen Rechtsverfolgung den Nachteilen einer Offenlegung von Betriebs- und Geschäftsgeheimnissen gegenübergestellt werden.[46] Eine betriebswirtschaftliche Kalkulation darf nicht der entscheidende Beweggrund für die Einleitung eines Schutzrechtsverletzungsverfahrens sein. Sofern das Gutachten jedoch Ausschnitte

---

[41] OLG Düsseldorf, Beschl. v. 24.09.2008, Az. I-2 W 57/08, InstGE 10, 122, 122 f. (Rn. 2 f., 7) – Geheimverfahren = BeckRS 2009, 09220; OLG München, Beschl. v. 08.11.2004, Az. 29 W 2601/04, NJW 2005, 1130, 1131 – Anlagenkonvolut = GRUR-RR 2005, 175, 176; *Foerste*, in: Musielak/Voit (2016), § 270 Rn. 3; *Stadler* (1989), S. 248; *Reimann,* in: FS Mes (2009), S. 293 (294).

[42] OLG Düsseldorf, Beschl. v. 24.09.2008, Az. I-2 W 57/08, InstGE 10, 122, 122 (Rn. 4) – Geheimverfahren = BeckRS 2009, 09220; *Reimann,* in: FS Mes (2009), S. 293 (294 f.); *Lachmann,* NJW 1987, S. 2206 (2210); vgl. *Kather/Fitzner,* MittdtPatA 2010, S. 325 (330); *Fitzner/Kather,* VPP-Rundbrief 2009, S. 58 (64); *Taeger,* NJW 2008, S. 3325 (3325).

[43] BVerwG, Beschl. v. 17.11.2003, Az. 20 F 16/03, NVwZ 2004, 486, 487 = BeckRS 2003, 25580; OLG Düsseldorf, Beschl. v. 24.09.2008, Az. I-2 W 57/08, InstGE 10, 122, 123 (Rn. 7) – Geheimverfahren = BeckRS 2009, 09220.

[44] BPatG, Beschl. v. 30.04.1979, Az. 4 W (pat) 65/77, GRUR 1979, 697, 698 – Schaltskizze = BlfPMZ 1980, 20, 21; *Reimann,* in: FS Mes (2009), S. 293 (295).

[45] *Kather/Fitzner,* MittdtPatA 2010, S. 325 (330); *Fitzner/Kather,* VPP-Rundbrief 2009, S. 58 (64).

[46] *Stadler,* NJW 1989, S. 1202 (1204, 1205); vgl. *Maloney,* IIC 2000, S. 723 (743); *Pagenberg,* CR 1991, S. 65 (65 f.).

des Quellcodes des Antragstellers beinhaltet, die für die Verletzungsfrage entscheidungserheblich sind und darüber hinausgehendes Know-how aufweisen, muss das Gericht im Rahmen einer Interessenabwägung unter Berücksichtigung des Besichtigungsergebnisses entscheiden, inwieweit die geheimhaltungsbedürftigen Informationen an den Antragsgegner weitergegeben werden.[47]

3. Freigabe an die anwaltlichen Vertreter des Antragstellers

Die Rechts- und Patentanwälte des Antragstellers haben an der Besichtigung teilgenommen und den Antragsteller aufgrund seines Ausschlusses im bisherigen Verfahren vertreten. Da neben der Besichtigungsteilnahme auch die Gutachtenfreigabe an den Antragsteller problematisch ist, wird das Sachverständigengutachten vor dem Hintergrund eines rechtsstaatlichen Verfahrens in der gerichtlichen Praxis zumindest zeitgleich mit der Weitergabe an den Antragsgegner an die anwaltlichen Vertreter des Antragstellers weitergeleitet.[48] Die Gutachtenfreigabe an die anwaltlichen Vertreter des Antragstellers ist nicht von einer Interessenabwägung abhängig und bei vorhandenen Maßnahmen zum Geheimnisschutz zumutbar.[49] Wenngleich der Antragsteller

---

[47] OLG Düsseldorf, Beschl. v. 14.01.2009, Az. I-2 W 56/08, InstGE 10, 198, 199 f. (Rn. 4) – zeitversetztes Fernsehen = BeckRS 2009, 17532; *Hahn*, in: PK-GewRS (2015), Vor § 485 ZPO Rn. 62, § 492 ZPO Rn. 36; *Rinken/Kühnen*, in: Schulte (2014), § 140c Rn. 72; *Kühnen* (2013), Rn. 396, 405; *Chakraborty*, in: Haedicke/Timmann (2012), § 11 Rn. 775; *Nieder*, in: Erdmann/Rojahn/Sosnitza (2011), Kap. 1 Rn. 608; *Deichfuß*, GRUR 2015, S. 436 (441); *Kather/Fitzner*, MittdtPatA 2010, S. 325 (327); *Kühnen*, MittdtPatA 2009, S. 211 (216); *Frank/Wiegand*, CR 2007, S. 481 (486).

[48] BGH, Beschl. v. 16.11.2009, Az. X ZB 37/08, GRUR 2010, 318, 320 (Rn. 23) – Lichtbogenschnürung = WRP 2010, 541, 545 (Rn. 23); OLG München, Beschl. v. 15.04.2010, Az. 6 W 1566/09, InstGE 12, 192, 197 (Rn. 30) – Lesevorrichtung für Reliefmarkierungen; OLG Düsseldorf, Beschl. v. 14.01.2009, Az. I-2 W 56/08, InstGE 10, 198, 199 (Rn. 2) – zeitversetztes Fernsehen = BeckRS 2009, 17532; *Grabinski/Zülch*, in: Benkard (2015), § 140c PatG Rn. 32; Mes (2015), § 140c Rn. 46; *Hahn*, in: PK-GewRS (2015), Vor § 485 ZPO Rn. 60, § 492 ZPO Rn. 16, 19; *Rinken/Kühnen*, in: Schulte (2014), § 140c Rn. 67; *Keukenschrijver/Kaess*, in: Busse (2013), § 140c Rn. 32; *Pitz*, in: Fitzner/Lutz/Bodewig (2012), § 140c PatG Rn. 46; *Götz* (2014), S. 189; *Kühnen* (2013), Rn. 391–394; *Chakraborty*, in: Haedicke/Timmann (2012), § 11 Rn. 772; *Hoeren/Kuta*, in: FS Weber (2011), S. 499 (531); *v. Meibom/vom Feld*, in: FS 50 Jahre BPatG (2011), S. 975 (988); *Enchelmaier*, GRUR Int 2012, S. 503 (510 f.); *Müller-Stoy*, MittdtPatA 2010, S. 267 (272); *Müller-Stoy*, GRUR-RR 2009, S. 161 (162); *Kühnen*, GRUR 2005, S. 185 (192); *Pagenberg*, CR 1991, S. 65 (70); vgl. OLG Düsseldorf, Beschl. v. 02.10.2009, Az. I-2 W 23/09, BeckRS 2013, 10885; OLG München, Beschl. v. 11.08.2008, Az. 6 W 1380/08, InstGE 10, 186, 191 (Rn. 50–56) – Laser-Schweißverfahren = GRUR-RR 2009, 191, 192; *Deichfuß*, GRUR 2015, S. 436 (440).

[49] BGH, Beschl. v. 16.11.2009, Az. X ZB 37/08, GRUR 2010, 318, 320 (Rn. 21) – Lichtbogenschnürung = WRP 2010, 541, 544 (Rn. 21); OLG München, Beschl. v.

aufgrund des eingeschränkten Informationsflusses in diesem Stadium auf das ungestützte Wissen seiner anwaltlichen Vertreter angewiesen ist, besteht die Möglichkeit, dass das Gericht die Gutachtenfreigabe an den Antragsteller persönlich anordnet, sofern sie die Geheimhaltungsbelange des Antragsgegners widerlegen können.[50]

Auf Seiten des Antragstellers ist trotz möglicherweise bestehender Geheimhaltungsinteressen des Antragsgegners grundsätzlich das Bedürfnis anzuerkennen, zumindest ihren anwaltlichen Vertretern vollumfängliche Kenntnis vom gesamten Akteninhalt zu verschaffen, wozu auch das Sachverständigengutachten gehört. Selbst wenn das Sachverständigengutachten keine Schutzrechtsverletzung nachweisen kann, ist es nicht ausgeschlossen, dass aufgrund des bereits erstellten Gutachtens eine ergänzende Begutachtung oder die Anhörung des Sachverständigen beantragt wird. Die Weitergabe des Sachverständigengutachtens an die Rechts- und Patentanwälte des Antragstellers ist dann aber zumindest erforderlich, um die vom gerichtlich bestellten Sachverständigen in Rechnung gestellte Vergütung sachgerecht überprüfen zu können.[51]

a) Antragserfordernis

Üblicherweise wird ein im selbstständigen Beweisverfahren erstelltes Sachverständigengutachten den Parteien oder ihren anwaltlichen Vertretern ohne Einschränkung übersandt. Im Rahmen des „Düsseldorfer Modells" ist diese Vorgehensweise wegen der betroffenen Geheimhaltungsinteressen nicht möglich. Die amtswegige Freigabe des Gutachtens an die anwaltlichen Vertreter des Antragstellers unter Auferlegung einer Verschwiegenheitsverpflichtung ist ein unzulässiges „Minus" im Vergleich zur Grundidee des selbstständigen Beweisverfahrens, für das keine gesetzliche Grundlage besteht.[52] Demgemäß kann das Sachverständigengutachten nicht ohne Weiteres vom Gericht von Amts wegen an die anwaltlichen Vertreter unter der Auflage weitergeleitet

---

03.01.2011, Az. 6 W 2007/10, InstGE 13, 286, 286 (Ls. 3) – Lesevorrichtung für Reliefmarkierungen II; OLG München, Beschl. v. 15.04.2010, Az. 6 W 1566/09, InstGE 12, 192, 197 (Rn. 30) – Lesevorrichtung für Reliefmarkierungen; LG Düsseldorf, Beschl. v. 02.01.2017, Az. 4b O 44/16 (unveröffentlicht); *Rinken/Kühnen*, in: Schulte (2014), § 140c Rn. 67; *Kühnen* (2013), Rn. 393; *Melullis*, in: FS Tilmann (2003), S. 843 (853 f.); *Stürner*, JZ 1985, S. 453 (459); kritisch: *Stürner* (1976), S. 224; *Schweikhardt*, GRUR 1962, S. 116 (124).

[50] *Deichfuß*, GRUR 2015, S. 436 (440); *Kather/Fitzner*, MittdtPatA 2010, S. 325 (327); *Fitzner/Kather*, VPP-Rundbrief 2009, S. 58 (61); *Pagenberg*, CR 1991, S. 65 (70).

[51] LG Düsseldorf, Beschl. v. 02.01.2017, Az. 4b O 44/16 (unveröffentlicht).

[52] BGH, Beschl. v. 16.11.2009, Az. X ZB 37/08, GRUR 2010, 318, 322 (Rn. 35) – Lichtbogenschnürung = WRP 2010, 541, 546 (Rn. 8); *Grabinski/Zülch*, in: Benkard (2015), § 140c PatG Rn. 32; *Götz* (2014), S. 159.

werden, dass sie gegenüber dem Antragsteller über den Gutachteninhalt zur Verschwiegenheit verpflichtet sind.[53]

Vielmehr kann die Freigabe des Sachverständigengutachtens unter Auferlegung einer Verschwiegenheitsverpflichtung zunächst nur an die anwaltlichen Vertreter des Antragstellers nach geltendem Recht lediglich über einen Antrag des Antragstellers erreicht werden, indem er freiwillig auf eine direkte Gutachtenweiterleitung an sich persönlich verzichtet.[54] Damit liegt eine ähnliche Konstellation wie bereits beim Ausschluss des Antragstellers während der Besichtigung vor, die mangels Rechtsgrundlage für einen gerichtlichen Ausschluss auch nur über einen freiwilligen Verzicht des Antragstellers möglich ist. Sofern der Antragsgegner hingegen die Gutachtenfreigabe an sich persönlich beantragt, ist es bei beachtenswerten Geheimhaltungsinteressen des Antragsgegners wahrscheinlich, dass das Gericht von einer Gutachtenfreigabe absehen wird. Nichtsdestotrotz ist auch an dieser Stelle die Verzichtsmöglichkeit des Antragstellers keine rechtssichere und rechtsklare Lösung. Dementsprechend ist (wie auch beim Ausschluss des Antragstellers während der Besichtigung) eine gesetzliche Grundlage erforderlich, damit die Gerichte den Zugang einer Partei zu dem Gutachten, das geheimhaltungsbedürftige Informationen enthält, ganz oder teilweise beschränken können (vgl. Art. 9 Abs. 2 UAbs. 2 lit. a) Geheimnisschutz-Richtlinie) und auf diese Weise eine Ausforschung unterbunden werden kann. Die Geheimnisschutz-Richtlinie sieht diese Möglichkeit aber nicht vor, da mindestens eine natürliche Person jeder Partei und ihre jeweiligen Rechtsanwälte oder sonstigen Vertreter von einer Zugangsbeschränkung ausgenommen sind (Art. 9 Abs. 2 UAbs. 3 Geheimnisschutz-Richtlinie).

b) Gesonderte Verschwiegenheitsverpflichtung

Wenngleich die Verschwiegenheitsverpflichtung in einer Besichtigungsanordnung regelmäßig sehr weit formuliert ist („im Zuge des selbstständigen Beweisverfahrens“[55]), müssen die anwaltlichen Vertreter des Antragstellers vor der Gutachtenweiterleitung erneut zur Verschwiegenheit gegenüber dem Antragsteller sowie Dritten verpflichtet werden, da die im Zuge der Dul-

---

[53] BGH, Beschl. v. 16.11.2009, Az. X ZB 37/08, GRUR 2010, 318, 322 (Rn. 34) – Lichtbogenschnürung = WRP 2010, 541, 546 (Rn. 8); a.A. OLG München, Beschl. v. 15.04.2010, Az. 6 W 1566/09, InstGE 12, 192, 197 (Rn. 32 f.) – Lesevorrichtung für Reliefmarkierungen; *Rinken/Kühnen*, in: Schulte (2014), § 140c Rn. 67; *Kühnen* (2013), Rn. 391 f.

[54] BGH, Beschl. v. 16.11.2009, Az. X ZB 37/08, GRUR 2010, 318, 320 (Rn. 19–22), 322 (Rn. 35) – Lichtbogenschnürung = WRP 2010, 541, 544 f. (Rn. 19–22), 546 (Rn. 35).

[55] Vgl. die Musterbeschlüsse bei: *Hahn*, in: PK-GewRS (2015), § 487 Rn. 45 „III. 2.“; Mes (2015), § 140c Rn. 63 „VII. 6.“; *Rinken/Kühnen*, in: Schulte (2014), § 140c Rn. 65 „IV.“, *Kühnen* (2013), Rn. 378 „III. 2.“; *Kühnen*, GRUR 2005, S. 185 (187, „III. 2.“).

dungsverfügung ausgesprochene Verschwiegenheitsverpflichtung keine verfahrensübergreifende Geheimhaltungspflicht darstellt.[56] Die Verschwiegenheitsverpflichtung im Rahmen der Duldungsverfügung umfasst die Wahrnehmungen und Tatsachen, die den Geschäftsbetrieb des Antragsgegners sowie die Besichtigung betreffen, wohingegen die Verschwiegenheitsverpflichtung im Rahmen des Freigabeverfahrens (als Teil des selbstständigen Beweisverfahrens) den gesamten Gutachteninhalt umschließt, da die anwaltlichen Vertreter (bei einem Verzicht auf eine Prüfung der Geheimhaltungsinteressen durch das Gericht im Vorfeld der Weitergabe an die Rechts- und Patentanwälte des Antragstellers) andernfalls entscheiden könnten, welche Informationen schutzbedürftig sind.[57] Das Gutachten ist erst mit Wirkung der Rechtskraft des die Verschwiegenheitsverpflichtung anordnenden Beschlusses freizugeben.[58]

Eine gesonderte Verschwiegenheitsverpflichtung ist für den Geheimnisschutz unumgänglich. Das selbstständige Beweisverfahren sieht jedoch keine rechtliche Grundlage für die gerichtliche Anordnung einer Verschwiegenheitsverpflichtung vor.[59] Die Duldungsverfügung kann aufgrund der prozessualen Trennung nicht herangezogen werden, zumal sie sich ohnehin in der Regel mit der Beendigung der Besichtigung erledigt haben wird. Die Vorschriften zum selbstständigen Beweisverfahren enthalten keine dem § 140c Abs. 3 S. 2 PatG entsprechende Vorschrift zur Auferlegung von Verschwiegenheitsverpflichtungen, obwohl für die Gutachtenfreigabe ein identisches Schutzbedürfnis besteht und eine Verschwiegenheitsverpflichtung einen gerechten Interessenausgleich ermöglichen würde.[60] Eine analoge Anwendung von § 938 Abs. 1 ZPO ist wie schon bei der Verschwiegenheitsver-

---

[56] BGH, Beschl. v. 16.11.2009, Az. X ZB 37/08, GRUR 2010, 318, 320 (Rn. 20, 22) – Lichtbogenschnürung = WRP 2010, 541, 544 f. (Rn. 20, 22); *Hahn*, in: PK-GewRS (2015), Vor § 485 ZPO Rn. 60, § 492 ZPO Rn. 20; *Rinken/Kühnen*, in: Schulte (2014), § 140c Rn. 67; a.A. *Kühnen* (2013), Rn. 391, 392; vgl. OLG München, Beschl. v. 15.04.2010, Az. 6 W 1566/09, InstGE 12, 192, 197 (Rn. 33) – Lesevorrichtung für Reliefmarkierungen; LG Düsseldorf, Beschl. v. 02.01.2017, Az. 4b O 44/16 (unveröffentlicht); Court of Appeal, Urt. v. 07.11.1989, Roussel Uclaf v Imperial Chemical Industries Plc, [1990] R.P.C. 45; *Gniadek* (2011), S. 365; *Hoeren/Kuta,* in: FS Weber (2011), S. 499 (531); *Enchelmaier,* GRUR Int 2012, S. 503 (510); *Kather/Fitzner,* MittdtPatA 2010, S. 325 (327); *Fitzner/Kather,* VPP-Rundbrief 2009, S. 58 (61); *Kühnen,* GRUR 2005, S. 185 (192); *Mayer/Linnenborn,* K&R 2003, S. 313 (315).

[57] BGH, Beschl. v. 16.11.2009, Az. X ZB 37/08, GRUR 2010, 318, 320 (Rn. 21) – Lichtbogenschnürung = WRP 2010, 541, 544 (Rn. 21); *Hahn*, in: PK-GewRS (2015), § 492 ZPO Rn. 20.

[58] Vgl. *Kühnen* (2013), Rn. 404 (Fn. 420).

[59] BGH, Beschl. v. 16.11.2009, Az. X ZB 37/08, GRUR 2010, 318, 322 (Rn. 34 f.) – Lichtbogenschnürung = WRP 2010, 541, 546 (Rn. 34 f.); vgl. *Rinken/Kühnen*, in: Schulte (2014), § 140c Rn. 67; *Kühnen* (2013), Rn. 391 f.

[60] *Augenstein*, in: PK-GewRS (2015), § 404a ZPO Rn. 29, 34.

pflichtung im Zuge der Besichtigung auch im Freigabeverfahren abzulehnen. Wenngleich eine Erweiterung von § 174 Abs. 3 GVG durch den Gesetzgeber zum Zwecke einer Verschwiegenheitsverpflichtung möglich ist[61], erscheint eine Regelung in den Spezialgesetzen im Sinne der Rechtsklarheit und Rechtssicherheit vozugswürdiger.

Bei einem Verstoß gegen eine Verschwiegenheitsverpflichtung würden neben strafrechtlichen Sanktionen über § 203 Abs. 1 Nr. 3 StGB (die im Gutachten enthaltenen Betriebs- und Geschäftsgeheimnisse sind ihnen „sonst anvertraut" im Sinne des § 203 Abs. 1 Var. 2 StGB[62]) und § 353d Nr. 2 StGB auch berufsrechtliche Konsequenzen (vgl. §§ 39a Abs. 1, 2, 98 Abs. 1 PAO sowie § 4 Abs. 1, 2 BOPA) drohen. Dementsprechend liegt es auch im Interesse der Rechts- und Patentanwälte des Antragstellers, vollständig über die gesonderte Verschwiegenheitsverpflichtung aufgeklärt zu werden.[63] Hierbei erscheinen über die bisherigen straf- und berufsrechtlichen Sanktionen hinausgehende Sanktionen in den Spezialgesetzen der gewerblichen Schutzrechte (insbesondere in Form von Schadensersatzansprüchen im Falle einer Zuwiderhandlung) oder zumindest ausdrückliche Verweise, um einen wirksamen, verhältnismäßigen und abschreckenden Schutz bei der Verletzung gerichtlicher Geheimhaltungsanordnungen zu gewährleisten (vgl. Art. 16 Geheimnisschutz-Richtlinie).[64]

c) Kontakt zum Antragsteller

Wenngleich Art. 103 Abs. 1 GG vor dem Hintergrund einer effektiven Rechtsdurchsetzung (Art. 19 Abs. 4 GG) eingeschränkt werden kann, stehen jeder Partei nach dem verfassungsrechtlichen Gebot auf rechtliches Gehör (Art. 103 Abs. 1 GG) die Informationen über den zugrunde liegenden Verfahrensstoff zu (vgl. § 357 S. 1 ZPO) und sie müssen sich tatsächlich sowie rechtlich in der Sache vor dem Erlass einer gerichtlichen Entscheidung äußern können.[65] Erst die Freigabe des Sachverständigengutachtens an die

---

[61] *Ahrens/McGuire* (2012), S. 181; *Seichter,* WRP 2006, S. 391 (395); *Spindler/Weber,* MMR 2006, S. 711 (714); *Ahrens,* GRUR 2005, S. 837 (839 f.); *Kunz-Hallstein/Loschelder,* GRUR 2005, S. 747 (747); vgl. *Enchelmaier,* GRUR Int 2012, S. 503 (512); kritisch: Fezer (2009), § 19a MarkenG Rn. 37.

[62] BGH, Beschl. v. 16.11.2009, Az. X ZB 37/08, GRUR 2010, 318, 321 (Rn. 28 f.) – Lichtbogenschnürung = WRP 2010, 541, 545 (Rn. 28 f.); *Hahn*, in: PK-GewRS (2015), § 492 ZPO Rn. 25.

[63] *Kühnen* (2013), Rn. 402 (Fn. 419).

[64] *Seichter,* WRP 2006, S. 391 (395); *Kunz-Hallstein/Loschelder,* GRUR 2005, S. 747 (747).

[65] BVerfG, Beschl. v. 19.05.92, Az. 1 BvR 986/91, DtZ 1992, 327, 328 = VIZ 1992, 401, 402; BVerfG, Beschl. v. 15.05.1991, Az. 1 BvR 1441/90, NJW 1991, 2757, 2757 = BeckRS 9998, 47804; BVerfG, Beschl. v. 25.10.1956, Az. 1 BvR 440/54, NJW 1957, 17, 17 = MDR 1957, 84, 84; BGH, Urt. v. 12.11.1991, Az. KZR 18/90, GRUR 1992, 191, 194

Rechts- und Patentanwälte des Antragstellers und ein unter Berücksichtigung der Verschwiegenheitsverpflichtung zumindest eingeschränkter Kontakt wahren den Grundsatz der Verhältnismäßigkeit im Rahmen dieses Grundrechtskonflikts.[66]

Daher besteht trotz der auferlegten Verschwiegenheitsverpflichtung kein Kontaktverbot zwischen den Rechts- und Patentanwälten sowie ihrem Mandanten. Andernfalls müsste sich der Antragsteller gänzlich auf die Maßnahmen seiner anwaltlichen Vertreter verlassen und (abgesehen von ihren Einflussmöglichkeiten) auf die Richtigkeit der gerichtlichen Bewertung vertrauen.[67] Der Antragsteller kann sich etwa nach dem Stand des Verfahrens erkundigen und die weitere Vorgehensweise besprechen, solange die Betriebs- und Geschäftsgeheimnisse ausgeblendet werden.[68] Umgekehrt können die anwaltlichen Vertreter des Antragstellers erforderliches technisches Wissen beim Antragsteller in einer Weise abfragen, die nicht gegen die Verschwiegenheitsverpflichtung verstößt.[69] Ein Kontaktverbot darf nur in Ausnahmefällen bestehen, sofern die Kommunikation zwischen dem Antragsteller und seinen anwaltlichen Vertretern ohne Rückschlüsse auf Geheimnisse des Antragsgegners nicht möglich ist, sodass sie zunächst die Gutachtenfreigabe an den Antragsteller erwirken müssen.[70]

Die besondere Kennzeichnung geheimhaltungsbedürftiger Schriftstücke vermeidet unabhängig von der Dauer eines Mandatsverhältnisses eine verse-

---

– Amtsanzeiger = NJW 1992, 1817, 1819; OLG München, Beschl. v. 08.11.2004, Az. 29 W 2601/04, NJW 2005, 1130, 1130 – Anlagenkonvolut = GRUR-RR 2005, 175, 176; OLG Köln, Beschl. v. 03.05.1995, Az. 19 U 153/93, NJW-RR 1996, 1277, 1277; *Schmidt-Aßmann*, in: Maunz/Dürig (2015), Art. 103 GG Rn. 85, 90; *Pieroth*, in: Jarass/Pieroth (2014), Art. 103 Rn. 17, 21; *Voß*, in: Fitzner/Lutz/Bodewig (2012), Vor §§ 139 ff. PatG Rn. 144; *Schulze-Fielitz*, in: Dreier (2008), Art. 103 I Rn. 33–37, 48–50; *van Hees/Braitmayer* (2010), Rn. 981; *Ibbeken* (2004), S. 432; *Karger* (1996), S. 119; *Bornkamm,* in: FS Ullmann (2006), S. 893 (905); *Melullis,* in: FS Tilmann (2003), S. 843 (853); *Müller-Stoy,* GRUR-RR 2009, S. 161 (163); *Spindler/Weber,* MMR 2006, S. 711 (712); *Leppin,* GRUR 1984, S. 695 (696); vgl. *Ahrens*, in: Wieczorek/Schütze (2013), Vor § 284 Rn. 50.

[66] *Müller-Stoy,* GRUR-RR 2009, S. 161 (163); a.A. OLG München, Beschl. v. 11.08.2008, Az. 6 W 1380/08, InstGE 10, 186, 191 (Rn. 60 f.) – Laser-Schweißverfahren = GRUR-RR 2009, 191, 192.

[67] *Müller-Stoy,* GRUR-RR 2009, S. 161 (163).

[68] BGH, Beschl. v. 16.11.2009, Az. X ZB 37/08, GRUR 2010, 318, 321 (Rn. 27) – Lichtbogenschnürung = WRP 2010, 541, 545 (Rn. 27); *Hahn*, in: PK-GewRS (2015), § 492 ZPO Rn. 27; *Deichfuß,* GRUR 2015, S. 436 (439).

[69] *Kühnen,* GRUR 2005, S. 185 (192); vgl. OLG München, Beschl. v. 11.08.2008, Az. 6 W 1380/08, InstGE 10, 186, 191 (Rn. 54 f.) – Laser-Schweißverfahren = GRUR-RR 2009, 191, 192.

[70] BGH, Beschl. v. 16.11.2009, Az. X ZB 37/08, GRUR 2010, 318, 321 (Rn. 26 f.) – Lichtbogenschnürung = WRP 2010, 541, 545 (Rn. 26 f.).

hentliche Weiterleitung geheimhaltungsbedürftiger Informationen im Rahmen einer routinemäßigen Information des Antragstellers.[71] Dennoch lässt sich nicht ausschließen, dass sachkundige Personen (wie der Antragsteller) im Mandantengespräch Informationen erlangen können, die Rückschlüsse auf den Besichtigungsgegenstand sowie dessen (technische) Besonderheiten erlauben, oder geheimhaltungsbedürftige Informationen versehentlich weitergegeben werden.[72] § 353d Nr. 2 StGB schützt nur vor vorsätzlichen Zuwiderhandlungen. Erschwerend kommt hinzu, dass der Nachweis einer fahrlässigen Weitergabe oftmals nur schwer gelingt.[73]

Sofern der Antragsgegner ausnahmsweise substantiiert darlegen kann, dass die Einhaltung der Verschwiegenheitsverpflichtung gefährdet ist oder gegen die bisherige Verschwiegenheitsverpflichtung bereits verstoßen wurde, muss er auch die Freigabe des Gutachtens an die anwaltlichen Vertreter des Antragstellers verhindern können. Durch den Ausschluss des Antragstellers sind die Anforderungen an den Vortrag des Antragsgegners jedoch hoch anzusetzen, sodass im Zweifel zum Nachteil des Antragsgegners zu entscheiden ist.[74] Sollte dieser Ausnahmefall tatsächlich eintreten, muss seitens des Gerichts ein neuer Rechtsbeistand für den Antragsteller bestellt werden[75], da der Antragsteller bei einem Verstoß nicht schutzwürdig ist.

4. Freigabe an den Antragsteller

Das selbstständige Beweisverfahren sieht (als den gesetzlichen Normalfall) die vorbehaltlose Weiterleitung des Gutachtens ebenfalls an den Antragsteller

---

[71] *Müller-Stoy,* MittdtPatA 2010, S. 267 (271); *Müller-Stoy,* GRUR-RR 2009, S. 161 (163); *Pagenberg,* CR 1991, S. 65 (69); vgl. High Court of Justice, Urt. v. 20.09.2002, Premier Profiles Ltd v Tioxide Europe Ltd, [2003] F.S.R. 20 (Rn. 39); *Stürner* (1976), S. 227; *Enchelmaier,* GRUR Int 2012, S. 503 (510); *Leppin,* GRUR 1984, S. 695 (697).

[72] BGH, Beschl. v. 16.11.2009, Az. X ZB 37/08, GRUR 2010, 318, 321 (Rn. 27) – Lichtbogenschnürung = WRP 2010, 541, 545 (Rn. 27); OLG München, Beschl. v. 11.08.2008, Az. 6 W 1380/08, InstGE 10, 186, 191 (Rn. 56) – Laser-Schweißverfahren = GRUR-RR 2009, 191, 192; vgl. *Müller-Stoy,* MittdtPatA 2010, S. 267 (271); *Müller-Stoy,* GRUR-RR 2009, S. 161 (163); *Pagenberg,* CR 1991, S. 65 (69).

[73] *Stadler,* NJW 1989, S. 1202 (1202).

[74] BGH, Beschl. v. 16.11.2009, Az. X ZB 37/08, GRUR 2010, 318, 321 (Rn. 31), 322 (Rn. 37) – Lichtbogenschnürung = WRP 2010, 541, 546 (Rn. 31), 546 f. (Rn. 37); Mes (2015), § 140c Rn. 46; *Hahn,* in: PK-GewRS (2015), § 492 ZPO Rn. 25; *Deichfuß,* GRUR 2015, S. 436 (440); vgl. Court of Appeal, Urt. v. 21.10.1982, Format Communications MFG Ltd. v ITT (United Kingdom) Ltd., [1983] F.S.R. 473; *Enchelmaier,* GRUR Int 2012, S. 503 (510 f.).

[75] *Beckhaus* (2010), S. 381; *Karger* (1996), S. 136; *Kersting* (1995), S. 288 f.; vgl. *Stadler,* in: FS Leipold (2009), S. 201 (217); *Rojahn,* in: FS Loewenheim (2009), S. 251 (261 f.); *Bornkamm,* in: FS Ullmann (2006), S. 893 (912); *McGuire,* GRUR 2015, S. 424 (433); *Spindler/Weber,* MMR 2006, S. 711 (714); *Ahrens,* GRUR 2005, S. 837 (839); *Stadler,* NJW 1989, S. 1202 (1204).

vor.[76] Dies würde jedoch in der Regel zur Offenbarung von geheimhaltungsbedürftigen Tatsachen führen, was sämtliche bisher getroffenen Maßnahmen zum Geheimnisschutz konterkarieren würde.[77] Da eine gesetzliche Grundlage zur Vorenthaltung des Gutachtens gegenüber dem Antragsteller nicht besteht, hat der Antragsteller ein Wahlrecht, ob er die Weiterleitung des Gutachtens zunächst nur an seine anwaltlichen Vertreter („Stufenfolge") oder direkt an sich mit der Möglichkeit der eigenen Kenntnisnahme beantragt.[78] Sofern der Antragsteller die Gutachtenfreigabe an sich selbst verlangt, hat das Gericht die Geheimhaltungsinteressen des Antragsgegners mit dem Informationsinteresse des Antragstellers abzuwägen.[79]

a) Öffentlichkeit des Besichtigungsgegenstandes

Sofern sich die Besichtigung durch den Sachverständigen auf die reine Betrachtung beschränkt, bezieht er sich nur auf das, was der Öffentlichkeit durch den Antragsgegner zur Schau gestellt wird, sodass das schriftliche Sachverständigengutachten auch dem Antragsteller zugestellt werden kann und er abhängig vom Besichtigungsergebnis über die weitere Rechtsverfolgung entscheiden kann, da keine Geheimhaltungsinteressen des Antragsgegners berührt sind.[80] In gleicher Weise ist zu verfahren, wenn der Besichtigungsgegenstand im Laufe des Beweissicherungsverfahrens auf dem Markt verfügbar geworden ist und der Antragsteller die durch das Sachverständi-

---

[76] BGH, Beschl. v. 16.11.2009, Az. X ZB 37/08, GRUR 2010, 318, 322 (Rn. 34 f.) – Lichtbogenschnürung = WRP 2010, 541, 546 (Rn. 34 f.); *Deichfuß,* GRUR 2015, S. 436 (440, Fn. 34); vgl. *Rinken/Kühnen,* in: Schulte (2014), § 140c Rn. 67; *Kühnen* (2013), Rn. 391–393; *Kühnen,* GRUR 2005, S. 185 (192).

[77] *Rinken/Kühnen,* in: Schulte (2014), § 140c Rn. 67; *Kühnen* (2013), Rn. 389, 394; *Ibbeken* (2004), S. 432; *Spindler/Weber,* MMR 2006, S. 711 (712); vgl. KG, Urt. v. 11.08.2000, Az. 5 U 3069/00, NJW 2001, 233, 234 = GRUR-RR 2001, 118, 119; *Marshall,* in: FS Preu (1988), S. 151 (162, 163); *Mayer/Linnenborn,* K&R 2003, S. 313 (315); *Pagenberg,* CR 1991, S. 65 (70); *Stauder,* GRUR Int 1978, S. 230 (233).

[78] BGH, Beschl. v. 16.11.2009, Az. X ZB 37/08, GRUR 2010, 318, 322 (Rn. 35) – Lichtbogenschnürung = WRP 2010, 541, 546 (Rn. 35); LG Düsseldorf, Beschl. v. 09.03.2006, Az. 4b O 550/05, InstGE 6, 189, 190 (Rn. 2) – Walzen-Formgebungsmaschine; Mes (2015), § 140c Rn. 46; *Hahn,* in: PK-GewRS (2015), § 492 ZPO Rn. 16, 24; *Grosch,* in: Hdb. Know-how-Schutz (2010), Kap. 6 Rn. 171; *Deichfuß,* GRUR 2015, S. 436 (440); *Enchelmaier,* GRUR Int 2012, S. 503 (513); vgl. OLG München, Beschl. v. 08.11.2004, Az. 29 W 2601/04, NJW 2005, 1130, 1130 – Anlagenkonvolut = GRUR-RR 2005, 175, 176.

[79] BGH, Beschl. v. 16.11.2009, Az. X ZB 37/08, GRUR 2010, 318, 322 (Rn. 35) – Lichtbogenschnürung = WRP 2010, 541, 546 (Rn. 35).

[80] *Kühnen,* GRUR 2005, S. 185 (189).

gengutachten dokumentierten Informationen im Zuge der Begutachtung eines erworbenen Musters gleichfalls erlangen würde.[81]

b) Fehlende oder eingeschränkte Öffentlichkeit des Besichtigungsgegenstandes

Im Rahmen einer Besichtigungsanordnung nach dem „Düsseldorfer Modell" findet die Besichtigung meist in den Räumlichkeiten des Antragsgegners statt. Dabei sind regelmäßig Geheimhaltungsinteressen des Antragsgegners betroffen, sodass das Gericht für die Gutachtenfreigabe an den Antragsteller entscheiden muss, inwieweit diese Interessen das Offenlegungsinteresse des Antragstellers überwiegen.[82]

aa) Besichtigung und Gutachten offenbaren keine geheimhaltungsbedürftigen Informationen

Sofern das Gutachten keine geheimhaltungsbedürftigen Informationen enthält, während der Besichtigung keine sensiblen Daten offenbart werden oder der Antragsgegner keine Geheimhaltungsinteressen geltend macht bzw. diese unsubstantiiert vorträgt, kann das Gutachten an den Antragsteller weitergeleitet werden (vgl. Art. 7 Abs. 1 S. 5 Enforcement-Richtlinie).[83] Das Gericht

---

[81] OLG Düsseldorf, Beschl. v. 17.12.2009, Az. I-2 W 68/09, InstGE 11, 296, 297 f. (Rn. 5) – Kaffeemaschine = BeckRS 2010, 16065; *Hahn*, in: PK-GewRS (2015), § 492 ZPO Rn. 18; *Rinken/Kühnen*, in: Schulte (2014), § 140c Rn. 68; *Keukenschrijver/Kaess*, in: Busse (2013), § 140c Rn. 30; *Chakraborty*, in: Haedicke/Timmann (2012), § 11 Rn. 776; Mes (2015), § 140c Rn. 45; *Kühnen* (2013), Rn. 397.

[82] Vgl. LG Düsseldorf, Urt. v. 08.03.2007, Az. 4b O 230/04, InstGE 8, 103, 110 (Rn. 32) – Etikettiermaschine = BeckRS 2008, 20706.

[83] BGH, Beschl. v. 16.11.2009, Az. X ZB 37/08, GRUR 2010, 318, 322 (Rn. 37) – Lichtbogenschnürung = WRP 2010, 541, 546 f. (Rn. 37); OLG Düsseldorf, Beschl. v. 02.07.2015, Az. I-2 W 13/15, BeckRS 2016, 01681 (Rn. 9); OLG München, Beschl. v. 22.08.2014, Az. 6 W 1918/13, BeckRS 2014, 20365 (Rn. 53); OLG Düsseldorf, Beschl. v. 20.08.2012, Az. I-2 W 13/12, BeckRS 2016, 01066; OLG München, Beschl. v. 11.03.2011, Az. 6 W 610/10, InstGE 13, 298, 300, 301 (Rn. 14 f.) – ausgelagerter Server; OLG Düsseldorf, Beschl. v. 17.12.2009, Az. I-2 W 68/09, InstGE 11, 296, 297 (Rn. 2) – Kaffeemaschine = BeckRS 2010, 16065; *Hahn*, in: PK-GewRS (2015), Vor § 485 ZPO Rn. 59, § 492 ZPO Rn. 15, 17, 29, 31; *Rinken/Kühnen*, in: Schulte (2014), § 140c Rn. 69; *Kühnen* (2013), Rn. 398; *Götz* (2012), S. 172; *Chakraborty*, in: Haedicke/Timmann (2012), § 11 Rn. 774; *Nieder*, in: Erdmann/Rojahn/Sosnitza (2011), Kap. 1 Rn. 608; *Gniadek* (2011), S. 364; *Jestaedt* (2008), Rn. 845; *Müller-Stoy* (2008), Rn. 193; *Eck/Dombrowski*, in: FS 50 Jahre BPatG (2011), S. 169 (171); *Hoeren/Kuta*, in: FS Weber (2011), S. 499 (531); *Kreye*, in: FS v. Meibom (2010), S. 241 (250); *Deichfuß*, GRUR 2015, S. 436 (440); *Tinnefeld*, CR 2013, S. 417 (421); *Müller-Stoy*, MittdtPatA 2010, S. 267 (272); *Kühnen*, MittdtPatA 2009, S. 211 (216); *Kühnen*, GRUR 2005, S. 185 (192, 195); *Leppin*, GRUR 1984, S. 695 (708).

muss keine weiteren Maßnahmen zum Geheimnisschutz treffen.[84] Die Gutachtenweiterleitung erfolgt unabhängig vom Besichtigungsergebnis.[85] Neben der Gutachtenweiterleitung an den Antragsteller können seine anwaltlichen Vertreter mit Wirkung ab Rechtskraft des anordnenden gerichtlichen Beschlusses in vollem Umfang von ihrer Verschwiegenheitsverpflichtung befreit werden.[86]

bb) Besichtigung offenbart Geheimnisse und Gutachten enthält keine geheimhaltungsbedürftigen Informationen

Enthält das Gutachten keine geheimhaltungsbedürftigen Informationen, haben die Teilnehmer während der Besichtigung aber Kenntnis von beachtenswerten Betriebs- oder Geschäftsgeheimnissen des Antragsgegners erlangt, kann das Sachverständigengutachten an den Antragsteller weitergeleitet und die Verschwiegenheitsverpflichtung im Hinblick auf das Sachverständigengutachten aufgehoben werden.[87] Dagegen muss die Verpflichtung zur Verschwiegenheit der Rechts- und Patentanwälte gegenüber dem Antragsteller für die geheimhaltungsbedürftigen Tatsachen aufrechterhalten bleiben, die sie im Zuge der Besichtigung aufgegriffen haben.[88]

---

[84] *Deichfuß,* GRUR 2015, S. 436 (440, Fn. 40); *Müller-Stoy,* MittdtPatA 2010, S. 267 (272).

[85] *Rinken/Kühnen*, in: Schulte (2014), § 140c Rn. 69; *Deichfuß,* GRUR 2015, S. 436 (440).

[86] OLG München, Beschl. v. 22.08.2014, Az. 6 W 1918/13, BeckRS 2014, 20365 (Rn. 53); OLG Düsseldorf, Beschl. v. 20.08.2012, Az. I-2 W 13/12, BeckRS 2016, 01066; *Hahn*, in: PK-GewRS (2015), § 492 ZPO Rn. 29; *Rinken/Kühnen*, in: Schulte (2014), § 140c Rn. 69; *Kühnen* (2013), Rn. 398; *Götz* (2012), S. 172; *Eck/Dombrowski,* in: FS 50 Jahre BPatG (2011), S. 169 (179 f.); *Deichfuß,* GRUR 2015, S. 436 (440); *Müller-Stoy,* MittdtPatA 2010, S. 267 (272); vgl. OLG München, Beschl. v. 11.03.2011, Az. 6 W 610/10, InstGE 13, 298, 300 (Rn. 14) – ausgelagerter Server.

[87] OLG Düsseldorf, Beschl. v. 14.01.2009, Az. I-2 W 56/08, InstGE 10, 198, 199 (Rn. 3) – zeitversetztes Fernsehen = BeckRS 2009, 17532; *Rinken/Kühnen*, in: Schulte (2014), § 140c Rn. 71; *Kühnen* (2013), Rn. 404; *Götz* (2012), S. 172; *Chakraborty*, in: Haedicke/Timmann (2012), § 11 Rn. 774 (Fn. 1868); *Müller-Stoy* (2008), Rn. 194; *Hoeren/Kuta,* in: FS Weber (2011), S. 499 (531); *Müller-Stoy,* MittdtPatA 2010, S. 267 (272); *Kühnen,* GRUR 2005, S. 185 (192).

[88] OLG Düsseldorf, Beschl. v. 14.01.2009, Az. I-2 W 56/08, InstGE 10, 198, 199 (Rn. 3) – zeitversetztes Fernsehen = BeckRS 2009, 17532; *Hahn*, in: PK-GewRS (2015), § 492 ZPO Rn. 28; *Rinken/Kühnen*, in: Schulte (2014), § 140c Rn. 71; *Kühnen* (2013), Rn. 404; *Chakraborty*, in: Haedicke/Timmann (2012), § 11 Rn. 774 (Fn. 1868); *Kreye,* in: FS v. Meibom (2010), S. 241 (250); *Deichfuß,* GRUR 2015, S. 436 (440); *Müller-Stoy,* MittdtPatA 2010, S. 267 (272); *Kühnen,* MittdtPatA 2009, S. 211 (216); *Kühnen,* GRUR 2005, S. 185 (192); vgl. *Gniadek* (2011), S. 367; *Eck/Dombrowski,* in: FS 50 Jahre BPatG (2011), S. 169 (180).

cc) Gutachten beinhaltet geheimhaltungsbedürftige Informationen

Sofern das Gutachten Tatsachen beinhaltet, an denen der Antragsgegner (insbesondere gegenüber Mitbewerbern) ein berechtigtes Geheimhaltungsinteresse vorbringen kann, darf das Gutachten nicht ohne Weiteres an den Antragsteller freigegeben werden.[89] Vielmehr hat das Gericht die widerstreitenden Interessen gegeneinander abzuwägen und zu entscheiden, ob und in welcher Form das Sachverständigengutachten an den Antragsteller weitergeleitet wird.[90] Im Rahmen dieser Abwägung hat weder das Geheimhaltungsinteresse des Antragsgegners noch das Interesse des Antragstellers an der Gutachtenfreigabe generellen Vorrang.[91]

(1) Maßnahmen zum Geheimnisschutz

Trotz bestehender Geheimhaltungsinteressen kann eine Gutachtenweiterleitung an den Antragsteller ermöglicht werden, wenn die geheimhaltungsbedürftigen Tatsachen durch besondere Maßnahmen zum Geheimnisschutz ausreichend geschützt werden.[92] Die Freigabe des Gutachtens ergibt sich dabei nicht aus der Einleitung des selbstständigen Beweisverfahrens durch den Antragsteller, sondern aus dem Umstand, dass durch die Maßnahmen zum Geheimnisschutz die Geheimhaltungsinteressen des Antragsgegners derart berücksichtigt werden können, dass die Interessenabwägung zugunsten des Informationsinteresses des Antragstellers ausfällt.[93]

---

[89] *Kühnen* (2013), Rn. 399; vgl. BPatG, Beschl. v. 30.04.1979, Az. 4 W (pat) 65/77, GRUR 1979, 697, 698 – Schaltskizze = BlfPMZ 1980, 20, 21.

[90] BGH, Beschl. v. 16.11.2009, Az. X ZB 37/08, GRUR 2010, 318, 322 (Rn. 35) – Lichtbogenschnürung = WRP 2010, 541, 546 (Rn. 35); OLG Düsseldorf, Beschl. v. 14.01.2009, Az. I-2 W 56/08, InstGE 10, 198, 199 (Rn. 2) – zeitversetztes Fernsehen = BeckRS 2009, 17532; *Hahn*, in: PK-GewRS (2015), Vor § 485 ZPO Rn. 57, § 492 ZPO Rn. 28; *Rinken/Kühnen*, in: Schulte (2014), § 140c Rn. 70, 76; *Kühnen* (2013), Rn. 399; *Müller-Stoy* (2008), Rn. 195; *Deichfuß*, GRUR 2015, S. 436 (439 f.); *Kühnen*, GRUR 2005, S. 185 (192); vgl. BPatG, Beschl. v. 30.04.1979, Az. 4 W (pat) 65/77, GRUR 1979, 697, 698 – Schaltskizze = BlfPMZ 1980, 20, 21; Hogan Lovells International LLP, Report on Trade Secrets for the European Commission vom 23.09.2011, S. 40 (Rn. 271–274) (abrufbar unter: http://ec.europa.eu/internal_market/iprenforcement/docs/trade-secrets/120113_study_en.pdf; zuletzt abgerufen am: 30.06.2017).

[91] BGH, Beschl. v. 16.11.2009, Az. X ZB 37/08, GRUR 2010, 318, 322 (Rn. 38) – Lichtbogenschnürung = WRP 2010, 541, 547 (Rn. 38); *v. Hartz* (2004), S. 175; *Deichfuß*, GRUR 2015, S. 436 (440); vgl. *Bornkamm*, in: FS Ullmann (2006), S. 893 (903).

[92] *Hahn*, in: PK-GewRS (2015), § 492 ZPO Rn. 35; *Rinken/Kühnen*, in: Schulte (2014), § 140c Rn. 69, 72; *McGuire*, GRUR 2015, S. 424 (430); *Kühnen*, MittdtPatA 2009, S. 211 (216); vgl. OLG Düsseldorf, Beschl. v. 20.08.2012, Az. I-2 W 13/12, BeckRS 2016, 01066.

[93] *Hahn*, in: PK-GewRS (2015), § 492 ZPO Rn. 35; vgl. OLG Düsseldorf, Beschl. v. 20.08.2012, Az. I-2 W 13/12, BeckRS 2016, 01066.

(a) Bearbeitung des Sachverständigengutachtens

Die Verantwortlichkeit für das Gutachten sowie sämtliche Ausführungen liegt allein bei dem Beschreibenden, insbesondere dann, wenn es sich um einen gerichtlich bestellten Sachverständigen handelt, sodass das Gericht Fomulierungen des Sachverständigen nicht abändern, Begriffe im Gutachten nicht austauschen und mit dem Gutachten eingereichte Zeichnungen nicht abwandeln darf.[94] Genauso wenig darf das Gericht den Sachverständigen anweisen, das Sachverständigengutachten aufgrund von gerichtlichen Vorgaben in einer vorgegebenen Art und Weise inhaltlich zu überarbeiten.[95] Im Ergebnis müssen Stellungnahmen des Gerichts auf allgemeine Hinweise beschränkt werden.[96]

(b) Schwärzungen

Sofern geheimhaltungsbedürftige Passagen des Gutachtens geschwärzt werden können und der Aussagegehalt des Sachverständigengutachtens durch derartige Maßnahmen nicht verändert, verfälscht oder sinnentleert wird, kann das redigierte Gutachten an den Antragsteller weitergeleitet werden (vgl. Art. 9 Abs. 2 UAbs. 2 lit. c), UAbs. 3 Geheimnisschutz-Richtlinie).[97] Gleich-

[94] LG Düsseldorf, Beschl. v. 09.03.2006, Az. 4b O 550/05, InstGE 6, 189, 190 (Rn. 2) – Walzen-Formgebungsmaschine; *Hahn*, in: PK-GewRS (2015), § 492 ZPO Rn. 32; *Keukenschrijver/Kaess*, in: Busse (2013), § 140c Rn. 31; *Kühnen* (2013), Rn. 405 (Fn. 421); *Deichfuß*, GRUR 2015, S. 436 (440, 441); *Kühnen*, MittdtPatA 2009, S. 211 (216); *Müller-Stoy*, MittdtPatA 2010, S. 267 (272, Fn. 37).

[95] LG Düsseldorf, Beschl. v. 09.03.2006, Az. 4b O 550/05, InstGE 6, 189, 190 (Rn. 2) – Walzen-Formgebungsmaschine.

[96] *Hahn*, in: PK-GewRS (2015), § 492 ZPO Rn. 32 (Fn. 73); a.A. *Kühnen* (2013), Rn. 405 (Fn. 421).

[97] BGH, Urt. v. 01.08.2006, Az. X ZR 114/03, GRUR 2006, 962, 967 (Rn. 42) – Restschadstoffentfernung = NJW-RR 2007, 106, 107 (Rn. 42); OLG Düsseldorf, Beschl. v. 02.07.2015, Az. I-2 W 13/15, BeckRS 2016, 01681 (Rn. 9); OLG Düsseldorf, Beschl. v. 20.08.2012, Az. I-2 W 13/12, BeckRS 2016, 01066; OLG München, Beschl. v. 11.03.2011, Az. 6 W 610/10, InstGE 13, 298, 300 f. (Rn. 15) – ausgelagerter Server; OLG Düsseldorf, Beschl. v. 02.10.2009, Az. I-2 W 23/09, BeckRS 2013, 10885; OLG Düsseldorf, Beschl. v. 14.01.2009, Az. I-2 W 56/08, InstGE 10, 198, 199 (Rn. 4) – zeitversetztes Fernsehen = BeckRS 2009, 17532; LG Düsseldorf, Beschl. v. 09.03.2006, Az. 4b O 550/05, InstGE 6, 189, 190 (Rn. 2) – Walzen-Formgebungsmaschine; *Grabinski/Zülch*, in: Benkard (2015), § 140c PatG Rn. 32; Mes (2015), § 140c Rn. 49; *Hahn*, in: PK-GewRS (2015), Vor § 485 ZPO Rn. 61, § 492 ZPO Rn. 32; *Rinken/Kühnen*, in: Schulte (2014), § 140c Rn. 23, 69, 72; *Keukenschrijver/Kaess*, in: Busse (2013), § 140c Rn. 31; *Pitz*, in: Fitzner/Lutz/Bodewig (2012), § 140c PatG Rn. 46; Ingerl/Rohnke (2010), § 19a Rn. 19; *Kühnen* (2013), Rn. 396, 398, 405; *Götz* (2012), S. 172 f.; *Chakraborty*, in: Haedicke/Timmann (2012), § 11 Rn. 774; *Gniadek* (2011), S. 364, 367; *Pitz* (2010), Rn. 38b; *Jestaedt* (2008), Rn. 845; *Müller-Stoy* (2008), Rn. 195; *Ibbeken* (2004), S. 438; *v. Meibom/vom Feld*, in: FS 50 Jahre BPatG (2011), S. 975 (988); *Kreye*, in: FS v. Meibom (2010), S. 241 (250); *Grabinski*, in:

zeitig kann die Verschwiegenheitsverpflichtung der anwaltlichen Vertreter des Antragstellers mit Ausnahme der geschwärzten Gutachtenteile sowie möglicher Informationen, die sich aus der Besichtigung ergeben haben, mit Wirkung ab Rechtskraft des anordnenden gerichtlichen Beschlusses aufgehoben werden. Die Redaktion betrifft insbesondere die Teile des Gutachtens, die für den Nachweis der Schutzrechtsverletzung nicht relevant sind, jedoch geheimhaltungsbedürftige Informationen beinhalten (etwa Daten über Vertragsbeziehungen wie die Namen von Lieferanten oder gewerblichen Abnehmern), da der Besichtigungszweck die Preisgabe weiter gehender Informationen nicht umfasst (vgl. Abs. 1, 3 Nr. 1, 7 der §§ 140b PatG, 101 UrhG, 19 MarkenG, 24b GebrMG, 46 DesignG, 37b SortSchG, 9 Abs. 2 HalblSchG i.V.m. 24b GebrMG).[98]

Im Rahmen seiner Stellungnahme zum Sachverständigengutachten kann der Antragsgegner die Gutachtenteile aufzeigen, die geheimhaltungsbedürftige Informationen enthalten.[99] Dabei wird er alle diejenigen Passagen benennen, die nur ansatzweise Rückschlüsse auf Betriebs- und Geschäftsgeheimnisse erlauben, um eine umfassende Schwärzung zu erreichen. Das Gericht wird oftmals nur schwer erkennen können, welche Passagen tatsächlich Rückschlüsse auf die geheimhaltungsbedürftigen Informationen erlauben, insbesondere bei komplexen Sachverhalten. Im Sinne eines für beide Parteien gerechten Gutachtens ist der Sachverständige einzuschalten, da er bereits mit dem Sachverhalt betraut ist und das technische Hintergrundwissen besitzt, um zu erkennen, in welchen Teilen der Vortrag des Antragsgegners im Hinblick auf die Schwärzungen dem Schutz von berechtigten Geheimhaltungsinteressen dient oder aber nur der Versuch des Antragsgegners ist, den Inhalt des Gutachtes für den Antragsteller negativ zu beeinflussen.

Ein stark redigiertes Gutachten („Rumpf-Gutachten“) ist für den Antragsteller (nahezu) unbrauchbar, da sich aus dieser Fassung die für ein anschlie-

---

FS Mes (2009), S. 129 (132 f.); *Deichfuß,* GRUR 2015, S. 436 (440); *Wessendorf,* GRUR Int 2013, S. 876 (880); *Tinnefeld,* CR 2013, S. 417 (421); *McGuire/Joachim/Künzel/Weber,* GRUR Int 2010, S. 829 (835); *Müller-Stoy,* MittdtPatA 2010, S. 267 (272); *Kühnen,* MittdtPatA 2009, S. 211 (216); *Spindler/Weber,* MMR 2006, S. 711 (714); *Kühnen,* GRUR 2005, S. 185 (192); vgl. BVerwG, Beschl. v. 15.04.2015, Az. 20 F 1.15, BeckRS 2015, 46698 (Rn. 10); BVerwG, Beschl. v. 05.04.2012, Az. 20 F 1.12, BeckRS 2012, 50844 (Rn. 4, 9); *Guhn,* in: PK-GewRS (2015), § 357 ZPO Rn. 14; *Amschewitz* (2008), S. 136; *Härting/Bielajew,* IPRB 2014, S. 184 (187); *Enchelmaier,* GRUR Int 2012, S. 503 (511); *Frank/Wiegand,* CR 2007, S. 481 (486).

[98] *Hahn,* in: PK-GewRS (2015), § 492 ZPO Rn. 14; a.A. LG München I, Beschl. v. 01.12.2010, Az. 21 OH 7432/10, InstGE 13, 187, 189 f. (Rn. 10–12) – Besichtigungsgutachten mit Auskunftsteil; Mes (2015), § 140c Rn. 48; *Keukenschrijver/Kaess,* in: Busse (2013), § 140c Rn. 32; vgl. Fezer (2009), § 19 MarkenG Rn. 47; *Chakraborty,* in: Haedicke/Timmann (2012), § 11 Rn. 734, 779; *Zöllner,* GRUR-Prax 2010, S. 74 (75).

[99] *Kühnen* (2013), Rn. 396; *Deichfuß,* GRUR 2015, S. 436 (440).

ßendes Hauptsacheverfahren maßgeblichen Informationen (etwa eine technische Ausgestaltung oder Wirkung sowie erforderliche Quellcodefragmente) im Zweifel nicht mehr ergeben oder diese zumindest nicht mehr nachvollziehbar sind.[100] Der Besichtigungsgegenstand kann etwa Merkmale der Ausgestaltung des Antragstellers enthalten, die in schutzrechtswürdiger Weise weiterentwickelt wurden (beispielsweise eine abhängige Erfindung oder weiterentwickelte Quellcodes).[101] Die vom Antragsteller übernommenen Merkmale können mit der Weiterentwicklung des Antragsgegners derart eng verbunden sein, dass nur eine zusammenhängende Betrachtung eine Schutzrechtsverletzung nachweisen kann. Demgemäß kommen Schwärzungen des Sachverständigengutachtens insbesondere bei Weiterentwicklungen oder abhängigen Erfindungen nicht in Betracht, sodass das Gericht in diesen Fällen über die Art und Weise der Gutachtenweiterleitung entscheiden muss.[102]

Die Verantwortung für das Gutachten liegt allein beim Sachverständigen. Wenngleich der Inhalt des Gutachtens durch Schwärzungen nicht geändert wird, findet dennoch eine Bearbeitung statt. Die Parteien erhalten mit einem geschwärzten Gutachten weniger als bei einem unredigierten Gutachten. Demzufolge bedarf es einer gesetzlichen Ermächtigungsgrundlage für diese Bearbeitungen. Das selbstständige Beweisverfahren sieht jedoch keine Rechtsgrundlage für Schwärzungen vor, da es von beiden Parteien freiwillig durchgeführt wird und nicht zwangsweise gegen den Willen einer Partei durchgesetzt werden kann. Das Erfordernis von Maßnahmen zum Geheimnisschutz in Form von Schwärzungen ist eine Besonderheit des „Düsseldorfer Modells" und ergibt sich aufgrund der zwangsweisen Durchsetzung des selbstständigen Beweisverfahrens mithilfe der Duldungsverfügung.

Die Ermessensnormen im Rahmen der Duldungsverfügung (§ 938 Abs. 1 ZPO sowie § 140c Abs. 3 S. 2 PatG) könnten die Bearbeitungen des Gerichts abdecken, finden jedoch im selbstständigen Beweisverfahren keine Anwendung, da beide Verfahren separat betrachtet werden müssen und die Gutachtenerstellung sowie -freigabe Teile des selbstständigen Beweisverfahrens sind. Im Zuge der Umsetzung der Geheimnisschutz-Richtlinie ist ein gesetzgeberisches Tätigwerden erforderlich, da die Richtlinie Maßnahmen zur Unkenntlichmachung geheimhaltungsbedürftiger Passagen ausdrücklich vorsieht (Art. 9 Abs. 2 UAbs. 2 lit. c) Geheimnisschutz-Richtlinie). Im Gegensatz zu Art. 8 Abs. 2 UAbs. 2 lit. c) Geheimnisschutz-Richtlinie-Entwurf ist jedoch in der vom Europäischen Parlament mit Änderungen gebilligten Richtlinien-

[100] *Kühnen* (2013), Rn. 396; *Hoeren/Kuta,* in: FS Weber (2011), S. 499 (531); vgl. *Härting/Bielajew,* IPRB 2014, S. 184 (187).

[101] *Kühnen,* GRUR 2005, S. 185 (192).

[102] OLG Düsseldorf, Beschl. v. 14.01.2009, Az. I-2 W 56/08, InstGE 10, 198, 199 f. (Rn. 4) – zeitversetztes Fernsehen = BeckRS 2009, 17532; *Rinken/Kühnen*, in: Schulte (2014), § 140c Rn. 72.

fassung die Freigabe einer ungeschwärzten Fassung an mindestens eine natürlichen Person jeder Partei vorgesehen (Art. 9 Abs. 2 UAbs. 2 lit. c), UAbs. 3 Geheimnisschutz-Richtlinie), sodass die Schaffung eine Ermächtigungsgrundlage für Schwärzungen gegenüber dem Antragsteller nur eingeschränkt möglich ist.

(c) Verfahrensaussetzung

Falls der Geheimnisschutz auf die Schutzrechtsanmeldung des Besichtigungsgegenstandes zurückgeht, kann die Entscheidung über die Gutachtenweiterleitung bis zur zeitnahen Offenlegung der Anmeldeschrift aufgeschoben werden (vgl. § 148 ZPO).[103] Eine Verfahrensaussetzung kommt dagegen nicht in Betracht, wenn der Schutzzeitraum des antragstellerischen Schutzrechts bald abläuft oder der Antragsteller durch die Aussetzung des Verfahrens seine Ansprüche in einem möglicherweise nachgelagerten Hauptsacheverfahren nicht mehr geltend machen kann.[104]

(d) Strafbewehrte Geheimhaltungsverpflichtung

Die Freigabe des Gutachtens in unredigierter Form kann nicht von der Abgabe einer strafbewehrten Geheimhaltungsverpflichtung des Antragstellers sowie seiner anwaltlichen Vertreter gegenüber Dritten abhängig gemacht werden.[105] Die Einhaltung einer strafbewehrten Geheimhaltungsverpflichtung ist schwer zu überwachen. Selbst wenn der Antragsteller die Geheimhaltungsverpflichtung vollständig einhält, ist dennoch zu befürchten, dass er über das eigentliche Besichtigungsergebnis hinaus Kenntnisse erlangt (etwa Informationen über eine abhängige Erfindung oder ein neuartiges Herstellungsverfahren), die ihm einen Vorteil einbringen, insbesondere bei im Wettbewerb zueinander stehenden Parteien. Eine derartige Informationsbeschaffung ist aber nicht Sinn und Zweck der Besichtigungsanordnung, vor allem bei einer zweifelhaften Verletzungslage.

Eine strafbewehrte Geheimhaltungsverpflichtung erscheint demgemäß nur dann sinnvoll, sofern das Geheimhaltungsinteresse des Antragsgegners in erster Linie gegenüber Dritten besteht und nur peripher gegenüber dem Antragsteller (wenn dieser beispielsweise kein Wettbewerber ist).[106] Selbst dann ist aber nicht abzusehen, was der Antragsteller in welchen Kreisen preisgibt,

---

[103] *Kühnen* (2013), Rn. 408.

[104] *Hahn*, in: PK-GewRS (2015), § 492 ZPO Rn. 34; vgl. *Kühnen,* GRUR 2009, S. 288 (289).

[105] *Tilmann/Schreibauer,* in: FS Erdmann (2002), S. 901 (923); a.A. *Rinken/Kühnen*, in: Schulte (2014), § 140c Rn. 72; *Keukenschrijver/Kaess*, in: Busse (2013), § 140c Rn. 32; *Kühnen* (2013), Rn. 408; vgl. *Hahn*, in: PK-GewRS (2015), § 492 ZPO Rn. 34; *Götz* (2014), S. 389 f.; *Müller-Stoy,* MittdtPatA 2010, S. 267 (272).

[106] *Hahn*, in: PK-GewRS (2015), § 492 ZPO Rn. 34.

gerade bei kooperierenden oder eng zusammenarbeitenden Unternehmen. Selbst kleinste Informationen aus den geheimhaltungsbedürftigen Tatsachen können für Mitbewerber große Vorteile bringen. Bei geschickter Handhabung der Informationen durch Wettbewerber könnten sie ihre Vorteile daraus ziehen, ohne dass die Kenntniserlangung jemals öffentlich wird, da der Nachweis eines Verstoßes des Antragsgegners nur schwer zu erbringen ist.

Für eine Verpflichtung, die erlangten Erkenntnisse nur für das angestrebte Hauptsacheverfahren und nicht für anderweitige Zwecke zu verwerten[107], fehlt außerdem eine gesetzliche Grundlage. Dies gilt mit Blick auf das Gesetzlichkeitsprinzip („*nullum crimen, nulla poena sine lege scripta et stricta*", Art. 103 Abs. 2 GG, § 1 StGB, Art. 7 Abs. 1 EMRK) vor allem für den Sanktionscharakter einer strafbewehrten Geheimhaltungsverpflichtung (vgl. Art. 5, 6 EGStGB). Unabhängig von der späteren Durchsetzung der Sanktion wäre die Auferlegung schon ein Eingriff für den Betroffenen. Eine Anordnung muss im Falle einer Zuwiderhandlung mit Zwangsmitteln durchsetzbar sein oder nachteilige Folgen vorsehen, da sie andernfalls nur ein „Papiertiger" ist. Überdies besteht keine Verpflichtung zur Abgabe einer solchen Auflage.[108]

(e) Sicherheitsleistung

Eine Sicherheitsleistung im Rahmen des Freigabeverfahrens kann mögliche künftige Missbräuche durch den Antragsteller in wirtschaftlicher Hinsicht kompensieren.[109] Eine solche Absicherung ist nicht mit der Sicherheitsleistung nach § 140c Abs. 4 PatG (Verweis auf § 811 Abs. 2 S. 2 BGB) zu verwechseln, bei der die Schäden kompensiert werden sollen, die sich im Zuge der Besichtigung ergeben. Das selbstständige Beweisverfahren sieht keine Rechtsgrundlage für eine solche Sicherleistung vor (vgl. § 938 Abs. 1 ZPO, §§ 52 Abs. 2, 1039 Abs. 1 S. 2 BGB und §§ 108 ff. ZPO, 232 ff. BGB).

Aufgrund der Trennung von selbstständigem Beweisverfahren und einstweiliger Verfügung können die Vorschriften aus dem einstweiligen Rechtsschutz (§ 938 Abs. 1 ZPO sowie § 140c Abs. 3 S. 2 PatG) nicht auf das selbstständige Beweisverfahren angewendet werden. Abgesehen davon sieht sich der Antragsgegner mit Beweisproblemen konfrontiert, es besteht die Gefahr, dass der Antragsteller das aufgedeckte Know-how als Grundlage für

[107] *Hahn*, in: PK-GewRS (2015), § 492 ZPO Rn. 34; *Deichfuß,* GRUR 2015, S. 436 (441); *Müller-Stoy,* MittdtPatA 2010, S. 267 (272); vgl. *Wessels/Beulke/Satzger* (2015), Rn. 61, 71; *Rengier* (2014), § 4 Rn. 1–4; *Roxin* (2006), § 5 Rn. 1–9.

[108] *Tilmann/Schreibauer,* in: FS Erdmann (2002), S. 901 (923).

[109] *Spindler/Weber,* MMR 2006, S. 711 (712).

weitere Entwicklungen nutzt, und die Höhe der Sicherheitsleistung ist im Vorfeld nur schwer zu bestimmen.[110]

(2) Entscheidung über die Gutachtenfreigabe

Sofern die aufgezeigten Maßnahmen zum Geheimnisschutz nicht infrage kommen, ist für die Gutachtenfreigabe an den Antragsteller eine gerichtliche Entscheidung (durch Beschluss oder nach einer mündlichen Verhandlung) als Teil des selbstständigen Beweisverfahrens erforderlich.[111] Nach bisheriger Praxis bestehen die diametral entgegengesetzten Alternativen, dass das Sachverständigengutachten entweder vollständig an den Antragsteller weitergegeben oder insgesamt vorenthalten wird.[112] Im Zuge einer Interessenabwägung muss das Geheimhaltungsinteresse (Art. 12, 14 Abs. 1 GG) des Antragsgegners mit dem Informationsinteresse sowie dem Interesse an einer effektiven Rechtsdurchsetzung (Art. 19 Abs. 4 GG) des Antragstellers abgewogen werden.[113] Dabei kommt es maßgeblich darauf an, ob sich bei vorläufiger Beurteilung durch das Gericht auf der Grundlage des Ergebnisses des Sachverständigengutachtens der Verdacht einer Schutzrechtsverletzung erhärtet hat.[114] Diese Entscheidung über die Schutzrechtsverletzung greift einer späte-

[110] *Karger* (1996), S. 128; *Spindler/Weber,* MMR 2006, S. 711 (712); *Stürner,* JZ 1985, S. 453 (458).

[111] BGH, Beschl. v. 16.11.2009, Az. X ZB 37/08, GRUR 2010, 318, 322 (Rn. 35) – Lichtbogenschnürung = WRP 2010, 541, 546 (Rn. 35); OLG Frankfurt a.M., Urt. v. 10.06.2010, Az. 15 U 192/09, BeckRS 2011, 18385; OLG Düsseldorf, Beschl. v. 14.01.2009, Az. I-2 W 56/08, InstGE 10, 198, 199 f. (Rn. 4) – zeitversetztes Fernsehen = BeckRS 2009, 17532; *Hahn,* in: PK-GewRS (2015), Vor § 485 ZPO Rn. 57; *Rinken/ Kühnen,* in: Schulte (2014), § 140c Rn. 72; *Rohlfing* (2009), S. 90 f.; *Rojahn,* in: FS Loewenheim (2009), S. 251 (259); *Tilmann,* in: FS Ullmann (2006), S. 1013 (1022); *Leppin,* GRUR 1984, S. 695 (705); vgl. *Karger* (1996), S. 112–114, 118; *Kreye,* in: FS v. Meibom (2010), S. 241 (249); *Enchelmaier,* GRUR Int 2012, S. 503 (511); *Müller-Stoy,* GRUR-RR 2009, S. 161 (163).

[112] LG Düsseldorf, Beschl. v. 09.03.2006, Az. 4b O 550/05, InstGE 6, 189, 190 (Rn. 2) – Walzen-Formgebungsmaschine; *Götz* (2012), S. 173.

[113] BGH, Beschl. v. 16.11.2009, Az. X ZB 37/08, GRUR 2010, 318, 322 (Rn. 35, 38) – Lichtbogenschnürung = WRP 2010, 541, 546 f. (Rn. 35, 38); *Hahn,* in: PK-GewRS (2015), § 492 ZPO Rn. 28; *Chakraborty,* in: Haedicke/Timmann (2012), § 11 Rn. 773; *Kather/Fitzner,* MittdtPatA 2010, S. 325 (327); *Müller-Stoy,* MittdtPatA 2010, S. 267 (272); *Fitzner/Kather,* VPP-Rundbrief 2009, S. 58 (61).

[114] OLG Düsseldorf, Beschl. v. 14.01.2009, Az. I-2 W 56/08, InstGE 10, 198, 199 f. (Rn. 4) – zeitversetztes Fernsehen = BeckRS 2009, 17532; *Grabinski/Zülch,* in: Benkard (2015), § 140c PatG Rn. 32; *Hahn,* in: PK-GewRS (2015), Vor § 485 ZPO Rn. 62, § 492 ZPO Rn. 36; *Rinken/Kühnen,* in: Schulte (2014), § 140c Rn. 72; *Kühnen* (2013), Rn. 405; *Chakraborty,* in: Haedicke/Timmann (2012), § 11 Rn. 775; *Nieder,* in: Erdmann/ Rojahn/Sosnitza (2011), Kap. 1 Rn. 608; *Gniadek* (2011), S. 362 f.; *Deichfuß,* GRUR

ren Entscheidung in einem Hauptsacheverfahren jedoch nicht vor, sodass dort eine abweichende Beurteilung möglich ist.[115] An dieser Stelle wird die Daseinsberechtigung von Patentstreitkammern und -senaten deutlich, die mit erfahrenem Personal besetzt sind.[116]

Das Gutachten darf frühestens an den Antragsteller weitergeleitet werden, wenn über die vorgebrachten geheimhaltungsbedürftigen Tatsachen des Antragsgegners rechtskräftig entschieden worden ist (vgl. Art. 7 Abs. 1 S. 5 Enforcement-Richtlinie), da der Rechtsschutz des Antragsgegners ansonsten unzulässig verkürzt wird.[117] Zur Vermeidung vollendeter Tatsachen erfolgt die Gutachtenweiterleitung erst mit Rechtskraft des Freigabebeschlusses.[118] Für die Freigabeentscheidung gelten die Zuständigkeitsregeln aus § 486 Abs. 1, 2 ZPO, da sie im selbstständigen Beweisverfahren ergeht und nicht zum einstweiligen Verfügungsverfahren gehört.[119]

(a) Nachweis einer Schutzrechtsverletzung

Erbringt die Besichtigung den Nachweis einer Schutzrechtsverletzung, haben die Geheimhaltungsinteressen des Antragsgegners gegenüber dem Informationsinteresse des Antragstellers zurückzutreten und das Gutachten wird freigegeben, wobei gleichzeitig auch die Verschwiegenheitsverpflichtung der anwaltlichen Vertreter des Antragstellers entsprechend aufgehoben wird.[120]

2015, S. 436 (441); *Kather/Fitzner,* MittdtPatA 2010, S. 325 (327); *Kühnen,* MittdtPatA 2009, S. 211 (216).

[115] *Kühnen* (2013), Rn. 407; *Gniadek* (2011), S. 362 f.

[116] *Deichfuß,* GRUR 2015, S. 436 (442).

[117] *Grabinski/Zülch*, in: Benkard (2015), § 140c PatG Rn. 33; *Hahn*, in: PK-GewRS (2015), Vor § 485 ZPO Rn. 57, 60, § 492 ZPO Rn. 28; *Rinken/Kühnen*, in: Schulte (2014), § 140c Rn. 75; *Keukenschrijver/Kaess*, in: Busse (2013), § 140c Rn. 35; *Berneke/Schüttpelz* (2015), Rn. 92; *Kühnen* (2013), Rn. 400; *Chakraborty*, in: Haedicke/Timmann (2012), § 11 Rn. 777; *Oldekop*, in: Schramm (2012), Kap. 9 Rn. 182; *Deichfuß,* GRUR 2015, S. 436 (441); *Kather/Fitzner,* MittdtPatA 2010, S. 325 (327); *Müller-Stoy,* MittdtPatA 2010, S. 267 (272); *Fitzner/Kather,* VPP-Rundbrief 2009, S. 58 (61); *Kühnen,* MittdtPatA 2009, S. 211 (216); vgl. OLG Düsseldorf, Beschl. v. 07.02.2008, Az. I-20 W 152/07, InstGE 9, 41, 43 (Rn. 9) – Schaumstoffherstellung = BeckRS 2010, 00781; *Leppin,* GRUR 1984, S. 770 (771); *Leppin,* GRUR 1984, S. 695 (696).

[118] *Hahn*, in: PK-GewRS (2015), § 492 ZPO Rn. 28; *Rinken/Kühnen*, in: Schulte (2014), § 140c Rn. 75; *Keukenschrijver/Kaess*, in: Busse (2013), § 140c Rn. 35; *Kühnen* (2013), Rn. 400; *Chakraborty*, in: Haedicke/Timmann (2012), § 11 Rn. 777; *Kather/Fitzner,* MittdtPatA 2010, S. 325 (327); *Fitzner/Kather,* VPP-Rundbrief 2009, S. 58 (61); *Kühnen,* MittdtPatA 2009, S. 211 (216); *Kühnen,* GRUR 2005, S. 185 (193, Fn. 49).

[119] OLG Düsseldorf, Beschl. v. 20.08.2012, Az. I-2 W 13/12, BeckRS 2016, 01066; *Rinken/Kühnen*, in: Schulte (2014), § 140c Rn. 67.

[120] OLG München, Beschl. v. 03.01.2011, Az. 6 W 2007/10, InstGE 13, 286, 291 (Rn. 27) – Lesevorrichtung für Reliefmarkierungen II; OLG Düsseldorf, Beschl. v. 14.01.2009, Az. I-2 W 56/08, InstGE 10, 198, 199 f. (Rn. 4) – zeitversetztes Fernsehen =

Für die Annahme einer Schutzrechtsverletzung genügen neben einer bestehenden höchstrichterlichen Rechtsprechung auch schon ernst zu nehmende Kommentarstimmen oder gewichtige Sachargumente, die den Standpunkt des Antragstellers untermauern.[121] Andernfalls wird dem Antragsteller schon frühzeitig jedwede Rechtsschutzmöglichkeit genommen.[122] Mit der Freigabe des Gutachtens an den Antragsteller kann sich der Antragsgegner nicht mehr auf seine geheimhaltungsbedürftigen Informationen berufen, da diese mit der Umsetzung der gerichtlichen Entscheidung über die Gutachtenfreigabe nicht mehr geheim sind.[123]

(b) Widerlegung einer Schutzrechtsverletzung

Sofern die Besichtigung eine Schutzrechtsverletzung widerlegt, haben die Geheimhaltungsinteressen des Antragsgegners Vorrang gegenüber den Interessen des Antragstellers, sodass im äußersten Falle dem Antragsteller weder das Gutachten zugestellt noch die Verschwiegenheitsverpflichtung seiner anwaltlichen Vertreter aufgehoben wird.[124] Wenngleich der Anspruch auf

---

BeckRS 2009, 17532; LG Düsseldorf, Beschl. v. 09.03.2006, Az. 4b O 550/05, InstGE 6, 189, 190 f. (Rn. 3) – Walzen-Formgebungsmaschine; *Grabinski/Zülch*, in: Benkard (2015), § 140c PatG Rn. 32 f.; Mes (2015), § 140c Rn. 47; *Hahn*, in: PK-GewRS (2015), Vor § 485 ZPO Rn. 62, § 492 ZPO Rn. 36; *Rinken/Kühnen*, in: Schulte (2014), § 140c Rn. 72; *Keukenschrijver/Kaess*, in: Busse (2013), § 140c Rn. 32; *Kühnen* (2013), Rn. 405; *Götz* (2012), S. 173; *Oldekop*, in: Schramm (2012), Kap. 9 Rn. 158; *Pitz* (2010), Rn. 38b; *Jestaedt* (2008), Rn. 845; *Kreye*, in: FS v. Meibom (2010), S. 241 (250); *Grabinski*, in: FS Mes (2009), S. 129 (132); *Deichfuß*, GRUR 2015, S. 436 (441 f.); *Kather/Fitzner*, MittdtPatA 2010, S. 325 (327); *Müller-Stoy*, MittdtPatA 2010, S. 267 (272); *Fitzner/Kather*, VPP-Rundbrief 2009, S. 58 (61); *Kühnen*, MittdtPatA 2009, S. 211 (216); *Frank/Wiegand*, CR 2007, S. 481 (486); *Ahrens*, GRUR 2005, S. 837 (839); *Kühnen*, GRUR 2005, S. 185 (192); *Fritze/Stauder*, GRUR Int 1986, S. 342 (343); *Brandi-Dohrn*, GRUR 1985, S. 179 (187); *Leppin*, GRUR 1984, S. 695 (699); vgl. OLG Düsseldorf, Beschl. v. 19.9.2007, Az. I-2 W 21/07, InstGE 8, 186, 191 (Rn. 34 f.) – Klinkerriemchen II = BeckRS 2008, 07989; *Tilmann/Schreibauer*, in: FS Erdmann (2002), S. 901 (908); *König*, MittdtPatA 2002, S. 153 (161); *Stürner*, JZ 1985, S. 453 (458).

[121] OLG Düsseldorf, Beschl. v. 14.01.2009, Az. I-2 W 56/08, InstGE 10, 198, 202 f. (Rn. 16) – zeitversetztes Fernsehen = BeckRS 2009, 17532; *Hahn*, in: PK-GewRS (2015), § 492 ZPO Rn. 37; *Rinken/Kühnen*, in: Schulte (2014), § 140c Rn. 72; *Kühnen* (2013), Rn. 407; *Chakraborty*, in: Haedicke/Timmann (2012), § 11 Rn. 775; *Kühnen*, MittdtPatA 2009, S. 211 (216).

[122] *Hahn*, in: PK-GewRS (2015), § 492 ZPO Rn. 37.

[123] *Müller-Stoy*, MittdtPatA 2010, S. 267 (274).

[124] OLG Düsseldorf, Beschl. v. 02.07.2015, Az. I-2 W 13/15, BeckRS 2016, 01681 (Rn. 10); OLG Düsseldorf, Beschl. v. 14.01.2009, Az. I-2 W 56/08, InstGE 10, 198, 199 f. (Rn. 4) – zeitversetztes Fernsehen = BeckRS 2009, 17532; OLG Düsseldorf, Beschl. v. 19.9.2007, Az. I-2 W 21/07, InstGE 8, 186, 191 (Rn. 34 f.) – Klinkerriemchen II = BeckRS 2008, 07989; LG Düsseldorf, Beschl. v. 09.03.2006, Az. 4b O 550/05, InstGE 6, 189, 190 f. (Rn. 3) – Walzen-Formgebungsmaschine; *Grabinski/Zülch*, in: Benkard (2015),

rechtliches Gehör (Art. 103 Abs. 1 GG) und die damit einhergehende Gutachteneinsicht originär den Parteien zusteht, wird das Sachverständigengutachten aufgrund der für den Antragsteller nachteiligen Interessenabwägung nur an seine anwaltlichen Vertreter weitergeleitet, was dem deutschen Recht nicht fremd ist (vgl. § 29 Abs. 2 VwVfG).[125]

(3) „Alles oder Nichts"-Lösung

Diese Vorgehensweise im Rahmen des „Düsseldorfer Modells" läuft auf eine „Alles oder Nichts"-Lösung hinaus und ist sehr bedenklich.[126] Der durch das Gutachten nachgewiesene Grad der Verletzungswahrscheinlichkeit stellt nur einen von mehreren Punkten im Rahmen der Interessenabwägung dar. Beide Parteien benötigen die Informationen aus dem Gutachten als Angriffs- und Verteidigungsmittel.[127] Vor dem Hintergrund des Anspruchs auf rechtliches Gehör (Art. 103 Abs. 1 GG) sowie der sich aus dem Prinzip des fairen Verfahrens ergebenden Chancen- und Waffengleichheit ruft der Ausschluss des Antragstellers bei der Würdigung des Gutachtens ein prozessuales Ungleichgewicht hervor.[128]

Wenngleich das Gutachten an die anwaltlichen Vertreter des Antragstellers weitergeleitet wird, sodass sie den relevanten Stand der Technik ermitteln und für die Verletzungslage auswerten können (insbesondere bei einem über längere Zeit währenden Mandatsverhältnis, in dem die Anwälte mit der Zeit die notwendigen technischen Spezialkenntnisse erworben haben), wird ein Sachverständigengutachten zuweilen erst mit dem Spezialwissen des Antragstellers zu einem effektiven Beweismittel, sodass trotz umfassender Unterweisungen der Gutachteninhalt ohne die Mithilfe des Mandanten nicht ange-

---

§ 140c PatG Rn. 32; Mes (2015), § 140c Rn. 45; *Hahn*, in: PK-GewRS (2015), Vor § 485 ZPO Rn. 62, § 492 ZPO Rn. 36; *Rinken/Kühnen*, in: Schulte (2014), § 140c Rn. 72; *Keukenschrijver/Kaess*, in: Busse (2013), § 140c Rn. 32; *Kühnen* (2013), Rn. 405; *Götz* (2012), S. 173; *Oldekop*, in: Schramm (2012), Kap. 9 Rn. 181; *Jestaedt* (2008), Rn. 845; *Kreye,* in: FS v. Meibom (2010), S. 241 (250 f.); *Grabinski,* in: FS Mes (2009), S. 129 (132); *Deichfuß,* GRUR 2015, S. 436 (441); *Kather/Fitzner,* MittdtPatA 2010, S. 325 (327); *Zöllner,* GRUR-Prax 2010, S. 74 (76); *Fitzner/Kather,* VPP-Rundbrief 2009, S. 58 (61); *Kühnen,* MittdtPatA 2009, S. 211 (216); *Frank/Wiegand,* CR 2007, S. 481 (486); *Kühnen,* GRUR 2005, S. 185 (192); *Leppin,* GRUR 1984, S. 695 (699).

[125] A.A. OLG München, Beschl. v. 11.08.2008, Az. 6 W 1380/08, InstGE 10, 186, 191 (Rn. 51 f.) – Laser-Schweißverfahren = GRUR-RR 2009, 191, 192.

[126] *Götz* (2014), S. 185; *Bahner* (2013), S. 185; *Hoeren/Kuta,* in: FS Weber (2011), S. 499 (532); *Stadler,* ZZP 2010, S. 261 (279); vgl. *Bornkamm,* in: FS Ullmann (2006), S. 893 (903); *Rogge,* in: FS v. Gamm (1990), S. 461 (472); *McGuire,* GRUR 2015, S. 424 (430, 432); *Hauck,* GRUR Int 2013, S. 713 (717).

[127] *Kather/Fitzner,* MittdtPatA 2010, S. 325 (330); *Fitzner/Kather,* VPP-Rundbrief 2009, S. 58 (64).

[128] *Kühnen,* GRUR 2005, S. 185 (192).

griffen werden kann (etwa bei abhängigen Erfindungen oder Weiterentwicklungen).[129] Außerdem ist dem selbstständigen Beweisverfahren die Gutachtenfreigabe an beide Parteien immanent und der Antragsteller hat die Begutachtung beantragt.

(4) Gestufte Gutachtenherausgabe

In einem Abwägungsprozess sind Abwägungsfehler unvermeidbar, insbesondere bei komplexen Sachverhalten. Daher muss das Sachverständigengutachten an beide Parteien freigegeben werden, da sich andernfalls die Gefahr eines Fehlurteils im anschließenden Hauptsacheverfahren erhöht.[130] Eine unredigierte oder unterbliebene Gutachtenfreigabe darf nur absoluten Ausnahmefällen vorbehalten sein.[131] Weder der Geheimnisschutz aufseiten des Antragsgegners noch das Informations- und Offenlegungsinteresse des Antragstellers treten im Rahmen einer Besichtigung obligatorisch zurück.[132] Neben dem Besichtigungsergebnis müssen die Parteiinteressen stets Einfluss auf die Gutachtenfreigabe an den Antragsteller haben. An dieser Stelle bietet sich eine mehrstufiges Verfahren an, das sich flexibel an der konkreten Interessenlage orientiert.[133]

Der Antragsgegner bekommt (wie nach bisheriger Verfahrensweise) im Anschluss an die Besichtigung die Gelegenheit, zum Gutachten Stellung zu beziehen und geheimhaltungsbedürftige Tatsachen aufzuzeigen. Im Anschluss schwärzt das Gericht das Gutachten unter Berücksichtigung der Parteiinteressen sowie des ermittelten Wahrscheinlichkeitsgrads der Schutzrechtsverletzung in Zusammenarbeit mit dem Sachverständigen, da der Antragsgegner vor der Besichtigung nicht angehört wurde, und leitet es an den Antragsteller weiter.[134] Sofern die Interessen des Antragsgegners im Rahmen

---

[129] *Kühnen,* GRUR 2005, S. 185 (192); *Lachmann,* NJW 1987, S. 2206 (2209).

[130] Vgl. *Enchelmaier,* GRUR Int 2012, S. 503 (510); *Lachmann,* NJW 1987, S. 2206 (2209).

[131] Vgl. LG Düsseldorf, Beschl. v. 09.03.2006, Az. 4b O 550/05, InstGE 6, 189, 190 (Rn. 2) – Walzen-Formgebungsmaschine.

[132] BGH, Beschl. v. 16.11.2009, Az. X ZB 37/08, GRUR 2010, 318, 322 (Rn. 38) – Lichtbogenschnürung = WRP 2010, 541, 547 (Rn. 38).

[133] OLG Düsseldorf, Beschl. v. 02.07.2015, Az. I-2 W 13/15, BeckRS 2016, 01681 (Rn. 6); Fezer (2009), § 19a MarkenG Rn. 38; *Götz* (2014), S. 185; *Zöllner,* GRUR-Prax 2010, S. 74 (76); *Kitz,* NJW 2008, S. 2374 (2376 f.); *Tilmann/Schreibauer,* GRUR 2002, S. 1015 (1021); vgl. *v. Hartz* (2004), S. 150.

[134] OLG Düsseldorf, Beschl. v. 02.07.2015, Az. I-2 W 13/15, BeckRS 2016, 01681 (Rn. 6 f.); *Kather/Fitzner,* MittdtPatA 2010, S. 325 (327); *Fitzner/Kather,* VPP-Rundbrief 2009, S. 58 (61); vgl. Study on Trade Secrets and Confidential Business Information in the Internal Market, MARKT/2011/128/D, S. 7, 34 f. (abrufbar unter: http://ec.europa.eu/internal_market/iprenforcement/docs/trade-secrets/130711_final-study_en.pdf; zuletzt abgerufen am: 30.06.2017); *Rauschhofer,* GRUR-RR 2006, S. 249 (251).

der Interessenabwägung überwiegen, hat das Gericht das Gutachten umso umfangreicher zu schwärzen, je mehr das Sachverständigengutachten eine Schutzrechtsverletzung widerlegt oder nicht nachweisen kann. Im Ergebnis bekommt der Antragsteller nur noch ein „Rumpf-Gutachten", das objektiv weitestgehend nutzlos sein wird.[135] Dennoch muss auch in diesen Fällen das Gutachten an den Antragsteller freigegeben werden, da es dem Grundgedanken des selbstständigen Beweisverfahren entspricht, dass das Gutachten an beide Parteien weitergeleitet wird, und der Antragsteller die sachverständige Begutachtung außerdem beantragt hat.

Damit gleichlaufend ist das Gutachten aber selbst beim Nachweis einer Schutzrechtsverletzung nur in redigierter Form zu übermitteln. Das Geheimhaltungsinteresse des Antragsgegners hat in diesem Fall zwar zurückzutreten, sodass die Schwärzungen auf ein Minimum begrenzt werden müssen, jedoch darf es nicht gänzlich ausgeblendet werden.[136] Der Antragsteller muss die Einschränkung seines Anspruchs auf rechtliches Gehör aufgrund der Gewährleistung des berechtigten Geheimhaltungsinteresses des Antragsgegners hinnehmen.[137] Sofern das Sachverständigengutachten den Verdacht einer Schutzrechtsverletzung dagegen nicht erhärtet, ist das Geheimhaltungsinteresse des Antragsgegners vorrangig zu berücksichtigen. Dennoch muss dem Antragsteller wenigstens ein im gebotenen Umfang redigiertes Exemplar des Gutachtens übergeben werden.

Der Antragsteller kann auf der Grundlage des redigierten Gutachtens versuchen, das Gericht von der Freigabe bestimmter geschwärzter Passagen zu überzeugen. Demgegenüber muss der Antragsgegner sein Geheimhaltungsinteresse hinsichtlich dieser freizugebenden Tatsachen präzisieren. Das Geheimhaltungsinteresse des Antragsgegners ist mit jedem Argument neu zu beurteilen, das für eine Schutzrechtsverletzung spricht und diese wahrscheinlicher macht.[138] Während der Erörterungen über das Vorliegen einer Schutzrechtsverletzung kann auf diese Weise das anfänglich noch überwiegende Geheimhaltungsinteresse des Antragsgegners mit jedem für eine Schutzrechtsverletzung sprechenden Argument zurücktreten. Das Gericht entscheidet daraufhin, welche anfänglich geschwärzten Gutachtenpassagen mit der Zeit freigegeben werden.[139] Auf diese Weise wird ein bestmöglicher Aus-

---

[135] OLG Düsseldorf, Beschl. v. 02.07.2015, Az. I-2 W 13/15, BeckRS 2016, 01681 (Rn. 6, 9); OLG München, Beschl. v. 22.08.2014, Az. 6 W 1918/13, BeckRS 2014, 20365 (Rn. 54); OLG Düsseldorf, Beschl. v. 20.08.2012, Az. I-2 W 13/12, BeckRS 2016, 01066.

[136] *Deichfuß,* GRUR 2015, S. 436 (441).

[137] *Kühnen,* GRUR 2005, S. 185 (192); a.A. OLG München, Beschl. v. 11.08.2008, Az. 6 W 1380/08, InstGE 10, 186, 191 (Rn. 50) – Laser-Schweißverfahren = GRUR-RR 2009, 191, 192.

[138] *Hacker*, in: Ströbele/Hacker (2015), § 19a Rn. 24; *Kitz,* NJW 2008, S. 2374 (2376 f.); *Kühnen,* GRUR 2005, S. 185 (193).

[139] *Kitz,* NJW 2008, S. 2374 (2376 f.).

gleich zwischen den Parteiinteressen hergestellt, insbesondere aber dem Gehörsanspruch des Antragstellers (Art. 103 Abs. 1 GG) unter gleichzeitiger Wahrung des Geheimhaltungsinteresses des Antragsgegners (Art. 12, 14 Abs. 1 GG) Rechnung getragen, und gleichzeitig zügig eine Gutachtenfreigabe erreicht.

Die gestufte Gutachtenherausgabe bietet überdies eine interessengerechte Lösung für Situationen, in denen das Sachverständigengutachten trotz Ausschöpfung aller verfügbarer Beurteilungsmöglichkeiten (insbesondere die Anhörung des Sachverständigen) kein eindeutiges Ergebnis über den Verletzungsvorwurf enthält. Das Geheimhaltungsinteresse des Antragsgegners darf nicht automatisch mit der Folge der Gutachtenweiterleitung an den Antragsteller zurückstehen.[140] Im Rahmen der Interessenabwägung muss einerseits der Umstand beachtet werden, dass das Gutachten die vermeintliche Schutzrechtsverletzung nicht eindeutig nachweisen kann, andererseits darf dem Antragsteller nicht bereits im Vorfeld die Möglichkeit genommen werden, die Frage der Schutzrechtsverletzung von einem Verletzungsgericht klären zu lassen.[141] Dennoch muss auch im Rahmen der gestuften Gutachtenherausgabe berücksichtigt werden, dass das selbstständige Beweisverfahren keine Rechtsgrundlage für Schwärzungen durch das Gericht vorsieht. Ein Rückgriff auf § 938 Abs. 1 ZPO sowie § 140c Abs. 3 S. 2 PatG verbietet sich. Eine Verbesserung der unbefriedigenden Rechtslage ist mit der Umsetzung der Geheimnisschutz-Richtlinie zu erwarten, die Maßnahmen zur Unkenntlichmachung geheimhaltungsbedürftiger Passagen vorsieht, obgleich die Einschränkungen im Vergleich zum Richtlinienvorschlag tiefgreifende Veränderungen behindern (vgl. Art. 8 Abs. 2 UAbs. 2 lit. c) Geheimnisschutz-Richtlinie-Entwurf im Gegensatz zu Art. 9 Abs. 2 UAbs. 2 lit. c), UAbs. 3 Geheimnisschutz-Richtlinie).

c) Zeitliche Aussetzung der Gutachtenweiterleitung

Die Besichtigungsanordnung soll ein späteres Hauptsacheverfahren über eine Schutzrechtsverletzung vorbereiten und dient damit keinem Selbstzweck, sodass auch der Rechtsbestand des Schutzrechts des Antragstellers berücksichtigt werden muss.[142] Ein Verletzungsgericht ist (auch im einstweiligen

---

[140] A.A. *Deichfuß,* GRUR 2015, S. 436 (441); vgl. OLG Düsseldorf, Beschl. v. 14.01.2009, Az. I-2 W 56/08, InstGE 10, 198, 200 f. (Rn. 6) – zeitversetztes Fernsehen = BeckRS 2009, 17532.

[141] *Deichfuß,* GRUR 2015, S. 436 (441); vgl. OLG Düsseldorf, Beschl. v. 14.01.2009, Az. I-2 W 56/08, InstGE 10, 198, 199 f. (Rn. 4) – zeitversetztes Fernsehen = BeckRS 2009, 17532.

[142] *Grabinski/Zülch*, in: Benkard (2015), § 140c PatG Rn. 32; vgl. *Rinken/Kühnen*, in: Schulte (2014), § 140c Rn. 4; *Kühnen* (2013), Rn. 410 f.; *Kühnen,* MittdtPatA 2009, S. 211 (211).

Rechtsschutz) wegen des „Trennungsprinzips“ an ein amtlich geprüftes und erteiltes Schutzrecht gebunden.[143] Wird das Schutzrecht des Antragstellers während des laufenden Beweissicherungsverfahrens in einem parallelen Verfahren erstinstanzlich widerrufen oder für nichtig erklärt, hat die Gutachtenfreigabe an den Antragsteller bis zu einer Entscheidung über den Bestand des antragstellerischen Schutzrechts in der ersten Instanz zu unterbleiben, sofern mit der Freigabe geheimhaltungsbedürftige Informationen des Antragsgegners offenbart werden.[144]

In diesem Zeitpunkt ist für die Gutachtenweiterleitung keine Eile geboten. Der Sachverständige hat im Zuge der Besichtigung alle Beweise gesichert, sodass die Gefahr einer Beweismittelvereitelung durch den Antragsgegner nicht besteht.[145] Außerdem greift die mit der Gutachtenfreigabe einhergehende Befriedigungs- sowie Streitbeilegungsfunktion des selbstständigen Beweisverfahrens nicht mehr (vgl. § 485 Abs. 2 ZPO), da der Antragsgegner aufgrund einer für ihn günstigen Widerrufs- oder Vernichtungsentscheidung nicht außergerichtlich einlenken wird.[146] Daneben wird der Antragsteller seine Ansprüche wegen einer Schutzrechtsverletzung nicht durchsetzen können, da das Gericht in der Hauptsache das Verfahren bis zu einer erstinstanzlichen Entscheidung über den Rechtsbestand aussetzen wird (§ 148 ZPO).[147]

Demgegenüber ist das Gutachten an den Antragsteller freizugeben, wenn der Rechtsbestand des antragstellerischen Schutzrechts angegriffen wird, eine

---

[143] OLG Düsseldorf, Urt. v. 01.03.2007, 2 U 98/06, GRUR-RR 2007, 219, 219 – Kleinleistungsschalter = BeckRS 2007, 05698; OLG Düsseldorf, Urt. v. 21.10.1982, Az. 2 U 67/82, GRUR 1983, 79, 80 – Einstweilige Verfügung in Patentsachen; *Haedicke* (2015), Kap. 4 Rn. 47 f., Kap. 14 Rn. 12, Kap. 17 Rn. 5; *Schneider,* VPP-Rundbrief 2009, S. 19 (24); *Müller-Stoy/Wahl,* MittdtPatA 2008, S. 311 (312); *v. Falck,* MittdtPatA 2002, S. 429 (433).

[144] OLG Düsseldorf, Urt. v. 29.04.2010, Az. I-2 U 126/09, InstGE 12, 114, 121 (Rn. 19) – Harnkatheterset = MittdtPatA 2011, 193, 196 (Rn. 76); OLG Frankfurt a.M., Urt. v. 27.03.2003, Az. 6 U 215/02, GRUR-RR 2003, 263, 264; LG Düsseldorf, Beschl. v. 23.11.2007, Az. 4a O 247/07, BeckRS 2010, 15232; *Grabinski/Zülch*, in: Benkard (2015), § 140c PatG Rn. 32; *Hahn*, in: PK-GewRS (2015), § 492 ZPO Rn. 28, 39; *Rinken/Kühnen*, in: Schulte (2014), § 140c Rn. 73; *Keukenschrijver/Kaess*, in: Busse (2013), § 140c Rn. 32; *Kühnen* (2013), Rn. 400, 410, 1745, 1747; *Chakraborty*, in: Haedicke/Timmann (2012), § 11 Rn. 777; *Deichfuß,* GRUR 2015, S. 436 (441, Fn. 44); *Kather/Fitzner,* MittdtPatA 2010, S. 325 (327); *Fitzner/Kather,* VPP-Rundbrief 2009, S. 58 (61); *Kühnen,* MittdtPatA 2009, S. 211 (216); vgl. *Voß*, in: Fitzner/Lutz/Bodewig (2012), Vor §§ 139 ff. PatG Rn. 254–258; *Kühnen,* GRUR 2009, S. 288 (288, 290).

[145] *Hahn*, in: PK-GewRS (2015), § 492 ZPO Rn. 39; *Kühnen* (2013), Rn. 410.

[146] *Hahn*, in: PK-GewRS (2015), § 492 ZPO Rn. 39; *Kühnen* (2013), Rn. 410.

[147] *Hahn*, in: PK-GewRS (2015), § 492 ZPO Rn. 39; *Kühnen* (2013), Rn. 410; vgl. OLG Düsseldorf, Urt. v. 29.04.2010, Az. I-2 U 126/09, InstGE 12, 114, 121 (Rn. 18) – Harnkatheterset = MittdtPatA 2011, 193, 196 (Rn. 74).

rechtskräftige Entscheidung darüber aber noch aussteht.[148] Wegen der zeitlichen Befristung der Schutzrechte hat der Antragsteller ein Interesse an einer zeitnahen Durchsetzung seiner Ausschließlichkeitsrechte. Sofern jedoch erhebliche Zweifel am Bestand des antragstellerischen Schutzrechts bestehen, aufgrund derer die Aussetzung in einem Hauptsacheverfahren gerechtfertigt wäre (§ 148 ZPO), und eine Nichtigkeitsklage mit sehr hoher Wahrscheinlichkeit erfolgreich sein wird, darf das Gutachten ausnahmsweise nicht an den Antragsteller weitergeleitet werden.[149]

5. Anhörung des Sachverständigen durch die Parteien

Das Gericht muss einem rechtzeitig gestellten Antrag einer Partei auf Ergänzung des Gutachtens oder Ladung des Sachverständigen zum Zwecke der mündlichen Erörterung (§§ 492 Abs. 1, 402, 397 Abs. 1, 2 ZPO; vgl. §§ 492 Abs. 1, 411 Abs. 4 S. 1 ZPO) stattgeben, falls eine Partei dies zur Aufklärung des Verletzungsvorwurfs für erforderlich hält und der Antrag nicht offensichtlich missbräuchlich ist, selbst wenn das Gericht keinen weiteren Erläuterungsbedarf sieht.[150] Wenngleich die Ladung des Sachverständigen zur münd-

---

[148] *Hahn*, in: PK-GewRS (2015), § 492 ZPO Rn. 40; *Kühnen* (2013), Rn. 411; vgl. OLG Düsseldorf, Urt. v. 29.05.2008, Az. 2 W 47/07, InstGE 9, 140, 146 (Rn. 27 f.) – Olanzapin = GRUR-RR 2008, 329, 331; *Ulrich*, AnwBl 2003, S. 78 (85).

[149] OLG München, Beschl. v. 03.01.2011, Az. 6 W 2007/10, InstGE 13, 286, 292 (Rn. 29) – Lesevorrichtung für Reliefmarkierungen II; *Hahn*, in: PK-GewRS (2015), § 492 ZPO Rn. 40; *Rinken/Kühnen*, in: Schulte (2014), § 140c Rn. 25, 73; *Pitz*, in: Fitzner/Lutz/Bodewig (2012), § 140c PatG Rn. 35; *Chakraborty*, in: Haedicke/Timmann (2012), § 11 Rn. 773; *Kühnen* (2013), Rn. 411; *Pitz* (2010), Rn. 101; *Deichfuß*, GRUR 2015, S. 436 (441); *Müller-Stoy/Wahl*, MittdtPatA 2008, S. 311 (312); *Holzapfel*, GRUR 2003, S. 287 (292); vgl. OLG Düsseldorf, Urt. v. 29.04.2010, Az. I-2 U 126/09, InstGE 12, 114, 121 (Rn. 18) – Harnkatheterset = MittdtPatA 2011, 193, 196 (Rn. 74); OLG München, Beschl. v. 15.04.2010, Az. 6 W 1566/09, InstGE 12, 192, 197 (Rn. 30) – Lesevorrichtung für Reliefmarkierungen; OLG Düsseldorf, Urt. v. 29.05.2008, Az. 2 W 47/07, InstGE 9, 140, 146 (Rn. 28) – Olanzapin = GRUR-RR 2008, 329, 331; LG Mannheim, Urt. v. 27.02.2009, Az. 7 O 29/09, InstGE 11, 159, 161 (Rn. 8) – VA-LCD-Fernseher II = BeckRS 2009, 87748; *Voß*, in: Fitzner/Lutz/Bodewig (2012), Vor §§ 139 ff. PatG Rn. 262 f.; *Oldekop*, in: Schramm (2012), Kap. 9 Rn. 158; *Kühnen*, GRUR 2009, S. 288 (288, 290).

[150] BVerfG, Beschl. v. 03.02.1998, Az. 1 BvR 909/94, NJW 1998, 2273, 2273 = NZG 1998, 633, 633; BGH, Beschl. v. 07.12.2010, Az. VIII ZR 96/10, NJW-RR 2011, 704, 704 f. (Rn. 9) = DS 2011, 167, 167 (Rn. 9); BGH, Urt. v. 10.07.1952, Az. IV ZR 15/52, BGHZ 6, 398, 401 = NJW 1952, 1214, 1214 f.; BVerwG, Urt. v. 09.03.1984, Az. 8 C 97/83, NJW 1984, 2645, 2646 = DVBl. 1984, 832, 834; OLG Düsseldorf, Beschl. v. 18.04.2000, Az. 22 W 10/00, NJW-RR 2001, 141, 141 = NZBau 2000, 385, 386; Baumbach/Lauterbach/Albers/Hartmann (2016), § 411 Rn. 10; *Reichold*, in: Thomas/Putzo (2016), § 411 Rn. 5; *Greger*, in: Zöller (2016), § 411 Rn. 5a; *Herget*, in: Zöller (2016), § 492 Rn. 1; *Grabinski/Zülch*, in: Benkard (2015), § 139 PatG Rn. 127, 129, § 140c PatG Rn. 34; *Berger*, in: Stein/Jonas (2015), § 492 Rn. 4; *Hahn*, in: PK-GewRS (2015), § 487 ZPO Rn. 21, § 491 ZPO Rn. 3, § 492 ZPO Rn. 4 f., 8; *Rinken/Kühnen*, in: Schulte (2014),

lichen Erläuterung seines Gutachtens im Ermessen des Gerichts steht, ist der Anspruch auf rechtliches Gehör (Art. 103 Abs. 1 GG) verletzt, wenn das Gericht den begründeten Antrag einer Partei grundlos übergeht.[151] Die Schranken für eine Sachverständigenanhörung sollten nicht zu eng gezogen werden, da das selbstständige Beweisverfahren gerade die Befriedigung der Parteiinteressen beabsichtigt (vgl. § 492 Abs. 3 ZPO sowie in Bezug dazu § 222 Abs. 1 S. 1 StPO).[152]

Wenngleich beiden Parteien wegen des Gehörsanspruchs (Art. 103 Abs. 1 GG) ein Anwesenheitsrecht zusteht, gilt in diesem Verfahrensabschnitt der Teilnahmeverzicht des Antragstellers fort (insbesondere hinsichtlich seiner Rechte aus §§ 137 Abs. 4, 78 ZPO), sodass nur seine anwaltlichen Vertreter beteiligt sind.[153] Neben allgemeinen Erkundigungen über die Entwicklung auf dem jeweiligen Fachgebiet können die Rechts- und Patentanwälte beim Antragsteller jedoch nötiges technisches Wissen (sollten sie es nicht schon im Vorfeld der Besichtigung durch eine eingehende Unterweisung des Antragstellers erhalten haben) insoweit abfragen, als die Verschwiegenheitsverpflichtung nicht verletzt wird.[154] Außerdem sind in diesem Verfahrensabschnitt der Sachverständige und das Gericht als jeweils unabhängige Dritte beteiligt, sodass den Interessen des Antragstellers in ausreichendem Maße Rechnung getragen wird.

---

§ 140c Rn. 75; *Zimmermann*, in: MüKo ZPO (2012), § 411 Rn. 11 f.; *Pastor*, in: Werner/ Pastor (2015), Rn. 85, 93, 112, 3128 f. jeweils m.w.Nachw.; *Koeble*, in: Kompendium BauR (2014), 2. Teil Rn. 132; *Kühnen* (2013), Rn. 412, 2399, 2403; *Rosenberg/Schwab/ Gottwald* (2010), § 117 Rn. 16; *Paulus* (2010), Rn. 401; *Bayerlein*, in: Bayerlein (2008), § 18 Rn. 12; *Fink* (2005), Rn. 237, 386 f., 408 f.; *Sturmberg* (2004), Rn. 225 ff.; *Ulrich* (2004), Rn. 174 ff.; *Weise* (2002), Rn. 423 f.; *Sturmberg* (1999), Rn. 307 ff.; *Höffmann* (1989), S. 72–74; *Müller-Stoy,* MittdtPatA 2010, S. 267 (270, Fn. 24); *Ulrich,* AnwBl 2003, S. 78 (82); *Pagenberg,* CR 1991, S. 65 (70); *Lachmann,* NJW 1987, S. 2206 (2209); *Ankermann,* NJW 1985, S. 1204 (1204); *Wussow,* NJW 1969, S. 1401 (1405).

[151] BVerfG, Beschl. v. 17. 01.2012, Az. 1 BvR 2728/10, NJW 2012, 1346, 1347 (Rn. 13 f.) = DS 2012, 257, 257 f. (Rn. 13 f.); BVerfG, Beschl. v. 03.02.1998, Az. 1 BvR 909/94, NJW 1998, 2273, 2273 f. = NZG 1998, 633, 633; BGH, Urt. v. 23.06.2006, Az. V ZR 147/05, NJW 2006, 3054, 3055 (Rn. 22 f.) = WM 2006, 1915, 1917 (Rn. 22 f.); *Degenhart*, in: Sachs (2014), Art. 103 Rn. 26; *Pastor*, in: Werner/Pastor (2015), Rn. 112, 3130; *Sturmberg* (2004), Rn. 226; *Ulrich* (2004), Rn. 174; *Cuypers,* NJW 1994, S. 1985 (1989); vgl. OLG Stuttgart, Beschl. v. 19.05.2009, Az. 10 W 23/09, NZBau 2010, 317, 317 = DS 2010, 151, 151.

[152] *Hahn*, in: PK-GewRS (2015), § 485 Rn. 5, § 492 ZPO Rn. 8; vgl. *Kühnen* (2013), Rn. 2400 f.

[153] *Müller-Stoy,* MittdtPatA 2010, S. 267 (272); vgl. *Zimmermann*, in: MüKo ZPO (2012), § 411 Rn. 13.

[154] *Müller-Stoy,* MittdtPatA 2010, S. 267 (273); *Müller-Stoy,* GRUR-RR 2009, S. 161 (164, Fn. 20); *Kühnen,* GRUR 2005, S. 185 (192); *Bierbach,* GRUR 1986, S. 201 (202).

6. Rechtmäßigkeit der Beweisaufnahme

Der Grundsatz der Waffengleichheit (als Ausprägung des Prinzips des fairen Verfahrens; Art. 3 Abs. 1 GG i.V.m. Art. 1 Abs. 3 GG in Verbindung mit dem Rechts- und Sozialstaatsprinzip (Art. 20 Abs. 2, 3 GG, Art. 20 Abs. 1 GG)) soll die Risikoverteilung der Parteien im Prozess vernünftig ausgleichen, sodass für beide Seiten dieselben Maßstäbe gelten müssen, auch wenn sie sich nur für eine Partei auswirken.[155] Wird die Beweisaufnahme im Nachhinein für rechtswidrig erklärt, muss ein Verbot die Verwertung der Beweise und Informationen aus dem Sachverständigengutachten verhindern.[156] Die Verweisung in § 140c Abs. 4 PatG auf § 140b Abs. 8 PatG sieht ein strafprozessuales Beweisverwertungsverbot vor und wahrt mithin die Selbstbelastungsfreiheit (*Nemo-tenetur-Grundsatz*; vgl. §§ 55 Abs. 1, 136 Abs. 1 S. 2 StPO), wobei dieses Beweisverwertungsverbot bei einer isolierten Durchsetzung des Besichtigungsanspruchs eingreift.[157] Ein zivilrechtliches (möglicherweise mit Ordnungsmitteln belegtes) Beweis- bzw. Informationsverwertungsverbot ist dagegen in den spezialgesetzlichen Besichtigungsansprüchen nicht geregelt.[158]

Die Beweisaufnahme im Rahmen des „Düsseldorfer Modells" erfolgt auf der Grundlage des selbstständigen Beweisverfahrens (§§ 485 ff. ZPO), sodass

---

[155] *Beckhaus* (2010), S. 74–77 m.w.Nachw., insbes. S. 76.

[156] *Prütting*, in: MüKo ZPO (2013), § 284 Rn. 64–67 m.w.Nachw.; *Amschewitz* (2008), S. 137; *Müller-Stoy* (2008), Rn. 213–217; *Müller-Stoy,* MittdtPatA 2010, S. 267 (275, 276); *Tilmann,* GRUR 2005, S. 737 (738; 739, 740); vgl. OLG München, Beschl. v. 11.08.2008, Az. 6 W 1380/08, InstGE 10, 186, 191 (Rn. 43 f.) – Laser-Schweißverfahren = GRUR-RR 2009, 191, 192; *Greger*, in: Zöller (2016), § 286 Rn. 15a; *Oldekop*, in: Schramm (2012), Kap. 9 Rn. 181; *v. Meibom/vom Feld,* in: FS 50 Jahre BPatG (2011), S. 975 (983); *Deichfuß,* GRUR 2015, S. 436 (442); *Eck/Dombrowski,* GRUR 2008, S. 387 (388, 391); *Bird,* MittdtPatA 2002, S. 404 (406); *Götting,* GRUR Int 1988, S. 729 (735); *Leppin,* GRUR 1984, S. 770 (773 f.).

[157] BGH, Beschl. v. 26.10.2006, Az. III ZB 2/06, NJW 2007, 155, 156 (Rn. 7) = MDR 2007, 541, 541; *Grabinski/Zülch*, in: Benkard (2015), § 140c PatG Rn. 38; *Hacker*, in: Ströbele/Hacker (2015), § 19 Rn. 79, § 19a Rn. 34; Ingerl/Rohnke (2010), § 19 Rn. 61, § 19a Rn. 24; Fezer (2009), § 19a MarkenG Rn. 48; *Müller-Stoy* (2008), Rn. 21, 212; *Tilmann/Schreibauer,* in: FS Erdmann (2002), S. 901 (909); *Müller-Stoy,* MittdtPatA 2010, S. 267 (275, Fn. 53); *Berlit,* WRP 2007, S. 732 (737); *Seichter,* WRP 2006, S. 391 (396); *König,* MittdtPatA 2002, S. 153 (164); *Götting,* GRUR Int 1988, S. 729 (735); vgl. *Chakraborty*, in: Haedicke/Timmann (2012), § 11 Rn. 780; *Beckhaus* (2010), S. 253–258, 370 f.

[158] *Götz* (2012), S. 242, 250; *Rohlfing* (2009), S. 119 f.; *Amschewitz* (2008), S. 137; *Müller-Stoy* (2008), Rn. 213–217; *Tilmann,* in: FS Ullmann (2006), S. 1013 (1023); *Müller-Stoy,* MittdtPatA 2010, S. 267 (275); *Frank/Wiegand,* CR 2007, S. 481 (486 f.); *Seichter,* WRP 2006, S. 391 (396); *Tilmann,* GRUR 2005, S. 737 (739 f.); vgl. *Gniadek* (2011), S. 369; *Rojahn,* in: FS Loewenheim (2009), S. 251 (265); *Peukert/Kur,* GRUR Int 2006, S. 292 (301); *Leppin,* GRUR 1984, S. 770 (773 f.).

ein Verwertungsverbot in den verfahrensrechtlichen Vorschriften zu suchen ist. Dem selbstständigen Beweisverfahren (§§ 485 ff. ZPO) ist ein Beweisverwertungsverbot ebenfalls nicht fremd. Der Antragsteller kann das Sachverständigengutachten in einem späteren Hauptsacheverfahren nicht benutzen, wenn der Antragsgegner nicht erschienen und nicht geladen war (§ 493 Abs. 2 ZPO). Ein Verfahrensfehler macht das selbstständige Beweisverfahren nicht unzulässig (§ 491 Abs. 2 ZPO), sondern verhindert eine Verwertung des Sachverständigengutachtens (§ 493 Abs. 2 ZPO), sodass im Ergebnis die Zulässigkeit des selbstständigen Beweisverfahrens keine Voraussetzung für eine spätere Beweisverwertung ist.[159]

Aufgrund seines eindeutigen Wortlauts stellt § 493 Abs. 2 ZPO ein absolutes Beweisverwertungsverbot dar, sodass der Antragsteller das Sachverständigengutachten weder im Hauptsacheverfahren im Wege des Urkundenbeweises einführen kann noch das Gutachten der freien Beweiswürdigung unterliegt (§ 286 Abs. 1 S. 1 ZPO).[160] Sofern der Antragsgegner im Zuge der Stellungnahme zum Gutachten Argumente vorbringen kann, die die Beweisaufnahme unrechtmäßig werden lassen (etwa wegen des Fehlens von Voraussetzungen des Verfügungsanspruchs der Duldungsverfügung), wird das Gericht das Gutachten nicht an den Antragsteller freigeben. Wenngleich die Besichtigung nicht rückgängig gemacht oder verhindert werden kann, kann der Antragsteller zumindest die Besichtigungsergebnisse nicht verwerten.[161]

---

[159] *Reichold*, in: Thomas/Putzo (2016), § 493 Rn. 1; *Herget*, in: Zöller (2016), § 493 Rn. 3; *Hahn*, in: PK-GewRS (2015), § 491 ZPO Rn. 4, § 493 ZPO Rn. 8, 10; *Pastor*, in: Werner/Pastor (2015), Rn. 118; *Oldekop*, in: Schramm (2012), Kap. 9 Rn. 181; *Weise* (2002), Rn. 645; *Wussow*, NJW 1969, S. 1401 (1403).

[160] OLG Köln, Urt. v. 16.01.1974, Az. 2 U 33/73, MDR 1974, 589 (Ls.) = DB 1974, 1111 (Ls.); *Kratz*, in: BeckOK ZPO (2016), § 493 Rn. 8; *Reichold*, in: Thomas/Putzo (2016), § 493 Rn. 1 f.; *Pukall*, in: Saenger (2015), § 493 Rn. 4; *Oldekop*, in: Schramm (2012), Kap. 9 Rn. 181; *Gniadek* (2011), S. 161; *Praun*, in: Kleine-Möller/Merl (2009), § 19 Rn. 345–351; *Späth* (1995), S. 115; a.A. OLG Frankfurt a.M., Beschl. v. 08.10.1984, Az. 1 W 20/84, MDR 1985, 853, 853 = r+s 1985, 233, 234; Baumbach/Lauterbach/Albers/Hartmann (2016), § 493 Rn. 4; *Huber*, in: Musielak/Voit (2016), § 373 Rn. 4, § 493 Rn. 3; *Herget*, in: Zöller (2016), § 493 Rn. 5; *Hahn*, in: PK-GewRS (2015), § 491 ZPO Rn. 4, § 493 ZPO Rn. 5, 10; *Pastor*, in: Werner/Pastor (2015), Rn. 119; *Koeble*, in: Kompendium BauR (2014), 2. Teil Rn. 128; *Rogge/Grabinski*, in: Benkard (2006), § 139 PatG Rn. 117b; *Battenstein* (2006), S. 122; *Keldungs/Tilly* (2005), S. 98; *v. Hartz* (2004), S. 128 (Fn. 554); *Markfort* (2001), S. 165; *Cuypers*, NJW 1994, S. 1985 (1991); vgl. BGH, Urt. v. 12.07.1990, Az. VII ZR 92/89, NJW-RR 1991, 254, 255 = MDR 1991, 236, 236.

[161] *Oldekop*, in: Schramm (2012), Kap. 9 Rn. 181; *Kühnen*, GRUR 2005, S. 185 (195); vgl. *Deichfuß*, GRUR 2015, S. 436 (442, Fn. 56); *Müller-Stoy*, MittdtPatA 2010, S. 267 (275).

7. Zwischenergebnis

Im Rahmen des „Düsseldorfer Modells“ gestaltet sich eine Gutachtenweiterleitung an den Antragsgegner sowie die anwaltlichen Vertreter des Antragstellers regelmäßig unproblematisch, wohingegen für die Gutachtenfreigabe an den Antragsteller ein umfassender Abwägungsprozess notwendig ist, sofern das Gutachten geheimhaltungsbedürftige Informationen des Antragsgegners beinhaltet. Nach der Gutachteneinsicht bekommt der Antragsgegner zunächst die Gelegenheit, Stellung zum Sachverständigengutachten zu beziehen und mögliche Geheimhaltungsinteressen vorzutragen.

Im Anschluss daran entscheidet das Gericht im sog. „Freigabeverfahren“ durch einen separaten Beschluss, ob und wie das Gutachten an den Antragsteller freigegeben wird, wobei es neben der Verletzungswahrscheinlichkeit maßgeblich auf die vom Antragsgegner vorgebrachten Betriebs- und Geschäftsgeheimnisse ankommt. Entgegen der üblichen Vorgehensweise im Rahmen des „Düsseldorfer Modells“ muss dem Antragsteller in jedem Fall das Sachverständigengutachten ausgehändigt werden. Der Umfang der Schwärzungen ist dabei abhängig von der dem Gutachten zu entnehmenden Verletzungswahrscheinlichkeit und den vorgebrachten Parteiinteressen. Im Rahmen einer „gestuften Gutachtenherausgabe“ kann der Antragsteller durch einen substantiierten Parteivortrag immer mehr geschwärzte Gutachtenteile kenntlich machen lassen. Das selbstständige Beweisverfahren sieht jedoch keine Rechtsgrundlage für Schwärzungen vor, sodass diese Bearbeitungen des Gerichts nach derzeitiger Rechtslage unzulässig sind. Eine partielle Änderung dieser unzureichenden Rechtslage ist mit Umsetzung der Geheimnisschutz-Richtlinie zu erwarten. Demzufolge kommt nach geltendem Recht nur eine unredigierte Weitergabe des Gutachtens in Betracht, was dem Geheimnisschutz jedoch gänzlich zuwiderläuft.

Beiden Parteien steht ein Recht auf Anhörung des Sachverständigen zu (§§ 492 Abs. 1, 402, 397 Abs. 1, 2 ZPO; vgl. §§ 492 Abs. 1, 411 Abs. 4 S. 1 ZPO), das das Gericht nur im Fall eines Missbrauchs zurückweisen darf. Daneben sieht das selbstständige Beweisverfahren ein absolutes Beweisverwertungsverbot vor (§ 493 Abs. 2 ZPO). Das strafprozessuale Beweisverwertungsverbot nach § 140c Abs. 4 PatG i.V.m. § 140b Abs. 8 PatG ist auf das „Düsseldorfer Modell“ nicht anwendbar.

III. Weitere Maßnahmen zum Geheimnisschutz

Der Geheimnisschutz ist mit den bisher beschriebenen Maßnahmen noch nicht vollständig gewährleistet. Im Verfahren über die Freigabe des Gutachtens findet eine mündliche Verhandlung statt, genauso wie im späteren Schutzrechtsverletzungsprozess. Üblicherweise finden diese Verhandlungen öffentlich statt (§ 169 S. 1 GVG). Werden im Rahmen dieser Verhandlungen Betriebs- und Geschäftsgeheimnisse des Antragsgegners angesprochen, besteht die Gefahr, dass diese an die Öffentlichkeit gelangen. Das Gericht hat die hierfür erforderlichen Maßnahmen unabhängig von der Person des Antragstellers zu treffen.[162]

1. Keine Offenbarung gegenüber verfahrensunbeteiligten Dritten

In der Verhandlung über die Freigabe des Gutachtens an den Antragsteller müssen sich die Anwesenden zwangsläufig über die konkreten Tatsachen der vorgebrachten Betriebs- und Geschäftsgeheimnisse des Antragsgegners sowie deren (wirtschaftliche) Bedeutung auseinandersetzen. Obwohl das Know-how der jeweiligen Partei nicht per se geschützt ist (vgl. § 172 Nr. 2 GVG, „wichtiges" Geheimnis), muss eine öffentliche Diskussion über die geheimhaltungsbedürftigen Tatsachen vermieden werden.[163] Der Gefahr der Offenbarung von Betriebs- und Geschäftsgeheimnissen gegenüber verfahrensunbeteiligten Dritten kann mit dem Ausschluss der Öffentlichkeit in der mündlichen Verhandlung und der Beweisaufnahme (§ 172 Nr. 2 GVG) sowie für die Verkündung der Entscheidungsgründe oder eines Teiles davon (§ 173 Abs. 2 GVG) begegnet werden.[164] Daneben ist an eine Geheimhaltunsgverpflichtung nach § 174 Abs. 3 S. 1 GVG zu denken. Trotz dieser Möglichkeit fehlt dem deutschen Recht eine weiter gehende Regelung (wie sie etwa im US-Zivilprozess üblich ist), mithilfe derer das Gericht ausdrücklich ein sanktionsbelegtes Missbrauchsverbot für die besprochenen Tatsachen aussprechen

---

[162] *Müller-Stoy,* MittdtPatA 2010, S. 267 (274).

[163] *Rojahn,* in: FS Loewenheim (2009), S. 251 (257); *McGuire,* GRUR 2015, S. 424 (428); *Müller-Stoy,* MittdtPatA 2010, S. 267 (273).

[164] BT-Drucks. 16/5048, S. 41; Kissel/Mayer (2015), § 172 Rn. 38–43; *Rinken,* in: PK-GewRS (2015), § 285 ZPO Rn. 14; *Ohst,* in: Wandtke/Bullinger (2014), § 101a UrhG Rn. 32; *Czychowski,* in: Fromm/Nordemann (2014), § 101a UrhG Rn. 22; *Zimmermann,* in: MüKo ZPO (2013), § 172 GVG Rn. 1, 6; *Müller-Stoy* (2008), Rn. 203; *Heydn,* in: *Heydn/Schmid-Petersen/Vassilaki* (2009), Rn. 328; *Battenstein* (2006), S. 134 f.; *Karger* (1996), S. 124; *Schaaff* (1983), S. 152; *Rojahn,* in: FS Loewenheim (2009), S. 251 (257 f.); *Tilmann/Schreibauer,* in: FS Erdmann (2002), S. 901 (922); *Werner,* in: FS Pfeiffer (1988), S. 821 (833); *Marshall,* in: FS Preu (1988), S. 151 (164); *Badke/De/Kirchhofer,* MittdtPatA 2015, S. 215 (220); *Deichfuß,* GRUR 2015, S. 436 (441); *McGuire,* GRUR 2015, S. 424 (428); *Wessendorf,* GRUR Int 2013, S. 876 (880); *McGuire/Joachim/Künzel/Weber,* GRUR Int 2010, S. 829 (834); *Müller-Stoy,* MittdtPatA 2010, S. 267 (273); *König,* MittdtPatA 2002, S. 153 (164); *Tilmann/Schreibauer,* GRUR 2002, S. 1015 (1021); *Wagner,* ZZP 1995, S. 193 (209); *Kürschner,* NJW 1992, S. 1804 (1804); *Stadler,* NJW 1989, S. 1202 (1202); *Lachmann,* NJW 1987, S. 2206 (2207); *Stürner/Stadler,* JZ 1985, S. 1101 (1104); *Stürner,* JZ 1985, S. 453 (458); *Leppin,* GRUR 1984, S. 695 (697); vgl. OLG Düsseldorf, Beschl. v. 24.09.2008, Az. I-2 W 57/08, InstGE 10, 122, 123 (Rn. 6) – Geheimverfahren = BeckRS 2009, 09220; *Mes,* GRUR 2000, S. 934 (940); *Stadler,* NJW 1989, S. 1202 (1202).

kann.[165] Aufgrund des Strafcharakters wäre für derartige Maßnahmen wegen Art. 103 Abs. 2 GG ein förmliches Gesetz erforderlich, das die Handlung unter Strafe stellt.

2. Abfassung des Urteils

Beide Parteien müssen vollständigen Zugriff auf die verfügbaren Angriffs- und Verteidigungsmittel haben, sodass ihnen identische Fassungen der Entscheidungsgründe ausgehändigt werden müssen.[166] Demgemäß ist eine „getrennte“ Urteilsbegründung, wonach eine Fassung existiert, die die geheimhaltungsbedürftigen Tatsachen konkret benennt (diese Fassung ist nur für die Antragsgegnerseite sowie die anwaltlichen Vertreter des Antragstellers bestimmt und mit einem Geheimhaltungsvermerk zu versehen), und eine weitere Fassung für den Antragsteller, die diese Tatsachen nicht enthält (vgl. § 99 Abs. 2 S. 9, 10 VwGO), mangels einschlägiger Rechtsgrundlage derzeit nicht mit dem Anspruch auf rechtliches Gehör (Art. 103 Abs. 1 GG) sowie § 285 ZPO zu vereinbaren (vgl. Art. 9 Abs. 2 UAbs. 2 lit. a), lit. c) Geheimnisschutz-Richtlinie).[167]

Gleichermaßen unzulässig ist mangels Rechtsgrundlage eine „schonende“ Urteilsbegründung in Form weitgehender Verweisungen auf das Sachverständigengutachten ohne konkrete Benennung der betroffenen Betriebs- und Geschäftsgeheimnisse (vgl. § 303 Abs. 2, 3 ZPO; Art. 9 Abs. 2 UAbs. 2 lit. c) Geheimnisschutz-Richtlinie).[168] Die Entscheidungsbegründung muss erken-

---

[165] Fezer (2009), § 19a MarkenG Rn. 50; *Stadler* (1989), S. 259; *Stadler,* in: FS Leipold (2009), S. 201 (217); *Kitz,* NJW 2008, S. 2374 (2377); *Frank/Wiegand,* CR 2007, S. 481 (486 f.); *Stadler,* NJW 1989, S. 1202 (1202; 1202, Fn. 7); vgl. *Siebert* (2011), S. 334; *Müller-Stoy* (2008), Rn. 217; *Müller-Stoy,* MittdtPatA 2010, S. 267 (275 f.); *Kunz-Hallstein/Loschelder,* GRUR 2005, S. 747 (747); *Tilmann,* GRUR 2005, S. 737 (739).

[166] OLG München, Beschl. v. 08.11.2004, Az. 29 W 2601/04, NJW 2005, 1130, 1130 – Anlagenkonvolut = GRUR-RR 2005, 175, 176; *Voß,* in: Fitzner/Lutz/Bodewig (2012), Vor §§ 139 ff. PatG Rn. 134; *Dreier,* GRUR 1993, S. 781 (790); *Kürschner,* NJW 1992, S. 1804 (1804); *Lachmann,* NJW 1987, S. 2206 (2210).

[167] *Rinken,* in: PK-GewRS (2015), § 285 ZPO Rn. 16; *van Hees/Braitmayer* (2010), Rn. 980; *Reimann,* in: FS Mes (2009), S. 293 (297–299); *Stadler,* in: FS Leipold (2009), S. 201 (216); *Lachmann,* NJW 1987, S. 2206 (2210); a.A. *Zigann,* in: Haedicke/Timmann (2012), § 11 Rn. 458; *Gniadek* (2011), S. 368; *Müller-Stoy* (2008), Rn. 205, 211; *Ibbeken* (2004), S. 438; *Karger* (1996), S. 137; *Stadler* (1989), S. 248, 257, 260; *Kohler* (1889), S. 84; *Deichfuß,* GRUR 2015, S. 436 (441); *McGuire,* GRUR 2015, S. 424 (435); *Müller-Stoy,* MittdtPatA 2010, S. 267 (273 f.; 274, Fn. 47); *Müller-Stoy,* GRUR-RR 2009, S. 161 (164; 164, Fn. 18); *Spindler/Weber,* MMR 2006, S. 711 (714); *Pagenberg,* CR 1991, S. 65 (69, 71); *Stadler,* NJW 1989, S. 1202 (1205); *Stürner,* JZ 1985, S. 453 (458); vgl. *Kühnen,* GRUR 2005, S. 185 (192); *Leppin,* GRUR 1984, S. 695 (697, 699).

[168] *Stadler,* in: FS Leipold (2009), S. 201 (216); *Lachmann,* NJW 1987, S. 2206 (2210); a.A. *Berger,* in: Stein/Jonas (2015), § 357 Rn. 19; *Zigann,* in: Haedicke/Timmann (2012), § 11 Rn. 458; *Beckhaus* (2010), S. 382; *Müller-Stoy* (2008), Rn. 205, 211; *Karger* (1996),

nen lassen, dass sich das Gericht eigenständig mit dem Prozessstoff befasst und diesen gewürdigt hat. Außerdem wäre die rechtliche Überprüfung eines Urteils mit umfangreichen Verweisungen für die Parteien sowie die Rechtsmittelgerichte äußerst schwierig.[169] Sowohl für die „getrennte“ als auch für die „schonende“ Urteilsbegründung kann nicht auf § 140c Abs. 3 S. 2 PatG als Ermächtigungsgrundlage zurückgegriffen werden, da wegen der grundrechtsrelevanten Eingriffe eine ausdrückliche Ermächtigungsgrundlage erforderlich ist.

3. Wechsel der Prozessbevollmächtigten

Der Geheimnisschutz muss auch bei einem Wechsel der Prozessbevollmächtigten (insbesondere aufseiten des Antragstellers) gewährleistet sein. Den neuen anwaltlichen Vertretern steht nach § 299 Abs. 1 ZPO ein Akteneinsichtsrecht in die (erstinstanzlichen) Prozessakten und die Möglichkeit zur Anfertigung von Abschriften zu. Sobald das Gericht eine Verschwiegenheitsverpflichtung gegenüber den neuen Prozessbevollmächtigten ausgesprochen hat, können sämtliche Dokumente im Rahmen eines Termins zur Entscheidung über den Antrag auf Akteneinsicht an sie weitergegeben und auch die erforderlichen Schriftstücke (etwa einer Berufungsbegründung) zugestellt werden.[170] Danach können die Gerichtsakten prozessüblich verwendet werden, wie es insbesondere auch Voraussetzung für die §§ 520, 551, 571 Abs. 3 ZPO ist.

Eine Aushändigung der Handakten aus der ersten Instanz von den alten an die neuen Prozessbevollmächtigen („von Anwalt zu Anwalt“) für das jeweilige Rechtsmittelverfahren kommt nicht in Betracht, soweit der Inhalt dieser Akten einer Verschwiegenheitsverpflichtung unterliegt, da der Prozessbevollmächtigte aus der ersten Instanz andernfalls gegen die Verschwiegenheitsverpflichtung verstoßen würde.[171] Für beide Konstellationen besteht nach geltendem Recht jedoch (wie bereits bei der gesonderten Verschwiegenheits-

---

S. 137; *Ploch-Kumpf* (1996), S. 206; *Stadler* (1989), S. 248, 257, 260; *Stürner* (1976), S. 223, 227; *Müller-Stoy,* MittdtPatA 2010, S. 267 (273); *Pagenberg,* CR 1991, S. 65 (71); *Stadler,* NJW 1989, S. 1202 (1205); *Stürner,* JZ 1985, S. 453 (458); vgl. OLG Nürnberg, Urt. v. 08.05.1984, Az. 3 U 652/83, GRUR 1984, 736, 737 = CR 1986, 197, 198 m. Anm. *Ullmann*; *Leppin,* GRUR 1984, S. 695 (699).

[169] *Müller-Stoy,* MittdtPatA 2010, S. 267 (273); *Pagenberg,* CR 1991, S. 65 (71).

[170] BGH, Beschl. v. 16.11.2009, Az. X ZB 37/08, GRUR 2010, 318, 321 f. (Rn. 33) – Lichtbogenschnürung = WRP 2010, 541, 546 (Rn. 33); *Müller-Stoy* (2008), Rn. 206; *Müller-Stoy,* MittdtPatA 2010, S. 267 (274); *Müller-Stoy,* GRUR-RR 2009, S. 161 (164); *Leppin,* GRUR 1984, S. 695 (700); vgl. OLG München, Beschl. v. 11.08.2008, Az. 6 W 1380/08, InstGE 10, 186, 192 (Rn. 59) – Laser-Schweißverfahren = GRUR-RR 2009, 191, 192; *Lieberknecht,* WuW 1988, S. 833 (841).

[171] *Müller-Stoy,* MittdtPatA 2010, S. 267 (274, Fn. 48); *Leppin,* GRUR 1984, S. 695 (700).

verpflichtung im Rahmen der Gutachtenfreigabe an die anwaltlichen Vertreter des Antragstellers) im „Düsseldorfer Modell“ keine Rechtsgrundlage für dahingehende Anordnungen des Gerichts.

4. Nachfolgendes Hauptsacheverfahren

Im Zuge der Beweisaufnahme im Hauptsacheverfahren wird man sich üblicherweise mit dem Ergebnis eines im Vorfeld durchgeführten Besichtigungsverfahrens inhaltlich auseinandersetzen. Dies kann durch einen Parteivortrag, die Verlesung des Sachverständigengutachtens, eine Inaugenscheinnahme oder mittels der Vernehmung der Besichtigungsteilnehmer als Sachverständige oder Zeugen erfolgen.[172] Daneben kann der Antragsgegner gezwungen sein, weitere Betriebs- und Geschäftsgeheimnisse zu offenbaren und darzulegen, die nicht im Sachverständigengutachten enhalten sind, um den Beweis für das Nichtvorliegen einer Schutzrechtsverletzung führen zu können. Im Falle einer ungeschwärzten Freigabe des Gutachtens an den Antragsteller spricht nichts gegen seine persönliche Teilnahme im nachfolgenden Hauptsacheverfahren.[173] Gleichwohl sollte die Öffentlichkeit von der Verhandlung ausgeschlossen werden, damit die geheimhaltungsbedürftigen Informationen des Antragsgegners nicht gegenüber verfahrensunbeteiligten Dritten offenbart werden (vgl. §§ 172 Nr. 2, 173 Abs. 2 GVG).

Sofern der Antragsgegner im Rahmen eines Verfahrens nach dem „Düsseldorfer Modell“ hingegen beachtenswerte Geheimhaltungsinteressen vorbringen kann, muss der Geheimnisschutz auch im anschließenden Verletzungsverfahren fortwirken und darf gerade nicht mit der Beendigung des Besichtigungsverfahrens aufhören.[174] Die persönliche Teilnahme des Antragstellers an einer mündlichen Verhandlung im Hauptsacheverfahren ist abzulehnen.[175] Vielmehr dürfen nur seine anwaltlichen Vertreter daran teilnehmen und die Öffentlichkeit ist aus Gründen des Geheimnisschutzes auszuschließen (vgl. § 172 Nr. 2, 173 Abs. 2 GVG). Das geltende Recht bietet derweil jedoch keine Rechtsgrundlage, aufgrund derer der Antragsteller in einem nachfolgenden Hauptsacheverfahren ausgeschlossen werden kann, sodass nur auf den Verzicht des Antragstellers auf sämtliche prozessuale Rechte zurückgegriffen werden kann.

---

[172] *Müller-Stoy,* MittdtPatA 2010, S. 267 (273).

[173] *Deichfuß,* GRUR 2015, S. 436 (441 f.).

[174] *Gniadek* (2011), S. 366–369; *Stadler* (1989), S. 257; *Deichfuß,* GRUR 2015, S. 436 (441); *Stadler,* ZZP 2010, S. 261 (279–281); Gaier, Sondervotum zu BVerfG, Beschl. v. 14.03.2006, Az. 1 BvR 2087/03, NVwZ 2006, 1041, 1047 (Rn. 147); vgl. *Göcken,* in: FS Scharf (2008), S. 211 (207 f.).

[175] *Gniadek* (2011), S. 368; *Stadler,* in: FS Leipold (2009), S. 201 (213 f.); *Deichfuß,* GRUR 2015, S. 436 (441).

Die Geheimnisschutz-Richtlinie sieht jedoch explizit die Möglichkeit vor, den Zugang zu Verhandlungen, in denen Geschäftsgeheimnisse offenbart werden, zu beschränken (Art. 9 Abs. 2 UAbs. 2 lit. b) Geheimnisschutz-Richtlinie).[176] Im Gegensatz zum ursprünglichen Richtlinienvorschlag (vgl. Art. 8 Abs. 2 UAbs. 2 lit. b) Geheimnisschutz-Richtlinie-Entwurf) muss aber mindestens eine natürliche Person jeder Partei und ihre jeweiligen Rechtsanwälte oder sonstigen Vertreter anwesend sein (Art. 9 Abs. 2 UAbs. 3 Geheimnisschutz-Richtlinie), sodass der Ausschluss des Antragstellers (und möglicherweise des Antragsgegners) von der Geheimnisschutz-Richtlinie nicht umfasst ist.

IV. Ablehnung des Sachverständigen

Der gerichtlich bestellte Sachverständige kann schon im selbstständigen Beweisverfahren abgelehnt werden. Da im Rahmen des „Düsseldorfer Modells" auf die vorherige Anhörung des Antragsgegners verzichtet wird, kann er ein Ablehnungsgesuch frühestens mit dem Beginn der Besichtigung einreichen, da er erst zu diesem Zeitpunkt von der Besichtigungsanordnung erfährt. Aus diesem Grund muss er zumindest nach der Besichtigung die Möglichkeit bekommen, kritische Fragen an den Sachverständigen zu stellen und eine nachträgliche Ablehnung zu erwirken.[177] Die Zurückweisung eines Ablehnungsantrags kann mit der sofortigen Beschwerde (§ 567 Abs. 1 Nr. 2 ZPO) angefochten werden, wogegen kein Rechtsmittel zulässig ist, wenn das Gericht dem Antrag stattgibt (§ 406 Abs. 5 ZPO).[178] Sofern der Sachverständige

[176] DAV, Stellungnahme Nr. 36/2014, S. 11 (abrufbar unter: http://anwaltverein.de/de/newsroom/sn-36–14?file=files/anwaltverein.de/downloads/newsroom/stellungnahmen/2014/DAV-SN36–2014.pdf; zuletzt abgerufen am: 30.06.2017).

[177] BGH, Beschl. v. 23.05.2006, Az. VI ZB 29/05, NJW-RR 2006, 1312, 1313 (Rn. 12 f.) = NZBau 2006, 648, 949 f. (Rn. 12 f.); KG, Beschl. v. 01.10.1997, Az. 4 W 5615/97, NJW-RR 1998, 144, 144 = BeckRS 9998, 15815; OLG Neustadt, Beschl. v. 15.06.1964, Az. 2 W 44/64, NJW 1964, 2425, 2425 = BeckRS 9998, 113622; OLG Karlsruhe, Beschl. v. 12.10.1957, Az. 7 W 88/57, NJW 1958, 188, 188 = BeckRS 9998, 118824; *Herget*, in: Zöller (2016), § 487 Rn. 5; *Pastor*, in: Werner/Pastor (2015), Rn. 60, 61, jeweils m.w.Nachw., 3118; *Koeble*, in: Kompendium BauR (2014), 2. Teil Rn. 120; *Koenen* (2012), Rn. 394–396; *Rosenberg/Schwab/Gottwald* (2010), § 121 Rn. 27; *Kather/Fitzner,* MittdtPatA 2010, S. 325 (329); *Fitzner/Kather,* VPP-Rundbrief 2009, S. 58 (63); *Booz,* BauR 1989, S. 30 (38); a.A. Baumbach/Lauterbach/Albers/Hartmann (2016), § 406 Rn. 28; *Schneider,* MDR 1975, S. 353 (353 f.); *Wussow,* NJW 1969, S. 1401 (1404).

[178] OLG Frankfurt a.M., Beschl. v. 17.06.1993, Az. 22 W 24/93, NJW-RR 1993, 1341, 1342 = BeckRS 9998, 11347; *Berger*, in: Stein/Jonas (2015), § 492 Rn. 8; *Kühnen* (2013), Rn. 2454; *Rosenberg/Schwab/Gottwald* (2010), § 121 Rn. 28; *Fink* (2005), Rn. 336, 348; *Weise* (2002), Rn. 486 f.

im Anschluss an die Gutachtenerstellung erfolgreich abgelehnt wird, darf das Gutachten nicht mehr im Verfahren berücksichtigt werden.[179]

1. Besorgnis der Befangenheit

Im Rahmen eines Antrags auf Ablehnung des Sachverständigen stellt die Besorgnis der Befangenheit einen der wichtigsten Ablehnungsgründe dar (§§ 492 Abs. 1, 406 Abs. 1 S. 1, 42 Abs. 1 Var. 2, Abs. 2 ZPO).[180] Der Sachverständige muss dafür nicht tatsächlich befangen sein oder sich selbst dafür halten.[181] Vielmehr muss die ablehnende Partei von ihrem Standpunkt aus ausreichend objektive und triftige Gründe für die Befangenheit des Sachverständigen vorbringen, die nahelegen, dass er dem zugrunde liegenden Fall bewusst oder unbewusst nicht unbefangen gegenübersteht und die Neutralität nicht gewahrt ist. Mithin sind Zweifel an der Unparteilichkeit des Sachverständigen ausreichend, sofern sie bei einer objektiven Würdigung der Umstände berechtigt erscheinen (beispielsweise: die Erstattung eines Privatgutachtens für die gegnerische Partei (auch in einer anderen Sache); die Inhaberschaft eines Schutzrechts, welches das Klageschutzrecht berührt; die einseitige Einholung von Informationen oder die Inanspruchnahme eines anwaltli-

---

[179] OLG Karlsruhe, Beschl. v. 12.10.1957, Az. 7 W 88/57, NJW 1958, 188, 188 = BeckRS 9998, 118824; *Grabinski/Zülch*, in: Benkard (2015), § 139 PatG Rn. 130; vgl. RG, Urt. v. 18.10.1937, Az. I 142/37, GRUR 1938, 112, 113; RG, Beschl. v. 07.10.1906, Az. II 60/06, RGZ 64, 429, 432 f.; *Weise* (2002), Rn. 438.

[180] OLG Koblenz, Beschl. v. 08.12.2009, Az. 14 W 769/09, MDR 2010, 463, 463 = DS 2010, 157, 158; OLG Nürnberg, Beschl. v. 11.05.1999, Az. 5 W 1347/99, VersR 2001, 391, 392 = BeckRS 1999, 14732; *Reichold*, in: Thomas/Putzo (2016), § 487 Rn. 5; *Herget*, in: Zöller (2016), § 487 Rn. 5; *Berger*, in: Stein/Jonas (2015), § 406 Rn. 11 ff.; *Grabinski/Zülch*, in: Benkard (2015), § 139 PatG Rn. 130; *Joussen*, in: Ingenstau/Korbion (2015), Anh. 3 Rn. 76, 77; *Pastor*, in: Werner/Pastor (2015), Rn. 6, 61 m.w.Nachw., 3118; *Koeble*, in: Kompendium BauR (2014), 2. Teil Rn. 120; *Kühnen* (2013), Rn. 2430, 2441, vgl. Rn. 2432–2451; *Oldekop*, in: Schramm (2012), Kap. 9 Rn. 185; *Bayerlein*, in: Bayerlein (2008), § 20 Rn. 1 ff.; *Fink/Klein*, in: Freiberger Hdb. BauR (2008), § 7 Rn. 69; *Ulrich* (2007), Rn. 196, 202–240; *Fink* (2005), Rn. 320; *Keldungs/Tilly* (2005), S. 59–63; *Sturmberg* (2004), Rn. 172, 191–194; *Ulrich* (2004), Rn. 151–159; *Weise* (2002), Rn. 431; *Röthlein* (1995), Rn. 75; *Höffmann* (1989), S. 82–87; *Müller* (1988), Rn. 228–250a; *Prietzel-Funk,* GRUR 2009, S. 322 (323); *Ulrich,* AnwBl 2003, S. 78 (81); *Cuypers,* NJW 1994, S. 1985 (1989); vgl. BGH, Beschl. v. 23.10.2007, Az. X ZR 100/05, GRUR 2008, 191, 192 (Rn. 9, 11) – Sachverständigenablehnung II = DS 2008, 27, 28 f. (Rn. 9, 11); OLG Düsseldorf, Beschl. v. 20.04.2011, Az. I-2 U 78/09, InstGE 13, 221, 223 (Rn. 6, 8) – Drehgeber = BeckRS 2012, 04012; *Kather/Fitzner,* MittdtPatA 2010, S. 325 (329); *Fitzner/Kather,* VPP-Rundbrief 2009, S. 58 (63); *Motzke,* BauR 1983, S. 500 (502 f.); *Harmsen,* GRUR 1975, S. 507 (508).

[181] Werner/Pastor (2015), Rn. 3118; *Prietzel-Funk,* GRUR 2009, S. 322 (323); *Dallinger,* MDR 1952, S. 407 (409) mit Verweis auf BGH, Urt. v. 13.05.1952, Az. 1 StR 7/52 sowie BGH, Urt. v. 17.04.1952, Az. 3 StR 1060/51.

chen Vertreters der Parteien für eigene Angelegenheiten).[182] Wenngleich eine Ablehnung des Sachverständigen auch durch den Antragsteller möglich ist, wird dies die Ausnahme bleiben, da er den Sachverständigen meist vorschlägt und sich daher bereits im Vorfeld über ihn informieren und mögliche Verbindungen zum Antragsgegner erkennen kann.

2. *Ablehnungsfrist*

Der Ablehnungsantrag ist binnen zwei Wochen nach Verkündung oder Zustellung des Beschlusses (§§ 490 Abs. 1, 491 Abs. 1, 221 ZPO) über die Ernennung des Sachverständigen bei Gericht zu stellen (§ 406 Abs. 2 S. 1 ZPO). Die Besichtigungsanordnung, die die Ernennung des Sachverständigen enthält, wird dem Antragsgegner erst am Tage der Besichtigung unmittelbar vor deren Beginn zugestellt. Dementsprechend beginnt auch erst ab diesem Zeitpunkt die zweiwöchige Frist des § 406 Abs. 2 S. 1 ZPO zu laufen. Eine Ausweitung dieser Frist ist abgesehen von einer unverschuldeten Verhinderung[183] (§ 406 Abs. 2 S. 2 ZPO) mit Blick auf die bezweckte Verfahrensbeschleunigung nicht notwendig.[184] Der Antragsgegner ist bei einem begründeten Verdacht (etwa die geringe Anzahl von Unternehmen und Sachverständi-

---

[182] BGH, Beschl. v. 23.10.2007, Az. X ZR 100/05, GRUR 2008, 191, 192 (Rn. 6) – Sachverständigenablehnung II = DS 2008, 27, 28 (Rn. 6); BGH, Beschl. v. 04.12.2001, Az. X ZR 199/00, GRUR 2002, 369, 369 – Sachverständigenablehnung = BeckRS 2001, 30224126; BGH, Beschl. v. 15.04.1975, Az. X ZR 52/75, GRUR 1975, 507, 507 m. Anm. *Harmsen* – Schulterpolster = NJW 1975, 1363, 1363; OLG Düsseldorf, Beschl. v. 20.04.2011, Az. I-2 U 78/09, InstGE 13, 221, 222 (Rn. 3) – Drehgeber = BeckRS 2012, 04012; OLG Düsseldorf, Beschl. v. 17.10.2008, Az. I-5 W 41/08, OLGReport Düsseldorf 2009, 334 (Rn. 7) = BeckRS 2009, 04556; OLG Frankfurt a.M., Beschl. v. 18.05.1931, Az. 4 W 65/31, JW 1931, 2042, 2042; *Grabinski/Zülch*, in: Benkard (2015), § 139 PatG Rn. 130; *Voß*, in: Fitzner/Lutz/Bodewig (2012), Vor §§ 139 ff. PatG Rn. 140; *Pastor*, in: Werner/Pastor (2015), Rn. 61, 3118–3120 jeweils m.w.Nachw.; *Kühnen* (2013), Rn. 2430, vgl. Rn. 2432–2451; *Prietzel-Funk,* GRUR 2009, S. 322 (323); *Harmsen,* GRUR 1975, S. 507 (508).

[183] BGH, Beschl. v. 23.09.2008, Az. X ZR 135/04, GRUR 2009, 92, 92 f. (Rn. 3) = NJW 2009, 84, 84 (Rn. 3) – Sachverständigenablehnung III; OLG Köln, Beschl. v. 19.08.2008, Az. 5 W 39/08, OLGReport Köln 2008, 806 (Rn. 1) = BeckRS 2008, 21960; OLG Düsseldorf, Beschl. v. 10.08.2006, Az. I-2 U 120/02, InstGE 7, 62, 66 (Rn. 9) – Umhüllungsverfahren = GRUR 2007, 83, 85; BayObLG, Beschl. v. 16.06.1994, Az. 1Z BR 73/94, MDR 1995, 412, 413 = BeckRS 1994, 10247 (Rn. 14); *Huber*, in: Musielak/Voit (2016), § 406 Rn. 14; *Berger*, in: Stein/Jonas (2015), § 406 Rn. 47 ff.; *Voß*, in: Fitzner/Lutz/Bodewig (2012), Vor §§ 139 ff. PatG Rn. 140; *Pastor*, in: Werner/Pastor (2015), Rn. 65 f.; *Kühnen* (2013), Rn. 2453; *Rosenberg/Schwab/Gottwald* (2010), § 121 Rn. 27.

[184] *Grabinski/Zülch*, in: Benkard (2015), § 139 PatG Rn. 130; *Pastor*, in: Werner/Pastor (2015), Rn. 63, 3121; *Sturmberg* (2004), Rn. 173 f.; *Fink* (2005), Rn. 328; vgl. *Oldekop*, in: Schramm (2012), Kap. 9 Rn. 185; *Ulrich* (2004), Rn. 163; *Müller,* NJW 1982, S. 1961 (1963, 1966).

gen für ein spezielles Fachgebiet, sodass Kontakte untereinander naheliegend sind) vielmehr innerhalb der zwei Wochen ab dem Beginn der Besichtigung zu zumutbaren Nachforschungen (etwa im Internet) verpflichtet, ob Umstände für eine Befangenheit vorliegen.[185]

Andernfalls handelt der Antragsgegner schuldhaft im Sinne des § 406 Abs. 2 S. 2 ZPO, was einen verspäteten Ablehnungsantrag unzulässig werden lässt.[186] Sofern sich der Befangenheitsgrund erst bei der Auseinandersetzung mit dem Gutachten ergibt oder die ablehnende Partei das Gutachten zur Begründung des Ablehnungsgesuchs benötigt, muss der Befangenheitsantrag unverzüglich nach Erhalt des Gutachtens gestellt werden. Bei einfachen Sachverhalten steht den Parteien nur ein kurzer Zeitraum von wenigen Tagen zur Geltendmachung des Antrags zur Verfügung, wohingegen bei komplexeren Sachverhalten die Frist zu verlängern ist.[187] Die Ablehnungsfrist läuft jedoch nicht vor der gerichtlich gesetzten Frist für die Stellungnahme zum Gutachten (§ 411 Abs. 4 ZPO) ab.[188]

V. Vorwegnahmeverbot

Eine einstweilige Verfügung darf nur der vorläufigen Regelung einer Angelegenheit dienen oder den Hauptanspruch sichern, diesen aber nicht schon

---

[185] BGH, Beschl. v. 03.04.2012, Az. X ZR 67/09, GRUR 2012, 855, 856 (Rn. 9) = NJW 2012, 1517, 1517 (Rn. 9) – Sachverständigenablehnung V; BGH, Beschl. v. 23.09.2008, Az. X ZR 135/04, GRUR 2009, 92, 92 f. (Rn. 3) = NJW 2009, 84, 84 (Rn. 3) – Sachverständigenablehnung III; OLG Düsseldorf, Beschl. v. 10.08.2006, Az. I-2 U 120/02, InstGE 7, 62, 64 (Rn. 6) – Umhüllungsverfahren = GRUR 2007, 83, 84; OLG Celle, Beschl. v. 21.01.2005, Az. 3 W 6/05, DS 2005, 186, 187 = BeckRS 2005, 02583; *Berger*, in: Stein/Jonas (2015), § 406 Rn. 47; *Pastor*, in: Werner/Pastor (2015), Rn. 62, 3121; *Kühnen* (2013), Rn. 2452; *Kather/Fitzner,* MittdtPatA 2010, S. 325 (329); *Fitzner/Kather,* VPP-Rundbrief 2009, S. 58 (63); *Prietzel-Funk,* GRUR 2009, S. 322 (325); a.A. *Zimmermann*, in: MüKo ZPO (2012), § 406 Rn. 7.

[186] BGH, Beschl. v. 03.04.2012, Az. X ZR 67/09, GRUR 2012, 855, 856 (Rn. 9) = NJW 2012, 1517, 1517 (Rn. 9) – Sachverständigenablehnung V.

[187] BGH, Beschl. v. 15.03.2005, Az. VI ZB 74/04, NJW 2005, 1869, 1869 = DS 2005, 232, 232; *Kühnen* (2013), Rn. 2453; *Ulrich,* AnwBl 2003, S. 78 (81).

[188] BGH, Beschl. v. 15.03.2005, Az. VI ZB 74/04, NJW 2005, 1869, 1870 = DS 2005, 232, 233; OLG Bremen, Beschl. v. 17.09.2009, Az. 3 W 19/09, MDR 2010, 48, 48 = BeckRS 2009, 28875; OLG Köln, Beschl. v. 19.08.2008, Az. 5 W 39/08, OLGReport Köln 2008, 806 (Rn. 1) = BeckRS 2008, 21960; OLG Köln, Beschl. v. 19.08.2008, Az. 4 W 10/08, DS 2009, 75, 75 f. = OLGReport Köln 2008, 806 (Rn. 4 f.); OLG Düsseldorf, Beschl. v. 24.08.2000, Az. 12 W 39/00, NJOZ 2001, 2072, 2072 f. = OLGReport Düsseldorf 2001, 469 (Rn. 11 f.); *Zimmermann*, in: MüKo ZPO (2012), § 406 Rn. 7; *Pastor*, in: Werner/Pastor (2015), Rn. 3121; *Kühnen* (2013), Rn. 2453; vgl. *Prietzel-Funk,* GRUR 2009, S. 322 (325).

vorwegnehmen und damit befriedigen (sog. Befriedigungs- oder Leistungsverfügung).[189] Die Besichtigung nach dem „Düsseldorfer Modell" dient der Sicherung von Beweismitteln. Im Hinblick auf den Hauptanspruch handelt es sich bei der flankierenden Duldungsverfügung nur um eine sichernde Verfügung und gerade nicht um eine Erfüllungsverfügung, da der Antragsteller auf der Grundlage des Besichtigungsergebnisses erst entscheiden kann, ob ein Vorgehen gegen den vermeintlichen Verletzer in der Hauptsache erfolgversprechend erscheint.[190]

Der Besichtigungsanspruch kann auch im Wege des einstweiligen Rechtsschutzes durchgesetzt werden (vgl. § 140c Abs. 3 PatG). Das Verbot der Vorwegnahme der Hauptsache steht dem Anspruch entgegen den Grundsätzen des vorläufigen Rechtsschutzes dabei ausnahmsweise nicht entgegen (vgl. Art. 7 Abs. 1 S. 1 Enforcement-Richtlinie).[191] Die Entscheidung über die

---

[189] OLG Frankfurt a.M., Beschl. v. 17.01.2006, Az. 11 W 21/05, GRUR-RR 2006, 295, 295 – Quellcode-Besichtigung = MMR 2006, 820, 821; KG, Urt. v. 11.08.2000, Az. 5 U 3069/00, NJW 2001, 233, 234 = GRUR-RR 2001, 118, 119; Baumbach/Lauterbach/Albers/Hartmann (2016), § 938 Rn. 3; *Seiler*, in: Thomas/Putzo (2016), § 938 Rn. 3; *Vollkommer*, in: Zöller (2016), § 938 Rn. 3 f.; *Drescher*, in: MüKo ZPO (2012), § 938 Rn. 9, 10; *Grunsky*, in: Stein/Jonas (2002), vor § 935 Rn. 31; *Ann/Hauck/Maute* (2011), Rn. 308; *Rohlfing* (2009), S. 71; *v. Hartz* (2004), S. 171; *v. Hartz,* ZUM 2005, S. 376 (381); *v. Falck,* MittdtPatA 2002, S. 429 (436); *Bork,* NJW 1997, S. 1665 (1671); vgl. LG Nürnberg-Fürth, Urt. v. 26.05.2004, Az. 3 O 2524/04, MMR 2004, 627, 628 m. Anm. *Süßenberger* = CR 2004, 890, 892; *Voß*, in: Fitzner/Lutz/Bodewig (2012), Vor §§ 139 ff. PatG Rn. 293; *Eichmann,* GRUR 1990, S. 575 (585); *Leppin,* GRUR 1984, S. 552 (561).

[190] *Rogge/Grabinski*, in: Benkard (2006), § 139 PatG Rn. 117b; *Sturmberg* (2004), Rn. 6; *Tilmann/Schreibauer,* in: FS Erdmann (2002), S. 901 (916, 925 f.); *Tilmann,* GRUR 2005, S. 737 (738).

[191] OLG München, Beschl. v. 15.04.2010, Az. 6 W 1566/09, InstGE 12, 192, 197 (Rn. 31) – Lesevorrichtung für Reliefmarkierungen; BT-Drucks. 16/5048, S. 28, 41 f.; *Hahn*, in: PK-GewRS (2015), Vor § 485 ZPO Rn. 67, § 485 ZPO Rn. 16; *Hacker*, in: Ströbele/Hacker (2015), § 19a Rn. 28; *Rinken/Kühnen*, in: Schulte (2014), § 140c Rn. 47; *Pitz*, in: Fitzner/Lutz/Bodewig (2012), § 140c PatG Rn. 35; *Chakraborty*, in: Haedicke/Timmann (2012), § 11 Rn. 744; *Pierson*, in: *Pierson/Ahrens/Fischer* (2014), S. 530; *Kühnen* (2013), Rn. 359; *Oldekop*, in: Schramm (2012), Kap. 9 Rn. 136, 144; *Müller-Stoy* (2008), Rn. 244–257; *Hoeren/Kuta,* in: FS Weber (2011), S. 499 (530); *Kreye,* in: FS v. Meibom (2010), S. 241 (244); *Tilmann,* in: FS Ullmann (2006), S. 1013 (1019 f.); *Tinnefeld,* CR 2013, S. 417 (421); *Zöllner,* GRUR-Prax 2010, S. 74 (77 f.); *Kitz,* NJW 2008, S. 2374 (2376); DAV, Stellungnahme Nr. 11/2007, S. 12 (abrufbar unter: http://www.bundesgerichtshof.de/SharedDocs/Downloads/DE/Bibliothek/Gesetzesmaterialien/16_wp/geistiges_eigentum/stellung_dav_maerz_07.pdf?__blob=publicationFile; zuletzt abgerufen am: 30.06.2017); *Seichter,* WRP 2006, S. 391 (396); *Tilmann,* GRUR 2005, S. 737 (738); vgl. OLG Karlsruhe, Urt. v. 27.04.2001, Az. 14 U 187/00, NJW-RR 2002, 951, 952 = BauR 2002, 1437, 1438; *Götz* (2012), S. 173–177; *Gniadek* (2011), S. 413 f.; *Amschewitz* (2008), S. 244–246, 357–359; kritisch: *Rohlfing* (2009), S. 80 f., 116; *Peukert/Kur,* GRUR Int 2006, S. 292 (300–302).

Weiterleitung des Gutachtens nimmt eine spätere Entscheidung in einem Hauptsacheverfahren nicht vorweg, sodass der Antragsteller für die Gutachtenaushändigung nicht erst einen Titel in der Hauptsache erwirken muss.[192] Außerdem wird die Freigabeentscheidung im Rahmen der §§ 485 ff. ZPO getroffen und schließt das selbstständige Beweisverfahren ab, sodass sie kein Teil des einstweiligen Verfügungsverfahrens ist und das Vorwegnahmeverbot nicht entgegensteht.[193]

VI. Wirkung des Gutachtens

Mithilfe des selbstständigen Beweisverfahrens kann während oder außerhalb eines anhängigen Verfahrens sowie ohne ein anhängiges Verfahren und damit bereits vor Klageerhebung ein schriftliches Sachverständigengutachten eingeholt werden.[194] Die selbstständige Beweiserhebung wird einer Beweisaufnahme vor dem Gericht der Hauptsache gleichgestellt (§ 493 Abs. 1 ZPO) und damit nicht wie ein Urkundenbeweis behandelt.[195] In der Folge erhält der Antragsteller mit dem Sachverständigengutachten ein vollwertiges Mittel des Strengbeweises (§ 411 ZPO) für ein späteres Schutzrechtsverletzungsverfahren und ist nicht von einem Zeugenbeweis (etwa seiner Mitarbeiter) oder einem Parteigutachten abhängig.[196]

---

[192] *Tilmann/Schreibauer,* in: FS Erdmann (2002), S. 901 (916, 925 f.); *Kühnen,* MittdtPatA 2009, S. 211 (216); a.A. OLG Frankfurt a.M., Beschl. v. 17.01.2006, Az. 11 W 21/05, GRUR-RR 2006, 295, 296 – Quellcode-Besichtigung = MMR 2006, 820, 821; KG, Urt. v. 11.08.2000, Az. 5 U 3069/00, NJW 2001, 233, 234 = GRUR-RR 2001, 118, 119; *Beckhaus* (2010), S. 136; *Sturmberg* (2004), Rn. 6; *Bork,* NJW 1997, S. 1665 (1671); *Eck/Dombrowski,* GRUR 2008, S. 387 (389, 391).

[193] *Götz* (2014), S. 185; *Müller-Stoy* (2008), Rn. 243; a.A. *Gniadek* (2011), S. 146.

[194] *Kühnen,* GRUR 2005, S. 185 (188).

[195] BGH, Urt. v. 18.09.2007, Az. XI ZR 211/06, NJW 2008, 523, 524 (Rn. 19 f.) m. Anm. *Fritzsche-Brandt* = DS 2008, 107, 108 (Rn. 19 f.); BT-Drucks. 11/3621, S. 24; *Reichold,* in: Thomas/Putzo (2016), § 493 Rn. 1; *Hahn,* in: PK-GewRS (2015), § 493 ZPO Rn. 2; *Pastor,* in: Werner/Pastor (2015), Rn. 117; *Motzke* (1981), Rn. 69; *Hoeren/Kuta,* in: FS Weber (2011), S. 499 (515); *Ahrens,* GRUR 2005, S. 837 (838).

[196] LG Aurich, Urt. v. 28.10.2011, Az. 5 O 854/11, NZBau 2012, 369, 370 = DS 2012, 364, 366; Baumbach/Lauterbach/Albers/Hartmann (2016), § 493 Rn. 2; *Herget,* in: Zöller (2016), § 493 Rn. 1; Mes (2015), § 140c Rn. 25; *Hahn,* in: PK-GewRS (2015), Vor § 485 ZPO Rn. 36, § 493 ZPO Rn. 1, 3; *Berger,* in: Stein/Jonas (2015), § 493 Rn. 1; *Rinken/Kühnen,* in: Schulte (2014), § 140c Rn. 56; *Keukenschrijver/Kaess,* in: Busse (2013), § 140c Rn. 23; *Pitz,* in: Fitzner/Lutz/Bodewig (2012), § 140c PatG Rn. 37; *Schreiber,* in: MüKo ZPO (2012), § 493 Rn. 2; *Götz* (2014), S. 185; *Kühnen* (2013), Rn. 360, 377 (Fn. 385); *Götz* (2012), S. 181 f.; *Oldekop,* in: Schramm (2012), Kap. 9 Rn. 142, 150; *Ann/Hauck/Maute* (2011), Rn. 50; *Gniadek* (2011), S. 143, 145, 151, 165; *Beckhaus* (2010), S. 132, 135; *Pitz* (2010), Rn. 98, 102; *Rohlfing* (2009), S. 78; *Jauernig/Hess*

Ein Zeugenbeweis oder ein Parteigutachten können aufgrund von Gegenzeugen des Antragsgegners mitunter nicht als geführt angesehen werden, sofern das Gericht nicht aufklären kann, welche der entgegengesetzten Erklärungen zutreffend ist.[197] Eine neue Begutachtung des Gegenstandes ist nur unter den besonderen Voraussetzungen von § 412 ZPO (das Gericht erachtet das Gutachten für ungenügend (§ 412 Abs. 1 ZPO) oder der Sachverständige wird nach der Gutachtenerstattung erfolgreich abgelehnt (§ 412 Abs. 2 ZPO)) möglich und steht außerdem im Ermessen des Gerichts („kann“).[198] Somit bekommt der Schutzrechtsinhaber mit dem Sachverständigengutachten eine vorhersehbare und zuverlässige Grundlage für das weitere Vorgehen, insbesondere mit Blick auf ein anschließendes Hauptsacheverfahren über die Verletzungssache.[199]

Die Wirkung von § 493 Abs. 1 ZPO gilt bei mehreren Beklagten im Hauptsacheverfahren nur gegenüber den am selbstständigen Beweisverfahren beteiligten Personen, da § 493 Abs. 1 ZPO für die Benutzung des Beweisergebnisses und damit des Sachverständigengutachtens neben einer ordnungsgemäßen Beteiligung am selbstständigen Beweisverfahren auch die Identität der Verfahrensbeteiligten voraussetzt.[200] Im Bereich des gewerblichen Rechtsschutzes ist eine Klage gegen mehrere Beklagte nicht unüblich, etwa bei Mutter- und Tochtergesellschaften oder einer Klage gegen den Hersteller und die Vertriebsgesellschaft. Wenngleich eine erneute Beweisaufnahme in Form einer Besichtigung durch das Gericht der Hauptsache (sofern die erste Besichtigung ordnungsgemäß durchgeführt wurde) kein anderes Ergebnis hervorbringen wird, liegt beim Fehlen der Voraussetzungen von § 493 Abs. 1, Abs. 2 ZPO mit § 493 Abs. 2 ZPO ein absolutes Beweisverwertungsverbot

---

(2011), § 51 Rn. 27; *Müller-Stoy* (2008), Rn. 241 (Fn. 457); *Battenstein* (2006), S. 113 (Fn. 607), 119; *Fink* (2005), Rn. 19; *Weise* (2002), Rn. 29; *Hahn/Mugdan/Stegemann,* ZPO-Materialien Abt. 1 (1983), S. 680; *Motzke* (1981), Rn. 35, 68; *Hoeren/Kuta,* in: FS Weber (2011), S. 499 (501); *Kreye,* in: FS v. Meibom (2010), S. 241 (245); *Stadler,* in: FS Leipold (2009), S. 201 (208, 212); *Grabinski,* in: FS Mes (2009), S. 129 (131, Fn. 8); *Kather/Fitzner,* MittdtPatA 2010, S. 325 (329); *Stadler,* ZZP 2010, S. 261 (270); *Zöllner,* GRUR-Prax 2010, S. 74 (75); *Fitzner/Kather,* VPP-Rundbrief 2009, S. 58 (63); *Kühnen,* GRUR 2005, S. 185 (192); vgl. *Pastor*, in: Werner/Pastor (2015), Rn. 3095; *Amschewitz* (2008), S. 249 f.; *Adloff* (2007), S. 414.

[197] *Kühnen* (2013), Rn. 361; *Bayerlein*, in: Bayerlein (2008), § 21 Rn. 10; *Bornkamm,* in: FS Ullmann (2006), S. 893 (902).

[198] Baumbach/Lauterbach/Albers/Hartmann (2016), § 485 Rn. 21; *Greger*, in: Zöller (2016), § 412 Rn. 4; *Hahn*, in: PK-GewRS (2015), § 485 ZPO Rn. 12; *Zimmermann*, in: MüKo ZPO (2012), § 412 Rn. 3.

[199] *Kühnen,* GRUR 2005, S. 185 (188).

[200] BGH, Beschl. v. 10.07.2003, Az. VII ZB 32/02, NJW 2003, 3057, 3057 = NZBau 2003, 563, 564; Baumbach/Lauterbach/Albers/Hartmann (2016), § 493 Rn. 4; *Hahn*, in: PK-GewRS (2015), § 491 ZPO Rn. 10, § 493 ZPO Rn. 4 f., 9; *Pastor*, in: Werner/Pastor (2015), Rn. 39; *Ulrich,* AnwBl 2003, S. 144 (144).

vor, sodass das Gutachten vom Verletzungsgericht auch nicht im Rahmen der freien Beweiswürdigung (§ 286 ZPO) berücksichtigt werden kann. Dennoch kann der gerichtlich bestellte Sachverständige als sachverständiger Zeuge vernommen werden.[201]

VII. Schadensersatz bei Ausschluss einer Schutzrechtsverletzung

Im Rahmen einer Besichtigung können beim Antragsgegner Schäden auftreten. Der Besichtigungsgegenstand kann etwa durch den Ein- und Ausbau von Teilen beschädigt werden oder der Antragsgegner muss seine Produktion für den Zeitraum der Besichtigung einstellen, wodurch finanzielle Ausfälle entstehen. Sofern Beweissicherungsmaßnahmen im Nachhinein aufgehoben, anderweitig hinfällig werden oder festgestellt wird, dass keine Schutzrechtsverletzung vorlag oder drohte, muss der Antragsgegner den durch diese Maßnahmen entstandenen Schaden ersetzt verlangen können (Art. 7 Abs. 4 Enforcement-Richtlinie).

1. Besichtigungsanordnung

Durch die Kombination von selbstständigem Beweisverfahren (§§ 485 ff. ZPO) und einstweiliger Duldungsverfügung (§§ 935 ff. ZPO) müssen auch im Rahmen eines möglichen Schadensersatzes die beiden Komponenten separat betrachtet werden.

a) Selbstständiges Beweisverfahren

Die Besichtigung als solche sowie die anschließende Gutachtenerstellung erfolgen auf der Grundlage des selbstständigen Beweisverfahrens (§§ 485 ff. ZPO). Das selbstständige Beweisverfahren kann nicht gegen den Willen des Antragsgegners durchgeführt werden und sieht mangels Zwangsmaßnahmen auch keine Vorschriften zum Ausgleich eines durch die Begutachtung des Sachverständigen entstandenen Schadens vor. Sofern im Rahmen einer sachverständigen Begutachtung dennoch Schäden auftreten sollten, werden sie über den Auslagenvorschuss des Antragstellers ersetzt, sodass er auch zu einem Nachschuss verpflichtet sein kann.[202]

---

[201] BGH, Urt. v. 12.07.1990, Az. VII ZR 92/89, NJW-RR 1991, 254, 255 = MDR 1991, 236, 236; *Hahn*, in: PK-GewRS (2015), § 493 ZPO Rn. 5.

[202] OLG Düsseldorf, Beschl. v. 16.01.1997, Az. 23 W 47/96, NJW-RR 1997, 1360, 1360 = MDR 1997, 886, 886; vgl. *Bleutge* (2016), Rn. 9.1–9.4.

b) Duldungsverfügung

Neben dem selbstständigen Beweisverfahren ordnet das Gericht eine flankierende Duldungsverfügung an. Diese beinhaltet neben der Verpflichtung des Antragsgegners, die Besichtigung durch den Sachverständigen sowie die Anwesenheit der anwaltlichen Vertreter des Antragstellers zu dulden, auch die Maßnahmen, die der Sachverständige im Rahmen der Besichtigung vornehmen darf. Wenngleich die Besichtigung über das selbstständige Beweisverfahren (§§ 485 ff. ZPO) angeordnet wird, bestimmt die Duldungsverfügung mithin den Umfang sowie die konkrete Ausgestaltung und damit die Eingriffsintensität der vorgenommenen Maßnahmen im Zuge der Besichtigung. Dementsprechend sind bei einem Schadensersatzverlangen des Antragsgegners die für die Duldungsverfügung anwendbaren Vorschriften heranzuziehen.

Zunächst trifft durch die Verweisung in § 140c Abs. 4 PatG auf § 811 Abs. 2 S. 1 BGB die Gefahr- und Kostentragungslast denjenigen, der die Besichtigung verlangt. Die sich daraus ergebende verschuldensunabhängige Haftung des Antragstellers umfasst einen Verlust oder eine Beschädigung, jedoch keine Nachteile, die sich im Zuge der Besichtigung ergeben, wie etwa Rechtsverteidigungskosten oder den Entzug von Gebrauchsvorteilen.[203] Sofern sich durch die Besichtigung herausstellt, dass keine Schutzrechtsverletzung vorlag oder drohte, hat der Antragsgegner („der vermeintliche Verletzer") gegenüber dem Antragsteller nach § 140c Abs. 5 PatG einen Anspruch auf Ersatz des Schadens, der ihm durch das Besichtigungsbegehren des Antragstellers entstanden ist. Die Verpflichtung zum Schadensersatz nach § 140c Abs. 5 PatG umfasst auch eine Besichtigungsanordnung im einstweiligen Rechtsschutz nach § 140c Abs. 3 PatG.[204] Bei § 140c Abs. 5 PatG handelt es sich (ebenso wie bei § 945 ZPO) um eine verschuldensunabhängige Haftung („Risiko-/Gefährdungshaftung").[205]

---

[203] *Stadler*, in: Jauernig (2015), Anm. zu §§ 809–811 Rn. 8; *Habersack*, in: MüKo BGB (2013), § 811 BGB Rn. 4, 5; *Gehrlein*, in: Bamberger/Roth (2012), § 811 Rn. 2; *Chakraborty*, in: Haedicke/Timmann (2012), § 11 Rn. 742; *Nieder*, in: Erdmann/Rojahn/Sosnitza (2011), Kap. 1 Rn. 596; *Berlit*, WRP 2007, S. 732 (737); *König*, MittdtPatA 2002, S. 153 (162 f.); vgl. *Leppin*, GRUR 1984, S. 770 (772).

[204] Mes (2015), § 140c Rn. 60; *Hacker*, in: Ströbele/Hacker (2015), § 19a Rn. 35; *Keukenschrijver/Kaess*, in: Busse (2013), § 140c Rn. 39; *Oldekop*, in: Schramm (2012), Kap. 9 Rn. 186; *Frank/Wiegand*, CR 2007, S. 481 (485); vgl. *Chakraborty*, in: Haedicke/Timmann (2012), § 11 Rn. 796; *Kunz-Hallstein/Loschelder*, GRUR 2007, S. 765 (766).

[205] *Huber*, in: Musielak/Voit (2016), § 945 Rn. 1; *Grabinski/Zülch*, in: Benkard (2015), § 140c PatG Rn. 2, 39; Mes (2015), § 140c Rn. 60; *Voß*, in: PK-GewRS (2015), § 945 ZPO Rn. 1; *Czychowski*, in: Fromm/Nordemann (2014), § 101a UrhG Rn. 38; *Ohst*, in: Wandtke/Bullinger (2014), § 101a UrhG Rn. 41; *Keukenschrijver/Kaess*, in: Busse (2013), § 140c Rn. 39; *Voß*, in: Fitzner/Lutz/Bodewig (2012), Vor §§ 139 ff. PatG Rn. 336; *Drescher*, in: MüKo ZPO (2012), § 945 Rn. 3; *Wimmers*, in: Schricker/Loewenheim (2010), § 101a

Neben dem spezialgesetzlichen Schadensersatzanspruch ergibt sich aus § 945 ZPO eine Schadensersatzpflicht des Antragstellers, sofern sich im Nachhinein herausstellt, dass die Anordnung der einstweiligen Verfügung von Beginn an ungerechtfertigt war.[206] Im Rahmen von § 140c PatG muss aber ein Schadensersatzanspruch auch dann bestehen, wenn zu Beginn eine Schutzrechtsverletzung hinreichend wahrscheinlich ist, sich diese Wahrscheinlichkeit aber am Ende nicht bewahrheitet (vgl. Art. 7 Abs. 4 Enforcement-Richtlinie).[207] Dennoch bleibt § 945 ZPO neben den spezialgesetzlichen Vorschriften anwendbar und ist von Bedeutung, sobald neben dem durch § 140c Abs. 5 PatG zu ersetzenden Schaden durch die Duldungsverfügung ein separater Schaden entstanden ist oder die Duldungsverfügung nach dem Ablauf der Frist zur Erhebung einer Klage in der Hauptsache aufgehoben wurde.[208]

2. Konkreter Schaden

Der ersatzfähige Schaden des Antragsgegners ergibt sich aus der unberechtigten Inanspruchnahme des Antragstellers, da ein adäquat kausaler Zusammen-

---

Rn. 54; Fezer (2009), § 19a MarkenG Rn. 49; *Schack* (2015), Rn. 791; *Kühnen* (2013), Rn. 1856; *Chakraborty*, in: Haedicke/Timmann (2012), § 11 Rn. 797; *Oldekop*, in: Schramm (2012), Kap. 9 Rn. 187; *Nieder*, in: Erdmann/Rojahn/Sosnitza (2011), Kap. 1 Rn. 596; *Jestaedt* (2008), Rn. 838; *Kühnen,* MittdtPatA 2009, S. 211 (215); *Kitz,* NJW 2008, S. 2374 (2377); vgl. *Rinken/Kühnen*, in: Schulte (2014), § 140c Rn. 88 f.

[206] BT-Drucks. 16/5048, S. 29, 41; Baumbach/Lauterbach/Albers/Hartmann (2016), § 945 Rn. 3; *Grabinski/Zülch*, in: Benkard (2015), § 139 PatG Rn. 154a; *Voß*, in: PK-GewRS (2015), § 945 ZPO Rn. 7–12; *Ohst*, in: Wandtke/Bullinger (2014), § 101a UrhG Rn. 40; *Drescher*, in: MüKo ZPO (2012), § 945 Rn. 9; Ingerl/Rohnke (2010), § 19a Rn. 25; Fezer (2009), § 19a MarkenG Rn. 49; *Rohlfing* (2009), S. 74; *Berlit,* WRP 2007, S. 732 (737); *v. Hartz,* ZUM 2005, S. 376 (383); *Kunz-Hallstein/Loschelder,* GRUR 2003, S. 682 (684).

[207] BT-Drucks. 16/5048, S. 29, 41; *Dreier*, in: Dreier/Schulze (2015), § 101a Rn. 12; Mes (2015), § 140c Rn. 60; *Hacker*, in: Ströbele/Hacker (2015), § 19a Rn. 35; *Ohst*, in: Wandtke/Bullinger (2014), § 101a UrhG Rn. 40; *Voß*, in: Fitzner/Lutz/Bodewig (2012), Vor §§ 139 ff. PatG Rn. 332; *Oldekop*, in: Schramm (2012), Kap. 9 Rn. 186; *Chakraborty*, in: Haedicke/Timmann (2012), § 11 Rn. 796; *Wimmers*, in: Schricker/Loewenheim (2010), § 101a Rn. 53; Ingerl/Rohnke (2010), § 19a Rn. 25; Fezer (2009), § 19a MarkenG Rn. 48; *Berneke/Schüttpelz* (2015), Rn. 91; *Marly* (2014), Rn. 328; *Götz* (2012), S. 180, 190; *Heydn*, in: *Heydn/Schmid-Petersen/Vassilaki* (2009), Rn. 337; *Rohlfing* (2009), S. 74, 120; *Dörre/Maaßen,* GRUR-RR 2008, S. 217 (221); *Berlit,* WRP 2007, S. 732 (737); *Spindler/Weber,* ZUM 2007, S. 257 (266); vgl. *Frank/Wiegand,* CR 2007, S. 481 (485); *Kühnen,* GRUR 2005, S. 185 (195); kritisch: *Amschewitz* (2008), S. 353.

[208] Mes (2015), § 140c Rn. 60, 62; Fezer (2009), § 19a MarkenG Rn. 51; *Chakraborty*, in: Haedicke/Timmann (2012), § 11 Rn. 796; vgl. OLG Düsseldorf, Urt. v. 29.05.2008, Az. 2 W 47/07, InstGE 9, 140, 163 (Rn. 61) – Olanzapin = GRUR-RR 2008, 329, 332; *Amschewitz* (2008), S. 353; *Tilmann,* in: FS Ullmann (2006), S. 1013 (1023).

hang zwischen dem Besichtigungsbegehren und dem eingetretenen Schaden bestehen muss (vgl. § 140c Abs. 5 PatG: „... Ersatz des ihm durch das Begehren entstandenen Schadens ...“), sodass Schäden durch die Besichtigung als solche nicht umfasst sind.[209] Das „Besichtigungsbegehren“ ist mithin der Ausgangspunkt des Schadensersatzanspruches. Darunter fallen sämtliche Maßnahmen, die zum Zwecke der Besichtigung angeordnet und gegenüber dem vermeintlichen Verletzer vorgenommen wurden (vgl. Art. 7 Abs. 4 Enforcement-Richtlinie).

Als Schadensposten kommen Rechtsverteidigungs- sowie Prozesskosten, ein entgangener Gewinn (im Falle einer Produktionsbehinderung und keiner Auffangmöglichkeit der Produktionsleistung durch Kapazitätserhöhungen anderer Maschinen oder zusätzlicher Maschinen) oder der Verlust von Kunden infolge der Produktionsunterbrechung, ein Verdienstausfall (sofern Mitarbeiter des Antragsgegners zur Erfüllung von Mitwirkungspflichten für den Zeitraum der Besichtigung von ihrer eigentlichen Arbeit abgezogen werden) sowie ein Imageschaden[210] aufgrund von Ansehensverlusten (falls sich die Besichtigung bei Kunden, kooperierenden Unternehmen, sonstigen Abnehmern oder Wettbewerbern herumgesprochen hat) in Betracht.[211] Bei einem Imageverlust können von der Schadensersatzpflicht im Rahmen der Naturalrestitution klarstellende Äußerungen des Antragstellers hinsichtlich der fehlerhaften Annahme einer Schutzrechtsverletzung umfasst sein.[212] Die Ersatz-

---

[209] *Grabinski/Zülch*, in: Benkard (2015), § 140c PatG Rn. 39; Mes (2015), § 140c Rn. 61; *Voß*, in: PK-GewRS (2015), § 945 ZPO Rn. 20; *Rinken/Kühnen*, in: Schulte (2014), § 140c Rn. 89; *Keukenschrijver/Kaess*, in: Busse (2013), § 140c Rn. 41; *Voß*, in: Fitzner/Lutz/Bodewig (2012), Vor §§ 139 ff. PatG Rn. 338; *Pitz*, in: Fitzner/Lutz/Bodewig (2012), § 140c PatG Rn. 63 f.; Fezer (2009), § 19a MarkenG Rn. 50; *Kühnen* (2013), Rn. 425, 1857; *Chakraborty*, in: Haedicke/Timmann (2012), § 11 Rn. 798; *Kühnen*, MittdtPatA 2009, S. 211 (215); vgl. *Melullis*, in: FS Tilmann (2003), S. 843 (849–851); *Müller-Stoy*, MittdtPatA 2010, S. 267 (268, Fn. 11).

[210] *Amschewitz* (2008), S. 140 f.; vgl. zur Schadensschätzung bei Imageschäden: BGH, Urt. v. 17.06.1992, Az. I ZR 107/90, GRUR 1993, 55, 59 – Tchibo/Rolex II = NJW 1993, 2753, 2756; BGH, Urt. V. 16.02.1973, Az. I ZR 74/71, GRUR 1973, 375, 378 m. Anm. *v. Falck* – Miss Petite = NJW 1973, 622, 623.

[211] *Grabinski/Zülch*, in: Benkard (2015), § 140c PatG Rn. 39; Mes (2015), § 140c Rn. 61; *Voß*, in: PK-GewRS (2015), § 945 ZPO Rn. 21; *Rinken/Kühnen*, in: Schulte (2014), § 140c Rn. 89; *Keukenschrijver/Kaess*, in: Busse (2013), § 140c Rn. 41; *Pitz*, in: Fitzner/Lutz/Bodewig (2012), § 140c PatG Rn. 64; *Kühnen* (2013), Rn. 425; *Chakraborty*, in: Haedicke/Timmann (2012), § 11 Rn. 798; *Oldekop*, in: Schramm (2012), Kap. 9 Rn. 188; *Heydn*, in: *Heydn/Schmid-Petersen/Vassilaki* (2009), Rn. 339; *Deichfuß*, JurPC Web-Dok. 130/2010, Abs. 44 (Fn. 27); *Kather/Fitzner*, MittdtPatA 2010, S. 325 (330); *Müller-Stoy*, MittdtPatA 2010, S. 267 (268, Fn. 11); *Fitzner/Kather*, VPP-Rundbrief 2009, S. 58 (64); *Kühnen*, MittdtPatA 2009, S. 211 (215); *Kitz*, NJW 2008, S. 2374 (2377); *Wussow*, NJW 1969, S. 1401 (1407).

[212] *Melullis*, in: FS Tilmann (2003), S. 843 (850, 851); *Müller-Stoy*, MittdtPatA 2010, S. 267 (268, Fn. 11).

pflicht des Antragstellers umfasst dagegen nicht solche Schäden, die sich aus der Einstellung der Herstellung und des Vertriebs des Besichtigungsgegenstandes durch den Antragsgegner im Anschluss an die Besichtigung (möglicherweise mit Blick auf eine Verurteilung in einem Verletzungsprozess) ergeben, da sie nicht dem Besichtigungsbegehren entspringen.[213]

3. Nachweisschwierigkeiten

Der Antragsgegner muss die Nichtberechtigung des Verletzungsvorwurfs beweisen (eine Schutzrechtsverletzung darf weder vorgelegen noch gedroht haben), was etwa mittels einer rechtskräftig abweisenden Entscheidung über eine Schutzrechtsverletzung oder durch die Feststellungen im Sachverständigengutachten (sowie weiteren Quellen) erfolgen kann.[214] Der Grund für die ausbleibende Verletzung des antragstellerischen Schutzrechts ist unbedeutend (Widerruf oder Nichtigerklärung, Schutzbereich nicht betroffen, keine Merkmalsverwirklichung, Rechtfertigungsgrund für die Benutzungshandlung wie eine Lizenz oder ein Vorbenutzungsrecht nach § 12 PatG).[215] Eine Aufklärung kann auch im Verfahren über den Schadensersatz erfolgen, in dem alle verfügbaren Informationen (insbesondere die Erkenntnisse aus dem im Rahmen der Besichtigung angefertigten Sachverständigengutachten) berücksichtigt werden müssen.[216]

Der Nachweis der Nichtverletzung kann sich aber mitunter als schwierig erweisen, sodass die Vorschrift in der Praxis wenig Bedeutung erlangen wird. Abgesehen von eindeutigen Sachverhalten wird häufig erst ein letztinstanzliches, klageabweisendes Urteil in der Hauptsache die Nichtverletzung bestätigen, wodurch sich dann aber ein Ersatzanspruch über § 717 Abs. 2, 3 ZPO ergeben kann. Dies gilt insbesondere in den Fällen, in denen der Antragsteller die Besichtigung zwangsweise durchsetzt, der Titel aber später aufgehoben

[213] *Grabinski/Zülch*, in: Benkard (2015), § 140c PatG Rn. 39; *Voß*, in: PK-GewRS (2015), § 945 ZPO Rn. 22; *Rinken/Kühnen*, in: Schulte (2014), § 140c Rn. 89; *Keukenschrijver/Kaess*, in: Busse (2013), § 140c Rn. 41; *Pitz*, in: Fitzner/Lutz/Bodewig (2012), § 140c PatG Rn. 64; *Kühnen* (2013), Rn. 425; *Chakraborty*, in: Haedicke/Timmann (2012), § 11 Rn. 798; *Oldekop*, in: Schramm (2012), Kap. 9 Rn. 188; *Kühnen*, MittdtPatA 2009, S. 211 (215).

[214] Mes (2015), § 140c Rn. 60; *Keukenschrijver/Kaess*, in: Busse (2013), § 140c Rn. 40; *Rinken/Kühnen*, in: Schulte (2014), § 140c Rn. 88; *Kühnen* (2013), Rn. 419–424; *Oldekop*, in: Schramm (2012), Kap. 9 Rn. 187; *Kühnen*, MittdtPatA 2009, S. 211 (215).

[215] Mes (2015), § 140c Rn. 60; *Rinken/Kühnen*, in: Schulte (2014), § 140c Rn. 88; *Kühnen* (2013), Rn. 419–424; *Chakraborty*, in: Haedicke/Timmann (2012), § 11 Rn. 797; *Oldekop*, in: Schramm (2012), Kap. 9 Rn. 187; *Kühnen*, MittdtPatA 2009, S. 211 (215); vgl. *Kühnen*, GRUR 2009, S. 288 (288, 290).

[216] *Rinken/Kühnen*, in: Schulte (2014), § 140c Rn. 88; *Kühnen* (2013), Rn. 419; *Kühnen*, MittdtPatA 2009, S. 211 (215).

wird.[217] Sollten trotz der Nachweise des Antragsgegners offene Zweifel bleiben, haftet der Antragsteller dem Antragsgegner nicht auf Schadensersatz und muss nicht für die entstandenen Schäden aufkommen.[218]

VIII. Zusammenfassung

Im Anschluss an die Besichtigung erstellt der Sachverständige das Gutachten eigenständig, insbesondere auch unabhängig vom Gericht. Das selbstständige Beweisverfahren ist mit der Weiterleitung des Gutachtens an die Parteien oder mit der Verlesung des Sitzungsprotokolls im Falle einer Anhörung des Sachverständigen beendet. Das Sachverständigengutachten kann grundsätzlich ohne Weiteres an den Antragsgegner weitergeleitet werden. Sofern der Antragsteller dem Sachverständigen aber für die Gutachtenerstellung eigene Unterlagen aushändigen muss (häufig in Softwareprozessen), hat das Gericht vor der Weitergabe des Gutachtens an den Antragsgegner nach einer Interessenabwägung geheimhaltungsbedürftige Gutachtenteile zu schwärzen, insbesondere solche Geheimnisse, die über den Verletzungssachverhalt hinausgehen. Das selbstständige Beweisverfahren sieht jedoch keine Rechtsgrundlage für Schwärzungen vor. Nachdem der Antragsgegner das Gutachten eingesehen hat, kann er zum Sachverständigengutachten Stellung beziehen und mögliche Geheimhaltungsinteressen vortragen.

Wenngleich die Gutachtenweiterleitung an die anwaltlichen Vertreter des Antragstellers in der Regel ebenfalls unproblematisch ist, muss das Gericht vor der Freigabe eine gesonderte Verschwiegenheitsverpflichtung aussprechen, für die nach geltendem Recht jedoch keine Rechtsgrundlage besteht. Außerdem ist im selbstständigen Beweisverfahren die Gutachtenfreigabe an den Antragsteller und den Antragsgegner vorgesehen, sodass das Gericht die Gutachtenweiterleitung an die anwaltlichen Vertreter nicht von Amts wegen als „Minus" anordnen darf. Vielmehr ist mangels gesetzlicher Grundlage ein Antrag des Antragstellers erforderlich.

Das Gutachten kann umgehend an den Antragsteller weitergeleitet werden, wenn das Sachverständigengutachten keine geheimhaltungsbedürftigen Informationen offenlegt oder der Antragsgegner keine Geheimhaltungsinteressen geltend macht. Sobald das Gutachten aber geheimhaltungsbedürftige Informationen des Antragsgegners beinhaltet, ist vor der Gutachtenweiterleitung an den Antragsteller eine umfassende Interessenabwägung erforderlich. Das Gericht entscheidet dabei im sog. „Freigabeverfahren" durch einen separaten Beschluss über die Modalitäten der Gutachtenfreigabe an den Antrag-

---

[217] Fezer (2009), § 19a MarkenG Rn. 51.

[218] *Kather/Fitzner,* MittdtPatA 2010, S. 325 (330); *Fitzner/Kather,* VPP-Rundbrief 2009, S. 58 (64); *Kühnen,* MittdtPatA 2009, S. 211 (215).

steller, wobei es neben der Verletzungswahrscheinlichkeit maßgeblich auf die vom Antragsgegner vorgebrachten Betriebs- und Geschäftsgeheimnisse ankommt. Das „Düsseldorfer Modell“ sieht dabei eine „Alles oder Nichts“-Lösung vor, wonach das Gutachten beim Nachweis einer Schutzrechtsverletzung an den Antragsteller herausgegeben und im Falle der Widerlegung einer Schutzrechtsverletzung nicht an ihn freigegeben wird.

Diese „Alles oder Nichts“-Lösung ist verfassungsrechtlich sehr bedenklich und muss einer „gestuften Gutachtenherausgabe“ weichen, sodass das Sachverständigengutachten dem Antragsteller entgegen der bisherigen Praxis stets auszuhändigen ist. Der Umfang der Schwärzungen ist dabei abhängig von der dem Gutachten zu entnehmenden Verletzungswahrscheinlichkeit und den vorgebrachten Parteiinteressen. Im weiteren Verlauf des Freigabeverfahrens kann der Antragsteller durch einen substantiierten Parteivortrag immer mehr geschwärzte Gutachtenteile kenntlich machen lassen. Auf diese Weise werden die Interessen beider Parteien in einen angemessen Ausgleich zueinander gebracht. Dennoch muss auch an dieser Stelle berücksichtigt werden, dass das selbstständige Beweisverfahren keine Rechtsgrundlage für Schwärzungen vorsieht und derartige Bearbeitungen des Gerichts mithin rechtswidrig sind.

Den Parteien steht ein Recht auf Anhörung des Sachverständigen zu (§§ 492 Abs. 1, 402, 397 Abs. 1, 2 ZPO; vgl. §§ 492 Abs. 1, 411 Abs. 4 S. 1 ZPO), das das Gericht nur im Fall eines Missbrauchs zurückweisen darf. Außerdem beinhaltet das selbstständige Beweisverfahren ein absolutes Beweisverwertungsverbot (§ 493 Abs. 2 ZPO), sodass das Gutachten im Falle eines unzulässigen Beweisverfahrens auch nicht im Wege des Urkundenbeweises in ein nachfolgendes Hauptsacheverfahren eingeführt oder der freien Beweiswürdigung (§ 286 Abs. 1 S. 1 ZPO) unterstellt werden darf. Das strafprozessuale Beweisverwertungsverbot nach § 140c Abs. 4 PatG i.V.m. § 140b Abs. 8 PatG ist auf das „Düsseldorfer Modell“ nicht anwendbar.

Aus Geheimnisschutzgründen findet das Verfahren regelmäßig unter Ausschluss der Öffentlichkeit statt (§§ 172 Nr. 2, 173 Abs. 2 GVG), wohingegen eine „getrennte“ oder „schonende“ Urteilsbegründung nicht mit dem Geheimnisschutz gerechtfertigt werden kann und damit unzulässig ist. Bei einem Wechsel der Prozessbevollmächtigten müssen die neuen anwaltlichen Vertreter ebenfalls zur Verschwiegenheit verpflichtet werden, wofür aber eine Rechtsgrundlage fehlt. Der Geheimnisschutz macht es auch erforderlich, dass der Antragsteller im Schutzrechtsverletzungsverfahren ausgeschlossen wird, sofern geheimhaltungsbedürftige Informationen aus dem Sachverständigengutachten besprochen werden. Mangels Rechtsgrundlage kann hier nur auf den Verzicht des Antragstellers zurückgegriffen werden.

Sofern objektive Gründe für eine Befangenheit des Sachverständigen sprechen, kann dieser im Anschluss an die Besichtigung abgelehnt werden (§§ 492 Abs. 1, 406 Abs. 1 S. 1, 42 Abs. 1 Var. 2, Abs. 2 ZPO). Die Freigabeentscheidung schließt das selbstständige Beweisverfahren ab, sodass sie dem Vorwegnahmeverbot nicht entgegensteht. Das Sachverständigengutachten ist ein vollwertiges Mittel des Strengbeweises (§ 411 ZPO) für ein späteres Schutzrechtsverletzungsverfahren. Der Antragsgegner hat gegenüber dem Antragsteller nach § 140c Abs. 5 PatG einen Anspruch auf Schadensersatz, wenn sich durch die Besichtigung herausstellt, dass keine Schutzrechtsverletzung vorlag oder drohte. Wegen des mitunter schwierigen Nachweises der Nichtverletzung wird die Vorschrift in der Praxis jedoch wenig Bedeutung erlangen. Neben dem spezialgesetzlichen Schadensersatzanspruch kann sich zudem eine Schadensersatzpflicht des Antragstellers aus § 945 ZPO ergeben.

F. Rechtsschutz gegen die Besichtigungsanordnung

Beim Erlass einer Besichtigungsanordnung nach dem „Düsseldorfer Modell“ wird auf eine vorherige Anhörung des Antragsgegners verzichtet. Daher muss der Antragsgegner die Besichtigungsanordnung zumindest im Nachhinein überprüfen lassen können (Art. 6 Abs. 1 EMRK; Art. 19 Abs. 4, 103 Abs. 1 GG; vgl. Art. 7 Abs. 1 S. 5 Enforcement-Richtlinie, Art. 50 Abs. 4 S. 2 TRIPS-Abkommen) oder dem Antragsteller eine Frist zur Einreichung einer Hauptsacheklage setzen lassen können (vgl. Art. 7 Abs. 3 Enforcement-Richtlinie, Art. 50 Abs. 6 TRIPS-Abkommen). Diese Rechtsbehelfe sollen einen Ausgleich zwischen den widerstreitenden Interessen von Antragsteller und Antragsgegner schaffen, da einstweilige Maßnahmen zum Schutz des geistigen Eigentums ermöglicht werden sollen, gleizeitig aber eine missbräuchliche Verwendung dieser Eilverfahren verhindert werden muss (vgl. Art. 3 Abs. 2 Enforcement-Richtlinie sowie deren Erwägungsgrund 12 S. 2; Art. 8 Abs. 2 TRIPS-Abkommen) und die Verteidigungsrechte, der Geheimnisschutz sowie der Gehörsanspruch durch eine Überprüfungsmöglichkeit und die Gewährung nachträglichen rechtlichen Gehörs gewahrt werden sollen (vgl. Erwägungsgründe 20 S. 2, 22 S. 1 der Enforcement-Richtlinie).[1] Die betroffene Partei muss den Argumenten des Antragstellers mit eigenen Erklärungen entgegentreten können, um die gerichtliche Anordnung abändern oder aufheben zu lassen, sodass aus der unterbliebenen Anhörung resultierende Fehler ausgeglichen werden (vgl. § 98 Abs. 2 S. 2 StPO).[2]

Durch den Erlass der Besichtigungsanordnung nach dem „Düsseldorfer Modell“ ergeht gegenüber dem Antragsgegner eine belastende gerichtliche Entscheidung, zu der er sich wegen des Anhörungsverzichts nicht in rechtli-

[1] EuGH, Urt. v. 13.09.2001, Rs. C-89/99, Slg. 2001, I-05851 (Rn. 38–43) = GRUR Int 2002, 41, 44 f. (Rn. 38–43); Kommissionsvorschlag für eine Richtlinie des europäischen Parlaments und des Rates über die Maßnahmen und Verfahren zum Schutz der Rechte an geistigem Eigentum vom 30.01.2003, KOM(2003) 46 endg., 2003/0024 (COD), S. 22–24, 38, 40 f.; *Hahn*, in: PK-GewRS (2015), § 490 ZPO Rn. 29; *Heinze* (2007), S. 424–427; *Saenger* (1998), S. 33.

[2] *Heinze* (2007), S. 427 m.w.Nachw.; vgl. EuGH, Urt. v. 14.12.2006, Rs. C-283/05, Slg. 2006, I-12041 (Rn. 34–36) = NJW 2007, 825, 826, 827 (Rn. 34–36); *Vander/Steigüber*, in: TRIPs (2013), Art. 50 Rn. 22, 25.

cher und tatsächlicher Weise äußern kann.[3] Vielmehr erfährt er erst zu Beginn der Besichtigung von der Besichtigungsanordnung und muss sie zunächst dulden. Dabei gehen mit der Besichtigung je nach Ausgestaltung erhebliche Grundrechtseingriffe zu Lasten des Antragsgegners einher.[4] Der Betroffene muss die grundrechtsrelevante Maßnahme vor dem Hintergrund von Art. 19 Abs. 4 GG sowie Art. 103 Abs. 1 GG zumindest im Nachhinein mit einem effektiven Rechtsbehelf überprüfen können, sofern durch die gerichtliche Entscheidung ein schwerwiegender Grundrechtseingriff vorliegt oder ohne Gewährung rechtlichen Gehörs für den Einzelnen vollendete Tatsachen geschaffen werden.[5] Die einmalige Überprüfung dieser Entscheidung muss selbst dann möglich sein, wenn gegen sie grundsätzlich keine Rechtsmittel zulässig sind.[6] Mit jedem erledigten Teilaspekt der Besichtigungsanordnung und dessen Durchsetzung werden vollendete Tatsachen zum Nachteil des Antragsgegners geschaffen.[7]

Wenngleich der Besichtigungseingriff als solcher mit dem Besichtigungsende faktisch nicht mehr rückgängig gemacht werden kann, muss der Antragsgegner die Voraussetzungen der Besichtigungsanordnung überprüfen und effektiv gegen den Beschluss vorgehen können (vgl. Art. 7 Abs. 1 S. 4, 5 Enforcement-Richtlinie, Art. 50 Abs. 4 S. 2 TRIPS-Abkommen).[8] Sollte sich herausstellen, dass fälschlicherweise vom Vorliegen der materiell-rechtlichen Voraussetzungen (der Erlass der Duldungsverfügung war rechtswidrig) oder der Voraussetzungen für das selbstständige Beweisverfahren ausgegangen worden ist, muss die gesamte Maßnahme aufgehoben werden können (vgl. Art. 7 Abs. 1 S. 5 Enforcement-Richtlinie sowie Art. 50 Abs. 4 S. 2 TRIPS-Abkommen). In der Folge müsste die Freigabe des Sachverständigengutachtens unterbleiben und die Verschwiegenheitsverpflichtung der Rechts- und

---

[3] *Eck/Dombrowski,* GRUR 2008, S. 387 (387).

[4] *Hahn,* in: PK-GewRS (2015), § 490 ZPO Rn. 24; *Eck/Dombrowski,* GRUR 2008, S. 387 (388).

[5] BVerfG, Beschl. v. 07.10.2003, Az. 1 BvR 10/99, BVerfGE 108, 341, 346 f. = NJW 2003, 3687, 3688; BVerfG, Beschl. v. 30.04.2003, Az. 1 PBvU 1/02, BVerfGE 107, 395, 410 = NJW 2003, 1924, 1926 f.; *Hahn,* in: PK-GewRS (2015), Vor § 485 ZPO Rn. 68, § 490 ZPO Rn. 25; *Jarass,* in: Jarass/Pieroth (2014), Art. 19 Rn. 50; *Pieroth,* in: Jarass/Pieroth (2014), Art. 103 Rn. 5; *Sachs,* in: Sachs (2014), Art. 19 Rn. 133; *Eck/Dombrowski,* GRUR 2008, S. 387 (388); vgl. *Pitz,* in: Fitzner/Lutz/Bodewig (2012), § 140c PatG Rn. 58; *Grabinski,* GRUR Int 2013, S. 310 (319).

[6] BVerfG, Beschl. v. 30.04.2003, Az. 1 PBvU 1/02, BVerfGE 107, 395, 411 f. = NJW 2003, 1924, 1927; *Hahn,* in: PK-GewRS (2015), § 490 ZPO Rn. 25; *Jarass,* in: Jarass/Pieroth (2014), Art. 20 Rn. 94; *Schulze-Fielitz,* in: Dreier (2013), Art. 19 IV Rn. 94.

[7] *Eck/Dombrowski,* GRUR 2008, S. 387 (388).

[8] *Oldekop,* in: Schramm (2012), Kap. 9 Rn. 177; *Heinze* (2007), S. 428; *v. Hartz,* ZUM 2005, S. 376 (379); *Kühnen,* GRUR 2005, S. 185 (195, 196); *Tilmann,* GRUR 2005, S. 737 (739); vgl. *Schmid-Petersen,* in: *Heydn/Schmid-Petersen/Vassilaki* (2009), Rn. 474; *Saenger* (1998), S. 33; *Tilmann,* in: FS Ullmann (2006), S. 1013 (1023).

Patentanwälte des Antragstellers aufrechterhalten bleiben.[9] Ist das Sachverständigengutachten bereits freigegeben und dem Antragsteller schon ausgehändigt worden, kann die Besichtigungsanordnung „aufgehoben" werden, indem das Gericht die Verwertung des Sachverständigengutachtens untersagt.[10]

Ein Besichtigungsverfahren nach dem „Düsseldorfer Modell" verbindet zwei prozessuale Verfahren (das selbstständige Beweisverfahren und die begleitende einstweilige (Duldungs-)Verfügung) miteinander. Die Rechtsnatur dieser gemischten Entscheidung bestimmt maßgeblich die anwendbaren Rechtsbehelfe, wobei die allgemeinen Vorgaben des nationalen Rechts über die besonderen Vorgaben der Enforcement-Richtlinie hinausgehen können.[11] Trotz eines einheitlichen Beschlusses über die Sache unterliegen die einzelnen Bestandteile der Beweissicherungsanordnung aufgrund der „Trennungslösung" im Rahmen des „Düsseldorfer Modells" unterschiedlichen Rechtsbehelfen.[12]

I. Aufhebung oder Abänderung der Besichtigungsanordnung

Die Besichtigungsanordnung stellt den Rahmen für die Besichtigung und ordnet sowohl das selbstständige Beweisverfahren als auch die flankierende Duldungsverfügung an. Aus zeitlicher Sicht kommt mangels Anhörung eine Aufhebung oder Abänderung der Besichtigungsanordnung frühestens im

---

[9] Vgl. exemplarisch: OLG München, Beschl. v. 11.03.2011, Az. 6 W 610/10, InstGE 13, 298, 301 (Rn. 16) – ausgelagerter Server.

[10] *Oldekop*, in: Schramm (2012), Kap. 9 Rn. 181; *Tilmann,* GRUR 2005, S. 737 (739).

[11] EuGH, Urt. v. 13.09.2001, Rs. C-89/99, Slg. 2001, I-05851 (Rn. 32–34) = GRUR Int 2002, 41, 44 (Rn. 32–34); EuGH, Urt. v. 16.06.1998, Rs. C-53/96, Slg. 1998, I-03603 (Rn. 43) = NJW 1999, 2103, 2105 (Rn. 43); OLG Düsseldorf, Beschl. v. 19.9.2007, Az. I-2 W 21/07, InstGE 8, 186, 190 (Rn. 30) – Klinkerriemchen II = BeckRS 2008, 07989; *Heinze* (2007), S. 425, 438; *Taeger,* NJW 2008, S. 3325 (3325); vgl. *Stürner,* in: FS Geiß (2000), S. 199 (215).

[12] BGH, Beschl. v. 16.11.2009, Az. X ZB 37/08, GRUR 2010, 318, 318 f. (Rn. 8 f.) – Lichtbogenschnürung = WRP 2010, 541, 542 f. (Rn. 8 f.); OLG Frankfurt a.M., Beschl. v. 16.03.2011, Az. 6 W 36/11, InstGE 13, 254, 254 f. (Rn. 2) – komplexes Herstellungsverfahren = BeckRS 2012, 10149; OLG München, Beschl. v. 19.03.2010, Az. 6 W 832/10, InstGE 12, 186, 188 (Rn. 24) – Presseur = BeckRS 2011, 00035; *Hahn*, in: PK-GewRS (2015), Vor § 485 ZPO Rn. 65; *Pitz*, in: Fitzner/Lutz/Bodewig (2012), § 140c PatG Rn. 54; *Chakraborty*, in: Haedicke/Timmann (2012), § 11 Rn. 781; *Zöllner,* GRUR-Prax 2010, S. 74 (78); *Kühnen,* MittdtPatA 2009, S. 211 (217); *Kühnen,* GRUR 2005, S. 185 (187, Fn. 17); a.A. *Eck/Dombrowski,* GRUR 2008, S. 387 (389); vgl. *Ahrens*, in: Wieczorek/Schütze (2014), § 485 Rn. 6; kritisch: OLG Düsseldorf, Beschl. v. 11.02.2016, Az. I-20 W 14/16, BeckRS 2016, 03720 (Rn. 3 f.) = GRUR-RR 2016, 224, 224 (Rn. 3 f.).

Anschluss an die Besichtigung in Betracht. Dabei muss zwischen einem stattgebenden sowie einem (teilweise) zurückweisenden Beschluss des Gerichts unterschieden werden.

1. Stattgebender Beschluss

Wird dem Antrag auf eine Besichtigungsanordnung nach dem „Düsseldorfer Modell" stattgegeben, muss für die einschlägigen Rechtsmittel zwischen dem selbstständigen Beweisverfahren und der einstweiligen Verfügung differenziert werden.

a) Anordnung des selbstständigen Beweisverfahrens

Greift der Antragsgegner den durch das einstweilige Verfügungsverfahren bestimmten Teil der Besichtigungsanordnung erfolgreich an, bleibt der im Rahmen des selbstständigen Beweisverfahrens erlassene Beweisbeschluss sowie die daran anknüpfende Frage der Gutachtenherausgabe unberührt.[13] Der Antragsgegner muss vielmehr separat gegen die Anordnung des selbstständigen Beweisverfahrens vorgehen. Neben einem möglicherweise erfolgreichen Widerspruch gegen die Duldungsverfügung muss der Antragsgegner für einen voll umfassenden Rechtsschutz daher erreichen, dass das selbstständige Beweisverfahren, obgleich der zugrunde liegende materiellrechtliche Besichtigungsanspruch unbegründet ist, nicht fortgeführt und das Sachverständigengutachten nicht freigegeben wird.[14]

aa) Ausschluss der sofortigen Beschwerde

Das selbstständige Beweisverfahren ist eine dem Hauptsacheverfahren vorgelagerte (sofern der Rechtsstreit nicht anhängig ist) oder aus diesem herausgelöste (sofern der Rechtsstreit bereits anhängig ist) Beweiserhebung. Dementsprechend wirkt das selbstständige Beweisverfahren letztlich wie eine Beweisaufnahme im Hauptsacheverfahren (vgl. § 493 Abs. 1 ZPO). Das Gericht entscheidet über den Antrag auf Anordnung eines selbstständigen Beweisverfahrens (§§ 485 ff. ZPO) durch Beschluss (§ 490 Abs. 1 ZPO), sodass dieser Beschluss angefochten werden muss. Die stattgebende Anordnung zur Beweissicherung entspricht inhaltlich einem Beweisbeschluss (§ 359 ZPO).[15] Die Anfechtung eines vorgelagerten oder herausgelösten Beweisbeschlusses ist vor dem Hintergrund der Prozessförderung ausgeschlossen (§ 355 Abs. 2

---

[13] *Hahn*, in: PK-GewRS (2015), § 490 ZPO Rn. 20.

[14] *Hahn*, in: PK-GewRS (2015), § 490 ZPO Rn. 21.

[15] *Huber*, in: Musielak/Voit (2016), § 490 Rn. 3; *Herget*, in: Zöller (2016), § 490 Rn. 2; *Gniadek* (2011), S. 158; vgl. *Fink* (2005), Rn. 309 f.

ZPO), da nur die auf dem Beweis fußende Entscheidung und gerade nicht eine unselbstständige Zwischenentscheidung anfechtbar sein soll.[16]

Infolgedessen ist der Beschluss im Rahmen des selbstständigen Beweisverfahrens ebenfalls unanfechtbar (§ 490 Abs. 2 S. 2 ZPO).[17] Selbst wenn der die Beweissicherung anordnende Beschluss unter Verstoß gegen § 308 ZPO über den Antrag des Antragstellers hinausgeht, kann dieser wegen § 490 Abs. 2 S. 2 ZPO nicht angefochten werden, zumal eine Anfechtung nur relevant wäre, sofern die betroffene Partei die Möglichkeit einer nachträglichen Genehmigung übersieht.[18] Dementsprechend ist eine nachträgliche Überprüfung der Beweissicherungsanordnung nicht möglich, obgleich mit dem Abschluss der Besichtigung die gewünschte Beweissicherung erreicht ist und der An-

---

[16] Baumbach/Lauterbach/Albers/Hartmann (2016), § 355 Rn. 9; *Hahn*, in: PK-GewRS (2015), § 490 ZPO Rn. 2; *Oldekop*, in: Schramm (2012), Kap. 9 Rn. 171; vgl. *Eck/Dombrowski,* GRUR 2008, S. 387 (391).

[17] BGH, Beschl. v. 13.09.2011, Az. VI ZB 67/10, NJW 2011, 3371, 3372 (Rn. 6) = MDR 2011, 1313, 1313 f.; OLG Düsseldorf, Beschl. v. 02.07.2015, Az. I-2 W 13/15, BeckRS 2016, 01681 (Rn. 11); OLG Frankfurt, Beschl. vom 07.03.2011, Az. 19 W 11/11, BeckRS 2011, 06688; KG, Beschl. v. 25.10.2005, Az. 7 W 26/05, BauR 2006, 149, 149 f. = BeckRS 2006, 02724; LG Düsseldorf, Beschl. v. 03.05.2005, Az. 4a O 162/05, InstGE 5, 236, 237 (Rn. 3) – Anhörungsrüge; Baumbach/Lauterbach/Albers/Hartmann (2016), § 490 Rn. 8–10; *Huber*, in: Musielak/Voit (2016), § 490 Rn. 7; *Reichold*, in: Thomas/Putzo (2016), § 490 Rn. 2; Mes (2015), § 140c Rn. 52; *Berger*, in: Stein/Jonas (2015), § 490 Rn. 14; *Grabinski/Zülch*, in: Benkard (2015), § 140c PatG Rn. 35; *Hahn*, in: PK-GewRS (2015), § 490 ZPO Rn. 2, 22; *Pukall*, in: Saenger (2015), § 490 Rn. 12; *Rinken/Kühnen*, in: Schulte (2014), § 140c Rn. 77; *Keukenschrijver/Kaess*, in: Busse (2013), § 140c Rn. 33; *Schreiber*, in: MüKo ZPO (2012), § 485 Rn. 24, § 490 Rn. 2; *Pitz*, in: Fitzner/Lutz/Bodewig (2012), § 140c PatG Rn. 55; Seibel (2013), § 490 Rn. 3; *Joussen*, in: Ingenstau/Korbion (2015), Anh. 3 Rn. 101; *Pastor*, in: Werner/Pastor (2015), Rn. 79, 95; *Mes*, in: MPFormB GewRS (2014), Form. C.22 Anm. 8; *Kühnen* (2013), Rn. 415; *Götz* (2012), S. 177; *Chakraborty*, in: Haedicke/Timmann (2012), § 11 Rn. 782; *Oldekop*, in: Schramm (2012), Kap. 9 Rn. 171; *Nieder*, in: Erdmann/Rojahn/Sosnitza (2011), Kap. 1 Rn. 607; *Rosenberg/Schwab/Gottwald* (2010), § 117 Rn. 15; *Pitz* (2010), Rn. 38b; *Praun*, in: Kleine-Möller/Merl (2009), § 19 Rn. 166; *Jestaedt* (2008), Rn. 843; *Fink/Klein*, in: Freiberger Hdb. BauR (2008), § 7 Rn. 49; *Ulrich* (2007), Rn. 470; *Fink* (2005), Rn. 247, 344; *Sturmberg* (2004), Rn. 496; *Ulrich* (2004), Rn. 116; *Weise* (2002), Rn. 297; *Sturmberg* (1999), Rn. 270, 370; *Röthlein* (1995), Rn. 76, 78, 112 f.; *Wussow* (1981), S. 37; *Deichfuß,* GRUR 2015, S. 436 (442, Fn. 56); *Kather/Fitzner,* MittdtPatA 2010, S. 325 (331); *Zöllner,* GRUR-Prax 2010, S. 74 (77); *Fitzner/Kather,* VPP-Rundbrief 2009, S. 58 (65); *Eck/Dombrowski,* GRUR 2008, S. 387 (390 f.); *Kühnen,* GRUR 2005, S. 185 (187, Fn. 17); *Ulrich,* AnwBl 2003, S. 78 (79); *Cuypers,* NJW 1994, S. 1985 (1989); *Wussow,* NJW 1969, S. 1401 (1403); vgl. OLG Brandenburg, Beschl. v. 15.03.2001, Az. 11 W 12/01, NJW-RR 2001, 1727, 1727 = BauR 2001, 1143, 1143.

[18] Baumbach/Lauterbach/Albers/Hartmann (2016), § 490 Rn. 8–10; *Hahn*, in: PK-GewRS (2015), § 490 ZPO Rn. 4; a.A. OLG Frankfurt a.M., Beschl. v. 05.03.1990, Az. 1 W 4/90, NJW-RR 1990, 1023, 1024 = BeckRS 9998, 08634; vgl. *Petit,* IIC 2000, S. 669 (681).

tragsteller gegen den Beschluss, der die Beweisaufnahme aufhebt, mit der sofortigen Beschwerde (§ 567 Abs. 1 Nr. 2 ZPO) vorgehen könnte, sodass eine erneute Überprüfung möglich wäre und dementsprechend keine Nachteile für den Antragsteller entstünden.[19] Der Beschluss, der den Antrag auf Anfechtung des selbstständigen Beweisverfahrens zurückweist, kann hingegen mit der sofortigen Beschwerde nach § 567 Abs. 1 Nr. 2 ZPO angegriffen werden.[20] Die unterschiedlichen Rechtsschutzmöglichkeiten für die Verfahrensbeteiligten sind verfassungrechtlich (Art. 3 Abs. 1 GG i.V.m. Art. 20 Abs. 3 GG) unbedenklich.[21]

bb) Anhörungsrüge

Bei Erlass der Besichtigungsanordnung ohne Anhörung des Antragsgegners scheidet eine Anhörungsrüge (§ 321a Abs. 1 S. 1 ZPO) des Antragsgegners aus.[22] Die Beweisanordnung ist als Zwischenentscheidung dem Abhilfeverfahren entzogen (§ 321a Abs. 1 S. 2 ZPO), da sowohl im selbstständigen Beweisverfahren als auch im einstweiligen Verfügungsverfahren ein Beschluss ergeht und § 321a ZPO auf Beschlüsse weder direkt noch entsprechend anwendbar ist.[23] Dieses Ergebnis liegt auf einer Linie mit § 490 Abs. 2 S. 2 ZPO und § 355 Abs. 2 ZPO. Im Interesse der Prozessförderung sollen Einwände gegen Zwischenentscheidungen erst im Rahmen der Endentscheidung vorgebracht werden.[24] Diese Verlagerung kann aber nur dann Bestand haben, wenn die mit der unterbliebenen Anhörung des Antragsgegners einhergehende Einschränkung des Anspruchs auf rechtliches Gehör (Art. 103 Abs. 1 GG) im weiteren Verfahrensverlauf überprüft und korrigiert werden

---

[19] Vgl. *Hahn*, in: PK-GewRS (2015), § 490 ZPO Rn. 29 f.

[20] *Pukall*, in: Saenger (2015), § 490 Rn. 13; *Kühnen* (2013), Rn. 415 (Fn. 432); *Chakraborty*, in: Haedicke/Timmann (2012), § 11 Rn. 782; *Oldekop*, in: Schramm (2012), Kap. 9 Rn. 172; a.A. LG Mannheim, Beschl. v. 07.11.1977, Az. 4 T 353/77, BeckRS 1977, 01348 = MDR 1978, 323, 323; *Pastor*, in: Werner/Pastor (2015), Rn. 95.

[21] BGH, Beschl. v. 13.09.2011, Az. VI ZB 67/10, NJW 2011, 3371, 3372 (Rn. 6) = MDR 2011, 1313, 1313 f.; *Kühnen* (2013), Rn. 415 (Fn. 432).

[22] LG Düsseldorf, Beschl. v. 03.05.2005, Az. 4a O 162/05, InstGE 5, 236, 237 (Rn. 1 f.) – Anhörungsrüge; *Berger*, in: Stein/Jonas (2015), § 490 Rn. 15; *Grabinski/Zülch*, in: Benkard (2015), § 140c PatG Rn. 35; Mes (2015), § 140c Rn. 52; *Hahn*, in: PK-GewRS (2015), § 490 ZPO Rn. 27; *Rinken/Kühnen*, in: Schulte (2014), § 140c Rn. 77; *Keukenschrijver/Kaess*, in: Busse (2013), § 140c Rn. 33; *Pitz*, in: Fitzner/Lutz/Bodewig (2012), § 140c PatG Rn. 55; *Kühnen* (2013), Rn. 415; *Chakraborty*, in: Haedicke/Timmann (2012), § 11 Rn. 782; *Oldekop*, in: Schramm (2012), Kap. 9 Rn. 171.

[23] LG Düsseldorf, Beschl. v. 03.05.2005, Az. 4a O 162/05, InstGE 5, 236, 237 (Rn. 2) – Anhörungsrüge; *Vollkommer*, in: Zöller (2016), § 321a Rn. 4; *Hahn*, in: PK-GewRS (2015), § 490 ZPO Rn. 27; *Kühnen* (2013), Rn. 415 (Fn. 433).

[24] *Cepl*, in: PK-GewRS (2015), § 321a ZPO Rn. 4; *Hahn*, in: PK-GewRS (2015), § 490 ZPO Rn. 2, 27.

kann.[25] Dementsprechend muss es dem Antragsgegner im Rahmen des „Düsseldorfer Modells" möglich sein, die Herausgabe eines auf unrechtmäßiger Grundlage erstellten Sachverständigengutachtens verhindern zu können.

cc) Rüge der Zulässigkeit des selbstständigen Beweisverfahrens

Der Antragsgegner kann jederzeit Einwendungen gegen die Zulässigkeit des selbstständigen Beweisverfahrens erheben.[26] Sofern die Besichtigungsanordnung (wie im Rahmen des „Düsseldorfer Modells" üblich) erst kurz vor Beginn der Besichtigung zugestellt wird, kann der Antragsgegner schon in dem Zeitraum, für den die Besichtigung zurückgestellt wird, gemeinsam mit seinen Anwälten die gerichtliche Anordnung überprüfen und formelle Einwände (etwa die Gerichtszuständigkeit, das Vorliegen der Voraussetzungen von § 487 ZPO sowie die Rüge der fehlenden Glaubhaftmachung oder der angebotenen Beweismittel) vorbringen.[27]

Nach dem „Düsseldorfer Modell" wird ohne mündliche Verhandlung über die Besichtigungsanordnung entschieden, sodass der Antragsgegner in diesem Stadium mangels Beteiligung keine Einwände vorbringen kann. Er kann aber nach der Gutachtenerstellung im Zuge der Stellungnahme zum Gutachten eine (schriftliche) Gegenvorstellung einreichen, da das für die Besichtigungsanordnung zuständige Gericht den Beweisbeschluss jederzeit von Amts wegen aufheben oder abändern (§ 360 ZPO) und so eine Selbstkorrektur vornehmen kann, wenn die erlassene Entscheidung den Antragsgegner in seinem Anspruch auf rechtliches Gehör (Art. 103 Abs. 1 GG) verletzt.[28] Der Un-

---

[25] *Musielak*, in: Musielak/Voit (2016), § 321a Rn. 3; *Cepl*, in: PK-GewRS (2015), § 321a ZPO Rn. 4; *Hahn*, in: PK-GewRS (2015), § 490 ZPO Rn. 27; vgl. LG Düsseldorf, Beschl. v. 03.05.2005, Az. 4a O 162/05, InstGE 5, 236, 237 (Rn. 3) – Anhörungsrüge.

[26] *Herget*, in: Zöller (2016), § 492 Rn. 2; *Berger*, in: Stein/Jonas (2015), § 492 Rn. 14; *Schreiber*, in: MüKo ZPO (2012), § 485 Rn. 24; *Pastor*, in: Werner/Pastor (2015), Rn. 92, 97; *Röthlein* (1995), Rn. 79; *Wussow*, NJW 1969, S. 1401 (1404); vgl. OLG Frankfurt, Beschl. v. 05.03.1990, Az. 1 W 4/90, NJW-RR 1990, 1023, 1024 = BeckRS 9998, 08634.

[27] *Hahn*, in: PK-GewRS (2015), Vor § 485 ZPO Rn. 51, § 487 ZPO Rn. 29; *Pastor*, in: Werner/Pastor (2015), Rn. 92; *Götz* (2012), S. 177; *Chakraborty*, in: Haedicke/Timmann (2012), § 11 Rn. 766 f.; *Grabinski*, in: FS Mes (2009), S. 129 (131); *Deichfuß*, GRUR 2015, S. 436 (439); *Kather/Fitzner*, MittdtPatA 2010, S. 325 (331); *Fitzner/Kather*, VPP-Rundbrief 2009, S. 58 (65).

[28] BVerfG, Beschl. v. 30.04.2003, Az. 1 PBvU 1/02, BVerfGE 107, 395, 412 = NJW 2003, 1924, 1927; KG, Beschl. v. 25.10.2005, Az. 7 W 26/05, BauR 2006, 149, 150 = BeckRS 2006, 02724; LG Düsseldorf, Beschl. v. 03.05.2005, Az. 4a O 162/05, InstGE 5, 236, 237 (Rn. 3) – Anhörungsrüge; *Pukall*, in: Saenger (2015), § 490 Rn. 12; *Reichold*, in: Thomas/Putzo (2016), § 490 Rn. 2; *Herget*, in: Zöller (2016), § 490 Rn. 2; *Grabinski/Zülch*, in: Benkard (2015), § 140c PatG Rn. 35; *Hahn*, in: PK-GewRS (2015), § 490 ZPO Rn. 2, 28; *Berger*, in: Stein/Jonas (2015), § 490 Rn. 16; *Rinken/Kühnen*, in: Schulte (2014), § 140c Rn. 77; *Keukenschrijver/Kaess*, in: Busse (2013), § 140c Rn. 33; *Schreiber*, in: MüKo ZPO (2012), § 485 Rn. 24, § 490 Rn. 2; *Pitz*, in: Fitzner/Lutz/Bodewig (2012),

rechtsgehalt eines rechtswidrig erlassenen Beweisbeschlusses wirkt in der Freigabe des Sachverständigengutachtens fort. Demzufolge wird sich das Ermessen des Gerichts vor dem Hintergrund der Gewährleistung effektiven Rechtsschutzes (Art. 19 Abs. 4 GG) sowie der unterlassenen Anhörung des Antragsgegners vor der Beschlussfassung regelmäßig auf Null reduzieren, wenn es über die Aufhebung des Beweisbeschlusses entscheidet (vgl. Art. 7 Abs. 1 S. 4, 5 Enforcement-Richtlinie).[29]

b) Anordnung der Duldungsverfügung

Neben dem Teil des selbstständigen Beweisverfahrens muss der Antragsteller separat die begleitende Duldungsverfügung mit den zugehörigen Rechtsbehelfen angreifen. Wenngleich die Begutachtung auf der Grundlage des selbstständigen Beweisverfahrens erfolgt, werden sämtliche Duldungspflichten über die flankierende Duldungsverfügung angeordnet, sodass die Rechtsschutzmöglichkeiten gegen die Duldungsverfügung ebenfalls von besonderem Interesse für den Antragsgegner sind. Die Duldungsverfügung kann mit einem Antrag auf Aufhebung wegen veränderter Umstände (§§ 936, 927 Abs. 1 ZPO), einem Widerspruch (§§ 936, 924 Abs. 1 ZPO), sowie dem Titelherausgabeanspruch (§ 371 S. 1 BGB analog) angegriffen werden. Sowohl mit der Aufhebung wegen veränderter Umstände (§§ 936, 927 Abs. 1 ZPO) als auch mit dem Widerspruch (§§ 936, 924 Abs. 1 ZPO) können etwa formelle Mängel bei der Zustellung der Duldungsverfügung gerügt werden. Dennoch ist im Rahmen des „Düsseldorfer Modells" der (Kosten-)Widerspruch von entscheidender Bedeutung.

aa) Widerspruch

Der Antragsgegner kann Widerspruch (§§ 936, 924 Abs. 1 ZPO) gegen den der Duldungsverfügung stattgebenden Beschluss einlegen, sodass die einstweilige Verfügung auf ihre Rechtmäßigkeit überprüft wird (vgl. §§ 936, 925 Abs. 1 ZPO) und eine mündliche Verhandlung anberaumt wird, da § 490 Abs. 2 S. 2 ZPO nicht auf einstweilige Verfügungsverfahren und damit auf

---

§ 140c PatG Rn. 44; Seibel (2013), § 490 Rn. 3; *Pastor*, in: Werner/Pastor (2015), Rn. 97; *Kühnen* (2013), Rn. 415; *Oldekop*, in: Schramm (2012), Kap. 9 Rn. 171; *Rosenberg/ Schwab/Gottwald* (2010), § 117 Rn. 15; *Bayerlein*, in: Bayerlein (2008), § 14 Rn. 7; *Ulrich* (2007), Rn. 470; *Fink* (2005), Rn. 345 f.; *Sturmberg* (2004), Rn. 497, 507; *Ulrich* (2004), Rn. 117; *Weise* (2002), Rn. 289, 300; *Sturmberg* (1999), Rn. 370, 547; *Röthlein* (1995), Rn. 113; *Kather/Fitzner*, MittdtPatA 2010, S. 325 (331); *Fitzner/Kather*, VPP-Rundbrief 2009, S. 58 (65); *Ulrich*, AnwBl 2003, S. 78 (79); *Wussow*, NJW 1969, S. 1401 (1403 f.); vgl. BGH, Beschl. v. 08.09.2004, Az. X ZR 68/99, GRUR 2004, 1061, 1061 – Kosmetisches Sonnenschutzmittel II = MDR 2005, 407, 407.

[29] *Hahn*, in: PK-GewRS (2015), § 490 ZPO Rn. 29; *Sturmberg* (1999), Rn. 370.

die Duldungsverfügung anwendbar ist.[30] Die gerichtliche Anordnung der Duldungsverfügung ergeht mit einer eigenen Kostenentscheidung zulasten des Antragsgegners, sodass im Falle eines Widerspruchs (§§ 936, 924 Abs. 1 ZPO) gegen die Besichtigungsanordnung von Amts wegen auch eine Kostenentscheidung (§§ 91 ff. ZPO) getroffen werden muss.[31] Die Besichtigungsdurchführung wird nicht durch einen unmittelbar nach Zustellung der Besichtigungsanordnung erhobenen Widerspruch verhindert, da der Widerspruch keine aufschiebende Wirkung (§§ 936, 924 Abs. 3 S. 1 ZPO) entfaltet.[32] Der Widerspruch unterbindet nur die Weiterleitung des Sachverständigengutachtens an den Antragsteller bis zur Bestätigung der Duldungsverfügung im Widerspruchsverfahren.[33]

Die Besichtigung liegt im Zeitpunkt der Einlegung des Widerspruchs tatsächlich zurück, sodass selbst ein erfolgreicher Widerspruch die Besichtigung nicht mehr rückgängig machen kann und die Duldungsverfügung samt Veränderungsverbot mit der Durchführung der Besichtigung faktisch überholt ist und gegenstandlos wird.[34] Daneben bedarf es keiner inhaltlichen Aufrechterhaltung der Duldungsverfügung (etwa Zutritt zu den Betriebs- und Geschäftsräumen nur für den Sachverständigen und Veränderungsverbot für den Antragsgegner) im Anschluss an die Besichtigung, sodass ein Widerspruch gegen die Duldungsverfügung wirkungslos ist.[35] Die im Rahmen der Duldungsverfügung auferlegte und bis zur förmlichen Aufhebung durch das Gericht

---

[30] OLG Düsseldorf, Beschl. v. 19.9.2007, Az. I-2 W 21/07, InstGE 8, 186, 190 (Rn. 30) – Klinkerriemchen II = BeckRS 2008, 07989; *Grabinski/Zülch*, in: Benkard (2015), § 140c PatG Rn. 31, 36; Mes (2015), § 140c Rn. 53; *Hahn*, in: PK-GewRS (2015), § 492 ZPO Rn. 113, § 494a ZPO Rn. 24; *Rinken/Kühnen*, in: Schulte (2014), § 140c Rn. 78; *Keukenschrijver/Kaess*, in: Busse (2013), § 140c Rn. 34; *Voß*, in: Fitzner/Lutz/Bodewig (2012), Vor §§ 139 ff. PatG Rn. 315; *Pitz*, in: Fitzner/Lutz/Bodewig (2012), § 140c PatG Rn. 56; *Pierson*, in: *Pierson/Ahrens/Fischer* (2014), S. 559; *Kühnen* (2013), Rn. 418; *Götz* (2012), S. 178; *Chakraborty*, in: Haedicke/Timmann (2012), § 11 Rn. 783; *Oldekop*, in: Schramm (2012), Kap. 9 Rn. 173; *Nieder*, in: Erdmann/Rojahn/Sosnitza (2011), Kap. 1 Rn. 607; *Lieber/Zimmermann* (2009), Rn. 243; *Zöllner*, GRUR-Prax 2010, S. 74 (78); *Kühnen*, MittdtPatA 2009, S. 211 (217); *Eck/Dombrowski*, GRUR 2008, S. 387 (389 f.); *Kühnen*, GRUR 2005, S. 185 (187, Fn. 17).

[31] *Hahn*, in: PK-GewRS (2015), § 494a ZPO Rn. 23 f.; *Grabinski*, in: FS Mes (2009), S. 129 (133).

[32] *Hahn*, in: PK-GewRS (2015), § 490 ZPO Rn. 17; *Chakraborty*, in: Haedicke/Timmann (2012), § 11 Rn. 784; *Pitz* (2010), Rn. 38b.

[33] *Chakraborty*, in: Haedicke/Timmann (2012), § 11 Rn. 784; *Oldekop*, in: Schramm (2012), Kap. 9 Rn. 178.

[34] OLG Düsseldorf, Beschl. v. 02.07.2015, Az. I-2 W 13/15, BeckRS 2016, 01681 (Rn. 11); *Hahn*, in: PK-GewRS (2015), § 490 ZPO Rn. 18; *Rinken/Kühnen*, in: Schulte (2014), § 140c Rn. 78; *Kühnen* (2013), Rn. 418; *Oldekop*, in: Schramm (2012), Kap. 9 Rn. 173; *Kühnen*, MittdtPatA 2009, S. 211 (217); vgl. *Eck/Dombrowski*, GRUR 2008, S. 387 (391); *Kühnen*, GRUR 2005, S. 185 (187, Fn. 17).

[35] *Kühnen* (2013), Rn. 418; *Kühnen*, MittdtPatA 2009, S. 211 (217).

weiterbestehende Verschwiegenheitsverpflichtung der anwaltlichen Vertreter des Antragstellers lässt auch keine andere Beurteilung zu, da sie sich nicht gegen den Antragsgegner richtet, sondern Beschränkungen für die Rechts- und Patentanwälte des Antragstellers vorsieht.[36]

Wenngleich Erfüllungshandlungen des Antragsgegners, mit denen er eine Zwangsvollstreckung abwenden möchte, keine erledigenden Ereignisse darstellen, hat sich die Duldungsverfügung regelmäßig mit der Durchführung der Besichtigung erledigt, sodass der Antragsteller den Verfügungsantrag für in der Hauptsache erledigt erklären kann und sich ein Widerspruch nur auf die Kostenentscheidung (isolierter Kostenwiderspruch) beschränken wird.[37] Ein Widerspruch würde dem Antragsgegner im Hinblick auf die Gutachtenfreigabe schlussendlich auch nicht weiterhelfen. Aufgrund eines begründeten Widerspruchs könnte die Rechtswidrigkeit der Duldungsverfügung (etwa wegen fehlender Anspruchsvoraussetzungen) festgestellt werden, gleichzeitig würde aber der auf dem selbstständigen Beweisverfahren fußende Beweisbeschluss

---

[36] *Rinken/Kühnen*, in: Schulte (2014), § 140c Rn. 78; *Kühnen* (2013), Rn. 418 (Fn. 447).

[37] BGH, Urt. v. 08.05.1985, Az. IVa ZR 138/83, NJW 1985, 2405, 2407 = MDR 1985, 825, 826; OLG Frankfurt a.M., Urt. v. 10.06.2010, Az. 15 U 192/09, BeckRS 2011, 18385; OLG Koblenz, Urt. v. 13.12.2005, Az. 4 U 1491/05, NJW-RR 2006, 484, 485 = BeckRS 2006, 00524; LG München I, Urt. v. 20.10.2010, Az. 21 O 7563/10, InstGE 13, 181, 185 (Rn. 19) – Arzneimittelherstellung = BeckRS 2012, 15213; LG Düsseldorf, Urt. v. 04.12.2008, Az. 4b O 348/08, InstGE 11, 35, 39 (Rn. 14) – Abmahnung bei Besichtigungsanspruch; Baumbach/Lauterbach/Albers/Hartmann (2016), § 91a Rn. 126; *Flockenhaus*, in: Musielak/Voit (2016), § 91a Rn. 35; *Vollkommer*, in: Zöller (2016), § 91a Rn. 5, 58 „Erfüllungshandlungen"; *Grabinski/Zülch*, in: Benkard (2015), § 140c PatG Rn. 36; Mes (2015), § 140c Rn. 53; *Hahn*, in: PK-GewRS (2015), § 490 ZPO Rn. 18 f., § 492 ZPO Rn. 13, § 494a Rn. 25; *Rinken/Kühnen*, in: Schulte (2014), § 140c Rn. 78 f.; *Pitz*, in: Fitzner/Lutz/Bodewig (2012), § 140c PatG Rn. 56; Fezer (2009), § 19a MarkenG Rn. 46; *Kühnen* (2013), Rn. 418; *Chakraborty*, in: Haedicke/Timmann (2012), § 11 Rn. 784, 791; *Oldekop*, in: Schramm (2012), Kap. 9 Rn. 173, 178, 191; *Amschewitz* (2008), S. 137; *Grabinski*, in: FS Mes (2009), S. 129 (133); *Deichfuß*, GRUR 2015, S. 436 (442, Fn. 56); *Kather/Fitzner*, MittdtPatA 2010, S. 325 (330); *Fitzner/Kather*, VPP-Rundbrief 2009, S. 58 (64); *Kühnen*, MittdtPatA 2009, S. 211 (217); *Czychowski*, GRUR-RR 2008, S. 265 (268); *Kühnen*, GRUR 2005, S. 185 (187, Fn. 17; 196); *Krüger*, NJW 1990, S. 1208 (1209); a.A. OLG Nürnberg, Beschl. v. 25.04.2005, Az. 3 W 482/05, ZUM-RD 2005, 515, 516 = OLGReport Nürnberg 2005, 521 (Rn. 11); *Czychowski*, in: Fromm/Nordemann (2014), § 101a UrhG Rn. 35; *Eck/Dombrowski*, GRUR 2008, S. 387 (389, 391–393); vgl. OLG Düsseldorf, Beschl. v. 11.02.2016, Az. I-20 W 14/16, BeckRS 2016, 03720 (Rn. 3) = GRUR-RR 2016, 224, 224 (Rn. 3); OLG Frankfurt a.M., Beschl. v. 17.01.2006, Az. 11 W 21/05, GRUR-RR 2006, 295, 297 – Quellcode-Besichtigung = MMR 2006, 820, 822; KG, Urt. v. 11.08.2000, Az. 5 U 3069/00, NJW 2001, 233, 234 = GRUR-RR 2001, 118, 119; *v. Ditfurth* (2005), S. 5.

bestehen bleiben, der die Grundlage für das spätere Verfahren über die Gutachtenfreigabe bildet.[38]

(1) Kostenübernahmeerklärung

Anstelle einer Erledigungserklärung kann der Antragsteller auch eine Kostenübernahmeerklärung abgeben oder den Verfügungsantrag zurücknehmen. Dadurch werden ihm zwar die Kosten auferlegt, es ergeht aber keine gerichtliche Entscheidung gegen ihn, in der die Rechtswidrigkeit der Besichtigungsanordnung festgestellt wird. Dies kann insbesondere aus prozesstaktischen Gründen sinnvoll sein.

(2) Erledigungserklärung

Sofern beide Parteien das Verfahren übereinstimmend für erledigt erklären, trifft das Gericht eine Kostenentscheidung auf der Grundlage des bisherigen Sach- und Streitstandes nach billigem Ermessen (§ 91a Abs. 1 S. 1 ZPO).[39] Bleibt die Erledigungserklärung hingegen einseitig, weil sich der Antragsgegner der Erklärung des Antragstellers nicht anschließt, entscheidet das Gericht von Amts wegen über die Kosten (§ 91 ZPO) und prüft, ob der Antrag ursprünglich zulässig und begründet war und sich die Sache durch das nach Rechtshängigkeit eintretende Ereignis (die durchgeführte Besichtigung) erledigt hat.[40] Die gerichtliche Entscheidung hängt in beiden Konstellationen maßgeblich vom Nachweis oder der Widerlegung einer Schutzrechtsverletzung durch die Besichtigung ab.[41]

---

[38] *Hahn*, in: PK-GewRS (2015), § 490 ZPO Rn. 21; vgl. OLG Düsseldorf, Beschl. v. 11.02.2016, Az. I-20 W 14/16, BeckRS 2016, 03720 (Rn. 3 f.) = GRUR-RR 2016, 224, 224 (Rn. 3 f.); *Kühnen* (2013), Rn. 418 (Fn. 447); Mes (2015), § 140c Rn. 28; *Oldekop*, in: Schramm (2012), Kap. 9 Rn. 174.

[39] *Reichold*, in: Thomas/Putzo (2016), § 494a Rn. 5; *Grabinski/Zülch*, in: Benkard (2015), § 140c PatG Rn. 36; *Hahn*, in: PK-GewRS (2015), § 490 ZPO Rn. 19, § 494a ZPO Rn. 25; *Rinken/Kühnen*, in: Schulte (2014), § 140c Rn. 81; *Keukenschrijver/Kaess*, in: Busse (2013), § 140c Rn. 34; *Pastor*, in: Werner/Pastor (2015), Rn. 128; *Grabinski*, in: FS Mes (2009), S. 129 (133); *Zöllner*, GRUR-Prax 2010, S. 74 (78); *Kühnen*, MittdtPatA 2009, S. 211 (217).

[40] OLG Frankfurt a.M., Urt. v. 10.06.2010, Az. 15 U 192/09, BeckRS 2011, 18385; Mes (2015), § 140c Rn. 53; *Hahn*, in: PK-GewRS (2015), § 490 ZPO Rn. 19, § 494a ZPO Rn. 25; *Rinken/Kühnen*, in: Schulte (2014), § 140c Rn. 78, 81; *Nieder*, in: Erdmann/Rojahn/Sosnitza (2011), Kap. 1 Rn. 607; *Kühnen* (2013), Rn. 418; *Paulus* (2010), Rn. 522; *Grabinski*, in: FS Mes (2009), S. 129 (133); *Zöllner*, GRUR-Prax 2010, S. 74 (78); *Kühnen*, MittdtPatA 2009, S. 211 (217).

[41] OLG München, Beschl. v. 12.01.2011, Az. 6 W 2399/10, InstGE 13, 190, 192 (Rn. 13) – Kein Verletzungsnachweis nach Besichtigung = InstGE 13, 293, 295 (Rn. 14) = BeckRS 2012, 09121; OLG München, Beschl. v. 19.03.2010, Az. 6 W 832/10, InstGE 12, 186, 189 (Rn. 26) – Presseur = BeckRS 2011, 00035; Mes (2015), § 140c Rn. 53; *Hahn*, in:

(a) Widerlegung einer Schutzrechtsverletzung

Sofern das Sachverständigengutachten eine Schutzrechtsverletzung nicht nachweist, sind dem Antragsteller bei einer übereinstimmenden Erledigungserklärung die Kosten nach § 91a Abs. 1 S. 1 ZPO aufzuerlegen, wobei dies selbst bei einer hinreichenden Verletzungswahrscheinlichkeit im Zeitpunkt des Erlasses der Duldungsverfügung gilt.[42] Dies widerspricht auch nicht den Grundgedanken der §§ 140c PatG, 101a UrhG, 19a MarkenG, 24c GebrMG, 46a DesignG, 9 Abs. 2 HalblSchG i.V.m. 24c GebrMG, 37c SortSchG, da diese Vorschriften keine Anhaltspunkte dafür enthalten, dass der Antragsgegner beim Vorliegen der jeweiligen Anspruchsvoraussetzungen im Zeitpunkt des Erlasses der Duldungsverfügung automatisch die Kosten des Verfahrens tragen muss.[43] Es läge ein den Antragsgegner benachteiligender Interessenausgleich vor, sofern man dem Antragsgegner zunächst die Kosten des Verfahrens auferlegen und ihn auf einen Schadensersatzanspruch (etwa § 140c Abs. 5 PatG) verweisen würde. In diesem Fall würde er nämlich das Insolvenzrisiko des Antragstellers tragen, da er zunächst die Verfahrenskosten zu tragen hätte und sich diese Kosten in einem weiteren Schritt über einen Schadensersatzanspruch zurückholen müsste.

Die Grundlage für die Ermessensentscheidung bildet insoweit der bisherige Sach- und Streitstand (§ 91a Abs. 1 S. 1 ZPO), wobei damit die Rechtslage vor Eintritt des erledigenden Ereignisses (in Gestalt der Besichtigung) gemeint ist.[44] Das Gericht prüft überschlägig, wie der weitergeführte Rechts-

---

PK-GewRS (2015), § 494a ZPO Rn. 26; *Rojahn*, in: Münch AnwHdb GewRS (2012), § 10 Rn. 21; vgl. *Czychowski*, in: Fromm/Nordemann (2014), § 101a UrhG Rn. 36; *Rinken/ Kühnen*, in: Schulte (2014), § 140c Rn. 82; *Kühnen* (2013), Rn. 720; *Oldekop*, in: Schramm (2012), Kap. 9 Rn. 191; *Müller-Stoy* (2008), Rn. 283 f.; *Kühnen*, MittdtPatA 2009, S. 211 (217).

[42] OLG München, Beschl. v. 19.03.2010, Az. 6 W 832/10, InstGE 12, 186, 189 (Rn. 26) – Presseur = BeckRS 2011, 00035; OLG Stuttgart, Beschl. v. 30.06.1986, Az. 2 U 20/86, NJW-RR 1986, 1448, 1448; *Grabinski/Zülch*, in: Benkard (2015), § 140c PatG Rn. 36; *Hahn*, in: PK-GewRS (2015), § 494a ZPO Rn. 27; *Rinken/Kühnen*, in: Schulte (2014), § 140c Rn. 80 f.; *Keukenschrijver/Kaess*, in: Busse (2013), § 140c Rn. 34; *Grabinski*, in: FS Mes (2009), S. 129 (133); *Kühnen*, MittdtPatA 2009, S. 211 (217); a.A. OLG Frankfurt a.M., Beschl. v. 17.01.2006, Az. 11 W 21/05, GRUR-RR 2006, 295, 297 – Quellcode-Besichtigung = MMR 2006, 820, 822; vgl. OLG München, Beschl. v. 12.01.2011, Az. 6 W 2399/10, InstGE 13, 190, 192 (Rn. 13) – Kein Verletzungsnachweis nach Besichtigung = InstGE 13, 293, 295 (Rn. 14) = BeckRS 2012, 09121; Mes (2015), § 140c Rn. 53; *Kühnen* (2013), Rn. 721; *Chakraborty*, in: Haedicke/Timmann (2012), § 11 Rn. 783, 787; *Oldekop*, in: Schramm (2012), Kap. 9 Rn. 191; *Müller-Stoy* (2008), Rn. 283 f.; *Zöllner*, GRUR-Prax 2010, S. 74 (76).

[43] OLG München, Beschl. v. 19.03.2010, Az. 6 W 832/10, InstGE 12, 186, 189 (Rn. 26) – Presseur = BeckRS 2011, 00035.

[44] BGH, Beschl. v. 11.12.2003, Az. I ZR 68/01, GRUR 2004, 350, 350 – Pyrex = WRP 2004, 350, 350; OLG Frankfurt a.M., Beschl. v. 04.04.2013, Az. 6 W 85/12, GRUR-RR

streit voraussichtlich ausgegangen wäre.[45] Von diesem Grundsatz sind jedoch Ausnahmen zulässig, sodass insbesondere verfügbare Beweismittel herangezogen werden können.[46] Ein solches Beweismittel ist das im selbstständigen Beweisverfahren erlangte Sachverständigengutachten, welches im Rahmen dieser Entscheidung zu berücksichtigen ist.[47] Hierbei handelt es sich um keine sachwidrige Vermengung der Verletzungsfrage und der Voraussetzungen des Besichtigungsverfahrens, da die Durchsetzung eines Besichtungsanspruchs keinem Selbstzweck dient, sondern als Hilfsanspruch die Durchsetzung von Ansprüchen wegen einer Schutzrechtsverletzung ermöglicht.[48] In § 140c Abs. 5 PatG wird ebenfalls nicht allein auf den Zeitpunkt des Erkenntnisstandes bei Erlass der Besichtigungsanordnung abgestellt.[49]

Bei einer Besichtigungsanordnung nach dem „Düsseldorfer Modell" sichert die Duldungsverfügung nur die Durchsetzung der Besichtigung im Rahmen des selbstständigen Beweisverfahrens.[50] Der Antragsteller kann den Ersatz der Kosten für das selbstständige Beweisverfahren nur verlangen, wenn er einen nachfolgenden Schutzrechtsverletzungsprozess gewinnt, da die Kosten für die Beweissicherung die Kosten des anschließenden Hauptsache-

---

2013, 302, 302 = BeckRS 2013, 07684; OLG Hamm, Urt. v. 28.02.2013, Az. 4 U 159/12, GRUR-RR 2013, 339, 339 = MMR 2014, 116, 117; Baumbach/Lauterbach/Albers/Hartmann (2016), § 91a Rn. 112; *Vollkommer*, in: Zöller (2016), § 91a Rn. 24; *Hahn*, in: PK-GewRS (2015), § 494a ZPO Rn. 26 f.; *Rinken/Kühnen*, in: Schulte (2014), § 140c Rn. 79; *Kühnen* (2013), Rn. 721; *Chakraborty*, in: Haedicke/Timmann (2012), § 11 Rn. 792; *Grabinski*, in: FS Mes (2009), S. 129 (133).

[45] *Paulus* (2010), Rn. 520.

[46] *Rinken/Kühnen*, in: Schulte (2014), § 140c Rn. 81; *Vollkommer*, in: Zöller (2016), § 91a Rn. 26 m.w.Nachw.; *Kühnen* (2013), Rn. 721; *Kühnen*, MittdtPatA 2009, S. 211 (217).

[47] OLG München, Beschl. v. 12.01.2011, Az. 6 W 2399/10, InstGE 13, 190, 192 (Rn. 13) – Kein Verletzungsnachweis nach Besichtigung = InstGE 13, 293, 295 (Rn. 14) = BeckRS 2012, 09121; OLG München, Beschl. v. 19.03.2010, Az. 6 W 832/10, InstGE 12, 186, 189 (Rn. 26) – Presseur = BeckRS 2011, 00035; *Grabinski/Zülch*, in: Benkard (2015), § 140c PatG Rn. 31, 36; *Rinken/Kühnen*, in: Schulte (2014), § 140c Rn. 81; *Kühnen* (2013), Rn. 721; *Chakraborty*, in: Haedicke/Timmann (2012), § 11 Rn. 792; *Kühnen*, MittdtPatA 2009, S. 211 (217); a.A. *Zöllner*, GRUR-Prax 2010, S. 74 (79); vgl. *Oldekop*, in: Schramm (2012), Kap. 9 Rn. 191; *Müller-Stoy* (2008), Rn. 279 f.

[48] OLG München, Beschl. v. 12.01.2011, Az. 6 W 2399/10, InstGE 13, 190, 192 (Rn. 14) – Kein Verletzungsnachweis nach Besichtigung = InstGE 13, 293, 295 (Rn. 15) = BeckRS 2012, 09121.

[49] OLG München, Beschl. v. 12.01.2011, Az. 6 W 2399/10, InstGE 13, 190, 192 (Rn. 15) – Kein Verletzungsnachweis nach Besichtigung = InstGE 13, 293, 295 (Rn. 16) = BeckRS 2012, 09121; OLG München, Beschl. v. 19.03.2010, Az. 6 W 832/10, InstGE 12, 186, 189 (Rn. 26) – Presseur = BeckRS 2011, 00035; *Ohst*, in: Wandtke/Bullinger (2014), § 101a UrhG Rn. 42; Fezer (2009), § 19a MarkenG Rn. 49; *Müller-Stoy* (2008), Rn. 281.

[50] *Rinken/Kühnen*, in: Schulte (2014), § 140c Rn. 82; *Kühnen* (2013), Rn. 722; *Kühnen*, MittdtPatA 2009, S. 211 (217).

verfahrens sind und daher der in diesem Verfahren getroffenen Kostenentscheidung unterfallen, wohingegen sofort über die Kosten der Duldungsverfügung entschieden werden muss.[51] Dementsprechend besteht die Kostentragungspflicht selbst beim Vorliegen der Tatbestandsvoraussetzungen für eine Besichtigung im Erlasszeitpunkt nicht unabhängig vom Besichtigungsergebnis, sodass sich die Prüfung für die Kostenentscheidung nicht auf die sachliche Rechtfertigung der Duldungsverfügung nach dem Sach- und Streitstand im Zeitpunkt ihres Erlasses beschränkt.[52]

Das erledigende Ereignis in Form der Besichtigung konnte den Rechtsstreit nicht beseitigen, sodass sich die Kostenentscheidung bei einer einseitigen Erledigungserklärung nach der Grundregel des § 91 ZPO richtet. Danach trägt getreu dem Verursachungsgedanken[53] grundsätzlich die unterlegene Partei (in Person des Antragstellers) die Kosten (§ 91 Abs. 1 S. 1 ZPO).

(b) Unklarheit über eine Schutzrechtsverletzung

Sofern das Sachverständigengutachten die Verletzungsfrage nicht eindeutig aufklären kann, besteht weiterhin nur die hinreichende Wahrscheinlichkeit einer Schutzrechtsverletzung. In diesem Fall trifft den Antragsteller die Kostenlast (bei einer einseitigen Erledigungserklärung nach § 91 ZPO; bei einer übereinstimmenden Erledigungserklärung nach § 91a ZPO), da der Antragsgegner nicht auf der Grundlage eines Verletzungsverdachts zur Kostentragung verpflichtet werden darf.[54] Auch hier gilt es zu berücksichtigen, dass die

---

[51] OLG München, Beschl. v. 12.01.2011, Az. 6 W 2399/10, InstGE 13, 190, 191 (Rn. 11) – Kein Verletzungsnachweis nach Besichtigung = InstGE 13, 293, 294 (Rn. 12) = BeckRS 2012, 09121; *Hahn*, in: PK-GewRS (2015), § 494a ZPO Rn. 28 f.; *Rinken/Kühnen*, in: Schulte (2014), § 140c Rn. 82; *Mes*, in: MPFormB GewRS (2014), Form. C.22 Anm. 22, 23; *Kühnen* (2013), Rn. 722; *Kühnen,* MittdtPatA 2009, S. 211 (217).

[52] OLG München, Beschl. v. 12.01.2011, Az. 6 W 2399/10, InstGE 13, 190, 191 (Rn. 10), 192 (Rn. 13, 14) – Kein Verletzungsnachweis nach Besichtigung = InstGE 13, 293, 294 (Rn. 11), 295 (Rn. 14, 15) = BeckRS 2012, 09121; *Hahn*, in: PK-GewRS (2015), § 494a ZPO Rn. 27; *Rinken/Kühnen*, in: Schulte (2014), § 140c Rn. 81; *Chakraborty*, in: Haedicke/Timmann (2012), § 11 Rn. 792; a.A. OLG Frankfurt a.M., Beschl. v. 17.01.2006, Az. 11 W 21/05, GRUR-RR 2006, 295, 297 – Quellcode-Besichtigung = MMR 2006, 820, 822; *Zöllner,* GRUR-Prax 2010, S. 74 (79); vgl.
BT-Drucks. 16/5048, S. 29; *Czychowski*, in: Fromm/Nordemann (2014), § 101a UrhG Rn. 36.

[53] *Paulus* (2010), Rn. 161, 520.

[54] OLG München, Beschl. v. 12.01.2011, Az. 6 W 2399/10, InstGE 13, 190, 191 (Rn. 11) – Kein Verletzungsnachweis nach Besichtigung = InstGE 13, 293, 294 (Rn. 12) = BeckRS 2012, 09121; *Grabinski/Zülch*, in: Benkard (2015), § 140c PatG Rn. 36; *Hahn*, in: PK-GewRS (2015), § 494a ZPO Rn. 30 f.; *Czychowski*, in: Fromm/Nordemann (2014), § 101a UrhG Rn. 36; *Rinken/Kühnen*, in: Schulte (2014), § 140c Rn. 82; *Kühnen* (2013), Rn. 722; *Chakraborty*, in: Haedicke/Timmann (2012), § 11 Rn. 787; *Oldekop*, in: Schramm (2012), Kap. 9 Rn. 191; *Zöllner,* GRUR-Prax 2010, S. 74 (79); *Kühnen,*

Duldungsverfügung die im Rahmen des selbstständigen Beweisverfahrens angeordnete Besichtigung nur begleitet, die Kosten des selbstständigen Beweisverfahrens solche des anschließenden Hauptsacheverfahrens sind und der Antragsteller sie nur ersetzt verlangen kann, wenn im Hauptsacheverfahren zu seinen Gunsten entschieden wird. Aufgrund der Unklarheit des Gutachtens scheidet ein materiell-rechtlicher Schadensersatzanspruch aus, da dieser nur bei einer rechtswidrigen und schuldhaften Schutzrechtsverletzung besteht.[55]

(c) Nachweis einer Schutzrechtsverletzung

Sofern die Besichtigung den Nachweis einer Schutzrechtsverletzung erbringt, trifft den Antragsgegner als unterlegene Partei die Kostentragungslast nach § 91 Abs. 1 S. 1 ZPO.[56] Der Antragsgegner kann jedoch die materielle Berechtigung des antragstellerischen Vorbringens anerkennen und gleichzeitig beantragen, den Antragsteller mit den Kosten des Verfahrens entsprechend § 93 ZPO zu belasten, sodass der Widerspruch ausdrücklich auf die Kosten der Duldungsverfügung beschränkt wird (isolierter Kostenwiderspruch).[57]

MittdtPatA 2009, S. 211 (217); vgl. OLG München, Beschl. v. 19.03.2010, Az. 6 W 832/10, InstGE 12, 186, 189 (Rn. 26) – Presseur = BeckRS 2011, 00035; OLG Frankfurt a.M., Beschl. v. 17.01.2006, Az. 11 W 21/05, GRUR-RR 2006, 295, 296 f. – Quellcode-Besichtigung = MMR 2006, 820, 822; *Müller-Stoy* (2008), Rn. 283 f.

[55] *Rinken/Kühnen*, in: Schulte (2014), § 140c Rn. 82; *Kühnen*, MittdtPatA 2009, S. 211 (217).

[56] *Hahn*, in: PK-GewRS (2015), § 494a ZPO Rn. 23, 30; *Rinken/Kühnen*, in: Schulte (2014), § 140c Rn. 82; *Chakraborty*, in: Haedicke/Timmann (2012), § 11 Rn. 787, 789; *Oldekop*, in: Schramm (2012), Kap. 9 Rn. 191–193; *Zöllner*, GRUR-Prax 2010, S. 74 (76); *Kühnen*, MittdtPatA 2009, S. 211 (217); vgl. Mes (2015), § 140c Rn. 53; *Schmid-Petersen*, in: *Heydn/Schmid-Petersen/Vassilaki* (2009), Rn. 529, 586.

[57] BGH, Beschl. v. 22.05.2003, Az. I ZB 38/02, NJW-RR 2003, 1293, 1293 = MDR 2003, 955, 956; OLG Hamm, Beschl. v. 23.01.2003, Az. 27 W 41/02, OLGReport Hamm 2003, 232 (Rn. 3) = BeckRS 2003, 03733 (Rn. 3); LG Düsseldorf, Urt. v. 04.12.2008, Az. 4b O 348/08, InstGE 11, 35, 37 (Rn. 8), 39 (Rn. 14) – Abmahnung bei Besichtigungsanspruch; Baumbach/Lauterbach/Albers/Hartmann (2016), § 924 Rn. 9; *Köhler*, in: Köhler/Bornkamm (2016), § 12 UWG Rn. 3.42; *Feddersen*, in: Teplitzky (2016), Kap. 55 Rn. 9 ff.; *Seiler*, in: Thomas/Putzo (2016), § 924 Rn. 1; *Herget*, in: Zöller (2016), § 93 Rn. 6 („Kostenwiderspruch"); *Vollkommer*, in: Zöller (2016), § 924 Rn. 5; *Grabinski/Zülch*, in: Benkard (2015), § 140c PatG Rn. 36; Mes (2015), § 140c Rn. 55; *Hahn*, in: PK-GewRS (2015), § 494a ZPO Rn. 32 (Fn. 72); *Keukenschrijver/Kaess*, in: Busse (2013), § 140c Rn. 34; *Voß*, in: Fitzner/Lutz/Bodewig (2012), Vor §§ 139 ff. PatG Rn. 317; *Pitz*, in: Fitzner/Lutz/Bodewig (2012), § 140c PatG Rn. 59; *Kühnen* (2013), Rn. 723, 1836; *Chakraborty*, in: Haedicke/Timmann (2012), § 11 Rn. 783, 793; *Scharen*, in: WettbProz (2009), Kap. 51 Rn. 55 ff.; *Schmid-Petersen*, in: *Heydn/Schmid-Petersen/Vassilaki* (2009), Rn. 520, 523, 526; *Lieber/Zimmermann* (2009), Rn. 338 f.; *Grabinski*, in: FS Mes (2009), S. 129 (133); *Zöllner*, GRUR-Prax 2010, S. 74 (79); *Kühnen*, MittdtPatA 2009, S. 211 (217); vgl. OLG München, Beschl. v. 19.03.2010, Az. 6 W 832/10, InstGE 12, 186, 189 (Rn. 27) – Presseur = BeckRS 2011, 00035; OLG Düsseldorf, Beschl. v. 08.09.2004, Az. I-

Durch den Kostenwiderspruch bringt der Antragsgegner zum Ausdruck, dass er im Falle einer Abmahnung dem Vorbringen des Antragstellers nachgekommen wäre.

bb) Kostenwiderspruch

Bei einer bereits durchgeführten Besichtigung wird die Erledigungserklärung des Antragstellers regelmäßig den isolierten Kostenwiderspruch herbeiführen.[58] Beim Kostenwiderspruch handelt es sich um eine Variante des Teilwiderspruchs.[59] Der isolierte Kostenwiderspruch richtet sich nicht mehr gegen die Zulässigkeit sowie Begründetheit der Duldungsverfügung, sondern beschränkt sich auf den Kostenausspruch, sodass der Antragsgegner auf diese Weise eine Kostenentscheidung nach § 93 ZPO (diese Regelung findet auch im einstweiligen Verfügungsverfahren Anwendung[60]) erwirkt.[61] Der Antragsgegner kann sich damit rechtfertigen, dass er vor der Einleitung des Beweissicherungsverfahrens nicht abgemahnt worden ist und auch sonst keine Veranlassung für ein gerichtliches Vorgehen gegeben hat, sodass der Antragsteller die Kosten des einstweiligen Verfügungsverfahrens zu tragen hat.[62]

Durch den Kostenwiderspruch wird die Verletzungsfrage in einem anschließenden Hauptsacheverfahren nicht präkludiert.[63] Der im Kostenwiderspruch enthaltene Verzicht auf eine Sachentscheidung im einstweiligen Verfügungsverfahren bedeutet nämlich nicht, dass der Antragsgegner auch in

---

2 W 38/04, InstGE 5, 157, 157 f. (Rn. 3) – Kostenwiderspruch; OLG Hamburg, Urt. v. 28.10.1999, Az. 3 U 157/99, NJW-RR 2000, 1238, 1238; LG Düsseldorf, Urt. v. 04.12.2008, Az. 4b O 348/08, InstGE 11, 35, 39 (Rn. 14) – Abmahnung bei Besichtigungsanspruch.

[58] *Grabinski/Zülch*, in: Benkard (2015), § 140c PatG Rn. 36; Mes (2015), § 140c Rn. 53; *Chakraborty*, in: Haedicke/Timmann (2012), § 11 Rn. 793; vgl. LG Düsseldorf, Urt. v. 04.12.2008, Az. 4b O 348/08, InstGE 11, 35, 39 (Rn. 14) – Abmahnung bei Besichtigungsanspruch; *Hahn*, in: PK-GewRS (2015), § 490 Rn. 19, § 492 ZPO Rn. 13; *Heiderhoff*, in: Hdb. EinstwRS (2006), Kap. 8 Rn. 17.

[59] *Lieber/Zimmermann* (2009), Rn. 323.

[60] LG Düsseldorf, Urt. v. 04.12.2008, Az. 4b O 348/08, InstGE 11, 35, 39 (Rn. 15) – Abmahnung bei Besichtigungsanspruch; LG Düsseldorf, Beschl. v. 25.07.2006, Az. 4b O 550/05, InstGE 6, 294, 295 (Rn. 5) – Walzen-Formgebungsmaschine II; *Flockenhaus*, in: Musielak/Voit (2016), § 93 Rn. 16; *Herget*, in: Zöller (2016), § 93 Rn. 6 („Einstweilige Verfügung"); *Voß*, in: Fitzner/Lutz/Bodewig (2012), Vor §§ 139 ff. PatG Rn. 319.

[61] Mes (2015), § 140c Rn. 55; *Hahn*, in: PK-GewRS (2015), § 490 ZPO Rn. 19, § 492 ZPO Rn. 13, § 494a ZPO Rn. 24, 32; *Kühnen* (2013), Rn. 1836; *Chakraborty*, in: Haedicke/Timmann (2012), § 11 Rn. 794; *Kühnen,* MittdtPatA 2009, S. 211 (217).

[62] *Rinken/Kühnen*, in: Schulte (2014), § 140c Rn. 83; *Kühnen* (2013), Rn. 723; *Chakraborty*, in: Haedicke/Timmann (2012), § 11 Rn. 794; *Grabinski,* in: FS Mes (2009), S. 129 (133); *Zöllner,* GRUR-Prax 2010, S. 74 (79); *Kühnen,* MittdtPatA 2009, S. 211 (217 f.).

[63] *Kühnen* (2013), Rn. 723 (Fn. 865).

einem anschließenden Hauptsacheverfahren auf eine Sachentscheidung verzichtet. Außerdem nimmt das Anerkenntnis im Rahmen des Kostenwiderspruchs nur Bezug auf den Teil der einstweiligen Verfügung. Wenngleich der Antragsgegner die Sachentscheidung im Eilverfahren hinnimmt, kann er sich gleichzeitig ohne Abgabe einer Erklärung die Überprüfung der Sachentscheidung im Hauptsacheverfahren vorbehalten, etwa wegen besserer Beweismöglichkeiten in diesem Stadium.[64]

Die Kostenentscheidung nach § 93 ZPO hängt auch bei der Durchsetzung eines Besichtigungsanspruchs im Eilverfahren von einer vorherigen Abmahnung durch den Antragsteller ab.[65] Im Rahmen des „Düsseldorfer Modells" darf jedoch nicht pauschal aus der ausgebliebenen Abmahnung des Antragstellers die mangelnde Veranlassung durch den Antragsgegner und eine sich daraus ergebende Anwendung von § 93 ZPO gefolgert werden. Der Antragsgegner wäre durch eine vorherige Abmahnung vorgewarnt, könnte die Beweissicherung vereiteln und somit den Besichtigungserfolg gefährden. Auf den ersten Blick liegt es daher nahe, in einem Großteil der Fälle keine vorherige Abmahnung zu fordern.[66] Im Allgemeinen ist eine Abmahnung ausnahmsweise entbehrlich, wenn sie im Zeitpunkt der Abgabe nach objektiven Gesichtspunkten unzumutbar erscheint.[67]

(1) Beschlagnahmefälle

In den Beschlagnahmefällen ist eine vorherige Abmahnung des Antragsgegners entbehrlich, wenn vor Einleitung eines gerichtlichen Verfahrens konkrete Hinweise darauf schließen lassen, dass der Antragsgegner infolge der Abmahnung den Gegenstand derart verändert, dass der Erfolg der Maßnahme vereitelt werden würde, oder der Gegenstand ohne vorherige konkrete Anhaltspunkte für eine mögliche Manipulation durch den Antragsgegner tatsäch-

[64] OLG Hamm, Urt. v. 25.09.1990, Az. 4 U 199/90, GRUR 1991, 633, 634 = MDR 1991, 357, 358; LG Düsseldorf, Urt. v. 04.12.2008, Az. 4b O 348/08, InstGE 11, 35, 41 (Rn. 21) – Abmahnung bei Besichtigungsanspruch; *Feddersen*, in: Teplitzky (2016), Kap. 54 Rn. 11 ff.; *Berneke/Schüttpelz* (2015), Rn. 420.

[65] LG Düsseldorf, Urt. v. 04.12.2008, Az. 4b O 348/08, InstGE 11, 35, 39 (Rn. 17) – Abmahnung bei Besichtigungsanspruch; LG Düsseldorf, Beschl. v. 25.07.2006, Az. 4b O 550/05, InstGE 6, 294, 296 (Rn. 8) – Walzen-Formgebungsmaschine II; *Hahn*, in: PK-GewRS (2015), § 494a ZPO Rn. 34; *Pitz*, in: Fitzner/Lutz/Bodewig (2012), § 140c PatG Rn. 59; *Pierson*, in: *Pierson/Ahrens/Fischer* (2014), S. 537, 538; *Kühnen* (2013), Rn. 606 f., 707; vgl. BT-Drucks. 15/1487, S. 25.

[66] Mes (2015), § 140c Rn. 55; *Voß*, in: Fitzner/Lutz/Bodewig (2012), Vor §§ 139 ff. PatG Rn. 278; *Chakraborty*, in: Haedicke/Timmann (2012), § 11 Rn. 794; *Pierson*, in: *Pierson/Ahrens/Fischer* (2014), S. 541; *Grabinski,* in: FS Mes (2009), S. 129 (133); vgl. *Schmid-Petersen*, in: *Heydn/Schmid-Petersen/Vassilaki* (2009), Rn. 525; *Leppin,* GRUR 1984, S. 770 (777).

[67] *Kühnen* (2013), Rn. 709.

lich im Zeitraum der Abmahnung so verändert wird, dass eine Schutzrechtsverletzung nicht mehr festzustellen ist, oder aber schlichtweg fortgeschafft wird, um den Zugriff auf den Gegenstand zu verhindern.[68] In allen drei Konstellationen besteht aus der Sicht des Antragstellers die Möglichkeit, dass der Antragsgegner durch die Abmahnung vorgewarnt, der Besichtigungserfolg vereitelt und die Anspruchsdurchsetzung des Antragstellers gefährdet wird.[69] In den Beschlagnahmefällen muss der Antragsteller die Besorgnis der Beweisvereitelung nicht durch bestimmte Verdachtsmomente oder konkrete Umstände belegen.[70] Vielmehr muss der Antragsgegner im Nachhinein Gründe vorbringen, warum keine Vereitelungsgefahr bestand und eine Abmahnung erforderlich war.

(2) Verzicht auf eine vorherige Abmahnung

Im Gegensatz zu Besichtigungen geht es in den Beschlagnahmefällen meist um sog. „flüchtige" Ware.[71] Dennoch bestehen einige Parallelen zwischen Besichtigungsanordnungen und Beschlagnahmefällen. Aus zeitlicher Sicht bietet bei einer Besichtigungsanordnung die Abmahnfrist als solche schon Raum für mögliche Vereitelungsmaßnahmen des Antragsgegners. Darüber hinaus wird aber auch bei sofortiger Stellung des Beweissicherungsantrags beim zuständigen Gericht nach Ablauf der Abmahnfrist noch ein Zeitraum von einigen Tagen vergehen, bis die Begutachtung vom Sachverständigen durchgeführt wird.[72] Der gerichtlich bestellte Sachverständige muss zunächst beauftragt werden und sich mit dem konkreten Sachverhalt befassen. Eine

[68] OLG Frankfurt a.M., Beschl. v. 09.11.2005, Az. 6 W 138/05, InstGE 6, 51, 51 f. (Rn. 2 f.) – Sequestrationsanspruch = BeckRS 2011, 19400; LG Düsseldorf, Urt. v. 04.12.2008, Az. 4b O 348/08, InstGE 11, 35, 39 f. (Rn. 17) – Abmahnung bei Besichtigungsanspruch; LG Düsseldorf, Beschl. v. 25.07.2006, Az. 4b O 550/05, InstGE 6, 294, 296 f. (Rn. 7 f.) – Walzen-Formgebungsmaschine II; *Bornkamm*, in: Köhler/Bornkamm (2016), § 12 UWG Rn. 1.48; *Rüting*, in: PK-GewRS (2015), § 93 ZPO Rn. 34 f.; *Hahn*, in: PK-GewRS (2015), § 494a ZPO Rn. 34; *Rinken/Kühnen*, in: Schulte (2014), § 140c Rn. 83; *Kühnen* (2013), Rn. 717, 723; *Zöllner,* GRUR-Prax 2010, S. 74 (79); *Kühnen,* MittdtPatA 2009, S. 211 (218); vgl. OLG Hamburg, Urt. v. 14.06.2006, Az. 5 U 21/06, GRUR-RR 2007, 29, 30 – Cerebro Card = ZUM-RD 2006, 510, 512.

[69] LG Düsseldorf, Beschl. v. 25.07.2006, Az. 4b O 550/05, InstGE 6, 294, 296 f. (Rn. 7 f.) – Walzen-Formgebungsmaschine II; *Rinken/Kühnen*, in: Schulte (2014), § 140c Rn. 84; *Pierson*, in: *Pierson/Ahrens/Fischer* (2014), S. 541; *Kühnen* (2013), Rn. 717, 723; *Kühnen,* MittdtPatA 2009, S. 211 (218); vgl. *Leppin,* GRUR 1984, S. 770 (777).

[70] OLG Hamburg, Urt. v. 14.06.2006, Az. 5 U 21/06, GRUR-RR 2007, 29, 30 – Cerebro Card = ZUM-RD 2006, 510, 512; *Bornkamm*, in: Köhler/Bornkamm (2016), § 12 UWG Rn. 1.48.

[71] *Hahn*, in: PK-GewRS (2015), § 494a ZPO Rn. 34.

[72] LG Düsseldorf, Beschl. v. 25.07.2006, Az. 4b O 550/05, InstGE 6, 294, 296 f. (Rn. 8) – Walzen-Formgebungsmaschine II; *Rinken/Kühnen*, in: Schulte (2014), § 140c Rn. 84; *Kühnen* (2013), Rn. 723; *Kühnen,* MittdtPatA 2009, S. 211 (218).

vorherige Abmahnung würde dem Antragsgegner genügend Zeit für Veränderungen am Besichtigungsgegenstand geben, sodass im Zuge der Besichtigung der Nachweis einer Schutzrechtsverletzung schwerer oder gar nicht mehr zu erbringen wäre. Dementsprechend spricht einiges für die Übertragung der Grundsätze aus den Beschlagnahmefällen (insbesondere mit Blick auf die Verteilung der Darlegungslast) auf ein Besichtigungsverfahren nach dem „Düsseldorfer Modell“.

Das Erfordernis einer Abmahnung kann im Zuge des „Düsseldorfer Modells“ trotz unterbliebener Anhörung aber nicht per se verneint werden.[73] Vielmehr ist eine vorherige Abmahnung des Antragsgegners durch den Antragsteller erst dann unzumutbar und damit entbehrlich, wenn aus objektivierter Sicht des Antragstellers konkrete Anhaltspunkte für Verdeckungs- oder Vereitelungsmaßnahmen des Antragsgegners im Zeitraum zwischen Abmahnung und Besichtigung vorliegen (etwa die bevorstehende Auslieferung des Besichtigungsgegenstandes an einen Dritten).[74] Andernfalls würde der Antragsteller durch die Abmahnung die Durchsetzbarkeit seines eigenen (Besichtigungs-)Anspruchs gefährden. Infolgedessen sind bei konkreten Anhaltspunkten auch Abmahnungen mit kurzer Fristsetzung (etwa zwei bis drei Tage) ungeeignet, da selbst bei sehr kurzen Fristen die Gefahr von Vereitelungsmaßnahmen besteht.[75] Eine Abmahnung ist ebenfalls entbehrlich, wenn der Antragsgegner einer freiwilligen Besichtigung in ähnlich gelagerten Fäl-

---

[73] LG Düsseldorf, Urt. v. 26.01.2006, Az. 4a O 216/05 (unveröffentlicht); *Hahn*, in: PK-GewRS (2015), § 494a ZPO Rn. 34; vgl. *Binn/Dupuis-Latour*, VPP-Rundbrief 1998, S. 72 (74).

[74] OLG München, Beschl. v. 19.03.2010, Az. 6 W 832/10, InstGE 12, 186, 189 (Rn. 27) – Presseur = BeckRS 2011, 00035; OLG Frankfurt a.M., Beschl. v. 09.11.2005, Az. 6 W 138/05, InstGE 6, 51, 51 f. (Rn. 2 f.) – Sequestrationsanspruch = BeckRS 2011, 19400; LG Düsseldorf, Urt. v. 04.12.2008, Az. 4b O 348/08, InstGE 11, 35, 39 f. (Rn. 17) – Abmahnung bei Besichtigungsanspruch; LG Düsseldorf, Beschl. v. 25.07.2006, Az. 4b O 550/05, InstGE 6, 294, 295 (Rn. 6), 296 (Rn. 7 f.), 297 (Rn. 10) – Walzen-Formgebungsmaschine II; LG Düsseldorf, Urt. v. 26.01.2006, Az. 4a O 216/05; Mes (2015), § 140c Rn. 55; *Rüting*, in: PK-GewRS (2015), § 93 ZPO Rn. 26; *Hahn*, in: PK-GewRS (2015), § 494a ZPO Rn. 34; *Hacker*, in: Ströbele/Hacker (2015), § 19a Rn. 31; *Czychowski*, in: Fromm/Nordemann (2014), § 101a UrhG Rn. 28; *Rinken/Kühnen*, in: Schulte (2014), § 140c Rn. 83 f.; *Pitz*, in: Fitzner/Lutz/Bodewig (2012), § 140c PatG Rn. 59; *Chakraborty*, in: Haedicke/Timmann (2012), § 11 Rn. 794; Ingerl/Rohnke (2010), § 19a Rn. 22; *Pierson*, in: *Pierson/Ahrens/Fischer* (2014), S. 541; *Müller-Stoy* (2008), Rn. 280 (Fn. 520); *Grabinski,* in: FS Mes (2009), S. 129 (133 f.); *Kather/Fitzner,* MittdtPatA 2010, S. 325 (330); *Kühnen,* MittdtPatA 2009, S. 211 (218); *Fitzner/Kather,* VPP-Rundbrief 2009, S. 58 (64); vgl. *Grabinski/Zülch*, in: Benkard (2015), § 140c PatG Rn. 36; *Kühnen* (2013), Rn. 709, 717, 723; *Zöllner,* GRUR-Prax 2010, S. 74 (79); *Leppin,* GRUR 1984, S. 770 (777).

[75] LG Düsseldorf, Beschl. v. 25.07.2006, Az. 4b O 550/05, InstGE 6, 294, 297 (Rn. 9) – Walzen-Formgebungsmaschine II; vgl. LG Düsseldorf, Urt. v. 04.12.2008, Az. 4b O 348/08, InstGE 11, 35, 40 (Rn. 19) – Abmahnung bei Besichtigungsanspruch; *Hahn*, in: PK-GewRS (2015), § 494a ZPO Rn. 34.

len zuvor bereits ausdrücklich widersprochen hat.[76] Allerdings spricht ein überobligatorisch kooperatives Verhalten des Antragsgegners sowie seiner Mitarbeiter in ähnlich gelagerten Fällen in der Vergangenheit (etwa die freiwillige Vornahme von Mitwirkungshandlungen) für die Notwendigkeit einer Abmahnung.[77]

Die aufgezeigte Risikoverteilung liegt auf einer Linie mit dem Regelungszweck von § 93 ZPO, der wegen der fehlenden Möglichkeit zur freiwilligen Erfüllung des antragstellerischen Begehrens als Ausgleich für den Antragsgegner vorsieht, sich der Kostenlast zu entledigen.[78] Dies muss erst recht für ein einstweiliges Verfügungsverfahren und damit auch für ein Besichtigungsverfahren nach dem „Düsseldorfer Modell" gelten.[79] Eine Besichtigungsanordnung ergeht regelmäßig unter Verzicht auf die Anhörung des Antragsgegners, sodass dieser keine Möglichkeit zur Stellungnahme bekommt. Genauso wie ein Kläger im Hauptsacheverfahren mag auch der Antragsteller im Zuge eines Besichtigungsverfahrens gute Gründe für die Ausnutzung des Überraschungsmoments haben. Dadurch entzieht er sich aber einer außergerichtlichen Konfliktlösung.

Wenngleich die Beurteilung der Beweisvereitelungsgefahr im Vorfeld einer Besichtigung schwerfällt und die Auferlegung der Darlegungs- und Beweislast an den Antragsteller wegen der fehlenden Anhörung des Antragsgegners befremdlich erscheint (der Antragsteller kann seine Argumentation nicht auf Aussagen des Antragsgegners stützen und eine Vereitelungsabsicht des Antragsgegners ist oftmals nur schwer vorherzusagen), hat der Antragsteller im Rahmen eines Kostenwiderspruchs die konkreten Umstände darzulegen, nach denen eine Abmahnung entbehrlich war.[80] Die Anforderungen an die Darlegungen des Antragstellers für die Entbehrlichkeit der Abmahnung

---

[76] *Grabinski,* in: FS Mes (2009), S. 129 (133, 134); vgl. LG Düsseldorf, Beschl. v. 25.07.2006, Az. 4b O 550/05, InstGE 6, 294, 297 f. (Rn. 10) – Walzen-Formgebungsmaschine II.

[77] LG Düsseldorf, Urt. v. 04.12.2008, Az. 4b O 348/08, InstGE 11, 35, 40 (Rn. 18) – Abmahnung bei Besichtigungsanspruch; vgl. LG Düsseldorf, Beschl. v. 25.07.2006, Az. 4b O 550/05, InstGE 6, 294, 297 f. (Rn. 10) – Walzen-Formgebungsmaschine II.

[78] LG Düsseldorf, Urt. v. 04.12.2008, Az. 4b O 348/08, InstGE 11, 35, 40 (Rn. 20) – Abmahnung bei Besichtigungsanspruch; *Hahn*, in: PK-GewRS (2015), § 494a ZPO Rn. 34.

[79] LG Düsseldorf, Urt. v. 04.12.2008, Az. 4b O 348/08, InstGE 11, 35, 40 (Rn. 20) – Abmahnung bei Besichtigungsanspruch; *Hahn*, in: PK-GewRS (2015), § 494a ZPO Rn. 34.

[80] LG Düsseldorf, Urt. v. 04.12.2008, Az. 4b O 348/08, InstGE 11, 35, 39 f. (Rn. 17) – Abmahnung bei Besichtigungsanspruch; LG Düsseldorf, Beschl. v. 25.07.2006, Az. 4b O 550/05, InstGE 6, 294, 296 (Rn. 8) – Walzen-Formgebungsmaschine II; *Rüting*, in: PK-GewRS (2015), § 93 ZPO Rn. 26; *Hahn*, in: PK-GewRS (2015), § 494a ZPO Rn. 34; vgl. *Kather/Fitzner,* MittdtPatA 2010, S. 325 (330); *Fitzner/Kather,* VPP-Rundbrief 2009, S. 58 (64).

dürfen aber nicht allzu hoch angesetzt werden, da andernfalls seine Rechtsdurchsetzung erheblich erschwert würde.[81]

(3) Frist

Die Einlegung des Kostenwiderspruchs ist nicht fristgebunden, sodass eine Geltendmachung auch noch nach einem längeren Zeitraum seit der Durchführung der Besichtigung möglich ist.[82] Selbst wenn der Antragsgegner dem Antragsteller nach § 494a Abs. 1 ZPO eine Frist zur Klageerhebung in der Hauptsache gesetzt hat, ist § 93 ZPO zugunsten des Antragsgegners anwendbar, da sich § 494a ZPO nur auf den Teil des selbstständigen Beweisverfahrens der Besichtigungsanordnung bezieht.[83] Die in der Praxis nach Zustellung der einstweiligen Verfügung übliche Aufforderung des Antragstellers an den Antragsgegner („Abschlussschreiben"), die einstweilige Vefügung als endgültige Regelung anzuerkennen („Abschlusserklärung"), ist bei Besichtigungsanordnungen unüblich.[84] Der Antragsteller wird den materiellrechtlichen Besichtigungsanspruch nicht nochmals im Hauptsacheverfahren durchsetzen. Aus diesem Grund wird auch kein Abschlussverfahren durchgeführt.

Der Rechtsbehelf des Kostenwiderspruchs kann jedoch verwirken, wobei die Verwirkung auch hier ein Zeit- und ein Umstandsmoment voraussetzt.[85] Eine Partei eines Rechtsverhältnisses darf nach einem eingetretenen Zeitablauf und dem Hinzutreten weiterer Umstände irgendwann darauf vertrauen, dass ihre Inanspruchnahme ausgeschlossen ist sowie eine für sie günstige Entscheidung nicht mehr angefochten wird, wodurch der anderen Partei dieses Rechtsverhältnisses die Geltendmachung des Rechts sowie die Erhebung eines prozessualen Rechtsbehelfs wegen des Grundsatzes von Treu und Glauben (§ 242 BGB) versagt ist.[86] Dafür muss eine erhebliche Zeitdauer verstrei-

---

[81] Mes (2015), § 140c Rn. 55; *Hahn*, in: PK-GewRS (2015), § 494a ZPO Rn. 34; a.A. *Chakraborty*, in: Haedicke/Timmann (2012), § 11 Rn. 794; vgl. OLG Frankfurt a.M., Beschl. v. 09.11.2005, Az. 6 W 138/05, InstGE 6, 51, 51 (Rn. 1) – Sequestrationsanspruch = BeckRS 2011, 19400; *Leppin,* GRUR 1984, S. 770 (778).

[82] LG Düsseldorf, Urt. v. 04.12.2008, Az. 4b O 348/08, InstGE 11, 35, 37 (Rn. 8) – Abmahnung bei Besichtigungsanspruch; Mes (2015), § 140c Rn. 54; *Hahn*, in: PK-GewRS (2015), § 494a ZPO Rn. 33; *Berneke/Schüttpelz* (2015), Rn. 394; *Kühnen* (2013), Rn. 418 (Fn. 445).

[83] LG Düsseldorf, Urt. v. 04.12.2008, Az. 4b O 348/08, InstGE 11, 35, 41 (Rn. 21) – Abmahnung bei Besichtigungsanspruch; *Hahn*, in: PK-GewRS (2015), § 494a ZPO Rn. 33.

[84] Vgl. *Grabinski/Zülch*, in: Benkard (2015), § 139 PatG Rn. 154 f.

[85] LG Düsseldorf, Urt. v. 04.12.2008, Az. 4b O 348/08, InstGE 11, 35, 37 (Rn. 9) – Abmahnung bei Besichtigungsanspruch.

[86] BGH, Urt. v. 20.10.1988, Az. VII ZR 302/87, BGHZ 105, 290, 298 = NJW 1989, 836, 838; BGH, Urt. v. 27.06.1957, Az. II ZR 15/56, BGHZ 25, 47, 52 = NJW 1957, 1358,

chen und gleichzeitig müssen Anhaltspunkte dafür vorliegen, dass der Antragsteller berechtigter- und schutzwürdigerweise mit keiner Erhebung des Kostenwiderspruchs rechnen durfte.[87] Letzteres ist nur in engen Ausnahmefällen anzunehmen (wie etwa die Duldung der Zwangsvollstreckung durch den Antragsgegner bis auf wenige Nebenpunkte[88] oder das Beruhen der Eilentscheidung auf einer Norm, die in der Zwischenzeit mit der Wirkung des § 79 Abs. 2 BVerfGG durch das Bunderverfassungsgericht für nichtig erklärt wurde[89]).

Selbst nach zwei Jahren zwischen dem Erlass der Duldungsverfügung und dem Kostenwiderspruch kann das Widerspruchsrecht noch nicht verwirkt sein, da dieser Zeitraum hinsichtlich der Wechselwirkung zwischen Zeit- und Umstandsmoment (der für die Verwirkung erforderliche Zeitablauf ist umso kürzer, je mehr das mögliche Umstandsmoment ausmacht[90]) für die Annahme einer Verwirkung zu kurz ist.[91] Sobald der Antragsgegner eine Kostenerstattung vornimmt und somit auf einen vollstreckbaren Titel leistet, um auf diese Weise die Vollstreckung aus dem Kostenfestsetzungsbeschluss abzuwenden, kann kein Vertrauen des Antragstellers allein dahingehend begründet werden, dass der Titel dauerhaft unangefochten bleibt.[92] Unschädlich ist auch, wenn diese Kostenerstattung unmittelbar nach der Kostenfestsetzung erfolgt und im Zeitpunkt des Widerspruchs schon länger zurückliegt, da dieser Zeitablauf regelmäßig spezifisch auf der Unbefristetheit des Widerspruchs (vgl. § 924 ZPO) beruht und die Möglichkeit zur Einlegung eines Widerspruchs ohne Rechtsbehelfsfrist der Ausgleich für den Antragsgegner hinsichtlich seiner im

---

1358; *Looschelders/Olzen*, in: Staudinger (2015), § 242 Rn. 302, 306; *Sutschet*, in: Bamberger/Roth (2012), § 242 Rn. 141.

[87] OLG Saarbrücken, Urt. v. 30.06.1989, Az. 4 U 2/89, NJW-RR 1989, 1512, 1513; KG, Beschl. v. 02.10.1984, Az. 5 W 4650/84, GRUR 1985, 237, 237; OLG Celle, Urt. v. 18.07.1980, Az. 9 U 93/80, GRUR 1980, 945, 945 f.; KG, Urt. v. 26.01.1962, Az. 2 U 1892/61, NJW 1962, 816, 816 = BeckRS 9998, 115419; OLG Frankfurt a.M., Urt. v. 05.07.1956, Az. 6 U 14/56, ZZP 1956 (Bd. 69), 459, 461; LG Düsseldorf, Urt. v. 04.12.2008, Az. 4b O 398/06, BeckRS 2012, 10334; *Vollkommer*, in: Zöller (2016), § 924 Rn. 10; *Heiderhoff*, in: Hdb. EinstwRS (2006), Kap. 8 Rn. 22.

[88] KG, Urt. v. 11.04.1994, Az. 20 U 6073/93, KGReport Berlin 1994, 131, 131.

[89] KG, Beschl. v. 02.10.1984, Az. 5 W 4650/84, GRUR 1985, 237, 237.

[90] *Looschelders/Olzen*, in: Staudinger (2015), § 242 Rn. 305, 308; vgl. BGH, Urt. v. 19.12.2001, Az. X ZR 150/98, GRUR 2001, 323, 327 – Temperaturwächter = WRP 2001, 416, 420 f.

[91] LG Düsseldorf, Urt. v. 04.12.2008, Az. 4b O 348/08, InstGE 11, 35, 37 f. (Rn. 10) – Abmahnung bei Besichtigungsanspruch; Mes (2015), § 140c Rn. 54; *Hahn*, in: PK-GewRS (2015), § 494a ZPO Rn. 33; *Rinken/Kühnen*, in: Schulte (2014), § 140c Rn. 78; *Kühnen* (2013), Rn. 418 (Fn. 445), 723 (Fn. 864); *Chakraborty*, in: Haedicke/Timmann (2012), § 11 Rn. 795.

[92] LG Düsseldorf, Urt. v. 04.12.2008, Az. 4b O 348/08, InstGE 11, 35, 38 (Rn. 11) – Abmahnung bei Besichtigungsanspruch.

Vergleich zum Hauptsacheverfahren geschwächten Position ist.[93] Eine einstweilige Verfügung ergeht nämlich in einem summarischen Verfahren und der Antragsgegner kann sich regelmäßig bis zum Erlass der Besichtigungsanordnung nur eingeschränkt oder gar nicht dagegen wehren.[94]

2. (Teilweise) Zurückweisender Beschluss

Sofern der Antragsteller die Voraussetzungen für das selbstständige Beweisverfahren sowie die Duldungsverfügung nicht ausreichend darlegt bzw. glaubhaft macht, wird das Gericht die Besichtigungsanordnung teilweise oder ganz zurückweisen. Aufgrund der prozessualen Trennung beider Verfahren muss auch an dieser Stelle zwischen dem selbstständigen Beweisverfahren und der einstweiligen Verfügung differenziert werden.

a) (Teilweise) Zurückweisung des Antrags auf Erlass des selbstständigen Beweisverfahrens

Seinem Wortlaut zufolge erfasst § 490 Abs. 2 S. 1 ZPO nur „stattgebende" Beschlüsse. Demzufolge kann der (teilweise) zurückweisende Beschluss eines Antrags auf Durchführung des selbstständigen Beweisverfahrens mit der sofortigen Beschwerde (§ 567 Abs. 1 Nr. 2 ZPO) angegriffen werden, wobei dies für eine vollständige Zurückweisung sowie für einen Beschluss gilt, der den Antrag (beispielsweise wegen eines nicht als statthaft angesehenen, jedoch beantragten Beweismittels) nur teilweise zurückweist.[95] Wenn-

---

[93] LG Düsseldorf, Urt. v. 04.12.2008, Az. 4b O 348/08, InstGE 11, 35, 38 (Rn. 12) – Abmahnung bei Besichtigungsanspruch.

[94] *Schmid-Petersen*, in: *Heydn/Schmid-Petersen/Vassilaki* (2009), Rn. 474.

[95] BGH, Beschl. v. 13.09.2011, Az. VI ZB 67/10, NJW 2011, 3371, 3372 (Rn. 5 f.) = MDR 2011, 1313, 1313 f.; OLG Karlsruhe, Beschl. v. 23.11.2010, Az. 7 W 27/10, BeckRS 2010, 29509; OLG Düsseldorf, Beschl. v. 14.02.2007, Az. I-2 W 58/06, InstGE 7, 256, 257 (Rn. 3) – Klinkerriemchen = BeckRS 2011, 05466; OLG Düsseldorf, Beschl. v. 24.10.2006, Az. I-2 W 51/06, InstGE 7, 191, 192 (Rn. 1) – Brustbein-Öffner = BeckRS 2011, 06406; *Huber*, in: Musielak/Voit (2016), § 490 Rn. 7; *Reichold*, in: Thomas/Putzo (2016), § 490 Rn. 3; *Herget*, in: Zöller (2016), § 490 Rn. 4; *Grabinski/Zülch*, in: Benkard (2015), § 140c PatG Rn. 35; *Hahn*, in: PK-GewRS (2015), § 490 ZPO Rn. 13; *Pukall*, in: Saenger (2015), § 490 Rn. 11a; *Berger*, in: Stein/Jonas (2015), § 490 Rn. 19; *Rinken/Kühnen*, in: Schulte (2014), § 140c Rn. 77; *Schreiber*, in: MüKo ZPO (2012), § 490 Rn. 2; Seibel (2013), § 490 Rn. 6; *Joussen*, in: Ingenstau/Korbion (2015), Anh. 3 Rn. 102; *Pastor*, in: Werner/Pastor (2015), Rn. 95; *Chakraborty*, in: Haedicke/Timmann (2012), § 11 Rn. 782; *Nieder*, in: Erdmann/Rojahn/Sosnitza (2011), Kap. 1 Rn. 607; *Praun*, in: Kleine-Möller/Merl (2009), § 19 Rn. 157–165; *Schmid-Petersen*, in: *Heydn/Schmid-Petersen/Vassilaki* (2009), Rn. 564; *Rosenberg/Schwab/Gottwald* (2010), § 117 Rn. 15; *Lieber/Zimmermann* (2009), Rn. 244; *Ulrich* (2007), Rn. 471; *Fink* (2005), Rn. 342, 349; *Keldungs/Tilly* (2005), S. 33; *Sturmberg* (2004), Rn. 499; *Ulrich* (2004), Rn. 118; *Weise* (2002), Rn. 304; *Sturmberg* (1999), Rn. 539; *Röthlein* (1995), Rn. 112; *Hahn/Mugdan/*

gleich sich dadurch unterschiedliche Rechtsschutzmöglichkeiten für Antragsteller und Antragsgegner ergeben (Art. 3 Abs. 1 GG i.V.m. Art. 20 Abs. 3 GG), ist diese Ungleichbehandlung verfassungsrechtlich unbedenklich.[96] Wird ein Antrag auf Beweisanordnung zunächst zurückgewiesen, die Beweisanordnung dann aber durch das Beschwerdegericht erlassen, besteht hiergegen kein Rechtsmittel, und eine Rechtsbeschwerde ist selbst bei ihrer ausdrücklichen Zulassung durch das Gericht unzulässig.[97]

b) (Teilweise) Zurückweisung des Antrags auf Erlass einer Duldungsverfügung

Auf das Verfahren im einstweiligen Rechtsschutz ist § 490 Abs. 2 S. 2 ZPO nicht anwendbar. Dementsprechend kann der (teilweise) zurückweisende Beschluss über den Erlass einer begleitenden Duldungsverfügung im Rahmen des „Düsseldorfer Modells" mit der sofortigen Beschwerde (§ 567 Abs. 1 Nr. 2 ZPO) angefochten werden.[98] Eine teilweise Ablehnung der begleitenden Duldungsverfügung kommt etwa in Form der Versagung des Anwesenheitsrechts der anwaltlichen Vertreter des Antragstellers während der Besichtigung, der unterlassenen Anordnung eines Veränderungsverbotes oder des fehlenden Ausspruchs vom Antragsteller beantragter Duldungspflichten in Betracht.[99]

Wird ein Antrag auf Ergänzung oder Erweiterung der bereits erlassenen Besichtigungsanordnung abgelehnt oder wird dieser erweiternde bzw. ergänzende Antrag nachträglich aufgehoben oder eingeschränkt, kann ebenfalls die sofortige Beschwerde nach § 567 Abs. 1 Nr. 2 ZPO erhoben werden.[100] Für

---

Stegemann, ZPO-Materialien Abt. 1 (1983), S. 343; *Wussow* (1981), S. 37; *Ulrich*, AnwBl 2003, S. 78 (80); *Cuypers*, NJW 1994, S. 1985 (1990); *Wussow*, NJW 1969, S. 1401 (1403).

[96] BGH, Beschl. v. 13.09.2011, Az. VI ZB 67/10, NJW 2011, 3371, 3372 (Rn. 6) = MDR 2011, 1313, 1313 f.; *Rinken/Kühnen*, in: Schulte (2014), § 140c Rn. 77.

[97] BGH, Beschl. v. 13.09.2011, Az. VI ZB 67/10, NJW 2011, 3371, 3372 (Rn. 5) = MDR 2011, 1313, 1313 f.; BGH, Beschl. v. 20.04.2011, Az. VII ZB 42/09, NZBau 2011, 420, 420 (Rn. 3) = DS 2011, 250, 250 (Rn. 3); BGH, Beschl. v. 09.02.2010, Az. VI ZB 59/09, DS 2010, 397, 397 (Rn. 3) = ZfBR 2010, 449, 449; *Lohmann*, in: Prütting/Gehrlein (2015), § 574 ZPO Rn. 18; *Kühnen* (2013), Rn. 415; *Sturmberg* (2004), Rn. 499.

[98] *Hahn*, in: PK-GewRS (2015), § 490 ZPO Rn. 12; *Pierson*, in: *Pierson/Ahrens/Fischer* (2014), S. 559.

[99] *Hahn*, in: PK-GewRS (2015), § 490 ZPO Rn. 12 (Fn. 21).

[100] OLG Düsseldorf, Beschl. v. 14.02.2007, Az. I-2 W 58/06, InstGE 7, 256, 257 (Rn. 3) – Klinkerriemchen = BeckRS 2011, 05466; OLG Düsseldorf, Beschl. v. 24.10.2006, Az. I-2 W 51/06, InstGE 7, 191, 192 (Rn. 1) – Brustbein-Öffner = BeckRS 2011, 06406; *Seiler*, in: Thomas/Putzo (2016), § 922 Rn. 7; *Herget*, in: Zöller (2016), § 490 Rn. 4; *Hahn*, in: PK-GewRS (2015), § 490 ZPO Rn. 12; vgl. *Praun*, in: Kleine-Möller/Merl (2009), § 19 Rn. 167.

die vorherige Anhörung des Antragsgegners durch das Beschwerdegericht gelten dieselben Maßstäbe wie für die Anhörung bei der Entscheidung über den Antrag in der ersten Instanz.[101] Die abstrakte Gefahr von Vereitelungsmaßnahmen am Besichtigungsgegenstand durch den Antragsgegner wird nie gänzlich auszuschließen sein, wobei den Antragsgegner im Vergleich zu einer Unterlassungsverfügung mildere Rechtsfolgen treffen.[102] Dementsprechend wird die Anhörung des Antragsgegners auch im Falle einer Beschwerde nach § 567 Abs. 1 Nr. 2 ZPO regelmäßig unterbleiben (vgl. §§ 936, 922 Abs. 3 ZPO).

3. Zwischenergebnis

Der eine Besichtigungsanordnung nach dem „Düsseldorfer Modell" stattgebende Beschluss kann nicht umfassend angegriffen werden, sodass der Antragsgegner die Besichtigung letztlich dulden muss. Die Anordnung des selbstständigen Beweisverfahrens kann wegen § 490 Abs. 2 S. 2 ZPO nicht angefochten werden. Eine Anhörungsrüge des Antragsgegners scheidet ebenfalls aus (§ 321a Abs. 1 S. 2 ZPO). Dementsprechend kann der Antragsgegner nur Einwände gegen die Zulässigkeit des selbstständigen Beweisverfahrens erheben. Das Gericht kann den Beweisbeschluss daraufhin überprüfen, da es ihn jederzeit von Amts wegen aufheben oder abändern (§ 360 ZPO) und auf diese Weise eine Selbstkorrektur vornehmen kann. Wird der Antrag auf Durchführung des selbstständigen Beweisverfahrens (teilweise) zurückgewiesen, kann dieser Beschluss mit der sofortigen Beschwerde (§ 567 Abs. 1 Nr. 2 ZPO) angegriffen werden.

Die Duldungsverfügung kann grundsätzlich mit dem Widerspruch angegriffen werden (§§ 936, 924 Abs. 1 ZPO), sodass deren Rechtmäßigkeit überprüft werden kann. Der Sachverständige wird die Besichtigung aber regelmäßig schon durchgeführt haben, wenn der Antragsteller Widerspruch einlegt, sodass sich der Widerspruch auf die Kosten beschränkt (isolierter Kostenwiderspruch). Die Entscheidung über die Kosten hängt maßgeblich vom Ergebnis des Sachverständigengutachtens ab. Sofern das Sachverständigengutachten den Tatbestand einer Schutzrechtsverletzung verneint oder die Besichtigung die Verletzungsfrage nicht aufklärt, hat der Antragsteller die Kosten der Duldungsverfügung zu tragen. Kann das Sachverständigengutachten dagegen eine Schutzrechtsverletzung nachweisen, treffen den Antragsgegner die Kosten der Duldungsverfügung. Er kann aber über den isolierten Kostenwiderspruch versuchen, eine Kostenentscheidung nach § 93 ZPO zu erwirken. In Anlehnung an die Beschlagnahmefälle ist eine vorherige Abmahnung durch

[101] *Feddersen*, in: Teplitzky (2016), Kap. 55 Rn. 7 m.w.Nachw.; *Hahn*, in: PK-GewRS (2015), § 490 ZPO Rn. 12.

[102] *Hahn*, in: PK-GewRS (2015), § 490 ZPO Rn. 12 (Fn. 24).

den Antragsteller im „Düsseldorfer Modell“ erst bei konkreten Anhaltspunkten für Verdeckungs- oder Vereitelungsmaßnahmen des Antragsgegners entbehrlich. Sofern der Antrag auf Erlass einer begleitenden Duldungsverfügung (teilweise) zurückgewiesen wird, kann dieser Beschluss mit der sofortigen Beschwerde (§ 567 Abs. 1 Nr. 2 ZPO) angegriffen werden.

Im Ergebnis kann der Antragsteller die Ortsbesichtigung im Rahmen eines Besichtigungsverfahrens nach dem „Düsseldorfer Modell“ nicht durch Rechtsbehelfe verhindern. Aufgrund der unterbliebenen Anhörung erfährt er erst „an seinem Werkstor“ von der Besichtigungsmaßnahme. Wenngleich die Besichtigung für zwei Stunden zurückgestellt werden kann, kann die Besichtigung nur verhindert werden, indem dem Sachverständigen der Zutritt zu den Räumlichkeiten des Antragsgegners verweigert wird. Andernfalls muss der Antragsgegner die Besichtigung nach der Hinzuziehung seiner anwaltlichen Vertreter dulden, sodass er erst im Nachgang gegen die weiteren Verfahrensschritte Rechtsbehelfe einlegen kann.

II. Verhinderung der Gutachtenfreigabe

Das selbstständige Beweisverfahren endet mit seiner sachlichen Erledigung in Form der Bekanntgabe des Beweisergebnisses, bei der Begutachtung durch einen Sachverständigen also mit der Weiterleitung des Gutachtens an die Parteien. Die gerichtliche Entscheidung über die Freigabe des Sachverständigengutachtens ist mithin Teil des selbstständigen Beweisverfahrens. Neben der Ortsbesichtigung ist die Entscheidung über die Aushändigung des Gutachtens der für die Parteien einschneidendste Teil der Beweissicherungsanordnung, da im Zuge der Gutachtenweiterleitung der gegnerischen Partei Betriebs- und Geschäftsgeheimnisse offenbart werden können.

Für den Rechtsschutz gegen gerichtliche Entscheidungen im Freigabeverfahren sind nur die Regelungen des selbstständigen Beweisverfahrens relevant, da die Gutachtenfreigabe nicht den Teil der Duldungsverfügung betrifft.[103] Demgemäß finden dieselben Vorschriften wie bei der Anordnung des selbstständigen Beweisverfahrens Anwendung, wobei jedoch im Rahmen des Freigabeverfahrens einige Besonderheiten bestehen.[104] Im Verfahren über die Weiterleitung des Gutachtens an die Parteien ist zwischen der Gutachtenfreigabe als solcher sowie den Modalitäten in Bezug auf das Gutachten (etwa die mündliche Erörterung des Sachverständigengutachtens) zu unterscheiden.

---

[103] *Hahn*, in: PK-GewRS (2015), § 490 ZPO Rn. 32; a.A. *Zöllner,* GRUR-Prax 2010, S. 74 (78 f.).

[104] *Hahn*, in: PK-GewRS (2015), § 490 ZPO Rn. 33.

1. Gutachtenfreigabe

Nach dem Grundgedanken des selbstständigen Beweisverfahrens wird das Sachverständigengutachten an beide Parteien weitergeleitet. Eine vorbehaltlose Gutachtenfreigabe an den Antragsteller ist jedoch wegen möglicher Geheimhaltungsinteressen des Antragsgegners nicht geradewegs möglich. Vielmehr muss das Gericht einen Interessenausgleich zwischen dem Offenlegungs- sowie Informationsinteresse des Antragstellers und dem Geheimhaltungsinteresse des Antragsgegners herstellen. Eine gesetzliche Grundlage für diese Verfahrensweise besteht nicht und kann auch nicht amtswegig vom Gericht angeordnet werden, sodass ein ausdrücklicher Antrag des Antragstellers erforderlich ist, indem er die Gutachtenfreigabe an seine anwaltlichen Vertreter fordert, zunächst auf eine persönliche Gutachteneinsicht verzichtet und die Gutachtenfreigabe an ihn letztlich von einer für ihn positiven Interessenabwägung abhängig macht. Dabei kann das Gericht zu seinen Gunsten entscheiden und die Gutachtenfreigabe an den Antragsteller anordnen oder aber bei einer für den Antragsteller negativen Interessenabwägung den Antrag auf Gutachtenfreigabe an ihn (teilweise) zurückweisen.

a) (Teilweise) Zurückweisender Beschluss

Ein die Gutachtenfreigabe (teilweise) zurückweisender Beschluss ist regelmäßig nur für den Antragsteller bedeutsam. Das Gericht entscheidet dabei durch Beschluss, ob das Gutachten dem Antragsteller gar nicht oder nur in einer redigierten Fassung (hier kommen vor allem geschwärzte Gutachtenteile in Betracht) zugestellt wird (und gleichzeitig über die Aufhebung der Verschwiegenheitsverpflichtung der anwaltlichen Vertreter).[105] In Ausnahmefällen kann das Gericht sogar die Weiterleitung des Sachverständigengutachtens an die anwaltlichen Vertreter des Antragstellers ablehnen. Diese Entscheidungen können mit der sofortigen Beschwerde (§ 567 Abs. 1 Nr. 2 ZPO) angegriffen werden.[106]

---

[105] Mes (2015), § 140c Rn. 50; *Rinken/Kühnen*, in: Schulte (2014), § 140c Rn. 85; *Kühnen* (2013), Rn. 413; *Kühnen,* MittdtPatA 2009, S. 211 (217).

[106] OLG Düsseldorf, Beschl. v. 20.08.2012, Az. I-2 W 13/12, BeckRS 2016, 01066; OLG München, Beschl. v. 11.03.2011, Az. 6 W 610/10, InstGE 13, 298, 300 (Rn. 13) – ausgelagerter Server; OLG Düsseldorf, Beschl. v. 07.02.2008, Az. I-20 W 152/07, InstGE 9, 41, 43 (Rn. 7 f.) – Schaumstoffherstellung = BeckRS 2010, 00781;
OLG Düsseldorf, Beschl. v. 19.9.2007, Az. I-2 W 21/07, InstGE 8, 186, 190, 191 (Rn. 32) – Klinkerriemchen II = BeckRS 2008, 07989; *Grabinski/Zülch*, in: Benkard (2015), § 140c PatG Rn. 37; Mes (2015), § 140c Rn. 50; *Hahn*, in: PK-GewRS (2015), § 490 ZPO Rn. 34; *Czychowski*, in: Fromm/Nordemann (2014), § 101a UrhG Rn. 35; *Rinken/Kühnen*, in: Schulte (2014), § 140c Rn. 85; *Keukenschrijver/Kaess*, in: Busse (2013), § 140c Rn. 35; *Kühnen* (2013), Rn. 413; *Götz* (2012), S. 177; *Chakraborty*, in: Haedicke/Timmann (2012), § 11 Rn. 777, 785; *Oldekop*, in: Schramm (2012), Kap. 9 Rn. 175, 182; *Nieder*, in:

Durch die Entscheidung, dass das Gutachten gar nicht oder nur in Teilen übersandt wird, wird nämlich ein das Verfahren betreffendes Gesuch des Antragstellers (das Gutachten in unredigierter Fassung zu erhalten) zurückgewiesen, ohne dass gesetzlich für diese Entscheidung eine mündliche Verhandlung zwingend vorgeschrieben ist (vgl. den Wortlaut von § 567 Abs. 1 Nr. 2 ZPO).[107] Die Anfechtbarkeit der Entscheidung über die Weiterleitung des Gutachtens ist nicht ausgeschlossen, da sie weder im freien Ermessen des Gerichts steht, noch unterfällt ein derartiger zurückweisender Beschluss § 490 Abs. 2 S. 2 ZPO.[108] Gegenstand einer solchen sofortigen Beschwerde können auch Einwände des Antragstellers gegen die Verschwiegenheitsverpflichtung seiner anwaltlichen Vertreter sein, wobei diese mit Blick auf den Geheimnisschutz in der Regel unbegründet sein werden.[109]

b) Stattgebender Beschluss

Ein die Gutachtenfreigabe stattgebender Beschluss ist dagegen in der Regel nur für den Antragsgegner bedeutsam. Bei der Anordnung der Gutachtenherausgabe handelt es sich zwar um einen stattgebenden Antrag im Sinne von § 490 Abs. 2 S. 2 ZPO.[110] Die Kombination aus selbstständigem Beweisverfahren und einstweiliger Verfügung zum Zwecke der Beweiserhebung über (im Gegensatz zum Normalfall der §§ 485 ff. ZPO) nicht-öffentliche bzw. nicht frei zugängliche Beweise des Antragsgegners geht jedoch weiter als eine einfache Beweisanordnung im Rahmen eines isolierten selbstständigen Beweisverfahrens, die als solche nach § 490 Abs. 2 S. 2 ZPO nicht anfechtbar ist.[111]

Erdmann/Rojahn/Sosnitza (2011), Kap. 1 Rn. 608; *Hoeren/Kuta,* in: FS Weber (2011), S. 499 (531 f.); *Grabinski,* in: FS Mes (2009), S. 129 (133); *Tilmann,* in: FS Ullmann (2006), S. 1013 (1022); *Deichfuß,* JurPC Web-Dok. 130/2010, Abs. 41; *Kühnen,* MittdtPatA 2009, S. 211 (217); *Kühnen,* GRUR 2005, S. 185 (193); vgl. OLG München, Beschl. v. 15.04.2010, Az. 6 W 1566/09, InstGE 12, 192, 196 (Rn. 24 f.) – Lesevorrichtung für Reliefmarkierungen.

[107] *Kühnen,* GRUR 2005, S. 185 (193).

[108] *Hahn*, in: PK-GewRS (2015), § 490 ZPO Rn. 34; *Kühnen,* GRUR 2005, S. 185 (193); vgl. *Heßler*, in: Zöller (2016), § 567 Rn. 35.

[109] *Hahn*, in: PK-GewRS (2015), § 490 ZPO Rn. 34, § 492 ZPO Rn. 20.

[110] OLG Düsseldorf, Beschl. v. 14.02.2007, Az. I-2 W 58/06, InstGE 7, 256, 257 (Rn. 3) – Klinkerriemchen = BeckRS 2011, 05466; OLG Düsseldorf, Beschl. v. 24.10.2006, Az. I-2 W 51/06, InstGE 7, 191, 191 (Rn. 1) – Brustbein-Öffner = BeckRS 2011, 06406; vgl. *Kühnen* (2013), Rn. 413 (Fn. 430); *Kühnen,* MittdtPatA 2009, S. 211 (217, Fn. 23).

[111] OLG Düsseldorf, Beschl. v. 07.02.2008, Az. I-20 W 152/07, InstGE 9, 41, 43 (Rn. 8) – Schaumstoffherstellung = BeckRS 2010, 00781; OLG Düsseldorf, Beschl. v. 19.9.2007, Az. I-2 W 21/07, InstGE 8, 186, 189 (Rn. 28 f.) – Klinkerriemchen II = BeckRS 2008, 07989; *Hahn*, in: PK-GewRS (2015), § 490 ZPO Rn. 29, 35.

Der Antragsgegner hat ein Interesse daran, dass das unredigierte Gutachten unter Verschluss gehalten oder dem Antragsteller nur eine Fassung ausgehändigt wird, bei der geheimhaltungsbedürftige Passagen geschwärzt wurden.[112] Außerdem betrifft der Beschluss über die Gutachtenfreigabe nicht die Einleitung des Beweissicherungsverfahrens, sondern nur die Verwertung des Sachverständigengutachtens, und die Interessenlage bei der Anordnung des selbstständigen Beweisverfahrens hat eine andere Gewichtung als im Stadium der Gutachtenfreigabe.[113] Für die Besichtigung ordnet das Gericht mangels Anhörung des Antragsgegners eigenständig die Maßnahmen zum Schutz vertraulicher Informationen an, um einen weitreichenden Geheimnisschutz zu gewährleisten. Der Antragsgegner kann erst nach der Gutachtenerstellung und vor der Entscheidung über die Gutachtenfreigabe an den Antragsteller seine Geheimhaltungsinteressen vorbringen, sodass sie in diesem Stadium stärker zu berücksichtigen sind. Bei der Anordnung des selbstständigen Beweisverfahrens können die maßgeblichen Geheimnisschutzgründe mangels fertigen Sachverständigengutachtens noch nicht berücksichtigt werden.

Die anzugreifende Entscheidung über die Art und Weise der Weitergabe des Sachverständigengutachtens (an den Antragsteller oder seine anwaltlichen Vertreter) geht weit über die bloße Beweisanordnung hinaus, was gerade die Besonderheit des „Düsseldorfer Modells" ausmacht.[114] Es handelt sich dabei um eine Entscheidung im Hinblick auf die tatsächlich gestellten Anträge des Antragsgegners zum Schutze seiner Betriebs- und Geschäftsgeheimnisse, die dem Antragsteller (meist als möglichem Wettbewerber) nicht offengelegt werden sollen.[115] Dieser Rechtsbehelf richtet sich also nicht ausschließlich auf die Frage, ob das Gutachten überhaupt weitergeleitet wird. Vielmehr geht es auch um die Modalitäten der Weiterleitung, ob es also ungeschwärzt oder in einem bestimmten Schwärzungsgrad freigegeben wird.[116]

---

[112] *Kühnen,* MittdtPatA 2009, S. 211 (217); *Kühnen,* GRUR 2005, S. 185 (193); vgl. OLG Düsseldorf, Beschl. v. 19.9.2007, Az. I-2 W 21/07, InstGE 8, 186, 190 f. (Rn. 32) – Klinkerriemchen II = BeckRS 2008, 07989.

[113] *Jestaedt* (2008), Rn. 846.

[114] OLG München, Beschl. v. 15.04.2010, Az. 6 W 1566/09, InstGE 12, 192, 196 (Rn. 25) – Lesevorrichtung für Reliefmarkierungen; OLG Düsseldorf, Beschl. v. 07.02.2008, Az. I-20 W 152/07, InstGE 9, 41, 43 (Rn. 8) – Schaumstoffherstellung = BeckRS 2010, 00781; *Hahn,* in: PK-GewRS (2015), § 490 ZPO Rn. 35; vgl. BGH, Beschl. v. 16.11.2009, Az. X ZB 37/08, GRUR 2010, 318, 319 (Rn. 9, 14) – Lichtbogenschnürung = WRP 2010, 541, 543 (Rn. 9, 14); *Kühnen,* MittdtPatA 2009, S. 211 (217); *Eck/ Dombrowski,* GRUR 2008, S. 387 (390); *Kühnen,* GRUR 2005, S. 185 (193).

[115] OLG Düsseldorf, Beschl. v. 19.9.2007, Az. I-2 W 21/07, InstGE 8, 186, 190 f. (Rn. 32) – Klinkerriemchen II = BeckRS 2008, 07989.

[116] OLG München, Beschl. v. 15.04.2010, Az. 6 W 1566/09, InstGE 12, 192, 196 (Rn. 25) – Lesevorrichtung für Reliefmarkierungen; OLG Düsseldorf, Beschl. v. 07.02.2008, Az. I-20 W 152/07, InstGE 9, 41, 43 (Rn. 9) – Schaumstoffherstellung = BeckRS 2010, 00781; OLG Düsseldorf, Beschl. v. 19.9.2007, Az. I-2 W 21/07, InstGE 8,

Der gerichtliche Beschluss über die Gutachtenfreigabe kann nicht als Beweisbeschluss im Sinne von § 490 Abs. 2 S. 1 ZPO angesehen werden.[117] Er erfolgt vielmehr aufgrund der Besichtigungsanordnung und wird bereits dort angekündigt. Diese Entscheidung wird in einem späteren Verfahrensabschnitt getroffen und ist kein Teil der wegen § 490 Abs. 2 S. 2 ZPO unanfechtbaren Beweisanordung, sondern unterliegt als Teil eines selbstständigen Verfahrensabschnitts den allgemeinen Regeln, wozu auch § 567 Abs. 1 Nr. 2 ZPO zählt.[118] Im Ergebnis ist die sofortige Beschwerde (§ 567 Abs. 1 Nr. 2 ZPO) gegen den stattgebenden Beschluss, der die Freigabe des (unredigierten oder nur ansatzweise geschwärzten) Gutachtens vorsieht, zulässig, sodass der Antragsgegner gegen die Gutachtenfreigabe an den Antragsteller vorgehen kann.[119] Die Gutachtenerstellung kann er indes nicht aufhalten.[120]

186, 190 f. (Rn. 32) – Klinkerriemchen II = BeckRS 2008, 07989; *Oldekop*, in: Schramm (2012), Kap. 9 Rn. 182.

[117] OLG München, Beschl. v. 22.08.2014, Az. 6 W 1918/13, BeckRS 2014, 20365 (Rn. 48); OLG Düsseldorf, Beschl. v. 19.9.2007, Az. I-2 W 21/07, InstGE 8, 186, 189 (Rn. 28) – Klinkerriemchen II = BeckRS 2008, 07989.

[118] OLG Düsseldorf, Beschl. v. 07.02.2008, Az. I-20 W 152/07, InstGE 9, 41, 43 (Rn. 7) – Schaumstoffherstellung = BeckRS 2010, 00781.

[119] OLG Düsseldorf, Beschl. v. 02.07.2015, Az. I-2 W 13/15, BeckRS 2016, 01681 (Rn. 1); OLG München, Beschl. v. 22.08.2014, Az. 6 W 1918/13, BeckRS 2014, 20365 (Rn. 48); OLG München, Beschl. v. 03.01.2011, Az. 6 W 2007/10, InstGE 13, 286, 289 (Rn. 18) – Lesevorrichtung für Reliefmarkierungen II; OLG München, Beschl. v. 15.04.2010, Az. 6 W 1566/09, InstGE 12, 192, 196 (Rn. 24 f.) – Lesevorrichtung für Reliefmarkierungen; OLG Düsseldorf, Beschl. v. 14.01.2009, Az. I-2 W 56/08, InstGE 10, 198, 199 (Rn. 1) – zeitversetztes Fernsehen = BeckRS 2009, 17532; OLG Düsseldorf, Beschl. v. 07.02.2008, Az. I-20 W 152/07, InstGE 9, 41, 43 (Rn. 7 f.) – Schaumstoffherstellung = BeckRS 2010, 00781; OLG Düsseldorf, Beschl. v. 19.9.2007, Az. I-2 W 21/07, InstGE 8, 186, 189 (Rn. 28) – Klinkerriemchen II = BeckRS 2008, 07989; *Grabinski/Zülch*, in: Benkard (2015), § 140c PatG Rn. 37; Mes (2015), § 140c Rn. 50; *Hahn*, in: PK-GewRS (2015), § 490 ZPO Rn. 35; *Czychowski*, in: Fromm/Nordemann (2014), § 101a UrhG Rn. 35; *Rinken/Kühnen*, in: Schulte (2014), § 140c Rn. 85; *Keukenschrijver/Kaess*, in: Busse (2013), § 140c Rn. 35; *Berneke/Schüttpelz* (2015), Rn. 92; *Kühnen* (2013), Rn. 413; *Götz* (2012), S. 177; *Chakraborty*, in: Haedicke/Timmann (2012), § 11 Rn. 785; *Nieder*, in: Erdmann/Rojahn/Sosnitza (2011), Kap. 1 Rn. 608; *Jestaedt* (2008), Rn. 846; *Grabinski*, in: FS Mes (2009), S. 129 (133); *Tilmann*, in: FS Ullmann (2006), S. 1013 (1022); *Deichfuß*, GRUR 2015, S. 436 (441); *Kühnen*, MittdtPatA 2009, S. 211 (217); *Kühnen*, GRUR 2005, S. 185 (193); a.A. OLG Düsseldorf, Beschl. v. 14.02.2007, Az. I-2 W 58/06, InstGE 7, 256, 257 (Rn. 3 f.) – Klinkerriemchen = BeckRS 2011, 05466; OLG Düsseldorf, Beschl. v. 24.10.2006, Az. I-2 W 51/06, InstGE 7, 191, 191 f. (Rn. 1 f.) – Brustbein-Öffner = BeckRS 2011, 06406.

[120] Vgl. *Oldekop*, in: Schramm (2012), Kap. 9 Rn. 173.

2. Einwendungen gegen das Gutachten

Die Parteien können dem Gericht ihre Einwendungen gegen das Sachverständigengutachten mitteilen und dadurch auf den Gutachteninhalt Einfluss nehmen (§§ 492 Abs. 1, 411 Abs. 4 S. 1 ZPO). Die Stellungnahme der Parteien hat in einer angemessenen Zeit zu erfolgen (§§ 492 Abs. 1, 411 Abs. 4 S. 1 ZPO), wobei das Gericht ihnen auch eine Frist setzen kann (§§ 492 Abs. 1, 411 Abs. 4 S. 2 Hs. 1 ZPO).

a) Keine erweiterte Einwendungsbefugnis

Die Stellungnahme des Antragsgegners im Anschluss an die Besichtigung ist entscheidend für die Interessenabwägung in Bezug auf die Gutachtenfreigabe an den Antragsteller, zumal der Antragsgegner zu diesem Zeitpunkt dem Gericht erstmalig seine Sichtweise darstellen und zu den Voraussetzungen der Besichtigungsanordnung Stellung beziehen kann. Wegen § 490 Abs. 2 S. 2 ZPO kann der die Beweissicherung stattgebende Beschluss nicht angefochten werden. Die Rechtmäßigkeit der flankierenden Duldungsverfügung kann in diesem Verfahrensabschnitt ebenfalls nicht überprüft werden, da sie sich im Zeitpunkt der Entscheidung über die Gutachtenfreigabe durch ihren Vollzug bereits erledigt hat und dementsprechend nur ein Kostenwiderspruch infrage kommt.

Mit Blick auf §§ 485 Abs. 3, 412 ZPO, § 493 Abs. 1 ZPO sowie §§ 492 Abs. 1, 411 Abs. 4 ZPO kommt dem Sachverständigengutachten eine präkludierende Wirkung zu, weshalb der Anspruch auf rechtliches Gehör (Art. 103 Abs. 1 GG) in Form der Stellungnahmemöglichkeit vor Verfahrensbeendigung gewahrt werden muss.[121] Wenngleich die Beschränkung der sofortigen Beschwerde (§ 567 Abs. 1 Nr. 2 ZPO) gegen die Entscheidung über die Gutachtenfreigabe auf die Überprüfung der Interessenabwägung mit Blick auf die eingeschränkten Rechtsschutzmöglichkeiten des Antragsgegners sowie den Anspruch auf rechtliches Gehör (Art. 103 Abs. 1 GG) zu kurz greift, darf die Stellungnahme nach geltendem Recht nicht auch sonstige Einwendungen gegen die Voraussetzungen der Beweissicherungsanordnung umfassen (wie die Zulässigkeit des selbstständigen Beweisverfahrens als solchem, die Zuständigkeit des angerufenen Gerichts, die Erhebung nicht zulässiger oder nicht beantragter Beweise oder die Rechtmäßigkeit der Duldungsverfügung).[122]

---

[121] *Augenstein*, in: PK-GewRS (2015), § 412 ZPO Rn. 2, 4; *Hahn*, in: PK-GewRS (2015), § 492 ZPO Rn. 4, § 493 ZPO Rn. 8; vgl. *Fink* (2005), Rn. 357.

[122] *Reichold*, in: Thomas/Putzo (2016), § 492 Rn. 2; a.A. OLG Düsseldorf, Beschl. v. 11.02.2016, Az. I-20 W 14/16, BeckRS 2016, 03720 (Rn. 3 f.; Ls. 1) = GRUR-RR 2016, 224, 224 (Rn. 3 f.; Ls. 1); *Hahn*, in: PK-GewRS (2015), § 487 ZPO Rn. 21, § 490 ZPO Rn. 31, 36, § 491 ZPO Rn. 17, § 492 ZPO Rn. 13, 13 (Fn. 27 f.), 33; *Keukenschrijver/*

Vielmehr ist strikt zwischen der sofortigen Beschwerde gegen die Gutachtenfreigabe (§ 567 Abs. 1 Nr. 2 ZPO) sowie einem Vorgehen gegen die Zulässigkeit des selbstständigen Beweisverfahrens und der Duldungsverfügung zu trennen. Die Freigabeentscheidung ergeht als Teil des selbstständigen Beweisverfahrens, sodass sich die inzidente Überprüfung der einstweiligen Verfügung verbietet und einer erweiterten Einwendungsbefugnis im selbstständigen Beweisverfahren § 490 Abs. 2 S. 2 ZPO entgegensteht. Wenngleich die sofortige Beschwerde (§ 567 Abs. 1 Nr. 2 ZPO) gegen den stattgebenden Beschluss über die Gutachtenfreigabe möglich ist, würde die Ausweitung der Einwendungsbefugnis in diesem Verfahrensabschnitt dazu führen, dass die Voraussetzungen der Beweissicherungsanordnung überprüft werden, was wegen § 490 Abs. 2 S. 2 ZPO eindeutig unzulässig ist. Infolgedessen kann die Gutachtenfreigabe an den Antragsteller nur verhindert werden, wenn der Antragsgegner beachtenswerte Geheimhaltungsinteressen vorbringt.[123] Andernfalls wird das Gutachten selbst dann freigegeben, wenn das selbstständige Beweisverfahren oder die Duldungsverfügung von Beginn an ungerechtfertigt war und Letztere möglicherweise sogar auf einen Widerspruch hin aufgehoben wurde.

b) Präklusion

Sofern die Parteien die Einwendungen (§§ 492 Abs. 1, 411 Abs. 4 S. 1 ZPO) gegen das Sachverständigengutachten im selbstständigen Beweisverfahren innerhalb der vom Gericht gesetzten Frist (§§ 492 Abs. 1, 411 Abs. 4 S. 2 Hs. 1 ZPO) nicht vorbringen, können diese im späteren Hauptsacheverfahren präkludiert sein (§§ 492 Abs. 1, 411 Abs. 4 S. 2 Hs. 2, 296 Abs. 1, 4 ZPO).[124]

Kaess, in: Busse (2013), § 140c Rn. 35; *Chakraborty*, in: Haedicke/Timmann (2012), § 11 Rn. 728, 785; *Oldekop*, in: Schramm (2012), Kap. 9 Rn. 175, 179–181; *Jestaedt* (2008), Rn. 846; *Wussow*, NJW 1969, S. 1401 (1404; 1405); vgl. BGH, Beschl. v. 11.04.2013, Az. I ZB 91/11, GRUR 2013, 1276, 1277 (Rn. 16) – MetroLinien = WRP 2013, 1607, 1608 f. (Rn. 16); OLG München, Beschl. v. 11.03.2011, Az. 6 W 610/10, InstGE 13, 298, 301 (Rn. 16 f.) – ausgelagerter Server; OLG München, Beschl. v. 15.04.2010, Az. 6 W 1566/09, InstGE 12, 192, 198 (Rn. 36) – Lesevorrichtung für Reliefmarkierungen; OLG München, Beschl. v. 19.03.2010, Az. 6 W 832/10, InstGE 12, 186, 189 f. (Rn. 28 f.) – Presseur = BeckRS 2011, 00035; OLG Düsseldorf, Beschl. v. 07.02.2008, Az. I-20 W 152/07, InstGE 9, 41, 43 (Rn. 9) – Schaumstoffherstellung = BeckRS 2010, 00781; *Weise* (2002), Rn. 326; *Künzel*, GRUR-Prax 2016, S. 159 (159); *Eck/Dombrowski*, GRUR 2008, S. 387 (388 f.).

[123] OLG Düsseldorf, Beschl. v. 11.02.2016, Az. I-20 W 14/16, BeckRS 2016, 03720 (Rn. 3, f.) = GRUR-RR 2016, 224, 224 (Rn. 3 f.); *Künzel*, GRUR-Prax 2016, S. 159 (159).

[124] BGH, Urt. v. 11.06.2010, Az. V ZR 85/09, NJW 2010, 2873, 2876 (Rn. 27 f.) m. Anm. *Blank* = NZBau 2010, 697, 700 f. (Rn. 27 f.); *Kratz*, in: BeckOK ZPO (2016), § 493 Rn. 4; *Huber*, in: Musielak/Voit (2016), § 493 Rn. 4; *Ulrich*, in: Prütting/Gehrlein (2015), § 493 ZPO Rn. 5 m.w.Nachw.; *Zimmermann*, in: MüKo ZPO (2012), § 411 Rn. 18; *Pastor*,

Wenngleich das selbstständige Beweisverfahren und das spätere Hauptsacheverfahren zwei selbstständige Verfahren sind, ist eine Präklusionswirkung wegen der Fiktion des § 493 Abs. 1 ZPO dennoch möglich, da durch die Fiktion die Trennung der beiden Verfahren durchbrochen wird.[125] Bei Parteiidentität werden die Akten von Amts wegen in das Hauptverfahren eingeführt, sofern sich eine Partei auf die im selbstständigen Beweisverfahren getroffenen Tatsachen beruft, sodass die Beweiserhebung aus dem selbstständigen Beweisverfahren herausgelöst direkt in das Hauptsacheverfahren befördert wird.[126] Im Gegensatz zu § 411a ZPO, der ein Gutachten aus einem anderen Verfahren für verwertbar erklärt, stellt § 493 Abs. 1 ZPO die selbstständige Beweiserhebung einer Beweisaufnahme vor dem Prozessgericht gleich.

Dementsprechend wird über § 493 Abs. 1 ZPO die gesamte Beweiserhebung aus dem selbstständigen Beweisverfahren in das Hauptsacheverfahren überführt, einschließlich der in diesem Verfahren nach §§ 492 Abs. 1, 411 Abs. 4 S. 2 Hs. 1 ZPO gesetzten Frist zur Mitteilung der Einwendungen, sodass in der Folge die Wirkungen nach §§ 492 Abs. 1, 411 Abs. 4 S. 2 Hs. 2, 296 Abs. 1, 4 ZPO auch im Hauptsacheverfahren eintreten.[127] Allerdings tritt die Präklusionswirkung nach §§ 492 Abs. 1, 411 Abs. 4 S. 2 Hs. 2, 296 Abs. 1 ZPO im Hauptsacheverfahren nur ein, wenn die Fristsetzung im selbstständigen Beweisverfahren die Anforderungen von § 296 Abs. 1 ZPO (namentlich eine klare Fristsetzung und ein ausdrücklicher Hinweis auf die Präklusionswirkung) erfüllt, da die Einwendungen nach § 411 Abs. 4 ZPO andernfalls mangels Präklusion nicht verspätet vorgebracht worden sind.[128]

---

in: Werner/Pastor (2015), Rn. 66, 122; *Wintermeier,* IPRB 2015, S. 281 (282); *Wintermeier,* NZBau 2015, S. 409 (409) m.w.Nachw.; *Baudewin/Wegner,* NJW 2014, S. 1479 (1481); *Ulrich,* BauR 2013, S. 299 (303); *Klein,* NZBau 2012, S. 8 (11); *Seibel,* BauR 2011, S. 1410 (1416); *Gartz,* BauR 2011, S. 906 (909); a.A. *Herget*, in: Zöller (2016), § 492 Rn. 1; *Joussen*, in: Ingenstau/Korbion (2015), Anh. 3 Rn. 120; *Praun*, in: Kleine-Möller/Merl (2009), § 19 Rn. 356–358; vgl. *Koeble*, in: Kompendium BauR (2014), 2. Teil Rn. 154; *Müller,* NJW 1982, S. 1961 (1963, 1966); ausführlich: Seibel (2013), § 493 Rn. 15–40.

[125] *Wintermeier,* IPRB 2015, S. 281 (282); a.A. OLG München, Beschl. v. 14.03.2007, Az. 28 W 1155/07, BauR 2008, 716, 716 = BeckRS 2008, 07140.

[126] BGH, Urt. v. 12.07.1990, Az. VII ZR 92/89, NJW-RR 1991, 254, 255 = MDR 1991, 236, 236; *Huber*, in: Musielak/Voit (2016), § 493 Rn. 1; *Wintermeier,* IPRB 2015, S. 281 (282); *Wintermeier,* NZBau 2015, S. 409 (410); *Gartz,* BauR 2011, S. 906 (907).

[127] BGH, Urt. v. 11.06.2010, Az. V ZR 85/09, NJW 2010, 2873, 2876 (Rn. 27 f.) m. Anm. *Blank* = NZBau 2010, 697, 700, 701 (Rn. 27 f.); *Wintermeier,* IPRB 2015, S. 281 (282); *Wintermeier,* NZBau 2015, S. 409 (410); *Baudewin/Wegner,* NJW 2014, S. 1479 (1481); *Klein,* NZBau 2012, S. 8 (11); *Gartz,* BauR 2011, S. 906 (908); *Wussow,* NJW 1969, S. 1401 (1404–1406); a.A. Seibel (2013), § 493 Rn. 26.

[128] BVerfG, Beschl. v. 09.02.1982, Az. 1 BvR 1379/80, BVerfGE 60, 1, 6 = NJW 1982, 1453, 1453; BGH, Beschl. v. 25.10.2005, Az. V ZR 241/04, NJW-RR 2006, 428, 428

3. Mündliche Erörterung des Gutachtens

Der den Antrag auf mündliche Erörterung des Sachverständigengutachtens (§§ 492 Abs. 1, 402, 397 Abs. 1, 2 ZPO) zurückweisende Beschluss kann selbstständig mit der sofortigen Beschwerde (§ 567 Abs. 1 Nr. 2 ZPO) angefochten werden, da diese Zurückweisung im selbstständigen Beweisverfahren im Gegensatz zum Erkenntnisverfahren eine verfahrensabschließende Wirkung hat und eine Überprüfung im Hauptsacheverfahren nicht mehr möglich ist.[129] Diese Rechtsschutzmöglichkeit ist mit Blick auf den Gehörsanspruch des Antragsgegners auch zwingend notwendig, da er im Vorfeld der Besichtigung nicht angehört und mit der Besichtigung überrascht wird, wodurch seine Vorbereitungszeit auf eine zweistündige Zurückstellung der Besichtigung und damit ein Minimum begrenzt wird. Im Anschluss an die Besichtigung kann er sich mit der Besichtigung auseinandersetzen und nach der Gutachtenfreigabe inhaltliche Fragen stellen, die sich aus dem Sachverständigengutachten ergeben.

4. Streitwert des Beschwerdeverfahrens

Der Streitwert eines Beschwerdeverfahrens über die Herausgabe des Sachverständigengutachtens richtet sich nach dem Wert des selbstständigen Beweisverfahrens und ist mit der Hälfte oder einem Viertel des Wertes des selbstständigen Beweisverfahrens zu bemessen, falls eine Rechtsverfolgung ohne das Sachverständigengutachten für den Antragsteller wahrscheinlich ausgeschlossen ist, da zwar mittlerweile eine Dokumentation der Besichtigungsergebnisse stattgefunden hat, die durchgeführte Beweiserhebung für den Antragsteller ohne Gutachtenfreigabe aber weitestgehend nutzlos ist.[130] Andern-

---

(Rn. 7 f.) = NZBau 2006, 119, 120 (Rn. 7 f.); BGH, Urt. v. 05.03.1990, Az. II ZR 109/89, NJW 1990, 2389, 2389 = MDR 1990, 1095, 1095 f.; BGH, Urt. v. 16.05.1991, Az. III ZR 82/90, NJW 1991, 2773, 2774 = MDR 1992, 187, 187; OLG Brandenburg, Urt. v. 08.04.2009, Az. 4 U 181/06, BeckRS 2009, 10347 = IBR 2009, 554, 554 m. Anm. *Orthmann*; *Zimmermann*, in: MüKo ZPO (2012), § 411 Rn. 18; *Pastor*, in: Werner/Pastor (2015), Rn. 122; *Wintermeier*, IPRB 2015, S. 281 (283); *Klein*, NZBau 2012, S. 8 (11); vgl. OLG Frankfurt a.M., Urt. v. 04.10.2011, Az. 10 U 264/07, NJW 2012, 1153, 1153 = NZBau 2012, 171, 171.

[129] BGH, Beschl. v. 13.09.2005, Az. VI ZB 84/04, DS 2006, 28, 29 = NZBau 2005, 688, 689; OLG Düsseldorf, Beschl. v. 18.04.2000, Az. 22 W 10/00, NJW-RR 2001, 141, 141 = NZBau 2000, 385, 386; OLG Saarbrücken, Beschl. v. 23.08.1993, Az. 4 W 242/93–24, NJW-RR 1994, 787, 787 = BeckRS 9998, 12789; *Hahn*, in: PK-GewRS (2015), § 490 ZPO Rn. 16; *Pastor*, in: Werner/Pastor (2015), Rn. 96 m.w.Nachw.; *Kühnen* (2013), Rn. 416; *Fink* (2005), Rn. 417; *Sturmberg* (2004), Rn. 501;
a.A. OLG Düsseldorf, Beschl. v. 14.07.1992, Az. 21 W 22/92, OLGReport Düsseldorf 1992, 344 (Rn. 9) = BeckRS 1992, 09045 (Rn. 9).

[130] OLG Karlsruhe, Beschl. v. 18.05.2010, Az. 6 W 28/10, BeckRS 2011, 18386; OLG Düsseldorf, Beschl. v. 14.01.2009, Az. I-2 W 56/08, InstGE 10, 198, 203 (Rn. 19) – zeit-

falls muss der Beschwerdewert gemäß seiner geringeren Bedeutung für die Rechtsdurchsetzung herabgesetzt werden, wobei nicht mehr als zehn Prozentpunkte des Streitwertes der Hauptsache als angemessen angesehen werden können.[131] Ein Gegenstandswert in Höhe der Hälfte des Wertes des selbstständigen Beweisverfahrens ist bei der Gutachtenweiterleitung nur an die mit einer Verschwiegenheitsverpflichtung belegten anwaltlichen Vertreter des Antragstellers angemessen.[132]

5. Zwischenergebnis

Ein die Gutachtenfreigabe (teilweise) zurückweisender Beschluss, wonach dem Antragsteller das Gutachten entweder gar nicht oder nur in einer redigierten Fassung zugestellt wird, kann mit der sofortigen Beschwerde (§ 567 Abs. 1 Nr. 2 ZPO) angegriffen werden. Gleichermaßen kann der eine Gutachtenfreigabe an den Antragsteller stattgebende Beschluss mit der sofortigen Beschwerde (§ 567 Abs. 1 Nr. 2 ZPO) angegriffen werden, um die Freigabe des unredigierten oder unzureichend geschwärzten Gutachtens zu verhindern. Beide Parteien können mithin gegen eine nachteilige Freigabeentscheidung vorgehen. Wenngleich der Antragsgegner die Gutachtenerstellung nicht aufhalten kann, besteht über die sofortige Beschwerde zumindest die Möglichkeit, die Gutachtenfreigabe an den Antragsteller zu verhindern, damit er keine Vorteile aus einer unrechtmäßigen Besichtigung ziehen kann. Wegen der besonderen Kombination im „Düsseldorfer Modell" kann der Antragsteller zur Verhinderung der Gutachtenfreigabe aber nur Geheimhaltungsinteressen geltend machen.

Nach der Gutachtenfreigabe können die Parteien ihre Einwendungen gegen das Sachverständigengutachten vortragen und dadurch den Gutachteninhalt beeinflussen (§§ 492 Abs. 1, 411 Abs. 4 S. 1 ZPO). Dabei steht den Parteien trotz der eingeschränkten Rechtsschutzmöglichkeiten bei einem Besichtigungsverfahren nach dem „Düsseldorfer Modell" keine erweiterte Einwendungsbefugnis zu, sodass die Zulässigkeit des selbstständigen Beweisverfahrens und der Duldungsverfügung nur über eine allgemeine Rüge beanstandet werden kann. Die Einwendungen gegen das Sachverständigengutachten können im späteren Hauptsacheverfahren präkludiert sein (§§ 492 Abs. 1, 411 Abs. 4 S. 2 Hs. 2, 296 Abs. 1, 4 ZPO), sofern die Parteien sie nicht innerhalb

---

versetztes Fernsehen = BeckRS 2009, 17532; *Grabinski/Zülch*, in: Benkard (2015), § 140c PatG Rn. 37; Mes (2015), § 140c Rn. 42; *Hahn*, in: PK-GewRS (2015), § 490 ZPO Rn. 37; *Rinken/Kühnen*, in: Schulte (2014), § 140c Rn. 85; *Keukenschrijver/Kaess*, in: Busse (2013), § 140c Rn. 19; *Kühnen* (2013), Rn. 414; *Kühnen*, MittdtPatA 2009, S. 211 (217).

[131] *Rinken/Kühnen*, in: Schulte (2014), § 140c Rn. 85; *Kühnen* (2013), Rn. 414; *Kühnen*, MittdtPatA 2009, S. 211 (217).

[132] OLG München, Beschl. v. 15.04.2010, Az. 6 W 1566/09, insoweit nicht abgedruckt in InstGE 12, 192 – Lesevorrichtung für Reliefmarkierungen.

der vom Gericht gesetzten Frist vorbringen (§§ 492 Abs. 1, 411 Abs. 4 S. 2 Hs. 1 ZPO). Sofern der Antrag einer Partei auf mündliche Erörterung des Sachverständigengutachtens (§§ 492 Abs. 1, 402, 397 Abs. 1, 2 ZPO) zurückgewiesen wird, kann dieser Beschluss mit der sofortigen Beschwerde (§ 567 Abs. 1 Nr. 2 ZPO) angefochten werden.

III. Fristsetzung zur Hauptsacheklage

Im Rahmen des „Düsseldorfer Modells" ist sowohl im selbstständigen Beweisverfahren (§ 494a ZPO) als auch für die flankierende Duldungsverfügung (§§ 936, 926 ZPO) die Möglichkeit für den Antragsgegner vorgesehen, den Antragsteller zur Einleitung eines Hauptsacheverfahrens zu zwingen (vgl. Art. 7 Abs. 3 Enforcement-Richtlinie und Art. 50 Abs. 6 TRIPS-Abkommen). Dieser Mechanismus ist vor dem Hintergrund der fehlenden Anfechtungsmöglichkeit der Besichtigungsanordnung von besonderer Bedeutung für den Rechtsschutz des Antragsgegners, da er in einem Hauptsacheverfahren sämtliche Verteidigungsmittel vortragen kann.[133]

1. Selbstständiges Beweisverfahren

Der Antragsgegner kann dem Antragsteller im Rahmen des selbstständigen Beweisverfahrens vom Gericht eine Frist zur Erhebung der Klage in der Hauptsache setzen lassen (§ 494a Abs. 1 ZPO). Der Begriff „Hauptsache" meint dabei das Hauptsacheverfahren, in dem die Ansprüche durchgesetzt werden, die mithilfe des selbstständigen Beweisverfahrens aufgeklärt werden sollen.[134] Versäumt der Antragsteller die Frist zur Erhebung der Hauptsacheklage (insbesondere bei fehlendem Interesse mangels eines Nachweises oder bei der Widerlegung einer Schutzrechtsverletzung durch das Sachverständigengutachten), erlässt das Gericht eine Kostenentscheidung, durch die dem Antragsteller die beim Antragsgegner entstandenen Kosten (regelmäßig Rechtsanwalts-, Verfahrens- und Terminsgebühren) auferlegt werden (§ 494a Abs. 2 S. 1 ZPO).[135] Der Antragsgegner erlangt mit dem Kostentitel mithin

---

[133] EuGH, Urt. v. 13.09.2001, Rs. C-89/99, Slg. 2001, I-05851 (Rn. 42 f.) = GRUR Int 2002, 41, 45 (Rn. 42 f.); *Heinze* (2007), S. 429, 437; *Stürner,* in: FS Geiß (2000), S. 199 (215 f.).

[134] *Grabinski/Zülch*, in: Benkard (2015), § 140c PatG Rn. 35; *Kühnen* (2013), Rn. 417; *Götz* (2012), S. 177; *Heinze* (2007), S. 434 f.; *Battenstein* (2006), S. 225; *Ibbeken* (2004), S. 349; *Spindler/Weber,* ZUM 2007, S. 257 (265); *Franz,* ZUM 2005, S. 802 (807); *Cuypers,* NJW 1994, S. 1985 (1990).

[135] Mes (2015), § 140c Rn. 52 f., 56; *Hahn*, in: PK-GewRS (2015), § 494a ZPO Rn. 1, 4; *Rinken/Kühnen*, in: Schulte (2014), § 140c Rn. 86; *Pitz*, in: Fitzner/Lutz/Bodewig (2012), § 140c PatG Rn. 55; *Pastor*, in: Werner/Pastor (2015), Rn. 128 m.w.Nachw.;

ein Druckmittel gegen den Antragsteller, wenngleich die Beweissicherungsmaßnahme dadurch nicht „aufgehoben" oder „außer Kraft gesetzt" wird (vgl. Art. 7 Abs. 3 Enforcement-Richtlinie).[136]

a) Fristsetzung

Da die Besichtigung mit ihrer Durchführung abgeschlossen ist, bezieht sich die Fristsetzung nach § 494a Abs. 1 ZPO auf die rechtskräftige Entscheidung über die Freigabe des Sachverständigengutachtens an den Antragsteller (vgl. Art. 7 Abs. 3 Enforcement-Richtlinie).[137] Im Zeitraum zwischen der Besichtigung und Gutachtenfreigabe bekommt der Antragsgegner die Möglichkeit, zu geheimhaltungsbedürftigen Informationen Stellung zu beziehen. Ein Fristbeginn während des Beweissicherungszugriffs[138] wäre nicht prozessökonomisch, da dies eine unnötige Mehrbelastung der Justiz bedeuten würde und dem Zweck einer Beweissicherung zuwiderliefe. Ein Schutzrechtsinhaber soll sich gerade vor der Einleitung eines Hauptsacheverfahrens Gewissheit über das Bestehen der Verletzungsansprüche verschaffen können (vgl. Art. 7 Abs. 1 S. 1 Enforcement-Richtlinie), was aber erst auf Basis der Gutachteneinsicht möglich ist. Andernfalls müsste er trotz Unkenntnis des Gutachteninhalts ein Hauptsacheverfahren „ins Blaue hinein" einleiten. Demgegenüber kann nach der Gutachteneinsicht durch den Antragsteller die Beweissicherungsmaßnahme nicht mehr aufgehoben oder außer Kraft gesetzt werden, sondern es können nur noch Besichtigungsgegenstände oder Muster herausgegeben werden.[139]

Kühnen (2013), Rn. 417; *Chakraborty*, in: Haedicke/Timmann (2012), § 11 Rn. 786; *Oldekop*, in: Schramm (2012), Kap. 9 Rn. 190; *Fink/Klein*, in: Freiberger Hdb. BauR (2008), § 7 Rn. 58; *Fink* (2005), Rn. 436 f.; *Sturmberg* (2004), Rn. 376 f.; *Ulrich* (2004), Rn. 352; *Weise* (2002), Rn. 562; *Röthlein* (1995), Rn. 107; *Grabinski*, in: FS Mes (2009), S. 129 (133); *Kather/Fitzner*, MittdtPatA 2010, S. 325 (330); *Zöllner*, GRUR-Prax 2010, S. 74 (77); *Fitzner/Kather*, VPP-Rundbrief 2009, S. 58 (64); vgl. *Casucci*, IIC 2000, S. 692 (698).

[136] Baumbach/Lauterbach/Albers/Hartmann (2016), § 494a Rn. 2; *Hahn*, in: PK-GewRS (2015), § 494a ZPO Rn. 1; *Kühnen* (2013), Rn. 417; *Amschewitz* (2008), S. 242; *Kühnen*, GRUR 2005, S. 185 (196).

[137] LG München I, Urt. v. 20.10.2010, Az. 21 O 7563/10, InstGE 13, 181, 185 (Rn. 19) – Arzneimittelherstellung = BeckRS 2012, 15213; *Grabinski/Zülch*, in: Benkard (2015), § 140c PatG Rn. 35; *Hahn*, in: PK-GewRS (2015), § 494a ZPO Rn. 6; *Rinken/Kühnen*, in: Schulte (2014), § 140c Rn. 86; *Kühnen* (2013), Rn. 417; *Heinze* (2007), S. 432 f.; *Battenstein* (2006), S. 225 f.; *Grabinski*, in: FS Mes (2009), S. 129 (132 f.); *Kühnen*, GRUR 2005, S. 185 (196).

[138] Vgl. Kommissionsvorschlag für eine Richtlinie des europäischen Parlaments und des Rates über die Maßnahmen und Verfahren zum Schutz der Rechte an geistigem Eigentum vom 30.01.2003, KOM(2003) 46 endg., 2003/0024 (COD), S. 38 (Art. 8 Abs. 3 KomE).

[139] *Heinze* (2007), S. 436; *Kühnen*, GRUR 2005, S. 185 (196).

Die Entscheidung betrifft lediglich die Kostenfolge nach § 494a Abs. 2 ZPO, weshalb für die Fristlänge derweil keine allzu strengen Maßstäbe anzulegen sind.[140] Wird der Antrag nach § 494a Abs. 1 ZPO nach Abschluss des selbstständigen Beweisverfahrens (abgesehen von einer angemessenen Überlegungsfrist) hingegen erst nach der Verjährung der Ansprüche des Antragstellers gestellt, sodass eine Klage des Antragstellers in der Hauptsache keine Aussicht mehr auf Erfolg hat, ist dies rechtsmissbräuchlich, falls keine triftigen Gründe vorlagen, den Antrag nicht früher zu stellen.[141] Der Antragsgegner trägt dann nämlich zunächst durch sein Verhalten zum Erlöschen des antragstellerischen Anspruchs bei, verlangt dann jedoch von dem Antragsteller die Geltendmachung dieses Anspruchs, um eine für den Antragsteller ungünstige Kostenentscheidung herbeizuführen.[142]

b) Keine konstitutive Kostenentscheidung

Eine Kostenentscheidung nach § 494a Abs. 2 S. 1 ZPO kann getroffen werden, solange im Zeitpunkt der gerichtlichen Entscheidung in erster Instanz über den Antrag im selbstständigen Beweisverfahren zwischen den Parteien die Klage in der Hauptsache noch nicht rechtshängig ist.[143] Der Antragsteller kann sich nicht der Kostenpflicht entziehen, die sich aus einer Klageabweisung in der Hauptsache ergäbe, wenn die Feststellungen des Sachverständigen zu seinem Nachteil ausfallen und er dadurch nicht mehr an einem Haupt-

[140] EuGH, Urt. v. 13.09.2001, Rs. C-89/99, Slg. 2001, I-05851 (Rn. 65) = GRUR Int 2002, 41, 46 (Rn. 65); OLG Schleswig, Beschl. v. 05.06.2001, Az. 16 W 115/01, OLGReport Schleswig 2001, 400 (Rn. 5) = BeckRS 2001, 30184431; Baumbach/Lauterbach/Albers/Hartmann (2016), § 494a Rn. 8; *Hahn*, in: PK-GewRS (2015), § 494a ZPO Rn. 6; *Vander/Steigüber*, in: TRIPs (2013), Art. 50 Rn. 31; *Pastor*, in: Werner/Pastor (2015), Rn. 130; *Heinze* (2007), S. 431 f.; *Ibbeken* (2004), S. 323; *Markfort* (2001), S. 125; *Ulrich,* AnwBl 2003, S. 144 (146); *Groh/Wündisch,* GRUR Int 2001, S. 497 (506, Fn. 95); *Karg,* ZUM 2000, S. 934 (935); *Dreier,* GRUR Int 1996, S. 205 (212); vgl. EuGH, Schlussantrag des Generalanwalts vom 15.02.2001, Rs. C-89/99, Slg. 2001, I-05851 (Rn. 56) = BeckEuRS 2001, 353851 (Rn. 56).

[141] BGH, Beschl. v. 14.01.2010, Az. VII ZB 56/07, NJW 2010, 1460, 1460 f. (Rn. 10 f.) m. Anm. *Scholtissek* = NZBau 2010, 368, 368 f. (Rn. 10 f.); *Hahn*, in: PK-GewRS (2015), § 494a ZPO Rn. 7; Seibel (2013), § 494a Rn. 9; *Pastor*, in: Werner/Pastor (2015), Rn. 129; *Rinken/Kühnen*, in: Schulte (2014), § 140c Rn. 86; *Kühnen* (2013), Rn. 417.

[142] BGH NJW 2010, 1460, 1460 f. (Rn. 9, 14) m. Anm. *Scholtissek* = NZBau 2010, 368, 368 f. (Rn. 9, 14).

[143] BGH, Beschl. v. 28.06.2007, Az. VII ZB 118/06, NJW 2007, 3357, 3357 (Rn. 10) = NZBau 2007, 642, 642 (Rn. 10); OLG Karlsruhe, Beschl. v. 07.03.2008, Az. 19 W 4/08, NJW-RR 2008, 1196, 1197 (Rn. 8) = NZBau 2009, 38, 38 (Rn. 8); *Hahn*, in: PK-GewRS (2015), § 494a ZPO Rn. 1, 10; *Rinken/Kühnen*, in: Schulte (2014), § 140c Rn. 86; *Kühnen* (2013), Rn. 417.

sacheverfahren interessiert ist.[144] Als Ausnahmevorschrift muss § 494a ZPO dabei eng ausgelegt werden.[145] Es kommt nicht darauf an, ob die Ergebnisse des selbstständigen Beweisverfahrens in einem anschließenden Hauptsacheverfahren verwertet werden, sondern nur darauf, dass eine „inhaltliche“ Zuordnung von Beweissicherungsverfahren und Hauptsacheverfahren möglich ist.[146] Trotz einer unterbliebenen Verwertung des Beweisergebnisses sind die gerichtlichen Kosten des selbstständigen Beweisverfahrens notwendig im Sinne des § 91 Abs. 1 S. 1 ZPO, sodass sie in den Kostenausgleich des Kostenfestsetzungsverfahrens der Hauptsache (§ 104 ZPO) einbezogen werden müssen.[147]

Abgesehen von § 494a Abs. 2 S. 1 ZPO wird im selbstständigen Beweisverfahren nicht über die in diesem Verfahren entstandenen Gerichts-, Anwalts- und Gutachterkosten entschieden, sodass keine konstitutive Kostenentscheidung ergeht. Vielmehr ist die Kostengrundentscheidung des Hauptprozesses maßgeblich für die Kostentragungspflicht aus dem selbstständigen Beweisverfahren, da die gerichtlichen Kosten des selbstständigen Beweisverfahrens solche des nachfolgenden Hauptsacheverfahrens sind.[148] Die Kosten-

---

[144] BGH, Beschl. v 09.05.2007, Az. IV ZB 26/06, NJW 2007, 3721, 3721 (Rn. 6) = DS 2007, 270, 270 (Rn. 6); BGH, Beschl. v. 13.12.2006, Az. XII ZB 176/03, NJW 2007, 1279, 1281 (Rn. 23) = NZBau 2007, 246, 247 (Rn. 23); BGH, Beschl. v. 12.02.2004, Az. V ZB 57/03, NJW-RR 2004, 1005, 1005 = BeckRS 2004, 03050; *Hahn*, in: PK-GewRS (2015), § 494a ZPO Rn. 13; *Ulrich* (2007), Rn. 513.

[145] BGH, Beschl. v. 09.05.2007, Az. IV ZB 26/06, NJW 2007, 3721, 3721 (Rn. 6) = DS 2007, 270, 270 (Rn. 6); BGH, Beschl. v. 10.01.2007, Az. XII ZB 231/05, NJW 2007, 1282, 1282 (Rn. 9) = NZBau 2007, 248, 249 (Rn. 9); BGH, Beschl. v. 13.12.2006, Az. XII ZB 176/03, NJW 2007, 1279, 1281 (Rn. 23) = NZBau 2007, 246, 247 (Rn. 23); *Hahn*, in: PK-GewRS (2015), § 494a ZPO Rn. 13.

[146] BGH, Beschl. v. 24.06.2004, Az. VII ZB 34/03, NZBau 2005, 44, 45 = ZfBR 2004, 788, 789; OLG Frankfurt a.M., Beschl. v. 11.06.1999, Az. 12 W 144/99, BauR 2000, 296, 297 = BeckRS 1999, 07814 (Rn. 4); *Hahn*, in: PK-GewRS (2015), § 494a ZPO Rn. 17; *Pastor*, in: Werner/Pastor (2015), Rn. 125 m.w.Nachw.; *Kühnen,* GRUR 2005, S. 185 (189, Fn. 31).

[147] BGH, Beschl. v. 24.06.2004, Az. VII ZB 34/03, NZBau 2005, 44, 45 = ZfBR 2004, 788, 789; *Hüßtege*, in: Thomas/Putzo (2016), § 91 Rn. 14; *Rüting*, in: PK-GewRS (2015), § 91 ZPO Rn. 54, 68; *Hahn*, in: PK-GewRS (2015), § 494a ZPO Rn. 17.

[148] BGH, Beschl. v 09.05.2007, Az. IV ZB 26/06, NJW 2007, 3721, 3721 (Rn. 6) = DS 2007, 270, 270 (Rn. 6); BGH, Beschl. v. 10.01.2007, Az. XII ZB 231/05, NJW 2007, 1282, 1282 (Rn. 9) = NZBau 2007, 248, 249 (Rn. 9); BGH, Beschl. v. 09.02.2006, Az. VII ZB 59/05, NJW-RR 2006, 810, 810 f. (Rn. 11) = NZBau 2006, 374, 375 (Rn. 11); BGH, Urt. v. 11.05.1989, Az. VII ZR 39/88, NJW-RR 1989, 980, 981 = BeckRS 9998, 76543; BT-Drucks. 11/8283, S. 48; Baumbach/Lauterbach/Albers/Hartmann (2016), § 91 Rn. 193; *Flockenhaus*, in: Musielak/Voit (2016), § 91 Rn. 65; *Herget*, in: Zöller (2016), § 490 Rn. 5; Mes (2015), § 140c Rn. 53, 56 f.; *Grabinski/Zülch*, in: Benkard (2015), § 140c PatG Rn. 31; *Hahn*, in: PK-GewRS (2015), § 494a ZPO Rn. 1, 10; *Pukall*, in: Saenger (2015), § 494a Rn. 2; *Berger*, in: Stein/Jonas (2015), vor § 485 Rn. 13; *Rinken/Kühnen*, in: Schulte

entscheidung in der Hauptsache ist auch bei der Rücknahme der Hauptsacheklage maßgeblich, sodass die Kosten des selbstständigen Beweisverfahrens (inklusive der notwendigen Auslagen und Gebühren des Antragsgegners) § 269 Abs. 3 S. 2 ZPO unterfallen, da § 494a ZPO seinem eindeutigen Wortlaut zufolge nicht mehr anwendbar ist.[149] Wegen § 269 Abs. 3 S. 2 ZPO scheidet auch eine entsprechende Anwendung von § 494a Abs. 2 ZPO aus.[150]

Nichts anderes gilt bei der übereinstimmenden Erledigungserklärung eines gerichtlich angeordneten (aber nicht bis zum Ende durchgeführten) Beweisverfahrens, wenn im Anschluss kein Hauptsacheverfahren anhängig gemacht wird.[151] § 494a ZPO normiert die Voraussetzungen einer Kostenentscheidung für ein selbstständiges Beweisverfahren und ist abschließend. Dementsprechend kommt eine übereinstimmende Erledigungserklärung in entsprechender Anwendung von § 91a ZPO im selbstständigen Beweisverfahren nicht in

---

(2014), § 140c Rn. 59; *Schulz*, in: MüKo ZPO (2013), § 91 Rn. 25, 31; Seibel (2013), § 490 Rn. 14; *Joussen*, in: Ingenstau/Korbion (2015), Anh. 3 Rn. 125, 127; *Pastor*, in: Werner/Pastor (2015), Rn. 123 m.w.Nachw., 127; *Mes*, in: MPFormB GewRS (2014), Form. C.22 Anm. 22, 23; *Kühnen* (2013), Rn. 378 (Fn. 400); *Chakraborty*, in: Haedicke/Timmann (2012), § 11 Rn. 789; *Oldekop*, in: Schramm (2012), Kap. 9 Rn. 190; *Rosenberg/Schwab/Gottwald* (2010), § 117 Rn. 21; *Praun*, in: Kleine-Möller/Merl (2009), § 19 Rn. 306; *Fink/Klein*, in: Freiberger Hdb. BauR (2008), § 7 Rn. 70; *Müller-Stoy* (2008), Rn. 282; *Seeber* (2007), S. 98–105; *Fink* (2005), Rn. 468; *Keldungs/Tilly* (2005), S. 82; *Sturmberg* (2004), Rn. 327; *Ulrich* (2004), Rn. 329; *Sturmberg* (1999), Rn. 385 ff.; *Röthlein* (1995), Rn. 114; *Hahn/Mugdan/Stegemann*, ZPO-Materialien Abt. 1 (1983), S. 680; *Grabinski*, in: FS Mes (2009), S. 129 (133); *Kather/Fitzner*, MittdtPatA 2010, S. 325 (330); *Zöllner*, GRUR-Prax 2010, S. 74 (76); *Fitzner/Kather*, VPP-Rundbrief 2009, S. 58 (64); *Kühnen*, MittdtPatA 2009, S. 211 (217); *Kühnen*, GRUR 2005, S. 185 (189, Fn. 31); *Ulrich*, AnwBl 2003, S. 144 (145); *Cuypers*, NJW 1994, S. 1985 (1990); *Wussow*, NJW 1969, S. 1401 (1407 f.).

[149] BGH, Beschl. v. 10.01.2007, Az. XII ZB 231/05, NJW 2007, 1282, 1282 (Rn. 9) = NZBau 2007, 248, 249 (Rn. 9); BGH, Beschl. v. 13.12.2006, Az. XII ZB 176/03, NJW 2007, 1279, 1281 (Rn. 19) = NZBau 2007, 246, 247 (Rn. 19); *Flockenhaus*, in: Musielak/Voit (2016), § 91 Rn. 65; *Herget*, in: Zöller (2016), § 91 Rn. 13 („Selbständiges Beweisverfahren"); *Hahn*, in: PK-GewRS (2015), § 494a ZPO Rn. 21; *Kühnen* (2013), Rn. 378 (Fn. 400); *Rosenberg/Schwab/Gottwald* (2010), § 117 Rn. 21–23; *Schreiber*, NJW 1991, S. 2600 (2602); *Hansens*, NJW 1991, S. 953 (958); a.A. OLG Düsseldorf, Beschl. v. 03.02.2006, Az. 23 W 62/05, NJW-RR 2006, 1028, 1028 = NZBau 2006, 786, 786; OLG Koblenz, Beschl. v. 05.03.2003, Az. 14 W 148/03, NJW 2003, 3281, 2382 = MDR 2003, 1080, 1080; BT-Drucks. 11/8283, S. 48; vgl. *Kühnen*, GRUR 2005, S. 185 (189, Fn. 31).

[150] BGH, Beschl. v. 13.12.2006, Az. XII ZB 176/03, NJW 2007, 1279, 1281 (Rn. 18 f.) = NZBau 2007, 246, 247 (Rn. 18 f.); *Hahn*, in: PK-GewRS (2015), § 494a ZPO Rn. 21.

[151] BGH, Beschl. v 09.05.2007, Az. IV ZB 26/06, NJW 2007, 3721, 3721 f. (Rn. 7) = DS 2007, 270, 270 (Rn. 7); *Rinken/Kühnen*, in: Schulte (2014), § 140c Rn. 59; *Kühnen* (2013), Rn. 378 (Fn. 400).

Betracht; vielmehr sind die Parteien auf einen materiell-rechtlichen Kostenerstattungsanspruch angewiesen.[152]

c) Antragsrücknahme

Im selbstständigen Beweisverfahren ist eine einseitige Erledigungserklärung ausgeschlossen, selbst wenn im Zeitpunkt der Abgabe der Erledigungserklärung das Besichtigungsinteresse weggefallen ist.[153] Vielmehr ist eine Erledigungserklärung in eine Antragsrücknahme mit der Kostenfolge in entsprechender Anwendung von § 269 Abs. 3 S. 2 ZPO umzudeuten, sofern der Wille des Antragstellers auf die endgültige Beendigung des selbstständigen Beweisverfahrens gerichtet ist und deutlich wird.[154] Dementsprechend ist § 494a ZPO bei einer Antragsrücknahme ebenfalls nicht anwendbar. Sollte im Zeitpunkt der Rücknahme des Antrags auf ein selbstständiges Beweisverfahren bereits ein Hauptsacheverfahren anhängig sein, hat das Gericht im Rahmen der Kostenentscheidung des Hauptsacheverfahrens über die Kosten des selbstständigen Beweisverfahrens mitzuentscheiden, da eine isolierte

---

[152] BGH, Beschl. v. 24.02.2011, Az. VII ZB 108/08, NJW-RR 2011, 931, 931 (Rn. 7) = NZBau 2011, 356, 357 (Rn. 7); BGH, Beschl. v 09.05.2007, Az. IV ZB 26/06, NJW 2007, 3721, 3722 (Rn. 8) = DS 2007, 270, 270 (Rn. 8); OLG Düsseldorf, Beschl. v. 12.04.2005, Az. I-23 W 10/05, OLGReport Düsseldorf 2005, 453 (Rn. 3) = BeckRS 2005, 05385; *Flockenhaus*, in: Musielak/Voit (2016), § 91a Rn. 3; *Herget*, in: Zöller (2016), § 494a Rn. 5; *Hahn*, in: PK-GewRS (2015), § 494a ZPO Rn. 18; *Schulz*, in: MüKo ZPO (2013), § 91 Rn. 26; *Pastor*, in: Werner/Pastor (2015), Rn. 135 f.; *Rosenberg/Schwab/Gottwald* (2010), § 117 Rn. 21, 26; a.A. OLG Dresden, Beschl. v. 08.07.2002, Az. 14 W 1875/01, BauR 2003, 1608, 1608 f.; OLG München, Beschl. v. 12.04.1999, Az. 15 W 1192/99, NJW-RR 2000, 1455, 1455 = BauR 2000, 139, 139 f.

[153] BGH, Beschl. v. 07.12.2010, Az. VIII ZB 14/10, NJW 2011, 1292, 1293 (Rn. 9 f.) = ZfBR 2011, 239, 240; BGH, Beschl. v. 14.10.2004, Az. VII ZB 23/03, NZBau 2005, 42, 43 = ZfBR 2005, 174, 175; BGH, Beschl. v. 12.02.2004, Az. V ZB 57/03, NJW-RR 2004, 1005, 1005 = BeckRS 2004, 03050; *Hahn*, in: PK-GewRS (2015), § 494a ZPO Rn. 19; *Praun*, in: Kleine-Möller/Merl (2009), § 19 Rn. 325; *Kühnen* (2013), Rn. 415; *Ulrich* (2007), Rn. 513.

[154] BGH, Beschl. v. 24.02.2011, Az. VII ZB 20/09, NJW-RR 2011, 932, 932 (Rn. 7) = NZBau 2011, 355, 356 (Rn. 7); BGH, Beschl. v. 07.12.2010, Az. VIII ZB 14/10, NJW 2011, 1292, 1293 (Rn. 9) = ZfBR 2011, 239, 240; BGH, Beschl. v 09.05.2007, Az. IV ZB 26/06, NJW 2007, 3721, 3721, 3722 (Rn. 7) = DS 2007, 270, 270 (Rn. 7);
OLG Hamm, Beschl. v. 15.03.2005, Az. 21 W 6/05, NZBau 2005, 696, 696 = BeckRS 9998, 26442; *Reichold*, in: Thomas/Putzo (2016), § 494a Rn. 5; *Grabinski/Zülch*, in: Benkard (2015), § 140c PatG Rn. 31, 35; *Hahn*, in: PK-GewRS (2015), § 494a ZPO Rn. 19; *Schulz*, in: MüKo ZPO (2013), § 91 Rn. 26; Seibel (2013), § 485 Rn. 5; *Pastor*, in: Werner/Pastor (2015), Rn. 6, 37, 135 m.w.Nachw.; *Kühnen* (2013), Rn. 378 (Fn. 400), 415; *Praun*, in: Kleine-Möller/Merl (2009), § 19 Rn. 325; *Ulrich* (2007), Rn. 512; *Keldungs/Tilly* (2005), S. 87 f.; *Herget*, in: FS Vollkommer (2006), S. 97 (110); vgl. OLG Frankfurt, Beschl. v. 30.10.1995, Az. 1 W 22/95, BauR 1996, 587, 588 = BeckRS 1995, 09931 (Rn. 4 f.); *Ulrich*, AnwBl 2003, S. 144 (145).

Kostenentscheidung nach § 269 Abs. 3 S. 2 ZPO analog nicht mehr möglich ist.[155]

Für eine Kostenentscheidung nach § 269 Abs. 3 S. 2 ZPO müssen die beteiligten Parteien und der Streitgegenstand von Hauptsacheverfahren und selbstständigem Beweisverfahren identisch sein.[156] Für die Parteiidentität muss im Hauptsacheprozess der Antragsteller des selbstständigen Beweisverfahrens als Kläger einen Antragsgegner aus dem selbstständigen Beweisverfahren nun als Beklagten hinsichtlich einer Schutzrechtsverletzung in Anspruch nehmen, der auch schon der Grund für das gegen diesen Antragsgegner gerichtete selbstständige Beweisverfahren war.[157] Werden bereits Teile des Streitgegenstandes aus dem selbstständigen Beweisverfahren zum Gegenstand der nachfolgenden Hauptsacheklage gemacht, liegt eine hinreichende Identität der Streitgegenstände vor („Teilidentität") und die Voraussetzung für § 269 Abs. 3 S. 2 ZPO ist erfüllt.[158]

Sollte jedoch der Streitgegenstand des Hauptsacheverfahrens hinter dem des selbstständigen Beweisverfahrens zurückbleiben, gilt § 96 ZPO analog mit der Folge, dass dem Antragsteller die dem Antragsgegner durch den überschießenden Teil des selbstständigen Beweisverfahrens entstandenen Kosten auferlegt werden können.[159] Dies kann etwa dann eintreten, wenn mehrere Gegenstände unterschiedlicher Bauart besichtigt wurden, aber nur einzelne

[155] BGH, Beschl. v 09.05.2007, Az. IV ZB 26/06, NJW 2007, 3721, 3721 f. (Rn. 7) = DS 2007, 270, 270 (Rn. 7); BGH, Beschl. v. 14.10.2004, Az. VII ZB 23/03, NZBau 2005, 42, 43 = ZfBR 2005, 174, 175; OLG Köln, Beschl. v. 07.05.2009, Az. 11 W 24/09, BeckRS 2009, 27943 = MittdtPatA 2010, 320 (Ls.); *Hahn*, in: PK-GewRS (2015), § 494a ZPO Rn. 20; *Kühnen* (2013), Rn. 378 (Fn. 400); a.A. OLG Köln, Beschl. v. 23.05.2001, Az. 3 W 27/01, OLGReport Köln 2001, 355 (Rn. 3 f.) = BeckRS 2001, 30182586.

[156] BGH, Beschl. v. 10.01.2007, Az. XII ZB 231/05, NJW 2007, 1282, 1282 (Rn. 9) = NZBau 2007, 248, 249 (Rn. 9); BGH, Beschl. v. 13.12.2006, Az. XII ZB 176/03, NJW 2007, 1279, 1281 (Rn. 19) = NZBau 2007, 246, 247 (Rn. 19); BGH, Beschl. v. 09.02.2006, Az. VII ZB 59/05, NJW-RR 2006, 810, 810 f. (Rn. 11) = NZBau 2006, 374, 375 (Rn. 11); *Reichold*, in: Thomas/Putzo (2016), § 494a Rn. 5; *Hahn*, in: PK-GewRS (2015), § 494a ZPO Rn. 12; *Rinken/Kühnen*, in: Schulte (2014), § 140c Rn. 59; *Kather/Fitzner,* MittdtPatA 2010, S. 325 (330); *Fitzner/Kather,* VPP-Rundbrief 2009, S. 58 (64).

[157] BGH, Beschl. v. 22.07.2004, Az. VII ZB 9/03, NJW-RR 2004, 1651, 1651 = NZBau 2004, 674, 674; vgl. *Ulrich,* AnwBl 2003, S. 144 (147).

[158] BGH, Beschl. v. 09.02.2006, Az. VII ZB 59/05, NJW-RR 2006, 810, 811 (Rn. 12) = NZBau 2006, 374, 375 (Rn. 12); BGH, Beschl. v. 21.10.2004, Az. V ZB 28/04, NJW 2005, 294, 294 = NZBau 2005, 43, 44; *Hahn*, in: PK-GewRS (2015), § 494a ZPO Rn. 12; *Kühnen* (2013), Rn. 378 (Fn. 400); *Ulrich,* AnwBl 2003, S. 144 (147).

[159] BGH, Beschl. v. 09.02.2006, Az. VII ZB 59/05, NJW-RR 2006, 810, 811 (Rn. 14) = NZBau 2006, 374, 375 (Rn. 14); BGH, Beschl. v. 21.10.2004, Az. V ZB 28/04, NJW 2005, 294, 294 f. = NZBau 2005, 43, 44; OLG Düsseldorf, Urt. v. 27.04.2010, Az. 21 U 122/09, NJW-RR 2010, 1244, 1246 = NZBau 2010, 501, 502; *Hahn*, in: PK-GewRS (2015), § 494a ZPO Rn. 12; *Pastor*, in: Werner/Pastor (2015), Rn. 125, 133; *Rinken/Kühnen*, in: Schulte (2014), § 140c Rn. 59; *Kühnen* (2013), Rn. 378 (Fn. 400).

davon die Schutzrechte des Antragstellers verletzen, oder die Besichtigung die Verletzung nur eines Schutzrechts oder eines Teils von Schutzrechten nachweist, obwohl die Vermutung hinsichtlich der Verletzung einer größeren Anzahl an Schutzrechten ging.[160]

d) Anfechtungsmöglichkeit

Wenngleich der stattgebende Beschluss des Gerichts über die Fristsetzung zur Klageerhebung (§ 494a Abs. 1 ZPO) unanfechtbar ist, steht dem Antragsteller gegen die Kostenentscheidung das Rechtsmittel der sofortigen Beschwerde (§§ 494a Abs. 2 S. 2, 567 Abs. 1 Nr. 1 ZPO) zur Verfügung.[161] Außerdem kann er die über § 494a Abs. 2 S. 1 ZPO entstandenen Kosten mittels eines materiell-rechtlichen Erstattungsanspruchs (etwa deliktischen Ursprungs, Schadensersatz wegen Schutzrechtsverletzung; beispielsweise § 139 Abs. 2 PatG, § 97 Abs. 2 UrhG, § 14 Abs. 6 MarkenG oder § 42 Abs. 2 DesignG) einklagen.[162] Der Erstattungsanspruch besteht aber nur im Falle des positiven Nachweises einer Schutzrechtsverletzung.[163] Der Antragsteller kann mit dem Erstattungsanspruch auch die Aufrechnung erklären, da die Aufrechnung mit einem materiell-rechtlichen Erstattungsanspruch anlässlich der Kosten eines selbstständigen Beweisverfahrens ungeachtet der Möglichkeit wirksam ist, dass in einem späteren Hauptsacheverfahren über die Prozesskosten entschieden wird.[164]

---

[160] *Kühnen* (2013), Rn. 378 (Fn. 400).

[161] BGH, Beschl. v. 08.07.2010, Az. VII ZB 36/08, NJW-RR 2010, 1318, 1319 (Rn. 9) = ZfBR 2010, 666, 667; BGH, Beschl. v. 01.07.2004, Az. V ZB 66/03, NJW-RR 2004, 1580, 1581 = BeckRS 2004, 07452; OLG Hamm, Beschl. v. 30.10.2001, Az. 21 W 28/01, NJOZ 2002, 1706, 1706 = BeckRS 2001, 09583; OLG Köln, Beschl. v. 11.12.1997, Az. 12 W 59/97, BauR 1998, 591, 591 = BeckRS 1997, 31051152; *Reichold*, in: Thomas/Putzo (2016), § 494a Rn. 1, 9; *Herget*, in: Zöller (2016), § 494a Rn. 3; Mes (2015), § 140c Rn. 56; *Ulrich*, in: Prütting/Gehrlein (2015), § 494a ZPO Rn. 6; *Hahn*, in: PK-GewRS (2015), § 494a ZPO Rn. 6; *Rinken/Kühnen*, in: Schulte (2014), § 140c Rn. 86; *Schreiber*, in: MüKo ZPO (2012), § 494a Rn. 3; *Pastor*, in: Werner/Pastor (2015), Rn. 96; *Kühnen* (2013), Rn. 417; *Ulrich,* AnwBl 2003, S. 144 (146).

[162] *Grabinski/Zülch*, in: Benkard (2015), § 140c PatG Rn. 31; *Rinken/Kühnen*, in: Schulte (2014), § 140c Rn. 59; *Kühnen* (2013), Rn. 378 (Fn. 400); *Keldungs/Tilly* (2005), S. 91–93; *Motzke* (1981), Rn. 264; *Kather/Fitzner,* MittdtPatA 2010, S. 325 (330); *Fitzner/ Kather,* VPP-Rundbrief 2009, S. 58 (64); *Kühnen,* GRUR 2005, S. 185 (189, Fn. 31); *Ulrich,* AnwBl 2003, S. 144 (145).

[163] *Kather/Fitzner,* MittdtPatA 2010, S. 325 (330); *Fitzner/Kather,* VPP-Rundbrief 2009, S. 58 (64).

[164] BGH, Urt. v. 11.02.2010, Az. VII ZR 153/08, NJW-RR 2010, 674, 675 (Rn. 14 f.) = NZBau 2010, 312, 312 f. (Rn. 14 f.).

2. Duldungsverfügung

Für die flankierende Duldungsverfügung kann das Gericht auf Antrag über §§ 936, 926 Abs. 1 ZPO eine Klagefrist anordnen. Im Gegensatz zu § 494a ZPO im Rahmen des selbstständigen Beweisverfahrens, wonach der Antragsgegner bei einem Fristversäumnis des Antragstellers einen Kostentitel erlangt, ist im einstweiligen Rechtsschutz auf Antrag die Aufhebung der einstweiligen Verfügung durch Endurteil auszusprechen (§§ 936, 926 Abs. 2 ZPO), unabhängig von der Rechtmäßigkeit der einstweiligen Maßnahme im Erlasszeitpunkt oder den Erfolgsaussichten in der Hauptsache.[165] Die unterschiedlichen Rechtsfolgen ergeben sich aus dem jeweiligen Normzweck. Da das selbstständige Beweisverfahren keinen Kostenausgleich vorsieht, ist § 494a Abs. 2 ZPO auf die Kostenerstattung ausgerichtet. Dagegen soll über §§ 936, 926 Abs. 2 ZPO durch die Aufhebung verhindert werden, dass der Antragsgegner nicht dauerhaft einem Titel ausgesetzt ist, der nur aufgrund einer summarischen Prüfung ergangen ist.

Wenngleich das deutsche Zivilprozessrecht in § 926 ZPO im Gegensatz zu Art. 7 Abs. 3 Enforcement-Richtlinie keine automatische Frist vorsieht, wird der Zweck der Vorschrift, dem Antragsteller in einem Hauptsacheverfahren sämtliche Verteidigungsmittel zu ermöglichen, auch dann gewährleistet, wenn die Fristsetzung erst auf Antrag des Antragsgegners erfolgt und damit die Einleitung eines Hauptsacheverfahrens in seiner Hand liegt.[166] Das Antragserfordernis wirkt sich für den Antragsgegner vielmehr vorteilhaft aus, da es nicht zwangsläufig zu einem Hauptsacheverfahren kommt und ihn das Kostenrisiko dadurch nicht automatisch trifft, sondern die Möglichkeit für eine außergerichtliche Streitbeilegung besteht, was obendrein zu einer Entlastung der Gerichte führt.[167] Zwar wird durch den Verzicht auf einen Automatismus aus der grundsätzlich vorläufigen Entscheidung im einstweiligen

---

[165] OLG Frankfurt a.M., Urt. v. 12.08.2003, Az. 11 U 15/03, NJOZ 2004, 874, 876 f. = GRUR-RR 2004, 198 (Ls.); *Hahn*, in: PK-GewRS (2015), § 494a ZPO Rn. 2; *Voß*, in: PK-GewRS (2015), § 926 ZPO Rn. 1; *Rinken/Kühnen*, in: Schulte (2014), § 140c Rn. 86; *Chakraborty*, in: Haedicke/Timmann (2012), § 11 Rn. 786; *Kühnen* (2013), Rn. 417; *Rohlfing* (2009), S. 74 f.; *Heinze* (2007), S. 435; *Kühnen*, GRUR 2005, S. 185 (196); *Groh/Wündisch*, GRUR Int 2001, S. 497 (506); *Karg*, ZUM 2000, S. 934 (938); *v. Bogdandy*, NJW 1999, S. 2088 (2090); vgl. *Vander/Steigüber*, in: TRIPs (2013), Art. 50 Rn. 30, 33.

[166] OLG Frankfurt a.M., Urt. v. 12.08.2003, Az. 11 U 15/03, NJOZ 2004, 874, 876 f. = GRUR-RR 2004, 198 (Ls.); *Götz* (2012), S. 191; *Heinze* (2007), S. 436 f.; *Battenstein* (2006), S. 133 f., 225 f.; a.A. *Franz*, ZUM 2005, S. 802 (806); *v. Hartz*, ZUM 2005, S. 376 (382 f.); *Groh/Wündisch*, GRUR Int 2001, S. 497 (506); *Karg*, ZUM 2000, S. 934 (938); *v. Bogdandy*, NJW 1999, S. 2088 (2090); vgl. *Bahner* (2013), S. 116.

[167] *Götz* (2012), S. 191; *Rohlfing* (2009), S. 76 f.; *Müller-Stoy* (2008), Rn. 274; *Heinze* (2007), S. 438; *Metzger/Wurmnest*, ZUM 2003, S. 922 (929); *Kunz-Hallstein/Loschelder*, GRUR 2003, S. 682 (683).

Rechtsschutz eine faktisch endgültige Maßnahme, jedoch kann das dogmatische Konzept der vorläufigen Regelung mit Blick auf die Entlastung von Antragsgegner und Justiz nicht stringent aufrechterhalten werden.[168]

Einer andauernden und belastenden Beweissicherungsmaßnahme kann bei Versäumnis der Klagefrist also mit §§ 936, 926 ZPO entgegengetreten werden.[169] Im Rahmen des „Düsseldorfer Modells" hat sich die flankierende Duldungsverfügung jedoch regelmäßig mit Durchführung der Besichtigung erledigt. Mangels einer fortwirkenden Belastung für den Antragsgegner liegt keine Maßnahme mehr vor, die das Gericht aufheben oder außer Kraft setzen kann.[170] Wenngleich die einstweilige Verfügung aufgehoben wird, ist die Weitergabe des Gutachtens auf der Grundlage des selbstständigen Beweisverfahrens rechtmäßig. Demgemäß kommt eine Fristsetzung für eine Hauptsacheklage (vgl. Art. 7 Abs. 3 Enforcement-Richtlinie) im Rahmen des „Düsseldorfer Modells" nur über das selbstständige Beweisverfahren in Betracht. Jedoch entspricht das selbstständige Beweisverfahren in dieser Hinsicht nicht den Anforderungen von Art. 7 Abs. 3 Enforcement-Richtlinie, da es durch die Fristsetzung für ein Hauptsacheverfahren nicht die Aufhebung oder Außerkraftsetzung der Beweissicherungsmaßnahme vorsieht, sondern nur auf die Erlangung eines Kostentitels ausgerichtet ist.

3. Zwischenergebnis

Sowohl das selbstständige Beweisverfahren als auch der einstweilige Rechtsschutz sehen die Möglichkeit vor, der gegnerischen Partei eine Frist zur Erhebung der Hauptsacheklage setzen zu lassen. Die inhaltliche Ausgestaltung dieser Fristsetzungsmöglichkeit unterscheidet sich jedoch bei beiden Verfahren. Im selbstständigen Beweisverfahren kann der Antragsgegner dem Antragsteller über § 494a Abs. 1 ZPO vom Gericht eine Frist zur Erhebung der Klage in der Hauptsache setzen lassen. Sofern der Antragsteller diese Frist tatenlos verstreichen lässt, erlangt der Antragsgegner einen Kostentitel gegen den Antragsteller (§ 494a Abs. 2 S. 1 ZPO). Wenngleich der Antragsgegner auf diese Weise ein Druckmittel erhält, kann er über die Fristsetzung die Besichtigungsanordnung nicht aufheben lassen.

Im einstweiligen Rechtsschutz kann das Gericht auf Antrag über §§ 936, 926 Abs. 1 ZPO eine Klagefrist anordnen. Im Gegensatz zum selbstständigen Beweisverfahren kann bei einem Fristversäumnis des Antragstellers die Dul-

---

[168] EuGH, Urt. v. 16.06.1998, Rs. C-53/96, Slg. 1998, I-03603 (Rn. 34, 44) = NJW 1999, 2103, 2105 (Rn. 34, 44); *Heinze* (2007), S. 438; *Stürner,* in: FS Geiß (2000), S. 199 (216); vgl. *Magrini/Causin,* ZVglRWiss 2006, S. 208 (215 f.).

[169] *Tilmann,* in: FS Ullmann (2006), S. 1013 (1023); *Kühnen,* GRUR 2005, S. 185 (196).

[170] *Heinze* (2007), S. 430, 435 f.; *Tilmann,* in: FS Ullmann (2006), S. 1013 (1023); *Kühnen,* GRUR 2005, S. 185 (196); *Tilmann,* GRUR 2005, S. 737 (739).

dungsverfügung aufgehoben werden (§§ 936, 926 Abs. 2 ZPO). Das im deutschen Recht vorgesehene Antragserfordernis wirkt sich im Vergleich zum Automatismus, den die Enforcement-Richtlinie vorsieht, für die antragstellende Partei sogar vorteilhaft aus. Da sich die flankierende Duldungsverfügung regelmäßig mit dem Besichtigungsende erledigt hat, liegt keine aufhebbare Maßnahme mehr vor, sodass eine Fristsetzung für eine Hauptsacheklage im Rahmen des „Düsseldorfer Modells" nur über das selbstständige Beweisverfahren in Betracht kommt. Dort ist jedoch in Abweichung von Art. 7 Abs. 3 Enforcement-Richtlinie die Aufhebung oder Außerkraftsetzung der Beweissicherungsmaßnahme nach Fristsetzung nicht vorgesehen.

IV. Erneute Besichtigung

Bei einer zweiten Besichtigungsanordnung kann es weiterhin zu Meinungsverschiedenheiten zwischen Antragsteller und Antragsgegner kommen. Wird ein weiteres selbstständiges Beweisverfahren (unter Berücksichtigung von §§ 485 Abs. 3, 412 ZPO) angeordnet, ist dieser stattgebende Beschluss wegen § 490 Abs. 2 S. 2 ZPO unanfechtbar. Die Zurückweisung des Antrags auf Einholung eines weiteren Gutachtens nach §§ 485 Abs. 3, 412 ZPO im selbstständigen Beweisverfahren kann ebenfalls nicht mit der sofortigen Beschwerde nach § 567 Abs. 1 Nr. 1, 2 ZPO angefochten werden (vgl. § 355 Abs. 2 ZPO).[171] § 567 Abs. 1 Nr. 1 ZPO scheidet aus, da das Gesetz die Beschwerdefähigkeit nicht ausdrücklich bestimmt. Daneben ist § 567 Abs. 1 Nr. 2 ZPO nicht einschlägig, da die Entscheidung nach § 412 ZPO keine von dieser Vorschrift erfasste Entscheidung ist. Sie ergeht nämlich nicht auf Antrag der Parteien, sondern von Amts wegen im Wege der freien Beweiswürdigung nach gerichtlichem Ermessen.[172] Außerdem erfolgt die Beweisaufnahme nach den für die Aufnahme des betreffenden Beweismittels geltenden Vorschriften

---

[171] BGH, Beschl. v. 20.04.2011, Az. VII ZB 42/09, NZBau 2011, 420, 420 (Rn. 5) = DS 2011, 250, 250 (Rn. 5); BGH, Beschl. v. 09.02.2010, Az. VI ZB 59/09, DS 2010, 397, 397 (Rn. 5) = ZfBR 2010, 449, 449; OLG Stuttgart, Urt. v. 23.09.2010, Az. 10 W 39/10, MDR 2011, 319, 319 = BeckRS 2010, 24118; *Huber*, in: Musielak/Voit (2016), § 412 Rn. 5; Baumbach/Lauterbach/Albers/Hartmann (2016), § 412 Rn. 10; *Pukall*, in: Saenger (2015), § 490 Rn. 11a; *Hahn*, in: PK-GewRS (2015), § 490 ZPO Rn. 14; *Pastor*, in: Werner/Pastor (2015), Rn. 94, 96 m.w.Nachw.; *Kühnen* (2013), Rn. 416 m.w.Nachw.; *Keldungs*, BauR 2010, S. 1494 (1503); a.A. OLG Stuttgart, Beschl. v. 04.08.2008, Az. 10 W 38/08, NJW-RR 2009, 497, 497 = NZBau 2009, 251, 251;
OLG Frankfurt a.M., Beschl. v. 07.12.2007, Az. 4 W 64/07, NZBau 2008, 446, 447 = DS 2008, 110, 110.

[172] Baumbach/Lauterbach/Albers/Hartmann (2016), § 412 Rn. 4; *Greger*, in: Zöller (2016), § 412 Rn. 4; *Hahn*, in: PK-GewRS (2015), § 490 ZPO Rn. 14; *Pastor*, in: Werner/Pastor (2015), Rn. 96.

(§ 492 Abs. 1 ZPO) und damit den Regeln des Hauptsacheverfahrens. Da den Parteien im Hauptsacheverfahren aber kein Rechtsbehelf gegen die ablehnende Entscheidung über die Einholung eines neuen Gutachtens zur Verfügung steht, bekämen die Parteien im selbstständigen Beweisverfahren einen im Hauptsacheverfahren nicht vorliegenden Rechtsbehelf, sofern man ihnen ein solches Beschwerderecht einräumen würde.[173]

Die Duldungsverfügung kann mit einem Antrag auf Aufhebung wegen veränderter Umstände (§§ 936, 927 Abs. 1 ZPO), einem Widerspruch (§§ 936, 924 Abs. 1 ZPO), der Fristsetzung zur Erhebung einer Hauptsacheklage (§§ 936, 926 Abs. 1 ZPO) sowie dem Titelherausgabeanspruch (§ 371 S. 1 BGB analog) angegriffen werden, wohingegen die Abänderungsklage (§ 323 ZPO) und die Vollstreckungsgegenklage (§ 767 Abs. 1 ZPO) als Rechtsbehelfsmöglichkeit ausscheiden.[174] Daneben kann der Antragsgegner seinerseits versuchen, eine weitere Besichtigung durch den Antragsteller zu verhindern, indem er ihn nach erfolgter erster Besichtigung zur Erklärung der Besichtigungserfüllung auffordert und gleichzeitig die Herausgabe der Besichtigungsanordnung verlangt.[175]

V. Zusammenfassung

Im „Düsseldorfer Modell" wird das selbstständige Beweisverfahren von einer Duldungsverfügung begleitet, sodass die Begutachtung auch zwangsweise durchsetzbar ist. Außerdem wird zur Wahrung des Überraschungseffektes auf die vorherige Anhörung des Antragsgegners verzichtet. Infolgedessen muss der Antragsgegner die Besichtigungsanordnung zumindest im Anschluss an die Besichtigung überprüfen und aufheben lassen können. Die Anordnung des selbstständigen Beweisverfahrens kann wegen § 490 Abs. 2 S. 2 ZPO nicht angefochten werden. Für die begleitende Duldungsverfügung kommt ein Widerspruch nach §§ 936, 924 Abs. 1 ZPO in Betracht, sodass auf diese Weise die Voraussetzungen der Duldungsverfügung überprüft werden können. Bevor aber über den Widerspruch verhandelt und entschieden werden kann, hat sich die einstweilige Verfügung regelmäßig aufgrund der Durchführung der Besichtigung bereits tatsächlich erledigt, sodass ein Widerspruch wirkungslos ist und regelmäßig ausscheidet. Der Antragsteller kann vielmehr den Verfügungsantrag für in der Hauptsache erledigt erklären, sodass das

[173] BGH, Beschl. v. 09.02.2010, Az. VI ZB 59/09, DS 2010, 397, 398 (Rn. 7) = ZfBR 2010, 449, 449 f.; *Hahn*, in: PK-GewRS (2015), § 490 ZPO Rn. 14; a.A. OLG Frankfurt a.M., Beschl. v. 07.12.2007, Az. 4 W 64/07, NZBau 2008, 446, 447 = DS 2008, 110, 110.

[174] Vgl. ausführlich: *Eck/Dombrowski,* in: FS 50 Jahre BPatG (2011), S. 169 (187–192).

[175] *Hahn*, in: PK-GewRS (2015), § 485 ZPO Rn. 75; *Eck/Dombrowski,* in: FS 50 Jahre BPatG (2011), S. 169 (187).

Gericht nur noch über die Kostentragungspflicht entscheidet, was auf einen isolierten Kostenwiderspruch des Antragsgegners hinausläuft.

Die Gutachtenfreigabe kann mit der sofortigen Beschwerde (§ 567 Abs. 1 Nr. 2 ZPO) angegriffen werden. Im Rahmen der Freigabeentscheidung werden aber die Voraussetzungen des selbstständigen Beweisverfahrens sowie der Duldungsverfügung nicht überprüft. Der Antragsgegner kann mithin über die sofortige Beschwerde nur die Gutachtenfreigabe an den Antragsteller verhindern, wohingegen die Gutachtenerstellung nicht aufgehalten werden kann. Daneben kann der Antragsgegner dem Antragsteller eine Frist zur Erhebung der Hauptsacheklage setzen lassen (§ 494a Abs. 1 ZPO) und auf diese Weise einen Kostentitel erwirken (§ 494a Abs. 2 S. 1 ZPO). In Abweichung von Art. 7 Abs. 3 Enforcement-Richtlinie ist die Aufhebung oder Außerkraftsetzung der Beweissicherungsmaßnahme nach Fristsetzung im selbstständigen Beweisverfahren jedoch nicht vorgesehen.

Der Antragsgegner kann letztlich die Ortsbesichtigung im Rahmen eines Besichtigungsverfahrens nach dem „Düsseldorfer Modell“ nur verhindern, indem er dem Sachverständigen den Zutritt zu seinen Räumlichkeiten verweigert. Die flankierende Duldungsverfügung umfasst nämlich nicht das Anwesenheitsrecht des gerichtlich bestellten Sachverständigen. Dagegen kann er die notwendigen Rechtsbehelfe frühestens im Anschluss an die Besichtigung einlegen. Wenngleich ein effektiver Rechtsschutz auch im Rahmen des „Düsseldorfer Modells“ gewährleistet werden muss, stehen dem Antragsgegner nach derzeitiger Rechtslage nur eingeschränkte Rechtsschutzmöglichkeiten gegen die Besichtigungsanordnung zur Verfügung. Im Zuge einer Besichtigungsanordnung nach dem „Düsseldorfer Modell“ wird auf die vorherige Anhörung des Antragsgegners verzichtet, sodass eine belastende gerichtliche Entscheidung ergeht, ohne dass der Antragsgegner zuvor zu den tatsächlichen und rechtlichen Voraussetzungen der Besichtigungsanordnung Stellung beziehen konnte. Im Gegensatz dazu ist der Antragsteller bis zum Beginn der Besichtigung vollständig, danach zumindest durch seine anwaltlichen Vertreter mittelbar am Verfahren beteiligt.

Der Antragsgegner kann jedoch selbst im Anschluss an die Besichtigung keine effektiven Rechtsbehelfe einlegen, aufgrund derer die Besichtigungsanordnung aufgehoben wird, da er sich vor einem Hauptsacheverfahren lediglich über die allgemeine Zulässigkeitsrüge zu den rechtlichen und tatsächlichen Voraussetzungen der Besichtigungsanordnung äußern kann. Den Schwerpunkt seiner Rechtsbehelfsmöglichkeiten bildet die sofortige Beschwerde (§ 567 Abs. 1 Nr. 2 ZPO) gegen die Freigabeentscheidung im selbstständigen Beweisverfahren. Die Grundlage dieser Entscheidung bilden maßgeblich die Geheimhaltungsinteressen des Antragsgegners sowie das Besichtigungsergebnis, wohingegen die Rechtmäßigkeit des selbstständigen Beweisverfahrens wegen § 490 Abs. 2 S. 2 ZPO unberücksichtigt bleibt.

Die Voraussetzungen der Besichtigungsanordnung können im Verfahrensverlauf nicht ausreichend überprüft werden, sodass die Besichtigungsanordnung letztlich unanfechtbar ist, selbst wenn die Erlassvoraussetzungen zu keiner Zeit bestanden haben. Die fehlende Anfechtungsmöglichkeit des selbstständigen Beweisverfahrens ergibt sich aus dessen Funktion als vorgelagerter oder herausgelöster Beweisbeschluss. Mit Blick auf die Prozessförderung soll nur die auf dem Beweis fußende Entscheidung anfechtbar sein und gerade nicht eine unselbstständige Zwischenentscheidung. Die Kombination von selbstständigem Beweisverfahren und einstweiliger Verfügung ist in der Rechtsordnung nicht vorgesehen. Infolge der Wechselwirkungen dieser Kombination bestehen letztlich keine effektiven Rechtsbehelfe gegen eine Besichtigungsanordnung nach dem „Düsseldorfer Modell", sodass die Rechtsschutzgarantie (Art. 19 Abs. 4 GG) sowie der Anspruch auf rechtliches Gehör (Art. 103 Abs. 1 GG) der betroffenen Partei nicht ausreichend berücksichtigt werden. Eine verfassungskonforme Auslegung der einschlägigen Vorschriften kommt nicht in Betracht, da sie ansonsten im Widerspruch zum eindeutigen Willen des Gesetzgebers angewendet würden. Wenngleich die Kombination von selbstständigem Beweisverfahren und einstweiliger Verfügung mit geltendem Recht vereinbar ist, ist das „Düsseldorfer Modell" wegen der eingeschränkten Rechtsschutzmöglichkeiten als unzulässig einzustufen.

G. Gesamtergebnis

Das „Düsseldorfer Modell“ setzt sich aus einem selbstständigen Beweisverfahren (§§ 485 ff. ZPO) sowie einer flankierenden Duldungsverfügung (§§ 935 ff. ZPO) zusammen und kombiniert damit zwei selbstständige prozessuale Verfahren, sodass ein gemischter gerichtlicher Beschluss in Form der Besichtigungsanordnung ergeht. Die Vorzüge beider Verfahren (die hohe Beweiskraft eines gerichtlichen Sachverständigengutachtens und die zwangsweise Durchsetzbarkeit) werden in einer Anordnung gebündelt, um ein effektives Instrument zur vorprozessualen Beweissicherung zu erlangen. Trotz dieser Kombination müssen beide Verfahren prozessual getrennt voneinander betrachtet werden. Der Hauptanwendungsfall dieses Verfahrens liegt bei nicht-öffentlichen Merkmalsverwirklichungen, da dort der Zugriff auf den Besichtigungsgegenstand eingeschränkt ist und der vermeintliche Verletzer den Zugang in der Regel nicht freiwillig gewährt. Nichtsdestotrotz kann es auch bei öffentlichen Merkmalsverwirklichungen angewandt werden.

Das selbstständige Beweisverfahren ist mit Zwangsmaßnahmen vereinbar und kann von einer Duldungsverfügung flankiert werden, obgleich dies nicht ausdrücklich im Gesetz vorgesehen und die Folge der Kombination zweier Verfahren im „Düsseldorfer Modell“ ist. An dieser Stelle offenbart sich jedoch direkt die schwerwiegendste Schwachstelle dieses Verfahrens: Aufgrund der begrenzten Reichweite der spezialgesetzlichen Besichtigungsansprüche kann über die Duldungsverfügung nicht die Duldung der Anwesenheit des gerichtlich bestellten Sachverständigen angeordnet werden. Vielmehr erfasst sie nur das Anwesenheitsrecht der anwaltlichen Vertreter des Antragstellers während der Besichtigung. Infolgedessen ist eine Besichtigung nach dem „Düsseldorfer Modell“ nicht durchführbar, sobald dem Sachverständigen der Zutritt zum Besichtigungsgegenstand verweigert wird.

Die Zuständigkeit für die Besichtigungsanordnung liegt einheitlich bei dem Gericht, das im Hauptsacheverfahren über die Schutzrechtsverletzung anzurufen wäre. Sowohl § 485 Abs. 1 Var. 2 ZPO als auch § 485 Abs. 2 S. 1 Nr. 1 ZPO kann die Grundlage einer Beweissicherung bilden. Im Regelfall beruht eine Begutachtung nach dem „Düsseldorfer Modell“ allerdings auf § 485 Abs. 2 S. 1 Nr. 1 ZPO. Das selbstständige Beweisverfahren ist ein geordnetes gesetzliches Verfahren, womit eine Begutachtung vergleichsweise zügig und kostengünstig abgewickelt werden kann und der Schutzrechtsinhaber am Ende mit dem Sachverständigengutachten ein vollwertiges Mittel des Strengbeweises erhält (§ 493 Abs. 1 ZPO). Eine flankierende Duldungsverfügung gleicht die Durchsetzungsschwäche des selbstständigen Beweisverfahrens aus. Der für die einstweilige Verfügung erforderliche Verfügungsanspruch ergibt sich aus den §§ 809 BGB, 140c PatG, 101a UrhG, 19a MarkenG, 24c GebrMG, 46a DesignG, 37c SortSchG, 9 Abs. 2 HalblSchG i.V.m. 24c GebrMG, wohingegen ein Verfügungsgrund wegen der Vorgaben der Enforcement-Richtlinie bei Besichtigungsverfügungen nicht mehr gefordert werden kann.

Der Verzicht auf die vorherige Anhörung des Antragsgegners bei einer Besichtigungsanordnung nach dem „Düsseldorfer Modell" ist rechtmäßig. Daneben ist das Ladungserfordernis im selbstständigen Beweisverfahren zu berücksichtigen (§ 491 Abs. 1 ZPO). Hierbei kommt es für die spätere Beweisverwertung (§ 493 Abs. 1, 2 ZPO) zunächst nur auf die Anwesenheit des Antragsgegners während der Beweisaufnahme an. Die Ergebnisse der Beweisaufnahme können in einem anschließenden Verfahren bereits dann benutzt werden, wenn der Antragsgegner „zufällig" am Besichtigungsort ist. Wird der Antragsgegner jedoch nicht angetroffen, kann auch eine spätere Ladung zeitgleich mit der Zustellung der Besichtigungsanordnung nicht erfolgen. Die Voraussetzungen von § 493 Abs. 2 ZPO können dennoch erfüllt werden, sofern der Antragsgegner vor Besichtigungsbeginn eintrifft und seine Teilnahme- und Teilhaberechte wahrnehmen kann. Andernfalls kann das Ergebnis der Beweisaufnahme im weiteren Verlauf nicht genutzt werden (§ 493 Abs. 2 ZPO), da § 493 Abs. 2 ZPO ein absolutes Beweisverwertungsverbot statuiert.

An dieser Stelle zeigt sich die nächste Schwäche des „Düsseldorfer Modells": Das Sachverständigengutachten im selbstständigen Beweisverfahren ist der Vorteil gegenüber einem isolierten Besichtigungsverfahren, das nur durch den Antragsteller oder einen Vertreter (etwa einen Privatgutachter) durchgeführt werden kann. Der Antragsteller möchte sich gerade die besondere Beweiskraft des Gutachtens eines gerichtlich bestellten Sachverständigen (§ 493 Abs. 1 ZPO) zu eigen machen. Die Verwertbarkeit des Sachverständigengutachtens hängt aber letztlich vom Zufall ab, was eine erhebliche Rechtsunsicherheit für den Antragsteller bedeutet. Durch den vorherigen Ladungsverzicht trägt der Antragsteller das Risiko einer späteren Unverwertbarkeit des Sachverständigengutachtens.

Die Besichtigungsanordnung nach dem „Düsseldorfer Modell" wird insgesamt vom Gerichtsvollzieher zugestellt. Im Anschluss daran wird die Besichtigung nicht sofort durchgeführt. Vielmehr wird die Besichtigung für einen bestimmten Zeitraum (regelmäßig zwei Stunden) zurückgestellt, damit der Antragsgegner seine anwaltlichen Vertreter hinzuziehen kann. Im Falle eines Widerstandes des Antragstellers muss die Duldungsverfügung im Wege der Zwangsvollstreckung durchgesetzt werden. Außerdem ist eine richterliche

Durchsuchungsanordnung erforderlich (§ 758a Abs. 1 S. 1 ZPO), da die Besichtigung in der Regel Durchsuchungsmaßnahmen umfasst. Hier tritt die nächste Schwäche des „Düsseldorfer Modells" hervor: Die richterliche Durchsuchungsanordnung muss von einem anderen Gericht als dem für die Besichtigungsanordnung zuständigen Gericht angeordnet werden (vgl. §§ 758a Abs. 1 S. 1, 802 ZPO). Wenngleich Durchsuchungsanordnungen in der Praxis schnell erwirkt werden können, ist die unterschiedliche Gerichtszuständigkeit zweifelsohne mit einem erhöhten Zeit- und Arbeitsaufwand verbunden, was der Schnelligkeit des Verfahrens entgegensteht. Außerdem besteht in diesem Zeitraum trotz des in der Besichtigungsanordnung vorgesehenen Veränderungsverbotes die Gefahr einer Beweisvereitelung.

Das Gericht ordnet die zulässigen Besichtigungsmaßnahmen sowie Mitwirkungspflichten über die Duldungsverfügung an. Davon können insbesondere auch zumutbare Substanzeingriffe umfasst sein. Die Besichtigung wird durch einen gerichtlich bestellten Sachverständigen durchgeführt. Als weitere Besichtigungsteilnehmer sind in der Regel der Antragsgegner samt seinen anwaltlichen Vertretern zu nennen. Der Antragsteller nimmt aus Gründen des Geheimnisschutzes nicht an der Besichtigung teil, weshalb die Besichtigung zur Wahrung des Anspruchs auf rechtliches Gehör (Art. 103 Abs. 1 GG) in Anwesenheit seiner anwaltlichen Vertreter erfolgt, die vom Gericht zur Verschwiegenheit (auch gegenüber dem Antragsteller) verpflichtet werden. Die aufgezeigte Auswahl der Besichtigungsteilnehmer berücksichtigt in besonderem Maße die Rechte der Parteien und bringt die widerstreitenden Interessen in einen angemessen Ausgleich.

Eine weitere Schwachstelle des „Düsseldorfer Modells" zeigt sich aber darin, dass nach geltendem Recht keine Rechtsgrundlage für einen Parteiausschluss besteht, sodass der Antragsteller freiwillig auf seine Besichtigungsteilnahme verzichten muss. Dementsprechend scheitert ein Besichtigungsverfahren in solchen Fällen, in denen der Antragsteller auf eine Besichtigungsteilnahme besteht, da das Gericht die flankierende Duldungsverfügung aus Geheimnisschutzgründen nicht erlassen wird und das selbstständige Beweisverfahren nicht zwangsweise durchgesetzt werden kann. Wenngleich diese Fälle allein schon aus Gründen der Vernunft die Ausnahme bilden werden, wird deutlich, dass auch ein gerichtlicher Parteiausschluss ermöglicht werden muss. Die unzureichenden gesetzlichen Regelungen im „Düsseldorfer Modell" sind der Rechtssicherheit abträglich.

Im Anschluss an die Besichtigung erstellt der Sachverständige das Gutachten und leitet es an das Gericht weiter, sodass über die Freigabe an die Parteien entschieden werden kann. Das Sachverständigengutachten wird regelmäßig ohne Weiteres an den Antragsgegner weitergeleitet, sodass er Stellung beziehen und mögliche Geheimhaltungsinteressen vortragen kann. Gleichzeitig kann eine Gutachtenweiterleitung an die anwaltlichen Vertreter des Antragstellers erfolgen, nachdem diese erneut zur Verschwiegenheit verpflichtet wurden. An dieser Stelle zeigen sich zwei weitere Schwachpunkte des „Düsseldorfer Modells“: Die im Rahmen der Besichtigungsanordnung ausgesprochene Verschwiegenheitsverpflichtung ist keine von verfahrensübergreifender Art, sodass vor der Freigabe eine gesonderte Verschwiegenheitsverpflichtung ausgesprochen werden muss, wofür nach geltendem Recht aber keine Rechtsgrundlage besteht. Außerdem sieht das selbstständige Beweisverfahren die Gutachtenfreigabe an den Antragsteller und den Antragsgegner vor. Mangels gesetzlicher Grundlage ist ein dahingehender Antrag des Antragstellers erforderlich, da das Gericht die Gutachtenweiterleitung an die anwaltlichen Vertreter nicht von Amts wegen als „Minus“ anordnen darf. Im Ergebnis kann das Gericht (wie bereits beim Parteiausschluss) die erforderlichen Maßnahmen nicht eigenständig treffen, sondern ist von den Anträgen der Parteien abhängig, womit eine erhebliche Rechtsunsicherheit einhergeht.

Die direkte Gutachtenfreigabe an den Antragsteller kann nur erfolgen, sofern das Sachverständigengutachten keine geheimhaltungsbedürftigen Informationen offenlegt oder der Antragsgegner keine Geheimhaltungsinteressen geltend macht. Andernfalls muss das Gericht im sog. „Freigabeverfahren“ durch einen separaten Beschluss über die Modalitäten der Gutachtenfreigabe an den Antragsteller entscheiden. Das „Düsseldorfer Modell“ sieht dabei eine „Alles oder Nichts“-Lösung vor, wonach das Gutachten beim Nachweis einer Schutzrechtsverletzung an den Antragsteller herausgegeben und im Falle der Widerlegung einer Schutzrechtsverletzung nicht an ihn freigegeben wird. Diese Verfahrensweise ist verfassungsrechtlich sehr bedenklich und eine weitere Schwäche des „Düsseldorfer Modells“. Sie berücksichtigt zwar die Interessen beider Parteien, jedoch müssen schlussendlich die Interessen einer Partei den Interessen der anderen Partei gänzlich weichen.

Stattdessen erscheint eine „gestufte Gutachtenherausgabe“ vorzugswürdig, wonach das Sachverständigengutachten dem Antragsteller entgegen der bisherigen Praxis stets auszuhändigen ist, jedoch in redigierter Fassung. Der Umfang der Schwärzungen orientiert sich dabei am Besichtigungsergebnis und den vorgebrachten Parteiinteressen. Der Antragsteller kann im weiteren Verlauf des Freigabeverfahrens durch einen substantiierten Parteivortrag immer mehr geschwärzte Gutachtenteile kenntlich machen lassen. Die „gestufte Gutachtenherausgabe“ berücksichtigt mithin die Parteiinteressen über die erste Freigabeentscheidung hinaus und sorgt für einen umfassenderen Interessenausgleich als die „Alles oder Nichts“-Lösung. Die Freigabeentscheidung schließt das selbstständige Beweisverfahren ab, sodass sie dem Vorwegnahmeverbot nicht entgegensteht. An dieser Stelle ist jedoch eine weitere Schwäche des „Düsseldorfer Modells“ entscheidend: Das selbstständige Beweisverfahren sieht keine Rechtsgrundlage für Schwärzungen vor, sodass dahingehende Bearbeitungen des Gerichts unzulässig sind. Infolgedessen kommt nach geltendem Recht nur eine unredigierte Gutachtenfreigabe in Betracht, was dem Geheimnisschutz jedoch gänzlich zuwiderläuft.

Das gesamte Verfahren findet aus Geheimnisschutzgründen regelmäßig unter Ausschluss der Öffentlichkeit statt (§§ 172 Nr. 2, 173 Abs. 2 GVG). Der Geheimnisschutz kann eine „getrennte" oder „schonende" Urteilsbegründung jedoch nicht rechtfertigen. Eine weitere Schwäche des „Düsseldorfer Modells" tritt bei einem Wechsel der Prozessbevollmächtigten hervor, da die neuen anwaltlichen Vertreter ebenfalls zur Verschwiegenheit verpflichtet werden müssen, eine Rechtsgrundlage dafür aber nicht besteht. Außerdem muss der Antragsteller aus Gründen des Geheimnisschutzes im anschließenden Schutzrechtsverletzungsverfahren ausgeschlossen werden können, sofern geheimhaltungsbedürftige Informationen aus dem Sachverständigengutachten besprochen werden. Mangels Rechtsgrundlage kann auch an dieser Stelle nur auf den Verzicht des Antragstellers zurückgegriffen werden, was eine weitere Schwachstelle des „Düsseldorfer Modells" ist. Wenngleich dem Antragsgegner gegenüber dem Antragsteller nach § 140c Abs. 5 PatG ein Anspruch auf Schadensersatz zustehen kann, wird die Vorschrift in der Praxis wegen des mitunter schwierigen Nachweises der Nichtverletzung jedoch wenig Bedeutung erlangen. Neben dem spezialgesetzlichen Schadensersatzanspruch kann sich zudem eine Schadensersatzpflicht des Antragstellers aus § 945 ZPO sowie § 717 Abs. 2, 3 ZPO ergeben.

Der Antragsteller kann die Ortsbesichtigung im Rahmen eines Besichtigungsverfahrens nach dem „Düsseldorfer Modell" aufhalten, indem er dem Sachverständigen den Zutritt zu seinen Räumlichkeiten verweigert, da sein Anwesenheitsrecht nicht von der Duldungsverfügung umfasst ist. Die Anordnung des selbstständigen Beweisverfahrens kann wegen § 490 Abs. 2 S. 2 ZPO aber nicht angefochten werden. Dagegen kann die begleitende Duldungsverfügung mit dem Widerspruch (§§ 936, 924 Abs. 1 ZPO) angegriffen werden, obgleich sie sich regelmäßig aufgrund der durchgeführten Besichtigung tatsächlich erledigt hat, sodass nur ein isolierter Kostenwiderspruch des Antragsgegners wirkungsvoll ist. Die Gutachtenfreigabe kann mit der sofortigen Beschwerde (§ 567 Abs. 1 Nr. 2 ZPO) angegriffen werden, sodass der Antragsgegner die Gutachtenfreigabe an den Antragsteller verhindern kann, gleichwohl die Gutachtenerstellung nicht aufgehalten werden kann. Dabei ist aber als Schwachstelle des „Düsseldorfer Modells" zu berücksichtigen, dass der Antragsteller wegen der Verfahrenskombination im „Düsseldorfer Modell" zur Verhinderung der Gutachtenfreigabe nur Geheimhaltungsinteressen vorbringen kann. Neben der Verhinderung der Gutachtenfreigabe kann der Antragsgegner dem Antragsteller eine Frist zur Erhebung der Hauptsacheklage setzen lassen (§ 494a Abs. 1 ZPO) und auf diese Weise einen Kostentitel erwirken (§ 494a Abs. 2 S. 1 ZPO). Nach derzeitiger Rechtslage stehen dem Antragsgegner im Rahmen des „Düsseldorfer Modells" nur eingeschränkte Rechtsschutzmöglichkeiten gegen die Besichtigungsanordnung zur Verfügung, da sie nicht vollständig angegriffen werden kann. Die geringe Anzahl an Rechtsbehelfen ergibt sich aus den Eigenarten von selbstständigem Beweisverfahren und einstweiligem Verfügungsverfahren und der Wechselwirkung beider Verfahren. Demgemäß ist die Verfahrenskombination im „Düsseldorfer Modell" unter dem Gesichtspunkt des Rechtsschutzes unzulässig.

Das „Düsseldorfer Modell" ist ein Konstrukt der Rechtsprechung, durch das die Judikative die unzureichenden gesetzlichen Regelungen zur Unterstützung der beweisbedürftigen Partei auszugleichen versucht. Es regelt das gesamte Verfahren, von der Besichtigungsanordnung über die Besichtigung und Gutachtenerstellung durch einen Sachverständigen bis zur Entscheidung über die Gutachtenfreigabe an die Parteien. Ein Besichtigungsverfahren nach dem „Düsseldorfer Modell" lässt sich vergleichsweise schnell durchführen und erweist sich daneben als effzient sowie kostengünstig, sofern ein Hauptsacheverfahren vermieden wird und die Parteien keinen Widerstand leisten. Auf die zügige Besichtigung folgt umgehend die Freigabeentscheidung über die weitere Verfahrensweise mit dem Gutachten, sodass kein langwieriges Hauptsacheverfahren durchgeführt werden muss. Die Einschaltung eines gerichtlich bestellten Sachverständigen im Zuge des selbstständigen Beweisverfahrens führt zu einer größtmöglichen Objektivität der Besichtigung. Das erstellte Sachverständigengutachten ist ein vollwertiges Mittel des Strengbeweises und hat demgemäß deutlich mehr Gewicht als ein Parteigutachten. Der Verzicht auf die vorherige Anhörung des Antragsgegners wahrt den Überraschungseffekt und sorgt damit für eine unverfälschte Besichtigung. Der verfassungsrechtlich gewährleistete Anspruch auf rechtliches Gehör des Antragstellers (Art. 103 Abs. 1 GG) wird durch weitreichende Maßnahmen zum Geheimnisschutz, insbesondere in Fällen einer Nichtverletzung, und der Möglichkeit der Schadenskompensation berücksichtigt.

Der von den Düsseldorfer Gerichten eingeschlagene Weg hat sich neben isolierten Besichtigungsverfahren zu einem wichtigen Instrument beim Nachweis von Schutzrechtsverletzungen entwickelt. Trotz der Vorteile kann über das „Düsseldorfer Modell" aufgrund der Beschränkungen des selbstständigen Beweisverfahrens nur eine vorprozessuale Beweissicherung erfolgen, wohingegen ein unbekannter Sachverhalt nicht ermittelt werden kann. Außerdem weist das Verfahren eine Vielzahl an Schwachstellen auf. Dem deutschen Recht fehlen an den aufgezeigten Stellen Vorschriften für eine rechtssichere Handhabung (etwa für den gerichtlichen Parteiausschluss), bestehende Vorschriften stehen einer effektiven Rechtsdurchsetzung entgegen (etwa das Ladungserfordernis im selbstständigen Beweisverfahren und seine Folgen für die Beweisverwertbarkeit, §§ 493 Abs. 1, 2, 491 Abs. 1 ZPO) und die Kombination von selbstständigem Beweisverfahren und einstweiliger Verfügung schränkt die Rechtsschutzmöglichkeiten stark ein. Außerdem ist das „Düsseldorfer Modell" stark vom Zufall (im Hinblick auf das Ladungserfordernis im selbstständigen Beweisverfahren und eine spätere Beweisverwertbarkeit) sowie der Mitwirkung von Antragsteller (er verzichtet freiwillig auf seine prozessualen Rechte) und Antragsgegner (er kann dem Sachverständigen den Zutritt zu seinen Betriebs- und Geschäftsräumen verweigern) abhängig. Das „Düsseldorfer Modell" in seiner Ursprungsform steht im Widerspruch zu gesetzlichen Regelungen. Mit den angesprochenen Einschränkungen stellt es jedoch ein rechtmäßiges Verfahren zur (vorprozessualen) Beweissicherung dar und kann mit geltendem Recht in Einklang gebracht werden, obgleich es dadurch deutlich an Effizienz verliert.

Durch den eingeschränkten Instanzenzug im Verfahren des einstweiligen Rechtsschutzes wird eine höchstrichterliche Klärung vorerst ausbleiben. Eine unterschiedliche Rechtsprechung der Instanzgerichte wird vielmehr zu höherer Rechtsunsicherheit führen. Aus diesem Grund hat der Gesetzgeber die gesetzlichen Lücken zu füllen und Schutzrechtsinhabern ein Verfahren an die Hand zu geben, mit dem sie Beweise unter gleichzeitiger Wahrung der Interessen der gegnerischen Partei sichern können. Der deutsche Gesetzgeber kann im Zuge der Umsetzung der Geheimnisschutz-Richtlinie den Schutz von Betriebs- und Geschäftsgeheimnissen weitreichender als bisher kodifizieren, sodass auch in einem Besichtigungsverfahren nach dem „Düsseldorfer Modell" mehr Rechtssicherheit und Rechtsklarheit herrscht.

Von großer Bedeutung wäre in diesem Zusammenhang die Möglichkeit des Ausschlusses einer Partei während der Besichtigung sowie während einer Beweisaufnahme im anschließenden Schutzrechtsverletzungsverfahren, sofern andernfalls geheimhaltungsbedürfige Informationen offenbart werden würden. Im Falle eines Parteiausschlusses wahren die anwaltlichen Vertreter dieser Partei deren Gehörsanspruch. Der Kundgabe von Betriebs- und Geschäftsgeheimnissen durch die Rechts- und Patentanwälte der ausgeschlossenen Partei steht die auferlegte Verschwiegenheitsverpflichtung entgegen. Der Gesetzgeber hat an dieser Stelle gleichfalls die Möglichkeit über eine Rechtsgrundlage für eine verfahrensübergreifende Verschwiegenheitsverpflichtung für mehr Rechtssicherheit und Rechtsklarheit bei den beteiligten Parteien zu sorgen. Ferner muss auch auf ausdrücklicher rechtlicher Grundlage die Duldung der Besichtigung durch einen gerichtlich bestellten Sachverständigen angeordnet werden und mit Zwangsmaßnahmen durchsetzbar sein können. Letztlich muss eine Rechtsgrundlage geschaffen werden, aufgrund derer die Gerichte im Sinne eines effektiven Geheimnisschutzes Schwärzungen an Sachverständigengutachten vornehmen können.

Literaturverzeichnis

Die verwendeten Abkürzungen folgen weitgehend *Kirchner, Hildebert*, Abkürzungsverzeichnis der Rechtssprache, 8. Aufl. Berlin 2015.

I. Kommentare

Bamberger, Heinz Georg/Roth, Herbert, Kommentar zum Bürgerlichen Gesetzbuch – Band 1: §§ 1–610, CISG, 3. Aufl. München 2012 (zitiert als: *Bearbeiter*, in: Bamberger/Roth).

Bamberger, Heinz Georg/Roth, Herbert, Kommentar zum Bürgerlichen Gesetzbuch – Band 2: §§ 611–1296, AGG, ErbbauRG, WEG, 3. Aufl. München 2012 (zitiert als: *Bearbeiter*, in: Bamberger/Roth).

Baumbach, Adolf/Lauterbach, Wolfgang/Albers, Jan/Hartmann, Peter, Zivilprozessordnung – Kommentar – Mit FamFG, GVG und anderen Nebengesetzen, 74. Aufl. München 2016 (zitiert als: *Bearbeiter*, in: Baumbach/Lauterbach/Albers/Hartmann).

Benkard, Georg, Patentgesetz, Gebrauchsmustergesetz – Kommentar, 10. Aufl. München 2006 (zitiert als: *Bearbeiter*, in: Benkard).

Benkard, Georg, Patentgesetz – Gebrauchsmustergesetz, Patentkostengesetz – Kommentar, 11. Aufl. München 2015 (zitiert als: *Bearbeiter*, in: Benkard).

Bühring, Manfred, Gebrauchsmustergesetz – Kommentar, 8. Aufl. Köln 2011 (zitiert als: *Bearbeiter*, in: Bühring).

Busche, Jan/Stoll, Peter-Tobias/Wiebe, Andreas, TRIPs – Internationales und europäisches Recht des geistigen Eigentums – Kommentar, 2. Aufl. Köln 2013 (zitiert als: *Bearbeiter*, in: TRIPs).

Büscher, Wolfgang/Dittmer, Stefan/Schiwy, Peter, Gewerblicher Rechtsschutz, Urheberrecht, Medienrecht – Kommentar, 3. Aufl. Köln 2015 (zitiert als: *Bearbeiter*, in: Büscher/Dittmer/Schiwy).

Busse, Rudolf/Keukenschrijver, Alfred, Patentgesetz – Kommentar, 7. Aufl. Berlin 2013 (zitiert als: *Bearbeiter*, in: Busse).

Cepl, Philipp Moritz/Voß, Ulrike, Prozesskommentar zum Gewerblichen Rechtsschutz – ZPO mit spezieller Berücksichtigung des Marken-, Patent-, Gebrauchsmuster-, Design- und Lauterkeitsrechts sowie des UKlaG, München 2015 (zitiert als: *Bearbeiter*, in: PK-GewRS).

Dreier, Horst, Grundgesetz – Kommentar – Band I: Präambel, Artikel 1–19, 3. Aufl. Tübingen 2013 (zitiert als: *Bearbeiter*, in: Dreier).

Dreier, Horst, Grundgesetz – Kommentar – Band III: Artikel 83–146, 2. Aufl. Tübingen 2008 (zitiert als: *Bearbeiter*, in: Dreier).

Dreier, Thomas/Schulze, Gernot, Urheberrechtsgesetz – Urheberrechtswahrnehmungsgesetz, Kunsturhebergesetz – Kommentar, 5. Aufl. München 2015 (zitiert als: *Bearbeiter*, in: Dreier/Schulze).

Eichmann, Helmut/v. Falckenstein, Roland Vogel/Kühne, Marcus, Designgesetz – Gesetz über den rechtlichen Schutz von Design, 5. Aufl. München 2015 (zitiert als: *Bearbeiter*, in: Eichmann/v. Falckenstein/Kühne).

Erman, Walter, Bürgerliches Gesetzbuch – Band II – Handkommentar mit AGG, EGBGB (Auszug), ErbbauRG, LPartG, ProdHaftG, VBVG, VersAusglG und WEG, 14. Aufl. Köln 2014 (zitiert als: *Bearbeiter*, in: Erman).

Feuerich, Wilhelm E./Weyland, Dag, Bundesrechtsanwaltsordnung – Kommentar – Berufsordnung, Fachanwaltsordnung, Partnerschaftsgesellschaftsgesetz, Recht für Anwälte aus dem Gebiet der Europäischen Union, Patentanwaltsordnung, 9. Aufl. München 2016 (zitiert als: *Bearbeiter*, in: Feuerich/Weyland).

Fezer, Karl-Heinz, Markenrecht – Kommentar zum Markengesetz, zur Pariser Verbandsübereinkunft und zum Madrider Markenabkommen – Dokumentation des nationalen, europäischen und internationalen Kennzeichenrechts, 4. Aufl. München 2009 (zitiert als: Fezer).

Fitzner, Uwe/Lutz, Raimund/Bodewig, Theo, Patentrechtskommentar – PatG, GebrMG, IntPatÜG, PCT und EPÜ mit Nebenvorschriften, 4. Aufl. München 2012 (zitiert als: *Bearbeiter*, in: Fitzner/Lutz/Bodewig).

Fromm, Friedrich Karl/Nordemann, Wilhelm, Urheberrecht – Kommentar zum Urheberrechtsgesetz, Verlagsgesetz, Urheberrechtswahrnehmungsgesetz, 11. Aufl. Stuttgart 2014 (zitiert als: *Bearbeiter*, in: Fromm/Nordemann).

Hartung, Wolfgang, Berufs- und Fachanwaltsordnung – Kommentar – Europäische Berufsregeln (CCBE), Bundesrechtsanwaltsordnung (§§ 43–59m BRAO), 5. Aufl. München 2012 (zitiert als: *Bearbeiter*, in: Hartung).

Hasselblatt, Gordian N., Münchener Anwaltshandbuch – Gewerblicher Rechtsschutz, 4. Aufl. München 2012 (zitiert als: *Bearbeiter*, in: Münch AnwHdb GewRS).

Heermann, Peter W./Schlingloff, Jochen, Münchener Kommentar zum Lauterkeitsrecht – Band 2: §§ 5–20 UWG, 2. Aufl. München 2014 (zitiert als: *Bearbeiter*, in: MüKo UWG).

Henssler, Martin/Prütting, Hanns, Bundesrechtsanwaltsordnung – Kommentar – Mit EuRAG, Eignungsprüfungsverordnung, Berufs- und Fachanwaltsordnung, Rechtsdienstleistungsgesetz, Partnerschaftsgesellschaftsgesetz und CCBE-Berufsregeln, 4. Aufl. München 2014 (zitiert als: *Bearbeiter*, in: Henssler/Prütting).

Ingenstau, Heinz/Korbion, Hermann, VOB Teile A und B – Kommentar, 19. Aufl. Köln 2015 (zitiert als: *Bearbeiter*, in: Ingenstau/Korbion).

Ingerl, Reinhard/Rohnke, Christian, Markengesetz – Kommentar – Gesetz über den Schutz von Marken und sonstigen Kennzeichen, 3. Aufl. München 2010 (zitiert als: Ingerl/Rohnke).

Jarass, Hans D./Pieroth, Bodo, Grundgesetz für die Bundesrepublik Deutschland – Kommentar, 13. Aufl. München 2014 (zitiert als: *Bearbeiter*, in: Jarass/Pieroth).

Jauernig, Othmar, Bürgerliches Gesetzbuch – Kommentar – Mit Rom-I-, Rom-II-, Rom-III-VO, EG-UntVO/HUntProt und EuErbVO, 16. Aufl. München 2015 (zitiert als: *Bearbeiter*, in: Jauernig).

Joecks, Wolfgang/Miebach, Klaus, Münchener Kommentar zum Strafgesetzbuch – Band 4: §§ 185–262 StGB, 2. Aufl. München 2012 (zitiert als: *Bearbeiter*, in: MüKo StGB).

Joecks, Wolfgang/Miebach, Klaus, Münchener Kommentar zum Strafgesetzbuch – Band 5: §§ 263–358 StGB, 2. Aufl. München 2014 (zitiert als: *Bearbeiter*, in: MüKo StGB).

Kissel, Otto Rudolf/Mayer, Herbert, Gerichtsverfassungsgesetz – Kommentar, 8. Aufl. München 2015 (zitiert als: *Bearbeiter*, in: Kissel/Mayer).

Kleine-Cosack, Michael, Bundesrechtsanwaltsordnung – Mit Berufs- und Fachanwaltsordnung, 7. Aufl. München 2015 (zitiert als: *Bearbeiter*, in: Kleine-Cosack).

Köhler, Helmut/Bornkamm, Joachim, Gesetz gegen den unlauteren Wettbewerb – Kommentar – Preisangabenverordnung, Unterlassungsklagengesetz, Dienstleistungs-Informationspflichten-Verordnung, 34. Aufl. München 2016 (zitiert als: *Bearbeiter*, in: Köhler/Bornkamm).

Kopp, Ferdinand O./Schenke, Wolf-Rüdiger, Verwaltungsgerichtsordnung – Kommentar, 21. Aufl. München 2015 (zitiert als: *Bearbeiter*, in: Kopp/Schenke).

Krüger, Wolfgang/Rauscher, Thomas, Münchener Kommentar zur Zivilprozessordnung – Mit Gerichtsverfassungsgesetz und Nebengesetzen – Band 1: §§ 1–354, 4. Aufl. München 2013 (zitiert als: *Bearbeiter*, in: MüKo ZPO).

Krüger, Wolfgang/Rauscher, Thomas, Münchener Kommentar zur Zivilprozessordnung – Mit Gerichtsverfassungsgesetz und Nebengesetzen – Band 2: §§ 355–1024, 4. Aufl. München 2012 (zitiert als: *Bearbeiter*, in: MüKo ZPO).

Krüger, Wolfgang/Rauscher, Thomas, Münchener Kommentar zur Zivilprozessordnung – Mit Gerichtsverfassungsgesetz und Nebengesetzen – Band 3: §§ 1025–1109, EGZPO, GVG, EGGVG, UKlaG, Internationales und Europäisches Zivilprozessrecht, 4. Aufl. München 2013 (zitiert als: *Bearbeiter*, in: MüKo ZPO).

v. Mangoldt, Hermann/Klein, Friedrich/Starck, Christian, Kommentar zum Grundgesetz – Band 1: Präambel, Artikel 1 bis 19, 6. Aufl. München 2010 (zitiert als: *Bearbeiter*, in: v. Mangoldt/Klein/Starck).

v. Mangoldt, Hermann/Klein, Friedrich/Starck, Christian, Kommentar zum Grundgesetz – Band 3: Artikel 83 bis 146, 6. Aufl. München 2010 (zitiert als: *Bearbeiter*, in: v. Mangoldt/Klein/Starck).

Maunz, Theodor/Dürig, Günter, Grundgesetz – Kommentar, 75. Ergänzungslieferung München 2015 (zitiert als: *Bearbeiter*, in: Maunz/Dürig).

Mes, Peter, Patentgesetz, Gebrauchsmustergesetz – Kommentar, 4. Aufl. München 2015 (zitiert als: Mes).

Mitglieder des Bundesgerichtshofes (Hrsg.), Das Bürgerliche Gesetzbuch – Kommentar – Band II, 4. Teil: §§ 631–811 – Mit besonderer Berücksichtigung der Rechtsprechung des Reichsgerichts und des Bundesgerichtshofes, 12. Aufl. Berlin 1978 (zitiert als: *Bearbeiter*, in: RGRK-BGB).

Mitglieder des Bundesgerichtshofes (Hrsg.), Das Bürgerliche Gesetzbuch – Kommentar – Band III, 1. Teil: §§ 854–1011 – Mit besonderer Berücksichtigung der Rechtsprechung des Reichsgerichts und des Bundesgerichtshofes, 12. Aufl. Berlin 1979 (zitiert als: *Bearbeiter*, in: RGRK-BGB).

v. Münch, Ingo/Kunig, Philip, Grundgesetz – Kommentar – Band 1: Präambel bis Art. 69, 6. Aufl. München 2012 (zitiert als: *Bearbeiter*, in: v. Münch/Kunig).

v. Münch, Ingo/Kunig, Philip, Grundgesetz – Kommentar – Band 2: Art. 70 bis 146, 6. Aufl. München 2012 (zitiert als: *Bearbeiter*, in: v. Münch/Kunig).

Musielak, Hans-Joachim/Voit, Wolfgang, Zivilprozessordnung – Kommentar – Mit Gerichtsverfassungsgesetz, 13. Aufl. München 2016 (zitiert als: *Bearbeiter*, in: Musielak/Voit).

Ohly, Ansgar/Sosnitza, Olaf, Gesetz gegen den unlauteren Wettbewerb – Kommentar – Mit Preisangabenverordnung, 6. Aufl. München 2014 (zitiert als: *Bearbeiter*, in: Ohly/Sosnitza).

Palandt, Otto, Bürgerliches Gesetzbuch – Kommentar – Mit Nebengesetzen, insbesondere mit Einführungsgesetz (Auszug) einschließlich Rom I-, Rom II- und Rom III-Verordnungen sowie Haager Unterhaltsprotokoll und EU-Erbrechtsverordnung, Allgemeines Gleichbehandlungsgesetz (Auszug), Wohn- und Betreuungsvertragsgesetz, BGB-Informationspflichten-Verordnung, Unterlassungsklagengesetz, Produkthaftungsgesetz, Erbbaurechtsgesetz, Wohnungseigentumsgesetz, Versorgungsausgleichsgesetz, Lebenspartnerschaftsgesetz, Gewaltschutzgesetz, 75. Aufl. München 2016 (zitiert als: *Bearbeiter*, in: Palandt).

Prütting, Hanns/Gehrlein, Markus, ZPO – Kommentar, 7. Aufl. Köln 2015 (zitiert als: *Bearbeiter*, in: Prütting/Gehrlein).

Sachs, Michael, Grundgesetz – Kommentar, 7. Aufl. München 2014 (zitiert als: *Bearbeiter*, in: Sachs).

Säcker, Franz Jürgen/Rixecker, Roland/Oetker, Hartmut/Limperg, Bettina, Münchener Kommentar zum Bürgerlichen Gesetzbuch – Band 2: Schuldrecht – Allgemeiner Teil – §§ 241–432 BGB, 7. Aufl. München 2016 (zitiert als: *Bearbeiter*, in: MüKo BGB).

Säcker, Franz Jürgen/Rixecker, Roland, Münchener Kommentar zum Bürgerlichen Gesetzbuch – Band 3: Schuldrecht, Besonderer Teil – §§ 433–610, Finanzierungsleasing, HeizkostenV, BetriebskostenV, CISG, 6. Aufl. München 2012 (zitiert als: *Bearbeiter*, in: MüKo BGB).

Säcker, Franz-Jürgen/Rixecker, Roland/Oetker, Hartmut/Limperg, Bettina, Münchener Kommentar zum Bürgerlichen Gesetzbuch – Band 4: Schuldrecht, Besonderer Teil II – §§ 611–704, EFZG, TzBfG, KSchG, 6. Aufl. München 2012 (zitiert als: *Bearbeiter*, in: MüKo BGB).

Säcker, Franz-Jürgen/Rixecker, Roland/Oetker, Hartmut, Münchener Kommentar zum Bürgerlichen Gesetzbuch – Band 5: Schuldrecht, Besonderer Teil III – §§ 705–853, Partnerschaftsgesellschaftsgesetz, Produkthaftungsgesetz, 6. Aufl. München 2013 (zitiert als: *Bearbeiter*, in: MüKo BGB).

Säcker, Franz Jürgen/Rixecker, Roland/Oetker, Hartmut, Münchener Kommentar zum Bürgerlichen Gesetzbuch – Band 6: Sachenrecht – §§ 854–1296, WEG, ErbbauRG, 6. Aufl. München 2013 (zitiert als: *Bearbeiter*, in: MüKo BGB).

Saenger, Ingo, Zivilprozessordnung – Handkommentar – Familienverfahren, Gerichtsverfassung, Europäisches Verfahrensrecht, 6. Aufl. Baden-Baden 2015 (zitiert als: *Bearbeiter*, in: Saenger).

Schmidt-Bleibtreu, Bruno/Hofmann, Hans/Henneke, Hans-Günther, GG – Kommentar zum Grundgesetz, 13. Aufl. Köln 2014 (zitiert als: *Bearbeiter*, in: Schmidt-Bleibtreu/Hofmann/Henneke).

Schmoeckel, Mathias/Rückert, Joachim/Zimmermann, Reinhard, Historisch-kritischer Kommentar zum BGB – Band III, Schuldrecht: Besonderer Teil, 2. Teilband: §§ 657–853, Tübingen 2013 (zitiert als: *Bearbeiter*, in: HKK-BGB).

Schoch, Friedrich/Schneider, Jens-Peter/Bier, Wolfgang, Verwaltungsgerichtsordnung – Kommentar, 29. Aufl. München 2015 (zitiert als: *Bearbeiter*, in: Schoch/Schneider/Bier).

Schönke, Adolf/Schröder, Horst, Strafgesetzbuch – Kommentar, 29. Aufl. München 2014 (zitiert als: *Bearbeiter*, in: Schönke/Schröder).

Schricker, Gerhard/Loewenheim, Ulrich, Urheberrecht – Kommentar, 4. Aufl. München 2010 (zitiert als: *Bearbeiter*, in: Schricker/Loewenheim).

Schulte, Rainer, Patentgesetz mit Europäischem Patentübereinkommen – Kommentar auf der Grundlage der deutschen und europäischen Rechtsprechung, 9. Aufl. Köln 2014 (zitiert als: *Bearbeiter*, in: Schulte).

v. Schultz, Detlef, Kommentar zum Markenrecht, 3. Aufl. Frankfurt a.M. 2012 (zitiert als: *Bearbeiter*, in: v. Schultz).

Schuschke, Winfried/Walker, Wolf-Dietrich, Vollstreckung und vorläufiger Rechtsschutz – Kommentar – Nach dem achten und elften Buch der ZPO einschließlich der europarechtlichen Regelungen, 6. Aufl. Köln 2016 (zitiert als: *Bearbeiter*, in: Schuschke/Walker).

Seibel, Mark, Selbständiges Beweisverfahren – Kommentar zu §§ 485 bis 494a ZPO, unter besonderer Berücksichtigung des privaten Baurechts, München 2013 (zitiert als: Seibel).

v. Staudinger, Julius, Kommentar zum Bürgerlichen Gesetzbuch mit Einführungsgesetz und Nebengesetzen – Buch 2, Recht der Schuldverhältnisse, §§ 779–811 (Vergleich, Schuldversprechen, Anweisung, Schuldverschreibung), 15. Neubearbeitung Berlin 2015 (zitiert als: *Bearbeiter*, in: Staudinger).

v. Staudinger, Julius, Kommentar zum Bürgerlichen Gesetzbuch mit Einführungsgesetz und Nebengesetzen – Buch 2, Recht der Schuldverhältnisse, Einleitung zum Schuldrecht: §§ 241–243 (Treu und Glauben), 15. Neubearbeitung Berlin 2015 (zitiert als: *Bearbeiter*, in: Staudinger).

Stein, Friedrich/Jonas, Martin, Kommentar zur Zivilprozessordnung – Band 3: §§ 128–252, 22. Aufl. Tübingen 2005 (zitiert als: *Bearbeiter*, in: Stein/Jonas).

Stein, Friedrich/Jonas, Martin, Kommentar zur Zivilprozessordnung – Band 5: §§ 328–510c, 23. Aufl. Tübingen 2015 (zitiert als: *Bearbeiter*, in: Stein/Jonas).

Stein, Friedrich/Jonas, Martin, Kommentar zur Zivilprozessordnung – Band 8: §§ 828–915h, 22. Aufl. Tübingen 2004 (zitiert als: *Bearbeiter*, in: Stein/Jonas).

Stein, Friedrich/Jonas, Martin, Kommentar zur Zivilprozessordnung – Band 9: §§ 916–1068, EGZPO, 22. Aufl. Tübingen 2002 (zitiert als: *Bearbeiter*, in: Stein/Jonas).

Ströbele, Paul/Hacker, Franz, Markengesetz – Kommentar, 11. Aufl. Köln 2015 (zitiert als: *Bearbeiter*, in: Ströbele/Hacker).

Thomas, Heinz/Putzo, Hans, Zivilprozessordnung – Kommentar – FamFG, Verfahren in Familiensachen, EGZPO, GVG, EGGVG, EU-Zivilverfahrensrecht, 37. Aufl. München 2016 (zitiert als: *Bearbeiter*, in: Thomas/Putzo).

Vorwerk, Volkert/Wolf, Christian, Beck'scher Online-Kommentar ZPO, 20. Edition München 2016 (zitiert als: *Bearbeiter*, in: BeckOK ZPO).

Wandtke, Artur-Axel/Bullinger, Winfried, Praxiskommentar zum Urheberrecht, 4. Aufl. München 2014 (zitiert als: *Bearbeiter*, in: Wandtke/Bullinger).

Wieczorek, Bernhard/Schütze, Rolf A., Zivilprozessordnung und Nebengesetze – Großkommentar – Band 4: §§ 253–299a, 4. Aufl. Berlin 2013 (zitiert als: *Bearbeiter*, in: Wieczorek/Schütze).

Wieczorek, Bernhard/Schütze, Rolf A., Zivilprozessordnung und Nebengesetze – Großkommentar – Band 6: §§ 355–510c, 4. Aufl. Berlin 2014 (zitiert als: *Bearbeiter*, in: Wieczorek/Schütze).

Zöller, Richard, Zivilprozessordnung – Kommentar – Mit FamFG (§§ 1–185, 200–270, 433–484) und Gerichtsverfassungsgesetz, den Einführungsgesetzen, mit Internationalem Zivilprozessrecht, EU-Verordnungen, Kostenanmerkungen, 31. Aufl. Köln 2016 (zitiert als: *Bearbeiter*, in: Zöller).

II. Monographien und Handbücher

Adler, David B., US-discovery und deutscher Patentverletzungsprozess, Berlin 2014.

Adloff, Daniel, Vorlagepflichten und Beweisvereitelung im deutschen und französischen Zivilprozess, Tübingen 2007.

Ahrens, Hans-Jürgen, Der Wettbewerbsprozess – Ein Praxishandbuch, 6. Aufl. Köln 2009 (zitiert als: *Bearbeiter*, in: WettbProz).

Ahrens, Hans-Jürgen/McGuire, Mary-Rose, Modellgesetz für Geistiges Eigentum – Normtext und Begründung, München 2012.

Amschewitz, Dennis, Die Durchsetzungsrichtlinie und ihre Umsetzung im deutschen Recht, Tübingen 2008.

Anduleit, Manfred, Die Rechtsdurchsetzung im Markenrecht – National, regional, international, Baden-Baden 2001.

Ann, Christoph/Loschelder, Michael/Grosch, Marcus, Praxishandbuch Know-how-Schutz, Köln 2010 (zitiert als: *Bearbeiter*, in: Hdb. Know-how-Schutz).

Ann, Christoph/Hauck, Ronny/Maute, Lena, Auskunftsanspruch und Geheimnisschutz im Verletzungsprozess, Köln 2011.

Bahner, Andreas, Geheimnisschutz im Zivilprozess – Neues altes Problemfeld nach Umsetzung der Enforcement-Richtlinie (RL 2004/48/EG), Hamburg 2013.

Bär, Wolfgang, Handbuch zur EDV-Beweissicherung, Stuttgart 2007.

Battenstein, Ralf, Instrumente zur Informationsbeschaffung im Vorfeld von Patent- und Urheberrechtsverletzungsverfahren – Der Vorlegungs- und Besichtigungsanspruch nach § 809 BGB und die Richtlinie 2004/48/EG des Europäischen Parlaments und des Rates vom 29. April 2004 zur Durchsetzung der Rechte des geistigen Eigentums, Hamburg 2006.

Baumgärtel, Gottfried/Laumen, Hans-Willi/Prütting, Hanns, Handbuch der Beweislast – Bürgerliches Gesetzbuch – Schuldrecht – Besonderer Teil II – §§ 611–811, 3. Aufl. Köln 2009 (zitiert als: *Bearbeiter*, in: Hdb. Beweislast).

Baur, Fritz/Stürner, Rolf/Bruns, Alexander, Zwangsvollstreckungsrecht, 13. Aufl. Heidelberg 2006.

Bayerlein, Walter, Praxishandbuch Sachverständigenrecht, 4. Aufl. München 2008 (zitiert als: *Bearbeiter*, in: Bayerlein).

Beckhaus, Gerrit Marian, Die Bewältigung von Informationsdefiziten bei der Sachverhaltsaufklärung – Die Enforcement-Richtlinie als Ausgangspunkt für die Einführung einer allgemeinen Informationsleistungspflicht in das deutsche Zivilrecht, Tübingen 2010.

Beck'sche Formularsammlung zum gewerblichen Rechtsschutz mit Urheberrecht – Patent- und Arbeitnehmererfindungsrecht, Lizenzvertragsrecht, Designrecht, Markenrecht, Wettbewerbsrecht, Produktpiraterie, Kartellrecht, Urheberrecht, 5. Aufl. München 2015 (zitiert als: *Bearbeiter*, in: BeckFormB GewRS).

Benedicter, Gregory Stephan, Die Sachverhaltsermittlung im Zivilprozess, Nürnberg 2005.

Berger, Christian, Einstweiliger Rechtsschutz im Zivilrecht – Handbuch, Berlin 2006 (zitiert als: *Bearbeiter*, in: Hdb. EinstwRS).

Berlit, Wolfgang, Markenrecht, 10. Aufl. München 2015.

Berneke, Wilhelm/Schüttpelz, Erfried, Die einstweilige Verfügung in Wettbewerbssachen, 3. Aufl. München 2015.

Bisges, Marcel, Handbuch Urheberrecht, Berlin 2016 (zitiert als: *Bearbeiter*, in: Hdb. UrhR).

Bleckmann, Albert, Staatsrecht II – Die Grundrechte, 4. Aufl. Köln 1997.

Bleutge, Peter, Die Ortsbesichtigung durch Sachverständige – Grundsätze, Handlungsempfehlungen, Musterschreiben, Checklisten, 8. Aufl. Köln 2016.

Braun, Edwin, Produktpiraterie – Rechtsschutz durch Zivil-, Straf- und Verwaltungsrecht sowie ausgewählte Probleme der Rechtsdurchsetzung, Köln 1993.

Braun, Johann, Lehrbuch des Zivilprozeßrechts – Erkenntnisverfahren, Tübingen 2014.

Brox, Hans/Walker, Wolf-Dietrich, Zwangsvollstreckungsrecht, 10. Aufl. München 2014.

Creutzfeldt, David, Die Dringlichkeit der einstweiligen Verfügung im gewerblichen Rechtsschutz und im Urheberrecht, Frankfurt a.M. 2010.

Dierschke, Alfons, Die Vorlegung von Sachen zur Besichtigung nach dem Bürgerlichen Gesetzbuche für das Deutsche Reich, Jena 1901.

v. Ditfurth, Jo Christine, Die Erledigung der Hauptsache – Eine rechtsvergleichende Untersuchung zum deutschen und österreichischen Zivilprozessrecht, Aachen 2005.

Drenckhahn, Cornelia, Urkundsvorlagepflichten im Zivilprozess und im arbeitsgerichtlichen Verfahren nach der ZPO-Reform unter besonderer Berücksichtigung der Neufassung des § 142 ZPO, Frankfurt a.M. 2007.

Enneccerus, Ludwig/Lehmann, Heinrich, Lehrbuch des Bürgerlichen Rechts – Recht der Schuldverhätnisse – 2. Band, 15. Aufl. Tübingen 1958.

Erdmann, Willi/Rojahn, Sabine/Sosnitza, Olaf, Handbuch des Fachanwalts Gewerblicher Rechtsschutz, 2. Aufl. Köln 2011 (zitiert als: *Bearbeiter*, in: Erdmann/Rojahn/Sosnitza).

Fink, Andreas, Das selbständige Beweisverfahren in Bausachen, Bonn 2005.

Fitzner, Uwe, Der Patentanwalt – Beruf und Beratung im gewerblichen Rechtsschutz, 4. Aufl. Köln 2014.

Gaul, Alexander, Die Durchsetzung markenrechtlicher Ansprüche gegenüber Produktpiraten, Frankfurt a.M. 2003.

Gloge, Andreas, Die Darlegung und Sachverhaltsuntersuchung im einstweiligen Rechtsschutzverfahren – Eine rechtsvergleichende Studie zum deutschen und englischen Zivilprozess, München 1991.

Gloy, Wolfgang/Loschelder, Michael/Erdmann, Willi, Handbuch des Wettbewerbsrechts, 4. Aufl. München 2010 (zitiert als: *Bearbeiter*, in: Hdb. WettbR).

Gniadek, Thomas, Die Beweisermittlung im gewerblichen Rechtsschutz und Urheberrecht – Die Behandlung des strukturellen Informationsdefizits des Rechtsinhabers im Falle einer vermuteten Schutzrechtsverletzung: Von der Entscheidung „Druckbalken" bis zur Umsetzung der „Enforcement"-Richtlinie, Berlin 2011.

Götz, Andreas, Der Schutz von Betriebs- und Geschäftsgeheimnissen im Zivilverfahren, Tübingen 2014.

Götz, Catharina, Tatsachen- und Informationsbeschaffung im Immaterialgüterrechtsprozess, Köln 2012.

Haedicke, Maximilian, Patentrecht, 3. Aufl. Köln 2015.

Haedicke, Maximilian Wilhelm/Timmann, Henrik, Handbuch des Patentrechts, München 2012 (zitiert als: *Bearbeiter*, in: Haedicke/Timmann).

Haeffs, Julia Aya, Der Auskunftsanspruch im Zivilrecht – Zur Kodifikation des allgemeinen Auskunftsanspruchs aus Treu und Glauben (§ 242 BGB), Baden-Baden 2010.

Hahn, Carl/Mugdan, Benno/Stegemann, Eduard, Die gesamten Materialien zu den Reichs-Justizgesetzen – Band 2, Materialien zur Zivilprozessordnung, Abteilung 1, 2. Aufl. Aalen 1983.

Hahn, Carl/Mugdan, Benno/Stegemann, Eduard, Die gesamten Materialien zu den Reichs-Justizgesetzen – Band 2, Materialien zur Zivilprozessordnung, Abteilung 2, 2. Aufl. Aalen 1983.

Harte-Bavendamm, Henning, Handbuch der Markenpiraterie in Europa, München 2000 (zitiert als: *Bearbeiter*, in: Hdb. Markenpiraterie).

v. Hartz, Nikolaus, Beweissicherung im gewerblichen Rechtsschutz und Urheberrecht – Umsetzung internationaler Vorgaben in nationales Recht, Baden-Baden 2004.

Hauck, Ernst, Wirtschaftsgeheimnisse – Informationseigentum kraft richterlicher Rechtsbildung? – Zum Konflikt zwischen Freiheit, Eigentum und Öffentlichkeit, Berlin 1987.

Heinze, Christian Andreas, Einstweiliger Rechtsschutz im europäischen Immaterialgüterrecht, Tübingen 2007.

Heydn, Truiken J./Schmid-Petersen, Frauke/Vassilaki, Irini E., Durchsetzung von Rechten des geistigen Eigentums – Ansprüche, Verfahren, Vollstreckung, München 2009.

v. Hippel, Fritz, Wahrheitspflicht und Aufklärungspflicht der Parteien im Zivilprozess, Frankfurt a.M. 1939.

Hoeren, Thomas, Softwareüberlassung als Sachkauf – Ausgewählte Rechtsprobleme des Erwerbs von Standardsoftware, München 1989.

Höffmann, Petra, Die Grenzen der Parteiöffentlichkeit, insbesondere beim Sachverständigenbeweis, Bonn 1989.

Ibbeken, Arne, Das TRIPs-Übereinkommen und die vorgerichtliche Beweishilfe im gewerblichen Rechtsschutz, Köln 2004.

Isaacson, Walter, Steve Jobs – Die autorisierte Biografie des Apple-Gründers, 2. Aufl. München 2011.

Jacob, Dieter/Ring, Gerhard/Wolf, Rainer, Freiberger Handbuch zum Baurecht, 3. Aufl. Köln 2008 (zitiert als: *Bearbeiter*, in: Freiberger Hdb. BauR).

Jäckel, Holger, Das Beweisrecht der ZPO – Ein Praxishandbuch für Richter und Rechtsanwälte, 2. Aufl. Stuttgart 2014.

Jatzow, Hermann, Motive zu dem Entwurfe eines Bürgerlichen Gesetzbuches für das Deutsche Reich – Band II: Recht der Schuldverhältnisse – Amtliche Ausgabe, Berlin 1888.

Jauernig, Othmar/Hess, Burkhard, Zivilprozessrecht – Ein Studienbuch, 30. Aufl. München 2011.

Jestaedt, Bernhard, Patentrecht – Ein fallbezogenes Lehrbuch, 2. Aufl. Köln 2008.

Junker, Abbo, Discovery im deutsch-amerikanischen Rechtsverkehr, Heidelberg 1987.

Kapoor, Arun, Die neuen Vorlagepflichten für Urkunden und Augenscheinsgegenstände in der Zivilprozessordnung, Baden-Baden 2009.

Karger, Michael, Beweisermittlung im deutschen und U.S.-amerikanischen Softwareverletzungsprozess, Köln 1996.

Kaser, Max/Knütel, Rolf, Römisches Privatrecht – Ein Studienbuch, 20. Aufl. München 2014.

Keldungs, Karl-Heinz/Tilly, Wolfgang, Beweissicherung im Bauwesen – Grundlagen, Checklisten, Textmuster, Wiesbaden 2005.

Kemper, Jutta, Beweisprobleme im Wettbewerbsrecht, Köln 1992.

Kersting, Mark Oliver, Der Schutz des Wirtschaftsgeheimnisses im Zivilprozeß – Eine rechtsvergleichende Untersuchung anhand der Federal Rules of Civil Procedure und der ZPO, Bielefeld 1995.

Kleine-Möller, Nils/Merl, Heinrich, Handbuch des privaten Baurechts, 4. Aufl. München 2009 (zitiert als: *Bearbeiter*, in: Kleine-Möller/Merl).

Kniffka, Rolf/Koeble, Wolfgang, Kompendium des Baurechts – Privates Baurecht und Bauprozess, 4. Aufl. München 2014 (zitiert als: *Bearbeiter*, in: Kompendium BauR).

Knothe, Benedikt, Einstweiliger Rechtsschutz im spanischen und deutschen Zivilprozeß – Eine rechtsvergleichende Darstellung am Beispiel von Arrest und einstweiliger Verfügung unter besonderer Berücksichtigung des Wettbewerbsverfahrens, Berlin 1999.

Koch, Frank A., Handbuch Software- und Datenbank-Recht, Berlin 2003.

Koch, Raphael, Mitwirkungsverantwortung im Zivilprozess – Ein Beitrag zum Verhältnis von Parteiherrschaft und Richtermacht, zur Wechselwirkung von materiellem Recht und Prozessrecht sowie zur Risikoverteilung und Effizienz im Zivilprozess, Tübingen 2013.

Koenen, Andreas, Sachverständigenbeweis im Bauprozess – Beweisführung und Prozesstaktik, Köln 2012.

Kohler, Joseph, Prozeßrechtliche Forschungen, Berlin 1889.

Kramer, Andreas, Zivilrechtlicher Auskunftsanspruch gegenüber Access Providern – Verpflichtung zur Herausgabe der Nutzerdaten von Urheberrechtsverletzern unter Berücksichtigung der Enforcement-Richtlinie (RL 2004/48/EG), Hamburg 2007.

Kraßer, Rudolf, Patentrecht – Ein Lehr- und Handbuch zum deutschen Patent- und Gebrauchsmusterrecht, Europäischen und Internationalen Patentrecht, 6. Aufl. München 2009.

Krautstrunk, Tobias, Beweisvereitelung – De amissione instrumentorum bis zur Verletzung prozessualer Mitwirkungspflichten, Hamburg 2005.

Kretschmer, Friedrich, Eingriffe in die körperliche Integrität im Zivilprozeß, dargestellt an § 372a ZPO, Würzburg 1976.

Kroppen, Heinz M./Heyers, Karl/Schmitz, Peter, Beweissicherung im Bauwesen, Wiesbaden 1982.

Kühnen, Thomas, Handbuch der Patentverletzung, 6. Aufl. Köln 2013.

Kurz, Peter, Vertraulichkeitsvereinbarungen, 3. Aufl. Köln 2013.

Lang, Johannes, Die Aufklärungspflicht der Parteien des Zivilprozesses vor dem Hintergrund der europäischen Rechtsvereinheitlichung – Eine vergleichende Betrachtung des deutschen, englischen und französischen Zivilprozeßrechts sowie des „Storme-Entwurfs“, Berlin 1999.

Lang, Sonja, Die Urkundenvorlagepflichten der Gegenpartei gemäß § 142 Abs. 1 Satz 1 ZPO, Frankfurt am Main 2007.

Leupold, Andreas/Glossner, Silke, Münchener Anwaltshandbuch IT-Recht, 3. Aufl. München 2013 (zitiert als: *Bearbeiter*, in: Münch AnwHdb IT-Recht).

Lieber, Helmut/Zimmermann, Axel, Die einstweilige Verfügung im gewerblichen Rechtsschutz – Unter besonderer Berücksichtigung der Gerichtspraxis im Wettbewerbsrecht, Markenrecht und Urheberrecht mit zahlreichen hervorgehobenen Praxistipps, München 2009.

Liebheit, Uwe, Pflichten eines Bausachverständigen – Konstruktive Zusammenarbeit zwischen Bausachverständigen und Gericht, Berlin 2009.

Limper, Josef/Musiol, Christian, Formularbuch des Fachanwalts Urheber- und Medienrecht, Köln 2015 (zitiert als: *Bearbeiter*, in: FormB-UMR).

Maass, Hans-Heinrich, Information und Geheimnis im Zivilrecht – Eine rechtshistorische und rechtsvergleichende Kritik der privaten und der gewerblichen Geheimsphäre, Stuttgart 1970.

Malmström, Amina-Viviana, Schutz von Betriebs- und Geschäftsgeheimnissen im Zivilprozess – Unter besonderer Berücksichtigung des Geheimnisschutzes inter partes, Frankfurt a.M. 2013.

Markfort, Carsten, Geistiges Eigentum im Zivilprozeß – Zur Durchsetzung von Patent- und Urheberrechten in Deutschland und Indien nach dem Übereinkommen über handelsbezogene Aspekte der Rechte des geistigen Eigentums – TRIPS, Frankfurt a.M. 2001.

Marly, Jochen, Urheberrechtsschutz für Computersoftware in der Europäischen Union – Abschied vom überkommenen Urheberrechtsverständnis, München 1995.

Marly, Jochen, Praxishandbuch Softwarerecht – Rechtsschutz und Vertragsgestaltung – Urheberrecht, Patentrecht, Pflichtverletzungen, Vertragsgestaltung, Allgemeine Geschäftsbedingungen, 6. Aufl. München 2014.

v. Merveldt, Christina Gräfin, Der Auskunftsanspruch im gewerblichen Rechtsschutz – Dargestellt unter besonderer Berücksichtigung der Passivlegitimation von Internetauktionshäusern für Drittauskunftsansprüche im Falle des Vertriebs von Produktpirateriewaren durch Dritte, Baden-Baden 2007.

Mes, Peter, Münchener Prozessformularbuch – Band 5: Gewerblicher Rechtsschutz, Urheber- und Presserecht, 4. Aufl. München 2014 (zitiert als: *Bearbeiter*, in: MPFormB GewRS).

Mes, Peter, Beck'sches Prozessformularbuch, 13. Aufl. München 2016 (zitiert als: *Bearbeiter*, in: BeckPFormB).

Motzke, Gerd, Die Vorteile des Beweissicherungsverfahrens in Baustreitigkeiten – Ein praktischer Ratgeber für Architekten, Bauunternehmer, Bauhandwerker, Sachverständige, Bauherren, Kissing 1981.

Mugdan, Benno, Die gesamten Materialien zum Bürgerlichen Gesetzbuch für das Deutsche Reich – II. Band: Recht der Schuldverhältnisse, Berlin 1899.

Müller, Klaus, Der Sachverständige im gerichtlichen Verfahren – Handbuch des Sachverständigenbeweises, 3. Aufl. Heidelberg 1988.

Müller-Stoy, Tilman, Nachweis und Besichtigung des Verletzungsgegenstandes im deutschen Patentrecht, Köln 2008.

Niehr, Patrick, Die zivilprozessuale Dokumentenvorlegung im deutsch-englischen Rechtshilfeverkehr nach der deutschen und der englischen Prozessrechtsreform, Frankfurt a.M. 2004.

Norrenberg, Peter Maria, Die Anton Piller Order – Ein Beweissicherungsmittel des englischen Zivilprozessrechts, Frankfurt a.M. 1998.

Oppermann, Klaus, Der Auskunftsanspruch im gewerblichen Rechtsschutz und Urheberrecht – Dargestellt unter besonderer Berücksichtigung der Produktpiraterie, Berlin 1997.

Osterloh-Konrad, Christine, Der allgemeine vorbereitende Informationsanspruch – Zivilrechtliche Auskunfts- und Rechenschaftsansprüche und ihre Funktion im Zivilprozess, München 2007.

Osthaus, Wolf, Informationszugang für den internationalen Prozess zwischen lex fori und lex causae – Zur kollisionsrechtlichen Behandlung von Informationszugangsrechten am Beispiel des Deliktrechts mit rechtsvergleichender Einführung, Göttingen 2005.

Pagenberg, Jochen/Beier, Dietrich, Lizenzverträge – Patente, Gebrauchsmuster, Know-how, Computer Software – Kommentierte Vertragsmuster nach deutschem und europäischem Recht, 6. Aufl. Köln 2008.

Pansch, Rüdiger, Die einstweilige Verfügung zum Schutze des geistigen Eigentums im grenzüberschreitenden Verkehr – Untersuchung zur Notwendigkeit einer Harmonisierung in Europa, Köln 2003.

Paulus, Christoph G., Zivilprozessrecht – Erkenntnisverfahren, Zwangsvollstreckung und Europäisches Zivilprozessrecht, 4. Aufl. Berlin 2010.

Pfister, Bernhard, Das technische Geheimnis „Know how" als Vermögensrecht, München 1974.

Pieroth, Bodo/Schlink, Bernhard/Kingreen, Thorsten/Poscher, Ralf, Grundrechte – Staatsrecht II, 31. Aufl. Heidelberg 2015.

Pierson, Matthias/Ahrens, Thomas/Fischer, Karsten R., Recht des geistigen Eigentums – Patente, Marken, Urheberrecht, Design, 3. Aufl. Baden-Baden 2014.

Pitz, Johann, Patentverletzungsverfahren – Grundlagen, Praxis, Strategie (mit Mustern), 2. Aufl. München 2010.

Ploch-Kumpf, Ute, Der Schutz von Unternehmensgeheimnissen im Zivilprozeß unter besonderer Berücksichtigung ihrer Bedeutung in der Gesamtrechtsordnung, Frankfurt a.M. 1996.

Prütting, Hanns, Gegenwartsprobleme der Beweislast – Eine Untersuchung moderner Beweislasttheorien und ihrer Anwendung insbesondere im Arbeitsrecht, München 1983.

Raue, Peter/Hegemann, Jan, Münchener Anwaltshandbuch – Urheber- und Medienrecht, München 2011 (zitiert als: *Bearbeiter*, in: Münch AnwHdb. UrhR).

Reinartz, Miriam Ulrike, Die vorgerichtliche Beweishilfe im gewerblichen Rechtsschutz und Urheberrecht – Darstellung und Beurteilung der Rechtslage nach Umsetzung der Enforcement-Richtlinie, Frankfurt a.M. 2009.

Rengier, Rudolf, Strafrecht – Allgemeiner Teil, 6. Aufl. München 2014.

Rohlfing, Stephanie, Die Umsetzung der Enforcement-Richtlinie ins deutsche Recht – RL 2004/48/EG – Eine Untersuchung zu den Rechten auf Beweisbeschaffung, Beweissicherung, Auskunft und Schadensersatz, Hamburg 2009.

Rosenberg, Leo, Die Beweislast – Auf der Grundlage des Bürgerlichen Gesetzbuchs und der Zivilprozessordnung, 5. Aufl. München 1965.

Rosenberg, Leo/Schwab, Karl Heinz/Gottwald, Peter, Zivilprozessrecht, 17. Aufl. München 2010.

Röthlein, Hans Konrad, Private Bausachen – Selbständiges Beweisverfahren, Bauhandwerkersicherungshypothek, Vorbehalt bei Schlusszahlung, Vorschussanspruch, 2. Aufl. München 1995.

Roxin, Claus, Strafrecht – Allgemeiner Teil – Band I: Grundlagen, Der Aufbau der Verbrechenslehre, 4. Aufl. München 2006.

Saenger, Ingo, Einstweiliger Rechtsschutz und materiellrechtliche Selbsterfüllung – Möglichkeiten der kurzfristigen Verwirklichung von Ansprüchen auf Vornahme vertretbarer Handlungen – Zugleich ein Beitrag zum Spannungsverhältnis von Prozessrecht und materiellem Recht, Tübingen 1998.

Sasdi, Andreas, Innovationsschutz im TRIPS-Übereinkommen – Unter besonderer Berücksichtigung der arzneimittelbezogenen Aspekte der Rechte des geistigen Eigentums, Berlin 2004.

Saß, Stephan, Die Beschaffung von Informationen und Beweisen – Eine Untersuchung zum Anwendungsbereich der §§ 809, 810 BGB im Spannungsfeld zwischen Besichtigungs- und Geheimhaltungsinteresse, Sankt Augustin 2002.

Schaaff, Petra, Discovery und andere Mittel der Sachverhaltsaufklärung im englischen Pre-Trial-Verfahren im Vergleich zum deutschen Zivilprozess, Berlin 1983.

Schack, Haimo, Urheber- und Urhebervertragsrecht, 7. Aufl. Tübingen 2015.

Schlosser, Peter, Zivilprozessrecht I – Erkenntnisverfahren, 2. Aufl. München 1991.

Schramm, Karl, Der Patentverletzungsprozess – Patent- und Prozessrecht, 7. Aufl. Köln 2012 (zitiert als: *Bearbeiter*, in: Schramm).

Seeber, Thorsten, Kostenrechtliche Fragen im selbständigen Beweisverfahren, Baden-Baden 2007.

Siebert, Melanie, Geheimnisschutz und Auskunftsansprüche im Recht des Geistigen Eigentums – Der Konflikt mit dem Schutz von personenbezogenen Daten und Geschäftsgeheimnissen – Eine Analyse des europäischen und deutschen Rechts, Tübingen 2011.

Siegel, Ernst, Die Vorlegung von Urkunden im Prozess, Jena 1904.

Späth, Stefan, Die Parteiöffentlichkeit des Zivilprozesses – Die Informationspflichten des Gerichts gegenüber den Parteien, Münster 1995.

Spilok, Gerhard, Grundfragen der Beweissicherung – Das Verfahren nach den §§ 485 ff. ZPO als besondere Form vorläufigen Rechtsschutzes, Freiburg 1982.

Spuhler, Oliver, Das System des internationalen und supranationalen Schutzes von Marken und geographischen Herkunftsangaben, Berlin 2000.

Stadler, Astrid, Der Schutz des Unternehmensgeheimnisses im deutschen und U.S.-amerikanischen Zivilprozess und im Rechtshilfeverfahren, Tübingen 1989.

Stein, Fabian, Richterliche Prozessleitung – Die prozessleitenden Anordnungen gemäß 141–144 ZPO nach dem Inkrafttreten des Zivilprozessreformgesetzes vom 27.7.2001, Aachen 2005.

Sturmberg, Georg, Der Beweis im Zivilprozess – Selbständiges Beweisverfahren und Beweisaufnahme, Düsseldorf 1999.

Sturmberg, Georg, Die Beweissicherung – Antrag, Verfahren, Kosten im selbstständigen Beweisverfahren, Köln 2004.

Stürner, Rolf, Die Aufklärungspflicht der Parteien des Zivilprozesses, Tübingen 1976.

Teplitzky, Otto, Wettbewerbsrechtliche Ansprüche und Verfahren – Unterlassung, Beseitigung, Auskunft, Schadensersatz, 11. Aufl. Köln 2016 (zitiert als: *Bearbeiter*, in: Teplitzky).

Tiwisina, Daniel, Sachverständigenbeweis im deutschen und englischen Zivilprozess, Göttingen 2005.

Torremans, Paul, Holyoak and Torremans: Intellectual Property Law, 6th ed. New York 2010.

Treichel, Pierre, Die Sanktionen der Patentverletzung und ihre gerichtliche Durchsetzung im deutschen und französischen Recht, Köln 2001.

Ulrich, Jürgen, Selbständiges Beweisverfahren mit Sachverständigen – Erläuterungen für die Praxis, Düsseldorf 2004.

Ulrich, Jürgen, Der gerichtliche Sachverständige – Ein Handbuch für die Praxis, 12. Aufl. Köln 2007.

van Hees, Anne/Braitmayer, Sven-Erik, Verfahrensrecht in Patentsachen, 4. Aufl. Köln 2010.

Véron, Pierre, Saisie-contrefaçon – Die Französische Beweissicherungsmaßnahme bei Verletzung der Rechte geistigen Eigentums – 2013–2014 – Dreisprachige Ausgabe, 3. Aufl. Paris 2015.

Walchner, Wolfgang, Der Beseitigungsanspruch im gewerblichen Rechtsschutz und Urheberrecht – Widerruf, Vernichtung, Urteilsveröffentlichung, Köln 1998.

Walker, Wolf-Dietrich, Der einstweilige Rechtsschutz im Zivilprozeß und im arbeitsgerichtlichen Verfahren, Tübingen 1993.

Weber, Marc Philipp, Die Umsetzung der Enforcement-Richtlinie ins deutsche Recht – Unter besonderer Berücksichtigung der Umsetzung des Art. 7 RL, Frankfurt a.M. 2010.

Weise, Stefan, Selbstständiges Beweisverfahren im Baurecht – Voraussetzungen, Durchführung, Rechtsschutz, 2. Aufl. München 2002.

Werner, Ulrich/Pastor, Walter, Der Bauprozess – Prozessuale und materielle Probleme des zivilen Bauprozesses, 15. Aufl. Köln 2015 (zitiert als: *Bearbeiter*, in: Werner/Pastor).

Wessels, Johannes/Beulke, Werner/Satzger, Helmut, Strafrecht – Allgemeiner Teil – Die Straftat und ihr Aufbau, 45. Aufl. Heidelberg 2015.

Wintermeier, Martin Johannes, Patentstrafrecht – Zur Effektivität strafrechtlichen Schutzes gegen Patentverletzungen, Köln 2015.

Wolf, Fabiana, Der Schutz des Betriebs- und Geschäftsgeheimnisses – Verfassungsrechtliche Grundlagen und Ausgestaltung in den modernen Informationszugangsgesetzen, Baden-Baden 2015.

Wölfel, Helmut, Rechtsfolgen von Markenverletzungen und Maßnahmen zur Bekämpfung der Markenpiraterie, Köln 1990.

Wussow, Hansjoachim, Das gerichtliche Beweissicherungsverfahren in Bausachen, 2. Aufl. Köln 1981.

III. Beiträge in Sammelwerken

Ahrens, Hans-Jürgen, Internationale Beweishilfe bei Beweisermittlungen im Ausland nach Art. 7 der Enforcementrichtlinie, in: Erdmann, Willi/Leistner, Matthias/Rüffer, Wilfried/Schulte-Beckhausen, Thomas (Hrsg.), Festschrift für Michael Loschelder zum 65. Geburtstag, Köln 2010, S. 1–13 (zitiert als: *Ahrens*, in: FS Loschelder).

Ann, Christoph, Technische Richter in der Patentgerichtsbarkeit – ein Modell mit Perspektive?, in: Bender, Achim/Schülke, Klaus/Winterfeldt (Hrsg.), *Volker*, 50 Jahre Bundespatentgericht – Festschrift zum 50-jährigen Bestehen des Bundespatentgerichts am 1. Juli 2011, Köln 2011, S. 111–127 (zitiert als: *Ann*, in: FS 50 Jahre BPatG).

Axster, Oliver, TRIPS und das deutsche Verbot des Ausforschungsbeweises, in: Reichert, Klaus/Schiedermair, Manfred/Stockburger, Albrecht/Weber, Dolf (Hrsg.), Recht, Geist und Kunst – liber amicorum für Rüdiger Volhard, Baden-Baden 1996, S. 19–28 (zitiert als: *Axster*, in: FS Volhard).

Baumgärtel, Gottfried, „Geheimverfahren" im Zivilprozess zur Wahrung von Geschäftsgeheimnissen nach Schweizer Vorbild?, in: Lindacher, Walter F./Pfaff, Dieter/Roth, Günther H./Schlosser, Peter/Wieser, Eberhard (Hrsg.), Festschrift für Walther J. Habscheid – Zum 65. Geburtstag – 6. April 1989, Bielefeld 1989, S. 1–9 (zitiert als: *Baumgärtel*, in: FS Habscheid).

Bopp, Thomas, Die einstweilige Verfügung in Patentsachen, in: Bopp, Thomas/Tilmann, Winfried (Hrsg.), Recht und Wettbewerb – Festschrift für Horst Helm zum 65. Geburtstag, München 2002, S. 275–286 (zitiert als: *Bopp*, in: FS Helm).

Bornkamm, Joachim, Der Schutz vertraulicher Informationen im Gesetz zur Durchsetzung von Rechten des geistigen Eigentums – In-camera-Verfahren im Zivilprozess?, in: Ahrens, Hans-Jürgen/Bornkamm, Joachim/Kunz-Hallstein, Hans Peter (Hrsg.), Festschrift für Eike Ullmann, Saarbrücken 2006, S. 893–912 (zitiert als: *Bornkamm*, in: FS Ullmann).

Brüning-Petit, Laurence, La Directive européenne du 29 avril 2004: quel impact sur le contentieux francais de la contrefacon de brevet?, in: Kur, Annette/Luginbühl, Stefan/Waage, Eskil (Hrsg.), „... und sie bewegt sich doch!" – Patent Law on the Move – Festschrift für Gert Kolle und Dieter Stauder zum 65. Geburtstag am 25. April 2005 und 20. Oktober 2005, Köln 2005, S. 341–354 (zitiert als: *Brüning-Petit*, in: FS Stauder/Kolle).

Doepner, Ulf, Die kartellrechtliche Leistungsverfügung – einige Anmerkungen aus lauterkeitsrechtlicher Sicht zu dortigen Durchsetzungsdefiziten, in: Montag, Frank (Hrsg.), Kartellrecht in Theorie und Praxis – Festschrift für Cornelis Canenbley zum 70. Geburtstag, München 2012, S. 155–165 (zitiert als: *Doepner*, in: FS Canenbley).

Dreier, Thomas, TRIPs and the Enforcement of Intellectual Property Rights, in: Beier, Friedrich-Karl/Schricker, Gerhard (Hrsg.), From GATT to TRIPs – The Agreement on Trade-Related Aspects of Intellectual Property Rights, Weinheim 1996, S. 248–277 (zitiert als: *Dreier*, in: Beier/Schricker).

Eck, Matthias/Dombrowski, Jan, Wenn der Sachverständige zwei Mal klingelt – Probleme der wiederholten Besichtigung in Verfügungsverfahren am Beispiel des Patentrechts, in: Bender, Achim/Schülke, Klaus/Winterfeldt, Volker (Hrsg.), 50 Jahre Bundespatentgericht – Festschrift zum 50-jährigen Bestehen des Bundespatentgerichts am 1. Juli 2011, Köln 2011, S. 169–192 (zitiert als: *Eck/Dombrowski*, in: FS 50 Jahre BPatG).

Eisenführ, Günther, Jura und Technik, in: Bender, Achim/Schülke, Klaus/Winterfeldt, Volker (Hrsg.), 50 Jahre Bundespatentgericht – Festschrift zum 50-jährigen Bestehen des Bundespatentgerichts am 1. Juli 2011, Köln 2011, S. 1065–1070 (zitiert als: *Eisenführ*, in: FS 50 Jahre BPatG).

Engel, Friedrich-Wilhelm, Der Software-Verletzungsprozeß, in: Lehmann, Michael (Hrsg.), Rechtsschutz und Verwertung von Computerprogrammen – Urheberrecht, Patentrecht, Warenzeichenrecht, Wettbewerbsrecht, Kartellrecht, Vertrags- und Lizenzrecht, Arbeitsrecht, Strafrecht, Insolvenz- und Vollstreckungsrecht, Prozessrecht, Produzentenhaftung, Recht der Datenbanken, Steuerrecht, 2. Aufl. Köln 1993, S. 869–929 (zitiert als: *Engel*, in: Lehmann).

Gaier, Reinhard, Das „in camera"-Verfahren in der Hauptsache, in: Göcken, Stephan/Remmers, Thomas/Vorwerk, Volkert/Wolf, Christian (Hrsg.), Festschrift für Ulrich Scharf zum 70. Geburtstag, Köln 2008, S. 201–209 (zitiert als: *Gaier*, in: FS Scharf).

Göcken, Stephan, Vertrauen in den Anwalt, in: Göcken, Stephan/Remmers, Thomas/Vorwerk, Volkert/Wolf, Christian (Hrsg.), Festschrift für Ulrich Scharf zum 70. Geburtstag, Köln 2008, S. 211–216 (zitiert als: *Göcken*, in: FS Scharf).

Götting, Horst-Peter, Der Besichtigungsanspruch bei der Verletzung von Immaterialgüterrechten, in: Rasmussen-Bonne, Hans-Eric/Freer, Richard/Lüke, Wolfgang/Weitnauer, Wolfgang (Hrsg.), Balancing of Interests – liber amicorum Peter Hay zum 70. Gerburtstag, Frankfurt a.M. 2005, S. 181–190 (zitiert als: *Götting*, in: FS Hay).

Grabinski, Klaus, Die Zwangsvollstreckung der Duldungsverfügung im patentrechtlichen Besichtigungsverfahren, in: Bergermann, Michael/Rother, Gereon/Verhauwen, Axel (Hrsg.), Festschrift für Peter Mes zum 65. Geburtstag, München 2009, S. 129–139 (zitiert als: *Grabinski*, in: FS Mes).

Habscheid, Walther J., Das Recht auf ein faires Verfahren – Ein Beitrag zur Philosophie des Zivilprozeßrechts, in: Schwander, Ivo/Stoffel, Walter A. (Hrsg.), Beiträge zum schweizerischen und internationalen Zivilprozessrecht – Festschrift für Oscar Vogel, Freiburg 1991, S. 3–19 (zitiert als: *Habscheid*, in: FS Vogel).

Haedicke, Maximilian, Informationsbefugnisse des Schutzrechtsinhabers im Spiegel der EG-Richtlinie zur Durchsetzung der Rechte des geistigen Eigentums, in: Ohly, Ansgar/Bodewig, Theo/Dreier, Thomas/Götting, Horst-Peter/Haedicke, Maximilian/Lehmann, Michael (Hrsg.), Perspektiven des geistigen Eigentums und Wettbewerbsrechts – Festschrift für Gerhard Schricker zum 70. Geburtstag, München 2005, S. 19–32 (zitiert als: *Haedicke*, in: FS Schricker).

Haedicke, Maximilian, Urkundenvorlagepflichten des vermeintlichen Patentverletzers im Gesetz zur Verbesserung der Durchsetzung von Rechten des geistigen Eigentums, in: Stürner, Rolf/Matsumoto, Hiroyuki/Lüke, Wolfgang/Deguchi, Masahisa (Hrsg.), Festschrift für Dieter Leipold zum 70. Geburtstag, Tübingen 2009, S. 53–62 (zitiert als: *Haedicke*, in: FS Leipold).

Harte-Bavendamm, Henning, Der Richtlinienvorschlag zur Durchsetzung der Rechte des geistigen Eigentums, in: Keller, Erhard/Plassmann, Clemens/von Falck, Andreas (Hrsg.), Festschrift für Winfried Tilmann – Zum 65. Geburtstag, Köln 2003, S. 793–805 (zitiert als: *Harte-Bavendamm*, in: FS Tilmann).

Herget, Kurt, „Kurz und Gut" + „Recht und Billig" – Das selbständige Beweisverfahren nach § 485 Abs. 2 ZPO als Alternative zur Klage?, in: Greger, Reinhard/Gleussner, Irmgard/Heinemann, Jörn (Hrsg.), Neue Wege zum Recht – Festgabe für Max Vollkommer zum 75. Geburtstag, Köln 2006, S. 97–117 (zitiert als: *Herget*, in: FS Vollkommer).

Hoeren, Thomas/Kuta, Kevin, Die Düsseldorfer Praxis und der Besichtigungsanspruch bei Software, in: Sethe, Rolf/Heinemann, Andreas/Hilty, Reto M./Nobel, Peter/Zäch, Roger (Hrsg.), Kommunikation – Festschrift für Rolf H. Weber zum 60. Geburtstag, Bern 2011, S. 499–542 (zitiert als: *Hoeren/Kuta*, in: FS Weber).

Junker, Abbo, Der Anspruch auf „Besichtigung" des Quellcodes nach § 809 BGB, in: Taeger, Jürgen/Wiebe, Andreas (Hrsg.), Informatik – Wirtschaft – Recht, Regulierung in der Wissensgesellschaft – Festschrift für Wolfgang Kilian zum 65. Geburtstag, Baden-Baden 2004, S. 339–352 (zitiert als: *Junker*, in: FS Kilian).

Klinger, Markus, Software-Besichtigung und File-Sharing: Zur Umsetzung der Enforcement-Richtlinie im Urheberrecht, in: Taeger, Jürgen/Wiebe, Andreas (Hrsg.), Von AdWords bis Social Networks – Neue Entwicklungen im Informationsrecht – Tagungsband Herbstakademie 2008, Edewecht 2008, S. 267–281 (zitiert als: *Klinger*, in: Taeger/Wiebe).

Kreye, Boris, Der Besichtigungsanspruch nach § 140c PatG im Spannungsfeld von Informations- und Geheimhaltungsinteresse, in: Harmsen, Christian/Jüngst, Oliver Jan/Rödiger, Felix (Hrsg.), Festschrift für Wolfgang von Meibom zum 65. Geburtstag, Köln 2010, S. 241–259 (zitiert als: *Kreye*, in: FS v. Meibom).

Krieger, Albrecht, Zum Geheimnisschutz im Kartellverfahren, in: Baur, Jürgen F./Hopt, Klaus J./Mailänder, K. Peter (Hrsg.), Festschrift für Ernst Steindorff zum 70. Geburtstag am 13. März 1990, Berlin 1990, S. 989–1003 (zitiert als: *Krieger*, in: FS Steindorff).

Leipold, Dieter, Die gerichtliche Anordnung der Urkundenvorlage im reformierten deutschen Zivilprozess, in: Schilken, Eberhard/Kreft, Gerhart/Wagner, Gerhard/Eckardt, Diederich (Hrsg.), Festschrift für Walter Gerhardt, Köln 2004, S. 563–585 (zitiert als: *Leipold*, in: FS Gerhardt).

Lüderitz, Alexander, Ausforschungsverbot und Auskunftsanspruch bei Verfolgung privater Rechte, in: Recht und Staat in Geschichte und Gegenwart – Eine Sammlung von Vorträgen und Schriften aus dem Gebiet der gesamten Staatswissenschaften, Tübingen 1966, S. 1–48 (zitiert als: *Lüderitz*, in: Recht und Staat).

Marshall, Hans, Der Besichtigungsanspruch, in: Bohlig, Manfred/Brandi-Dohrn, Matthias/Donle, Lutz/Buddeberg, Michael/Schweyer, Stefan (Hrsg.), Lohn der Leistung und Rechtssicherheit – Festschrift für Albert Preu zum 70. Geburtstag, München 1988, S. 151–164 (zitiert als: *Marshall*, in: FS Preu).

v. Meibom, Wolfgang/vom Feld, Ina, Discovery nach 28 U.S.C. § 1782(a) und Patentstreitigkeiten in Deutschland, in: Bender, Achim/Schülke, Klaus/Winterfeldt, Volker (Hrsg.), 50 Jahre Bundespatentgericht – Festschrift zum 50-jährigen Bestehen des Bundespatentgerichts am 1. Juli 2011, Köln 2011, S. 975–989 (zitiert als: *v. Meibom/vom Feld*, in: FS 50 Jahre BPatG).

Melullis, Klaus-Jürgen, Zum Besichtigungsanspruch im Vorfeld der Feststellung einer Verletzung von Schutzrechten, in: Keller, Erhard/Plassmann, Clemens/von Falck, Andreas (Hrsg.), Festschrift für Winfried Tilmann – Zum 65. Geburtstag, Köln 2003, S. 843–856 (zitiert als: *Melullis*, in: FS Tilmann).

Mes, Peter, Reflections on the German Patent Litigation System, in: zu Waldeck und Pyrmont, Wolrad Prinz/Adelmann, Martin J./Brauneis, Robert/Drexl, Josef/Nack, Ralph (Hrsg.), Patents and Technological Progress in a Globalized World – Liber Amicorum Joseph Straus, Berlin 2009, S. 401–411 (zitiert als: *Mes*, in: FS Straus).

Müller, Klaus, Das selbständige Beweisverfahren, in: Haas, Eberhard (Hrsg.), Zivilprozess und Praxis – Das Verfahrensrecht als Grundlage juristischer Tätigkeit – Festschrift für Egon Schneider zur Vollendung des 70. Lebensjahres, Herne 1997, S. 405–420 (zitiert als: *Müller*, in: FS E. Schneider).

Prütting, Hanns, Geistiges Eigentum und Verfahrensrecht, insbesondere beweisrechtliche Fragen, in: Haesemann, Manfred/Gennen, Klaus/Bartenbach, Britta/Bartenbach, Anja (Hrsg.), Festschrift für Kurt Bartenbach – Zum 65. Geburtstag am 9. Dezember 2004, Köln 2005, S. 417–426 (zitiert als: *Prütting*, in: FS Bartenbach).

Reimann, Thomas W., Quod est in actis, est in mundo?, in: Bergermann, Michael/Rother, Gereon/Verhauwen, Axel (Hrsg.), Festschrift für Peter Mes zum 65. Geburtstag, München 2009, S. 293–301 (zitiert als: *Reimann*, in: FS Mes).

Rogge, Rüdiger, Einstweilige Verfügungen in Patent- und Gebrauchsmustersachen, in: Erdmann, Willi/Mees, Hans-Kurt/Piper, Henning/Teplitzky, Otto (Hrsg.), Festschrift für Otto-Friedrich Frhr. v. Gamm, Köln 1990, S. 461–475 (zitiert als: *Rogge*, in: FS v. Gamm).

Rojahn, Sabine, Das geheime Know-how: Wie geheim darf/muss das Zivilverfahren sein?, in: Hilty, Reto M./Drexl, Josef/Nordemann, Wilhelm (Hrsg.), Schutz von Kreativität und Wettberwerb – Festschrift für Ulrich Loewenheim zum 75. Geburtstag, München 2009, S. 251–266 (zitiert als: *Rojahn*, in: FS Loewenheim).

Schlosser, Peter, Wirtschaftsprüfervorbehalt und prozessuales Vertraulichkeitsinteresse der nicht primär beweis- und substanziierungsbelasteten Prozeßpartei, in: Hübner, Ulrich/Ebke, Werner F. (Hrsg.), Festschrift für Bernhard Großfeld zum 65. Geburtstag, Heidelberg 1999, S. 997–1016 (zitiert als: *Schlosser*, in: FS Großfeld).

Stadler, Astrid, Inquisitionsmaxime und Sachverhaltsaufklärung; erweiterte Urkundenvorlagepflichten von Parteien und Dritten nach der Zivilprozeßrechtsreform, in: Nakamura, Hideo/Fasching, Hans W./Gaul, Hans Friedhelm/Georgiades, Apostolos (Hrsg.), Festschrift für Kostas E. Beys, dem Rechtsdenker in attischer Dialektik – Zum 70. Geburtstag am 25. November 2003 – Zweiter Band, Athen 2003, S. 1625–1647 (zitiert als: *Stadler*, in: FS Beys Bd. 2).

Stadler, Astrid, „Was drei wissen, das erfahren hundert" – Auskunftspflichten und Geheimnisschutz im Zivilprozess nach Umsetzung der Richtlinie zur Durchsetzung der Rechte des geistigen Eigentums, in: Stürner, Rolf/Matsumoto, Hiroyuki/Lüke, Wolfgang/Deguchi, Masahisa (Hrsg.), Festschrift für Dieter Leipold zum 70. Geburtstag, Tübingen 2009, S. 201–220 (zitiert als: *Stadler*, in: FS Leipold).

Stürner, Rolf, Der einstweilige Rechtsschutz in Europa, in: Brandner, Hans Erich/Hagen, Horst/Stürner, Rolf (Hrsg.), Festschrift für Karlmann Geiß – Zum 65. Geburtstag, Köln 2000, S. 199–216 (zitiert als: *Stürner*, in: FS Geiß).

Teplitzky, Otto, Zur Verwirkung des Verfügungsgrunds in Verfahren der einstweiligen Verfügung nach dem UWG und im Markenrecht, in: Erdmann, Willi/Leistner, Matthias/Rüffer, Wilfried/Schulte-Beckhausen, Thomas (Hrsg.), Festschrift für Michael Loschelder zum 65. Geburtstag, Köln 2010, S. 391–401 (zitiert als: *Teplitzky*, in: FS Loschelder).

Tilmann, Winfried, Der Auskunftsanspruch, in: Ströbele, Paul (Hrsg.), 25 Jahre Bundespatentgericht – Festschrift – Herausgegeben vom Bundespatentgericht, Köln 1986, S. 293–317 (zitiert als: *Tilmann*, in: FS 25 Jahre BPatG).

Tilmann, Winfried, Beweissicherung nach europäischem und deutschem Recht, in: Ahrens, Hans-Jürgen/Bornkamm, Joachim/Kunz-Hallstein, Hans Peter (Hrsg.), Festschrift für Eike Ullmann, Saarbrücken 2006, S. 1013–1023 (zitiert als: *Tilmann*, in: FS Ullmann).

Tilmann, Winfried/Schreibauer, Marcus, Beweissicherung vor und im Patentverletzungsprozess, in: Ahrens, Hans-Jürgen/Bornkamm, Joachim/Gloy, Wolfgang/Starck, Joachim/von Ungern-Sternberg, Joachim (Hrsg.), Festschrift für Willi Erdmann – Zum 65. Geburtstag, Köln 2002, S. 901–926 (zitiert als: *Tilmann/Schreibauer*, in: FS Erdmann).

Véron, Pierre/Mandel, Olivier, Twenty Years of Preliminary Injunction in French Patent Infringement Litigation, in: Kur, Annette/Luginbühl, Stefan/Waage, Eskil (Hrsg.), „... und sie bewegt sich doch!" – Patent Law on the Move – Festschrift für Gert Kolle und Dieter Stauder zum 65. Geburtstag am 25. April 2005 und 20. Oktober 2005, Köln 2005, S. 409–426 (zitiert als: *Véron/Mandel*, in: FS Stauder/Kolle).

Walker, Wolf-Dietrich, Zur Problematik beweisrechtlicher Geheimverfahren an einem Beispiel aus dem Arbeitsgerichtsprozeß, in: Haas, Eberhard (Hrsg.), Zivilprozess und Praxis – Das Verfahrensrecht als Grundlage juristischer Tätigkeit – Festschrift für Egon Schneider zur Vollendung des 70. Lebensjahres, Herne 1997, S. 147–178 (zitiert als: *Walker*, in: FS E. Schneider).

Werner, Rosemarie, Der Konflikt zwischen Geheimnisschutz und Sachaufklärung im Kartellverfahren, in: von Gamm, Otto Friedrich Freiherr/Raisch, Peter/Tiedemann, Klaus (Hrsg.), Strafrecht, Unternehmensrecht, Anwaltsrecht – Festschrift für Gerd Pfeiffer zum Abschied aus dem Amt als Präsident des Bundesgerichtshofes, Köln 1988, S. 821–838 (zitiert als: *Werner*, in: FS Pfeiffer).

Wiebe, Andreas, Information als Schutzgegenstand im System des geistigen Eigentums, in: Fiedler, Herbert/Ullrich, Hanns (Hrsg.), Information als Wirtschaftsgut – Management und Rechtsgestaltung, Köln 1997, S. 93–153 (zitiert als: *Wiebe*, in: Fiedler/Ullrich).

Wiebe, Andreas, EnforcementRL – Rechtsdurchsetzung nach der Richtlinie 2004/48/EG, in: Büllesbach, Alfred/Büchner, Wolfgang (Hrsg.), IT doesn't matter!? – Aktuelle Herausforderungen des Technikrechts – Im Auftrag der Deutschen Gesellschaft für Recht und Informatik e.V., Köln 2006, S. 153–177 (zitiert als: *Wiebe*, in: Büllesbach/ Büchner).

Wiegand, Nicolai, Die Durchsetzung von Besichtigungsansprüchen de lege lata und de lege ferenda, in: Taeger, Jürgen/Wiebe, Andreas (Hrsg.), Von AdWords bis Social Networks – Neue Entwicklungen im Informationsrecht – Tagungsband Herbstakademie 2008, Edewecht 2008, S. 253–265 (zitiert als: *Wiegand*, in: Taeger/Wiebe).

Wiese, Günther, Probleme bei der Edition von Briefen, in: Hanau, Peter/Müller, Gerhard/ Wiedemann, Herbert/Wlotzke, Otfried (Hrsg.), Festschrift für Wilhelm Herschel zum 85. Geburtstag, München 1982, S. 483–501 (zitiert als: *Wiese*, in: FS Herschel).

IV. Zeitschriftenaufsätze und Urteilsanmerkungen

Ahrens, Hans-Jürgen, Anmerkung zu BGH, Urt. v. 18.10.1995, Az. I ZR 126/93, in: Juristen Zeitung (JZ), Heft 14, 1996, S. 738–740.

Ahrens, Hans-Jürgen, Gesetzgebungsvorschlag zur Beweisermittlung bei Verletzung von Rechten des geistigen Eigentums, in: Gewerblicher Rechtsschutz und Urheberrecht (GRUR), Heft 10, 2005, S. 837–840.

Ahrens, Hans-Jürgen, Brauchen wir einen Allgemeinen Teil der Rechte des Geistigen Eigentums?, in: Gewerblicher Rechtsschutz und Urheberrecht (GRUR), Heft 8, 2006, S. 617–624.

Ankermann, Ernst, Das Recht auf mündliche Befragung des Sachverständigen: Keine Wende, in: Neue Juristische Wochenschrift (NJW), Heft 21, 1985, S. 1204–1205.

Ann, Christoph, Know-how – Stiefkind des Geistigen Eigentums?, in: Gewerblicher Rechtsschutz und Urheberrecht (GRUR), Heft 1, 2007, S. 39–43.

Ann, Christoph, Auskunftsanspruch und Geheimnisschutz im Patentverletzungsprozess, in: Rundbriefe der Vereinigung von Fachleuten des Gewerblichen Rechtsschutzes (VPP-Rundbrief), Heft 2, 2011, S. 118–122.

Arens, Peter, Zur Aufklärungspflicht der nicht beweisbelasteten Partei im Zivilprozeß, in: Zeitschrift für Zivilprozess (ZZP), Band 96, Heft 1, 1983, S. 1–24.

Auer-Reinsdorff, Astrid, Der Besichtigungsanspruch bei Rechtsverletzungen an Computerprogrammen – Reichweite, Voraussetzungen und Durchsetzung, in: Der IT-Rechtsberater (ITRB), Heft 4, 2006, S. 82–86.

Badke, Bradford J./De, Sona/Kirchhofer, Natalie, A Practioner's Guide to Obtaining U.S. Discovery in Aid of German Patent Litigation, in: Mitteilungen der deutschen Patentanwälte (MittdtPatA), Heft 5, 2015, S. 215–221.

Bär, Wolfgang, Durchsuchungen im EDV-Bereich (I), in: Computer und Recht (CR), Heft 3, 1995, S. 158–169.

Bär, Wolfgang, Durchsuchungen im EDV-Bereich (II), in: Computer und Recht (CR), Heft 4, 1995, S. 227–234.

Baudewin, Christian/Wegner, Anna Katharina, Die Präklusion im Zivilprozess – Bedeutung, Chancen, Risiken, in: Neue Juristische Wochenschrift (NJW), Heft 21, 2014, S. 1479–1483.

Baur, Fritz, Der Anspruch auf rechtliches Gehör, in: Archiv für die civilistische Praxis (AcP), Band 153, 1954, S. 393–412.

Bayerlein, Walter, Der Sachverständige im Bauprozeß, in: Zeitschrift für das gesamte öffentliche und zivile Baurecht (BauR), Heft 4, 1989, S. 397–407.

Behr, Johannes, Vollstreckung ohne Durchsuchungsanordnung, Art. 13 II GG, in: Neue Juristische Wochenschrift (NJW), Heft 34, 1992, S. 2125–2128.

Berlit, Wolfgang, Auswirkungen des Gesetzes zur Verbesserung der Durchsetzung von Rechten des geistigen Eigentums im Patentrecht, in: Wettbewerb in Recht und Praxis (WRP), Heft 7, 2007, S. 732–738.

Bierbach, Wolfgang, Probleme des Patentverletzungsprozesses aus der Sicht des Richters, in: Gewerblicher Rechtsschutz und Urheberrecht (GRUR), Heft 3, 1986, S. 201–207.

Bierekoven, Christiane, Lizenzmanagement und Lizenzaudits – Bedeutung und Organisation des Lizenzmanagements für Softwarenutzer und -hersteller, in: Der IT-Rechtsberater (ITRB), Heft 4, 2008, S. 84–88.

Binn, Serge/Dupuis-Latour, Dominique, Patentverletzungsverfahren in Frankreich: Ein Überblick aus der Praxis, in: Rundbriefe der Vereinigung von Fachleuten des Gewerblichen Rechtsschutzes (VPP-Rundbrief), Heft 3, 1998, S. 72–79.

Bird, William E., Die „SAISIE CONTREFACON" nach französischem (bzw. belgischem) Recht in Patentstreitigkeiten, in: Mitteilungen der deutschen Patentanwälte (MittdtPatA), Heft 9, 2002, S. 404–406.

Bitter, Georg/Rauhut, Tilmann, Grundzüge zivilrechtlicher Methodik – Schlüssel zu einer gelungenen Fallbearbeitung, in: Juristische Schulung (JuS), Heft 4, 2009, S. 289–298.

Bleutge, Peter, Die Hilfskräfte des Sachverständigen – Mitarbeiter ohne Verantwortung?, in: Neue Juristische Wochenschrift (NJW), Heft 21, 1985, S. 1185–1191.

v. Bogdandy, Armin, Die Überlagerung der ZPO durch WTO-Recht – Zum Schutz geistigen Eigentums nach dem Hermès-Urteil des EuGH, in: Neue Juristische Wochenschrift (NJW), Heft 29, 1999, S. 2088–2090.

Booz, Martin, Beweissicherungsverfahren in der Gesetzesänderung, in: Zeitschrift für das gesamte öffentliche und zivile Baurecht (BauR), Heft 1, 1989, S. 30–44.

Bork, Reinhard, Effiziente Beweissicherung für den Urheberrechtsverletzungsprozeß – dargestellt am Beispiel raubkopierter Computerprogramme, in: Neue Juristische Wochenschrift (NJW), Heft 25, 1997, S. 1665–1672.

Boval, Bruno, Sicherungs- und einstweilige Maßnahmen im Zusammenhang mit Patentverletzungsklagen in Frankreich, in: Gewerblicher Rechtsschutz und Urheberrecht, Internationaler Teil (GRUR Int), Heft 5, 1993, S. 377–381.

Brandau, Helmut/Gal, Jens, Strafbarkeit des Fotografierens von Messe-Exponaten, in: Gewerblicher Rechtsschutz und Urheberrecht (GRUR), Heft 2, 2009, S. 118–123.

Brandi-Dohrn, Anselm, Stellungnahme der DGRI zum Vorschlag der EU-Kommission für eine Richtlinie über den Schutz von Geschäftsgeheimnissen – Anmerkungen für den Bereich des IT-Rechts, in: Computer und Recht (CR), Heft 3, 2014, S. 211–212.

Brandi-Dohrn, Matthias, Die Verfolgung von Softwareverletzungen mit Mitteln des Zivilrechts, in: Computer und Recht (CR), Heft 2, 1985, S. 67–72.

Brandi-Dohrn, Matthias, Zur Reichweite und Durchsetzung des urheberrechtlichen Softwareschutzes, in: Gewerblicher Rechtsschutz und Urheberrecht (GRUR), Heft 3, 1985, S. 179–188.

Brandi-Dohrn, Matthias, Probleme der Rechtsverwirklichung beim Schutz von Software, in: Computer und Recht (CR), Heft 12, 1987, S. 835–838.

Brehm, Wolfgang, Die Vollstreckung der Beseitigungspflicht nach § 890 ZPO – Zugleich ein Beitrag zur Abgrenzung des Unterlassungsanspruchs vom Beseitigungsanspruch, in: Zeitschrift für Zivilprozess (ZZP), Band 89, Heft 2, 1976, S. 178–192.

Brinkhof, Jan J., The Enforcement of Patent Rights in the Netherlands, in: International Review of Intellectual Property and Competition Law (IIC), Heft 6, 2000, S. 706–722.

Casucci, Giovanni, The Enforcement of Patent Rights in Italy, in: International Review of Intellectual Property and Competition Law (IIC), Heft 6, 2000, S. 692–706.

Cepl, Philipp, Anmerkung zu LG Düsseldorf, Urt. v. 20.11.2012, Az. 4b O 141/12, in: Gewerblicher Rechtsschutz und Urheberrecht, Praxis im Immaterialgüter- und Wettbewerbsrecht (GRUR-Prax), Heft 9, 2013, S. 203.

Conrad, Isabell, Wege zum Quellcode – Zu den Konsequenzen aus der Entscheidung BGH v. 16.12.2003 – X ZR 129/01, in: Der IT-Rechtsberater (ITRB), Heft 1, 2005, S. 12–16.

Cornish, William/Llewelyn, David, The Enforcement of Patents in the United Kingdom, in: International Review of Intellectual Property and Competition Law (IIC), Heft 6, 2000, S. 627–646.

Cuypers, Manfred, Das selbstständige Beweisverfahren in der Praxis, in: Neue Juristische Wochenschrift (NJW), Heft 31, 1994, S. 1985–1992.

Czychowski, Christian, Das Gesetz zur Verbesserung der Durchsetzung von Rechten des Geistigen Eigentums – Teil II: Änderungen im Urheberrecht, in: Gewerblicher Rechtsschutz und Urheberrecht, Rechtsprechungs-Report (GRUR-RR), Heft 8/9, 2008, S. 265–268.

Czychowski, Christian/Nordemann, Jan Bernd, Die Entwicklung der Gesetzgebung und Rechtsprechung zum Urheberrecht in den Jahren 2002 und 2003, in: Neue Juristische Wochenschrift (NJW), Heft 17, 2004, S. 1222–1230.

Dallinger, Wilhelm, Aus der Rechtsprechung des Bundesgerichtshofes in Strafsachen, in: Monatsschrift für Deutsches Recht (MDR), Heft 7, 1952, S. 407–410.

Deichfuß, Hermann, IZG Jahrestagung: Software- und IT-Recht – Beweisermittlung und Beweismittelsicherung bei Softwareverletzungsprozessen, in: Internet-Zeitschrift für Rechtsinformatik und Informationsrecht (JurPC Web-Dok.), 130/2010, Abs. 1–62.

Deichfuß, Hermann, Rechtsdurchsetzung unter Wahrung der Vertraulichkeit von Geschäftsgeheimnissen – Das praktizierte Beispiel: der Schutz des verdächtigen Patentverletzers im Düsseldorfer Verfahren, in: Gewerblicher Rechtsschutz und Urheberrecht (GRUR), Heft 5, 2015, S. 436–442.

Deutsche Vereinigung für gewerblichen Rechtsschutz und Urheberrecht e.V., Stellungnahme zum Referentenentwurf eines Gesetzes zur Bekämpfung der Produktpiraterie, in: Gewerblicher Rechtsschutz und Urheberrecht (GRUR), Heft 1, 1989, S. 29–34.

Donau, Helmut, Die Bedeutung von Fiktionen, Vermutungen und Auslegungsregeln im summarischen Prozeß, in: Zeitschrift für Zivilprozess (ZZP), Band 67, Heft 6, 1954, S. 451–463.

Dörre, Tanja/Maaßen, Stefan, Das Gesetz zur Verbesserung der Durchsetzung von Rechten des geistigen Eigentums – Teil I: Änderungen im Patent-, Gebrauchsmuster-, Marken- und Geschmacksmusterrecht, in: Gewerblicher Rechtsschutz und Urheberrecht, Rechtsprechungs-Report (GRUR-RR), Heft 7, 2008, S. 217–222.

Dreier, Thomas, Verletzung urheberrechtlich geschützter Software nach der Umsetzung der EG-Richtlinie, in: Gewerblicher Rechtsschutz und Urheberrecht (GRUR), Heft 10, 1993, S. 781–793.

Dreier, Thomas, TRIPS und die Durchsetzung von Rechten des geistigen Eigentums, in: Gewerblicher Rechtsschutz und Urheberrecht, Internationaler Teil (GRUR Int), Heft 3, 1996, S. 205–218.

Drexl, Josef, Nach „GATT und WIPO“: Das TRIPs-Abkommen und seine Anwendung in der Europäischen Gemeinschaft, in: Gewerblicher Rechtsschutz und Urheberrecht, Internationaler Teil (GRUR Int), Heft 10, 1994, S. 777–788.

Drexl, Josef/Hilty, Reto/Kur, Annette, Vorschlag für eine Richtlinie über die Maßnahmen und Verfahren zum Schutz der Rechte am geistigen Eigentum – eine erste Würdigung, in: Gewerblicher Rechtsschutz und Urheberrecht, Internationaler Teil (GRUR Int), Heft 7, 2003, S. 605–608.

Eck, Matthias/Dombrowski, Jan, Rechtsschutz gegen Besichtigungsverfügungen im Patentrecht – De lege lata und de lege ferenda, in: Gewerblicher Rechtsschutz und Urheberrecht (GRUR), Heft 5, 2008, S. 387–393.

Eichmann, Helmut, Die Durchsetzung des Anspruchs auf Drittauskunft, in: Gewerblicher Rechtsschutz und Urheberrecht (GRUR), Heft 8, 1990, S. 575–591.

Enchelmaier, Stefan, Durchsetzung von Immaterialgüterrechten vs. Schutz von Betriebsgeheimnissen im englischen Zivilprozessrecht, in: Gewerblicher Rechtsschutz und Urheberrecht, Internationaler Teil (GRUR Int), Heft 6, 2012, S. 503–513.

Fähndrich, Martin, Verbesserter Schutz von Know-How/Geschäftsgeheimnissen – der EU Richtlinienvorschlag 2013/0402, in: Rundbriefe der Vereinigung von Fachleuten des Gewerblichen Rechtsschutzes (VPP-Rundbrief), Heft 3, 2015, S. 98–106.

v. Falck, Andreas, Einstweilige Verfügungen in Patent- und Gebrauchsmustersachen, in: Mitteilungen der deutschen Patentanwälte (MittdtPatA), Heft 10, 2002, S. 429–438.

Fellner, Christoph, Duldung von Bauteilöffnungen am Gemeinschaftseigentum im selbständigen Beweisverfahren durch Dritte, in: Monatsschrift für Deutsches Recht (MDR), Heft 17, 2013, S. 1011–1012.

Fitzner, Uwe/Kather, Peter, Der Gutachter steht vor der Tür? Was tun?, in: Rundbriefe der Vereinigung von Fachleuten des Gewerblichen Rechtsschutzes (VPP-Rundbrief), Heft 2, 2009, S. 58–66.

Frank, Christian/Wiegand, Nicolai, Der Besichtigungsanspruch im Urheberrecht de lege ferenda, in: Computer und Recht (CR), Heft 8, 2007, S. 481–487.

Franz, Martin, TRIPS, „TRIPS plus“ und der von Zwangsmaßnahmen Betroffene, in: Zeitschrift für Urheber- und Medienrecht (ZUM), Heft 11, 2005, S. 802–808.

Frey, Dieter/Rudolph, Matthias, EU-Richtlinie zur Durchsetzung der Rechte des geistigen Eigentums – Anmerkungen zur Harmonisierung des immaterialgüterrechtlichen Sanktionsrechts aus urheberrechtlicher Perspektive, in: Zeitschrift für Urheber- und Medienrecht (ZUM), Heft 7, 2004, S. 522–529.

Fricke, Friedrich W., Zur Beendigung des Beweissicherungsverfahrens, in: Zeitschrift für das gesamte öffentliche und zivile Baurecht (BauR), Heft 4, 1977, S. 231–235.

Fritze, Ulrich/Stauder, Dieter, Die Beschaffung von Beweisen für die Verletzung von gewerblichen Schutzrechten (90) – Bericht im Namen der Deutschen Landesgruppe, in: Gewerblicher Rechtsschutz und Urheberrecht, Internationaler Teil (GRUR Int), Heft 5, 1986, S. 342–344.

Füllkrug, Dieter, Bayer./.Winter, ein Fall der Markenpiraterie (Baygon) sind zu einem Fall internationaler Markenpiraterie ergangen, der Anregungen zur Fortbildung des nationalen und zwischenstaatlichen Rechts gegen die Markenpiraterie liefert – Die im folgenden Text erwähnten Entscheidungen, in: Wettbewerb in Recht und Praxis (WRP), Heft 12, 1987, S. 713–718.

Gartz, Benjamin, Präklusion verfristeter Einwendungen aus einem selbständigen Beweisverfahren für den nachfolgenden Hauptprozess, in: Zeitschrift für das gesamte öffentliche und zivile Baurecht (BauR), Heft 6, 2011, S. 906–909.

Geller, Paul Edward, Die Auflösung des Geistigen Eigentums, in: Gewerblicher Rechtsschutz und Urheberrecht, Internationaler Teil (GRUR Int), Heft 4, 2006, S. 273–277.

Goebel, Frank-Michael, § 758a ZPO – Fast nur Althergebrachtes in neuem Gewande, in: Deutsche Gerichtsvollzieher Zeitung (DGVZ), Heft 11, 1998, S. 161–167.

Götting, Horst-Peter, Die Entwicklung neuer Methoden der Beweisbeschaffung zur Bekämpfung von Schutzrechtsverletzungen – Die Anton-Piller-Order – Ein Modell für das deutsche Recht?, in: Gewerblicher Rechtsschutz und Urheberrecht, Internationaler Teil (GRUR Int), Heft 10, 1988, S. 729–744.

Gottwald, Peter, Zur Wahrung von Geschäftsgeheimnissen im Zivilprozeß, in: Betriebs-Berater (BB), Heft 35/36, 1979, S. 1780–1787.

Grabinski, Klaus, Der Entwurf der Verfahrensordnung für das Einheitliche Patentgericht im Überblick, in: Gewerblicher Rechtsschutz und Urheberrecht, Internationaler Teil (GRUR Int), Heft 4, 2013, S. 310–321.

v. Gravenreuth, Günther Freiherr, Schadenshöhe und Dunkelziffer im Bereich der Softwarepiraterie – Erste Anhaltswerte aus Ermittlungsverfahren, in: Computer und Recht (CR), Heft 2, 1986, S. 111–113.

Greger, Reinhard, Zwischen Mediation und Inquisition – Neue Wege der Informationsbeschaffung im Zivilprozess, in: Deutsches Steuerrecht (DStR), Heft 11, 2005, S. 479–484.

Groh, Thomas/Wündisch, Sebastian, Die Europäische Gemeinschaft und TRIPS: Hermès, Dior und die Folgen, in: Gewerblicher Rechtsschutz und Urheberrecht, Internationaler Teil (GRUR Int), Heft 6, 2001, S. 497–506.

Grosheide, Willem, Durchsetzung von Urheberrechten im Wege einstweiliger Maßnahmen, in: Gewerblicher Rechtsschutz und Urheberrecht, Internationaler Teil (GRUR Int), Heft 4, 2000, S. 310–324.

Grossam, Wolfgang, Aktuelle Fallstricke für gerichtliche Sachverständige beim Ortstermin, in: Der Sachverständige (DS), Heft 7/8, 2013, S. 214–218.

Gruber, Urs Peter/Kießling, Erik, Die Vorlagepflichten der §§ 142 ff. ZPO nach der Reform 2002 – Elemente der „discovery" im neuen deutschen Gerichtsverfahren?, in: Zeitschrift für Zivilprozess (ZZP), Band 116, Heft 3, 2003, S. 305–333.

Habscheid, Walther J., Anmerkung zu OLG Nürnberg, Beschl. v. 07.09.1972, Az. 2 W 108/72, in: Beck-Online Rechtsprechung (BeckRS), 9998, S. 107933.

Hansens, Heinz, Die wichtigsten Änderungen im Bereich der Zivilgerichtsbarkeit aufgrund des Rechtspflege-Vereinfachungsgesetzes, in: Neue Juristische Wochenschrift (NJW), Heft 15, 1991, S. 953–961.

Harmsen, Heinz, Anmerkung zu BGH, Urt. v, 15.04.1975, Az. X ZR 52/73, in: Gewerblicher Rechtsschutz und Urheberrecht (GRUR), Heft 9, 1975, S. 507–508.

Härting, Niko/Bielajew, Andrzej, Urteilsveröffentlichung: Wann muss ich schwärzen?, in: Der IP-Rechtsberater (IPRB), Heft 8, 2014, S. 184–187.

v. Hartz, Nikolaus, Beweissicherungsmöglichkeiten im Urheberrecht nach der Enforcement-Richtlinie im deutschen Recht, in: Zeitschrift für Urheber- und Medienrecht (ZUM), Heft 5, 2005, S. 376–383.

Häsemeyer, Ludwig, Drittinteressen im Zivilprozeß, in: Zeitschrift für Zivilprozess (ZZP), Band 101, Heft 4, 1988, S. 385–412.

Hauck, Ronny, Der Verletzungsprozess vor dem Einheitlichen Patentgericht – Auskunftsanspruch und Geheimnisschutz nach EPGÜ und Verfahrensordnung des Gerichts, in: Gewerblicher Rechtsschutz und Urheberrecht, Internationaler Teil (GRUR Int), Heft 8–9, 2013, S. 713–718.

Heath, Christopher, Enforcement of Patent Rights in Japan, in: International Review of Intellectual Property and Competition Law (IIC), Heft 6, 2000, S. 749–770.

Hellwig, Hans-Jürgen, Anwaltsethos – Lehren aus der Finanzkrise, in: Studentische Zeitschrift für Rechtswissenschaft Heidelberg (StudZR), Heft 1, 2010, S. 3–20.

Henry, David J., U.S. Pretrial Discovery: Extraterritorial Impact on Enforcement and Exploitation of Industrial Property Rights, in: International Review of Intellectual Property and Competition Law (IIC), Heft 6, 1982, S. 704–728.

Henry, David J., Pretrial Discovery in USA: Exterritorialer Einfluß auf Durchsetzung und Benutzung von gewerblichen Schutzrechten, in: Gewerblicher Rechtsschutz und Urheberrecht, Internationaler Teil (GRUR Int), Heft 2, 1983, S. 82–97.

Hesse, Hans Gerd, Die Behauptungs- und Beweislast im Sortenschutz-Verletzungsprozeß, in: Gewerblicher Rechtsschutz und Urheberrecht (GRUR), Heft 9, 1975, S. 455–463.

Heymann, Thomas, Das Gesetz zur Verbesserung der Durchsetzung von Rechten des geistigen Eigentums, in: Computer und Recht (CR), Heft 9, 2008, S. 568–575.

Hickl, Manfred, Die Verjährungsunterbrechungswirkung beim gerichtlichen Beweissicherungsverfahren, in: Zeitschrift für das gesamte öffentliche und zivile Baurecht (BauR), Heft 3, 1986, S. 282–289.

Hildebrandt, Thomas, Zur Eröffnung des Insolvenzverfahrens während eines anhängigen selbständigen Beweisverfahrens, in: Zeitschrift für Immobilienrecht (ZfIR), Heft 3, 2004, S. 92–96.

Hocks, Peter/Pfeifer, Hans-Peter, Innovationsschutz als maßgeblicher Faktor für die Wettbewerbsfähigkeit eines modernen Industriestaates, in: Gewerblicher Rechtsschutz und Urheberrecht, Internationaler Teil (GRUR Int), Heft 12, 1985, S. 805–808.

Hoeren, Thomas, High-noon im europäischen Immaterialgüterrecht – Überlegungen zum Vorschlag für eine EU-Richtlinie über die Maßnahmen und Verfahren zum Schutz der Rechte an geistigem Eigentum, in: MultiMedia und Recht (MMR), Heft 5, 2003, S. 299–303.

Hoeren, Thomas, Kohlberg und Piaget: Was Erziehungspsychologen zur geplanten Verschärfung der Strafen im Immaterialgüterrecht sagen würden, in: MultiMedia und Recht (MMR), Heft 4, 2003, S. 217–218.

Hoeren, Thomas, Softwareauditierung – Zur Zulässigkeit von Audit-Klauseln in IT-Verträgen, in: Computer und Recht (CR), Heft 7, 2008, S. 409–411.

Hoeren, Thomas/Spittka, Jan, Aktuelle Entwicklungen des IT-Vertragsrechts – ITIL, Third Party Maintainance, Cloud Computing und Open Source Hybrids, in: MultiMedia und Recht (MMR), Heft 9, 2009, S. 583–589.

Hök, Götz-Sebastian, Zum Anspruch auf Beweissicherung auf fremden Grund und Boden insbesondere in Baustreitigkeiten – Ein Beitrag zum Informationsgefälle in Bauprozessen, in: Zeitschrift für das gesamte öffentliche und zivile Baurecht (BauR), Heft 3, 1999, S. 221–228.

Holzapfel, Henrik, Zum einstweiligen Rechtsschutz im Wettbewerbs- und Patentrecht, in: Gewerblicher Rechtsschutz und Urheberrecht (GRUR), Heft 4, 2003, S. 287–294.

Hoppen, Peter, Software-Besichtigungsansprüche und ihre Durchsetzung – Die praktische Seite, in: Computer und Recht (CR), Heft 6, 2009, S. 407–412.

Jauernig, Othmar, Subjektive Grenzen der Rechtskraft und Recht auf rechtliches Gehör, in: Zeitschrift für Zivilprozess (ZZP), Band 101, Heft 4, 1988, S. 361–384.

Jessnitzer, Kurt, Ortsbesichtigungen und Untersuchungen durch Bausachverständige und ihre gerichtliche Verwertung, in: Zeitschrift für das gesamte öffentliche und zivile Baurecht (BauR), Heft 2, 1975, S. 73–79.

Junker, Abbo, Die Entwicklung des Computerrechts in den Jahren 2001/2002, in: Neue Juristische Wochenschrift (NJW), Heft 56, 2003, S. 2792–2799.

Junker, Abbo, Die Entwicklung des Computerrechts in den Jahren 2003/2004, in: Neue Juristische Wochenschrift (NJW), Heft 39, 2005, S. 2829–2834.

Kalbfus, Björn/Harte-Bavendamm, Henning, Protokoll der Sitzung des Fachausschusses für Wettbewerbs- und Markenrecht zum Richtlinienvorschlag über den Schutz von Geschäftsgeheimnissen, in: Gewerblicher Rechtsschutz und Urheberrecht (GRUR), Heft 5, 2014, S. 453–457.

Karg, Tanja, Interferenz der ZPO durch TRIPS – Auswirkungen auf den einstweiligen Rechtsschutz im Urheberrechtsprozess, in: Zeitschrift für Urheber- und Medienrecht (ZUM), Heft 11, 2000, S. 934–945.

Karger, Michael, Anmerkung zu BGH, Urt. v. 20.09.2012, Az. I ZR 90/09 – UniBasic-IDOS, in: Gewerblicher Rechtsschutz und Urheberrecht, Praxis im Immaterialgüter- und Wettbewerbsrecht (GRUR-Prax), Heft 8, 2013, S. 189.

Kather, Peter, Arbeitgeberwechsel von Know-how-Trägern – Know-how-Schutz/Haftung/Risiken/Kosten, in: Rundbriefe der Vereinigung von Fachleuten des Gewerblichen Rechtsschutzes (VPP-Rundbrief), Heft 3, 2005, S. 108–117.

Kather, Peter/Fitzner, Uwe, Der Patentinhaber, der Besichtigte, der Gutachter und sein Gutachten, in: Mitteilungen der deutschen Patentanwälte (MittdtPatA), Heft 7–8, 2010, S. 325–332.

Katzenberger, Paul, TRIPS und das Urheberrecht, in: Gewerblicher Rechtsschutz und Urheberrecht, Internationaler Teil (GRUR Int), Heft 6, 1995, S. 447–468.

Keldungs, Karl-Heinz, Die Rechtsprechung der Oberlandesgerichte zum privaten Baurecht 2009 [1], in: Zeitschrift für das gesamte öffentliche und zivile Baurecht (BauR), Heft 9, 2010, S. 1494–1503.

Kiethe, Kurt, Die Abgrenzung von zulässigem Sachvortrag und strafbewehrtem Geheimnisschutz im Zivilprozess, in: Juristen Zeitung (JZ), Heft 21, 2005, S. 1034–1039.

Kiethe, Kurt/Groeschke, Peer, Die Durchsetzung von Schadensersatzansprüchen in Fällen der Betriebs- und Wirtschaftsspionage, in: Wettbewerb in Recht und Praxis (WRP), Heft 11, 2005, S. 1358–1370.

Kitz, Volker, Rechtsdurchsetzung im geistigen Eigentum – die neuen Regeln, in: Neue Juristische Wochenschrift (NJW), Heft 33, 2008, S. 2374–2377.

Klaka, Rainer, Die einstweilige Verfügung in der Praxis, in: Gewerblicher Rechtsschutz und Urheberrecht (GRUR), Heft 9, 1979, S. 593–602.

Klein, Georg, Die relative Präklusion von nicht im selbstständigen Beweisverfahren geltend gemachten Einwendungen, in: Neue Zeitschrift für Baurecht und Vergaberecht (NZBau), Heft 1, 2012, S. 8–11.

Kleinemenke, Manuel, Anmerkung zu LG Hamburg, Beschl. v. 16.01.2013, Az. 327 O 10/13, in: Gewerblicher Rechtsschutz und Urheberrecht, Praxis im Immaterialgüter- und Wettbewerbsrecht (GRUR-Prax), Heft 23, 2013, S. 514.

Klink, Jan, Cherry Picking in Cross-border Patent Infringement Actions: A Comparative Overview of German and UK Procedure and Practice, in: European Intellectual Property Review (EIPR), 2004, S. 493–504.

Knaak, Roland, Die nationalen und internationalen Arbeiten gegen die Markenpiraterie – Eine Zwischenbilanz, in: Gewerblicher Rechtsschutz und Urheberrecht, Internationaler Teil (GRUR Int), Heft 1, 1988, S. 1–11.

Knaak, Roland, Die EG-Richtlinie zur Durchsetzung der Rechte des geistigen Eigentums und ihr Umsetzungsbedarf im deutschen Recht, in: Gewerblicher Rechtsschutz und Urheberrecht, Internationaler Teil (GRUR Int), Heft 9, 2004, S. 745–750.

Koch, Frank A., Die „Enforcement"-Richtlinie: Vereinheitlichung der Durchsetzung der Rechte des geistigen Eigentums in der EU – Regelungsgegenstände und Auswirkungen, in: Der IT-Rechtsberater (ITRB), Heft 2, 2006, S. 40–42.

Kohler, Joseph, Zur Editionslehre, in: Archiv für die civilistische Praxis (AcP), Band 79, 1892, S. 1–48.

Köklü, Kaya/Müller-Stoy, Tilman, Zum Dringlichkeitserfordernis in Besichtigungsverfahren – Ein rheinisches Duell, in: Mitteilungen der deutschen Patentanwälte (MittdtPatA), Heft 3, 2011, S. 109–111.

König, Reimar, Anmerkung zu BGH, Urt. v. 02.05.2002, Az. I ZR 45/01, in: Mitteilungen der deutschen Patentanwälte (MittdtPatA), Heft 10, 2002, S. 457–458.

König, Reimar, Die Beweisnot des Klägers und der Besichtigungsanspruch nach § 809 BGB bei Patent- und Gebrauchsmusterverletzungen, in: Mitteilungen der deutschen Patentanwälte (MittdtPatA), Heft 4, 2002, S. 153–165.

Kraßer, Rudolf, Der Schutz des Know-how nach deutschem Recht, in: Gewerblicher Rechtsschutz und Urheberrecht (GRUR), Heft 12, 1970, S. 587–597.

Kraßer, Rudolf, Grundlagen der zivilrechtlichen Schutzes von Geschäfts- und Betriebsgeheimnissen sowie von Know-how, in: Gewerblicher Rechtsschutz und Urheberrecht (GRUR), Heft 4, 1977, S. 177–196.

Krieger, Ulrich, Nochmals: Die Aussetzung des Patentverletzungsprozesses, in: Gewerblicher Rechtsschutz und Urheberrecht (GRUR), Heft 12, 1996, S. 941–943.

Krieger, Ulrich, Durchsetzung gewerblicher Schutzrechte in Deutschland und die TRIPS-Standards, in: Gewerblicher Rechtsschutz und Urheberrecht, Internationaler Teil (GRUR Int), Heft 5, 1997, S. 421–426.

Kröger, Bernd/Bausch, Thorsten, Produktpiraterie im Patentwesen, in: Gewerblicher Rechtsschutz und Urheberrecht (GRUR), Heft 5, 1997, S. 321–328.

Krüger, Wolfgang, Die Leistung zur Abwendung der Zwangsvollstreckung im Spannungsfeld zwischen materiellem und formellem Recht, in: Neue Juristische Wochenschrift (NJW), Heft 19, 1990, S. 1208–1213.

Kühnen, Thomas, Die Besichtigung im Patentrecht – Eine Bestandsaufnahme zwei Jahre nach „Faxkarte", in: Gewerblicher Rechtsschutz und Urheberrecht (GRUR), Heft 3, 2005, S. 185–196.

Kühnen, Thomas, Das Erlöschen des Patentschutzes während des Verletzungsprozesses – Materiell-rechtliche und verfahrensrechtliche Folgen, in: Gewerblicher Rechtsschutz und Urheberrecht (GRUR), Heft 3/4, 2009, S. 288–293.

Kühnen, Thomas, Update zum Düsseldorfer Besichtigungsverfahren, in: Mitteilungen der deutschen Patentanwälte (MittdtPatA), Heft 5, 2009, S. 211–218.

Künzel, Jens, Anmerkung zu OLG Düsseldorf, Beschl. v. 11.02.2016, Az. I-20 W 14/16, in: Gewerblicher Rechtsschutz und Urheberrecht, Praxis im Immaterialgüter- und Wettbewerbsrecht (GRUR-Prax), Heft 7, 2016, S. 159.

Kunz-Hallstein, Hans Peter/Loschelder, Michael, Stellungnahme zum Vorschlag der Kommission für eine Richtlinie über die Maßnahmen und Verfahren zum Schutz der Rechte am geistigen Eigentum, in: Gewerblicher Rechtsschutz und Urheberrecht (GRUR), Heft 8, 2003, S. 682–685.

Kunz-Hallstein, Hans Peter/Loschelder, Michael, Richtlinie 2004/48/EG des Europäischen Parlaments und des Rates vom 29.4.2004 zur Durchsetzung der Rechte des geistigen Eigentums – Vorläufige Stellungnahme der Deutschen Vereinigung für gewerblichen Rechtsschutz und Urheberrecht (GRUR), in: Gewerblicher Rechtsschutz und Urheberrecht (GRUR), Heft 9, 2005, S. 747–748.

Kunz-Hallstein, Hans Peter/Loschelder, Michael, Gemeinsame Stellungnahme der Ausschüsse für Patent- und Gebrauchsmusterrecht, Geschmacksmusterrecht und Urheberrecht zum Referentenentwurf für ein „Gesetz zur Verbesserung der Durchsetzung von Rechten des geistigen Eigentums" (Stand: 3.1.2006), in: Gewerblicher Rechtsschutz und Urheberrecht (GRUR), Heft 5, 2006, S. 393–395.

Kunz-Hallstein, Hans Peter/Loschelder, Michael, Stellungnahme zur Umsetzung der Richtlinie zur Durchsetzung des Geistigen Eigentums – Problemlagen bei der Umsetzung der Richtlinie zur Durchsetzung der Rechte des Geistigen Eigentums durch RegE v. 24.1.2007 und ändernde Textvorschläge, in: Gewerblicher Rechtsschutz und Urheberrecht (GRUR), Heft 9, 2007, S. 765–767.

Kur, Annette, The Enforcement Directive – Rough Start, Happy Landing?, in: International Review of Intellectual Property and Competition Law (IIC), Heft 7, 2004, S. 821–830.

Kürschner, Wolfgang, Parteiöffentlichkeit vor Geheimnisschutz im Zivilprozeß, in: Neue Juristische Wochenschrift (NJW), Heft 29, 1992, S. 1804–1805.

Lachmann, Jens-Peter, Unternehmensgeheimnisse im Zivilrechtsstreit, dargestellt am Beispiel des EDV-Prozesses, in: Neue Juristische Wochenschrift (NJW), Heft 36, 1987, S. 2206–2210.

Langheid, Theo, Durchsuchung gemäß § 758 ZPO nur auf Grund richterlichen Durchsuchungsbefehls – Zu BVerfG, MDR 1979, 906 = NJW 1979, 1539, in: Monatsschrift für Deutsches Recht (MDR), Heft 1, 1980, S. 21–23.

Laumen, Hans-Willi, Voraussetzungen und Rechtsfolgen der Beweisvereitelung, in: Monatsschrift für Deutsches Recht (MDR), Heft 4, 2009, S. 177–180.

Lenzen, Elmar, Unterbrechung von Beweisverfahren und/oder Schiedsverfahren durch Insolvenzeröffnung?, in: Neue Zeitschrift für Baurecht und Vergaberecht (NZBau), Heft 8, 2003, S. 428–430.

Leppin, Klaus H., Besichtigungsanspruch und Betriebsgeheimnis – Ein Beitrag zum eingeschränkten Besichtigungsanspruch gemäß §§ 809, 242 BGB und zur Möglichkeit eines Geheimverfahrens im Zivilprozess unter besonderer Berücksichtigung der Patentverletzung, in: Gewerblicher Rechtsschutz und Urheberrecht (GRUR), Heft 8, 1984, S. 552–564.

Leppin, Klaus H., Besichtigungsanspruch und Betriebsgeheimnis (Teil II) – Ein Beitrag zum eingeschränkten Besichtigungsanspruch gemäß §§ 809, 242 BGB und zur Möglichkeit eines Geheimverfahrens im Zivilprozess unter besonderer Berücksichtigung der Patentverletzung, in: Gewerblicher Rechtsschutz und Urheberrecht (GRUR), Heft 10, 1984, S. 695–713.

Leppin, Klaus H., Besichtigungsanspruch und Betriebsgeheimnis (Teil III) – Ein Beitrag zum eingeschränkten Besichtigungsanspruch gemäß §§ 809, 242 BGB und zur Möglichkeit eines Geheimverfahrens im Zivilprozess unter besonderer Berücksichtigung der Patentverletzung, in: Gewerblicher Rechtsschutz und Urheberrecht (GRUR), Heft 11, 1984, S. 770–778.

Leppin, Klaus H., Anmerkung zu BGH, Urt. v. 08.01.1985, Az. X ZR 18/84 – Druckbalken, in: Mitteilungen der deutschen Patentanwälte (MittdtPatA), Heft 11, 1985, S. 212–213.

Levente, Tattay, Entwicklungsgeschichte der Rechte des geistigen Eigentums in der Europäischen Union, in: Gewerblicher Rechtsschutz und Urheberrecht, Internationaler Teil (GRUR Int), Heft 11, 2013, S. 1012–1023.

Lieberknecht, Otfried, Die Behandlung von Geschäftsgeheimnissen im deutschen und EG-Recht, in: Wirtschaft und Wettbewerb (WuW), Heft 10, 1988, S. 833–848.

Magrini, P. Paolo/Causin, G., Die Reform des italienischen Zivilprozeßrechts, in: Zeitschrift für Vergleichende Rechtswissenschaft (ZVglRWiss), 2006, S. 208–222.

Maloney, Timothy, The Enforcement of Patent Rights in the United States, in: International Review of Intellectual Property and Competition Law (IIC), Heft 6, 2000, S. 723–748.

Margedant, Jochen, Das „in camera"-Verfahren, in: Neue Zeitschrift für Verwaltungsrecht (NVwZ), Heft 7, 2001, S. 759–764.

Marshall, Hans, The Enforcement of Patent Rights in Germany, in: International Review of Intellectual Property and Competition Law (IIC), Heft 6, 2000, S. 646–669.

Mayer, Hans-Peter/Linnenborn, Oliver, Kein sicherer Hafen: Bekämpfung der Produktpiraterie in der Europäischen Union, in: Kommunikation & Recht (K&R), Heft 7, 2003, S. 313–322.

McGuire, Mary-Rose, Beweismittelvorlage und Auskunftsanspruch nach der Richtlinie 2004/48/EG zur Durchsetzung der Rechte des Geistigen Eigentums – Über den Umsetzungsbedarf im deutschen und österreichischen Prozessrecht, in: Gewerblicher Rechtsschutz und Urheberrecht, Internationaler Teil (GRUR Int), Heft 1, 2005, S. 15–22.

McGuire, Mary-Rose, Know-how: Stiefkind, Störenfried oder Sorgenkind? – Lücken und Regelungsalternativen vor dem Hintergrund des RL-Vorschlags, in: Gewerblicher Rechtsschutz und Urheberrecht (GRUR), Heft 5, 2015, S. 424–436.

McGuire, Mary-Rose/Joachim, Björn/Künzel, Jens/Weber, Nils, Der Schutz von Geschäftsgeheimnissen durch Rechte des Geistigen Eigentums und durch das Recht des unlauteren Wettbewerbs (Q215), in: Gewerblicher Rechtsschutz und Urheberrecht, Internationaler Teil (GRUR Int), Heft 10, 2010, S. 829–840.

Meier-Beck, Peter, Die einstweilige Verfügung wegen Verletzung von Patent- und Gebrauchsmusterrechten, in: Gewerblicher Rechtsschutz und Urheberrecht (GRUR), Heft 12, 1988, S. 861–867.

Meier-Beck, Peter, Was denkt der Durchschnittsfachmann? – Tat- und Rechtsfrage im Patentrecht nach „Diabehältnis" und „Bodenseitige Vereinzelungseinrichtung", in: Mitteilungen der deutschen Patentanwälte (MittdtPatA), Heft 12, 2005, S. 529–534.

Meier-Beck, Peter, Die Rechtsprechung des BGH zum Patent- und Gebrauchsmusterrecht im Jahre 2012, in: Gewerblicher Rechtsschutz und Urheberrecht (GRUR), Heft 12, 2013, S. 1177–1185.

Mentz, Alexander, Das „Pre-Trial Discovery" Verfahren im US-amerikanischen Zivilprozeßrecht, in: Recht der internationalen Wirtschaft (RIW/AWD), Heft 2, 1981, S. 73–79.

Mes, Peter, Arbeitsplatzwechsel und Geheimnisschutz, in: Gewerblicher Rechtsschutz und Urheberrecht (GRUR), Heft 9, 1979, S. 584–593.

Mes, Peter, Si tacuisses – Zur Darlegungs- und Beweislast im Prozess des gewerblichen Rechtsschutzes, in: Gewerblicher Rechtsschutz und Urheberrecht (GRUR), Heft 11/12, 2000, S. 934–942.

Mes, Peter, Testkauf zur Vorbereitung des Prozesses im gewerblichen Rechtsschutz und Wettbewerbsrecht, in: Gewerblicher Rechtsschutz und Urheberrecht (GRUR), Heft 8, 2013, S. 767–774.

Metzger, Axel/Wurmnest, Wolfgang, Auf dem Weg zu einem Europäischen Sanktionenrecht des geistigen Eigentums? – Anmerkungen zum Vorschlag der Europäischen Kommission für eine Richtlinie „über die Maßnahmen und Verfahren zum Schutz der Rechte an geistigem Eigentum", in: Zeitschrift für Urheber- und Medienrecht (ZUM), Heft 12, 2003, S. 922–933.

Meyer-Dulheuer, Karl-Hermann, Der Vorlegungsanspruch bei biotechnologischen Erfindungen, in: Gewerblicher Rechtsschutz und Urheberrecht, Internationaler Teil (GRUR Int), Heft 1, 1987, S. 14–18.

Moos, Flemming, Softwarelizenz-Audits – Wirksamkeit und Umfang gesetzlicher und vertraglicher Pflichten zur Lizenzprüfung, in: Computer und Recht (CR), Heft 12, 2006, S. 797–803.

Motzke, Gerd, Die Ablehnung des Sachverständigen im Beweissicherungsverfahren, in: Zeitschrift für das gesamte öffentliche und zivile Baurecht (BauR), Heft 6, 1983, S. 500–517.

v. Mühlendahl, Alexander, Enforcement of Intellectual Property Rights – Is Injunctive Relief Mandatory?, in: International Review of Intellectual Property and Competition Law (IIC), Heft 4, 2007, S. 377–380.

Müller, Klaus, Die Ablehnung des Sachverständigen im Beweissicherungsverfahren, in: Neue Juristische Wochenschrift (NJW), Heft 36, 1982, S. 1961–1966.

Müller-Stoy, Tilman, Der Besichtigungsanspruch gemäß § 140c PatG in der Praxis – Teil 1: Voraussetzungen und Reichweite des Anspruchs, in: Mitteilungen der deutschen Patentanwälte (MittdtPatA), Heft 8–9, 2009, S. 361–366.

Müller-Stoy, Tilman, Durchsetzung des Besichtigungsanspruchs – Kritische Überlegungen zu OLG München, GRUR-RR 2009, 191 – Laser-Hybrid-Schweißverfahren, in: Gewerblicher Rechtsschutz und Urheberrecht, Rechtsprechungs-Report (GRUR-RR), Heft 5, 2009, S. 161–164.

Müller-Stoy, Tilman, Der Besichtigungsanspruch gemäß § 140c PatG in der Praxis – Teil 2: Der Schutz der Interessen des Anspruchsgegners, in: Mitteilungen der deutschen Patentanwälte (MittdtPatA), Heft 6, 2010, S. 267–276.

Müller-Stoy, Tilman/Wahl, Jörg, Düsseldorfer Praxis zur einstweiligen Unterlassungsverfügung wegen Patentverletzung – Anm. zu OLG Düsseldorf, Urt. vom 1. März 2007, Az. 2 U 98/06 – „Kleinleistungsschalter", in: Mitteilungen der deutschen Patentanwälte (MittdtPatA), Heft 7–8, 2008, S. 311–313.

Nägele, Thomas/Nitsche, Christina, Gesetzentwurf der Bundesregierung zur Verbesserung der Durchsetzung von Rechten des geistigen Eigentums, in: Wettbewerb in Recht und Praxis (WRP), Heft 9, 2007, S. 1047–1058.

Nastelski, Karl, Der Schutz des Betriebsgeheimnisses, in: Gewerblicher Rechtsschutz und Urheberrecht (GRUR), Heft 1, 1957, S. 1–8.

Obenhaus, Nils, Cloud Computing als neue Herausforderung für Strafverfolgungsbehörden und Rechtsanwaltschaft, in: Neue Juristische Wochenschrift (NJW), Heft 10, 2010, S. 651–655.

Ohly, Ansgar, Der Geheimnisschutz im deutschen Recht: heutiger Stand und Perspektiven, in: Gewerblicher Rechtsschutz und Urheberrecht (GRUR), Heft 1, 2014, S. 1–12.

Pagenberg, Jochen, Betrieblicher Know-How-Schutz in gerichtlichen Auseinandersetzungen, in: Computer und Recht (CR), Heft 2, 1991, S. 65–72.

Patnaik, Daniel, Enthält das deutsche Recht effektive Mittel zur Bekämpfung von Nachahmungen und Produktpiraterie?, in: Gewerblicher Rechtsschutz und Urheberrecht (GRUR), Heft 3, 2004, S. 191–198.

Petit, Laurence, The Enforcement of Patent Rights in France, in: International Review of Intellectual Property and Competition Law (IIC), Heft 6, 2000, S. 669–691.

Peukert, Alexander/Kur, Annette, Stellungnahme des Max-Planck-Instituts für Geistiges Eigentum, Wettbewerbs- und Steuerrecht zur Umsetzung der Richtlinie 2004/48/EG zur Durchsetzung der Rechte des geistigen Eigentums in deutsches Recht, in: Gewerblicher Rechtsschutz und Urheberrecht, Internationaler Teil (GRUR Int), Heft 4, 2006, S. 292–303.

Prietzel-Funk, Dorothea, Die Ablehnung des Sachverständigen im Patentnichtigkeitsverfahren – Grundsätze und Einzelfälle, in: Gewerblicher Rechtsschutz und Urheberrecht (GRUR), Heft 3/4, 2009, S. 322–325.

Prütting, Hanns, Discovery im deutschen Zivilprozess?, in: Anwaltsblatt (AnwBl), Heft 3, 2008, S. 153–159.

Prütting, Hanns/Weth, Stephan, Die Vertretung einer Gewerkschaft im Betrieb – Geheimverfahren zum Nachweis der Voraussetzungen, in: Der Betrieb (DB), Heft 45, 1989, S. 2273–2278.

Prütting, Hanns/Weth, Stephan, Nochmals: Zur Zulässigkeit beweisrechtlicher Geheimverfahren, in: Arbeit und Recht (ArbuR), Heft 9, 1990, S. 269–275.

Prütting, Hanns/Weth, Stephan, Geheimnisschutz im Prozeßrecht, in: Neue Juristische Wochenschrift (NJW), Heft 9, 1993, S. 576–577.

Pützenbacher, Stefan, Anmerkung zu BGH, Beschl. v. 16.05.2013, Az. VII ZB 61/12, in: Beck Fachdienst Zivilrecht (LMK), Heft 8, 2013, S. 349132.

Quack, Friedrich, Neuerungen für den Bauprozeß, vor allem beim Beweisverfahren – Zur Bedeutung der Änderungen der ZPO durch das Rechtspflege-Vereinfachungsgesetz, in: Zeitschrift für das gesamte öffentliche und zivile Baurecht (BauR), Heft 3, 1991, S. 278–284.

Quack, Friedrich, Zur Problematik der stillschweigenden Rechtsanwendung durch Sachverständige – Vorstellung und Besprechung der BGH-Entscheidung, Urteil vom 30.9.1992 – IV ZR 227/91, unter Berücksichtigung des Bauprozesses, in: Zeitschrift für das gesamte öffentliche und zivile Baurecht (BauR), Heft 2, 1993, S. 161–163.

Raabe, Franziska, Der Auskunftsanspruch nach dem Referentenentwurf zur Verbesserung der Durchsetzung von Rechten des geistigen Eigentums, in: Zeitschrift für Urheber- und Medienrecht (ZUM), 2006, S. 439–443.

Rauschhofer, Hajo, Quellcodebesichtigung im Eilverfahren – Softwarebesichtigung nach § 809 BGB – Anmerkung zu OLG Frankfurt a.M. GRUR-RR 2006, 295, in: Gewerblicher Rechtsschutz und Urheberrecht, Rechtsprechungs-Report (GRUR-RR), Heft 8/9, 2006, S. 249–251.

Reischl, Klaus, Der Umfang der richterlichen Instruktionstätigkeit – ein Beitrag zu § 139 Abs. 1 ZPO, in: Zeitschrift für Zivilprozess (ZZP), Band 116, Heft 1, 2003, S. 81–117.

Ringer, Matthias/Wiedemann, Dirk, Die Durchsetzung des Besichtigungsanspruchs nach § 19a MarkenG im einstweiligen Verfügungsverfahren, in: Gewerblicher Rechtsschutz und Urheberrecht (GRUR), Heft 3, 2014, S. 229–233.

Ringleben, Jens, Anmerkung zu OLG Frankfurt a.M., Urt. v. 28.05.2013, Az. 11 W 13/13, in: Gewerblicher Rechtsschutz und Urheberrecht, Praxis im Immaterialgüter- und Wettbewerbsrecht (GRUR-Prax), Heft 14, 2013, S. 323.

Rühl, Gisela, Die Begrenzung des § 142 ZPO durch das Anwaltsprivileg, in: Zeitschrift für Zivilprozess (ZZP), Band 125, Heft 1, 2012, S. 25–40.

Rüpke, Giselher, Freie Advokatur, anwaltliches Berufsgeheimnis und datenschutzrechtliche Kontrollbefugnisse, in: Anwaltsblatt (AnwBl), Heft 1, 2003, S. 19–26.

Schack, Haimo, Internationale Urheber-, Marken- und Wettbewerbsrechtsverletzungen im Internet – Internationales Zivilprozessrecht, in: MultiMedia und Recht (MMR), Heft 3, 2000, S. 135–140.

Schäfers, Alfons, Normsetzung zum geistigen Eigentum in internationalen Organisationen: WIPO und WTO – ein Vergleich, in: Gewerblicher Rechtsschutz und Urheberrecht, Internationaler Teil (GRUR Int), Heft 7, 1996, S. 763–778.

Schickedanz, Willi, Die Ermittlung von Verletzungen normbildender Patente durch indirekte Schlüsse statt durch Merkmal-für-Merkmal-Subsumtion?, in: Gewerblicher Rechtsschutz und Urheberrecht, Internationaler Teil (GRUR Int), Heft 6, 2011, S. 480–487.

Schilken, Eberhard, Grundlagen des Beweissicherungsverfahrens, in: Zeitschrift für Zivilprozess (ZZP), Band 92, Heft 2, 1979, S. 238–267.

Schilken, Eberhard, Ansprüche auf Auskunft und Vorlegung von Sachen im materiellen Recht und im Verfahrensrecht, in: Juristische Ausbildung (JURA), Heft 10, 1988, S. 525–532.

Schlosser, Peter, Internationale Rechtshilfe und rechtsstaatlicher Schutz von Beweispersonen, in: Zeitschrift für Zivilprozess (ZZP), Band 94, Heft 4, 1981, S. 369–406.

Schlosser, Peter, Die lange deutsche Reise in die prozessuale Moderne – Zugleich eine Besprechung des Urteils des BGH vom 11.6.1990, in: Juristen Zeitung (JZ), Heft 12, 1991, S. 599–608.

Schlosser, Peter, Anmerkung zu BGH, Urt. v. 02.05.2002, Az. I ZR 45/01 – Faxkarte, in: Juristen Zeitung (JZ), Heft 8, 2003, S. 427–428.

Schlösser, Jürgen P., Der Eintritt der Verjährungshemmung beim selbstständigen Beweisverfahren, in: Neue Zeitschrift für Baurecht und Vergaberecht (NZBau), Heft 11, 2012, S. 669–673.

Schmitz, Thomas, Einzelne Probleme des gerichtlichen Beweissicherungsverfahrens in Bausachen, in: Zeitschrift für das gesamte öffentliche und zivile Baurecht (BauR), Heft 1, 1981, S. 40–45.

Schneider, Dieter, Betrachtungen zum Olanzapin-Fall, in: Rundbriefe der Vereinigung von Fachleuten des Gewerblichen Rechtsschutzes (VPP-Rundbrief), Heft 4, 2009, S. 19–29.

Schneider, Egon, Befangenheitsablehnung eines Sachverständigen nach Einreichung des Gutachtens, in: Monatsschrift für Deutsches Recht (MDR), Heft 5, 1975, S. 353–356.

Schneider, Egon, Die neuere Rechtsprechung zum zivilprozessualen Beweisrecht (II), in: Monatsschrift für Deutsches Recht (MDR), Heft 7, 1975, S. 538–541.

Schneider, Egon, Die vollstreckungsrichterliche Durchsuchungsanordnung, in: Neue Juristische Wochenschrift (NJW), Heft 44, 1980, S. 2377–2386.

Schneider, Jochen, Neues zu Vorlage und Herausgabe des Quellcodes? – Kritische Überlegungen zur Dissonanz zwischen vertraglicher und prozessualer Beurteilung des Quellcodes durch den BGH, in: Computer und Recht (CR), Heft 1, 2003, S. 1–9.

Schönknecht, Marcus, Beweisbeschaffung in den USA zur Verwendung in deutschen Verfahren, in: Gewerblicher Rechtsschutz und Urheberrecht, Internationaler Teil (GRUR Int), Heft 12, 2011, S. 1000–1009.

Schreiber, Christoph, Das Recht auf Besichtigung von Sachen, in: Juristische Rundschau (JR), Heft 1, 2008, S. 1–5.

Schreiber, Klaus, Das selbstständige Beweisverfahren, in: Neue Juristische Wochenschrift (NJW), Heft 41, 1991, S. 2600–2602.

Schultz-Süchting, Rolf, Einstweilige Verfügungen in Patent- und Gebrauchsmustersachen, in: Gewerblicher Rechtsschutz und Urheberrecht (GRUR), Heft 8, 1988, S. 571–577.

Schulze, Gernot, Beweislast und Bestimmtheitsgebot im Software-Verletzungsprozeß – Zugleich eine Anmerkung zu den Urteilen des Landgerichts Braunschweig vom 5.11.1985 und des Oberlandesgerichts Karlsruhe vom 26.10.1983, in: Computer und Recht (CR), Heft 12, 1986, S. 779–790.

Schweikhardt, Friedrich, Die Beweislast bei Verletzung von Schutzrechten auf Verfahren und Vorrichtungen, deren Verwendung am fertigen Erzeugnis nicht zu erkennen ist, in: Gewerblicher Rechtsschutz und Urheberrecht (GRUR), Heft 3, 1962, S. 116–125.

Seibel, Mark, Zur Präklusion von Einwendungen zwischen selbständigem Beweisverfahren und nachfolgendem Hauptsacheprozess, in: Zeitschrift für das gesamte öffentliche und zivile Baurecht (BauR), Heft 9, 2011, S. 1410–1416.

Seichter, Dirk, Die Umsetzung der Richtlinie zur Durchsetzung der Rechte des geistigen Eigentums, in: Wettbewerb in Recht und Praxis (WRP), Heft 4, 2006, S. 391–400.

Siegburg, Peter, Zum Beweisthema des Beweisbeschlusses beim Sachverständigenbeweis über Baumängel, in: Zeitschrift für das gesamte öffentliche und zivile Baurecht (BauR), Heft 6, 2001, S. 875–887.

Siegmann, Matthias, Die Beweisführung durch „gegnerische" Urkunden – Prozesstaktische Hinweise zu § 142 Abs. 1 ZPO, in: Anwaltsblatt (AnwBl), Heft 3, 2008, S. 160–162.

Sosnitza, Olaf, Die Leistungsverfügung im Kartellrecht – Anmerkungen zum Urteil des Kammergerichts vom 26.06.2003, Az. 2 U 20/02 Kart, in: Wettbewerb in Recht und Praxis (WRP), Heft 1, 2004, S. 62–65.

Spindler, Gerald/Weber, Marc Philipp, Der Geheimnisschutz nach Art. 7 der Enforcement-Richtlinie, in: MultiMedia und Recht (MMR), Heft 11, 2006, S. 711–714.

Spindler, Gerald/Weber, Marc Philipp, Die Umsetzung der Enforcement-Richtlinie nach dem Regierungsentwurf für ein Gesetz zur Verbesserung der Durchsetzung von Rechten des geistigen Eigentums, in: Zeitschrift für Urheber- und Medienrecht (ZUM), Heft 4, 2007, S. 257–266.

Stadler, Astrid, Der Schutz von Unternehmensgeheimnissen im Zivilprozeß, in: Neue Juristische Wochenschrift (NJW), Heft 19, 1989, S. 1202–1206.

Stadler, Astrid, Geheimnisschutz im Zivilprozess aus deutscher Sicht, in: Zeitschrift für Zivilprozess (ZZP), Band 123, Heft 3, 2010, S. 261–282.

Stauder, Dieter, Überlegungen zur Schaffung eines besonderen Beweisverfahrens im europäischen Patentverletzungsrecht – Saisie-contrefacon oder actio ad exhibendum als Beispiele?, in: Gewerblicher Rechtsschutz und Urheberrecht, Internationaler Teil (GRUR Int), Heft 6, 1978, S. 230–238.

Stauder, Dieter, Umfang und Grenzen der Auskunftspflicht im gewerblichen Rechtsschutz und Urheberrecht – Zur neueren Entwicklung im englischen und deutschen Recht, in: Gewerblicher Rechtsschutz und Urheberrecht, Internationaler Teil (GRUR Int), Heft 4, 1982, S. 226–231.

Stauder, Dieter, Anmerkung zu BGH, Urt. v. 08.01.1985, Az. X ZR 18/84 – Druckbalken, in: Gewerblicher Rechtsschutz und Urheberrecht (GRUR), Heft 7, 1985, S. 518–519.

Stjerna, Ingve Björn, Das Dringlichkeitserfordernis im Besichtigungsverfahren, in: Mitteilungen der deutschen Patentanwälte (MittdtPatA), Heft 6, 2011, S. 271–278.

Stürner, Rolf, Die Einwirkungen der Verfassung auf den Zivilprozeß, in: Neue Juristische Wochenschrift (NJW), Heft 46, 1979, S. 2334–2338.

Stürner, Rolf, Die Gerichte und Behörden der U.S.A. und die Beweisaufnahme in Deutschland, in: Zeitschrift für Vergleichende Rechtswissenschaft (ZVglRWiss), 1982, S. 159–214.

Stürner, Rolf, Die gewerbliche Geheimsphäre im Zivilprozeß, in: Juristen Zeitung (JZ), Heft 10, 1985, S. 453–461.

Stürner, Rolf/Bormann, Jens, Der Anwalt – vom freien Beruf zum dienstleistenden Gewerbe? – Kritische Gedanken zur Deregulierung des Berufsrechts und zur Aushöhlung der anwaltlichen Unabhängigkeit, in: Neue Juristische Wochenschrift (NJW), Heft 21, 2004, S. 1481–1492.

Stürner, Rolf/Stadler, Astrid, Anmerkung zu BGH, Urt. v. 08.01.1985, Az. X ZR 18/84, in: Juristen Zeitung (JZ), Heft 23, 1985, S. 1101–1105.

Taeger, Jürgen, Softwareschutz durch Geheimnisschutz, in: Computer und Recht (CR), Heft 8, 1991, S. 449–457.

Taeger, Jürgen, Die Entwicklung des Computerrechts, in: Neue Juristische Wochenschrift (NJW), Heft 46, 2008, S. 3325–3331.

Teplitzky, Otto, Streitfragen beim Arrest und bei der einstweiligen Verfügung, in: Deutsche Richterzeitung (DRiZ), Heft 2, 1982, S. 41–47.

Teplitzky, Otto, Zu offenen Fragen bei der Dringlichkeitsprüfung im Eilverfahren … – … und zu den Risiken (allzu) blinden Vertrauens auf „gefestigte“ oder „herrschende“ Meinungen, in: Wettbewerb in Recht und Praxis (WRP), Heft 11, 2013, S. 1414–1418.

Thieme, Hinrich, Das „neue“ selbständige Beweisverfahren, in: Monatsschrift für Deutsches Recht (MDR), Heft 10, 1991, S. 938–939.

Tilmann, Winfried, Der Auskunftsanspruch, in: Gewerblicher Rechtsschutz und Urheberrecht (GRUR), Heft 5, 1987, S. 251–262.

Tilmann, Winfried, Die Zukunft der Patent-Streitregelung in Europa, in: Gewerblicher Rechtsschutz und Urheberrecht (GRUR), Heft 12, 2001, S. 1079–1083.

Tilmann, Winfried, Beweissicherung nach Art. 7 der Richtlinie zur Durchsetzung der Rechte des geistigen Eigentums, in: Gewerblicher Rechtsschutz und Urheberrecht (GRUR), Heft 9, 2005, S. 737–740.

Tilmann, Winfried, Ein Modellgesetz für Geistiges Eigentum – Ergebnis eines GRUR-Forschungsprojekts, in: Gewerblicher Rechtsschutz und Urheberrecht (GRUR), Heft 10, 2012, S. 961–967.

Tilmann, Winfried/Schreibauer, Marcus, Die neueste BGH-Rechtsprechung zum Besichtigungsanspruch nach § 809 BGB – Anmerkungen zum Urteil des BGH „Faxkarte", in: Gewerblicher Rechtsschutz und Urheberrecht (GRUR), Heft 12, 2002, S. 1015–1022.

Tilmann, Winfried/Schreibauer, Marcus, Anmerkung zu BGH, Urt. v. 01.08.2006, Az. X ZR 114/03 – Restschadstoffentfernung, in: Gewerblicher Rechtsschutz und Urheberrecht (GRUR), Heft 11, 2006, S. 967–968.

Tinnefeld, Christian, Der Anspruch auf Besichtigung von Quellcode nach der Entscheidung „UniBasic-IDOS" des BGH – Zugleich eine Anmerkung zu BGH, Urt. v. 11.4.2013 – I ZR 90/09, in: Computer und Recht (CR), Heft 7, 2013, S. 417–422.

Többens, Hans W., Wirtschaftsspionage und Konkurrenzausspähung in Deutschland, in: Neue Zeitschrift für Strafrecht (NStZ), Heft 10, 2000, S. 505–512.

Ulmer, Detlef, Darlegungslast im Prozess um Urheberrecht an Software – Was, wann und wie substantiiert müssen Kläger und Beklagter vortragen?, in: Der IT-Rechtsberater (ITRB), Heft 3, 2006, S. 63–64.

Ulrich, Jürgen, Grundzüge des selbstständigen Beweisverfahrens im Zivilprozess – 1. Teil, in: Anwaltsblatt (AnwBl), Heft 1, 2003, S. 26–32.

Ulrich, Jürgen, Grundzüge des selbstständigen Beweisverfahrens im Zivilprozess – 2. Teil, in: Anwaltsblatt (AnwBl), Heft 2, 2003, S. 78–87.

Ulrich, Jürgen, Grundzüge des selbstständigen Beweisverfahrens im Zivilprozess – 3. und letzter Teil, in: Anwaltsblatt (AnwBl), Heft 3, 2003, S. 144–149.

Ulrich, Jürgen, Selbständiges Beweisverfahren – Bedeutung des Gutachtenergebnisses für das Hauptsacheverfahren, in: Zeitschrift für das gesamte öffentliche und zivile Baurecht (BauR), Heft 2a, 2013, S. 299–303.

van den Hövel, Markus, „Gefahr im Verzuge" durch die bloße Weigerung des Schuldners zur Wohnungsdurchsuchung, Art. GG Artikel 13 GG Artikel 13 Absatz II GG – Zugleich Erwiderung auf Behr, NJW 1992, 2125, in: Neue Juristische Wochenschrift (NJW), Heft 32, 1993, S. 2031–2032.

Völzmann-Stickelbrock, Barbara, Anmerkung zu BGH, Urt. v. 26.06.2007, Az. XI ZR 277/05, in: Zeitschrift für Zivilprozess (ZZP), Band 120, Heft 4, 2007, S. 518–525.

Wagner, Gerhard, Datenschutz im Zivilprozeß, in: Zeitschrift für Zivilprozess (ZZP), Band 108, Heft 2, 1995, S. 193–218.

Wagner, Gerhard, Europäisches Beweisrecht – Prozessrechtsharmonisierung durch Schiedsgerichte, in: Zeitschrift für Europäisches Privatrecht (ZEuP), 2001, S. 441–514.

Wagner, Gerhard, Urkundenedition durch Prozeßparteien – Auskunftspflicht und Weigerungsrechte, in: Juristen Zeitung (JZ), Heft 14, 2007, S. 706–719.

Wessendorf, Nora Eibhlin, Know-how-Schutz für technische Erfindungen in den USA – ein Überblick, in: Gewerblicher Rechtsschutz und Urheberrecht, Internationaler Teil (GRUR Int), Heft 10, 2013, S. 876–881.

v. Westphalen, Friedrich Graf, Fragmentarisches zur Ethik anwaltlichen Handelns, in: Anwaltsblatt (AnwBl), Heft 3, 2003, S. 125–131.

Weyer, Friedhelm, Die Feststellung des gegenwärtigen Zustandes einer Sache i. S. des § 485 Satz 2 ZPO, in: Neue Juristische Wochenschrift (NJW), Heft 50, 1969, S. 2233.

Weyer, Friedhelm, Erste praktische Erfahrungen mit dem neuen selbständigen Beweisverfahren, in: Zeitschrift für das gesamte öffentliche und zivile Baurecht (BauR), Heft 3, 1992, S. 313–320.

Willer, Ralf, Das selbstständige Beweisverfahren und die Grenzen richterlicher Vorlageanordnungen, in: Neue Juristische Wochenschrift (NJW), Heft 1–2, 2014, S. 22–25.

Winter, Franz, Die internationale Markenpiraterie – Ein Prüfstein unseres Rechts gegen den Mißbrauch des freien Warenverkehrs, in: Gewerblicher Rechtsschutz und Urheberrecht (GRUR), Heft 11, 1982, S. 782–788.

Wintermeier, Martin, Die Präklusion nicht vorgetragener Einwendungen gegen Gutachten aus selbstständigen Beweisverfahren, in: Neue Zeitschrift für Baurecht und Vergaberecht (NZBau), Heft 7, 2015, S. 409–412.

Wintermeier, Martin, Präklusionsfalle „Düsseldorfer Verfahren", in: Der IP-Rechtsberater (IPRB), Heft 12, 2015, S. 281–284.

Wita, Boris, Ordnungsgemäße Ladung im selbständigen Beweisverfahren – Wer ist Gegner im Sinne des § 493 Abs. 2 ZPO?, in: Monatsschrift für Deutsches Recht (MDR), Heft 23, 2000, S. 1363.

Wollweber, Harald, Anmerkung zu OVG Münster, Beschl. v. 25.11.1999, Az. 13 B 1812/99, in: MultiMedia und Recht (MMR), Heft 10, 2000, S. 633–634.

Wussow, Hansjoachim, Probleme der gerichtlichen Beweissicherung in Baumängelsachen, in: Neue Juristische Wochenschrift (NJW), Heft 33, 1969, S. 1401–1408.

Zekoll, Joachim/Bolt, Jan, Die Pflicht zur Vorlage von Urkunden im Zivilprozess – Amerikanische Verhältnisse in Deutschland?, in: Neue Juristische Wochenschrift (NJW), Heft 43, 2002, S. 3129–3134.

Zöllner, Stephanie, Der Vorlage- und Besichtigungsanspruch im gewerblichen Rechtsschutz – Ausgewählte Probleme, insbesondere im Eilverfahren, in: Gewerblicher Rechtsschutz und Urheberrecht, Praxis im Immaterialgüter- und Wettbewerbsrecht (GRUR-Prax), Heft 4, 2010, S. 74–79.

Sachregister

Geistiges Eigentum und Wettbewerbsrecht

herausgegeben von
Peter Heermann, Diethelm Klippel,
Ansgar Ohly und Olaf Sosnitza

Im Informationszeitalter hat das geistige Eigentum, insbesondere die Patent-, Urheber- und Kennzeichenrechte, erheblich an Bedeutung gewonnen. Zugleich wird die Rechtspraxis mit zahlreichen neuen Fragen konfrontiert. Die Rechtswissenschaft konnte mit dieser stürmischen Entwicklung kaum Schritt halten. Nach wie vor wird die Literatur von vorwiegend praxisorientierten Darstellungen dominiert, in denen wissenschaftliche Grundfragen häufig zu kurz kommen. Nachdem die allgemeine Zivilrechtswissenschaft zunächst nur das Sachenrecht als natürliches Betätigungsfeld ansah, nimmt sie zunehmend auch die Bedeutung des Immaterialgüterrechts in den Blick. Die Reihe legt deshalb besonderes Augenmerk auf Schriften, die sich Grundlagenfragen des Rechts des geistigen Eigentums einschließlich der historischen, philosophischen und ökonomischen Bezüge widmen und so zur Entwicklung eines „Allgemeinen Teils des Geistigen Eigentums" beitragen, den es bisher nicht als gesetzliche Regelung gibt. Da die europäische Rechtsangleichung im Immaterialgüter- und Wettbewerbsrecht besonders weit fortgeschritten ist und zudem zahlreiche internationale Übereinkommen diese Rechtsgebiete prägen, werden auch die internationalen Bezüge in der Reihe berücksichtigt.

ISSN: 1860-7306
Zitiervorschlag: GEuWR

Alle lieferbaren Bände finden Sie unter *www.mohr.de/geuwr*

Mohr Siebeck
www.mohr.de

